중국철학 혁신방법론 연구

중국연구총서 시리즈 2

중국철학 혁신방법론 연구

中國哲學創新方法論研究

초판1쇄 발행 2026년 1월 20일

지은이 요신중 · 육관관
옮긴이 남명옥 · 정혜란 · 김영자
펴낸이 이길안
펴낸곳 세종출판사

주소 부산광역시 중구 흑교로 71번길 12 (보수동2가)
전화 463－5898, 253－2213~5
팩스 248－4880
전자우편 sjpl5898@daum.net
출판등록 제02-01-96

ISBN 979-11-5979-833-7 93150

정가 24,000원

중국연구총서 시리즈 2

中華社會科學基金資助
(Chinese Fund for the Humanities and Social Sciences)

중국철학 혁신방법론 연구

中國哲學創新方法論研究

요신중·육관관 지음
남명옥·정혜란·김영자 옮김

동아대학교 경영대학

세종출판사

| 저자 서문 |

중국철학 혁신의 원동력, 경로와 방향

요신중(姚新中)

20세기 초 서양철학의 수용을 계기로 형성된 현대 학문으로서의 중국철학은 그동안 지속적으로 학문적 정당성의 확보, 개념체계의 합리적 구축, 논리적 추론의 독창성 확립을 추구해왔다. 이러한 혁신적 동향은 일차적으로 중국 철학계 내부의 현황에 대한 성찰적 인식에서 기인하였으며, 동시에 보다 이상적인 철학적 패러다임을 구축하고자 하는 학문적 열망에서 비롯되었다. 외부적으로는 사회 발전과정에서 제기된 새로운 철학적 요구와 기대가 혁신의 주요 추동력으로 작용하였다. 이러한 내적·외적 요인들은 중국 전통 사상과 서양철학 체계, 마르크스주의 철학을 비판적으로 계승하고 창조적으로 발전시키는 과정에서 상호 융합되었다. 중국철학의 혁신은 철학적 보편성과 특수성의 변증법적 관계 속에서 구현되며, 특히 중국철학의 역사적 생성, 발전, 진화과정에서 그 독자성이 두드러진다. 현대의 시공간적 맥락과 언어 환경 속에서 중국철학 혁신의 이론적 의의를 어떻게 규명할 것인가? 진정한 의미의 학문적 혁신을 위한 방법론적 가능성과 실천적 타당성을 어떻게 모색할 것인가? 나아가 중국철학 혁신의 이론적 지평을 확장하고 다각적인 실험 모델을 검증하기 위한 방법론적 접근은 무엇인가? 이와 같은 근본적 물음에 대한 체계적인 탐구와 해답을 찾는 과정이 본 삼부작 시리즈의 기획 의도와 학문적 비전을 형성하는 핵심적 토대이다.

철학은 인간의 사고에서 비롯된 삶, 사회, 세계에 대한 근본적인 문제들을 탐구하며, 이러한 문제들에 대한 체계적 성찰과 논리적 응답을 통해 학문적 발전을 이룬다. 철학 문제의 재현성(reproducibility)과 복제 가능성(replicability)은 철학의 보편성(universality)

과 영구성(permanence)을 규정하는 반면, 철학적 응답의 다양성(diversity)과 가변성(variability)은 철학의 특수성(particularity)과 시대성(temporality)을 구현한다. 따라서 철학 혁신의 본질적 지향은 기존 사상을 단순히 부정하는 것이 아니라, 선대 사상가들의 이론적 토대 위에 서서 보다 포괄적인 시야를 확보하고, 역사발전의 동력을 활용하여 학문적 진보의 폭을 확장하며, 과학기술 발전이 제공하는 새로운 패러다임을 통해 철학적 사유의 지평을 넓히고 내용을 심화하는 데 있다. 타 학문 분야(경제학, 법학 등)의 혁신이 해당 분야의 기초 명제를 근본적으로 전복할 수 있는 것과 달리, 철학은 고전적 문제들을 새로운 인식론적 프레임워크에서 재조명하거나 역사적 해석을 재구성하는 방향성을 보인다. 인류문명이 '축의 시대(Axial Age)'를 경험한 이래, 동서양 주요 철학자들이 제기한 근본 문제들(인간의 본성, 정의의 개념, 세계의 본질과 법칙에 대한 인식론적 접근 등)은 인류의 지적 진화, 기술 발전, 생산 방식의 변화와 함께 다층적으로 진화해왔다. 표상적 지식체계나 사회적 실천 방식은 시대에 따라 변하지만, 인간 존재의 본질적 속성과 삶의 근원적 질문은 불변의 특성을 보인다. 이는 철학 문제의 영속적 유전자(philosophical gene)로서 학문적 계보를 이어가는 핵심 요소이다. 다만 철학 문제의 내재적 규정성은 역사적 맥락의 제약을 받으며, 철학적 탐구는 필연적으로 시공간적 상대성(spatiotemporal relativity)을 내포한다. 철학은 거시적 통찰과 미시적 분석을 아우르는 종합적 학문으로서, 표층적 현상 해석과 심층적 존재론적 성찰, 형식적 인식체계와 실질적 가치 탐구 사이의 변증법적 상호작용을 통해 발전 동력을 창출한다.

현대 학문체계로서의 중국철학은 20세기 초에 기원을 두고 있으나, 그 개념 체계와 추론 방식, 변증법적 구조 및 심문(審問) 방법론은 고대 그리스 철학 전통과 중국 선진(先秦) 시대 사상사 간의 지적 연속선 상에서 통섭적으로 발전해 왔다. 이에 현대 중국철학의 본질적 특성을 체계적으로 규명하기 위해서는 철학사적 계보학적 분석과 더불어 역사성과 시대성이 상호작용하는 혁신 패러다임을 정밀하게 포착해야 한다. 본 총서는 중국철학 혁신의 현실적 가능성에 대한 심층적인 이론적 탐구를 목적으로 삼중 구조의 종합적 분석 틀을 구축하고자 했다. 제1권 『중국철학 혁신방법론 연구(中國哲學創新方法論研究)』에서는 철학사적 계보학적 관점과 역사적 맥락 분석을 통합하여 방법론적 혁신의 필연성을 철학적으로 고찰하였고, 제2권 『비교철학과 현대 중국철학 혁신(比較哲學與當代中國哲學創新)』에서는 문명 간 대화의 틀을 활용한 시간적 지속가능성 모델을 제시했다. 마지막으로 종합편인 제3권『철학 혁신의 시각에서 본 응용철학 연구(哲學創新視野中的應用哲學硏究)』에서는 다학제적 융합연구를 통해 공간적 확장 가능성을 체계적으로 논증했다.

중국철학 혁신의 필요성은 중국철학의 본질에 내재되어 있으며, 이는 철학과 시대의 관계 속에서 특히 뚜렷이 드러난다. 따라서 본서 제1권은 "철학과 시대"를 중심으로 중국철학 혁신 방법론에 대한 탐구를 시작하며, 우리 시대의 특징과 요구, 그리고 당면한 시대적 과제를 논의함으로써 철학 혁신이 시대에 갖는 의미를 도출해냈다. 철학의 시대성은 철학적 시야를 일정한 임계점(臨界點)까지 제한하기도 하지만, 새로운 시대는 새로운 가능성을 열어줌으로써 철학이 미래 지향적인 성격을 지니게 한다. 철학의 미래성은 문제 지향적이며, 좋은 질문을 제시하는 것은 시대의 요구이자 동시에 철학의 본질이기도 하다. 이에 따라 제1장에서는 철학의 근원적 문제, 즉 철학 문제 자체에 대한 물음에서 출발하여 철학 혁신의 성격, 특성, 그리고 가능 영역을 이해하고, 철학 문제의 존재론적 성격, 미래 지향성, 그리고 문제 연쇄 형성의 필요조건과 충분조건을 탐구하였다. 그러나 중국철학 혁신의 필요성은 단순히 철학적 문제에 의해 결정되는 것만이 아니라, 중국철학이 발생한 역사적 배경과 현재 맞닥뜨린 난관과도 깊이 연관되어 있다. 이는 필연적으로 "중국철학이란 무엇인가"라는 근본적인 질문으로 이어지게 된다. 따라서 제2장에서는 '이서율중(以西律中)', '이서석중(以西釋中)', 그리고 '중서회통(中西會通)'이라는 세 가지 관점에서 중국철학의 정당성과 합리성 문제에 대해 분석했다. 또한, 중국철학의 독특한 학문적 정립 과정으로 인해, 중국에서 철학 학문의 발생과 발전 역사를 추적하고, 이러한 독특한 정립 과정이 중국철학에 부여한 구조적 문제를 분석하는 것이 제3장의 주요 내용이 되었다. 이어지는 제4장에서는 중국철학의 내재적 장력(張力)에 주목하였다. 이 장에서는 전통과 현대, 토착과 외래를 축으로 하여, 중국철학의 내용과 형식, 이상과 현실, 철학의 내재적 요구와 시대적 기대 사이의 일치성과 모순성, 그리고 그 원인을 검토하였다. 이러한 문제, 장력, 또는 모순에 직면하여 우리는 어떻게 대응해야 할 것인가? 이에 대한 답을 찾기 위해 제5장에서는 방법론적 차원에서 해결의 경로와 방안을 모색했다. 이 장에서는 기존 문제 인식의 한계를 지적하고, 상대적으로 폐쇄된 미시적 시야에서 보다 포괄적인 시각으로의 전환 방식을 제시했다. 이를 통해 우리는 '대철학'의 관점에서 철학의 딜레마에 대응하고, 이를 극복함으로써 철학 학문의 구조적 변환을 도모하고자

하였으며, 제6장에서 다룰 새로운 철학 가능성을 탐색하기 위한 방법론적 기반을 마련했다. 여기서 중요한 것은 새로운 철학 성장 포인트의 핵심이 양극의 분열이 아니라 다차원적 융합에 있다는 점을 명확히 하는 것이다. 실천과 지혜의 병행, 전통과 현대의 융합, 그리고 중국성과 세계성의 공존이야말로 혁신적 발전의 가능성을 열어줄 조건이다. 제7장에서는 앞서 논의된 철학 혁신에 대한 사고를 철학교육에 의식적으로 적용하여, 철학 이론 혁신과 철학교육 혁신의 상호보완적이고 상호 촉진적인 관계를 논증했다. 마지막으로, 본 저서는 "중국철학의 반본(返本)과 개신(開新)"이라는 결론을 통해, 당대 중국철학이 서양철학, 마르크스주의 철학과의 융회관통(融會貫通) 속에서 철학의 깊은 역사적 전통과 시대적 정신의 미래 지향 사이에 견고한 다리를 구축해야 한다고 강조했다.

당대 중국철학의 기원이라는 특수한 문맥과 방식은 중국철학이 초기부터 비교철학 방법론을 통해 자신의 학문적 위치를 확립하고, 그 존재 근거와 발전 논리를 체계적으로 논증하는 방식으로 규정되는 결정적 요인이 되었다. 따라서 당대 중국철학 혁신을 비교 관점에서 이해하는 것이 이 총서 제2권의 주제이다. 제2권은 새로 집필된 내용이 아닌, 비교철학 분야에 발표된 최근 논문들을 편집자의 편집과 수정 작업을 거쳐 본 시리즈에 수록한 것이다. 이 논문들은 당대 중국철학 혁신을 주제로 전개된 것으로 중국철학 혁신 연구의 새로운 접근 방식과 차원을 개척했다. 서양철학은 중국철학의 형성 초기에 중요한 참조 역할을 했으며, 이러한 맥락에서 비교철학은 중국철학의 숙명이라고 할 수 있다. 따라서 현대 중국철학의 혁신은 비교라는 방법론을 통해 검증되어야 한다. 그러나 지면과 주제의 제한으로 인해 제2권에서 다루는 비교는 주로 동서양 철학 간의 상호 참조, 해석 및 대화를 포함하며, 인도철학, 아프리카철학, 일본철학 등 기타 철학 형태들은 포함하지 않았다. 본 연구의 관심사는 비교철학의 이론 형태, 연구 방법, 문제의식, 창의적 사고방식을 비판적으로 검토하고 비교철학의 기본적인 문제점들을 탐구하는 데 있다. 예를 들어, 비교가 왜 필요한지, 어떻게 비교해야 하는지, 그리고 현재 비교철학이 직면한 문제와 어려움은 무엇인지를 연구함으로써 새로운 시대 환경 속에서 중·서 문화융합을 촉진하고 중국철학과 서양철학, 마르크스주의 철학의 융합을 이루며 당대 중국철학이 더 넓은 세계적 시야를 확보할 방안을 제안하는 것이 목적이다.

제2권의 서문에서는 철학 비교의 방법론을 시작으로 지금까지 비교철학이 따랐던 세 가지 주요 경로를 검토했다. 논의의 핵심은 첫 번째, 두 번째 경로와 세 번째 경로 간의 차이에 있는 것이 아니라, 세 번째 경로가 형성된 내적·외적 요인과 그 실천 과정을 분석함으로써 비교철학의 세 번째 경로와 중국철학의 발언권 등 중요한 이론적·실천적 쟁점에 주목하는 데 있다. 제1장에서는 중국에서의 비교철학의 학술 언어 환경 및 연구 특징을 구체적으로 분석하고, 유교(儒教)를 대표로 하는 중국 전통 철학과 서양철학의 언어 환경을 토대로, 중국철학 간의 상호작용과 융합, 그리고 현대 '중국철학'의 성립 과정에 대해 논의했다. 또한, 비교철학의 현지 보편성과 연구 언어 환경 문제에 대해서도 논의했다. 글로벌시대의 도래는 비교철학 연구와 학술적 대화의 새로운 지평을 열었다. 이러한 언어 환경 속에서 비교철학은 '담론'의 지역성을 견지하면서도, 사상적으로는 세계적인 시각과 보편적인 안목을 가져야 한다. 각 철학 전통 간의 차이를 제시하는 것은 비교철학 연구의 합리적 근거이지만, 철학의 현지 보편성은 '가족 유사성'과 함께 비교철학의 중요한 전제를 이룬다. 모든 비교철학 연구는 특정 철학 전통에 기반을 두어야 하지만, 동시에 자신의 철학 전통을 진정으로 이해하고 발전시키기 위해서는 그 전통에 국한되어서는 안 되며, 다른 철학 전통을 배우고 이를 초월하려는 노력이 필요하다. 이것이 바로 해외 중국철학 연구가 활발히 진행되는 이유 중 하나이다. 비교철학은 철학의 지역적 정의를 변화시킴으로써 지역 문화의 편협성과 경험적 한계를 세계 역사적 의미를 지닌 새로운 시대적 관념과 철학 이론으로 확장하려는 노력을 담고 있다. 제2장에서는 비교철학의 이론 형태와 연구 방법에 초점을 맞추고, 비교철학이 일종의 의식적인 이론 구축의 시도임을 제시했다. 비교철학은 단순히 두 가지 이상의 철학 텍스트 간의 유사점과 차이점을 나열하는 비교 방식을 넘어서, 서로 다른 철학 전통의 '지평 융합'을 추구하며, 상호 참조를 통해 새로운 철학적 지식체계를 구축하는 데 그 목적이 있다. 비교철학은 흔히 철학 비교의 방식으로 나타나지만, 문제 비교와 사고 비교의 이면에 실제로 관련된 것은 서로 다른 도덕 체계와 문명 체계의 자아 정의, 자아 이해, 상호 관련 및 상호 경쟁 등 문제들이다. 이는 오늘날 다양한 문명의 배경 속에서 어떻게 비교적 사유로부터 도덕 형태학적 접근법을 도출해내는지, 나아가 고금(古今) 대조와 중서(中西) 참조를 통해 도덕 형태학의 관점에서 창의적 사고와 계몽적 시야를 얻어내는가의 문제와 연결된다. 제3장에서 다루는 주제는 비교철학의 학문적 입장과 문화재건이다. 철학의 탄생은 일정한 문화적 장역(場域)과 사상적 전통을 떠날 수 없으며, 이러한 장역과 전통은 비교철학의 기본 입장이 된다. 철학은 비록 입장을 떠나 비교할 수 없지만, 결코 "한쪽을 중시하고 다른 한쪽을 경시하거나”[1] “자기의 생각으로 남을 추측하는 것”[2]과 같은 사상적 ‘판교(判教)’가 아니다. 비교철학의 목적은 글로벌시대에 철학으로 통달하는 길을 찾아 인류의 공동운명에 다양하고 보편적인 사상적 지혜를 제공하는 데에 있다. 이를 위해 비교철학은 철학 연구가 각자의 ‘문화 울타리’에서 벗어나, 문화 장벽을 극복하고 사상 속박을 타파함으로써 궁극적으로 중국철학 전통의 문화재건을 실현할 것을 지향한다. 제4장에서는 비교철학의 시대성과 철학 융합의 경로 문제에 주목하여, 당대 중국에서의 비교철학의 시대성이 주로 당대 유학(儒學) 연구의 특징으로 나타남을 제시함으로써 중국철학 (특히 유학)이 서양철학을 대상으로 철학 융합의 가능성 경로를 탐구할 때 흔히 사용하는 관념과 방법을 제시하였다. 당대 중국의 비교철학이 이런 특징을 가지게 된 데는, 한편으로는 유학이 중국 전통문화에서 중심적 위치를 차지하면서 점차 중국인의 정신적인 측면으로 내재화되어 온 ‘문화적 무의식’과 관련되며, 다른 한편으로는 현대 신유학(新儒學), 특히 해외 신유학자(新儒家)들이 유학의 새로운 탐구와 글로벌 확산에 깊이 관여하고 있는 것과도 관련된다. 제5장은 중국과 서양의 지혜관 비교를 주제로 삼았다. 이 장에서 우리는 초기 유가와 고대 유대교 전통 중의 지혜관 비교를 구체적인 사례로 제시하였고, 비교철학과 윤리학적인 시각을 통해 비교철학이 철학 개념의 영역에만 국한되어서는 안 되며, 문화를 비교하고, 삶을 비교하고, 지혜를 비교하여 문화, 생활과 지혜의 상호 참조를 통해 사상 조율과 철학 혁신을 완성하고 ‘타자’의 안목을 통해 새로운 자신을 보아야 함을 강조하였다. 그런 의미에서 중·서 철학 비교는 각자의 철학 생활의 시초로 돌아가 유가와 고대 유대교 전통이 ‘축의 시대’ 때부터 보여 온 여러 가지 차이점과 공통성을 발견할 필요가 있다. 제6장에서는 ‘대철학’의 범주로 돌아가 비교철학에서 세계철학으로 나아갈 방법을 모색했다. 비교철학은 고정된 틀을 거부하고 포용과 수용, 나아가 초월을 지향한다. 이는 전통과 현대성을 아우르는 포스트모더니티(Post-modernity)와 포스트글로벌리즘(Post-globalization)의 의미를 함의하고 있다. 이는 중국철학이 서양철학을 수용하고 새로운 과학기술혁명을 맞이하여 세계철학의 길을 여는 내재적인 원인이 되며, 또한 중국철학이 향후 포스트 글로벌화와 포스트 모던화로 나아갈 수 있는 적극적인 창조적 동력이 된다.

1) [역자주] “厚此薄彼”, 『廣莊·養生主』(明·袁宏道).
2) [역자주] “以己度人”, 『韓詩外傳』(漢·韓嬰).

비교는 당대 중국철학이 발전하는 데 있어 중요한 경로지만 유일한 경로가 아니다. 당대 중국철학의 혁신은 방법론적 영역의 개척에 그치지 않으며, 비교 영역의 창립과 응용철학의 발흥에 있다. 따라서 본 총서의 제3권에서는 응용철학에 초점을 맞춰 구체적으로 논의하였으며, 철학적 혁신을 위한 실천적 의미를 지닌 중요한 플랫폼을 제공했다. 제1장에서는 중국철학의 전향을 주제로 하여 철학이 전향한 시대 배경인 당대 과학기술 발전에 대해 논의했다. 여기에는 주로 바이오기술이 인류의 존재 방식에 미친 영향, 정보기술(IT)이 인간의 교제 방식에 가져온 변화, 그리고 인공지능(AI)이 사고 주체에 가져온 충격 등이 포함된다. 이를 통해 다원주의가 철학 전향의 인식적 입장과 '대철학'을 내용으로 한 새로운 시대의 철학적 전환 과정을 도출해냈다. 제2장에서는 전통철학의 위상 하락을 논의하며, 현대에 서양철학이 전통적인 이론철학에서 현대적 응용철학으로의 전환을 성공적으로 이루었고, 이러한 전환 과정에서 자유로운 혁신을 달성했음을 밝히고 있다. 또한, 서양철학의 전환 과정에 대한 정리와 분석을 통해 현대 중국철학의 혁신에 참고자료를 제공함으로써, 현대 중국철학 혁신의 방향과 경로를 명확히 파악할 수 있음을 제시하였다. 제3장에서는 서양철학의 서사를 이어가면서, 서양철학이 현대에 들어 파격적인 전환을 겪으면서 전통 형이상학에서 당대 철학으로의 전환이 이루어졌음을 논의하였다. 이러한 철학적 전환의 주요 특징은 공리주의의 적용, 실증주의적 접근, 마르크스주의적 해석 등 다양한 이론적 시도를 거쳐, 현상학을 통해 삶의 세계로의 회귀를 꾀하고, 실존주의를 매개로 존재론적 관심을 심화시키며, 분석철학을 통해 철학적 패러다임의 근본적 전환을 추동하는 양상으로 나타났다. 제4장에서는 철학적 혁신의 관점에서 응용철학 연구에 주목하였다. 이를 통해 철학적 혁신의 본질, 동인 및 횡·종적 관계를 바탕으로 현대 중국철학 혁신의 가능한 경로를 고찰하고, 응용철학이 중국에서 제기된 문제와 문제의식을 검토하면서 응용철학이 철학의 동시대적 전환을 주도하는 방식을 탐구하였다. 특히 응용철학의 부상은 현대 중국철학에 많은 직접적인 영향을 미쳤을 뿐만 아니라, 나아가 현대 중국철학의 주요 표현 방식이자 미래 발전 방향으로 자리 잡고 있음을 밝혔다. 응용철학 연구는 동시대 철학 연구의 새로운 성장 동력으로 부상하고 있으며, 이는 우리나라의 현대화 사업 추진과 발전에 실질적이고 뚜렷한 기여를 하고 있으며 지속될 것으로 예상된다. 응용철학 연구는 어느 정도 진전을 이루었으나, 현재의 수준으로 볼 때 여전히 개선과 심화가 필요한 영역으로 남아 있다.

국내에서 발표된 연구 성과를 분석해보면, 세계적 수준의 철학적 시각과 함의를 갖춘 응용철학 연구가 현저히 부족한 실정이다. 또한 학계의 기대에 부응할 만한 응용철학 연구는 여전히 공백 상태에 머물러 있거나, 체계적이고 심도 있는 연구로 발전하지 못하고 있다. 따라서 응용철학 연구와 철학적 혁신을 현실에서 가능성으로, 다시 가능성에서 현실로 전환하기 위해서는 응용철학의 내적 논리를 심층적으로 분석하고 그것이 철학 혁신을 어떻게 주도할 수 있는지 탐구해야 한다. 이는 제5장에서 다룬 핵심과제이다. 구체적으로는 응용철학에 내재된 '본질주의 탈피(Anti-Essentialism)'와 '구성주의 주창(Advocating Constructivism)' 특성을 바탕으로 응용철학의 시행착오 발전과정을 고찰하고, 동시에 응용철학의 융통성을 통해 이론적 문호지견(門戶之見)을 극복하며, 학제 간 시각을 정립하고 문화 간 분석 체계를 구축할 필요성을 논증했다. 응용철학이 철학 혁신에 기여하는 동력은 그 독창적인 방법론에서도 확인할 수 있다. 응용철학은 사례 중심 연구, 대화식 연구, 상황 분석 연구 등을 수행함으로써 철학적 혁신의 심화와 확장을 질적·양적 측면에서 동시에 추진할 수 있다. 이러한 연구성과를 바탕으로, 제6장에서는 중국 응용철학의 미래 발전 방향을 논의하면서, 응용철학이 현재 중국에서 활발하게 성장하고 있는 학문적 흐름임을 강조하였다. 이는 급변하는 현실 세계가 철학에 제기하는 다양한 문제와 도전에 대한 철학적 대응이 요구되는 동시에, 중국 철학자들이 지속적인 이론 혁신을 통해 중국 이론철학의 현대적 전환을 모색하고 있음을 시사한다. 본 장에서는 현대 중국 응용철학이 직면한 시대적 배경(과학기술 시대로 귀결될 수 있음), 문제의식, 방법론 정립, 그리고 주요 연구 방향 등을 체계적으로 분석하였다. 이는 이러한 핵심 쟁점들에 대한 체계적이고 설득력 있는 해답을 제시함으로써 응용철학 혁신을 효과적으로 촉진하고, 궁극적으로 응용철학 연구의 중국식 모델(中國模式)을 정립하기 위함이다.

현대 중국철학 혁신은 하나의 거대한 학술적 과제이다. 3년 전, 이 프로젝트를 수락한 것은 이 주제에 대한 완전한 이해에서 비롯된 것이 아니라, 오히려 이 분야에 대한 지적 호기심과 탐구 열정에서 비롯된 것이었다. 2015년 봄 프로젝트 개시 이후 현재까지, 우리는 지속적인 학습을 통해 학문적 시야를 확장하였고, 체계적인 사고를 통해 이론적 틀을 정교화하였으며, 다수의 학계 동료들과의 활발한 학술 토론을 통해 연구성과를 지속하여 심화·발전시켜왔다. 총 세 권으로 된 이 총서가 완성될 수 있었던 것은 여러 분야에서의 협력과 지원이 있었기 때문이다. 먼저 중국인민대학의 중점 연구 과제 지원에 깊은 감사를 드린다. 이러한 제도적 뒷받침이 없었다면 많은 이론적 구상이 단순한 개념 차원에 머물렀을 것이다. 또한, 중국인민대학 출판사의 출판 지원과 협조에 진심으로 감사드린다. 특히 양종원(楊宗元), 나정(羅晶), 오병화(吳冰華) 편집자들이 기획, 심사, 편집 전 과정에 기울인 노고를 높이 평가한다. 학술 자문 측면에서는 북경대학 철학과 조돈화(趙敦華) 교수, 중국사회과학원 조정양(趙汀陽) 연구원, 유소민(劉素民) 연구원, 북경사범대학 유소감(劉笑敢) 교수, 동남대학 번호(樊浩) 교수를 비롯한 학자들이 프로젝트 기획 회의에서 제시한 연구방법론과 내용 구성에 관한 귀중한 조언에 특별한 감사를 표한다. 이들의 통찰력 있는 조언 중 상당수가 본 연구에 실질적으로 반영되었다. 또한, 철학 혁신 및 비교철학 분야에서 선구적 연구성과를 이룬 국내외 학계 동료들에게도 감사의 말을 전한다. 특히 홍콩중문대학 황용(黃勇) 교수, 무한대학 오근우(吳根友) 교수, 북경사범대학 전해평(田海平) 교수, 싱가포르 남양이공대학 이진양(李晨陽) 교수, 미국 하와이대학 성중영(成中英) 교수 등은 자신들의 연구성과를 적극적으로 공유해주었으며, 그들의 학술적 관점과 이론적 접근법은 본 총서, 특히 제2권 『비교철학과 당대 중국철학 혁신』의 이론적 토대를 형성한 중요한 내용이 되었다. 마지막으로, "당대 중국철학 혁신연구" 프로젝트 책임자로서 연구팀 전 구성원들, 특히 프로젝트의 원활한 수행과 완성을 위해 헌신적인 노력을 기울인 이평(李萍) 교수, 장봉우(臧峯宇) 교수, 육관관(陸寬寬) 박사에게 진심 어린 감사를 표한다.

현대 중국철학의 혁신은 지속적인 핵심 연구 과제로 자리매김해왔으며, 본 연구는 이 분야에서의 단계적 성과에 불과하다. 기존 연구성과 역시 완전한 수준에 도달했다고 평가하기 어렵다. 결과적으로, 독자들에게 제시하는 이 세 권의 책은 사상적 깊이에 있어 여전히 미흡한 점이 존재하며, 이론적 체계 역시 다각적인 관점에서의 보완이 필요하다. 또한, 학문적 타당성 확보를 위해서는 추가적인 논증이 요구된다…… 진리 탐구의 길은 험난하지만, 다행히 철학적 사유는 일회성 완결이 아닌 지속적인 과정이다. 우리의 철학적 성찰은 앞으로도 계속될 것이며, 이론적 연구와 실천적 탐색은 영원히 지속될 것이다.

2019년 1월, 중국인민대학 정원(靜園)에서

차 례

저자 서문 • 5
일러두기 • 17

도입 철학과 시대 • 19

1. 철학과 시대: 역사적 회고 20
2. 철학과 시대: 오늘날의 성찰 23

제1장 철학 문제에 관한 문제 • 29

1.1 문제와 철학 문제 30
1.2 철학 문제의 성장력 34
1.3 철학 문제의 특성 40
1.4 철학 문제의 계승 49
1.5 철학 문제의 순환과 소멸 55

제2장 "중국철학"이란 무엇인가? • 63

2.1 이서율중: 중국철학은 "철학"인가? 64
2.2 이서석중: 중국철학은 "철학"이 아닌가? 83
2.3 중서회통: 중국철학은 어떤 "철학"인가? 103

제3장 중국철학의 학문적 발전과정 및 구조적 딜레마 • 115

3.1 중국철학의 학문적 발전과정 116
3.2 중국철학의 학문적 제도화 134
3.3 중국철학 학문의 구조적 딜레마 141

제4장 중국철학의 내재적 장력 • 149

4.1 전통과 현대의 "연속 관계" 150
4.2 본토와 외래의 "서열 관계" 164
4.3 내용과 형식의 "서술 관계" 181

제5장 중국철학 혁신의 방법론적 탐구 • 200

5.1 방법론: 이분법적 접근 202
5.2 "대철학": 방법론적 혁신 218
5.3 "대철학"과 중국철학 혁신 233

제6장 중국철학의 발전 잠재력 • 248

6.1 실천과 지혜의 병행 249
6.2 전통과 현대의 융합 263
6.3 중국성과 세계성의 공존 280

제7장 철학 혁신과 철학교육 • 299

7.1 철학과 철학교육 301
7.2 철학교육에 대한 시대적 성찰 313
7.3 "대철학"과 철학교육 패러다임의 혁신적 전환 330

결론 중국철학의 반본과 개신 • 338

참고문헌 • 345
후기 • 356
찾아보기 • 359

그림 차례

〈그림 1-1〉 역사학 도식 ····· 41
〈그림 1-2〉 수학 도식 ····· 41
〈그림 1-3〉 신문방송학 도식 ····· 42
〈그림 1-4〉 철학 도식 ····· 42
〈그림 6-1〉 전통과 현대화 관계의 첫 번째 유형 ····· 266
〈그림 6-2〉 전통-현대화의 변천 과정 ····· 269
〈그림 6-3〉 전통과 현대화 관계의 두 번째 유형 ····· 270
〈그림 6-4〉 전통과 현대화 관계의 세 번째 유형 ····· 272

일러두기

1. 이 책은 姚新中·陸寬寬, 『中國哲學創新方法論研究』(中國人民大學, 2019년 1차 인쇄본)을 한국어로 번역한 것이다. 『中國哲學創新方法論研究』에서 사용된 간체자(簡體字)는 한국 내에서 통용하는 번체자(繁體字)로 수정하였다.
2. 번역은 직역을 원칙으로 하되, 정확한 내용 전달을 위해 필요에 따라서 일부는 의역하였다.
3. 본문에서 인용한 핵심적인 고전(古典) 원문은 출처와 함께 모두 번역했고, 중요한 원문은 각주에 넣어 번역문과 대조해 볼 수 있도록 하였다.
4. 각주의 형식을 통해 원문과 인용처, 용어 설명을 추가했다. 특히 원서에 없는 각주를 추가했을 때는 [역자주]로 표시하여 원서의 각주와 구별했다.
5. 한국 독자의 이해를 위해 일부 용어는 한글과 함께 괄호 안에 한자로 표기해 그 의미를 분명히 밝혔다.
6. 중국의 인명, 지명 등은 한국어 독음을 사용했다.
7. 각주 인용 원문에 사용된 문장 부호는 한국식 표기 방식을 따랐다.

도입
철학과 시대

철학과 시대의 관계는 지속하여 재조명되는 근본적인 주제이다. 철학의 본질적 가치 중 하나가 바로 각 시대의 사상가들에게 자신의 철학적 체계와 당대의 역사적 조건 간의 상호작용을 성찰하도록 요구한다는 점이다. 즉, 철학자는 시대적 전환기에 직면한 문제들을 인식하고 해결방안을 모색하는 동시에, 역사적 관점에서 이러한 새로운 문제의식과 방법론을 비판적으로 성찰함으로써, 일시적 유용성을 넘어 인류 사상의 본질적 층위에 접근해야 한다. 이러한 관점에서 각 철학 체계는 고유한 '현대성(contemporaneity)'을 내포하며, 각 역사적 시기는 그에 상응하는 철학적 담론을 요구한다. 역사적 맥락에서 살펴보면, 서양의 소크라테스, 동양의 공자, 인도의 석가모니와 같은 문명사적 전환기를 상징하는 사상가들과 히브리어 『성경』의 출현 이후, 철학적 개념과 문제의식에 대한 논의는 창조적 발전보다는 전통 계승에 주력해왔다. 실질적으로 각 시대의 철학자들은 기존의 철학 문제들을 당대의 조건에 맞게 재해석하며, 다양한 시각에서 이론적 논쟁을 전개함으로써 인류의 철학 사유를 발전시켜 왔다. 이러한 과정을 통해 세계인식과 인간 이해, 사회적 가치에 대한 철학적 성찰이 점층적으로 심화되었다.

현대 중국은 급속한 세계화와 현대화, 그리고 문화적 다원주의라는 복합적인 시대적 도전에 직면해 있다. 이러한 맥락에서 철학이 기존 사상계승 및 창조적 전환 사이에서 어떻게 균형을 이룰 것인지, 더 나아가 어떻게 시대정신을 선도적으로 형성해 나갈 것인지에 대한 성찰은 현대 철학 연구자들의 핵심적 사명으로 대두되고 있다. 이는 단순한 학술적 탐구의 차원을 넘어, 인류 문명사적 관점에서 깊이 고찰되어야 할 중대한 과제라고 할 수 있다.

1. 철학과 시대: 역사적 회고

철학과 시대의 관계를 논함에 있어서 항상 헤겔과 마르크스의 고전적 명제가 회자된다. 헤겔은 "철학은 시대 정신의 구현과 승화"[1]라고 규정한 반면, 마르크스는 "모든 진정한 철학은 그 시대의 정신적 정수(精華)"[2]라고 명시했다. 진정한 철학은 단순히 시대적 조류에 편승하는 것이 아니라, 비판적 사유를 통해 현존하는 사상을 변증법적으로 초월하는 것을 의미한다. 그러나 '시대정신'이나 '사상적 정수'와 같은 숭고한 표현이 철학의 자기 신화화에 그친다는 비판 또한 존재한다. 이는 철학이 현실로부터 유리(遊離)되는 양상을 보이고 점차 실천적 효용성을 상실하고 있다는 인식에서 비롯된다. 특히 과학기술의 비약적 발전과 학문의 세분화, 사회 전반의 실용주의적 경향 속에서, 철학은 표면적으로는 심오하나 실질적으로는 '도룡지기(屠龍之技)'[3]와 같은 무용한 학문으로 전락했다는 지적도 있다. 이러한 인식은 철학 내부에도 반영되어, 리오타르(Lyotard)가 "철학은 이미 폐허가 되었다."라고 탄식한 것처럼, 철학의 존재론적 가치와 학문적 정체성에 대한 근본적인 회의가 표출되고 있다. 철학사적으로 볼 때, 이러한 위기의식이 주류 담론이 된 경우는 드물지만, 이는 철학자들을 지속적으로 괴롭혀온 문제로서, 그 해답 탐구 자체가 철학사적 의미를 지닌다. 지식의 폭증과 공리주의의 패배, 사상의 퇴조라는 현 시대적 조건 하에서, 철학의 정당성 문제를 재고하는 것은 중대한 이론적·시대적 의의를 지닌다.

21세기는 현대화가 지속하여 확장되고 심화되는 시대적 맥락 속에서, '미래 지향적' 사고방식이 여전히 이데올로기적 주류를 형성하고 있으며, 철학 분야에서도 '철학의 전연(前沿)', '사상의 전연', '이론의 전연' 등의 개념이 빈번하게 논의되고 있다. 철학 영역에서는 표면적으로 새로운 사상, 이론, 학설 등이 끊임없이 등장하는 것처럼 보이지만, 이러한 새로운 학설들은 항상 철학사와 밀접한 연관성을 지니고 있다. 실용 학문과 달리 철학에서는 전연(前沿)과 후방(後方)을 엄격하게 구분하기 어려우며, 소위 전연성(前沿性)에 대한 과도한 강조는 철학발전의 역사적 연속성을 단절시켜 현시대에 대한 철학적 성찰이 기존의 철학적 성과와 분리되는 결과를 초래할 수 있다. 즉, 시대에 대한 철학적

1) 黑格爾.『法哲學原理』. 範揚, 張企泰, 譯. 北京: 商務印書館, 1961:12쪽.

2)『馬克思恩格斯全集: 第1卷』. 北京: 人民出版社, 1995:220쪽.

3) [역자주] 전국(戰國)시기 열어구(列禦寇)가 지은『莊子·列禦寇』에서 나오는 말로서, 주로 뛰어난 재능을 가지고도 써먹을 길이 없다는 것을 뜻한다.

성찰은 순수하면서도 심오하며 난해한 과정으로 이해될 수 있다. 이러한 성찰은 새로운 방식으로 끊임없이 원점으로 회귀하는 것에 불과하며, 이러한 원점을 카를 야스퍼스(Karl Jaspers)는 인류 사상의 '축의 시대(Axial Period)' (기원전 800년~기원전 200년)로 명명하였다. 야스퍼스에 따르면, 이 '축의 시대'는 중국, 인도, 유럽 세 지역에서 "오늘날까지도 우리의 사고 체계를 규정하는 기본 범주를 형성하였으며, 인류의 생존에 필수적인 세계 종교의 근원을 창조하였다. 따라서 어떤 의미에서든 인류는 보편성으로 나아가는 첫걸음을 내디뎠다고 할 수 있다."[4] "이 과정을 통해 이전까지 무의식적으로 수용되던 사상, 관습, 환경 등이 모두 재검토되고 재정립되었다."[5] 즉, 야스퍼스가 언급한 '축의 시대'의 본질적 특징은 진정한 의미에서의 철학의 탄생이라 할 수 있다. 야스퍼스는 다음과 같이 서술하고 있다. "(그 시기) 철학자가 처음으로 등장하였고, 인간은 용기 있게 개인의 힘을 신뢰하기 시작했다.……(중략) 인간은 자신의 능력을 입증하였으며, 정신적으로 자기 자신과 우주 전체를 대조해 보았다. 인간은 자신의 내면으로부터 세계와 인간 그 이상의 차원으로 도약할 수 있는 근원적 힘을 발견하였다."[6]

'축의 시대'는 인류가 철학과 시대의 관계 문제에 대해 체계적으로 사고하기 시작한 최초의 시기였다. 이 사고의 보편성은 인간 주체성의 고양과 초월적 세계의 설정에 있으며, 상반되듯 보이는 두 가치 사이에서 균형을 이루는 특징을 보인다. 각 시대의 '축의 문명'은 특정 시대적 요구에 응답하며 주체성의 이해와 정신적 지향의 채택에 있어 본질적으로 동일하지만, 구체적인 방식과 절차에서는 고유한 특성을 보인다. 중화 문명과 유럽 문명의 정신적 지향은 모두 초월의 실현을 핵심으로 하지만, 그 방식과 경로에서 뚜렷한 차이를 드러낸다. 유럽 문명은 신(神) 중심의 문화를 통해 현실 세계를 초월하는 '외향적 초월'을 추구하는 반면, 중화 문명은 '천인합일(天人合一)' 사상을 통해 '내향적 초월'의 특성을 보이는 문명의 존재 방식을 발전시켰다. '외향적 초월'의 철학적 전형으로는 플라톤(Platon)의 철학 체계를 들 수 있다. 그는 세계를 완전한 이념 세계와 불완전한 현실 세계로 이분화하였다. 전자는 영원불멸하나, 후자는 전자의 모방에 불과하다. 선(善)의 이념은 인간성 내부에 존재하는 것이 아니라, 인간을 초월한 영역에서 영구히 정적인 상태로

4) 卡爾·雅斯貝斯. 『歷史的起源與目標』. 魏楚雄, 俞新天, 譯, 北京: 華夏出版社, 1989:9쪽.
5) 각주 4 참조.
6) 각주 4, 10쪽.

고정된다. 이러한 철학은 개인이 현실 세계를 넘어 이념 세계와의 합일을 추구하도록 격려한다. 이와 반면에 중국 사상가들은 백가쟁명(百家爭鳴)을 통해 '내향적 초월'이라는 독자적 철학 형태를 발전시켰다. 중국철학은 단일한 세계관을 지향한다. 비록 천인지분(天人之分)과 같은 논변이 존재하지만, 근본적으로 천도(天道)와 인도(人道)의 괴리가 크지 않음을 전제로 한다. "도는 인간의 삶과 멀리 있지 않다(道不遠人)"[7]라는 명제가 시사하듯, '도(道)' 혹은 '천도(天道)'는 '인도(人道) 밖이 아닌 '인륜일용(人倫日用)' 속에 있다.[8] 따라서 철학의 목적은 현실 세계를 초월하는 것이 아니라, 인간의 일상적 삶과 세계 변화 속에서 생명의 무한 반복 그리고 우주 법칙과 원리를 경험하며 이로써 '득도(得道)'하는 데 있다. '천도'가 '인도'에 내재함에 따라 철학적 성찰은 인간의 '마음(心)'에 직접적으로 작용해야 한다. 이러한 철학적 입장은 다양한 사상가들의 논의에서 확인된다. 공자의 "사람이 인(仁)이 없으면, 예(禮)는 해서 무엇하겠는가?"[9]라는 물음에서부터 맹자의 "최선을 다해 자신의 본성을 다하고 지혜를 탐구하며, 궁극적으로는 하늘의 뜻을 이해하고 그에 따라 행동해야 한다."[10]라는 인식론, 그리고 순자의 "기를 다스리고 마음을 기른다."[11]의 실천론, 한비자의 "마음을 비워 도가 깃들게 하는"[12] 방법론 모두 '내향적 초월'의 철학적 구현으로서 중화 문명 발전의 사상적 토대가 되었다.

내향적 초월을 추구하는 철학 정신은 그 시대 중국의 특수한 환경에 적응하여 도가(道家) 문화와 불교 문화를 성공적으로 흡수하고 개조하면서 점차 완성되었다. 이는 오랜 시간 동안 중국 사상의 주류로 자리 잡아 비록 완벽하지는 않지만, 상대적으로 번영한 동아시아 유교 문화권을 형성하였다. 그러나 이러한 통일 구도는 19세기 이후 서구 열강의 침략으로 인해 붕괴되었고, 내향적 초월을 지향하던 중국철학은 외향적 초월을 추동력으로 하는 문화의 무자비한 공격을 받게 되었다. 이로 인해 철학과 시대의 관계가 반복적으로

7) [역자주] 공자의 손자인 자사(子思)가 저술한 『中庸』에 나오는 말로서, 도는 사람과 멀리 있지 않다는 것을 뜻한다.

8) 이택후(李澤厚)는 중국에서 '천도(天道)'와 '인도(人道)'는 같은 '도(道)'를 말하며, '천'(天), '천도(天道)', '천명(天命)', '천의(天意)'는 항상 '인도(人道)' 중에 존재한다고 주장했다. (李澤厚. 『由巫到禮, 釋禮歸仁』. 北京: 三聯書店, 2015:26쪽)

9) [역자주] "人而不仁, 如禮何?", 『論語·八佾篇』(孔子).

10) [역자주] "盡心知性而知天、事天", 『孟子·盡心上』(孟子).

11) [역자주] "治氣養心", 『修身篇』(荀子).

12) [역자주] "虛心以爲道舍"(『韓非子·揚權』, 韓非子).

시대의 의제로 떠오르게 되었다. 양무운동(洋務運動)[13], 중체서용(中體西用)[14], 전면 서구화, 소련식 모델 등은 모두 그 시대에 대한 철학의 반응으로, '3천 년 동안 없었던 대변화'에 직면한 중국철학의 조급한 대응을 보여주었다. 이 시점부터 중국 철학자들은 한 세기 이상의 사고와 탐구를 시작하여 동서고금의 다양한 이념과 사조 간의 논쟁을 벌이고 철학 공간에서 다각적인 공방전을 전개하였다. 철학 분야에서 이러한 상황은 결코 놀라운 일이 아니다. 유럽 고대 그리스의 철학자들이나 중국 춘추전국 시대의 사상가들 역시 이와 같은 논쟁과 변증을 통해 시대에 응답하며 해당 철학적 체계를 구축하였다. 철학의 본질이 역사의 견고함과 사상의 심오함으로 표현되고, 변화무쌍한 시대 속에서 다소 뒤처져 보일지라도, 이에 대해 지나치게 우려할 필요는 없다. 급격히 변화하는 시대가 철학 발전에 기회와 동력을 제공하기 때문이다. 대역사(大歷史)의 관점에서 볼 때, 철학은 물질, 문화, 제도, 심리적 측면의 변화에 대한 성찰과 정제를 통해 새로운 시대의 사상 정수를 제시하고 시대정신을 성찰하는 과정에서 선도적 역할을 하면서, 중화 문명의 새로운 시대 발전을 위해 정신적 방향을 확립할 수 있다.

2. 철학과 시대: 오늘날의 성찰

역사적 맥락에서 철학과 시대 간의 상호작용에 대한 논의는 현대사회의 구체적 실천 차원에서 아직 충분히 실현되지 못하고 있다. 현재 철학계에는 전반적인 조바심과 불안정감이 만연하며, 학계와 대중 모두 '중국철학'의 현주소가 사회적 기대에 미달한다는 데 공감하고 있다. 철학적 사유가 시대적 변화와 동행해야 하며, 급격한 사회 변혁기에 선도

13) [역자주] '양무운동'은 1861년부터 1894년 '갑오전쟁(청일전쟁)' 발발까지 약 30년간 청나라가 서양의 군사기술 및 산업기술을 도입하여 국가를 근대화하고자 추진한 자강운동을 의미한다. 이 운동은 '중체서용(中體西用)'을 기본 이념으로 하여 중국의 전통 문명을 근본으로 삼고 서양의 학문과 기술을 활용하는 방식을 취하였다. 비록 양무운동은 최종적으로 실패로 돌아가 국가의 부강을 이루지는 못했으나, 서양의 선진 과학기술을 도입함으로써 중국에 최초의 근대적 공업 기업이 설립되는 계기를 마련하였으며, 이는 객관적으로 중국 민족 자본주의의 발생과 성장을 촉진하고 중국 근대화 과정의 초기 기반을 조성하는 데 기여하였다.

14) [역자주] '중체서용'은 19세기 중국에서 서양의 기술을 받아들이되 중국의 전통적인 정신과 제도는 유지하자는 사상을 가리키는 말이다. 이 사상은 서양 열강의 침략에 위기감을 느낀 청나라 지식인들이 서양 문물을 적극적으로 받아들여야 한다는 생각에서 출발했다.

적 사상으로서의 역할을 수행해야 한다는 점에서, 중·서 철학의 융합을 통해 형성된 중국철학의 새로운 체계는 형성 이후 백여 년이 지난 현재까지도 동서양 사상사의 이분법적 프레임워크를 근본적으로 극복하지 못한 상태이다. 더 나아가 학문적 진화과정에서 성숙한 사상체계로 발전했다고 평가하기에도 여전히 미흡한 실정이다. 즉 중국철학은 현대사회의 실용성 대 무용성이라는 이분법적 딜레마에서 벗어나지 못하고 있으며, 새로운 인식틀의 창출과 이론 체계의 혁신, 시대정신의 정교화라는 과제 앞에서 효과적인 방안을 마련하지 못하고 있다. 특히 중국철학 고유의 정체성을 확립하고 세계철학사적 위상에 부합하는 독자적인 인식론적 지향과 가치체계를 구축하는 데 있어서는 학문공동체 내에서도 명확한 합의가 부재한 상황이다. 이러한 현상의 발생 배경에는 시대적 환경의 영향뿐 아니라 중국철학 자체의 방법론적 한계도 상당 부분 기인하고 있다. 따라서 철학과 시대가 공동으로 직면한 문제의 본질 규명, 그 발생 메커니즘 분석, 그리고 해결 전망 모색이라는 삼중과제를 체계적으로 성찰하는 것은 시급한 학문적 임무로, 이는 다층적 사유와 종합적 분석을 요구하며, 다음 세 가지 차원에서 접근할 수 있다.

첫째, 21세기 인류의 인식능력의 질적 향상과 인식 영역의 확장 및 심화는 철학에 중대한 도전을 제기하고 있다. 우주 과학, 생명과학, 인공지능학 등 첨단 과학기술의 등장과 더불어 인터넷, 사물인터넷(IoT), 빅데이터 기술의 보편적 활용은 인류의 사유방식과 생활양식, 행동 패턴을 급격히 변화하는 동시에 물질과 의식, 심신 관계, 자유의지, 사회정의 등 전통적 철학적 문제에 대한 인식과 기대 지평을 재구성하고 있다. 철학은 본질적으로 인간의 지적 호기심에서 비롯된 학문이다. 역사적으로 고대 그리스 철학이 세계의 근원을 탐구하는 과정에서 형성되었듯이, 중국철학 역시 혼란한 사회질서를 정립하고 우주론적 원리를 규명하고자 하는 노력에서 탄생하였다. 철학적 사유가 일단 정립되면 그 자체의 내적 논리를 따라 독자적 발전궤적을 그리게 되기 마련이지만, 근본적으로 철학적 성취와 인류의 지적 수준은 상호 조응하는 관계에 있다. 철학의 진보는 과학의 발전과 불가분의 관계에 있으며, 철학 개념과 문제의 재해석은 과학기술의 획기적 발견과 밀접하게 연관되어 있다. 우주론적 관점에서 대폭발 이론, 암흑물질 및 반물질에 대한 가설, 양자역학의 혁신적 이론들은 인류의 우주 기원론의 철학적 성찰에 중대한 전환을 요구하고 있다. 또한, 유전자 조작 기술과 신경과학의 실험적 성과들은 의식의 본질과 지행(知行) 관계에 대한 기존 윤리학적 해석에 근본적 재고를 촉구하고 있다. 이에 따라 현대철학 연구는 단순히 철학사 지식에 의존하거나 기존 교과서에 대한 접근으로는 그 사명을 다하기 어렵다. 진정한 의미의 철학적 탐구를 위해서는 현대 자연과학과 공학기술의 혁신적 성과를 포괄적으로 이해해야 할 뿐만 아니라, 현대 사회과학과 경제학이 제시하는 새로운 패러다임과 분석 모델을 체화해야 한다. 이를 통해 비로소 새로운 사유체계와 문제의식을 정립할 수 있으며, 시대적 요청에 부응하는 생생한 철학으로서 인류의 삶과 사회 발전에 실질적으로 기여할 수 있다.

자연과학과 사회과학의 발전은 철학에 대한 도전으로 작용하지만, 동시에 철학적 진보를 위한 핵심적 토대를 마련하기도 한다. 지식의 양적 확장과 질적 향상이 철학에 미치는 영향은 단순히 부정적 차원에 한정되지 않는다. 철학은 본질적으로 '애지지학(愛智之學)[15], 즉 지혜를 사랑하고 지혜를 탐구하는 학문'으로서, 그 궁극적 목적은 지혜에 대한 추구에 있다. 지식은 지혜 형성의 필수적 기초 요소이지만, 철학적 사유에서 보다 결정적인 것은 '전식성지(轉識成智)'의 과정, 즉 지식을 지혜로 승화시켜 지식의 종속적인 상태에서 벗어나는 데에 있다. 레오 슈트라우스(Leo Strauss)가 지적했듯, "해결책의 유혹에 굴복하는 것은 철학이 직면한 근본적 위험이다."[16] 철학의 발전과 지식의 진보를 조화롭게 연계시키는 방법론적 접근, 나아가 새로운 지식체계에 대한 철학적 해석을 통해 과학기술 발전을 견인하면서도 철학적 진보의 발판으로 기능하게 하는 것은 철학이 직면한 현시대의 중차대한 과제이다. 우주론, 생명의학, 신경과학, 유전공학, 인공지능 등에서의 획기적 발견들은 세계관, 생명관, 자아정체성, 미래전망에 대한 기존 패러다임을 재구성하고 있으며, 이는 필연적으로 철학적 사유체계에 구조적 영향을 미칠 것이다. 철학은 과학적 패러다임 전환과 기술혁신의 개념적 전제이자 인식론적 조건으로 기능한다. 이에 따라 과학기술 분야의 혁신적 발전은 인간이 세계와 자아를 인식하는 새로운 철학적 프레임워크의 필요성을 역설적으로 증명하고 있다. 이러한 상호작용 관계는 지식과 지혜의 변증법적 통합을 위한 지속적인 철학적 성찰을 요구한다.[17]

15) [역자주] '애지지학(philosophia)'이라는 용어는 고대 그리스에서 유래했다. 여기서 'philem'은 '추구' 또는 '사랑'을, 'sophia'는 '지혜'를 의미한다. 따라서 'philosophia'는 '지혜를 사랑함'을 뜻하며, '애지지학(愛智之學)'으로 번역된다. 이는 철학이 단순히 지혜를 추구하는 차원을 넘어, 지혜 자체에 대한 진실되고 열렬하며 집착을 넘어선 사랑, 즉 '지혜에 대한 간절한 마음(愛智之忱)'임을 보여준다.

16) 施特勞斯, 等.『論僭政』. 何地, 譯. 北京: 華夏出版社, 2006:213쪽.

17) 姚新中, 陸寬寬.「當代中國哲學的結構困境」.『哲學研究』, 2016(3):126쪽.

둘째, 세계화의 가속화와 현대화의 심화 및 발전은 기존에 분리되어 있던 학문 분야 간의 연계성을 강화하였으며, 과거 철학 연구의 심화 수단으로 활용되던 전공 분할 방식은 점차 시대적 요구에 부응하지 못하게 되었다. 현대 중국철학 학계 내부에서 나타나는 구조적 문제는 중국철학의 형성과 발전과정에서 기인한 것으로, 중국철학, 서양철학, 마르크스주의 철학으로 삼분된 학문 구도는 중국 학술계의 고유한 특성을 반영하고 있다. 학부제 철학교육 시스템은 그 독자적인 역사적 발전 과정을 통해 전공 분야를 '경(經)'으로, 교육 및 연구 실천을 '위(緯)'로 하는 기본 프레임워크를 구축하였다. 그 결과, 중국 철학계는 '분야별 체계를 완비한' 세계 최대 규모의 철학연구 집단으로 성장하였다. 모든 전공 분야에서 고대철학, 현대철학, 중국철학, 서양철학, 마르크스주의 철학이라는 다섯 가지 영역을 포괄적으로 다루어야 하는 요구로 인해, 철학 학과 내부에는 다층적인 복합 구조가 형성되었다. 이로 인해 제한된 연구 자원을 둘러싼 학제 간·연구 방향 간의 경쟁이 불가피하게 발생하였으며, 이러한 경쟁 구도는 철학교육의 지식 전수 기능을 강화한 반면, 비판적 사고능력의 함양과 방법론적 훈련, 합리적 선택 능력의 제고 측면에서는 한계를 드러냈다. 만약 철학교육이 단순한 양적 확장과 규모 경쟁의 장으로 전락한다면, 지혜에 대한 추구가 지식 전달에 의해 대체되면서 철학이 본래 갖추어야 할 사고방식의 기초 기능을 상실할 위험에 처하게 될 것이다.

이러한 난관에 직면하여, 오늘날 학과 간의 학술적 장벽을 허물고, 철학의 중국성과 세계성, 전통성과 현대성을 융합하는 방법을 모색하는 것이 더욱 절실하다. 철학은 시대정신의 정수로서, 지혜에 대한 끊임없는 추구를 통해서만 중서 고금을 아우를 수 있다. 그러나 서로 다른 시대의 사람들은 각기 자신이 처한 '동굴(洞穴)' 속에서 다양한 시각으로 자신의 시대를 바라볼 수밖에 없다. 세계화가 우리의 기본적 생존 형태가 되어가고, 철학의 각 분야가 점점 융합되는 오늘날, 우리는 여전히 지역화와 구체적인 학과 연구의 심화를 통해 세계화와 학문의 융합이 가져오는 도전에 대응하고, 중국철학의 특색과 본 학과의 특별한 안목을 강화해야 한다. 그러나 이 과정에서 철학의 보편성과 대립하는 일은 피해야 하며, 우리 철학의 특수성만을 고집해서는 안 된다. 따라서 철학 분야의 세계화와 지역화, 일반 철학과 특수 학과의 통합을 이루기 위해서는 철학연구에서의 각종 시공간적 장벽을 허물고, 비전통적 의미의 '대철학'을 형성함으로써 철학의 지식성과 지혜성, 철학의 중국적 의상(意象)과 세계적 안목, 그리고 철학의 '현대화(現代化)'와 '화현대(化

現代)' 간의 적절한 긴장감을 유지해야 한다.

셋째, 스마트 통신의 보급에 힘입어 대다수 중국인들, 특히 지식계와 도시민들이 포스트모던 라이프에 접어들고 있다. 포스트모던 사회는 철학에 대해 두 가지 요구사항을 제기한다. 첫째, 철학은 당대 일상생활의 기반이 되는 사유 훈련이 되어야 하며, 둘째, 일상적인 사유 습관을 넘어서는 정신적 추구가 되어야 한다. 전자는 현실 생활에 대한 사변(思辨)으로서 현실에 근거하여 실제 생활에 깊이 뿌리내려야 하며, 후자는 현실과 동떨어진 정신적 이상(理想)으로서 현실을 초월해야 한다. 서양에서 유래한 경험주의와 이성주의는 태생적으로 중점이 달랐으며, 철학의 현실성과 이상성이라는 이중적 관점을 보여왔다. 그러나 현재의 철학 구조와 지식체계로는 이 두 가지를 통합하여 철학의 현실성과 이상성의 이중적 요구를 충족시키기 어렵다. 이에 따라 연구 분야가 서로 다른 철학 연구자들은 그중의 한쪽에 치우치기 쉽다. 즉, 철학의 생활화와 현실화를 강조하면서 실용 학문과 융합하거나, 철학의 사변성과 정신적 측면만을 강조하는 경향이 나타나게 된다. 그러나 전자와 같은 '이른바 철학'은 항상 현실적인 문제에 얽매여 현실을 설명하고 변호하는 도구가 될 뿐 진정한 철학적 사유로 발전하기 어려우며, 후자와 같은 '이른바 철학' 역시 순수한 사유 게임으로 전락하여 이성을 '초경험적인 것'으로 간주하고 사고를 개념의 추론(推論)으로만 보게 된다. 이 두 가지 경향 모두 철학과 현시대의 관계를 충분히 구현하지 못했다. 현대사회의 규범화와 달리 포스트모더니즘(postmodernism) 사회의 특징 중 하나는 개성 추구와 자주적인 혁신이다. 이러한 혁신은 철학 분야에서 새로운 범주를 형성하거나 기존의 지식 패러다임을 해석하는 것으로 나타난다. 프랑스 철학자 질 들뢰즈(Gilles Deleuze)를 비롯한 철학자들은 "철학은 개념을 창조하는 학문이다."라고 주장하며, "철학의 목적은 끊임없이 새로운 개념을 창조하는 것이다."[18]고 강조했다. 니체(Nietzsche) 역시 "철학자는 다른 사람들이 손에 쥐여 준 개념에 만족할 것이 아니라, 그것을 갈고 닦아 빛을 발하게 해야 한다. 또한, 철학 개념을 창조하고 혁신해야 하며 사람들이 널리 활용하게끔 설득해야 한다."[19]라고 주장했다. 또한 "만약 사람들이 어느 철학자에 대해 논의할 때 그가 어떠한 개념도 창조하지 못했고, 자기 고유의 개념을 형성하지 못했다고 말한다면 해당 철학자는 과연 학문적 가치가 있을까?"[20]라는 의문을 제기했다.

---

18) 吉爾·德勒茲, 菲力克斯·迦塔利.『什麼是哲學?』. 張祖建, 譯. 長沙: 湖南文藝出版社, 2007:205쪽.

19) 각주 18, 206쪽.

유사한 맥락에서 양국영(楊國榮) 역시 새로운 철학이 형성되는 두 가지 경로에 대해 "새로운 철학 사상의 형성은 새로운 개념을 제시하는 것을 통해 이루어지거나, 기존 개념에 대한 재해석을 통해 나타난다."[21]고 주장했다. 철학의 현실성과 이상성이 하나가 되는 방법은 특정 개념을 통해 시대를 이해하는 것인바, 개념과 시대 사이의 내재적이고 심층적인 상관관계는 철학이 시대를 벗어나지 않는 중요한 보장이다.

시대정신으로서 철학은 포스트모더니즘적 생활양식의 현실적 조건에 혁신적으로 대응해야 하며, 이 과정에서 철학 개념의 해석학적 효용성은 그 학문적 타당성을 평가하는 핵심 준거로 작용한다. '철학 개념'과 그 내재적 배경에 존재하는 사상이론이 결여된다면, 철학 혁신은 그저 빈말에 지나지 않는다. "철학자들은 세계를 다양한 방식으로 해석해 왔지만, 그 근본적인 과제는 세계변혁에 있다."[22]는 마르크스의 유명한 명제는 주목할 만하다. 비록 마르크스가 세계변혁에 주안점을 두었으나, 그는 철학적 사유가 다층적 세계인식을 가능하게 한다는 점을 동시에 인정하였다. 세계해석의 본질적 가치는 혁신적 사유에 내재하며, 이러한 인식론적 작업의 기본 도구는 철학적 개념체계라 할 수 있다. 그러나 개념 창조의 과정은 단순한 언어적 유희 차원에 머물러서는 안 된다. 효과적인 철학 개념의 정립은 반드시 구체적인 현실 함의를 포괄해야 하며, 동시대적 정신의 본질을 응축하여 구현할 수 있어야 한다. 이는 공허한 형이상학적 사변의 산물이 아니라, 인류의 세계이해를 구조화하는 인식론적 틀이며 동시에 실천적 지향성을 함유한 철학적 이념의 체계화 과정이다. 결론적으로 철학적 개념 창조의 궁극적 가치는 인류가 거주하는 세계에 대한 심층적 이해의 확장과 인간의 실천적 활동을 통해 보다 합리적인 세계구조를 형성하는 데 기여할 수 있는지의 이중적 차원에서 검증되어야 할 것이다.

20) 吉爾·德勒茲, 菲力克斯·迦塔利.『什麼是哲學?』. 張祖建, 譯. 長沙: 湖南文藝出版社, 2007:207쪽.
21) 楊國榮.「如何做哲學」.『哲學動態』, 2016(6):8쪽.
22)『馬克思恩格斯選集: 第1卷』. 北京: 人民出版社, 2012:140쪽.

제1장

철학 문제에 관한 문제

아리스토텔레스(Aristotle)는 철학의 기원을 인간의 호기심에서 비롯된 것으로 규명하였다. 『형이상학(Metaphysics)』 서문에서 언급한 바와 같이 그는 "인간은 호기심으로 인해 철학적 사고를 시작하게 되며, 주변 현상 중 이해되지 않는 사물에 대해 경이로움을 느끼다가 점차 보다 근본적이고 중대한 문제에 대한 성찰로 나아가게 된다."[1]고 주장했다. 이러한 호기심과 경이감의 인식론적 작용은 본격적인 사유체계의 형성과 학문적 탐구를 촉발하는 계기가 된다. 역사적으로 고대 그리스 철학은 신화적 세계관과 종교적 사유의 틀을 벗어나 학문적 합리주의의 초석을 마련한 대표적 사례이다. 헬레니즘(Hellenism) 철학사에서 최초의 체계적 탐구 대상은 자연계(physis)였으며, 이를 연구한 탈레스(Thales)에서 아낙시메네스(Anaximenes)에 이르는 이오니아(Ionian)학파[2] 학자들은 자연 철학자(physiologoi)로 불리며 우주론적 사유의 전통을 확립하였다. 소크라테스(Socrates)의 등장은 철학사의 패러다임 전환을 가져온 결정적 분기점이었다. 그의 개념적 분석과 반문법(elenchos)은 철학의 초점을 자연현상에서 인간 존재론적 문제로 전환하였으며, 이를 통해 윤리학·인식론·정치철학 등 인문학적 탐구영역의 기반을 조성하였다. 이에 따라 철학은 이원적 연구체계를 확립하게 되었는데, 첫째는 자연현상의 근원적 원인(arkhē) 탐구를 목표로 하는 우주론·형이상학·본체론 영역이며, 둘째는 인간 실존과 사회적 관계의 본질을 규명하는 실천철학 영역으로 구분된다. 학문적 방법론 측면에서 논리학은 이 두 축의 이론적 토대를 제공하는 기초학문으로 기능하였으며, 종교철학

1) 亞裏士多德.『形而上學』. 苗力田, 譯. 北京: 中國人民大學出版社, 2003:5쪽.

2) [역자주] 이오니아학파는 기원전 7세기와 6세기에 밀레토스를 중심으로 활동했던 초기 그리스 철학자들을 지칭한다. 주로 자연철학을 탐구했으며 탈레스, 아낙시만드로스, 아낙시메네스가 대표적인 학자이다.

은 형이상학적 사유의 확장을 위한 토대를 마련하였다. 이러한 이원적 구조는 서양철학사 전반에 걸쳐 지속적으로 변주되며 철학적 사유의 외연을 확장해왔다.

철학의 탄생 이유와 과정을 고찰해보면, 철학과 문제는 불가분의 관계임을 알 수 있다. 우리는 어떠한 철학 저서를 통해서라도 철학적 문제와 이에 대한 다양한 해답을 쉽게 찾아볼 수 있다. 이러한 문제와 답변을 시간적 또는 논리적 순서로 연결하면, 철학의 역사를 직관적으로 이해할 수 있다. 그러나 철학과 문제의 관계는 일방적인 것이 아니다. 철학은 문제를 제기할 수 있으며, 우리 역시 문제를 통해 철학을 재검토할 수 있다. 철학이 제기한 문제를 철학 문제라고 한다면, 이를 통해 철학을 재검토하는 것을 메타 철학(meta-philosophy)[3] 문제 또는 철학 문제에 대한 문제라고 할 수 있다. 철학자들은 메타 철학 문제에 대해 많이 논의하지는 않았지만, 이는 메타 철학 문제가 중요하지 않다는 것을 의미하지 않는다. 일부 메타 철학 문제는 많은 철학 문제 자체보다 더 중요할 수 있다. 예를 들어, 철학이란 무엇인가, 어떤 것이 철학 문제인가 하는 문제들이다. 물론 철학 문제이든 메타 철학 문제이든, 모두 철학 또는 철학 문제로 간주될 수 있다. 다만 철학 문제는 철학적 방법으로 문제를 탐구하고, 메타 철학 문제는 문제의 방식으로 철학을 탐구한다. 전자가 철학의 주체라면, 후자는 철학의 전제 조건이라고 할 수 있다. 따라서 중국철학의 문제에 대해 탐구하기에 앞서, 메타 철학 문제의 관점에서 철학 문제와 관련된 문제들을 먼저 고찰해야 한다. 이러한 고찰은 이후 연구 작업에 도움이 될 수 있다.

1.1 문제와 철학 문제

문제는 철학이 스스로를 해석하고 드러내는 창구이다. 철학은 언제나 문제를 출발점으로 삼고, 문제는 대개 철학으로 종결되나, 상대적으로 문제가 적은 철학은 철학이 없는 문제보다 이해하기가 더욱 어렵다. 이는 철학이 필연적으로 문제가 되지만, 모든 문제가 철학이 되는 것은 결코 아니기 때문이다. 간단히 말하면 문제는 종종 인간의 호기심이나

3) [역자주] 메타 철학은 '메타(Meta)'와 '철학(Philosophy)'이 결합된 용어로, 철학 자체를 철학적으로 탐구하는 학문 분야를 의미한다. 이는 철학의 근본적인 질문, 즉 철학이란 무엇인가, 철학의 대상은 무엇이며, 철학적 방법론은 무엇인가 등에 대해 성찰하는 것을 포함한다.

의문 혹은 곤혹감에서 발생한다. 문제를 제기하는 것은 본래 답을 찾기 위한 것이지만, 모든 문제에 답이 있거나 효과적인 대답을 얻을 수 있는 것은 아니다. 일반적으로 우리는 문제를 두 가지 유형으로 분류할 수 있다. 하나는 인식론이고, 다른 하나는 존재론이다. 전자는 인식에 관한 의문과 지식에 대한 갈망을 나타내며, 후자는 존재에 대한 불안과 가치에 대한 추구를 나타낸다. 인식론의 문제에서 중요한 것은 지식의 결핍이다. 따라서 우리가 인식 대상에 대한 효과적인 설명력을 지닌 지식체계를 구축하거나 보완하기만 하면 문제를 해결하기에 충분하다. 그러나 존재론 문제의 경우 지식만으로는 부족하다. 혹은 그러한 문제에서 지식은 거의 도움이 되지 않는다. 왜냐하면, 존재론 문제는 인식뿐만 아니라 많은 면에서 인간의 생존과 관련이 있기 때문이다. 여기서 필요한 것은 사실에 대한 해석이 아니라 가치와 의의에 대한 지지(支撐)이다. 따라서 문제는 단순히 '대답(ask and answer)'을 필요로 하는 '질문(question)'이 아니라 '해야 할지 말아야 할지(to do or not to do)'와 관련된 '난제(problem)'로 변한다. 전자의 초점이 의문 해소라면, 후자는 안심입명(安心立命)에 중점을 두게 된다. 이와 관련하여 한 철학자는 "'하나의 문제'(question)를 제기하는 것은 일종의 이지(理智)적인 활동이지만 '하나의 난제'(problem)에 직면하는 것은 인신(人身) 전체에 관련된 상황이다. '하나의 문제'는 지식 추구의 산물이지만 '하나의 난제'는 혼란이거나 심지어 고통스러운 상태에 대한 반영이다. '하나의 문제'는 해답을 찾지만 '하나의 난제'는 해결 방안을 찾는다."[4] 문제를 해결하지 못하는 경우 그 사람은 단순히 무지한 것에 불과할 뿐이지만, 난제를 해결하지 못하는 경우 그 사람은 정상적인 생활을 영위하지 못할 수도 있다. 결국, 존재론의 문제는 우리 모두의 생존 환경에 깊이 뿌리박힌 난제이며 우리 모두 피할 수 없는 공동의 운명이다. 철학 문제는 바로 이런 '난제'에 속한다.

철학 문제는 인식론적 문제와 달리 '신뢰할 수 있는' 지식과 과학을 직접적으로 창출하지는 못하지만, 그렇다고 해서 철학이 무용지물이거나 폐기되어야 할 학문은 결코 아니다. 철학은 인간 본성의 깊은 곳에 뿌리를 내린 형이상학적인 충동이기 때문이다. 철학 문제 역시 답을 찾기 위해 노력하지만, 인식론 문제와는 달리 철학은 종종 표준 답안이 없는 경우가 많다. 즉, 철학은 문제에 대한 답을 구하기 위한 목적으로 존재하는 것이 아

4) A. J. 赫舍爾.『人是誰』. 隗仁蓮, 安希孟, 譯, 貴陽: 貴州人民出版社, 2007:1쪽.

니다. 이는 철학이 답변을 요구하지 않는다는 것이 아니라, 철학 문제에 대한 답변이 종종 인간의 지식 범위를 초과한다는 사실에 기인한다. 철학 문제는 세계의 근원, 삶의 행복, 인간의 운명 등과 같은 궁극적인 질문들로 구성되어 있으며, 이러한 질문들은 종종 인간의 사고능력을 초월한다. 인간은 신이 아니며, 결코 '하느님의 눈(Eye of God)'[5]을 가지고 있지 않다. 따라서 인간은 자신의 한계를 넘어서 몸과 피부를 떠나 느끼고 생각할 수 없으며, 시공간을 초월하여 인류의 전반적인 운명을 계획할 수 없다. 그러므로 철학 문제에 대해 인간은 철학적 의견을 제시할 수는 있지만, 철학적 지식을 제공할 수는 없다. 철학 문제에 대한 답변은 좋고 나쁨을 논할 수 있을 뿐, 옳고 그름을 판단하기는 어렵다. 이러한 결과가 실망스러울 수 있지만, 더욱 실망스러운 것은 우리가 철학이 처한 이러한 상황을 어쩔 수 없이 받아들여야 한다는 점이다.

철학은 오만하게 질문할 수는 있지만, 반드시 겸손하게 답하는 법을 배워야 한다. 그렇지 않으면 철학은 독단적인 방향으로 나아가거나 인간의 삶에 무용한 해설이 될 수 있다. 이 점은 철학의 원초적인 맥락에서 약간의 실마리를 엿볼 수 있다. 철학의 고향인 고대 그리스에서 철학은 '애지지학(愛智之學)'이라고 불렸다. 철학은 지식이 아니며 지혜 자체도 아니다. 철학은 단지 지혜에 대한 동경과 끝없는 탐구이다. 지혜는 여신 아테나가 가진 일종의 '신의 기술(神技)'로, 인간이 할 수 있는 것은 오로지 지혜를 사랑하고 추구하는 것이며 이것이 철학이 탄생한 이유이고, 인간이 신에게 다가가는 가장 안전한 방법이다. 그렇지 않으면 소크라테스가 말했듯이 인간은 태양을 바라보며 스스로 눈을 멀게 할 수도 있다. 소크라테스는 철학을 하늘에서 인간 세상으로 되돌려 놓은 후 신탁(神諭)[6] 중 가장 현명한 사람이 되었지만 그가 신탁에 관한 가장 훌륭한 해석은 "내가 알고 있는 유일한 사실은 아무것도 모른다는 사실이다." 이러한 해석은 인간이 자신의 무지를 깨닫고 겸손함을 배우며, 모든 의견을 겸허히 수용하고, 모든 편견을 버리고 진정한 지혜의 길로 나아가야 함을 의미한다. 따라서 자기 자신을 아는 것은 철학의 첫걸음이며, 진정한 철학은 지혜를 향한 여정에 있다.

우리는 철학이 문제를 연구하는 데 초점을 맞추고 있음을 종종 언급하지만, 철학이 모

5) [역자주] "하느님의 눈"은 신앙적인 맥락에서 사용되는 표현으로, 세상을 바라보는 긍정적이고 영적인 관점을 의미한다.

6) [역자주] 신의 지시 또는 신의 지시를 전하는 장소(신탁소)를 뜻하는 말이다.

든 문제를 다루는 것은 아니라는 점을 명심해야 한다. 상술한 문제의 이분법에서 알 수 있듯이 모든 문제가 철학적인 것은 아니다. 철학 문제와 일반 문제 사이의 주요 차이점은 철학 문제는 궁극적인 문제에 대한 심오한 성찰이며, 일종의 특수한 '메타(mata-) 문제'라는 데 있다. 일반 문제는 표면적인 측면에 머무를 수 있으나, 철학 문제는 사물의 본질과 근원에 이르기까지 깊이 있는 탐구를 요구한다. 따라서 철학 문제는 궁극적인 성격을 지니며, 이는 철학의 본질적 특성에 의해 결정된다. 그렇다면 "누가 철학 문제를 제기할 수 있는가?"라는 질문이 제기된다. 일반적으로 우리는 철학자만이 철학 문제를 제기할 수 있는 것이 아니라, 철학 훈련을 받지 않은 사람도 의미 있는 철학 질문을 할 수 있다고 본다. 유명한 '고갱(Paul Gauguin)의 삼문(三問)'이 바로 그 예다. "우리는 어디에서 왔는가? 우리는 누구인가? 우리는 어디로 갈 것인가? (Where do we come from? What are we? Where are we going?)"와 같은 질문들이 그것인데, 이 문제들이 중대한 철학 문제라는 점은 사실이지만 이러한 질문을 한 사람들을 모두 철학자라고 부를 수는 없다. 그 이유는 그들의 질문이 철학적 의미에서 반드시 의식적인 것이 아니기 때문이다. 설사 그 질문이 의식적이었다고 할지라도, 그들이 철학적으로 이 문제를 사고하거나 답변할 수 있는 능력이 없을 수 있다. 그러나 철학적으로 이러한 문제들을 사고하고 답변하는 것은 때로 철학 문제 자체를 다루는 것보다 더 중요할 수 있다. 따라서 누가 철학적 질문을 할 수 있는지에 대한 답을 찾을 때, 우리는 그들이 철학 문제에 대해 충분히 사고하고 답변할 수 있는 능력이 있는지를 철학 질문을 할 수 있는 조건으로 고려해야 한다. 만약 철학적 사고를 행할 수 있고 철학적 방법론에 따라 철학 문제에 답할 수 있는 사람을 철학자로 정의한다면, 우리는 그 철학자가 진정한 철학 질문을 제기했다고 당연히 판단할 수밖에 없다. 다시 말하면, 철학 문제란 철학자가 철학적 방법을 통해 제기한 질문으로 정의될 수 있다. 이러한 결론은 우리의 일반적인 인식과는 다소 차이가 있을 수 있으나, 이는 이성적인 성찰의 결과로 도출된 것이다.

전제 조건을 유보한 기초 위에서 우리는 이 결론이 타당하다고 판단한다. 인류 역사에서, 우리는 일반적으로 고대 그리스 철학자 탈레스(Thales)를 최초의 철학자로 간주한다. 그 이유는 그가 의식적으로 최초의 철학 문제를 제기하고 철학적 답을 제시했기 때문이다. 그의 질문은 "세계의 기원은 무엇인가? 다시 말해, 세계는 무엇으로 구성되어 있는가? 세계는 어디에서 왔으며 어디로 가는가?"이다. 탈레스의 답은 '물(water)'이었다. 이

답에 다소 실망할 수는 있지만, 우리는 그가 이러한 결론에 도달한 이유를 알 수 없다. 이는 모든 생명체가 물 없이는 생존할 수 없다는 사실에 기인했을 수도 있으며, 혹은 그리스가 바다로 둘러싸여 있었기 때문일 수도 있다. 중요한 것은 그가 최초로 철학적 질문을 하고 철학적 답을 제시했다는 점이다. 탈레스 이후 철학자들은 이 문제에 대해 지속적으로 사고하고 해석을 보완하였다. 이로 인해 세계 최초의 철학 용어와 철학 형태가 탄생하게 되었는데, 이것이 바로 '본원(Fundamental)'[7]의 개념과 '본체론(Ontology)'[8]의 형태이다. 본체론 또한 세계의 근원에 대한 철학적 질문이다. 철학자들의 본체론에 대한 답은 다양하지만, 이는 본체론이 널리 퍼지는 데 큰 장애가 되지 않았다. 이 최초의 철학 문제는 일치한 답이 없었기에 사라지지 않았으며, 오히려 철학의 최초 형태가 아닌 철학의 가장 기본적인 형태로 자리 잡았다. 그 이후의 인식론, 가치론, 언어철학 등 후속 철학 형태 모두 본체론에서 파생되었다.

1.2 철학 문제의 성장력[9]

철학 형태의 변화는 종종 철학 문제의 전이(轉移)를 의미하며, 이러한 전이는 시대의 변천과 깊은 상관관계가 있다. 일반적으로 철학 문제는 특정 시대에 의존하며, 철학이 없는 시대나 시대가 없는 철학은 상상하기 어렵다. 철학의 시대성은 단지 헤겔(Georg Wilhelm Friedrich Hegel)과 마르크스(Karl Marx)의 철학과 시대에 대한 거시적 이해에 국한되지 않으며, 철학이 구체적인 시대 속에서 의미 있는 철학 문제를 어떻게 제기했는지에 따라 더욱 명확히 드러난다. 탈레스와 그의 후계자들은 철학이 탄생한 초기에 세계의 근원에 대한 탐구를 통해 자연철학을 탄생시켰고, 소크라테스는 철학의 영역을 하늘에서 인간 세계로 확장했으며, 플라톤(Plato)과 아리스토텔레스는 끊임없이 변화하는 세

---

7) [역자주] 모든 사물의 최초 근원 또는 세계를 구성하는 가장 근본적인 실체를 가리킨다

8) [역자주] '존재하는 것 자체에 대해 근본적인 탐구'를 하는 철학의 핵심 분야이다. 쉽게 말해, '세상의 모든 것들의 근본적인 실체와 본질은 무엇인가?'를 묻는 학문이다.

9) 본 장의 1.2절 두 번째 단락부터 본 장 1.5절 뒤에서 세 번째 단락까지는 조정양(趙汀陽) 교수의 2017년 3월 중국인민대학의 강의 녹음을 수정하여 옮긴 것이다. 이에 대해 명확히 설명하며, 이와 같은 내용을 이 책에 넣을 수 있도록 동의한 조정양 교수에게 감사의 마음을 전한다.

계와 불변의 사물에 대한 탐구를 통해 형이상학을 발전시켰다. 헬레니즘 시대(기원전 323~기원전 30년)와 로마 시대(기원전 322~기원 529년)에 전쟁이 빈번하고 백성들이 고통에 휩싸였을 때, 철학자들은 인생과 윤리를 대상으로 지속적인 탐구를 시작하면서 윤리학이 번성하게 되었다. 이후 종교철학, 인식론, 선험철학, 경험주의, 이성주의, 마르크스주의 철학, 철학의 언어학 전향, 존재주의, 정치철학의 부흥 등은 모두 철학이 구체적인 시대에 대한 탐구를 통해 형성된 철학 체계이다. 중국에서는 공자가 '예붕악괴(禮崩樂壞)'[10]의 시대에 어떻게 예(禮)를 회복할 수 있는지에 대해 탐구함으로써 '인(仁)'이 생겨났고, 노자가 세상의 흥망성쇠를 다스리는 것에 대해 탐구함으로써 '도(道)'가 생겨났다. 인도에서는 석가모니가 인생의 고통을 탐구함으로써 '불교(佛)'가 탄생했다. 결론적으로, 철학이 시대와 분리될 수 없다는 것은 철학 문제가 시대와 분리될 수 없다는 것을 의미한다. 또한, 철학 문제가 시대와 분리될 수 없는 이유는 철학 문제를 제기한 철학자가 시대와 분리될 수 없기 때문이다. 철학은 수학이나 물리학과 달리 독립적인 시대적 문제역(問題域, Problem domain)을 가질 수 없다. 철학 자체는 문제가 없으며, 모든 철학 문제는 시대적 문제에 속한다. 시대와 분리된 철학은 성립할 수 없으며, 철학이 질문을 던지는 순간 이미 그 안에 시대가 내포되어 있다.

여기에서 주목해야 할 중요한 점은, 철학 문제가 시대와 불가분의 관계에 있음에도 불구하고, 철학 문제가 반드시 당대의 선도적인 문제를 의미하는 것은 아니라는 사실이다. 철학은 그 자체의 선도적 영역을 가질 수 있으나, 이는 반드시 시대의 선도적 영역과 일치하지는 않는다. 오히려 철학의 선도적 영역은 르네상스 시대의 고전 철학처럼 매우 오래된 것일 가능성도 있다. 따라서 이는 철학의 선도적 영역을 어떻게 이해하는가에 대한 전제 조건과 관련이 있다. 그렇다면 철학의 선도적 영역이란 무엇인가? advance guard(전위부대), frontier(선봉대), pioneering(선구적인), 또는 hottest(가장 인기 있는), newest(가장 유행하는) topics(주제)인가? 철학의 '선도적 영역'을 언급할 때, 우리가 진정으로 의미하는 '선도적 영역'은 무엇인가? 혹은 이를 통해 우리가 일부 문제들을 '선도적' 혹은 '낙후된' 것도 아닌 것으로 간주하거나, 혹은 시대에 뒤떨어진 것으로 여기지는 않았는가? 한 문제가 소위 '선도적' 문제인지 '낙후된' 문제인지 어떻게 판단할 수 있는

10) [역자주] 봉건사회의 규범과 제도가 파괴되는 것을 뜻하는 말.

지 등에 대해 고민해볼 수 있다. 이러한 문제들은 모두 철학적 논의에 속한다. 청나라 조익(趙翼)은 『논시오수·기이(論詩五首·其二)』에서 "시대마다 재능 있는 인물이 나타나 새로운 시대를 이끈다."11)라고 했다. 고전적인 문제나 사상도 역사의 일부가 되는데, 하물며 현대의 유행하는 문제는 더 말할 것도 없다. 오늘날 철학이 오직 유행하는 이슈들을 추종하는 데만 집착한다면 철학연구는 언제나 얕고 피상적인 사고 수준에 머무를 수밖에 없으며, 만약 철학이 확고한 입장을 상실하게 된다면 결국에는 소멸될 것이다. 따라서 철학적 문제의 선도적 영역이라 함은 결코 이런 것을 가리키는 것이 아니다. 물론 철학의 선도적 영역은 전위 예술과 같은 비교적 신파적이고 전위적인 것이 되어서도 안 된다. 이러한 아방가르드적인 '선도적 영역'과 철학적인 '선도적 영역'은 서로 다르다. 우리의 이해에 따르면, 철학의 선도적 영역은 탐구성과 개척성에 가까운 '전(前)'이어야 한다. 철학이 특정 시대에 철학 문제에 대한 새로운 탐구를 개시할 때, 예를 들어 새로운 철학 문제를 발견하거나 기존의 철학 질문에 대한 새로운 사고방법을 찾을 때, 그것은 철학의 선도적 영역으로 이해될 수 있다. 따라서 철학이나 철학 문제의 선도적 영역은 영어의 'pioneering(개척적인, 선구적인)'에 가까운 것으로, 이 단어로 철학의 선도적 영역을 표현하는 것이 가장 적절할 것이다.

이와 관련하여, 철학 문제를 고찰할 때(철학연구는 본질적으로 철학 문제가 지속적으로 존재하기 때문에) 현재 유행 중인 문제에 무게를 두기보다는 실질적으로 중요한 문제에 대해 깊이 고민해야 할 필요가 있다. 철학 세계에서 핵심은 일시적인 문제가 아니라 우리가 회피할 수 없는 문제들이며, 오직 회피할 수 없는 문제들만이 진정으로 중요한 문제로 간주될 수 있다. 이렇게 회피할 수 없는 문제들은 대체로 두 가지 유형으로 분류할 수 있다. 하나는 소위 '영원한 문제'라고 불리는 것으로, 이는 문제들이 시간적으로 영원하다는 의미가 아니라, 그것들이 모든 시대에 지속적으로 존재한다는 것을 말한다. 따라서 영원한 문제는 인류의 생존과 밀접히 관련된 문제들이며, 인간이 단번에 해결할 수 없는 문제들 혹은 지속적으로 직면해야 할 문제들이다. 철학에서 가장 전형적인 문제들은 모두 이러한 유형에 속한다. 예를 들어 진리에 관한 문제는 수천 년간 지속해서 논의되어 왔음에도 불구하고 여전히 중요한 철학적 과제로 남아있다. 따라서 영원히 존재할 수 있

11) [역자주] "江山代有才人出, 各領風騷數百年"(趙翼, 『論詩五首·其二』).

는 문제는 매우 심각하면서도 중요한 문제로서, 이에 대해 신중하고 진지하게 접근할 가치가 있다. 또 다른 하나의 회피할 수 없는 문제 혹은 진정 중요한 문제는 바로 미래에 반드시 대두될 중대한 문제들이다. 이러한 문제들은 미래 지향적 특성을 가지며, 주로 시대의 전환기에 나타난다. 현재 우리는 이러한 역사적 시기에 처해 있으므로 미래지향적 문제들과 불가피하게 마주하게 될 것이다. 이 또한 우리가 회피할 수 없는 문제들이다.

영원한 문제이든 미래에 속하는 문제이든 모두 '성장력'이 있는 문제들이다. 성장력이 있는 문제야말로 철학적으로 진지하게 사고하고 탐구할 가치가 있는 문제이다. 여기에서 소위 성장력이란 개방적이고 지속적인 특성을 의미한다. 마치 씨앗과 같이 생기와 활력이 넘치며 발아하고 개화하여 최종적으로 풍성한 가지와 잎을 이룰 수 있어야 한다. 성장력이 없는 철학적 문제에 관하여 무의미하다고 단언할 수는 없지만, 철학발전사 전체를 바라보았을 때 그 문제가 얼마나 중요한 문제인지 말하기 어렵기 때문에 사람들의 지속적인 관심을 끌기 어렵다. 따라서 진정으로 성장력이 있고 의미 있는 문제라면, 반드시 많은 학자들이 연구했을 것이고, 이미 누군가가 이전부터 연구하고 있었을 것이다. 물론 여기에는 앞에서 언급한 미래에 속하는 새로운 문제들이 포함되지 않는다. 이러한 새로운 문제는 미래에 속하기 때문에 이전 사람들은 그 문제에 대해 접하거나 들어볼 기회조차 없었을 수도 있다. 이런 의미에서 전환기에 살고있는 세대는 좋은 시대를 만났다고 할 수 있다. 철학자라면 다음과 같은 느낌을 이해할 수 있을 것이다. 즉, 철학연구에서는 어떠한 철학 문제든지 이전에 논의되지 않은 것이 없으며, 어떤 철학 이론을 언급하더라도 마치 2천여 년 전에 이미 다루어진 것처럼 느껴진다는 점이다. 대부분의 경우 실제로 그러하다. 『성경·구약·전도서(聖經·舊約·傳道書)』에서 말했듯이 "태양 아래 새로운 것은 없다." 당시 인류의 삶은 막 시작되는 단계에 있었고, 인류의 모든 중대한 문제가 눈앞에 펼쳐져 있었지만, 아무도 그 문제들에 대해 생각해 본 적이 없었을 것이다. 마치 황무지를 개간하듯 창조적이고 개척적인 문제들로 가득 차 있었다. 그리고 우리가 알아야 할 것은 인간의 삶이 시작된 이후 문제가 하나씩 나타난 것이 아니라 여러 문제가 동시에 나타났다는 점이다. 실제로 인간의 삶과 운명에 관한 기본적인 문제는 모두 20여 개 정도로 제한되어 있다. 그 문제들이 동시에 눈앞에 펼쳐져 있었기 때문에 당대의 철학자, 성인, 또는 소위 선지자들은 이러한 문제들을 예리하게 파악하고 이에 응답했다.

이러한 기본적인 문제들은 시대가 지나면서 계속해서 나타나는 문제들이며, 그들이 맞닥뜨린 문제들은 우리 역시 피할 수 없다. 그러나 그들은 이러한 문제에 미리 답을 제시할 수 있었고, 그 문제들을 철학적 차원으로 끌어올려 이후 철학의 발전을 위한 토대를 마련했다. 역사의 전환기에 처해 있던 철학자들은 새로운 시대를 맞이할 기회를 얻었고, 고대인들은 물론 동시대인들조차도 경험해보지 못하고 생각해 보지도 않았으며, 심지어 들어본 적도 없는 새로운 문제들에 직면하게 되었다. 이처럼 시대의 전환은 많은 문제와 도전을 가져올 뿐만 아니라 그 시대의 철학자들에게 많은 기회를 제공한다. 결국, 그것은 좋은 시대이자 나쁜 시대이지만, 철학적으로 볼 때 이는 아름다운 시대라 할 수 있다. 왜냐하면, 우리는 과거의 오래된 문제뿐만 아니라 새로운 문제들까지 끊임없이 직면할 수 있기 때문이다. 철학 사상에 있어서 문제가 존재한다는 것은 바로 희망과 기회가 있다는 것을 의미한다.

회피할 수는 없으나 성장력을 지닌 문제만이 진정으로 중요한 문제라면, 중요한 것은 삶 속 깊숙이 숨겨져 있는 이러한 사고할 가치가 있는 문제들을 '발굴'해내는 것이다. 현대 학술 체계에서 규범화된 지식 훈련은 긍정적인 측면이 있지만, 때로는 사람들을 잘못된 방향으로 유도하기도 한다. 예를 들어, 많은 이들이 책 안에 문제가 있다고 여겨 텍스트에서 문제를 찾고자 한다. 즉, 칸트(Kant)가 특정 문제에 대해 언급했다고 해서 그 문제를 연구하고, 롤스(John Rawls)가 언급한 문제를 중요한 문제로 삼고 연구하는 경우이다. 그러나 이와 같은 방식으로는 우리가 직면하는 문제가 오직 서적이나 텍스트 내에 존재하는 문제들에 국한될 수밖에 없다. 예를 들어, 문제가 존재하는 세계가 바로 이 텍스트 그 자체라고 가정한다면, 우리는 무슨 방법으로 해당 텍스트가 실제 삶에 의미를 지니는지 확신할 수 있을 것인가? 만약 우리가 서적 속에 갇히게 될 경우, 우리의 사고는 선조들이 전수해 준 이야기로만 제한될 수밖에 없을 것이다. 칸트, 롤스, 슈미트(Carl Schmitt) 모두 자신들의 이야기를 했다. 만약 우리의 사상 세계가 타인의 이야기에만 한정된다면, 우리는 어떠한 방식으로 그 이야기가 진실성과 의미를 지니는지 알아낼 수 있을 것인가? 이 시점에서 우리는 소크라테스적 경계를 유지해야 한다. 즉, 이성적 성찰을 거치지 않은 삶은 살 가치가 없으며, 이성적이고 깊은 사고를 거치지 않은 이야기는 신뢰하기 어렵다. 우리는 겉보기에 중요해 보이지만 실제로 우리의 삶과 세상에 별다른 의미가 없을 가능성이 큰 이야기들에 대해 신중해야 한다. 이러한 이야기는 호기심을 불러일으키기 쉽지만, 진정한 이야기나 문제가 아닐 가능성이 있다. 어린이는 동화를 현실로 여길 수 있지만, 성인이 되어서도 여전히 동화를 현실로 받아들인다면, 그는 타인의 조롱거리가 되거나 심지어 재앙이 될 수 있다. 철학적 성찰은 우리가 텍스트 안에 갇히지 않고 삶 속의 문제를 발견하고 이를 진지하게 탐구할 수 있도록 도와준다. 철학은 단순히 과거의 사상이나 이론을 반복하는 데 그치지 않고, 우리가 살아가는 현재와 미래에 대해 질문을 던지고 답을 찾는다. 이를 통해 우리는 삶의 의미를 탐구하고 세계를 더 깊이 이해할 수 있다. 철학적 성찰은 우리가 책 속의 문제를 넘어 삶 속의 문제를 발견하고 이를 진지하게 탐구할 수 있도록 도와준다. 이는 철학이 단순히 학문적 연구에 그치지 않고, 인간의 삶과 세계에 대한 깊은 이해를 제공하는 데 그 목적이 있음을 보여준다. 사실상 모든 진정한 문제는 책 속에 있는 것이 아니라 삶 그 자체 속에 존재한다. 책에 실린 문제들은 단지 인간이 삶 속에서 직면하는 문제들을 반영한 결과물에 불과하며, 삶 속에서 경험하는 문제에 대한 반응으로서, 혹은 문제를 모델링한 형태로, 혹은 문제에 대한 실험적 상황으로 설정된 것이라 할 수 있다.

롤스의 유명한 사유 실험인 '무지의 베일(Veil of ignorance)'[12]은 이 분야에서 대표적인 사례로 꼽힐 수 있다. 사실상 롤스가 직면했던 문제는 삶의 문제였으며, 20세기 50~60년대 미국에서 발생한 일련의 사회적, 정치적 문제들은 그를 정의의 개념과 이론을 이론적으로 연구하고 재구성하도록 이끌었다. 처음에는 자유와 평등 측면에서 문제를 탐색하려 했으나, 점차 심화되어 결국 정의 문제를 더 명확히 이해하기 위해 '무지의 베일'이라는 가상의 실험 상태를 설정하게 되었다. 따라서 해당 실험은 현실 생활과 일정한 괴리감을 지니고 있는바, 이는 해당 현상이 과거에 존재한 적이 없으며 향후에도 존재하지 않을 것이기 때문이다. 즉, 그의 실험 상태와 조건은 현실에서 적용될 가능성이 거의 없다. 그렇다면 이러한 사고 실험의 '의의'는 무엇인가? 이는 철학의 주요 특징 중 하나로서, 철학은 실제로 존재하지 않는 상태를 상상하고 이를 바탕으로 아름다운 이론을 구축할 수 있는 능력을 지닌다. 이를 가능케 하는 주요 이유 중 하나는 복잡한 현실 속에서 불필요한 요소들이 이론 형성에 간섭하는 것을 방지함으로써 이론의 추상성과 포괄성을 제고하기 위함이며, 또 다른 이유는 인간의 사고를 정교하게 연마하여 이론이 완전무결하고 온전

12) [역자주] '무지의 베일'은 미국 정치철학자 존 롤스가 그의 저서 '정의론'에서 제시한 사유 관련 실험이다. 이 개념은 사람들이 사회의 정의로운 원칙에 합의하는 가상의 상황을 설명한다. '무지의 베일' 상태에서는 자신이 어떤 사회적 지위, 재산, 능력, 성별, 인종 등을 가질지 알지 못한다. 이러한 정보의 부재 속에서 사람들은 모든 사람에게 공정하고 이익이 되는 원칙을 선택하게 될 것이라고 롤스는 주장했다.

한 목표를 향해 발전해 나갈 수 있도록 하는 데 있다. 이 역시 사유 실험의 기능 중 하나에 속한다. 그러나 다른 한편으로는 아쉬운 점도 존재한다. 왜냐하면, 이와 같은 방법으로 구축된 이론은 아름답고 발전적인 특성을 지니면서 현실 문제에 대한 사고를 도모하는 데 도움이 되지만, 궁극적으로 실제 삶 속에 존재하지 않는다는 점에서 어느 측면에서 보면 단지 이야기에 그칠 수밖에 없기 때문이다. 결론적으로 모든 철학 문제에 있어서 우리는 모두 스스로의 판단과 성찰을 지녀야 하며, 오직 이를 통해서만 철학이 지속적으로 발전할 수 있다. 물론 현실과 동떨어진 이론의 존재를 허용하는 것은 철학의 제도화 산물이자 철학의 매력적인 부분이다. 중요한 것은 철학자들이 그들의 이야기를 이어갈 수 있지만, 우리는 이러한 이야기를 비판 없이 진실로 받아들여서는 안 된다는 점이다. 이와 같은 이야기들과 책에서 접한 문제들은 실제 생활 속에서 검증을 받아야 할 필요가 있다. 만약 해당 문제들이 실제 생활 속에서 여전히 존재한다면, 이는 진정한 문제임을 의미하며, 우리는 이를 통해 지속적으로 발전할 수 있다.

1.3 철학 문제의 특성

근본적 사유의 핵심 과제를 식별하고 그 문제의식의 내재적 토대를 규명한 후, 우리는 학문적 성찰의 새로운 차원으로 나아가 철학 문제의 고유한 방법론적 특성에 대한 체계적 논의를 전개할 필요가 있다. 일반적으로 알려진 바와 같이 수학 문제의 경우 계산 가능성에 기반한 객관적 해결 방식을 지니고 있으며, 물리학 문제는 경험적 관찰과 실험적 검증이라는 과학적 방법론을 특징으로 한다. 그렇다면 철학 문제의 정체성은 어떠한 인식론적 특성에 기반하고 있는가? 이와 관련하여 2010년대 중반 인터넷 지식공유 커뮤니티에서 활발히 논의된 홍콩대학 경제학과 손영천(孫永泉) 교수의 시각적 학문분류법을 예로 들 수 있다. 해당 학자는 13가지 도식적 표상을 통해 다학제적 사유체계를 체계적으로 제시하였는데, 그중 역사학, 수학, 신문방송학, 철학 등 주요 학문영역에 대한 메타포적 해석을 살펴보면 다음과 같다. 먼저 역사학 관련 도식의 분석을 통해 다음과 같은 특징적 요소를 도출할 수 있다.

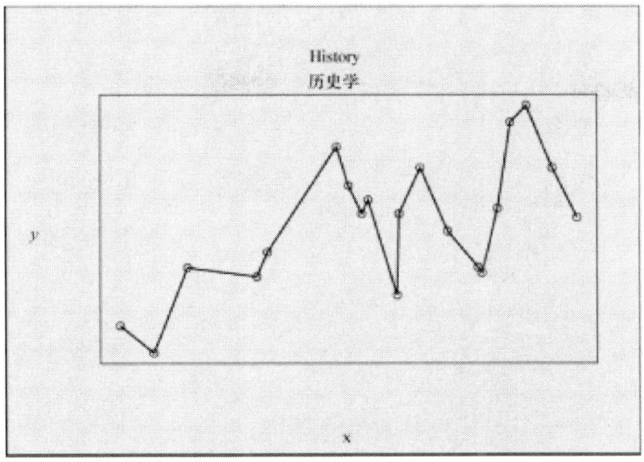

〈그림 1-1〉 역사학 도식

역사학 전공은 방대한 데이터를 이론적 프레임워크로 체계적으로 연결할 수 있는 특성을 보인다.

다음은 수학 전공을 도식화한 것이다.

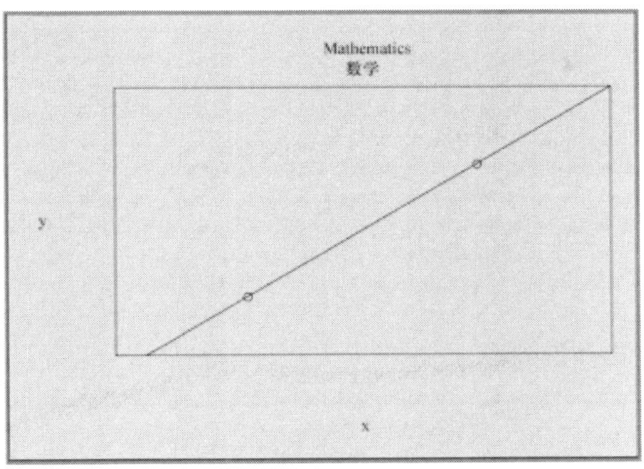

〈그림 1-2〉 수학 도식

수학 전공은 데이터가 극히 제한적이다. 그러나 단 두 개의 점만으로도 하나의 이론을 정립할 수 있다는 특성을 보인다.

다음은 신문방송학 전공을 도식화한 것이다.

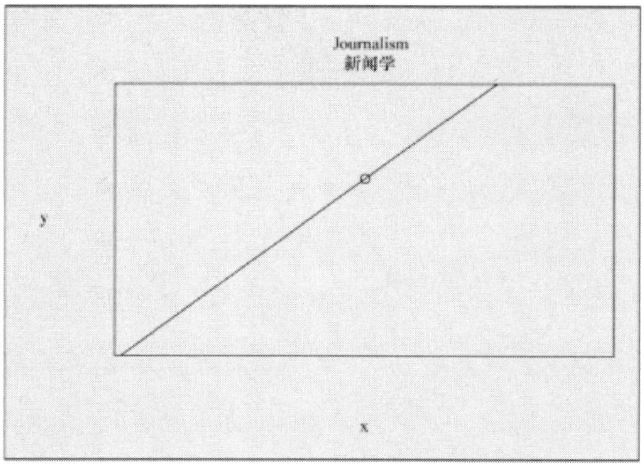

〈그림 1-3〉 신문방송학 도식

신문방송학은 단일 데이터만으로도 이론 구축이 가능하다는 특성을 보인다. 제일 마지막은 철학전공을 도식화한 것이다.

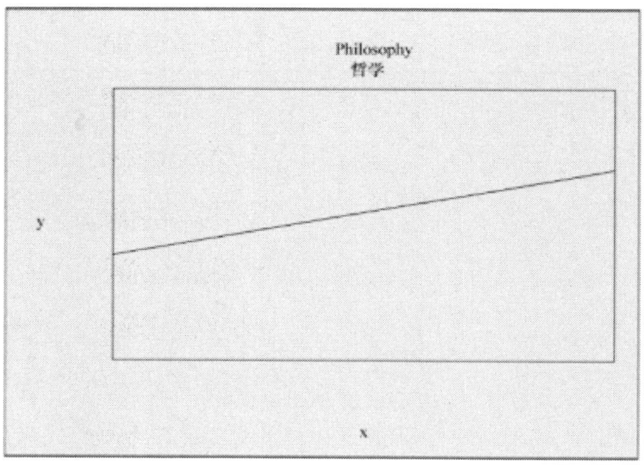

〈그림 1-4〉 철학 도식

철학전공은 데이터가 부재한 상황에서도 이론 체계를 구축할 수 있다는 특성을 보인다. 이처럼 철학 주제를 다룬 해학적인 표현은 다양한 형태로 광범위하게 관찰된다. 표면적으로는 해학적 표현의 형식을 취하고 있으나, 이러한 서사 구조는 철학 사유의 본질적 특성과 인식론적 한계를 체계적으로 잘 드러냈다. 특정 측면에서 볼 때, 현대철학의 일부 경향은 '폐문조거(閉門造車)'[13]와 유사한 양상을 보인다. 즉, 현실적 고려가 결여된 상태에서 주관적으로 이론을 구축하려는 태도를 보인다. 일반적으로 우리는 먼저 이론적 틀을 구성한 후, 그것이 현실 세계에서 타당성과 실용성을 갖추기를 기대한다. 그러나 이러한 이론은 실험적 차원에 머무를 때는 문제가 없어 보이더라도, 실제 생활과 접촉하는 순간 다양한 문제들을 노출한다. 이러한 문제 발생의 원인은 다각적이지만, 가장 근원적인 요인은 삶 자체가 본질적으로 혼란스럽고 모순적이라는 점에 기인한다. 역사유물론이 지적하듯, 갈등과 모순은 사회 모든 영역에 내재해 있으며, 삶은 지속적인 변화의 과정이다. 이러한 역동적 환경에서 영구불변하며 절대적인 철학 이론을 기대하는 것은 현실성 없는 접근이다. 만약 어떤 이론이 영원한 진리를 포착했다고 주장한다면, 철학 자체의 논리대로 우리는 오히려 그러한 주장을 의심하고 비판해야 한다. 이는 철학이 지닌 본질적 특성의 발로이다. 철학 문제의 고유한 특성은 해답이 존재하지 않거나, 다수의 해답이 공존하거나, 혹은 무한한 해석의 가능성을 내포한다는 점에 있다. 그러나 한 문제에 대해 다수의 해답이 제시될 경우, 이론적 차원에서 상호 모순이 발생할 수 있다. 일반적으로 '답안'이라는 개념은 유일성을 전제로 하지만, 철학 문제의 경우 다양한 해결 방안과 관점이 공존할 수 있으며, 이는 철학의 중요한 특징 중 하나로 인정된다. 우리는 이러한 철학적 다원성을 수용해야 하며, 그렇지 않을 경우 타인의 상이한 관점에 대해 쉽게 반감을 품거나 배타적인 태도를 보이게 된다. 이는 단일한 답안 만을 고수할 때, 개인은 자신의 신념 체계만이 유일한 진리라고 확신하게 되어, 타인의 해석이나 관점을 오류로 간주하는 경향이 강해지기 때문이다. 그러나 철학적 진실은 종종 당신의 관점과 타인의 관점이 동시에 타당성을 가질 수 있다는 점에 있다. 이는 철학의 또 다른 핵심적 특징을 드러낸다. 철학은 단일한 절대 진리를 추구하기보다는 다양한 관점과 해석을 포용함으로써, 보다 심층적인 이해와 통찰을 추구하는 학문적 특성을 지닌다.

왜 이러한 상황이 발생하게 되었을까? 그 원인은 인간의 인식능력에 한계가 있기 때문이다. 인간은 수많은 것들을 이해할 수 있으나, 어떤 것이 진정으로 무한한 것인지는 파악할 수 없다. 무한한 것은 유한한 인간이 해석할 수 없는 영역이다. 무한한 존재는 오로지 하나로서 우리는 이를 '신(上帝)'이라고 지칭한다. 예를 들어, 라이프니츠(Leibniz)는

13) [역자주] "문을 닫아걸고 수레를 만든다."라는 뜻으로, 실제 상황이나 현실에 부합하는지를 고려하지 않고 자기 생각대로만 일을 처리하는 것을 비유하는 고사성어이다.

오직 신만이 모든 가능성을 한눈에 파악하고 모든 가능성을 검토할 수 있다고 주장하였다. 모든 가능성은 무한하므로 신만이 이를 모두 가늠할 수 있다. 무한한 가능성을 전반적으로 살펴볼 때만 유일한 답이 무엇인지 알 수 있다. 설령 단 하나의 가능성만 남아있다 해도, 우리는 최종 답을 안다고 주장할 자격이 없다. 왜냐하면, 진정한 답은 우리가 아직 점검하지 못한 또 다른 가능성일 수 있기 때문이다. 여기에서 말하는 무한성은 주로 시간의 무한성을 가리킨다. 우리는 현재 이 순간의 무한한 가능성을 알 수 있지만, 이것이 곧 무용하다는 것을 깨닫게 된다. 왜냐하면, 시간은 계속 흘러가고 사건은 계속 발생하기 때문이다. 1초 후에도 새로운 가능성이 나타날 수 있다. 시간의 무한성은 인간의 지능이 결코 신처럼 될 수 없음을 증명한다. 이는 자연 수열에 대한 우리의 한계와도 유사하다. 우리는 마지막 한 자리까지 셀 수 없는데 이것이 바로 인간 지능의 한계이다. 흄(David Hume)의 회의론(懷疑論)[14]에서 이미 논증했듯이, 인간의 지능으로는 결코 신이 될 수 없다. 인간은 무한한 가능성과 시간의 흐름 속에서 항상 불완전한 상태에 머물러 있다.

그러나 철학 분야에서 더욱 중요한 의미를 지니는 것은 시간의 또 다른 무한성이라고 할 수 있다. 바로 철학자 보르헤스(Jorge Luis Borges)가 발견한 시간의 분기 개념이다. 그가 쓴 소설『무한한 갈림길의 정원(The Garden of Forking Paths, 1941)』의 제목 중 'path'는 사실상 시간을 암시한다. 따라서 이 책의 주제는 'the forking time(갈라진 시간)'이라 할 수 있다. 보르헤스는 우리가 처한 시간상의 모든 지점이 다수의 가능성에 직면하고 있기에 시간을 분기(分岔) 가능한 것으로 보았다. 시간상의 모든 지점에서 분기 가능한 이상, 각 분기점에서 또 다른 무한한 분기점이 존재할 수 있음을 상상해 볼 수 있다. 이러한 상황에서 우리는 무엇이 정답인지, 무엇이 옳고 그른지, 무엇이 좋고 나쁜지를 전혀 판단할 수 없게 된다. 마치 특정 철학자의 철학적 체계가 특정 역사적 맥락에서 선구적

14) [역자주] '회의론'은 철학 학설의 하나로, 회의주의 또는 피론주의(Peronismo)라고도 불린다. 이 이론의 핵심은 객관적 세계의 실재와 인간의 객관적 진리 획득 가능성을 의심하는 데 있다. 체계적인 의심을 통해 인식의 한계를 드러내고, 궁극적으로 '판단 유보'를 통해 마음의 평정에 이르는 것을 주장한다. 데이비드 흄은 인간의 경험에 앞서 규정된 인과론, 도덕, 신관념 등에 대해 회의적인 입장을 보였다. 특히 관념론의 중요한 기초인 인과론에 대해 흄은 회의론적 방법론을 적용했다. 흄은 인과론이 실제로는 습관에 의해 귀납적으로 확립된 개연성에 불과하다고 보았으며, 원인과 결과에 대한 체험이 인과론이라는 비교적 강한 개연적 법칙을 확립한다고 주장했다. 따라서 필연적이라고 여겨지는 것들도 실은 개연적인 것에 불과하다고 보았다.

지위를 점할 수 있으나, 다른 시대적 조건에서는 비주류로 전락하고, 새로운 학술적 분기점에서 재조명을 받아 다시 학계의 주류 담론으로 재편될 수 있는 것과 같은 것이다. 따라서 시간의 분기 개념은 답이 항상 미래 지향적이다. 철학사적 관점에서 검토해볼 때, 그 어떤 철학 문제도 궁극적으로 해결된 사례는 존재하지 않으며, 인류는 그 어느 철학 난제도 완벽하게 극복한 바 없다는 점을 확인할 수 있다. 만약 특정 주체가 단일 이론을 통해 철학 문제를 영구히 해결했다고 주장할 경우, 이는 고의적인 허위 주장이거나 철학 논의의 본질에 대한 근본적 이해 부재로 판단될 수 있다.

만약 어떤 이론이 철학 문제를 해결할 수 있는 진리성을 갖추고 있다면, 그것 역시 부정적인 해결책을 제시하는 데 그칠 것이다. 부정적인 해결과 관련하여, 우리는 흄의 예를 들 수 있다. 흄은 두 가지 부정적인 정리(定理)[15]를 제시했는데, 첫 번째 정리는 과거부터 현재까지의 모든 경험을 바탕으로는 미래를 예측할 수 없다는 것이며, 두 번째 정리는 '맞다(to be)'에서 '당연히(ought to be)'를 추론할 수 없다는 것이다. 이 두 번째 정리는 다소 복잡하며, 반드시 그렇다고 할 수는 없다. 학계에서는 이에 대한 논의가 많기에 여기에서는 더 깊이 논의하지 않기로 한다.

철학자들은 종종 철학 문제를 사람들에게 이해시키기 위해 많은 책이나 글을 쓴다. 그러나 여기에서 우리는 매우 이상한 현상과 마주치게 된다. 그것은 철학자가 작성한 책이나 글에서 그가 든 사례를 거의 찾아볼 수 없다는 점이다. 가끔 나타나는 사례라 할지라도 대부분이 불가사의한 것들이다. 왜 이런 상황이 발생하는 것일까? 다양한 학문 분야, 심지어 수학과 같은 추상적인 학문에서조차도 생동감 있고 정확한 사례를 많이 들 수 있다. 그러나 철학은 그렇지 못하다. 스스로 인간의 삶에 효과적이라고 주장하면서도 관련된 사례를 들 수 없다면 그 이론은 설득력이 부족해진다. 물론 모든 철학 이론이 좋은 사례를 제시하지 못하는 것은 아니다. 예를 들어, 경제학에서 제시된 많은 사례는 매우 적절하며, 심지어 어떤 의미에서는 매우 훌륭하다. 철학자들은 때때로 철학 문제를 설명하기 위해 어쩔 수 없이 경제학의 사례를 가져온다. 경제학의 대표적인 사례로는 '죄수의 딜레마(Prisoner's Dilemma)'[16], '공유지의 비극(Tragedy of the Commons)'[17], '반공유

15) [역자주] 이미 진리라고 증명된 일반 명제를 가리킴.

16) '죄수의 딜레마'는 게임이론(Game Theory)의 대표적인 비제로섬 게임(non-zero-sum game) 사례로, 개인의 합리적 선택이 집단적 최적해와 상충될 수 있음을 보여주는 이론적 모델이다. 이 모델은 개인의 이성적 판단이 오히려 집단 차원에서 비효율적인 결과를 초래할 수 있는 역설적 상황을 정교하게 설명한

지의 비극(Tragedy of the Anti-Commons)'[18] 등이 있다. 철학에도 사례가 있다. 그중 일부는 매우 대표적이어서 서양의 철학 교과서에서도 종종 사용된다. 예를 들어, 퍼트남(Hilary Putnam)의 '항아리 속의 뇌(brain in a vat)'라는 유명한 사유 실험이 있다. 이 실험에서 그는 한 사람의 뇌를 떼어내 영양액에 넣고, 뇌의 말초 신경을 컴퓨터에 연결하여 컴퓨터의 프로그램을 통해 뇌에 정보를 보내, 뇌로 하여금 모든 정상적인 환각을 유지하도록 상상한다. 이 사유 실험은 우리가 현재 경험하고 있는 세계가 실제로 존재하는지, 아니면 단지 컴퓨터 프로그램에 의해 만들어진 환각인지에 대한 의문을 가지게 한다. 마지막으로, 우리가 이러한 곤경에 처해 있지 않다는 것을 어떻게 확신할 수 있는가 하는 문제가 있다. 이는 철학에서 매우 좋은 예시로, 많은 철학 교재에서 다루어진다. 그럼에도 불구하고, 우리는 철학의 사례들이 매우 불가사의하다는 것을 발견할 수 있다. 이는 이러한 사례들이 우리의 삶과 거리가 멀 뿐만 아니라, 우리의 삶에 대해 제대로 설명하지 못하고 있기 때문이다.

그러나 철학이 처음부터 사례를 들지 못한 것은 아니다. 그와는 정반대로 고대 그리스

다. 1950년 미국 랜드(RAND)사의 메릴 플러드(Merrill Flood)와 멜빈 드레셔(Melvin Dresher)가 처음 고안한 이 개념은, 앨버트 터커(Albert Tucker)가 두 명의 범죄자를 가상의 사례로 활용해 공식화하면서 현재의 명칭으로 정립되었다. 실험 설계는 다음과 같다. 공동 범죄로 체포된 두 용의자는 분리 심문 상태에서 (1) 상호 침묵 시 각자 1년 징역, (2) 한쪽만 배신 시 배신자는 즉시 석방, 침묵한 자는 10년 징역, (3) 상호 배신 시 각자 8년 징역이라는 조건 하에 의사소통 없이 동시에 선택해야 한다. 게임 이론 분석에 따르면, 순수 전략 내시 균형(Nash Equilibrium)은 양측 모두 배신하는 것이지만, 이는 파레토 효율성(Pareto Efficiency)이 낮은 결과를 초래한다. 이러한 모순적 결과는 개인적 합리성(rationality)과 집단적 합리성(collective rationality) 사이의 괴리를 입증한다. 특히 비협력적 상황에서 협력 유도의 어려움을 계량적으로 제시한다는 점에서 현대 경제학 및 사회과학 연구에 지속적으로 영향을 미치고 있다.

17) '공유지의 비극(Tragedy of the Commons)'은 다수의 이해관계자가 공동으로 소유하는 자원 시스템에서 발생하는 현상을 설명하는 경제학 이론이다. 이 개념은 1968년 영국의 생태학자 개럿 하딘(Garrett Hardin)이 『Science』 저널에 게재한 논문에서 체계적으로 제시되었다. 이 이론에 따르면, 공유자원의 경우 개별 이용자들은 합리적 경제인으로서 자신의 이익을 극대화하려는 동기가 있다. 구체적으로 목초지 사례를 분석하면, 각 목축업자가 양을 한 마리씩 추가할 때 두 가지 상반된 효과가 발생한다. 첫째는 추가한 가축으로 인한 개인적 수익 증가 효과, 둘째는 공유 초지의 지속가능성 저하로 인한 사회적 비용 증가 효과이다. 문제는 개별 목축업자가 초지의 수용 능력을 고려하지 않고 가축 수를 증가시킬 경우 단기적으로는 더 큰 이익을 얻을 수 있다는 점이다. 이러한 개별적 합리성이 축적되면, 결국 모든 이용자가 과도한 자원 이용에 가담하게 되어 공유자원의 고갈이라는 집단적 비합리성으로 귀결된다. 이러한 메커니즘은 현대 환경 경제학에서 공유자원 관리의 중요성을 설명하는 핵심 이론으로 자리 잡고 있다.

18) '반공유지의 비극(Tragedy of the Anti-Commons)'은 '공유지의 비극'과 대비되는 개념으로, 자원의 활용도가 저하되는 상황을 의미한다. 1998년 미국의 마이클 헬러(Michael A. Heller) 교수는 다수의 권리 소유자가 자원 사용을 저해할 경우, 자원이 방치되거나 활용 미비로 인한 비효율성이 발생할 수 있음을 논증하였다. 구체적으로, 다수의 소유자가 각자의 권리를 고수하며 건물 사용을 저지하는 경우, 해당 건물은 방치되어 사회적 낭비로 이어질 수 있다는 사례를 제시하였다.

와 중국 고대 사상 중에는 생동감 있는 사례와 이야기들이 풍부하게 존재한다. 예를 들어, 플라톤의 『파이드로스(Phaedrus)』에서는 영혼을 이성적으로 움직이는 쌍두마차에 비유하면서 열정은 길든 말, 욕망은 길들지 않은 말이라고 표현하였다. 또한, 그는 『국가(The Republic)』에서 철학자의 사명감과 정치적 이상을 담은 '동유설(洞喩說)'[19]을 제시하였다. 마찬가지로 베이컨(Francis Bacon)이 과학의 발전과 진보를 가로막는 전통적인 심리와 사회 근원을 비판하기 위해 제기한 '네 가지 우상(Idola)설'[20] 역시 이와 같은 사례에 속한다. 그 중의 '종족 우상(Idola Tribus)'[21], '동굴 우상(Idola Specus)'[22], '시장 우상(Idola Fori)'[23], '극장 우상(Idola Theatri)'[24] 등은 아주 생동한 철학적 사례들이다. 중국 철학자 맹자는 '계견지방 (雞犬之放)'[25]을 '잃어버린 본심(心之放)'에 비유하여 '잃어버린 본심을 되찾을 것(求其放心)'을 독려하였고, '우산지독(牛山之禿)'[26]을 '사단의 은폐

19) [역자주] '동유설(동굴의 비유)'은 플라톤의 『국가』에 등장하는 핵심 철학적 은유 중 하나로, 감각적 인식과 이성적 진리의 대립을 통해 인간의 인식론적 한계와 철학자의 사회적 역할을 형상화한 철학적 개념을 상징적으로 표현한 서사적 장치이다. 플라톤은 인간의 존재론적 조건을 동굴에 갇힌 죄수에 빗대어 묘사한다. 이 죄수들은 선천적으로 사지가 구속되어 움직임의 자유를 박탈당한 채, 동굴 벽면에 투사되는 그림자만을 유일한 실재로 인지하며 평생을 소비한다. 이들은 평생 외부 세계를 경험할 기회 없이, 벽면의 영상을 절대적 진리로 신봉하며 그 변화양상에 따라 허위적 권위 체계를 구성한다. 이러한 상황에서 한 죄수가 우연히 동굴 밖의 참된 세계를 목격하게 되며, 기존의 인식체계가 단순한 환영에 불과했음을 깨닫게 된다. 그러나 그의 경험적 증언은 동료 죄수들에게 철학적 진실로 수용되지 못하고, 오히려 폭력적 억압의 대상이 되어 비극적 종말을 맞이한다. 플라톤의 '동굴의 비유'는 형이상학적 이원론의 틀에서 감각계(동굴 내부)와 이성계(동굴 외부)의 위계적 관계를 명확히 규정한다. 이 은유는 인식론적 전환의 필요성, 즉 감각적 믿음에서 이성적 진리로의 도약을 촉구함과 동시에, 철학자가 진리 전달자로서 겪게 되는 사회적 갈등의 필연성을 예시한다. 더 나아가 이 비유는 교육의 본질이 '영혼의 전환'에 있음을 강조하며, 철학적 깨달음의 과정이 단순한 지식 축적이 아닌 존재론적 변혁임을 역설한다.

20) [역자주] 프랜시스 베이컨(Francis Bacon)이 제시한 인간의 사고를 방해하는 네 가지 종류의 '우상(Idola)' 즉, 종족의 우상, 동굴의 우상, 시장의 우상, 극장의 우상을 가리킨다. 베이컨은 이러한 우상들을 극복하고 객관적이고 면밀한 관찰과 실험을 통해 오류를 바로잡고 진리에 다가설 수 있다고 주장했다.

21) [역자주] 인간이 본성의 한계로 인해 주관적인 성질을 객관적인 사물과 혼동하여 발생하는 인지 편향을 의미한다.

22) [역자주] 개인적 차이에서 비롯된 인식 편향을 의미한다. 이 이론은 개인이 교육 배경, 성격 특성, 생활환경 등의 요인에 영향을 받아 마치 동굴(Specus) 안에서 사물을 보는 것과 같은 주관적 시각을 형성함으로써 진리에 대한 객관적 인식을 방해한다고 본다.

23) [역자주] 사람들이 언어 소통 과정에서 용어의 혼란, 의미의 모호함, 또는 오용으로 인해 발생하는 인지 편향을 의미한다. 사람들이 서로 소통하는 시장(Fori)에서 단어의 의미가 불분명하거나 잘못 사용될 때 발생한다.

24) [역자주] 철학 체계나 학설, 권위 있는 이론 등에 대한 맹목적인 믿음에서 비롯되는 편견을 가리킨다. 마치 극장(Theatri)에서 연극을 보듯, 비판 없이 받아들이는 이론들이 이에 해당한다.

25) [역자주] 맹자의 "人有雞犬放, 則知求之; 有放心, 而不知求。學問之道無他, 求其放心而已矣。"에서 나온 말이다. 즉, 사람은 닭이나 개를 잃으면 찾으려 애쓰지만, 본심을 잃어버리면 되찾을 줄 모른다. 진정한 학문의 핵심은 바로 이 잃어버린 본심을 되찾는 데 있다.

(四端之遮蔽)'에 비유하여 '인의예지(仁義禮智)'가 바로 '아고유지(我固有之, 자신의 고유한 것)'임을 반증했다. 이것들은 모두 좋은 사례들이다. 『장자(莊子)』에서는 거의 전편이 생동한 이야기와 함께 깊은 철학적 이치를 다루고 있다. 이러한 내용과 동서고금의 신화 이야기들은 우리 선조들이 이러한 사례와 신화를 통해 진정한 문제 내지는 철학적 문제를 표현할 수 있었음을 보여준다. 이는 현시대에 살고 있는 우리마저 초월할 수 없는 수준이다. 즉, 인간이 처음으로 신화를 통해 사고하기 시작했을 때, 이미 그 위대한 문제들을 염두에 두고 있었다는 것을 말한다. 신화는 각각의 서사가 매우 역동적인 구조를 지닌다. 그렇다면 고대인들은 신화적 서사를 창조할 수 있었던 반면, 현대인들은 신화 창조 능력은 물론 신화적 서사를 구성하는 언어적 역량까지 상실하게 된 이유는 무엇인가? 이는 학제적 관점에서 매우 흥미로운 연구 주제이며 심도 있는 성찰이 요구되는 문제 제기라 할 수 있다.

사례를 제시하지 못하는 이러한 현상 자체는 이론과 실생활 간의 단절을 충분히 극복하지 못하고 있음을 시사한다. 일반적으로 고대인들의 삶의 세계는 상대적으로 순수했으며, 그들은 소박한 신화와 서사를 통해 자신의 삶을 성찰하면서 다수의 탁월한 사례들을 창출할 수 있었다. 그러나 현대사회가 점차 복잡해지고 철학적 사유가 추상화되면서 삶의 세계와 철학 이론 간의 균형이 깨지면서, 간결하고 명료한 서사를 통해 복잡한 현실을 조명하는 것이 점차 어려워졌다. 이에 현대철학자들은 다양한 사고 실험을 고안함으로써 현실의 잡다한 요소들을 배제하고 사유를 연마하여 이론 구축의 목적을 달성하고자 했다. 이러한 방법론적 접근을 통해서만 앞에서 언급한 특이한 사례들을 생성할 수 있기 때문이다. 그러나 주지해야 할 점은, 이론과 실생활 간의 이러한 단절이 존재하더라도 현대철학에서의 사례와 사유 실험이 무의미하거나 무가치한 것은 아니라는 사실이다. 철학적 서사가 생성되는 근본적 목적은 인간의 삶에 대한 이해를 돕기 위함이다. 인류의 추상적 사고능력이 미성숙했던 시기에는 이러한 이해 지향적 서사 구성이 매우 중요한 역할을 담당했다. 그러나 인간의 추상적 사고력이 진화됨에 따라 '서사'의 기능은 단순한 이해를 넘어 사유의 교류, 갈등, 대립을 촉진하는 방향으로 전환되었다. 일단 사상이 정립되면

26) [역자주] '우산지독(牛山之禿)'은 '우산지목(牛山之木)'이 파괴된 결과를 뜻하는 말이다. 우산지목은 우산 지역의 원래 삼림 자원을 가리키며, 우산지독은 우산의 삼림이 파괴된 이후의 벌거벗은 상태를 묘사한 것이다. 맹자는 우산지목의 흥망성쇠를 통해 인간의 본성은 본래 선하나, 양심과 같은 외적 요인을 소홀히 하면 선한 마음이 사라질 수 있음을 비유하여, 그의 성선론적 관점을 드러내고 있다.

서사는 인식의 전면에서 후퇴하여 부차적 위치로 전락하게 된다. 이는 '득어망전(得魚忘筌)'[27]의 현상으로도 설명할 수 있다. 따라서 특정한 관점에서 볼 때, 서사에 의해 유발된 사상적 문제야말로 현대철학적 사고 실험의 궁극적 목적이라고 할 수 있다. 현대철학이 삶을 연구 대상으로 삼지만, 그 '서사 구성'의 직접적 목적은 삶을 이해하는 데 있지 않고 사유를 연마하며 이론을 발전시켜 궁극적으로 이론적 렌즈를 통해 삶을 관찰하려는 데 있다. 이에 따라 이론과 실생활 간의 괴리, 나아가 단절 현상은 철학 사유의 현대적 특성으로 정착하게 되었다.

1.4 철학 문제의 계승

철학연구에서 사례 이외에도 더욱 중요한 문제는 '문제 사슬'이다. 어떤 철학 문제가 다른 철학 문제와 문제 사슬을 형성하지 못한다면, 해당 철학 문제는 한정적일 수밖에 없다. 중요한 철학 문제는 성장 가능성을 지니고 있다. 철학 문제에 정답이 없는 한, 그 성장은 오직 한 문제가 또 다른 문제를 생성하는 방식에 의존할 수밖에 없으며, 철학의 생명은 바로 이러한 과정을 통해 지속된다. 철학은 진리나 정답이 아니라, 문제가 문제를 낳고 이 문제에서 저 문제로 이어지는 과정을 통해 지속되며, 이로 인해 문제 사슬이 형성된다.

앞에서 언급한 바와 같이, 인류의 문명 생활이 처음 시작될 때, 고대 철학자들은 이미 기본적인 철학 문제에 대해 거의 모두 논의했다. 그들이 좋은 문제를 발견하고 훌륭한 철학을 구축할 수 있었던 이유는, 당시 그들이 원시적인 삶을 영위하며 다룰 문제들이 많았기 때문이다. 고대인들의 철학적 음영(陰影)이 너무 큰 관계로 그 당시 "전체 유럽의 철학 전통은 플라톤 이론에 대한 일련의 해석에 지나지 않는다."[28]라는 말이 있을 정도였다. 물론 이 말은 다소 과장된 표현일 수 있는바, 더 정확히 말하자면, 플라톤과 아리스토텔레스 이 두 철학자의 학설에 대한 해석이라고 할 수 있다. 중국에서도 유사한 현상이

27) [역자주] "물고기를 잡으면 통발을 잊는다"라는 뜻으로, 목적을 달성하면 그 수단이나 과정을 잊어버리는 것을 비유하는 말이다. 이 고사는 중국의 사상가 장자(莊子)의 '외물편(外物篇)'에서 유래했다.

28) 懷特海.『過程與實在』. 李步樓, 譯. 北京: 商務印書館, 2012:63쪽.

확인되는데, 이는 바로 중국 전통철학이 실질적으로 공맹노장(孔孟老莊) 사상에 대한 해석이라는 사실이다. 중국과 서양철학 모두 고대 철학자들을 능가하여 논의할 수 있는 새로운 문제가 거의 없다는 점에서 공통점을 가지고 있다. 철학 문제의 상당수는 역사적 기원을 지닌 과제들이며, 이른바 철학 '진전'이란 본질적으로 고대부터 제기된 문제들을 해석학적 확장과 이론적 재구성을 통해 지속적으로 재정립해가는 과정이라 할 수 있다. 구체적으로 진리 개념에 관한 인류의 이론적 모델만 해도 이미 다층적 체계를 형성하였다. 이와 관련하여 어느 한 교육 현장에서 발생한 일화가 시사하는 바가 크다. 한 노벨상 수상자가 모교의 초청을 받아 20년 만에 방문하여 교무진의 안내로 학술 시설 시찰 및 학생 평가 현장을 참관하게 되었다. 그러나 평가 자료 검토 과정에서 그는 "20여 년이 지난 시점에서도 동일한 주제의 문제가 출제되고 있는 이유는 무엇인가?"라는 의문을 제기하였다. 이에 교무처장은 "비록 문제는 변하지 않았지만, 답은 모두 달라졌다."고 지혜롭게 대답했다고 한다. 이 사례는 철학발전의 본질을 함축적으로 보여준다. 문제의 형식적 틀은 역사적 연속성을 유지하지만, 학문공동체가 제시하는 해석적 프레임워크와 이론적 모델은 지식체계의 진화에 따라 지속적으로 재창조된다.

그렇다면, 현재 우리가 집중해야 할 중요한 논제는 이론과 문제 간의 관계에서, 이론이 창출한 전승 혹은 단일 이론을 계승하는 것이 사상의 생산성에 더 큰 기여를 하는지, 아니면 문제를 중심으로 한 전승이 사상의 생산성에 더 큰 영향을 미치는지에 대한 것이다. 예를 들어, 우리가 전승하는 것이 이론, 학설 또는 주장이라면 이러한 전승은 주로 중국철학 전통에서 흔히 사용되는 '주경(注經)'[29] 방식으로 이루어진다. 그렇다면, 왜 우리는 지난 2천여 년 동안 중국의 철학 사상이 크게 발전하지 않았다고 생각하는가? 이는 중국의 위대한 사상이 대부분 선진(先秦) 시대에 이미 완성되었기 때문이다. 이후 새로운 사상이 거의 나타나지 않은 이유는 철학 분야에서 주로 기존의 학설과 주장을 계승했기 때문이다. 학문적 계승은 주석의 중첩적 해석과 지속적인 재검토를 통해 선행 연구를 비판적으로 수용하는 과정을 의미한다. 이 과정은 지식 생산의 주요 메커니즘으로 기능하지만, 방법론적 측면에서 창의성의 상대적 취약성이 내재되어 있다는 한계를 지닌다.

---

29) [역자주] 경전에 대한 주석과 해석을 뜻하는 말이다. 이러한 주석 작업에는 일반적으로 원문의 해석, 배경 지식의 보완, 저자의 의도에 대한 분석 등이 포함된다. 경전에 주석을 더하는 작업은 깊은 학문적 소양과 원작에 대한 철저한 이해가 필요하기에, 중요한 학술적 활동으로 여겨졌다.

또 다른 계승 방식은 한 문제에서 다른 문제로 이행하는 것이다. 이를 통해 우리는 철학의 발전과정을 자세히 관찰할 수 있다. 이 점에서 유럽의 철학 전통은 상대적으로 뛰어난 수준에 있다. 우리가 2천여 년 동안의 유럽 철학이 매우 발전했다고 인식하는 것은 실제로 유럽 철학의 계승 경로가 문제에 초점을 맞추고 있기 때문이다. 그들은 이론이 아닌 문제를 계승했기 때문에 철학이 지속해서 발전할 수 있었다. 서양 사람들의 사상 유산에 대한 이해는 우리와 사뭇 다르다. 우리는 기존의 이론을 사상 유산으로 간주하며, 그 이론을 학습하고 계승하여 후세에 전달하거나 선인들이 남긴 문제들을 이어받는 것을 사상 유산의 계승이라고 이해한다. 선인들로부터 이어받은 문제는 아직 해결되지 않은 문제들이며, 우리는 이에 대해 새로운 해석을 할 수 있다. 그러나 모든 새로운 해석에는 반드시 새로운 문제가 포함된다. 이는 모든 철학 문제에 정답이 없기 때문이다. 정답이 없다는 전제 하에 일련의 문제 사슬은 끊어지지 않으며, 모든 해석(해석 자체가 문제이다)은 반드시 새로운 문제를 낳고, 심지어 더 많은 의문을 만들어낸다. 예를 들어, 칸트(Immanuel Kant)가 흄의 철학적 문제의식을 계승한 방식은 유가 철학의 전통적인 학설 계승 방식과는 본질적으로 차이를 보인다. 칸트가 철학 과제로 삼은 것은 흄이 제기한 경험론적 회의주의 문제였으며, 이는 칸트 철학 체계의 근간을 위협하는 중대한 문제로 인식되었다. 특히 흄의 인과론 비판이 타당성을 인정받을 경우, 칸트의 선험철학 체계 자체가 정당성을 상실하게 된다는 점에서 그는 인식론적 기초를 재정립하기 위해 이 문제에 대한 철학적 해명을 필수적으로 수행해야 했다. 이것이 바로 우리가 말하는 문제에 대한 계승과 문제에 대응하는 방식이다. 오랜 시간 동안 유럽 철학자들은 선인들에게 경의를 표하는 방식으로 선인들의 학설이 아닌 문제를 계승해왔다. 이는 우리가 말하는 사고방식의 전환으로, 우리가 마땅히 본받아야 할 점이다. 가령 한 사람이 특정 이론을 쉽게 수용하고 그것이 옳다고 믿는다면(사실 그가 단지 그 이론을 비교적 선호하기 때문에 옳다고 생각하는 경우가 많다.), 그는 그 이론을 열심히 학습하고 그 이론의 모든 것을 잘 이해하려고 할 것이다. 그러나 실제로 우리는 모든 것을 완벽하게 배울 수 없다. 새로운 학설과 새로운 해석들이 연속적으로 등장하기 때문에 나이가 들어도 계속 학습해야 할 가능성이 크다. 젊은 시절에 배운 것이 서양의 2세기 전의 대가의 이론일 수도 있고, 60세가 되었을 때 배운 것이 서양의 30대가 내놓은 이론일 수도 있다. 이는 참으로 아이러니한 상황이다. 한 개인이 항상 타인을 스승으로 여긴다면 그는 죽을 때까지 계속 학습해야 하며 자신이 글이나 책을 쓸 때 이전에 배운 것들을 반복할 수밖에 없다. 그러나 이는 단지 '소개'에 불과하다. 그 역시 때로는 논쟁에 참여할 수 있다. 예를 들어 타인의 질의에 답하거나 자신이 지지하는 주장을 변호할 수 있다. 그러나 실제로 이러한 활동의 진전은 크지 않다. 왜냐하면, 논쟁에 들어가기 전에 그의 답은 이미 정해져 있기 때문이다. 즉, 이런 의견은 맞고 저런 의견은 틀리며, 나는 이런 의견을 위해 변호한다. 한 마디로 "나는 맞고 너는 틀리다."라는 식이다.

그러나 문제 사슬을 체계적으로 추적하고 이를 기반으로 다른 문제로 확장할 경우, 이는 학문적 심화 과정의 핵심 메커니즘으로 작용한다. 즉, 단일 차원의 분석을 넘어 다층적·복합적 차원으로 연구의 심도를 점진적으로 확대해가는 것을 의미한다. 문제 사슬이 길어질수록 해당 문제의 함의는 더욱 확대되며, 그에 따른 성장 동력 또한 강화되는 특성을 보인다. 특히 문제 사슬 구성 과정에서 새로운 문제 요소의 지속적 추가가 가능한데, 이러한 신규 문제들은 기존 문제 체계의 변형적 확장 형태로 나타날 수 있으나 경우에 따라 혁신적인 패러다임 전환을 유발하는 획기적 문제로 진화할 수 있다. 이와 같은 혁신적 문제 유형에 대한 체계적 관찰과 분석이 요구되며, 이들은 철학적 관점에서 매우 중요한 절점(節點)으로 작용할 가능성이 크다.

사회적 변혁이 발생하는 시점에는 종종 철학적 패러다임의 전환이 수반되는 현상이 나타난다. 서양 철학사적 맥락에서 고찰할 때, 홉스(Thomas Hobbes)의 정치철학 재해석은 고대 그리스 철학 전통과의 단절적 변화를 보여주며 이는 서구 정치철학사에서 획기적 전환점으로 평가받는다. 더불어 흄의 회의주의 철학은 인식론 영역에서의 혁신적 접근을 제시함으로써 칸트 선험철학 체계의 등장을 촉발한 계기적 사유로 인정받고 있다. 롤스가 『정의론(A Theory of Justice)』에서 제시한 '무지의 베일' 개념은 가상적 실험임에도 불구하고 기존 정의론의 틀을 근본적으로 재구성한 이론적 혁신으로 평가받는다. 특히 그의 '정의로서의 공정성(justice as fairness)' 개념은 전통적 정의관을 탈피한 혁명적 사유체계를 구축하였는데, 이는 서구 윤리학사에서 중세적 정의관과 근대적 정의관의 분기점을 형성하였다. 역사적 관점에서 볼 때, 고대 사회에서 정립된 공정성 개념은 수학적 대칭성 원리에 기반한 '대응적 균형'을 핵심으로 삼았다. 즉, "개체의 자격 조건에 부합하는 만큼의 권리를 부여하며, 자격 요건을 충족하지 못할 경우 권리 행사를 제한한다."[30]는 원칙이 적용되었다. 이러한 원리는 "콩 심은데 콩 나고 팥 심은데 팥 난다(種瓜得瓜種

豆得豆)"와 같은 응보론적 정의관으로 구체화되었으며, 이는 수학적 등식(equation)의 논리 구조와 유사성을 보인다. 본질적으로 공정성의 원리는 논리학의 '필요충분조건(if and only if)' 명제와 동형적 구조를 갖는다. 상호 주체 간의 권리·의무 관계가 완전한 상호내재성을 확보할 때 진정한 공정성이 실현되며, 이 관계가 비대칭적으로 균열될 경우 불공정성이 발생한다는 인식은 오랜 기간 동안 불변의 진리 체계로 간주되어 왔다. 그러나 롤스는 현대 사회의 공정성 개념이 단순한 대등성을 넘어선 차원의 규범적 요청을 담고 있음을 주장하였다. 그는 정의를 다른 가치로 환원하려고 시도하였으며, 다른 가치를 통해 공정성을 정의하거나 설명하려고 했다. 그는 특히 단일 가치론의 한계를 지적하면서, 공정성은 타 가치와의 계층적 조화 속에서만 완성될 수 있음을 제시하였다. 이러한 철학적 토대 위에서 롤스는『정의론』에서 두 가지 핵심 원칙을 정립하였는데, 그중 혁신성으로 평가받는 것은 평등을 공정성의 구성 요소로 통합한 접근법이다. 역사적으로 평등과 공정은 상호배타적 개념으로 인식되어 왔으나, 롤스는 "공정성의 실현을 위한 전제조건으로서의 평등"이라는 새로운 패러다임을 제시함으로써, 이분법적 사고를 극복하였다. 이론적 혁신의 구체적 적용 사례로서 유럽 복지제도는 "공정성 구현을 통한 평등 달성" 모델의 표본으로 주목받아 왔다. 그러나 최근 난민 위기 국면에서 나타나는 복지제도의 한계는 이론과 현실의 괴리를 드러내고 있다. 이러한 도전적 상황은 별도의 심층적 연구 주제로 구분될 필요가 있다.

우리가 논의하고자 하는 핵심은 특정 조건 하에서 모든 문제가 항상 새로운 혁신적 해결방안을 도출할 수 있으며, 이러한 혁신적 접근을 통해 해결된 문제들은 단순히 정체되지 않고 지속적인 진화과정을 겪는다는 것이다. 실제로 이러한 문제 사슬은 초기 단계에 불과하며, 연구자는 이를 임의의 시점에서 확장적 탐구가 가능하다. 이에 따라 신규 문제 영역의 개척만이 철학적 창의성의 본질적 가치로 간주될 수 있다. 철학의 존재론적 목적은 인간에게 해답을 제시하는 것이 아니며, 이는 철학적 사유의 부적합한 환상에 지나지 않는다. 따라서 철학적 성취의 최고 경지는 진실의 탐구가 아닌 문제의 발굴에 있다. 예를 들어, 데카르트(René Descartes)의 "나는 사고한다(Cogito)"라는 문제이다. 물론 정확히 말하자면, 'Cogito'를 처음 제시한 철학자는 아우구스티누스(Augustinus)이지만, 그가

30) 趙汀陽.『壞世界研究』. 北京: 中國人民大學出版社, 2009:112쪽.

이를 이론으로 승화시키지 못했기 때문에, 우리는 'Cogito'라는 문제의 특허권을 데카르트에게 돌린다. 또 다른 예로는 라이프니츠(Leibniz)의 '가능 세계(Possible Worlds)'[31)]에 대한 발견, 헤겔의 변증법에 대한 천재적 전환, 그리고 마르크스의 역사에 대한 새로운 이해 등이 있다. 헤겔의 변증법은 고대 그리스 시대의 변증법과는 완전히 다르다. 비록 헤겔의 변증법 개조에 많은 문제가 있었지만, 결국에는 모든 곳에서 사용할 수 있는 방법으로 발전하여, 오늘날까지도 여전히 인기가 있다. 마르크스의 역사에 대한 새로운 이해 역시 획기적이며, 그의 역사관은 현존하는 여러 견해 중에서도 가장 강력한 것으로 자리 잡았다. 또한, 푸코(Foucault)의 권력과 지식 사이의 관계에 대한 발견이나 하이데거(Heidegger)의 '존재'에 대한 재발견은 모두 파격적인 영향을 미친 철학적 문제들이다.

대부분의 철학적 문제들은 오랜 역사를 가지고 있으며, 현대인이 직면한 새로운 문제는 상대적으로 적다. 그럼에도 불구하고 일부 뛰어난 현대 철학자들은 고대인들이 간과한 중요한 문제들을 발견하고 이를 재조명하는 데 성공하였다. 예를 들어, 레비나스(Levinas)의 '타자(The other)'에 대한 이론적 발견이 그러한 사례 중 하나이다. 그러나 이 개념은 중국철학의 맥락에서는 새로운 것이 아니다. 중국철학은 태고시절부터 '타자'를 중심으로 발전해 왔으며, 이는 중국철학에서 매우 보편적이면서도 사실화된 문제 중 하나이다. 반대로, 유럽 전통철학에서는 이 문제가 오랫동안 간과되었다가 레비나스에 의해 다시 논의되면서 중요한 철학적 주제로 자리 잡게 되었다. 레비나스의 이론 자체가 반드시 가장 중요하다고 평가되지 않을 수 있으나, 그가 발견한 문제는 세계적으로 중요한 철학적 주제로 간주될 수 있다. 또 다른 사례로는 비트겐슈타인(Wittgenstein)을 들 수 있다. 그는 철학 전통에 따른 학문적 배경을 거의 가지지 않았음에도 불구하고, 철학 분야에서 놀라운 성과를 거두었다. 만약 누군가 원시적인 질문에 기반하여 플라톤이나 아리스토텔레스와 같은 철학적 위대함에 도달한 인물을 찾는다면, 비트겐슈타인이 그 대표적인 예가 될 것이다. 비트겐슈타인의 언어에 대한 새로운 이해는 혁신적이었으며, 그가 없었다면 언어가 철학 탐구의 주제로 부각되지 못했을 가능성이 크다. 또한, 비트겐슈타인은 게임 개념에 대한 독창적인 도입으로도 유명하다. 여기서의 게임은 단순한 경쟁을 의

31) [역자주] 라이프니츠의 '가능 세계'는 신의 지성 속에 존재하는 다양한 세계들 중, 신이 충분한 이유로 현 세계를 선택했을 때 선택되지 못하고 가능성으로만 존재하는 세계들을 가리킨다. 이 선택되지 못한 세계들은 가능성으로서만 존재하게 된다.

미하는 것이 아니라, 사회적 상호작용의 복잡한 패턴을 포함한다. 그의 이러한 발견은 경제학자들이 제시한 게임이론보다 앞선 것이었으며, 다른 관점에서 문제를 바라보게 했다. 비트겐슈타인이 발견한 게임이론은 이후 경제학에서 발전한 게임 이론과 유사하지는 않으나, 서로 보완적인 관계에 있다. 이러한 발견들은 모두 철학적 세계에서 비범한 기여로 평가받는다.

1.5 철학 문제의 순환과 소멸

앞서 언급한 바와 같이, 인간의 삶 그 자체가 본질적으로 혼란스럽고 모순적이기 때문에 모든 철학 문제는 근본적인 난제에 해당하며, 그 어떤 문제도 영구적인 해결을 기대하기 어렵다. 더욱 흥미로운 것은 철학 문제들 사이에 순환구조가 존재한다는 점이다. 즉, 일단 해결된 것으로 간주된 문제가 다시 부활하여 우리를 당황하게 만드는 경우가 빈번히 발생한다. 이는 마치 어떤 주술에 걸린 듯 끊임없이 반복되는 현상으로, 이러한 인식론적 순환구조를 최초로 체계적으로 규명한 인물은 플라톤이다. 플라톤은 정치제도의 퇴행적 변모에 대한 분석 모델을 정립하였다. 그의 이론적 근거는 다음과 같다. "모든 정치제도는 필연적으로 내재적 결함과 한계를 지니고 있다. 신의 은총과 같은 특별한 개입이 없는 한, 그 어떤 정치제도도 자신의 구조적 결함을 극복할 수 없으며, 이러한 결함은 결국 통제 불가능한 상황으로 발전하여 체제 변동을 초래하게 된다."[32] 플라톤에 의하면, 이상적인 경우 정치는 최상의 정부 형태(regime)로 출발한다. 그는 이를 '귀족 정치제도(aristocracy)'라 명명하였는데, 이는 실제로 현능한 자들의 통치(meritocracy)를 의미한다. 당시 '귀족'이라는 용어는 혈통뿐 아니라 지혜를 겸비한 자를 지칭하는 개념이었기 때문이다. 귀족 정치 제도의 핵심 덕목(virtue)은 지혜에 있다. 그러나 이와 같은 이상적 정치제도조차 부패와 타락의 운명에서 벗어날 수 없다. 이는 그 어떤 완벽한 제도라 할지라도 필연적인 결함을 내포하고 있기 때문이다. 이에 따라 귀족 정치 제도는 점차 '명예 정치제도(honorocracy)'로 퇴행한다. 명예 정치제도의 핵심 가치는 명예로서, 이

32) 趙汀陽.『壞世界硏究』. 北京: 中國人民大學出版社, 2009:62쪽.

는 사회구성원 모두가 중시하고 추구하는 대상이다. 그러나 명예 정치제도 역시 점진적으로 퇴보하여 '과두 정치 제도(oligarchy)'로 변질한다. 과두 정치 제도의 지배 원리는 재부의 축적에 있다. 그러나 과두 정치 제도도 결국은 더욱 퇴행하여 '민주 정치 제도(democracy)'로 전락하게 된다. 고대 그리스 시대 민주 정치 제도는 그리 좋은 평가를 받지 못했으며, 특히 소크라테스가 민주 정치 제도에 의해 사형에 처해진 이후 그 부정적 인식은 더욱 고착화되었다.

당시의 민주제는 현대적 민주주의 개념과는 본질적으로 상이한 체제였다. 역사적 맥락에서 민주주의가 오늘날과 같이 긍정적인 가치를 지닌 정치적 이상으로 확립된 시기는 비교적 최근의 일이며, 엄밀히 말하면 제2차 세계대전 이후에야 보편적 인정을 얻게 되었다. 고대부터 약 20세기 중반까지 '민주'라는 용어는 일반적으로 무질서와 군중 폭정을 연상시키는 부정적 함의를 지니고 있었다. 플라톤은 민주정의 본질적 특성을 '자유'로 규정했으나, 이는 현대적 자유 개념과는 차이가 있으며, 오히려 현대적 평등 개념에 더 근접한다고 볼 수 있다. 민주 정치 제도가 극도로 퇴행할 경우 전제 정치 제도(tyranny)로 변모하는데 이는 군주제(despotism)와 동일한 의미를 지닌다. 플라톤의 정치철학 체계에서 민주 정치 제도는 군주제보다 우월한 것으로 인식되었으며, 전제 정치 제도는 가장 열악한 통치형태로 평가되었다. 군주제 사회는 인류문명의 퇴보가 극에 달해 결국 체제 붕괴와 사회적 혼란을 초래하게 된다. 이러한 대혼란기에 새로운 영웅적 지도자가 출현하여 '난극필치(亂極必治)'의 원리에 따라 사회 질서를 회복하며, 이는 현능 정치(meritocracy)로의 회귀를 가능케 한다. 비록 플라톤의 논증이 현대 학문적 기준에서 볼 때 미흡한 점이 있을 수 있으나 그의 정치 퇴행 이론이 함의하는 바는 매우 심오하다. 핵심적 통찰은 정신적 가치(예를 들면 명예 등)의 쇠퇴가 물질적 추구(부의 축적)를 강화시키며, 이러한 물질주의적 경향이 궁극적으로 자유에 대한 갈망을 촉발한다는 점이다. 이는 근대 사회의 발전 논리를 선구적으로 예견한 것으로 평가될 수 있다.[33)]

여기서 철학 문제들은 상호 순환적 관계에 있을 수 있음을 인식할 필요가 있다. 따라서 특정 문제나 이론을 절대적 진리로 고수하거나 최상위 개념으로 간주해서는 안 된다. 모든 긍정적 가치의 지속성은 특정 조건 하에서만 유효하며, 이러한 조건이 변화하거나 소

33) 趙汀陽.『壞世界研究』. 北京: 中國人民大學出版社, 2009:62쪽.

멸할 경우 그 가치 역시 타락할 수밖에 없다. 중국 고전 철학에서도 이를 뒷받침하는 대표적인 경구가 확인된다. "학호삼년, 학괴삼일(學好三年, 學壞三天)"[34)]이라는 속담은 선(善)의 체득에 장기적인 수련이 요구되는 반면, 악(惡)의 유혹에는 단기간 내 함몰될 수 있는 인간 본성의 취약성을 함축적으로 드러낸다. 이 격언은 도덕적 완성을 위한 지속적 노력의 필요성과 동시에 부도덕한 행위의 용이성을 상징적으로 규정한다. 이러한 현상은 인간 존재의 근본적 모순을 드러내는 것으로, 우리가 진지하게 성찰해야 할 모든 철학적 주제는 이러한 퇴행 가능성과 밀접하게 연관되어 있다. 인간은 종종 자아통제의 실패로 인해 건전한 상태에서 부패한 상태로 이행하며, 일단 추락한 후에는 온갖 노력을 기울여 회복을 시도하지만, 그 과정에서 재차 타락의 위험에 직면하게 된다. 이러한 악순환의 고리는 인간 조건의 본질적 특성으로 이해될 수 있다.

현대철학이 현대에 드러내는 양상은 플라톤이 제기한 문제의식과 본질적으로 크게 이질적이지 않다. 물론 완전히 동일하다고 볼 수는 없으나, 자유·정의·평등·전제주의와 같은 근본적 개념들은 시대를 초월하여 지속적으로 순환하고 있다. 이러한 철학적 담론의 진화를 직접 목격할 수 있는 우리 시대는 특별한 의미를 지닌다고 할 수 있다. 역사적으로 서구 문명이 추구한 핵심 가치는 자유였다. 20세기 후반까지 미국을 중심으로 한 서방세계는 자유를 최고의 가치로 숭상했으며 이러한 경향은 할리우드 영화를 비롯한 대중문화에서도 명확히 확인할 수 있다. 그러나 글로벌 정치 지형의 변화에 따라 최근 미국은 '자유 세계'라는 정체성에서 '민주 세계'로의 패러다임 전환을 시도하고 있다. 이는 철학개념이 시대적 요구에 따라 유동적으로 재해석될 수 있음을 보여주는 사례라 할 수 있다. 민주주의와 평등은 상호보완적인 정치철학의 범주로서, 흥미롭게도 민주주의의 핵심은 자유가 아닌 평등에 기반한다. 제2차 세계대전 이후 서구 주요국, 특히 유럽 국가들은 평등주의 사회 구현을 지향해왔다. 반면 미국은 유럽식 복지모델을 채택하지 않았기에 경제적 활력을 유지할 수 있었으며, 이는 현재 유럽이 고령화 문제로 인해 겪는 구조적 침체와 대비되는 점이다. 평등은 한때 가장 찬란한 정치적 이상으로 여겨졌다. 그러나 유럽 복지국가 모델의 한계가 노출되면서, 평등이 만능해결책이 될 수 없으며 오히려 새로운

---

34) [역자주] "배우는 데 삼 년, 망치는 데 사흘"이라는 뜻으로, 좋은 품성과 바른 행동 습관을 기르기 위해서는 오랜 시간의 노력과 인내가 필요하지만, 나쁜 습관은 매우 빠르게 물들 수 있음을 강조하는 의미를 담고 있다.

문제를 일으킬 수 있다는 인식이 확산되고 있다. 이에 따라 최근 유럽에서는 평등을 넘어 민주주의 자체에 대한 근본적 성찰이 요구되고 있는 실정이다. 본질적으로 철학 개념들은 끊임없는 순환 과정에 있다. 따라서 특정 가치를 선험적으로 선과 악으로 규정하는 것은 지양되어야 한다. 모든 가치 판단은 구체적인 문제 상황과 역사적 조건에 따라 상대적으로 평가되어야 하며, 명확한 문제의식과 정교한 분석을 통해서만 진정한 해결 방안을 모색할 수 있을 것이다.

철학 문제의 순환적 변이 현상에 대한 고찰을 통해 비트겐슈타인은 전통적 철학 문제들이 해결된 것이 아니라, 일부는 문제 구조 자체가 소멸된 것임을 발견하였다. 그의 언어 철학 분석에 따르면, 철학 난제의 상당수는 언어의 논리적 오용으로 야기된 개념 혼란에서 기원하며, 철학 사유의 본질적 과제는 이러한 인식론적 오류를 체계적으로 해소하여 '인식론적 명료성(epistemic clarity)'을 달성하는 데 있다. 이러한 개념적 정립이 이루어질 경우 "철학 문제성 자체가 근원적으로 해체된다."[35]는 것이 그의 핵심 주장이다. 이는 철학적 진보가 기존 문제에 대한 해답 도출이 아닌 문제 프레임의 해체를 통해 이루어질 수 있음을 시사하며, 이 과정에서 철학 문제의 소멸 자체가 곧 그 해결을 의미하는 역설적 구조를 보여준다. 비트겐슈타인의 이론 체계에 대한 전면적 수용 여부와는 독립적으로, 이 관점은 철학사적 맥락에서 특정 문제의 역사적 소멸과 새로운 문제형성의 변증법적 관계에 대한 유의미한 시사점을 제공한다. 특히 이 과정에서 요구되는 개념적 혁신은 유자흔(劉慈欣)의 소설『삼체(三體)』에서 제시된 '차원 축소 공격(dimensionality reduction attack)'[36]의 은유로 설명될 수 있다. 이 작품에서 묘사된 '차원 축소 공격' 전략은 저차원(2차원 세계) 생물의 생존방식으로 고차원 존재(3차원 세계)를 공격함으로써 고차원으로 하여금 본질적 존재 방식을 상실하게 만드는 것을 의미한다. 상업 영역에서 차원 축소 공격 전략은 간헐적으로 관측되는 현상이다. 대표적으로 디지털 혁명을 기반으로 성장한 전자상거래 시스템은 전통 경제 모델의 공간적 제약을 해체함으로써 다수의 전통 상업구조를 소멸하였다. 이러한 구조적 해체 메커니즘을 철학사적 맥락에서 고찰할 때, 프리드리히 니체는 차원 축소 공격 전략의 대가로 평가받는다. 그가 선포한 "신은 죽

35) 維特根斯坦.『哲學研究』. 韓林合, 譯. 北京: 商務印書館, 2013:94쪽.

36) [역자주] 주로 정보 보안 분야에서 사용되는 용어로, 공격자가 시스템의 복잡성을 줄여 취약점을 찾거나 공격을 용이하게 만드는 기법을 의미한다. 이는 데이터의 차원을 줄여 분석을 단순화하는 통계적 기법과는 다른 맥락에서 사용된다.

었다.”라는 선언은 중세 종교철학의 인식론적 기반에 대한 성공적인 차원 축소 공격으로, 종교철학 체계의 재편을 유도하였다. 미셸 푸코(Michel Foucault)는 ‘인간의 죽음’ 즉 주체성의 해체를 통해 이와 유사한 철학적 차원 축소를 수행함으로써 현대 사상사에 새로운 패러다임을 제시하였다. 이에 반해 ‘차원 확대 공격(dimensional escalation attack)’[37]은 문제 자체를 인식론적 상위체계로 승격시켜 기존의 논의 구조를 초월하는 방법론이다. 이러한 변증법적 전환은 의도적 실행보다 존재론적 조건의 급진적 변화에 기반하는 경우가 다수 관측된다. 존재론적 변환(ontological transformation)은 이풍역속(移風易俗)[38]나 사회 구조적 변동을 넘어, 인간 존재의 근본적 조건 자체가 재구성되는 사건을 의미한다. 역사적으로 이는 서구 문명의 기원(BC 3000년), 근대성의 등장(16세기), 그리고 현재 진행 중인 디지털 문명 전환기(21세기)로 대변되는 3대 패러다임 전환에서 확인된다. 현대사회는 인공지능의 급진적 발전과 초연결성(hyper-connectivity)의 확대로 인류사적 차원의 존재론적 전환기를 경험하고 있다. 글로벌 네트워크 사회의 출현은 공간-시간의 재구성을 유도하며, 사이버-물리 시스템의 융합은 인간 주체성의 재정의를 요구한다. 이러한 변환은 단순한 기술진보 차원을 넘어, 아리스토텔레스적 존재론 체계의 근본적 재구성을 필요로 하는 문명사적 사건으로 평가된다. 이는 인류가 직면한 운명적 과제이자, 동시에 새로운 인식론적 가능성을 여는 역사적 기회로 해석될 수 있다.

그렇다면 미래 세계의 철학 과제, 혹은 현재 우리가 상상할 수 있는 철학의 진정한 선도적 문제는 무엇일까? 이에 대해 우리는 대담한 예측을 시도해볼 수 있다. 먼저 이 문제들을 두 가지 영역으로 분류할 수 있다. 첫째는 정치철학 영역이다. 미래 세계에서 인간이 정치 문제를 어떻게 다루어야 할지에 대한 문제이다. 인류의 생존 환경과 세계의 존재론적 변화에 따라 인간은 새로운 시대에 진입하게 되며, 이러한 시대적 조건 하에서 정치적 존재의 단위는 국가에서 세계로 변화한다. 이에 따라, 이 시점에서 인류의 정치는 어떻게 전개되어야 하며, 국가 간의 정치 문제는 어떻게 해결되어야 하는가? 또한, 인류가 진입할 시대는 지능형 시대이다. 이러한 시대에 인간은 매일 로봇과 접촉할 가능성이 크다. 물론 인간은 고품질의 서비스를 받겠지만 동시에 사랑, 우정, 가족, 그리고 희망과 같

37) [역자주] 주로 정보 보안 분야에서 사용되는 용어로, 공격 대상의 범위를 넓히거나 공격 방식을 다양화하는 것을 의미한다. 이는 분산 서비스 거부(DDoS) 공격과 같이 대규모 트래픽을 발생시켜 시스템을 마비시키거나, 특정 시스템의 취약점을 이용해 더 넓은 범위로 공격을 확산시키는 경우에 해당될 수 있다.

38) [역자주] 사회의 풍속이나 관습을 바꾸는 것을 의미한다.

은 본래 소중했던 것들을 잃을 수도 있다. 왜냐하면, 인간은 더 이상 타인과 교류할 필요가 없으며, 기계제품이 이미 인간의 모든 욕구를 충족시켰기 때문에 희망조차 허무해질 수 있기 때문이다. 극도의 고독에 처할 수 있음에도 불구하고, 인간은 이를 통해 '공산주의사회'에 진입할 수도 있다. 그렇다면 이러한 지능형 사회에서 정치는 어떠한 형태이며, 인간은 어떠한 정치 문제에 직면하게 될 것인가? 이는 사실상 많은 새로운 문제를 포함한 영역에 속한다. 둘째는 과학 철학 영역이다. 여기에는 과학기술 윤리와 같은 다수의 과학기술 문제가 포함된다. 실제로, 과학기술의 발전에 따라 인간은 이미 '복제 인간'과 같은 문제에 직면하고 있다. 물론 미래의 철학 문제가 이 두 영역으로 분류된다고 해서 다른 분야의 문제가 중요하지 않다는 것은 아니다. 다른 분야의 문제가 이 두 영역의 하위 문제로 귀결될 가능성이 높다는 것을 의미한다. 예를 들어 윤리학에서 윤리학의 초점은 정치철학 문제와 과학기술 철학적 문제의 발전에 따라 변화할 것이다. 이는 시대와 과학기술만이 진정한 도전을 제기할 수 있기 때문이다. 동성애 등의 문제는 사실상 진정한 도전이 아니다. 따라서 미래의 융합적이고 선도적인 철학적 문제는 아마도 이 두 영역에 집중될 것이다.

이상의 내용을 바탕으로 다음과 같은 사실을 알 수 있다. 철학 문제가 일반 문제와 구별되는 핵심적인 차이점은 철학 문제가 종종 인류의 생존과 밀접한 관련이 있으며, 인간의 '생(生)'에서 기원하는 문제들, 더 정확하게는 난제(難題)들이라는 점에 있다. '생'의 주체는 당연히 인간에 있으나, 주체성이 은폐되거나 소멸될 경우 철학 담론은 이를 구조화하기 위한 대안적 틀을 마련하게 된다. 따라서 '생'의 주체성은 단순한 인간 존재의 차원을 넘어, 하이데거가 규정한 '현존(Dasein)'의 개념과 같은 '생생불식(生生不息)'[39]의 존재론적 차원으로 확장된다. 『주역(周易)』이 중국철학사에서 '군경지수(群經之首)'[40]로서의 지위를 확보할 수 있었던 근본적 이유가 바로 이러한 '차재(此在)'의 존재 양태에 대한 포괄적 성찰에 있다. 이는 『주역』의 핵심 명제인 '생생지위역(生生之謂易)'[41]이 궁극적으로 존재의 생성과 변화의 원리를 체계화한 데서 비롯된 것이라 할 수 있다.

철학 문제가 인간의 생존과 밀접하게 관련된 난제임에 따라, 철학은 필연적으로 인간

39) [역자주] 만물이 끊임없이 생성하고 변화함을 의미한다.

40) [역자주] "군경지수(群經之首)"는 모든 경전 가운데 가장 으뜸이 되는 경전을 의미한다. 이 표현은 주로 『주역(周易)』을 지칭하는 데 사용된다.

41) [역자주] 끊임없이 순환하고 반복함을 의미한다.

의 삶에 내재되어 있으며, 우리가 삶의 과정에서 직면하게 되는 도전들을 의미한다. 인류 전체의 역사로부터 철학 문제를 검토한다면, 진정으로 중요한 철학 문제는 크게 두 가지 범주로 구분될 수 있다. 하나는 항상 존재하며 인간의 생존과 불가분의 관계에 있는 문제들이고, 다른 하나는 미래의 생존 과정에서 발생할 수 있는 문제들이다. 이 두 가지 문제들 만이 실제로 인간의 운명에 영향을 미친다. 철학 문제는 인간의 생존과 직결된 근본적 난제로서, 이러한 실존적 대립과 극복의 과정은 개체적 차원에서 독자적으로 수행되어야 하는 과업으로 귀결된다. 이는 인간의 생존 양식이 본질적으로 독립된 개체성을 기반으로 전개되는 특성에 기인한다. 비록 사회적 공존 구조 속에서 인간의 실존이 형성되지만 궁극적으로 각 개체는 자신의 생을 주체적으로 완성해야 하며, 철학적 성찰 역시 개체적 인식 주체에 의해 내면화된 탐구 과정을 통해 해답을 모색해야 한다. 이는 철학 문제에 절대적인 답이 없거나, 일반적인 정답이 없다는 것을 의미한다. 모든 사람은 자신의 철학적 도전에 직면하게 되며 자신의 상황에 맞는 답을 찾아야 한다. 사람들은 타인의 삶을 참고할 수는 있지만 선택은 스스로 해야 한다. 따라서 실존주의는 인간이 본질적으로 자유로운 존재이며 선택은 피할 수 없는 책임이자 피할 수 없는 운명이라고 지적한다. 삶은 계속되고 문제도 계속해서 사고해야 한다. 철학 문제의 계승 방식은 다양하지만, 사람들의 삶과 철학 사상에 더 유익한 것은 문제를 계승하여 지속적으로 사고하게 하는 것이지, 이론을 단순히 계승하여 끝없이 연구에 몰두하게 하는 것이 아니다. 철학 문제가 인간의 생존과 관련되어 있는 한, 그것은 끊임없이 순환하고 재현될 것이며, 한 시대에서 사라진 문제라 할지라도 다른 시대에서 다시 나타날 것이다. 어쩌면 다시 나타난 문제는 철학 문제라기보다는 생존 상황이라고 하는 것이 더 적절할지도 모른다. 사람들은 종종 역사가 놀랍도록 유사하다고 감탄한다. 고대인들은 "역사를 거울로 삼으면 흥망성쇠를 가늠할 수 있으며(以史爲鑑, 可知興替)", "역사서를 읽으면 사람을 지혜롭게 만든다(讀史使人明智)."고 했다. 그러나 인류는 사실상 역사로부터 벗어날 수 없으며, 이러한 순환의 운명을 벗어날 수 없을지도 모른다. 철학 문제가 순환적이기 때문에, 어떤 철학 문제를 완전히 해결하는 것은 거의 불가능하다. 철학 문제의 궁극적 목적은 해결에 있지 않고 그 소멸에 있다. 인간은 삶과 생존의 과정 속에서 철학 문제를 폐기하거나 초월함으로써만 가능하며, 이 외에 문제를 해결할 수 있는 방법론적 접근은 본질적 한계를 지닌다. 특히 폐기와 초월이라는 행위는 생존 패러다임의 변혁을 필수적으로 수반하는데, 이는 철학 문제를 '과거의 사유체계'로 귀속시키고 삶을 보다 포괄적이고 명료한 미래로 나아가게 함을 의미한다.

물론 이상의 메타 철학 문제에 대한 고찰이 메타 철학 문제 전체를 포괄한다고 볼 수는 없다. 이는 단지 일부 중요하고 내재적 연관성을 지닌 메타 철학 문제들에 대한 일반적 검토에 해당한다. 이러한 검토는 일정한 방법론적 의미를 지니는데, 즉 철학적 탐구를 시작하기에 앞서 반성의 전제에 대한 비판적 검토를 수행해야 한다는 점이다. 이는 칸트가 언급한 이른바 '지반 청소(清掃地基)' 작업과 같은 맥락에 있다. 더 명확히 말하면, 현재 우리가 시작한 이 작업은 여전히 초보적이고 탐색적인 성격을 지니고 있지만, 그럼에도 우리는 이미 철학 문제에 대한 기초적인 이해를 확립하였으며, 이후 진행될 작업은 보다 구체적이고 실질적인 내용을 다루게 될 것이다.

제2장

"중국철학"이란 무엇인가?

2001년, 중국의 권위 철학 전문지 『중국철학 연감 2001』에 게재된 「중국철학의 '합법성' 문제」 논문은 철학계에 중대한 반향을 불러일으켰으며, 이를 계기로 중국철학의 '합법성'에 대한 학술적 논쟁이 재연되었다. 이 논쟁의 핵심 쟁점은 '중국철학'의 정의, 고대 중국에 '철학'의 존재 여부, '중국의 철학'(Chinese Philosophie)과 '중국에서의 철학'(Philosophie in China)의 개념적 차이, 나아가 "중국철학사의 재구성 필요 여부" 등이었다. 비록 최종적 합의에는 이르지 못했으나, 이 논의를 통해 중국철학의 합법성 문제가 해소된 것은 아니었다. "중국에 철학이 존재하는가?"라는 문제는 중국철학의 등장 이전부터 제기되어 왔으며, 100여 년이 지난 오늘날까지도 지속되고 있을 뿐만 아니라 중국철학계의 민감한 쟁점으로 남아있다. 이는 해당 문제의 중요성을 단적으로 보여주는 대목이다. 학계가 이 문제에 민감하게 반응하는 근본적인 이유는 근대에 들어 '중국'이 '철학'과 만난 이후, 서구의 틀을 차용하여 중국철학이라는 학문체계가 설립되었음에도 불구하고, '철학'이라는 개념이 여전히 '중국어'로 완전히 표현되지 못하고, 서양철학의 영향에서 벗어나지 못했기 때문이다. 이에 따라 '합법성 문제'는 중국 철학계의 지대한 관심을 끌며, 치열한 논쟁과 논란을 일으켰다. 따라서 이 문제의 근본적 해결의 핵심은 '철학'이 '중국어'로 자율적으로 표현될 수 있도록 하는 데 있다. 중국철학이 '타인에게 말하기(Speaking of oneself)'와 '스스로 말하기(Self-speaking)'[1]를 습득하지 못하는 한, 중국

1) [역자주] 근대 중국철학의 체계화는 단순한 명칭 변경에 머물지 않으며, 이를 뒷받침할 연구 패러다임의 정립이 필수적이었다. 호적(胡適), 풍우란(馮友蘭) 등 학자들은 서양철학의 영향을 받아 중국철학사에 새로운 패러다임을 구축하고 체계적인 연구를 진행하였으며, 20세기 말부터 21세기 초에 걸쳐 이에 관한 격렬한 학문적 논쟁이 전개되었다. 이러한 배경 속에서 중국철학 고유의 연구 패러다임에 대한 필요성이 대두되었으며, 학계는 이를 실현하기 위해 다양한 노력과 시도를 기울였다. 특히 장립문(張立文)이 제시한

철학의 합법성 문제에 대한 논의는 결코 종식되지 않을 것이다.

물론, 이 문제가 표면적으로 보이는 것만큼 단순하지 않다는 점을 인식해야 한다. 중국철학의 존재와 그 합법성에 관한 문제는 본질적으로 두 가지 주제를 포함한다. 첫째는 '합법성(合法性)'의 문제이며, 둘째는 "어떤 법칙(何法)에 근거하는가?"의 문제이다. 전자의 경우, '규범'이란 규정된 기준을 의미하며, 중국에 철학이 존재하는지와 중국철학이 철학으로 인정될 수 있는지는 이 기준에 부합하는지 여부에 달려 있다. 반면 후자의 경우, 중국철학의 존재와 그 합법성은 어떤 '규범'인지를 명확히 규정하는 데 의존한다. 이 두 측면을 비교할 때, 후자가 보다 근본적이며 복잡한 성격을 지닌다. 이 두 가지 문제로부터 다음과 같은 세 가지 결론을 도출해낼 수 있다. 첫째, 중국에는 철학이 없다. 왜냐하면, 그것이 '합법'적이지 않기 때문이다. 둘째, 중국에는 철학이 있다. 왜냐하면, 그것이 '합법'적이기 때문이다. 셋째, 중국에는 철학이 있지만, 이 '법(기준)'은 그 '법(규범)'이 아니다. 첫 두 답변은 서양철학을 철학의 유일한 패러다임으로 간주하며, 서양철학의 '법(규범)' 지위를 수용한 것으로 해석된다. 셋째 답변은 이에 대해 의문을 제기하고 패러다임 전환과 창조적 접근을 요구한다. 물론 이는 논리적 분류에 불과하며, 실제로는 각 답변 하위에는 다양한 관점과 논쟁이 공존한다.

2.1 이서율중[2]: 중국철학은 "철학"인가?

'철학(philosophy)'이라는 개념은 고대 그리스에서 기원하여 서구 문명의 중요한 구성요소로 자리 잡았다. 이를 고려할 때, 이른바 '철학(philosophy)'과 '중국' 은 전근대 문명사에서 거의 접점이 없는 관계였다고 할 수 있다. 그러나 『마르코 폴로의 여행기(The Travels of Marco Polo)』의 출판과 그에 따른 세계 지리의 대발견으로 인해 중국 문명이 서양의 시야에 들어오게 되었고, 이에 따라 서양 학자들의 연구 대상이 되기 시작하였다. 따라서 중국에 '철학'이 있는지 여부는 서양이 동양을 접하게 된 이후 서양 학자들이 제

'Speaking of oneself'(타인에게 말하기)와 'Self-speaking'(스스로 말하기)라는 이분법적 연구 경로는 중국철학 연구에 중요한 이론적 기여를 한 것으로 평가된다.

2) [역자주] 서양철학의 논리와 사유방식으로 중국 전통의 철학 사상을 이해하고 해석하는 것을 뜻한다.

기한 첫 번째 주제였다. "서양, 특히 유럽에서는 '중국철학'의 정당성에 대해 지속적으로 의문을 제기하며, 중국철학을 대부분 출처가 불분명한 괴물로 간주하였다."[3] 16세기에 들어서면서, 당시 중서 문화 교류에서 주도적 역할을 한 예수회 선교사 마테오 리치(Matteo Ricci)가 '도덕철학'과 같은 표현을 사용하여 중국 사상을 언급하기 시작하였다. 그는 "중국에서 가장 친숙하고 유일하며 심오한 철학적 이론(哲理)은 바로 도덕철학이다.", "그러나 그들에게는 아직 논리 규칙이라는 개념이 없기 때문에 어떤 윤리학의 가르침을 다룰 때 각 분파 간의 내적 연관성을 전혀 고려하지 않는다."[4]고 지적하였다. 마테오 리치의 관점에서 보면, 중국에서 말하는 심오한 철학적 이론은 서양철학이 아니며, 대부분 해당 분파인 도덕철학이나 윤리학에 불과하다. 또한, 중국의 이른바 철학적 이론은 논리성이 부족하여 체계를 갖추기 어렵기 때문에 "그들에게 있어 윤리학은 이성(理性)의 힘에 이끌려 이루어진 일련의 혼란스러운 격언과 추론에 불과하다."[5] 마테오 리치의 시각에 따르면, 중국의 철학은 진정한 철학이 아니었다. 이후 칸트는 공자를 '중국의 소크라테스'[6]라고 지칭하였지만, 그 역시 공자를 철학자로 인정하지 않았으며, 이러한 평가는 그가 중국의 '종교'를 논하면서 언급한 것에 불과하다. 공자의 "기소불욕, 물시어인(己所不欲, 勿施於人)"[7]과 같이 후세에 널리 알려진 '금율(金律)'에 대해서도 칸트는 이를 '도덕적 형이상학'으로 격상될 것으로 기대되는 '통속적인 도덕적 철학'의 격언으로만 간주하였다. 이에 따라 보면, 칸트는 중국의 도덕철학에 큰 가치를 두지 않았으며, 중국 사상을 철학으로 인정하지 않았다.

헤겔이 중국철학에 대해 부정적인 입장을 취했다는 것은 이미 널리 알려진 사실이다. 헤겔에 따르면, "사상의 자유는 철학과 철학사가 시작되는 조건으로서"[8], 오직 자유로운 의식만이 철학을 창조할 수 있다. 철학은 바로 이러한 자유로운 의식에서 출발하기 때문에 "절대 더 이상은 표상이 아니며, 자유 사상은 사유뿐만 아니라 절대적인 이념을 가진다". 따라서 신은 철학의 대상이 될 수 없지만 "사물의 본질은 물, 불, 또는 사상이다."[9]

3) 鄭家棟. 「"中國哲學"的"合法性"問題」//『中國哲學年鑒2001』. 北京: 哲學研究雜志社, 2001:1쪽.
4) 利瑪竇, 金尼閣. 『利瑪竇中國劄記』. 何高濟, 等譯. 北京: 中華書局, 1983:31쪽.
5) 각주 4 참조.
6) 康德. 「中國」//夏瑞春. 『德國思想家論中國』. 陳愛政, 等譯, 南京: 江蘇人民出版社, 1995:66쪽.
7) [역자주] 공자의 『論語·顔淵편』에서 나오는 말로 내가 하고 싶지 않은 것을 남에게 시키지 말라는 뜻의 사자성어이다.
8) 黑格爾. 『哲學史講演錄: 第 1 卷』, 賀麟, 王太慶, 譯. 北京: 商務印書館, 1959:93쪽.

라는 명제는 오히려 철학적 논제가 될 수 있다. 실천 측면에서 의식의 자유와 현실적 정치의 자유는 밀접한 관련이 있다. "현실적 정치의 자유는 한 개인이 스스로 독립적인 인간임을 인식할 때에야 시작되며", "혹은 주체가 인격 의식에 도달했을 때 가능하다."[10] 다시 말해, 먼저 정치적 자유가 확보되어야만 사고의 자유에 이를 수 있으며, 사고의 자유가 있어야만 철학이 존재할 수 있다. 그뿐만 아니라 헤겔은 "동양에는 오직 주인과 노예의 관계만 존재하며", "의지의 한계성은 동양인의 특징이다."[11]라고 주장했다. 이에 따르면, 동양 세계는 아직도 전제 정치 단계에 머물러 있으며, 동양인들은 의지의 보편성을 인식하지 못하고 있다. 따라서 정치적 자유는 물론 사상의 자유도 없으며, 철학은 더더욱 존재할 수 없기에 "진정한 철학은 서양에서 시작된 것이다."[12] 또한, 헤겔은 "공자는 현실적인 이 세상의 지성인일 뿐, 사변(思辨)적 철학이 조금도 없으며 오직 선량함과 노련함, 그리고 도덕적인 교훈만이 존재하기에 그로부터 우리는 특별한 것을 얻을 수 없다."[13]고 하였다. 이는 서양철학의 관점에서 공자 및 중국 사상을 바라본 얕은 이해로, 중국 학자들이 쉽게 수긍하기 어려운 부분이다. 그러나 헤겔은 동양 사상에 존재하는 철학적 의미를 예리하게 간파하였으며, 동양에 진정한 철학이 있다는 것을 부인하면서도 이를 '동양철학'이라 칭하였다. 또한, 그는 동양철학을 서양 종교와 구별되는 종교철학으로 간주하였다. 고대 그리스와 로마 종교 및 이후의 기독교에서 신들과 하나님은 인격화되었으며, 철학과의 공통점이 거의 없었다. 그러나 헤겔은 동양 종교 관념 속에 내재된 철학적 개념을 포착하여 "동양철학에서는 주관적 정신과 같은 요소가 충분히 발현되지 않았고, 종교적 관념은 개체화되지 않은 상태로 보편적 관념의 성격을 띠고 있다. 이러한 보편적 관념은 철학적 개념과 사상으로 나타난다."[14]고 지적하였다. 요컨대, 헤겔은 중국 또는 동양에 철학이 존재한다는 사실을 부정하였으나, 종교적 관념에 포섭된 동양철학이 일정 정도 철학적 성격을 지니고 있음을 인정하였다. 헤겔의 이러한 판단은 후에 빈델반트 (Windelband, Wilhelm)에게도 영향을 미쳤다. 빈델반트는 "동양 정신의 특수한

---

9) 黑格爾.『哲學史講演錄: 第 1 卷』, 賀麟, 王太慶, 譯. 北京: 商務印書館, 1959:93쪽.
10) 각주 9, 94쪽.
11) 각주 9, 96쪽.
12) 각주 9, 98쪽.
13) 각주 9, 119쪽.
14) 각주 9, 116쪽.

제약 때문에 개인의 창조적 활동은 제한적일 수밖에 없다."[15]고 하면서, 중국의 도덕철학에 관해서도 "이들은 유럽 철학이 걸어온 완전한 체계 구축의 길과는 거리가 멀기에, 교과서에 대한 논의는 필요하지 않다."[16]고 명확히 지적하였다. 빈델반트의 이러한 입장에 대해 철학사학자 틸리(Frank Thilly)도 자신의 저서에서 같은 입장을 취하였다. 틸리는 그의 『서양철학사』에서 "처음에 과학, 철학, 종교는 하나였으며 신화는 세상을 이해하려는 원시적 시도였다."[17]고 주장하였다. 그는 철학 통사가 모든 민족의 철학을 포함해야 한다고 주장했으나, 모든 민족이 신화 단계를 넘어설 수 있거나, 진정한 사상체계를 창조할 수 있는 것은 아니라고 보았다. 그는 인도인, 중국인 등 동양인의 이론은 "순수 사상체계가 아니라 주로 신화와 윤리 학설이며"[18], "그리스인을 제외하고 진정한 철학을 창조했다고 말할 수 있는 고대 민족은 거의 없다."[19]고 하였다. 이러한 논리에 따르면, 철학은 고대 그리스에서 기원한 서양의 사상 전통으로 볼 수 있으며, 중국을 비롯한 동아시아는 철학의 범주에서 제외된다고 할 수 있다.

중국철학의 정체성에 관한 학계의 논쟁은 근대적 의미의 '철학'이라는 용어의 번역 및 도입 과정으로 소급될 수 있다. 역사적 기록에 따르면, 중국은 이미 17세기 20년대에 서구의 'philosophy' 개념을 접하였으며, 이를 '斐祿所費亞'(philosophia의 음차), '이학(理學)', '애지학(愛智學)'[20] 등 다양한 방식으로 번역하였다. 당시 중국은 서구 열강의 침략을 받지 않은 상태였으며, 정치적으로도 전통적 '천하(天下)' 체제에서 근대적 '만국(萬國)'[21] 체계로의 전환기에 있지 않았기 때문에 이 개념은 큰 주목을 받지 못하였다. 'philosophy'가 재차 중국에 유입된 시기는 중국이 근대사의 맥락 속으로 진입하며 서구 문명을 적극적으로 수용하던 시기와 맞물린다. 이 시기 일본은 메이지 유신을 통해 급속한 근대화를 달성하였으며, 중국에 있어 큰 군사적 위협이자 동시에 서양 학문을 전파하는 매개체 역할을 수행하였다. 특히 현대 중국어의 '철학'이라는 용어는 일본에서 유래한 것으로, 왕국유(王國維)는 『철학변혹(哲學辨惑)』에서 이에 대해 "일본이 자연과학을

15) 文德爾班.『哲學史教程: 上卷』. 羅達仁, 譯. 北京: 商務印書館, 1987:38쪽.
16) 각주 15 참조.
17) 梯利.『西方哲學史: 上冊』. 葛力, 譯. 北京: 商務印書館, 1975:10쪽.
18) 각주 17, 11쪽.
19) 각주 17, 16쪽.
20) 喬清擧.「中國哲學研究反思: 超越"以西釋中"」.『中國社會科學』, 2014(11):45쪽.
21) 葛兆光.『宅茲中國』. 北京: 中華書局, 2011:2쪽.

'이학(理學)'이라 칭함에 따라 'philosophy'를 '철학'으로 번역하였다."[22]고 기술하였다. 그러나 실제 역사적 맥락은 왕국유의 설명과 다른바, 일본에서는 먼저 'philosophy'를 '철학'으로 번역한 후 '이학'을 자연과학 전용 용어로 정립했다.[23] 'philosophy'를 '철학'으로 최초 번역한 인물은 메이지 초기의 계몽사상가 니시 아마네(西周)로, 그는 1874년 『백일신론(百一新論)』에서 이 용어를 공식적으로 채택하였다. 이후 1880년대 초, 이노우에 데쓰지로(井上哲次郎)가 편찬한 『철학자휘(哲學字彙)』를 통해 이 용어가 학계에 정착하게 되었다. 흥미로운 점은 니시 아마네가 이 번역을 시도한 동기가 중국 유학을 철학으로 포괄하기 위함이 아니라 오히려 서구 학문체계를 동양의 유학과 명확히 구분하기 위한 것이었다는 사실이다. 그는 "본 번역에서의 철학은 유럽의 학문체계를 지칭하며, 동양의 유학과는 구별된다."[24]고 명시함으로써, '철학'을 서학(西學)의 전유물로 규정하였다. 이러한 역사적 맥락에서 볼 때, 후대에 형성된 '중국철학'이라는 개념은 니시 아마네의 원래 의도와는 상충되는 개념적 혼종으로 해석될 여지가 있다.

그러나 이 문제는 단순하지 않은 것으로 판단된다. 니시 아마네(西周)는 '철학(philosophy)'과 '유학'의 개념 차이를 인지하면서도[25] '철학'을 '유럽 유학'으로 해석하였으며, 저서 『개문제(開門題)』에서도 "동토(東土)의 것은 유(儒)이고, 서주(西洲)의 것은 philosophy이며, 이 모두가 '명천도이립인극(明天道而立人極)', 즉 '세상의 이치를 분명히 하고 인간 세상의 도덕규범을 정하는 것'으로 실질적으로는 동일하다."[26]라고 하였다. 여기서 비록 'philosophy'를 '철학'으로 번역하지 않았다 할지라도, '철학'과 '유학' 사이의 내재적 연관성이 선명하게 드러난다. 다시 말해 니시 아마네는 '철학'과 '유학'은 실질적으로 상통하며, 이들 모두 '명천도이립인극'을 목표로 하며, 서양에서는 철학이라고 불리고 동양에서는 유학이라고 불리는 것으로, '그 본질은 하나'라고 보았다. 이는 훗날 풍우란(馮友蘭)이 철학을 '형식적 체계'와 '실질적 체계'로 구분하고, 중국철학에는 '실질적 체계'는 존재하나 '형식적 체계'가 부재함을 지적하면서, 서양의 형식을 빌려 중국 사상을 체계화하고 중국철학 학문 분야를 개척하는 기반과 가능성을 마련하였다. 비

22) 王國維. 『王國維文集: 第 3 卷』. 北京: 中國文史出版社, 1997:3쪽.
23) 陳啟偉. 「"哲學"譯名考」. 『哲學譯叢』, 2001(3):67쪽.
24) 孫彬. 『西周的哲學譯詞與中國傳統哲學範疇』. 北京: 清華大學出版社, 2015:24쪽.
25) 喬清舉. 「中國哲學研究反思: 超越 "以西釋中"」. 『中國社會科學』, 2014(11):45쪽.
26) 각주 24, 26쪽.

록 "니시 아마네의 논리와 메이지 시대의 사회적 경향성을 고려할 때 '중국철학'이라는 개념의 성립 가능성이 없다."라고 판단할 수 있으나, 다른 관점에서 보면 니시 아마네의 견해에 드러나는 형식과 본질 간의 장력은 이 시기가 한편으로는 '중국철학' 개념이 아직 정립되지 않은 동시에, 다른 한편으로는 "일본 및 중국철학의 개념이 형성되고 학문적 체계가 확립된 시기"[27]로 해석될 수 있음을 시사한다.

현재 사용 중인 '철학'이라는 용어가 황준헌(黃遵憲)에 의해 최초로 중국에 도입되었다는 사실은 학계에서 널리 알려진 사실이다. 황준헌은 1887년 집필한 『일본국지(日本國志)』(초간본은 1895년경 출간)에서 도쿄제국대학의 학제를 소개하며 '철학'이라는 용어를 처음 언급하였다. 이후 양계초(梁启超)가 이 개념을 적극적으로 보급함으로써 '철학'이라는 학술 용어가 중국 사회에 본격적으로 정착되기 시작했다. 양계초는 무술변법(戊戌變法)[28] 실패 후 일본으로 망명하여 『청의보(清議報)』와 『신민총보(新民叢報)』를 창간하면서 서양철학 사상을 체계적으로 소개하였다. 특히 1899년 1월 2일 『청의보』 제2호에 '지나철학(支那哲學)'[29] 칼럼을 개설하고 담사동(譚嗣同)의 『인학(仁學)』을 게재한 것은 중국 문헌에서 '철학'이라는 개념이 공식적으로 사용된 최초의 사례로 기록된다.[30] 다만 양계초는 'philosophy'의 번역어로서 '철학'이 중국 학술 전통과 완벽히 부합하지 않음을 우려하여 "이 용어를 사용할 경우 반드시 '인생 철학'과 같은 수식어를 첨가해야 한다"[31]고 주장하기도 하였다. 물론, 그 당시 '철학' 수용 과정에는 상당한 논란이 수반되었다. 장지동(張之洞) 호광총독(湖廣總督)과 단방(端方) 호북순무(湖北巡撫) 등 보수 관료들은 학당에서 철학을 가르치는 것을 강력히 반대하였으며, 이로 인해 경사대학당(京師大學堂) 초기 교과과정에서 철학 과목이 배제되기도 하였다. 비록 여러 학자의 노력 끝에 철학이 정식 학문으로 인정받아 대학 교과에 편입되었으나, 호적(胡適)을 비롯한 일부 지식인들은 '중국철학' 개념 자체에 대해 지속적으로 의문을 제기하였다. 흥미

27) 喬清舉. 「中國哲學研究反思: 超越 "以西釋中"」. 『中國社會科學』, 2014(11):45쪽.

28) [역자주] 무술변법(戊戌變法) 또는 백일유신(百日維新)으로 불리는 이 운동은 1898년(무술년) 강유위(康有爲)와 양계초(梁启超)가 주도하여 광서제(光緒帝)를 옹립하며 추진한 정치 개혁 운동이다. 서태후(西太後)를 중심으로 한 수구세력의 강력한 반발로 인해 개혁은 단 103일 만에 좌절되었다.

29) [역자주] '지나(支那)'는 산스크리트어에서 유래한 용어로, 원래 고대 인도에서 중국을 지칭하던 명칭이었다. 이후 불교 경전을 매개로 동아시아 지역에 전파되었다. 19세기 말부터 20세기 초까지 일본 학자들이 서양철학을 번역하는 과정에서 '중국철학'을 '지나철학'이라고 칭하기도 하였다.

30) 각주 27, 47~48쪽.

31) 梁啟超. 『儒家哲學』. 上海: 上海人民出版社, 2009:34쪽.

롭게도 호적과 풍우란이 일반적으로 '중국철학'의 정초자로 인식되고 있음에도 불구하고, 호적은 생애 동안 '중국철학'이라는 용어의 타당성 문제를 두고 여러 차례 입장을 수정한 바 있다.

호적은 초기에 미국 컬럼비아대학에서 철학 박사 학위를 획득한 후 귀국하여 북경대학 철학과에서 중·서 철학사 강의를 진행하였으며, 『중국철학사 개요(상권)』의 저자로서 중국철학 학문의 확립에 크게 기여하였다. 그러나 그의 사상에 변화가 생기면서 철학에 대한 태도가 점차 부정적으로 변화하기 시작하였다. 그는 "『중국철학사 개요』 상권만 출판하고 하권을 출판하지 않은 이유는 바로 철학에 대한 태도가 변했기 때문이다."[32]라고 하였다. 호적은 1929년에 쓴 일기에 "과거의 철학은 미성숙하고 오류가 많아, 실패한 과학에 불과하다."[33]고 평가하며, "과거 철학 학파들은 인류 지식 및 사상사에서 일정한 위치만 차지할 수 있을 뿐"[34]이라고 주장하였다. 호적은 이른바 '철학'이란 미성숙한 과학에 불과하며, 지식 및 사상사의 일부에 지나지 않는다고 여겼다. 그는 "철학자들을 인류 지식 사상사에 귀속시켜야만 그들의 과거 성과를 평가할 수 있고, 그들의 미래 지위를 예측할 수 있다."[35]고 주장하였다. 즉, 철학은 독립적 지위를 갖지 못하며 근본적으로 소멸되어야 한다는 것이다. 그는 미래의 철학적 문제가 철학 자체의 문제로 존속하지 않을 것이며, 과학에 의해 해결되거나 폐기될 것이라고 보았다. "과학이 해결하지 못하는 문제는 철학도 해결할 수 없으며, 설령 해결 방안을 제시하더라도 검증이 필요한 가설에 불과하여 현대인의 신뢰를 얻지 못할 것"[36]이라고 하였다. 따라서 철학은 자연스럽게 소멸되어 일반 사상사의 한 구성 요소로 흡수될 것이라고 전망했다. 호적은 미래에는 철학이 아닌 과학만이 존재할 것이며, 철학자는 사라지고 사상가만이 남을 것이라고 결론지었다. 이는 그가 중국철학의 합법성뿐 아니라 철학 전체의 존재 근거 자체를 부정했음을 의미한다. 그 후, 호적은 점차 철학계에서 물러나 '국고정리(整理國故)'[37]를 지지하고 '국학(國學)'을 제창하였다. 호적의 이러한 관점은 그가 과학주의와 실증주의를 신봉한 것과

32) 黃玉順.「追溯哲學的源頭活水」.『四川大學學報(哲學社會科學版)』, 2011(4):13쪽.
33)『胡適日記全編 5』. 合肥: 安徽教育出版社, 2001:427쪽.
34) 각주 33, 428쪽.
35) 각주 33, 429쪽.
36) 각주 33, 429쪽.
37) [역자주] 중국 전통 학문 및 문화유산에 대한 체계적 정리와 연구를 뜻함.

관련이 있기도 하지만, 부사년(傅斯年)이 그에게 미친 영향과도 무관하지 않다.[38] 1918년 부사년은 글을 발표하여 철학은 인문학이 아니며, 과학 발전을 통해 철학 문제를 해결해야 한다고 주장하였다. 이후 유럽 실증주의의 영향으로 부사년의 철학관은 더욱 급진적으로 변화하여 철학 폐지론을 제기하기에 이르렀다. 그는 "철학은 하나의 거대한 가설에 불과하다.", "철학과 과학은 동일한 방법론을 사용한다.", "중국에는 철학이 존재하지 않으며, 우리 민족이 건전한 사유방식을 지닌 것은 하늘의 은혜라 할 수 있다."[39]고 선언하였다. 이후 호적에게 보낸 서신에서도 부사년은 중국에 '방술(方術)'[40]은 존재하나 '철학'이 없음을 재차 강조하며[41], 이를 중국의 행운으로 간주하였다. 반면 서양인이 자랑하는 독일 철학에 대해서는 "독일어의 결함에서 비롯된 산물"이라 비판하였으며, 흄(Hume)에 대해서도 "그 사유의 핵심을 파악하기 어렵다."[42]고 평가하였다. 부사년의 이러한 견해는 호적의 깊은 공감을 불러일으켰다. 호적은 부사년에게 보낸 회신에서 "서양 철학을 가르치지 않으며 관련 저작도 의도적으로 배제함으로써" 오히려 '통쾌함'과 '만족감'[43]을 느낀다고 기술하였다. 이 영향은 1931년 호적이 북경대학 문학 원장 재직 시 철학과 폐지 및 문학원을 역사학과 단일 학과로 개편하려 한 구상에서도 확인된다. 이는 1927년 부사년이 중산대학 문학 원장 시절 철학과 폐지를 시도했던 사례와 유사하며[44], 부사년 사상이 호적의 학제 개혁안에 미친 실질적 영향을 입증한다.

물론 이 시기 '중국철학'을 창립하려는 사상이 주류를 이루었으나, 부사년과 호적의 주장이 전혀 공감을 얻지 못한 것은 아니다. 마일부(馬一浮), 구양경무(歐陽竟無) 등 학자들 역시 '철학'이라는 개념을 중국 전통사상에 적용하는 데 대해 의문을 제기하였다. 마일부는 복성서원(復性書院)에서 강의할 당시, 서원 교육의 목적은 "(중국 전통사상이) 본래의 경학(經學)[45]에 성취하고 고유의 의리(義理)[46]를 발굴하는 데 있으며, 오늘날의

38) 王汎森.『中國近代思想與學術的系譜』. 石家莊: 河北教育出版社, 2001:302~306쪽.

39) 각주 38, 303쪽.

40) [역자주] 중국 고대의 일부 기술, 학문 또는 특정 전문 지식체계를 뜻함.

41) 각주 38, 303쪽.

42) 각주 38, 304쪽.

43) 각주 38, 304쪽.

44) 각주 38, 305쪽.

45) [역자주] 경술(經學), 경학(經學)이라고도 함. 경학은 한(漢)나라 시기 가장 번영하고 발전한 철학 체계로서 그 핵심은 유가 사상이다.『시』,『서』,『례』,『역』,『악』,『춘추』 육경을 대표로 하는 고문 경학과『공양전』을 대표로 하는 금문 경학으로 나뉜다. 두 파벌은 서로 논쟁하고 침투하고 정합하여 마침내 경학의

철학과는 비교 대상이 아니다."라고 강조하였다. 그는 "중국 고대의 '경학'과 '의리'를 '과거의 철학 사상'으로 간주하여 연구한다 하더라도, 이로 인해 특별한 이득이 있을 것 같지 않다."[47]라고 판단하였다. 즉, 철학이 중학(中學)[48]과는 본질적으로 다르므로 철학적 시각과 태도로 중국 전통 사상을 한정 지어서는 안 되며, 그렇게 할 경우 아무리 노력해도 결국은 헛수고에 그치게 된다. 구양경무(歐陽竟無) 또한 "종교와 철학이라는 두 용어는 본래 서양에서 기원한 것으로, 번역을 통해 중국에 유입되어 불법(佛法, 불교 교리)에 무리하게 적용되었다. 그러나 이 두 용어는 의미가 모호하고 범위도 매우 협소하여, 광대한 불법의 진의를 포괄할 수 없다."고 주장하였다. 따라서 '정명정사(正名定辭)'[49]를 시행한다 해도, 불교는 불교 그 자체로서 존재하며 "종교나 철학과 같은 서양적 범주는 전혀 필요하지 않다."[50]고 보았다. 이처럼 구양경무는 철학이나 종교와 같은 서양 개념을 사용하여 중국 전통사상의 일부인 불학(佛學, 불교 학문)을 규정하는 것에 대해 반대하였으며, 불법(불교의 교리)이 내포하고 있는 심오한 의미가 이 두 용어가 수용할 수 있는 한계를 훨씬 초월하며, 불법은 오직 불법 그 자체일 뿐 철학이 아니라는 입장을 견지하였다.

서양철학의 패러다임을 기준으로 중국 사상을 평가하여 이를 일종의 '비철학(non-philosophy)'으로 규정하는 관점은 비록 철학계(특히 중국 철학계)의 주류 담론은 아니지만, 이러한 시각은 지속하여 학계의 논쟁 대상이 되었다. 더욱이 서양의 저명한 철학자들이 이 논의에 참여하면서 그 논리적 타당성에 대한 논란은 더욱 심화되었다. 헤겔에 이어 후설(Edmund Husserl) 역시 중국철학의 정체성에 대해 근본적인 의문을 제기하였다. 그는 "철학과 과학은 본질적으로 인간의 보편적이며 '선천적으로 부여된' 이성을 구현하는 역사적 운동"이라고 주장하였다. 이러한 인식론적 관점을 통해서만 "유럽인이 진정으로 절대적 이념을 소유하고 있는지, 혹은 유럽 문명이 단지 '중국'이나 '인도'와 같은 경험적 인류학적 문명 유형 중 하나에 불과한지"를 판단할 수 있으며, 나아가 "다른 모든 문명의

통일을 이루었다.

46) [역자주] 의리(義理), 일정한 윤리 도덕에 부합되는 행동준칙 또는 유가 경의를 추구하는 학문을 뜻함.

47) 馬一浮. 『馬一浮集: 第1冊』. 杭州: 浙江古籍出版社, 浙江教育出版社, 1996:527쪽.

48) [역자주] 중학(中學), 청나라 말기부터 '5.4' 운동 전후까지 중국 전통 학문에 대한 호칭으로, 서학과 구별된다.

49) [역자주] 사물의 명칭과 경계를 명확히 하고, 정식적이고 엄밀한 언사를 사용하는 것을 뜻함.

50) 歐陽竟無. 『歐陽竟無集』. 北京: 中國社會科學出版社, 1995:1쪽.

유럽화가 역사적 부조리인지 아니면 절대적 세계사적 의미를 지니는 것인지"[51]를 결정할 수 있다고 보았다. 후설은 중국 문명이 인도 문명과 마찬가지로 단순히 "경험적 기반의 인류학적 현상"에 지나지 않기 때문에, 중국 문명의 철학적 체계화나 유럽적 전환이 '절대적 세계사적 의미'를 갖는다고 보기 어렵다고 판단하였다. 후설이 중국 문명을 경험적 인류학의 범주로 이해한 것과 비교할 때, 가다머(Hans-Georg Gadamer)의 중국철학에 대한 인식은 더 큰 문제점을 지니고 있다. 가다머는 중국철학을 "신비와 지혜에 관한 수수께끼 같은 진술 방식"으로 규정하였다. 그의 주장에 따르면, "철학적 사유는 무(無)에서 출발하는 것이 아니라, 우리가 이미 소유하고 있는 언어적 틀 안에서 사고하고 표현되어야 한다."[52]. 따라서 "철학의 본질이 무엇인지", 혹은 "철학적 대상에 대한 설명이 가능하면서도 우리가 사용하는 개념들의 적합성 문제에 빠지지 않으려면" 서양철학 전통에 대한 물음을 피할 수 없다고 보았다. "오직 서양철학 전통만이 이러한 물음에 대한 역사적 답변을 포함할 가능성이 있기에, 우리는 이 전통에 의문을 제기할 수밖에 없다. 왜냐하면, 다른 문화들, 특히 지리적으로 동떨어진 동양 문화에서 발전한 신비와 지혜에 관한 수수께끼 같은 표현 방식은 서양에서 철학이라 부르는 것과 검증 가능한 관계를 맺을 수 없으며, 더욱이 우리가 그 명의로 질문하는 과학 자체가 서양의 고유한 발견이기 때문이다."[53] 이와 같은 논리에 따라 철학은 언어적 측면에서나 전통적 측면에서 중국이나 동방과는 무관한 것으로, 철학은 서양의 독창적 발견에 속한다는 결론에 이르게 된다.

'중국에 철학이 있는가?'라는 질문에 대한 답변은 대체로 부정적인 편이지만, 하이데거와 자크 데리다(Jacques Derrida)의 경우 그 근거가 상대적으로 선의에 가깝다고 평가할 수 있다. 주지하다시피, 하이데거는 동양철학, 특히 노자의 '도(道)' 개념에 대해 서양인들이 이해하기 어려울 정도의 깊은 관심을 보였다. 그는 1946년 여름 중국 학자 소사의(蕭師毅)와 공동으로 노자의 『도덕경(道德經)』 번역 작업을 시도하기도 했다. 이후 30년간 하이데거는 "저술과 강연, 사적 대화에 이르기까지 노자와 장자 사상에 대해 지속적으로 진지한 논의를 전개하였으며", 만년에 이르러서도 "동양철학은 서양철학이 대화를 지속해야 할, 고유한 가치를 지닌 사상적 원천"[54]임을 강조했다. 그러나 하이데거는 철

51) 胡塞爾. 『歐洲科學危機和超驗現象學』. 張慶熊, 譯. 上海: 上海譯文出版社, 2005:21쪽.
52) 伽達默爾. 『伽達默爾集』. 鄧安慶, 等譯. 上海: 海遠東出版社, 1997:5쪽.
53) 伽達默爾. 『詮釋學Ⅱ: 真理與方法—補充和索引』. 洪漢鼎, 譯. 北京: 商務印書館, 2011:95쪽.

학의 본질을 규정함에 있어서 여전히 중국 사상 문명을 철학의 범주에서 배제하였다. 그는 '철학'을 그 어원적 의미인 φιλοσοφία(philosophia), 즉 '지혜를 사랑'하는 근원적 차원에서 이해해야 한다고 주장하며, 이 개념이 중국 사상과는 본질적으로 구별된다는 입장을 견지했다. '철학'은 그리스어에서 유래한 개념으로, "그리스인의 존재 방식을 근본적으로 규정한 사유체계"[55]를 의미한다. 동시에 철학은 "서구-유럽 역사의 가장 본질적이고 근원적인 특성을 결정짓는다."는 점에서 특별한 의미를 지닌다. 우리가 통상적으로 사용하는 '서구-유럽 철학'이라는 표현은 사실상 동어반복에 해당한다. 이는 '철학'이 본질적으로 그리스적 기원을 지니기 때문이다.[56] 하이데거의 해석에 따르면, 철학은 그리스어를 매개로 형성된 사유체계로서, 태동기부터 그리스인들의 정신을 지배하며 그들의 삶 속에서만 전개되었다. 따라서 "철학을 본질적으로 그리스의 현상으로 규정하는 근거는, 서양과 유럽만이 그 역사적 발전 과정에서 근원적 차원의 '철학적 성격'을 드러냈기 때문이다."[57]고 주장한다. 그는 이러한 결론이 과학의 발생과 그 패권적 지위의 확립 과정에서도 입증된다고 보았다. 왜냐하면 "모든 과학은 서구-유럽 역사의 가장 내재적인 발전 과정에서 비롯된 산물"이기 때문이다. 더 나아가 과학은 철학에서 잉태한 것으로, 철학이 존재하지 않았다면 "어떤 과학도 정립될 수 없었을 것"이라고 단언한다. 따라서 "과학의 출현과 지배 양상"은 그 자체로 "서구-유럽 역사의 전개과정", 즉 "철학의 발전 과정"[58]과 동일시될 수 있다. 이와 같은 관점에서 '철학'은 고대 그리스에서 기원하여 유럽이라는 특정한 문화적 토양에서만 성장할 수 있었으며, 중국을 비롯한 동양 문명과는 근본적으로 무관한 개념으로 이해되어야 한다. 물론 하이데거의 이러한 논단은 중국 사상에 대한 경시가 아니라, "사(思)"에 대한 여지를 남겨두기 위함이다. 하이데거는 철학이 형이상학으로서, 사람들로 하여금 '존재자'에만 집착하게 하고, '존재자'의 진리만을 추구하도록 만들며, 반면에 '존재' 그 자체와 '존재'에 관한 진리를 망각하게 한다고 지적한다. 따라서 형이상학적 철학은 필연적으로 완성과 종말로 이어질 수밖에 없다. 그는 "철학으로부터 시작하여 독립적인 과학으로 발전해 나가고－과학자들 사이의 소통이 점

54) 張祥龍.「胡塞爾、海德格與東方哲學」.『中國社會科學』, 1993(6):47쪽.

55) 海德格爾.『海德格爾選集: 上』. 孫周興, 選編. 上海: 上海三聯書店, 1996:590쪽.

56) 각주 55, 590~591쪽.

57) 각주 55, 591쪽.

58) 각주 55, 591쪽.

차 증가하면서—철학의 합법적인 완성을 이룬다. 철학은 현시대에서 종말을 향해 나아가고 있다."[59]고 주장하였다. 철학의 종말은 사상에 대한 소환을 의미하며, "사상이 '문제 자체를 지향하고'"[60], '존재' 자체를 지향하게끔 소환하는 것을 뜻한다. 이것이 바로 하이데거가 중국의 노장(老庄)사상을 높이 평가하는 이유이다. 하이데거는 노자의 '도'가 고대 그리스의 'logos(로고스)', 그리고 그가 후반기에 사용한 'Ereignis'(장상용은 이 개념을 '觀看中的自身緣起'라고 번역함)[61]와 유사하며, 모두 '존재' 또는 '재(Sein)'의 진정한 의미를 설명하는 데 사용되는 '주도사(主導詞, 지배적인 단어)'로서, "인류 사상의 가장 위대한 근원 중 하나에 속한다."[62]고 단언했다. 하이데거에 따르면 중국 사상은 비록 철학의 형태를 띠지 않지만, 이는 결코 중국철학의 위대함을 훼손하지 않는다. 이는 "인간은 존재자의 주인이 아닌 존재의 보호자"[63]이기 때문이다. 철학, 즉 형이상학은 전자(주인)가 되려는 과정에서 후자(보호자)를 망각하게 된다. 바로 이러한 점에서 '사(思)'가 수행해야 할 본질적 역할이 드러난다.

"중국에 철학이 존재하는가?"라는 근본적 물음에 대한 자크 데리다의 성찰은 하이데거와 공명하는 철학적 관점을 제시하며 깊이 있는 사유의 지평을 열어준다. 『서술과 차이(L'écriture et la différence)』라는 저서의 「인터뷰 서문」에서 그는 철학의 경계에 대한 독창적 해석을 펼치는데, "철학과 비철학의 관계는 정적 경계가 아닌 끊임없이 허물어지는 유동적 특성을 지니며, 철학이라는 이름의 무제한적 확장이 모든 사유공간을 정복하려는 속성을 내재하고 있음"[64]을 날카롭게 지적한다. 그러나 데리다는 하이데거의 철학사적 진단에 전적으로 공감을 표명하며, 철학을 "단순한 개념체계가 아니라 헬레니즘 문명의 태동과 함께 형성된 문화적 DNA"로 규정한다. 그의 분석에 따르면 철학은 "고대

59) 海德格爾.『面向思的事情』. 陳小文, 孫周興, 譯. 北京: 商務印書館, 2011:70쪽.

60) 각주 59, 73쪽.

61) [역자주] 'Ereignis(생기)'는 하이데거 철학 저작의 핵심 개념으로, 인간의 본연적 특성을 지칭한다. 중국 당대 철학자 장상용은 현상학의 '관찰(觀看)'과 불교 '연기(緣起)' 사상을 결합하여 '관찰 중의 자기 연기(觀看中的自身緣起)'로 번역함으로써, 관찰 과정에서 주체와 대상 간의 상호 의존성 및 상호 생성적 관계를 강조하였다. 이때 '관찰'은 '매개물 없이 체험하는 직접적 인식'을, '연기'는 '사물 간 상호 의존성과 인과적 연결성'을 의미한다. 하이데거가 이 개념을 '일반적으로 번역 불가능한 용어'로 규정한 배경에는 중국어와 인구어 계열 언어의 구조적 차이가 있으며, 이로 인해 정확한 이해와 번역이 특히 어렵다는 점이 부각된다.

62) 張祥龍.「胡塞爾、海德格與東方哲學」.『中國社會科學』, 1993(6):48쪽.

63) 海德格爾.『路標』. 孫周興, 譯. 北京: 商務印書館, 2000:403쪽.

64) 德裏達.『書寫與差異』. 張寧, 譯. 北京: 三聯書店, 2001:9쪽.

그리스의 언어적 토양에서 발아한 특수한 사유형식"이며, "라틴어를 거쳐 독일어로 재탄생하는 과정에서 서구 문명의 정신적 뼈대를 이루었다." 이처럼 철학은 "단일한 유럽적 사유체계로서, 그 외연을 넘어선 동양의 지혜를 포괄하기에는 본질적 한계를 지닌다."[65]는 것이 그의 핵심 논지다. 결론적으로 자크 데리다는 중국의 사상체계와 역사적 지식, 과학적 성취를 '철학(philosophie)'이라는 범주로 규정하는 데 대해 근본적 문제를 제기하였다. 그의 분석에 따르면 이는 유럽적 기원을 가진 철학적 담론이 중국 사상에 적용될 때 발생하는 인식론적 불균형 때문이다. 구체적으로 데리다는 "중국 사상이 유럽적 사유모델의 수용 과정에서 본질적 변형을 초래했다."고 지적함으로써, 문화번역의 폐해성에 주목하였다. 더 나아가 그는 비유럽적 지적 전통에 대한 깊은 존경을 표명하면서도 엄밀한 개념사적 검토를 요구하였다. "중국 사상이 지적 효용성과 역사적 중요성 면에서 불가결한 존재임에도 불구하고, 철학이라는 용어의 역사적 형성과정을 고려할 때 이는 엄격한 의미의 철학으로 분류될 수 없다."[66] 데리다의 철학사적 관점에서 볼 때, 철학은 고대 헬레니즘(Hellenism)) 세계에서 기원하여 라틴어 중세 스콜라주의(schola)를 거쳐 독일 관념론으로 계승된 유럽 특수적 지적 유산으로, 중국 문화권과는 이질적인 인식론적 토대를 지니고 있다. 이러한 주장의 함의는 분명하다. 중국은 독자적인 사유체계를 발전시켰으나 이는 서구철학과 동일한 범주에 속하지 않는다. 그러나 데리다는 중국 지성사의 눈부신 성취가 철학적 담론과 비교적 차원에서 결코 열위에 있지 않음을 분명히 하였다. 오히려 중국의 독창적 지적 성취는 철학과 별개의 인식론적 체계로서, 인류 지성사적 관점에서 동등한 가치를 지닌다고 강조하였다.

서양 철학계가 중국철학에 대해 형성한 인식체계는 그 이론적 기반이 체계적으로 정립되어 있다. 그러나 존중과 경멸을 막론하고 이들의 판단 기준은 서양철학의 인식론적 틀에 근거한 것으로, 이에 따라 중국 문화권에 철학적 전통이 존재하지 않는다는 결론에 도달하였다. 이들에게 철학은 단순한 명칭의 문제를 넘어 특정한 담론 체계를 의미하며, 이러한 담론구조 하층부에는 단편적 개념이나 관점 차원을 초월하여 사유방식과 생활양식의 총체적 체계가 내재한다. 본질적으로 철학은 그들의 실존 방식의 일환으로, 철학적 실천과 일상적 삶 사이에 상호구성적 관계가 성립된다. 따라서 중국 문화를 철학적 담론 영

65) 德裏達.『書寫與差異』. 張寧, 譯. 北京: 三聯書店, 2001:10쪽
66) 각주 65 참조.

역에 편입시키려는 시도는 양 체계의 고유성 훼손이라는 이중적 위험성을 내포한다. 결론적으로 중국은 풍부한 사상체계와 종교적 전통, 나아가 종교철학 및 윤리 철학을 보유하고 있으나, 서구적 의미의 철학(특히 존재론적 사변을 기반으로 한 형이상학 체계)은 존재하지 않으며, 더욱이 근원적 사유를 통한 순수 철학적 전통은 전혀 확인되지 않는다. 본 논의에서 '철학'이란 존재 자체에 대한 형이상학적 사변을 의미하며, 이는 서양철학 전통의 존재론(ontology)과 형이상학(metaphysics) 체계와 동일한 인식론적 좌표를 공유한다.

중국철학의 존재 여부를 둘러싼 학문적 논쟁은 현대 중국 학계 내부에서도 첨예한 이론적 분열을 드러내고 있다. 표면적으로는 긍정론이 다수를 점하나, 역사학자 갈조광(葛兆光)과 철학자 팽부춘(彭富春)을 필두로 한 부정론자들의 목소리 또한 학술계 깊숙이 뿌리내리고 있다. 특히 갈조광은『중국사상사』제1권 서론에서 현대 중국 지성사의 위상을 논하며 "사상사(思想史)라는 학문적 범주가 철학사(哲學史)라는 개념에 비해 학문적 정체성을 확보하지 못한 채 소외되어 왔다."[67]고 역설했다. 20세기 동아시아 학문 지형을 조망할 때, '철학사'를 표방한 학술서적이 '사상사' 관련 저술을 압도적으로 앞서고 있다. 갈조광은 그 원인을 다음과 같은 세 가지 역사적 계기에서 찾았다. 첫째, 서양철학사 서술의 패러다임이 중국 학계에 학문적 틀을 제공하였으며, 둘째, '철학'이라는 서구적 개념의 언어적 매력이 작용하였고, 셋째, 신식 대학 체제 도입 과정에서 철학과 설립에 필요한 교재 편찬이라는 현실적 요구와 맞물려 있었기 때문이다.[68] 이처럼 서구철학의 방법론적 시각 하에 구축된 20세기 중국철학사 서술은 방법론적 실험과 이론적 모순을 동시에 축적해왔으나, 갈조광 교수는 그 학술적 타당성에 대해 일관된 문제 제기를 지속해왔다. 그는 다음과 같은 학술적 성찰을 제기한다. "장기간에 걸쳐 필자가 견지해 온 학문적 입장은 철학사(history of philosophy)라는 서구적 개념체계를 중국 역사상 존재했던 다양한 학술체계에 무비판적으로 적용할 경우, 이는 서구철학의 개념적 내포(connotation)와 외연(denotation)을 중국 고전 텍스트에 기계적으로 투사하는 방법론적 오류를 범할 수 있다는 점이다. 이러한 비교문화적 접근은 중국 전통사상 체계에 대한 본질적 왜곡을 수반하지 않고서는, 기하학적으로 완전히 상이한 '방예(方枘, 모난 자루)'와

67) 葛兆光.『中國思想史: 第 1 卷』. 上海: 複旦大學出版社, 1998:3쪽.
68) 각주 67 참조.

'원착(圓鑿, 둥근 구멍)'의 비유처럼 이론적 부조화를 피하기 어렵다. 따라서 '철학사'라는 서구 학문장치를 통해 중국 고대 지식체계를 설명하는 방법론 자체에 대해 필자는 학문적 정당성 차원에서 근원적 의문을 제기하지 않을 수 없다."[69] 갈조광은 중국에 서양철학이 없는 것은 단순히 명칭의 문제가 아니라고 지적했다. 이름을 붙인다고 해서 그것이 곧 서양철학에 부합하는 중국식 철학이 되는 것은 아니다. 중국에 '철학'이라는 명칭이 없다는 사실은 사실상 "중국인들이 철학이라는 이름에 걸맞은 지식, 사상 및 학술을 갖추고 있지 않다는 것을 뜻한다."[70] 하이데거의 관점에 따르면, 중국인들에게는 '철학'이라는 이름에 적합한 생활 방식조차 없다고 말할 수 있다. 그래서 갈조광은 '중국철학사'라는 모호한 명칭 대신 '중국 사상사'라는 보다 포용적인 이름을 선택했다. 갈조광은 "두 가지를 비교해보면, '사상사'(history of thought 또는 intellectual history)라는 용어는 중국 역사상의 다양한 학문을 기술하는 데 있어 더욱 여유롭고 적절하다. 이는 '사상'이라는 단어가 '철학'에 비해 포용성이 훨씬 강하기 때문이다."[71]라고 말했다. 물론 '사상사'로 중국 고대의 학문과 지식을 기술하는 데 문제가 없는 것은 아니다. 필경, '사상'이라는 단어의 외연이 지나치게 넓어 중국의 철학적인 학문과 지식을 전형적으로 반영하기 어렵기 때문이다. 이것이 바로 '철학사'가 반복적으로 서술되는 반면, '사상사'가 지속적으로 외면당해 온 원인 중 하나이다. 물론 이는 그 이유 중 하나에 불과하며, 대부분의 학자들은 중국에 철학이 존재한다고 믿고 있다.

갈조광 외 다수 학자들의 '중국철학' 개념에 대한 학문적 재고 움직임 가운데 팽부춘의 철학적 논변은 특별한 주목을 요구한다. 그는 문명 간 비교철학적 관점에서 "각 문명권이 고유한 지혜 체계를 소유하고 있음은 부인할 수 없으나, 모든 지혜가 철학(philosophy)으로 승격될 수 있는 것은 아니다."라고 주장한다. 그의 핵심 논지는 엄밀한 학문적 정의에 입각하여 "철학은 본질적으로 그리스-유럽 문명권의 특수한 지적 산물이며, 오직 서구의 역사적 맥락에서만 지혜와 철학의 변증법적 관계가 성립한다."[72]는 점을 강조한다. 이 논리에 따르면 중국 문명이 축적한 지적 유산을 '철학'으로 규정하는 데에는 방법론적

69) 葛兆光.『中國思想史: 第 1 卷』. 上海: 複旦大學出版社, 1998:5쪽.
70) 각주 69, 6쪽.
71) 각주 69, 6쪽.
72) 彭富春.『哲學與美學問題』. 武漢: 武漢大學出版社, 2005:91쪽.

한계가 존재한다. 팽부춘은 철학을 "지혜에 대한 과학적 탐구이자 이성과 논리가 구조화된 개념체계"로 정의하면서, "선진시대부터 청말에 이르기까지 중국 사상사 전반에 이러한 엄밀한 의미의 철학적 전통은 확인되지 않는다."[73]고 단언한다. 이는 단순한 개념 논쟁을 넘어 "중국 사상사의 본질을 어떻게 인식할 것인가?"[74]라는 방법론적 전환을 요구하는 역사 인식의 문제로 확장된다. 특히 그는 중국 지혜를 서구철학의 범주(본체론·인식론·윤리학·미학 등)로 해석하려는 시도를 "개념적 부적합성의 오류"로 진단한다. 이러한 방법론적 접근은 "연목구어(緣木求魚)[75]와 같은 인식론적 모순을 초래하며, 사상 비교연구가 표층적 유사성 탐구에 머무르게 한다."[76]고 비판한다. 대안으로 제시되는 '중국의 지혜' 개념은 서구철학의 틀에 구애받지 않은 독자적 사유체계 재구성의 가능성을 내포한다. 팽부춘의 학문적 배경은 이러한 주장의 이론적 근간을 제공한다. 독일 마르부르크대학에서 하이데거 직계 제자인 헤리버트 보더(Heribert Boeder) 밑에서 현상학을 전공한 그는 존재론적 해석학 방법론을 중국 사상 연구에 적용함으로써, 하이데거식 철학 비판의 논리를 동아시아 사상계에 투영하였다. 이는 단순한 서구철학 이론의 차용을 넘어 비교철학 방법론의 새로운 패러다임을 시도한 것으로 평가된다.

중국철학의 존재 여부에 대한 본체론적 논의는 서양 학계의 일부 동양학 연구자들에게도 주의 깊게 검토된 바 있다. 특히 '중국철학'이라는 개념적 정당성에 대한 근본적 재고를 요청하는 학자들의 주장이 주목할 만하다. 독일의 저명한 한학자 미하엘 프리드리히(Michael Friedrich)는 1991년 발표한 논문 「중국철학의 창조와 구축: 현대 유교의 한 과제에 대하여("De Inventione Sinarum Philosophiae: Ein Thema des Modernen Konfuzianismus")」에서 이 문제를 학술사적 맥락에서 분석하였다. 그의 핵심 주장에 따르면, "'소위 중국철학'은 근대 이전의 문화사적 맥락에서 실존하지 않았으며, 근대 중국 지식인들이 서구철학 체계와의 접맥 과정에서 '발명'한 개념적 산물"이라는 점을 강조하였다. 이에 대한 방법론적 접근으로 그는 "중국에 본질적 철학이 존재한다는 주체적 서술보다 철학이라는 학문체계가 중국적 맥락에서 재해석되었다는 관계적 서술이 보다 타

73) 彭富春.『哲學與美學問題』. 武漢: 武漢大學出版社, 2005:93쪽.
74) 각주 73, 94쪽.
75) [역자주] "나무에 올라가서 물고기를 구하듯", 도저히 불가능한 일을 하려고 함을 뜻하는 말.
76) 각주 73, 94쪽.

당하다.”77)는 해석학적 관점을 제시하였다. 프리드리히의 이 같은 학설은 당시 공식적으로 발표되지 않았으나, 후일 중국 학계 환학문(還學文) 교수의 번역을 통해 본격적으로 학술적 담론장에 진입하게 되었다. 중국철학의 학문적 정당성 문제가 대륙 학계에서 본격화된 이후, 벨기에의 탁월한 중국학자 카린 드포르트(Carine Defoort)는 2001년「‘중국철학’의 존재 가능성에 대한 재고(Is There Such a Thing as Chinese Philosophy?)」라는 논문에서 보다 구조적인 분석을 시도하였다. 그는 “중국철학에 대한 정체성 의문을 단순히 서구 중심주의의 부산물로 환원하는 접근법의 한계”를 지적하면서, “‘중국철학’이라는 개념 자체가 내포하는 모순적 구조(중국적 특수성과 철학적 보편성의 변증법적 장력)가 학문적 정체성 혼란의 근원”78)임을 논증하였다. 특히 드포르트는 철학의 보편적 가치를 인정하면서도 동시에 “‘철학’ 개념의 헬레니즘적 기원과 서구 지성사적 특수성”을 역사화할 필요성을 강조하였다. 그의 분석에 따르면, “‘중국철학’이라는 합성어는 지리적 수식어와 학문적 실체명사 간의 과도한 결합으로 인해, 철학적 사유의 보편적 가능성을 제한하는 개념적 오류”79)를 초래하였다. 이 같은 개념적 모순의 발생 기제는 근대 동아시아 학계가 “역사적 사유체계를 기술하는 과정에서 일본 경유의 번역학적 장치를 통해 서양철학의 범주체계를 무비판적으로 도입”함으로써, “전근대적 동서 학문체계 간의 대등한 개념 대화 가능성을 선험적으로 박탈”한 데서 비롯된다고 지적하였다. 이 과정에서 발생한 인식론적 단절은 이중적 결과를 초래하였다. 첫째로 “철학이라는 서구적 학문틀의 강제적 적용은 제자백가(諸子百家) 사유체계의 고유한 내재적 발전 가능성에 종지부를 찍는 결과”를 낳았으며, 둘째로 “역사적 사유체계의 현대적 재구성 과정에서 추소(追遡) 방식의 무분별한 적용은 살아있는 전통의 완결성을 해체한 점”을 학술사적 교훈으로 제시하였다.

중국 철학계는 일반적으로 중국 전통사상에 대한 과도한 과민반응을 보이는 경향이 있다. 이러한 태도는 “‘중국철학’이라는 개념이 태동 단계부터 생명력을 상실하는 결과”80)를 초래하였으며, 결국 중국철학은 단순히 대학 강의실의 ‘문헌 분석 대상’81)으로 전락

77) 李明輝.「關於“中國哲學之正當性問題”的一個批注」//張西平.『國際漢學: 第18輯』. 鄭州: 大象出版社, 2009:17쪽.
78) 戴卡琳.「究竟有無“中國哲學”?」. 楊民, 季薇, 譯.『中國哲學史』, 2006(2):6쪽.
79) 각주 78 참조.
80) 각주 78 참조.

하고 말았다. 카린 디포르트(Karin Dirfort)가 지적한 '철학'이라는 용어의 '추소(追遡)식 적용 방식'은 유소감(劉笑敢)이 제기한 '역격의(反向格義)'[82]가 중국철학 연구에 초래한 이론적 난맥상과 유사한 맥락을 공유한다. 비록 중국철학에 대한 이와 유사한 평가가 흔히 발견되지만, 디포르트는 여기서 '추소(追遡)식 방법론'과 '역격의'가 내포한 본질적 문제를 정확히 규명했다. 즉 "역사적으로 형성된 자생적 개념체계 간의 균형적 상호소통 구조가 붕괴되었다는 점", 구체적으로 성리학을 포함한 중국 사상이 '철학'이라는 '역격의' 프레임워크 하에서 평등한 담론적 지위를 유지하지 못하게 된 사실이다. 문화적 약소국가의 지위에 있던 중국 성리학은 강력한 타자로서의 서양철학 체계를 소화할 충분한 시간적 여유를 갖지 못했을 뿐만 아니라, 동등한 주체성 기반 위의 상호소통을 통한 공감적 이해관계 형성 역시 어려웠다. 이에 따라 디포르트는 중국학자들이 '철학'이라는 렌즈를 통해 자국 사상을 해석하는 과정에서, 중국 사상 고유의 내재적 역동성이 서양철학과의 부조화로 인해 왜곡·소멸되는 현상을 비판했다. 비록 그가 제시한 '철학적 접근법의 부적절성'이라는 결론에 대한 최종적 판단은 유보할 필요가 있으나, 제기된 논거 자체는 학문적 검토의 가치를 충분히 지닌다. 유소감은 '전통적 격의(格義)'를 "본토의 익숙한 경전과 개념으로 낯선 이질적 개념을 해독하는 과정"으로 정의한 반면, '역격의'는 "상대적으로 낯선 서양철학 체계를 도구로 익숙한 자국 고전을 재해석하는 역설적 방법론"이라고 규정했다. 그는 이 방식이 "중국 문화와 세계 문명의 대화촉진 및 전통철학의 현대적 변용과 국제화 추진에 기여할 수 있음"을 인정하면서도, 동시에 "기계적 개념도용으로 인한 철학적 오독의 위험성"[83]을 경고했다. 이러한 논의를 종합할 때, 중국 전통사상에 대한 '철학적 추소(追遡)'나 '역격의' 방법론 자체를 전면 부정할 필요는 없다. 다만

---

81) 戴卡琳.「究竟有無 "中國哲學"?」. 楊民, 季薇, 譯.『中國哲學史』, 2006(2):7쪽.

82) [역자주] '역격의'는 중국철학 연구에서 서양철학의 개념과 이론 체계를 빌려 전통 사상을 해석하는 방법론을 의미한다. 이는 전통적 격의(格義))가 외래 사상을 설명하기 위해 자국 개념을 차용한 임시적 및 계몽적 특성과 대비되며, 현대 중국철학의 주류 연구 방법으로 자리 잡았다. 역사적 맥락에서 '격의'가 불교 전파와 대중 계몽의 실용적 기능을 주목적으로 삼았다면, 근대적 계기에서 형성된 '역격의' 현상은 학술 연구의 전문성 제고와 이론적 체계화를 핵심적 지향점으로 삼는다. 20세기 초 중국철학 연구 방법론의 전환적 지점에서 호적과 풍우란에 의해 개척된 이 방법론적 경향은 점차 학계의 주류 패러다임으로 정착하게 되었다. 유소감 교수가 「'역격의'와 중국철학 연구의 딜레마」(2006)라는 논문에서 제기한 '역격의' 방법론적 한계에 대한 비판적 성찰은 해당 개념의 학술사적 정립을 위한 이론적 기초를 마련하였으며, 동시대 중국철학 연구 방법론에 대한 본격적인 학제 간 논의를 촉발한 계기로 평가받고 있다.

83) 劉笑敢.「"反向格義"與中國哲學研究的困境」.『南京大學學報(哲學·人文科學·社會科學)』, 2006(2): 79쪽.

서양철학 체계에 대한 심층적 이해를 바탕으로 방법론적 경계의식을 강화해야 할 필요성이 절실하다. 중국 '철학'의 존재 여부를 입증하는 작업이 단순한 '정명(正名)'[84] 문제에 머무를 경우, 오히려 중국철학의 본질적 가치가 개념적 형해화(形骸化)[85] 과정에서 공동화되는 역설적 상황을 초래할 위험성이 존재한다. 이는 학문적 진보라기보다는 방법론적 오류에 따른 손실이 증폭되는 결과를 낳을 것이다.

분명히 철학자들과 학자들이 '중국철학' 개념에 제기한 의문을 단순히 피상적 편견이나 '서구 중심주의'로 단정하는 것은 성급한 판단이라 할 수 있다. 실제로 그들은 학문적 엄정성을 유지하며 객관적 근거에 기반한 합리적 논증을 시도하였으며, 최소한 자신들의 연구 방법론에 대해 진지한 성찰을 진행하였다. 더욱이 서구 학계 내에서도 중국철학의 학문적 정체성을 적극적으로 인정하는 철학자 집단이 상당수 존재한다는 점은 별도의 논의가 필요한 주제이다. 중요한 것은 '중국철학'의 존재 여부 문제가 민족주의 정서나 문화적 자존심 차원의 단순 논리를 넘어선 학문적 성찰을 요구한다는 점이다. 이는 중국철학의 학문적 정체성에 대한 근본적 질의가 동양 사상계 내부에서도 활발히 제기되어 왔기 때문이며, 특히 중국 본토의 저명한 지식인들이 이 논쟁에 적극적으로 참여해왔다는 역사적 사실이 이를 입증한다. 이러한 논리적 전제 하에 필연적으로 도출되어야 할 핵심 쟁점은 다음과 같다. 첫째, 중국 사상체계가 철학적 담론의 범주에서 배제되어야 할 객관적 근거가 존재하는가? 둘째, 철학이 고대 헬레니즘 문화의 독자적 산물이라는 전제가 중국적 사유 전통과의 본질적 차이를 설명할 수 있는가? 마지막으로, '중국'과 '철학'의 개념적 결합이 필연적으로 중국 사상의 본질적 특성을 왜곡하는 방법론적 폭력으로 작용하는가? 이러한 물음들은 단순한 학술적 논쟁을 넘어 비교철학의 방법론적 기초를 재고해야 하는 중차대한 과제를 제시한다. 특히 '서구적 패러다임으로 중국 사상을 판단(以西裁中)'하는 방법론적 접근에 대한 비판적 검토는, 중국철학을 옹호하는 학파의 이론적 체계를 심층적으로 분석하는 과정 없이는 그 타당성을 평가하기 어려운 영역으로 남아있다.

84) [역자주] 명칭과 명분을 바로잡는다는 것을 뜻하는 말이다.
85) [역자주] 내용은 없이 뼈대만 있게 된다는 뜻으로, 형식만 있고 가치나 의미가 없게 됨을 이르는 말이다.

2.2 이서석중[86]: 중국철학은 "철학"이 아닌가?

'철학'이라는 용어의 중국어 번역은 비록 니시 아마네(Nishi Amane)에 의해 최초로 시도되었으나, 이 개념을 학문적으로 체계화하고 정립한 인물은 이노우에 데쓰지로(井上哲次郎)이다. 니시 아마네가 '중국철학'이라는 표현을 부적절하다고 주장한 것과 대조적으로, 이노우에 데쓰지로는 이 개념을 적극적으로 수용하고 옹호하였다. 그는 니시 아마네의 번역과 관련하여 "철학을 성리학(性理學)으로 번역할 경우 유교의 한 분파로 축소 해석할 우려가 있기에 '철학'이라는 용어를 사용했다."[87] 초기에는 이노우에 데쓰지로 역시 철학의 기원을 고대 그리스에서 찾고, 중세를 거쳐 근대 유럽 철학으로 이어지는 서양철학 전통만을 정통 철학으로 간주하는 경향이 있었다. 그러나 후일 그는 이러한 관점을 방법론적으로 비판하며 "서양 철학자들이 그리스 이래의 전통만을 철학으로 규정하는 것은 편협한 시각이다. 인도와 중국의 사상 역시 철학적 탐구의 대상으로 포함되어야 한다."[88]고 주장하였다. 더 나아가 그는 아르투르 쇼펜하우어(Arthur Schopenhauer), 하인츠 하르트만(Heinz Hartmann), 특히 파울 도이젠(Paul Deussen)과 같은 서양 철학자들이 동양철학을 연구하고 그 가치를 인정한 사례를 제시하며, "동양 국가인 일본이 중국과 인도철학의 큰 영향을 받았음에도 불구하고, 그들의 철학적 전통을 소홀히 하고 서양철학의 부속물로 취급하는 태도는 공정하지 못하다."[89]는 문제의식을 표명했다. 이노우에 데쓰지로 외에도 미야케 유우지로(三宅雄次郎, 일명 미야케 유키)는 '중국철학'의 학문적 정당성을 지지한 주요 학자이다. 그는 미국 학자 어니스트 페놀로사(Ernest Fenollosa)의 『서양 근대 철학사』 강의를 청강한 후, "중국과 인도에도 서양철학과 유사한 체계적인 사상 전통이 존재하므로, '지나철학'과 '인도철학'을 독자적인 학문 분야로 인정해야 한다."[90]는 주장을 펼쳤다. 이처럼 이노우에 데쓰지로는 서양철학자들의 연구

---

86) [역자주] 서양의 학술 이론이나 개념체계를 이용하여 중국의 전통문화, 사상 또는 현상을 설명하고 연구하는 학술 방법을 가리킨다. 이 방법론은 19세기 말 서학동점(西學東漸) 시기 이후 비교철학 분야에서 활발히 논의되어 온 학술적 실천으로, 특히 헤겔 변증법, 칸트 선험철학, 후설 현상학 등 서구철학 이론을 동양 사상의 분석 도구로 활용하는 해석학적 방법론적 특징을 보인다. 학계에서는 이 접근법이 중국철학의 보편성을 강조한다는 점에서 긍정적 평가를 받는 동시에, 문화 간 주체성 침해 가능성에 대한 비판적 논의가 병행되고 있다.

87) 喬清舉.「中國哲學硏究反思: 超越 "以西釋中"」.『中國社會科學』, 2014(11):45쪽.

88) 각주 87, 46쪽.

89) 각주 87, 46쪽.

성과를, 미야케 유우지로는 서양철학사의 비교적 관점을 통해 동양 문명 내에서도 철학적 체계의 가능성을 확인하였으며, 궁극적으로 "중국 사상과 불교 사상에서 철리(哲理)를 찾아 내여 '동양철학'이라는 포괄적 개념 아래 '지나철학'과 '인도철학'을 정립함으로써, 서양철학에 대응할 수 있는 학문적 기반을 마련하였다."[91] '동양철학'에 대한 이와 같은 논란에도 불구하고, 도쿄대학은 1881년 '화한학과(和漢學科)'에 '인도·지나철학 강좌'를 개설하였다. 시마다 주우레에(島田重禮)가 초대 강의를 담당하였으며, 이듬해 강좌명을 '동양 철학사'로 개칭하고 이노우에 데쓰지로가 강의를 인계하였다.[92] 1883년에 이노우에 데쓰지로는 『동양 철학사 강의』를 편찬하였으나, 도쿄대학 내부 교재로만 활용되고 공식 출판하지는 않았다. 그럼에도 이 시기를 기점으로 일본 학계에서는 중국철학 연구와 철학사 관련 저술이 점차 활성화되기 시작하였다. 학술사적 관점에서 '인도·지나철학 강좌'의 설립은 "'중국철학'이 근대적 의미의 독자적 학문 분야로서 국제적 차원에서 인정받기 시작한 중요한 이정표"로 평가될 수 있다.[93]

그 후 '철학'이 중국에 유입된 여정은 우리 모두가 잘 아는 역사 사실이다. 황준헌(黃遵憲)이 도쿄대학을 소개하는 과정에서 '철학'이라는 개념을 처음으로 중국에 도입하였고, 양계초(梁啓超), 왕국유(王國維), 채원배(蔡元培), 호적(胡適) 등 선각자들의 끊임없는 노력 끝에 마침내 북경대학에 '중국철학' 학과가 설립되는 결실을 맺었다. 호적의 『중국철학사개요(상권)』와 풍우란의 『중국철학사(상·하권)』는 '중국철학사' 연구의 초석을 다졌으며, 이로써 '중국철학'은 하나의 독립된 학문 분야이자 학술사적 체계로 중국 학계에 정착하게 되었다. 양계초가 "중국에 철학이 존재하는가?"라는 근본적 의문을 제기하며 '중국철학'을 '도덕철학'으로 명명한 데 반해, 왕국유는 더욱 진취적인 태도를 보였다. 그는 『철학변혹(哲學辨惑)』에서 "무릇 철학이란 중국의 이학(理學)과 본질적으로 다르지 않다."[94]고 천명하였다. 즉 철학, 이학, 페이루수오페이야(philosophy의 음역) 등은 단지 명칭의 차이일 뿐, 그 정신적 핵심은 동일하다는 통찰을 보여주었다. 더 나아가 그는 철학을 폐지해야 한다는 주장에 대해, 이는 "철학이 중국 고유의 학문임을 모르기 때문"이

90) 喬清舉. 「中國哲學研究反思: 超越 "以西釋中"」. 『中國社會科學』, 2014(11):46쪽.
91) 高阪史朗. 「東洋與西洋的統合: 明治哲學家們的追求」. 吳光輝, 林斌. 譯. 『日本問題研究』, 2012(3):3쪽.
92) 孫寶山. 『中國近代哲學思潮及其思想』. 北京: 中國財富出版社, 2014:7쪽.
93) 각주 90 참조.
94) 王國維. 『王國維文集: 第3卷』, 北京: 中國文史出版社, 1997:3쪽.

라고 날카롭게 지적했다. 그는 제자백가의 사상은 물론 주돈이(周敦頤)의 『태극도설(太極圖說)』이나 장재(張載)의 『정몽론(正蒙論)』 등 송대 유학에서도 "철학적 문제의식을 엿볼 수 있음"[95]을 강조하며, "주진(周秦) 시대와 송대(宋代)야말로 중국철학이 가장 번영했던 시기"[96]라고 평가했다. 물론 왕국유도 중국 전통철학이 "체계성이 부족하고 산만하며, 진리가 쉽게 발견하기 어려운 점"을 인정했다. 이에 그는 "서양철학의 체계적 방법론으로 중국철학을 정립해야 한다."는 혜안을 보였으며, "철학이 전문 학문으로서 다른 학문과 어깨를 나란히 할 때" 비로소 "중국 고유의 철학이 진정으로 번영할 수 있다."[97]고 역설했다. 1903년 경사대학당(京師大學堂)에서 철학 보급을 위해 쓴 이 글은 당시 큰 반향을 일으키지 못했지만, 그의 선구적 노력은 결국 1912년 북경대학에 철학과가 설립되는 토대가 되었다.

북경대학 철학과는 1914년부터 학생을 모집하기 시작했다. 초기에는 서양철학사를 전담하는 교수가 부재한 상황이었으며, 진불신(陳黻宸)이 중국철학사 강의를 담당했다. 그의 『중국철학사(1914년, 미출간)』 강의안은 중국 최초의 철학사 저술로 평가된다. 진불신은 해당 저작의 '총론'에서 "서구의 철학 개념은 실질적으로 우리의 도술(道術)과 유사하다."[98]고 주장하며, 서양철학을 참조체계로 삼아 중국 전통 사상을 분석하려는 학문적 시도를 보여주었다. 그러나 이 강의안은 명목상 '철학사'로 명명되었으나 실제 내용은 복희(伏羲)부터 강태공(姜尙)에 이르는 상고(上古) 시기의 사상사에 국한되어 있었으며, 그의 다른 저작인 『제자철학(諸子哲學)』에 비해 체계적이지 못했다. 또한, 당시의 시대적 한계로 인해 이 과목은 여전히 경학(經學)의 학문적 프레임워크를 벗어나지 못했다. 그럼에도 불구하고, 이 강의는 중국철학사 연구의 초기 모델을 제시했다는 점에서 학문사적 의의가 크다. 진불신 이후 호적의 저작이 출간되기 전에 사무량(謝無量)의 『중국철학사(1916년)』가 등장했다. 이는 국내 최초 공식적으로 '중국철학사'라는 제목으로 출판된 저술이다. 사무량은 서문에서 현대 학문을 철학과 과학으로 구분하며, "철학이라는 용어는 서양에서 유래했으나 중국의 도(道) 개념과 본질적으로 유사하다."[99]고 기술했

95) 王國維. 『王國維文集: 第3卷』, 北京: 中國文史出版社, 1997:5쪽.
96) 각주 95, 3쪽.
97) 각주 95 참조.
98) 陳黻宸. 『陳黻宸集: 上冊』. 北京: 中華書局, 1995:415쪽.
99) 謝無量. 『中國哲學史』. 北京: 中華書局, 1976:1쪽.

다. 그는 유학, 도학, 이학 등 중국 전통사상이 서양철학과 동질적이며, 단지 명칭과 표현 방식에서 차이가 있을 뿐이라고 보았다.[100] 이를 바탕으로 그는 철학사를 유가의 '도통(道統)'과 연계하는 비교학적 접근을 시도했다. 분석적으로 볼 때, 사무량의 저작은 진불신의 저서에 비해 내용이 풍부하나, 근본적으로는 전통 학문에 '철학'이라는 새로운 명칭을 부여한 것에 불과하다. 이는 학문적 방법론의 혁신이라기보다는 기존 사상을 재포장한 것으로 평가할 수 있다. 따라서 이 저서가 공식적인 최초의 '중국철학사' 출판물이라는 역사적 의미는 있으나, 중국 현대 철학의 정립 과정에서 진불신의 저작이 차지하는 학문적 가치에는 미치지 못한다고 할 수 있다.

실제로 "중국에 철학이 있는가?"라는 질문에 답한 첫 번째 인물은 근대 중국의 대표적 지식인 호적이다. 호적은 1917년 미국 유학을 마치고 귀국한 후 북경대학 교수로 부임하였다. 그는 진불신의 후임으로 '중국철학사' 강의를 담당하였는데, 당시 그의 강의는 전통적인 중국 학술과는 차별화된 새로운 시각으로 학생들에게 큰 반향을 일으켰다. 호적은 철학에 대한 명확한 정의가 존재하지 않음을 인정하면서도, 잠정적인 정의(definition)로서 "철학이란 인생의 근본적 문제들을 탐구하고 그 해결 방안을 모색하는 학문"[101]이라고 규정하였다. 인생의 근본적 문제가 다층적이기 때문에 철학 역시 우주론·인식론·윤리학·교육철학·정치철학·종교철학 등 다양한 하위 분야로 구성된다는 것이 그의 설명이었다. 이러한 철학적 문제들에 대한 인식과 해석은 필연적으로 다양할 수밖에 없으며, 이러한 "다양한 철학 문제에 대한 상이한 연구 방법과 해결 방안"[102]을 시대적 흐름과 학파별 특성에 따라 체계적으로 서술한 것이 바로 철학사의 본질이라는 것이 호적의 주장이었다. 현대 학문의 기준으로 평가할 때, 호적의 이 같은 정의는 특별한 독창성이나 이론적 심도를 갖추었다고 보기 어렵다. 오히려 이 정의는 철학의 본질을 포괄적으로 설명하기에는 다소 미흡한 측면이 있다. 그러나 당시 역사적 맥락에서 이 정의가 지닌 가장 중요한 의의는 중국과 서양 간의 이분법적 대립을 넘어서 철학에 보편타당한 정의를 제시했다는 점이다. 이러한 관점에 따르면, 서양철학뿐만 아니라 중국의 사상 전통 역시 철학의 범주에 포함될 수 있으며, 중국철학은 독자적인 철학 체계로서 인생의 근본 문제에

100) 謝無量.『中國哲學史』. 北京: 中華書局, 1976:1쪽.
101) 胡適.『中國哲學史大綱』. 上海: 上海人民出版社, 2014:1쪽.
102) 각주 101 참조.

대한 해답을 제시할 수 있는 지위를 획득하게 된다. 이는 서양철학을 철학의 유일한 표준으로 간주하는 기존 관념을 탈피하여, 동서양의 철학적 전통을 모두 '철학'이라는 보편적 범주 속에 포용하는 혁신적인 시각이었다. 호적은 "세계의 철학은 크게 동서양으로 구분되며, 동양철학은 다시 인도와 중국 계통으로, 서양철학은 그리스와 유대 계통으로 나뉜다."[103]고 주장하였다. 그러나 그는 동시에 중국철학이 아직 체계화되지 못한 한계를 지적하며, 서양철학의 방법론적 틀을 차용할 수밖에 없는 현실을 인정하였다. 채원배(蔡元培)가 호적의 『중국철학사대강(中國哲學史大綱)』 서문에서 지적했듯이, "체계적인 연구를 시도하려 해도 참조할 만한 모델이 부족하므로 서양철학사의 방법론에 의존하지 않을 수 없다. 따라서 서양철학사에 대한 이해 없이는 제대로 된 철학적 체계를 구축하기 어렵다."[104]는 것이 당시 중국 학계의 현실이었다. 채원배는 특히 『중국철학사대강』의 주요 성과 중 하나로 '체계적 연구 방법의 도입'을 높이 평가하였다. 이러한 점에서 호적의 『중국철학사대강』은 중국철학을 서양철학과 동등한 지위의 독자적 철학 체계로 정립하고, 서양철학사의 방법론적 틀을 적용하여 중국철학사를 체계적으로 서술한 최초의 학술적 시도라는 역사적 의의를 지닌다. 더 나아가 이 저서는 단순히 중국철학사 연구 모델을 제시한 데 그치지 않고, 중국철학의 학문적 정당성을 이론적으로 입증하려는 근대 중국 학계의 첫 번째 체계적인 시도라는 점에서 획기적인 의미가 있다.

'중국철학 모델'의 구축 문제에 있어서, 비록 호적의 『중국철학사대강』이 초기 발전 단계에서 중요한 기틀을 마련했으나, 가장 결정적인 전환점은 풍우란(馮友蘭)의 『중국철학사』를 통해 완성되었다고 평가할 수 있다. 정가동(鄭家棟)에 따르면, 풍우란의 저서가 성공한 요인은 서양철학을 보다 체계적으로 빌려 중국철학의 이론적 체계를 정립한 데 있으며, 단순한 외형적 모방을 넘어 내용의 선별과 새로운 해석학적 관점을 도입한 데 있다고 지적했다.[105] 풍우란 역시 철학이 서양의 독점적 산물이 아님을 인식하고 있었으며, 초기 호적과 마찬가지로 중국 사상 전통 내에 철학적 요소가 존재함을 확신하였다. 그의 핵심적 문제의식은 중국 고전 문헌에 산재한 철학적 요소를 체계적으로 정립하는 데 있었다. 그는 "철학이라는 용어는 본래 서양의 개념이지만, 중국철학사를 서술함에

103) 胡適. 『中國哲學史大綱』. 上海: 上海人民出版社, 2014:3쪽.

104) 각주 103, 서문 1 참조.

105) 鄭家棟. 「"中國哲學"的"合法性"問題」//『中國哲學年鑒2001』, 北京: 哲學研究雜志社, 2001:4쪽.

있어서 가장 중요한 것은 중국 사상사 속에서 서양철학의 범주에 부합하는 요소를 발굴하여 체계화하는 작업"[106]임을 강조하였다. 그러나 단순한 자료 수집만으로는 부족하며, 철학은 체계적 이론 구조를 요구한다는 점을 그는 명확히 인지하고 있었다. 이러한 문제의식 하에 풍우란은 "체계에는 형식적 체계(formal system)와 실질적 체계(substantive system)의 이중 구조가 존재한다."[107]는 독창적인 이론을 제시하였다. 그의 분석에 따르면, 중국철학에 결여된 것은 실질적 체계가 아닌 형식적 체계이며, 이는 서양철학의 방법론을 차용하여 보완 가능한 부분이다. 그는 "만약 실질적 체계 자체가 부재했다면, 이는 중국에 철학이 존재하지 않음을 의미하는 것이라며"[108] 중국철학 전통의 본질적 가치를 옹호하였다. 그는 특히 위진현학(魏晉玄學), 송명도학(宋明道學), 명청 성리학(明淸性理學) 등이 서양철학과 본질적으로 유사한 실질적 체계를 갖추고 있음[109]을 논증함으로써, "형식적 무체계성 속에 내재한 실질적 체계의 발견"[110]을 자신의 학술적 사명으로 삼았다. 구체적인 방법론으로서 그는 고대 그리스 철학의 삼분법(물리학·윤리학·논리학)을 중국적 맥락에 재해석하여 우주론·인생론·지식론의 틀로 전환함으로써, 중국철학사 최초의 체계적 서술 모델을 완성하였다. 따라서 '중국철학'은 풍우란의 『중국철학사』 출간을 계기로 마침내 학문적 정체성을 획득하게 되었다.

장대년(張岱年)은 풍우란이 제시한 중국철학 체계에 관한 주장을 구현한 대표적인 학자이다. 그는 풍우란이 주장한 "중국철학에는 실질적 체계는 존재하나 형식적 체계는 결여되어 있다."는 관점을 "반박할 수 없는 지론(至論)"[111]으로 평가하였다. 이에 따라 장대년은 우주론, 인생론, 인식론이라는 세 가지 차원에서 중국 전통철학을 체계화하였다. 장대년의 철학적 관점에서 볼 때, 철학은 서양철학만을 지칭하는 개념이 아니라 하나의 학문 범주로서 이해되어야 한다. 그는 서양철학을 철학의 특수한 사례로 파악하며, 이와 유사한 사유체계 역시 철학의 범주에 포함될 수 있다고 보았다. 이러한 논리에 근거하면 "중국 고대의 우주론 및 인생론에 관한 사상체계 역시 철학이 아니라고 단정할 수 없다."

106) 馮友蘭.『中國哲學史: 上冊』. 上海: 華東師範大學出版社, 2010:3쪽.
107) 각주 106, 8쪽.
108) 각주 106, 8쪽.
109) 각주 106, 5쪽.
110) 각주 106, 8쪽.
111) 張岱年.『中國哲學大綱』. 北京: 商務印書館, 2015:19쪽.

비록 중국철학이 서양철학과 기본적인 접근 방식에서는 차이가 있을지라도, 그 문제의식과 연구 대상, 그리고 학문체계 내에서의 위상은 서양철학과 상당한 유사성을 지닌다는 것이다.[112] 특히 선진(先秦) 시대의 '학(學)'에 관한 이론이 그리스 철학과 유사한 구조를 보인다는 점을 그 근거로 제시하였다.[113] 주목할 점은 장대년이 서양철학을 철학의 한 사례로 규정하면서도, 여전히 서양철학을 기준으로 철학과 비철학을 구분하려 했다는 사실이다. 이러한 방법론은 비서양철학, 특히 중국철학에 대한 불평등한 접근으로 평가될 수 있으나, "당시의 학문적 환경을 고려할 때 불가피한 선택이었다."[114]고 해석된다. 장대년의 이러한 입장은 많은 중국 학자들의 민족적 자존심에 상처를 주었으며, 이로 인해 '중국철학사 재구성'이 후대 학자들의 중요한 연구 과제로 부상하게 되었다. 그러나 '중국철학'이 학문으로 정립되던 초기 단계, 특히 서양철학이 학술적 패권을 장악하던 시대적 상황에서 이는 피할 수 없는 현실이었다고 평가된다.

풍우란과 장대년이 중국철학의 체계화에 주력한 것과 대조적으로, 모종삼(牟宗三)은 문화 철학적 관점에서 중국철학의 정당성 문제에 대한 새로운 해석학적 패러다임을 제시했다. 모종삼에 따르면, 철학은 문화의 "중심적 지도 관념"으로서 "문화발전의 방향성과 지적 토대"[115]를 제공한다. 그의 이론에서 각 문화권은 고유한 철학적 체계를 지니며, "문화시스템의 특수성을 이해함으로써 철학의 특수성을 인식할 수 있다."[116] 중·서 문화 간의 근본적 차이에 대해 모종삼은 장자의 "도술이 천하에 의해 분열된다(道術將爲天下裂)"[117]는 개념을 인용하여 설명했다. 즉, "'도(道)'는 완전한 통합체이지만, 개별적 인식 주체의 관점 차이로 인해 다양한 해석이 발생하며, 이에 따라 '도술이 분열되는' 현상이 나타난다."라는 것이다. 이에 따라 모든 문화와 철학 체계는 '도' 또는 '진리'에 대한 부분적 인식에 불과하며, 인식론적 접근 방식과 가치 지향의 차이에서 문화적 다양성이 발생한다고 보았다. 모종삼은 중국철학의 본질을 "생명의 철학"으로 규정하며, "인간 생명의 조화, 동력 체계, 정신적 안정에 대한 탐구"[118]를 핵심 과제로 삼았다. 이는 자연철학을

112) 張岱年.『中國哲學大綱』. 北京: 商務印書館, 2015:23쪽.
113) 각주 112, 21쪽.
114) 각주 112, 19쪽.
115) 牟宗三.『中西哲學之會通十四講』. 上海: 上海古籍出版社, 2007:1쪽.
116) 牟宗三.『中國哲學十九講』. 上海: 上海古籍出版社, 2005:2쪽.
117) 각주 116, 6쪽.
118) 각주 116, 12쪽.

기반으로 우주론과 존재론을 발전시킨 고대 그리스 철학과 대비된다. 중국철학이 '주체성'과 '내재적 도덕성'을 중시[119]하는 반면, 서양철학은 '객체성'에 기반한 "지식 중심의 이성적 체계"[120]를 구축했다는 점에서 양자의 차이를 설명한다. 이러한 관점에서 모종삼은 모든 철학 체계가 "도술이 천하에 의해 분열된" 다양한 양상임을 강조한다. 중국철학과 서양철학 모두 '도'의 보편적 진리에 대한 특수한 해석체계로서, "철학이 보편성과 특수성의 변증법적 통일을 이루기 때문에 중국철학과 서양철학이 공존할 수 있다."[121] 즉, 철학의 보편성은 문화 간 소통의 기반이 되며, 특수성은 각 철학 전통의 독창성과 다층적 가치를 보장한다는 것이다. 모종삼은 "중국에 철학이 존재하지 않는다."는 주장에 대해 강력히 반박하며, "서양 문화가 지배하는 시대에 모두가 서양을 기준으로 삼는 현실"[122]을 개탄했다. 그러나 더욱 안타까운 것은 서양인뿐만 아니라 중국인들조차 그러한 인식을 하고 있다는 점이다. 심지어 '전면적 서구화'라는 용어까지 등장한 상황이다. 그는 중국 전통문화에서 민주주의와 과학이 부재한 점은 분명한 한계이지만, 이를 근거로 중국에 철학이 없다고 주장하는 것은 "횡포하면서도 무지한 태도"[123]라고 비판했다. 서양인들의 무지는 이해할 수 있으나, 중국인들까지 그런 사고방식을 답습하는 것은 진정한 무능의 표출이다. 모종삼은 "철학이란 무엇인가? 인간 활동이 미치는 모든 영역에서 이성적 사고와 관념을 통해 이를 반성하고 설명하는 것이 철학이다. 중국은 수천 년에 걸친 문화를 지니고 있으며, 오랜 역사 속에서 인간의 활동과 창조가 있었을 뿐만 아니라 이를 이성과 관념으로 성찰해 왔다. 그런데 어찌 철학이 없다고 할 수 있는가?"[124]라며 분노했다. 요컨대, 모종삼은 철학의 보편성과 특수성으로 인해 중국과 서양의 차이가 존재하며, 중국에 서양식 철학이 없다는 점은 인정하지만, 서양철학을 기준으로 삼아 중국에 철학 자체가 없다고 주장하는 것은 황당무계한 논리라고 비판했다. "만약 서구철학을 기준으로 중국에서 그에 부합하는 주제와 문제를 찾으려 한다면 크게 실망할 것이다. 그것은 더없이 어리석은 행위일 뿐만 아니라 가장 큰 불경(不敬)이다."[125] 이는 결국 풍우란과

119) 牟宗三.『中國哲學的特質』. 上海: 上海古籍出版社, 1997:4쪽.
120) 각주 119, 5쪽.
121) 牟宗三.『中西哲學之會通十四講』. 上海: 上海古籍出版社, 2007:5쪽.
122) 각주 119, 1쪽.
123) 각주 119, 2쪽.
124) 각주 119 참조.
125) 각주 119, 7쪽.

장대년의 학문적 태도에 대한 모종삼의 불만과 항의로 이어졌다.

풍우란에 대한 모종삼의 비판은 일정한 타당성을 지닌다. 그러나 중요한 점은 철학적 관점에서 볼 때 풍우란이 결코 '중국적 자각'이 결여된 인물이 아니라는 것이다. 그는 비록 호적이 개척한 '이서석중(以西釋中)'의 방법론을 더욱 체계화하고 심화시켜 서양철학을 모델로 한 최초의 체계적인 중국철학을 수립했지만, 서양철학과 구별되는 중국철학의 고유한 특성을 결코 소홀히 하지 않았다. 이러한 점은 그의 대표적 이론인 '경지설(境界說)'[126]에서 명확히 드러난다. 풍우란은 인생의 경지를 네 단계, 즉 자연의 경지(自然境界), 공리의 경지(公利境界), 도덕의 경지(道德境界), 천지의 경지(天地境界)로 구분하였다. '경지설'은 중국철학이 서양철학과 차별화되는 핵심적 이론적 특성을 극명하게 보여줄 뿐만 아니라, 그의 철학 체계 '신이학(新理學)'의 중심축을 이루었다. 풍우란은 말년에도 "'경지설'이 '신이학'의 핵심 사상이다."[127]라고 강조하며 이 이론의 중요성을 재확인했다. 분명히, 풍우란은 서양적 방법론을 차용하여 중국철학 체계를 수립했지만, 궁극적으로는 서양철학의 틀을 통해 중국 사상의 정체성을 공고히 하고자 했다. 이는 그가 중국철학사를 정리하는 과정에서 사용한 기본 개념들, 예를 들어 이(理), 기(氣), 도체(道體), 대전(大全) 등 전통적 중국철학 용어에서도 확인할 수 있다. 따라서 풍우란의 철학 체계에는 필연적으로 '타자의 이론'과 '자기 정체성' 사이의 긴장 관계가 내재되어 있었다. 한편으로는 중국철학의 체계화를 위해 서양철학의 형식을 빌려야 했고, 다른 한편으로는 중국철학이 서양철학과의 차별성을 유지하며 독자적인 이론적 가치를 확보해야 했다.[128] 이러한 '형식(形)'과 '본질(質)'의 갈등은 풍우란 개인의 철학적 딜레마일 뿐만 아니라, 중국철학을 체계화하려는 모든 학자들이 직면한 근본적 문제였다. 그 본질은 '중국에서의 철학'을 넘어 '중국의 철학'으로 전환하는 과정에서 발생하는 정체성의 딜레마에 있었다. 모종삼이 풍우란을 비판한 배경에는 풍우란의 학문적 노력과 미완의 철학적

126) [역자주] 풍우란이 제시한 중요한 이론 중 하나이다. 그는 인생의 경지를 자연의 경지, 공리의 경지, 도덕의 경지, 천지의 경지 네 가지로 구분할 수 있다고 주장했다. 이 중 자연의 경지는 인생의 가장 기초적인 단계로, 이 경지에 머무르는 사람은 선천적인 성향이나 습관, 사회적 관습에 따라 행동하며 명확한 목적이나 행위의 의미를 의식하지 못한다. 공리의 경지에서는 개인의 이익을 추구하는 것이 주요 목표가 된다. 도덕의 경지에 이른 사람은 공과 사를 분명히 구분하고 타인 또는 사회를 이롭게 하는 데 관심을 기울인다. 천지의 경지는 인생의 최고 경지로, 이 단계에 오른 사람의 행동은 천지의 이치와 함께한다고 할 수 있다. 오직 성인이나 현인과 같은 대성대현만이 이 경지에 도달할 수 있다.

127) 馮友蘭.『三松堂全集: 第14卷』. 鄭州: 河南人民出版社, 2000:1051쪽.

128) 李翔海.「從"哲學在中國"到"中國的哲學"」.『學術月刊』, 2007(4):56쪽.

포부가 작용했으나, 보다 근본적으로는 모종삼이 이러한 철학적 전환과 창조 과정에서 발생하는 구조적 어려움을 간파했기 때문이다. 모종삼은 풍우란의 이론적 한계를 극복하고자 노력하였으나, 결과적으로 서구 중심주의에서 중국 중심주의로의 이분법적 사고에 머물렀으며, 나아가 '화하우위론(華夏優位論)'이라는 편향된 결론에 도달하였다. 또한, 그는 서양철학의 이상주의 전통이 지식 중심적 체계를 넘어서는 "'최종적 완성'은 중국의 '생명의 학문'에서 실현될 것이라 주장하며, 이러한 관점이 비록 현실적 도전에 직면하더라도 궁극적으로 타당성을 입증할 것이다."[129]고 예측하였다. 모종삼은 중국철학의 고유한 가치체계를 부각하고 중·서 철학의 공존 가능성을 모색하였으나, 중국철학의 정신적 특수성과 이론적 우월성을 지나치게 강조한 나머지 중·서 철학 간의 본질적 갈등을 해결하지 못하였다. 오히려 그의 접근방식은 종종 독단적 성향을 보임으로써 학술적 논의의 공정성을 훼손하는 결과를 초래하였다.

신중국이 창립된 이후, 마르크스주의 철학은 일정 기간 독점적인 지위를 차지했다. 마르크스주의 철학은 직접 중국철학의 합법성 문제를 언급하지는 않았으나, 암묵적인 방식으로 이 질문에 간접적으로 답하였다. 그러나 마르크스주의 철학은 기존의 서양철학 모델을 통해 중국철학을 해석하던 전통적인 방식인 '이서석중(以西釋中)'을 버리고, 마르크스주의 철학 내부의 유물론과 관념론 간의 대립 구도를 활용하여 중·서 철학을 비판하였다. 따라서 중국철학의 합법성은 인정을 받게 되었고, 중국철학은 서양철학과 동일하게 마르크스주의 철학의 연구 범주에 포함되었다. 마르크스주의 철학이 중국 본토 철학이 아니기 때문에, '이마석중(以馬釋中, 마르크스주의 철학으로 중국철학을 해석하는 것)'은 또 다른 형태의 '이서석중'으로 간주되었다. 물론, '이마석중' 모델은 신중국 성립 이후에 시작된 것이 아니다. 신중국이 성립되기 이전인 20세기 30, 40년대에 이미 이석잠(李石岑)과 범수강(範壽康)과 같은 많은 마르크스주의 연구자들이 유물론, 변증법 등의 관점에서 중국철학을 연구하기 시작하였다. 이석잠은 그의 저서『중국철학 10강』에서 변증법, 유물론, 변증법적 유물론의 세 가지 관점을 통해 중국철학과 서양철학을 본질적으로 분석하였다. 결과적으로 그는 변증법에 대해 "중국의 사상가들은 대부분 변증법을 알고 있으나, 이를 명확하게 또는 의식적으로 하나의 방법론으로 채택하지 않았으며,

129) 牟宗三.『中國哲學的特質』. 上海: 上海古籍出版社, 1997:8쪽.

인식론 및 인식의 역사에 적용한 사례는 더욱 드물다."[130]고 하였다. 또한, 유물론에 대해서는 "선진(先秦)시기부터 청나라 말기에 이르기까지 단지 몇몇 유물론적 경향만을 찾아볼 수 있을 뿐, 진정한 유물론 사상은 존재하지 않는다."[131]고 주장하였으며, 변증법적 유물론에 대해서는 "중국에 변증법적 유물론 사상이 있는가? 라는 질문에 대한 답은 '없음'이다"[132]라고 하였다. 즉, 마르크스주의 철학의 관점에서, 중국철학은 변증법과 유물론은 있으나 변증법적 유물론은 존재하지 않는다. 그러나 변증법적 유물론은 "자고이래 여러 학파들의 대집성이자 총결산이라 할 수 있다."[133]고 하였다. 이석잠과 유사하게, 범수강은 그의 저서『중국철학사통론』에서 자신의 역사적 유물론적 입장을 명확히 하였다. "역사에 대한 관점에는 다양한 견해가 있으나, 대체로 두 가지 학파로 나눌 수 있다. 하나는 역사를 인간의 자유의지로 창조된 것으로 보고 역사발전 과정에서 명확한 원칙을 찾을 수 없다고 보는 입장이며, 다른 하나는 역사를 인간의 자유의지와 무관한 것으로 보고, 역사발전이 자연계의 진화와 유사하게 필연적이며 원칙을 찾을 수 있다고 보는 입장이다."[134]라고 하였다. 그는 두 번째 입장을 바탕으로 역사를 해석하였으며, 사회 존재와 사회의식 중 어느 것이 선행하는지에 대한 문제에서 유물론적 입장을 견지하였다. 즉, "의식은 존재의 반영이며, 관념론자는 의식이 존재를 지배할 수 있다고 보지만, 유물론자는 존재가 의식에 대해 독립적이라고 본다."[135]고 강조하였다. 이러한 입장을 기반으로 그는 중국 역사를 다섯 단계로 구분하고, 중국철학이 하나의 의식 형태로서 이 다섯 역사 시기의 경제적 기반의 변화에 따라 변화했다고 보았다. 또한, 범수강은 이석잠과 마찬가지로 마르크스주의 입장을 취하면서 변증유물론적 사고방식을 적극적으로 선양하였으며, 이를 자신이 집필한 철학사의 중요한 특징으로 여겼다. 또한, 자신의 저서에 대해 "이 책의 내용은 평범하지만, 관점은 다른 학자들과 차별화되며, 유물 변증법을 중심으로 중국 역대 각 학파의 사상을 설명하였다."[136]고 평가하였다.

20세기 50, 60년대에 이르러, 중국철학 연구는 점차 마르크스주의 철학 연구의 일부가

130) 李石岑.『中國哲學十講』. 天津: 天津人民出版社, 2011:18쪽.
131) 각주 130, 19쪽.
132) 각주 130, 21쪽.
133) 각주 130, 22쪽.
134) 範壽康.『中國哲學史通論』. 武漢: 武漢大學出版社, 2008:3쪽.
135) 각주 134, 12쪽.
136) 각주 134, 1쪽.

되었으며, 심지어 마르크스주의 철학의 비판 대상으로도 여겨지게 되었다. 또한, 소련 마르크스주의의 영향으로 유물론과 관념론의 투쟁이 중국철학사 연구의 주요 축이 되었다. 예를 들어, 후외로(侯外廬)는 자신이 집필한 『중국사상통사』 제1권 서문에서 "이 『중국사상통사』는 철학사상, 논리사상, 사회사상을 종합하여 편찬한 것으로, 그 범위가 비교적 광범위하다. 이 저서의 편찬은 황무지를 개척하는 작업과 유사하므로, 유물론의 우수한 전통에 충분히 주의를 기울일 뿐만 아니라, 다양한 논제를 통해 과거의 관념론 연구에도 비판적 시각을 가져야 한다."[137]고 지적하였다. 임계유(任繼愈)는 그의 『중국철학사론』에서 "철학발전의 기본 법칙은 유물론과 관념론의 투쟁이며, 이 두 가지의 투쟁이 없다면 철학도 존립하지 못한다.[138] 중국철학사의 임무는 유물론적 세계관과 관념론적 세계관의 모순을 밝혀내고 변증법과 형이상학의 모순을 분석하는 것이다."[139]라고 하였다. 그는 중국철학이 인생 수양이나 도덕 실천에만 주로 초점을 맞추고, 자연관과 인식론에 거의 언급하지 않는다고 보고, 이에 따라 중국철학이 서양철학과 전혀 다르다는 견해를 반박하였다. 그는 이러한 관점들이 보기에는 중국철학이 특정한 범위를 지니고 있다고 주장하는 듯하지만, 실제로는 중국철학이 특정한 대상을 갖고 있다는 것을 의미하며, "이는 결국 마르크스주의가 말한 철학의 대상 문제에 의문을 제기하도록 유도하는 것이다."라고 하였다. "만약 중국철학이 다른 것을 연구한다고 생각한다면, 중국에는 관념론과 유물론, 형이상학과 변증법의 투쟁이 존재하지 않을 것이며, 이 경우 중국철학사의 특수성이 지나치게 강조되어 철학의 정규 궤도에서 벗어나 잘못된 방향으로 나아갈 수 있다."[140]고 덧붙였다. 임계유는 철학에 있어 중서(中西)를 구분할 필요가 없다는 입장을 취하였으며, 철학이란 유물론과 관념론, 변증법과 형이상학 간의 투쟁이라고 보았다. 나아가 그는 마르크스주의를 철학의 유일한 패러다임으로 제시하였다. 이를 통해 그는 중국철학의 정당성 문제를 해결할 뿐만 아니라 모든 철학을 마르크스주의 연구의 범주 안으로 포괄하고자 하였다.

1979년 중국철학사학회가 정식으로 설립되었다. 설립대회에서 학계는 철학을 유물론

---

137) 侯外廬, 等. 『中國思想通史: 第 1 卷』. 北京: 人民出版社, 2011:1쪽.
138) 任繼愈. 『中國哲學史論』. 上海: 上海人民出版社, 1981:23쪽.
139) 각주 138, 21쪽.
140) 각주 138, 59쪽.

과 관념론의 투쟁으로 간주하는 관점에 대해 심도 있는 비판과 성찰을 진행하였다. 이후 레닌의 저서 『철학 노트』에서 제시된 "'철학의 역사'란 간단히 말하면 인식 전체의 역사이다."[141]라는 논의에 근거하여, 중국철학사를 인류 인식 발전사의 한 중요한 부분으로 정의하게 되었다. 이와 관련하여 임계유의 『중국철학 발전사』와 소삽부·이금전(蕭萐父、李錦全) 주필의 『중국철학사』를 대표적인 연구 성과로 꼽을 수 있다. 『중국철학 발전사』의 '머리말'에서 임계유는 철학을 "세계관에 관한 학문으로, 인간의 자연, 사회, 그리고 사고의 일반 법칙에 대한 인식이다."라고 정의하였으며, "철학사의 연구 대상은 바로 인간 인식 전체의 역사"[142]라고 강조하였다. 또한 "중국철학사는 중화민족의 인식 역사이다."[143]라고 명확히 지적하였다. 마찬가지로 『중국철학사』의 "머리말"에서 소삽부와 이금전은 "철학사 연구의 특정 대상은 간단히 말하면 바로 철학 인식의 모순적인 발전사"라고 요약하였으며, "이른바 철학적 인식이란…… 인간의 이성적 사고 형태로 표현된 자연, 사회와 사유 운동의 일반적인 법칙에 대한 인식이며, 객관적 세계에 대한 본질 및 인간이 객관적 세계에 대한 인지와 개조가 가능한지, 그리고 어떻게 개조할 것인지에 대한 포괄적인 인식"[144]이라고 구체적으로 설명하였다. 이러한 철학적 인식은 종종 비철학적인 인식과 뒤섞여 있기 때문에 "철학적 개괄, 요약, 성찰을 통해 '인식론과 변증법을 구성하는' 것과 같은 철학에 속하는 '일반 인식'[145]을 추상화 할 필요가 있다." 이와 같은 연구 방법론은 이후 소삽부와 이금전이 언급한 "'철학 인식의 모순적인 발전사'를 확실한 연구 대상으로 삼아" 정치, 윤리, 법학, 종교, 교육 등의 사상사와 문화사 내용을 중국철학사의 범주에서 배제함으로써 "중국철학사의 연구 내용을 한층 간결하고 세련되게 정리"[146]한 내용과 같은 맥락에 있다.

종합적으로 고찰해볼 때, 유물론과 관념론 간의 논쟁에서든, 혹은 인식의 모순적인 발전과정에서든 상관없이, 마르크스주의 철학 연구자들은 항상 일관되게 중국철학사와 서양철학사를 동등한 종속적 위치에 두고, 이를 마르크스주의 철학의 비판과 연구 대상으

141) 『列寧全集: 第55卷』. 北京: 人民出版社, 1990:302쪽.
142) 任繼愈. 『中國哲學發展史: 先秦卷』. 北京: 人民出版社, 1983:10쪽.
143) 각주 142, 5쪽.
144) 蕭萐父, 李錦全. 『中國哲學史』. 北京: 人民出版社, 1982:4쪽.
145) 각주 144 참조.
146) 蕭萐父, 李錦全. 『中國哲學史綱要』. 北京: 外文出版社, 2000:2쪽.

로 삼아 마르크스주의 일반 철학 이론의 구체적인 역사적 양상으로 간주해 왔다. 이러한 맥락에서 철학의 패러다임과 기준의 변화에 따라 "중국에 철학이 존재하는가?"라는 문제는 제대로 논의되지 못하고 있었다. 어쩌면 마르크스주의 철학의 관점에서 보았을 때, 중국철학의 정당성 문제는 원래부터 문제가 아니었을 가능성도 있다. 이는 임계유가 언급했듯이 중국철학에 대한 의문이 마르크스주의 철학의 대상에 대한 의문으로 이어질 수 있기에, 중국철학의 특수성을 강조하게 되면 철학의 정확한 궤도에서 벗어나게 되고, 결국 잘못된 방향으로 나아갈 수 있기 때문이다.[147)]

물론, 중국 학자들만이 '중국철학'을 인정한 것은 아니었다. 서양 철학자들 사이에서도 '중국철학'을 인정한 이들이 적지 않았는바, 17~18세기경의 예수회 선교사인 프랑수아 노엘(François Noël)은 '중국철학'이라는 개념을 사용하였고, 라틴어로 된 『중국철학』이라는 저서를 집필하여 "중국의 유명 철학자들의 학설을 수록하였다."[148)] 그밖에도 그는 여러 중국 고전을 번역하여 서양인들에게 중국 전통 사상을 소개하였는데, 그 중 『중국육경(中國六經)』이 가장 유명하다. 이와 동시에 멘케(Johann Burcharci Menckenii)의 라틴어 저서 『중국철학사』가 1727년 유럽에서 출판되었다. 또한 라이프니츠(Gottfried Wilhelm Leibniz)의 중국 문화에 대한 애착 또한 널리 알려진 사실이다. 그는 "중국에 철학이 없다."라는 주장을 강력히 반박하며, 중국이 영토와 인구 규모는 물론 국가 통치 측면에서도 유럽에 결코 뒤지지 않음을 강조하였다. 또한 "중국에는 탄복할 만한 수준의 우수한 도덕 체계와 철학적 이론, 자연신론이 존재하며, 그 유구한 역사로 인해 광범위한 존경을 받고 있다."라고 주장했다. 나아가 "이러한 철학적 이론과 자연신론은 약 3천 년 동안 지속되어 왔으며, 절대적인 권위를 지닌 채 그리스 철학보다 훨씬 오래된 전통을 자랑한다."[149)]고 밝혔다. 그는 중국에 철학이 없다고 주장하는 유럽 문명의 후발 주자들을 향해 "이제 막 야만 상태에서 벗어난 주제에, 단지 그것이 우리의 일반적인 경험 철학의 개념에 부합하지 않는다는 이유만으로 오래된 학설을 비난하려 하는 것은 참으로 오만한 일이다!"[150)]라고 비판하였다. 물론, 라이프니츠의 중국과 중국철학에 대한 인식에는 약간의

147) 任繼愈.『中國哲學史論』. 上海: 上海人民出版社, 1981:59쪽.
148) 費賴之.『在華耶穌會士列傳及書目: 上冊』. 馮承鈞, 譯. 北京: 中華書局, 1995:421쪽.
149) 萊布尼茨.「致德雷蒙先生的信: 論中國哲學」. 龐景仁, 譯.『中國哲學史研究』, 1981(1):401쪽.
150) 각주 149, 402쪽.

편차와 오해가 있으며, 심지어 과찬한 부분도 있지만, 그가 유럽 중심주의의 틀에서 벗어나 보다 관용적이고 평등한 시각으로 중국 문화를 바라보고, 중국철학이 독립적이고 오랜 역사적 전통을 가지고 있음을 인정하였다는 점은 높이 평가할 만하다. 이는 유럽에서의 중국 문화 확산에 매우 긍정적인 영향을 미쳤다. 라이프니츠의 중국철학에 대한 적극적인 홍보는 그의 제자인 크리스티안 볼프(Christian Wolff)의 깊은 관심을 끌었으며, 심지어 볼프는 「중국의 실천철학」이라는 강연에서 유교를 극찬하고 유교가 기독교의 부족한 부분을 보완할 수 있다고 주장함으로써 교회의 반대에 부딪히고 독일 정부로부터 추방당하기도 하였다. 물론 볼프의 중국철학에 대한 이해가 그의 스승만큼 깊지는 않았지만, 그는 여전히 "중국철학을 세계에서 가장 오래된 철학으로 여겼으며, 중국철학을 과소평가하거나 유럽 철학에 동일한 사상이 포함되어 있다고 주장하는 학자들을 반박하였다." 또한, 그는 "유럽 철학에는 중국의 도덕과 정치사상에 견줄 만한 것이 전혀 없다."라고 생각하였다. 공자에 대한 볼프의 평가 또한 매우 높았으며, 그는 공자의 학설을 유럽에 모두 소개해야 한다고 주장하였다. 그는 "공자의 도덕과 국가에 관한 학설을 극찬하며, 공자의 학설이 그리스 철학자들보다 훨씬 더 깊고 풍부한 사상을 담고 있다."[151]고 하였다.

18세기 '백과전서파' 사상가 디드로(Denis Diderot) 역시 중국의 철학과 문화에 대해 "전 세계가 인정하는 바와 같이, 중국에는 유구한 역사가 있으며, 지적 수준이 높아 예술 분야에서 눈부신 성과를 이루었다. 또한, 이치를 따르고 정치에 능통하며 철학을 깊이 사랑한다."[152]라고 칭찬을 아끼지 않았다. 디드로는 그의 『백과전서』 중의 「중국철학」 편에서 중국철학을 고대 철학, 중세 철학, 현대 철학 세 시기로 나누어 서술했다. 중국의 고대 철학에 대해서는 "노자 이전까지는 중국철학이 도덕적 성격을 띠었으나, 노자에 이르러 형이상학적 성격을 띠게 되었다."[153] 그리고 중세 철학에 대해서는 주돈이(周敦頤)와 이정(二程)[154]을 기점으로 "우주의 근원을 탐구하였으며, 과학을 '선인 과학'과 '후인 과학'으로 구분하였다. 전자는 최고 원리를 연구하였고, 후자는 구체적인 응용을 연구하였다."[155] 또한, 중국의 현대 철학은 서양 선교사들이 서양 문명을 중국에 들여온 후에 생

151) A. 茨木普耐爾.「中國哲學和沃爾夫」. 藺月峰, 譯.『哲學譯叢』, 1962(5~6):63쪽.
152) 狄德羅.「中國人的哲學」//『中國哲學: 第13輯』. 王光, 譯. 北京: 人民出版社, 1985:378~379쪽.
153) 각주 152, 383쪽.
154) [역자주] 중국 북송 시기의 철학가 程顥와 程頤를 가리킨다.
155) 洪漢鼎.「狄德羅論中國哲學」//『中國哲學: 第13輯』, 北京: 人民出版社, 1985:378쪽.

겨난 철학으로 "우리가 지식을 그들(중국)에게 가져감으로써 중국인의 현대 철학 시대가 열렸다."[156]고 주장하였다. 그 외에도 디드로는 공자를 예로 들면서 중국의 '실용 철학'을 소개하였는데, "공자의 도덕관은 그의 초월 철학이나 경험 철학보다도 훨씬 뛰어나다."[157]고 높이 평가하였다. 라이프니츠와 볼프에 비해 중국철학에 대한 디드로의 태도는 객관적이면서도 비판적이었다. 예를 들어, 그는 중국인들이 미덕은 잘 알고 있지만 이를 실천에 옮기는 데는 부족하며[158], 비록 프랑스인들보다 부모에게 더 효도하지만 진실한 감정보다는 타인에게 보여주기 위한 경우가 더 많다고 하였다.[159] 이러한 칭찬과 비판은 디드로가 중국철학에 대해 가진 태도를 보여주는 동시에 그의 한계성도 나타낸다. 따라서 그의 중국철학에 대한 평가는 필연적으로 '이서석중'의 색채를 띠게 되었다. 그럼에도 불구하고 그는 중국철학의 존재를 확실히 인정하였으며, 당시로써는 가장 체계적인 방식으로 중국철학을 소개함으로써 중국철학의 해외 전파에 중요한 역할을 하였다.

이에 비추어 독일의 고전 철학가 셸링(Schelling)은 "중국에 철학이 존재하는가?"라는 문제에 대해 보다 신중한 태도를 보였다. 그는 중국에 유교, 도교, 불교의 세 가지 주요 종교가 있지만, "공자를 철학이나 종교의 창시자로 간주하는 것은 일종의 오해"[160]이며 공자의 이론은 "불교의 우주 진화론도 아니고 노자의 형이상학도 아닌, 단지 인간의 삶, 국가의 실천과 관련된 지혜에 불과하다."[161]라고 지적하였다. 노자에 대한 셸링의 평가는 상대적으로 긍정적인바, 노자의 학설은 반드시 다른 관점에서 관찰되어야 하며, "공자의 정치 도덕과는 전혀 다른 진정한 사변적 이론으로서"[162], "존재의 최심층에 대한 무조건적이며 일반적인 탐구"[163]라고 평가하였다. 또한 "누구나 『도덕경』을 이해할 수 있는 것은 아니며, 철학의 심층까지 탐구해 본 자만이 이해할 수 있다."[164]고 하였다. 셸링은 도가의 학설에 서양철학의 흔적이 없으며, '도(道)'는 이성이 아니라 '무(無)'에 관한 학설

156) 狄德羅. 「中國人的哲學」//『中國哲學: 第13輯』. 王光, 譯. 北京: 人民出版社, 1985:394쪽.
157) 각주 156, 398쪽.
158) 許明龍. 『歐洲18世紀 "中國熱"』. 太原: 山西教育出版社, 1999:251쪽.
159) 각주 158, 247쪽.
160) 謝林. 「中國—神話哲學」//夏瑞春. 『德國思想家論中國』. 陳愛政, 等譯. 南京: 江蘇人民出版社, 1995: 166~167쪽.
161) 각주 160, 167쪽.
162) 각주 160, 168쪽.
163) 각주 160, 168~169쪽.
164) 각주 160, 169쪽.

이라고 주장하였다. 비록 그가 도가의 학설에 대해 자세히 논의하지는 않았으나, 그가 도가의 학설을 "순수철학"165)으로 간주하였다는 것만은 확실하다. 따라서 셸링이 중국에 철학이 존재한다는 견해를 전면적으로 부정하지 않았음을 알 수 있다. 적어도 그는 도가의 학설을 일종의 철학으로 간주하였다. 20세기 이후, 중국과 서양 간의 문화 교류가 점차 심화됨에 따라, 서양 철학자와 사상가들이 중국철학을 바라보는 시야 또한 점진적으로 확장되었다. 예컨대, 독일 현대 종교 사상가 마르틴 부버(Martin Buber)는 장자(莊子)에 대해 높은 찬사를 보내면서 다음과 같이 평가하였다. "장자는 시인이다. 그는 우리가 노자로부터 알게 된 도교를 더 '발전'시키지는 못했지만, 이를 시와 철학으로 승화시켰는바, 이는 그가 플라톤과 같은 이념적 시인이기 때문이다." 또한, 부버는 "장자는 고대 그리스 철학자들과 다소 유사한 면이 있다.", "헤라클레스의 발언들은 사실 그 어떤 학설보다 도교에 더 가깝다.", "어쩌면 장자는 고대 그리스 철학 전체와도 비교될 수 있다."166) 고 하였다. 이는 서방 세계에서 중국철학에 대한 수용도가 점차 높아지고 있음을 나타낸다. 또 다른 독일 철학자 슈바이처(Albert Schweitzer)는 보다 넓은 사상적 시각에서 '세계철학'에 대한 상상을 제안하였다. 그는 서양 사상은 자아를 초월하여 보편적 세계관을 갖추어야만 완전한 깨달음에 이를 수 있으며, "우리는 너무 오랜 기간 우리만의 철학 체계 발전에 몰두해 오면서 세계철학이 존재한다는 사실을 인지하지 못했다. 우리의 서양철학은 그저 그 일부에 불과하다."167) 물론 슈바이처는 그의 저서에서 '중국철학'보다는 주로 '중국 사상'이라는 용어를 사용하였으나, 이는 그가 중국에 철학이 없다고 여겨서가 아니다. 반대로 그는 개인 서신에서 '중국철학', '동양철학' 등의 개념을 자주 언급하였으며168), 이로써 우리는 그가 더 넓은 의미에서 이 두 개념을 사용했고, 그의 '중국 사상'이라는 개념이 이미 '중국철학'을 포함하고 있음을 알 수 있다. 그는 '중국 사상'이 "본질적으로는 삶의 철학에 관한 투쟁이며, 그것이 취하는 형식은 부차적인 것에 불과하다."169) 고 지적하였다. 또한, 그는 서양철학이 "우리가 알고 있는 것보다 훨씬 더 미숙하다."고

165) 謝林.「中國—神話哲學」//夏瑞春.『德國思想家論中國』. 陳愛政, 等譯. 南京: 江蘇人民出版社, 1995: 170쪽.

166) 布伯.「道教」//夏瑞春.『德國思想家論中國』. 陳愛政, 等譯. 南京: 江蘇人民出版社, 1995:214쪽.

167) 施韋策.「中國思想與西方思想」//何兆武, 柳卸林.『中國印象: 上冊』, 桂林: 廣西師範大學出版社, 2001: 253쪽.

168) 阿爾伯特·史懷哲.『中國思想史』. 常暄, 譯. 北京: 社會科學文獻出版社, 2009:2쪽.

169) 각주 167 참조.

하면서, "우리가 이를 느끼지 못하는 이유는 단지 단순한 사물을 학구적으로 표현하는 기술을 습득했기 때문이다."170)고 주장하였다. 상술한 논의에서 우리는 슈바이처의 철학적 시야가 세계성을 지니고 있음을 알 수 있다. 그는 서양철학을 세계철학 일부로 간주하였으며, 중국철학이나 인도철학이 서양철학과 동등한 위치에 있다는 것을 사실상 인정하였다. 이는 더없이 탁월한 철학적 선견지명이라 할 수 있다. 그럼에도 불구하고 슈바이처는 철학자로서 철학의 형식은 부차적인 것에 불과하다고 하였다. 이는 서양철학이 철학의 '합법적' 혹은 표준적인 형식임을 간접적으로 인정한 것으로 볼 수 있지만, 아쉽게도 그는 자신이 주장한 세계철학의 높이에 이르지 못하였다.

슈바이처와 동시대를 살았던 칼 야스퍼스(Karl Jaspers)는 보다 포괄적인 세계 철학적 시각을 지닌 사상가였다. 야스퍼스는 그의 저작『역사의 기원과 목표(Vom Ursprung und Ziel der Geschichte)』에서 '축의 시대(Achsenzeit)'171)라는 획기적인 개념을 정립하였다. 그는 기원전 800년부터 기원전 200년까지의 시기를 인류문명의 '축의 시대'로 규정하고, 이 시기에 중국에서는 노자와 공자를 비롯한 제자백가의 다양한 철학 사상이 꽃피었으며, 인도에서는『우파니샤드』의 성립과 불타(석가모니)의 출현으로 회의주의, 유물론, 궤변주의, 허무주의 등 다양한 철학적 담론이 전개되었음을 지적했다. 또한, 이란에서는 조로아스터가 등장하였고, 팔레스타인에서는 예언자들이 나타났으며 그리스에서는 현자들이 대량으로 출현했다.172) 야스퍼스는 '축의 시대'를 "인류사상 최초로 철학자가 등장하고 인간이 자아의식에 각성한 시기"로 설명했다. 중국의 은둔자들과 유랑 철학인, 인도의 고행자, 그리스의 철학자, 이스라엘의 예언자들은 신앙과 사상, 내적 성향에 차이가 있음에도 모두 철학자의 범주에 속한다고 보았다.173) 슈바이처가 '중국철학의 존재 여부'에 대해 유보적인 입장을 보인 것과 대조적으로, 야스퍼스는 명확하게 긍정적인 견

---

170) 施韋策.「中國思想與西方思想」//何兆武, 柳卸林.『中國印象: 上冊』, 桂林: 廣西師範大學出版社, 2001: 253쪽.

171) [역자주] '축의 시대'는 약 기원전 8세기부터 기원전 2세기경까지 인류의 위대한 사상가들이 등장하여 인류에게 깊은 가르침과 깨달음을 제공한 시기를 의미한다. 이 시기에 인간은 자신의 존재에 대해 깊이 성찰하기 시작했으며, 그 가르침은 오늘날까지 지속되고 있다. 독일 철학자 칼 야스퍼스가 이 용어를 처음 사용했으며, 영국의 종교학자 카렌 암스트롱 또한 이 시기를 인류 정신사에서 거대한 전환점이 된 시기로 규정했다. '축의 시대'에는 동서양을 막론하고 수많은 위대한 인물들이 나타나 인류 사상 발전에 지대한 영향을 끼쳤다.

172) 卡爾·雅斯貝斯.『曆史的起源與目標』. 魏楚雄, 俞新天. 譯. 北京: 華夏出版社, 1989:7~8쪽.

173) 각주 172, 10쪽.

해를 제시하였다. 야스퍼스는 또 다른 저서 『위대한 철학자들(Die grossen Philosophen)』의 분류 체계에서 공자를 소크라테스, 불타, 예수와 함께 인류 사상 패러다임의 창시자로 보았으며, 노자를 아낙시만드로스, 헤라클레이토스, 파르메니데스, 플로티노스, 안셀무스, 스피노자, 용수 등과 함께 '원형적 형이상학자'[174]로 평가했다. 이 저서에서 야스퍼스는 공자가 "오랜 문헌 전통을 의식적인 사상체계로 전환하여 전통과 혁신이 결합된 새로운 철학을 창조했다."[175]고 분석한 반면, 노자 철학에 대해서는 "서양적 분류 체계로 접근할 때 형이상학, 우주론, 윤리학, 정치학 등 모두 '일(一)' 속에 통합되어 있는바, 이는 노자 사상의 핵심 사상이다."[176]고 평가하였다. 요컨대, 야스퍼스의 철학적 관점에서 중국철학은 인도철학 및 그리스철학과 마찬가지로 인류문명의 '축의 시대(Achsenzeit)'에 독자적으로 형성된 철학적 패러다임으로 평가된다. 특히 노자와 공자는 중국철학을 대표하는 두 주요 사상가로 인식되는데, 야스퍼스는 "노자와 공자가 대립되는 양극에 위치하면서도 상호보완적 관계에 있다."[177]고 하였다. 구체적으로 "노자는 '도(道)'의 철학 사상을 통해 직접적으로 우주 만물의 본질에 대한 깊은 이해와 초월의 경지에 이른 반면, 공자는 인간사회의 질서 정립을 통해 이를 간접적으로 구현하고자 했다는 점에서 차이를 보인다."[178] 야스퍼스의 연구에서 주목할 것은 중국철학과 인도철학에 대한 긍정적 평가를 통해 이들 철학 체계의 독특한 문화적 특질을 포착하고, 이를 바탕으로 세계철학의 보편적 차원에서 흥미롭고 풍부한 시사점을 제시했다는 점이다. 이러한 접근은 중국철학의 학문적 정당성을 확립하는 데 상당한 이론적 기여를 한 것으로 평가된다. 그러나 오근우 교수의 지적대로, 야스퍼스의 비교철학적 접근에는 여전히 '판교(判教)'[179]의 한계가 내재되어 있다. 우선, 비교 연구의 방법론적 기초를 명확히 정립하지 않은 채 자의적으로 설정한 사상적 프레임워크 내에서 이론들을 비교하였다는 점과 자기 문화전통에 대한 비

174) 卡爾·雅斯貝爾斯. 『大哲學家』. 李雪濤, 主譯. 北京: 社會科學文獻出版社, 2005.

175) 각주 174, 116쪽.

176) 각주 174, 816쪽.

177) 각주 174, 148쪽.

178) 각주 174, 149쪽.

179) [역자주] 교상판석(教相判釋)이라고도 불리는 이 개념은 불교의 다양한 의미와 지위를 판단하는 데 사용되는 전문 용어이다. 이는 주로 석가모니의 가르침을 그가 말한 시기, 방법, 형식, 의미 및 내용에 따라 분류하고 체계화하는 과정을 의미한다. 이러한 판교(判教)는 중국 남북조 시기부터 시작되어 수당 시기에 이르러 널리 퍼졌다. 판교의 주된 목적은 불교 경전의 심오함과 설교 시간의 선후를 분석하여 불교의 각 부분을 분석하고 분류함으로써 설교의 의미를 명확히 하는 데 있다.

판적 성찰이 없이 지나치게 긍정적인 태도를 취함으로써 타자 문화에 대한 객관적 이해에 한계를 노출시켰기 때문이다.[180] 즉, 야스퍼스가 비록 중국철학을 적극적으로 수용하였지만, 그의 비교 기준은 근본적으로 서양철학에 근거하고 있으며, 그가 구상한 '세계철학' 또한 서양철학을 중심축으로 하여 중국철학과 인도철학을 포괄하는 형태라는 점에서 한계를 지닌다. 이는 그의 저작 『대철학자』에서 서양, 중국, 인도철학에 할당된 비중 분석을 통해서도 확인할 수 있다. 따라서 야스퍼스의 '세계철학' 개념은 진정한 의미의 '세계적인 철학(世界性的哲學)'이라기보다는 '세계상에 존재하는 철학(世界上的哲學)'의 성격에 더 근접한다고 평가할 수 있다.

이로써 우리는 "중국에 철학이 존재하는가?"라는 문제가 오랫동안 학계에서 논쟁의 대상이 되어온 이유가 이 질문 자체가 지닌 개방적 성격 때문임을 확인할 수 있다. 이 문제는 다음과 같은 핵심 쟁점들을 포함한다. 첫 번째는 철학의 본질과 보편성에 관한 문제이다. 철학이란 과연 무엇인가? 철학은 인류 보편의 것인가, 아니면 특정 문화권에 한정된 것인가? 만약 철학이 단순히 고대 그리스의 독창적 산물에 불과하다면, 어떻게 서양철학의 전통이 순수한 그리스적 기원을 가진다고 확신할 수 있는가? 더 나아가, 만약 철학 전통이 순수한 그리스적 기원이 아니라면, 그 전파 과정에서 수용된 동양(특히 중동) 문명의 영향을 어떻게 해석해야 하는가? 서양철학은 과연 어떤 의미에서 '서양의 것'일 뿐 '동양의 것'이 아닌가? 두 번째는 중국철학과 서양철학 사이의 인식론적 차이 문제이다. 중국철학과 서양철학 간의 격차는 정말 극복 불가능한 것인가? 양자 사이에는 공통점이 전혀 존재하지 않아 대화 자체가 불가능한 것인가? '축의 시대'를 살았던 중국과 서양의 선구적 철학자들은 정말로 완전히 상이한 세계를 마주하고 있어서, 그들이 탐구한 문제의식이 이토록 다르며, 그 이유만으로 서양철학만을 진정한 철학으로 인정하고 중국철학은 철학과 무관한 것으로 단정할 수 있는가? 이에 대한 우리의 대답은 기본적으로 부정적이다. 비록 'philosophy'라는 용어가 고대 그리스에서 기원했다 할지라도, 그것이 지칭하는 개념은 본질적으로 보편적이어야 한다(물론 철학의 문화적 특수성을 부정하는 것은 아니다). 철학이란 생활세계에 대한 근본적 탐구이자 인간 지혜에 대한 지향으로, 진정한 지혜의 사랑 앞에서는 그 어떤 특정한 형태도 중요하지 않다. 철학에서 중요한 것

180) 吳根友.「判教與比較」.『哲學動態』, 2011(5):6쪽.

은 지혜의 역사적 표현 형태도, 철학자의 구체적 주장도, 사고방식도 아닌, 바로 '사(思)' 그 자체이다. 철학이 궁극적으로 주목해야 할 것은 '사의 가능성'이며, 이러한 가능성 속에서만 철학의 생명력을 유지할 수 있다. 따라서 중국철학이든 서양철학이든, 그들이 모두 '사(思)'를 지향한다는 점에서 진정한 철학이라 할 수 있다. 철학자마다 직면한 생활세계가 다르기 때문에 그들이 '사(思)'에 대한 대상과 방식, 내용에 차이가 있을 수 있지만, 이것이 '사(思)'를 '사(思)'로, 중국철학을 철학으로 인정하는 데 아무런 문제가 되지 않는다. 단, 여기서 말하는 철학은 더 이상 서양철학을 '표준'으로 삼는 편협한 철학 개념이 아니라, 가능한 삶의 세계를 향한 보편적 '사(思)'를 의미한다.

2.3 중서회통[181]: 중국철학은 어떤 "철학"인가?

앞서 언급한 바와 같이, 중국철학의 철학적 정체성에 대한 '합법성 논쟁'은 국제학계에서 지속하여 제기되어 온 쟁점이다. 예컨대 서양철학의 이론적 체계와 방법론을 절대적 기준으로 삼아 철학의 유일한 규범적 틀로 간주하고, 이러한 서구 중심적 관점에서 중국철학을 평가·분석할 경우, 중국철학은 철학의 범주에 포함시키기 어렵다는 결론에 도달할 수밖에 없다. 특히 서양철학의 핵심 영역인 존재론, 형이상학, 인식론 등에서 중국철학은 서구적 의미의 체계적 성과를 보이지 못했다. 따라서 '이서율중(以西律中)'의 시각, 즉 서구적 기준으로 중국 사상을 평가하는 접근법에 따르면 '중국철학'은 일종의 '거짓된 개념(僞概念)'으로 규정될 수밖에 없다. 그러나 이러한 결론에 대해 학계 전반이 수용하는 것은 아니다. 풍우란을 비롯한 일부 학자들은 서양철학의 '형식적 체계'를 넘어 '실질적 내용'에 주목할 때, 동서양 철학 사상 사이에 상당한 유사성이 존재함을 발견하게 된다고 주장한다. 이들은 "동양철학에서 발견되는 사상이 서양철학사에도 존재하며, 반대로 서양철학의 개념이 동양 철학사에서도 확인된다."는 점을 강조한다. 인간의 보편적 본성과 공통의 인생 문제에 대한 탐구라는 측면에서 볼 때[182], 동학(東學)과 서학(西學)

181) [역자주] "중서회통(中西會通)"이란 중국 문화와 서양 문화를 상호 통합하고 융합함으로써 그 본질적 가치를 꿰뚫어내는 것을 뜻하는 말이다.

182) 馮友蘭.『三松堂全集: 第1卷』. 鄭州: 河南人民出版社, 2000:307쪽.

은 본질적으로 상호소통 가능한 지적 체계라는 것이다. 따라서 서양철학의 개념, 범주, 체계에 따라 중국 전통 사상을 '역격의(反向格義)'하면, '이서석중(以西釋中)'을 통해 서양철학과 유사한 중국철학 체계를 구축할 수 있을 것이다. 이러한 접근법은 상당한 영향력을 확보했으며, 풍우란 역시 이 방법론을 활용하여 중국철학 학문체계를 정립했다. 그러나 문제는 이러한 방식으로 구축된 현대 중국철학이 내재한 세 가지 장력 즉, 본토철학과 외래 철학 간의 위계적 장력, 전통과 현대 간의 계승적 장력 그리고 사상 내용과 언어 표현 간의 서술적 괴리를 효과적으로 해소하지 못한다는 점이다. 이로 인해 현대 중국철학은 형성 단계부터 발전의 정체 상태에 빠지는 난관에 직면하게 된다. 결국, 현대 중국철학이 지닌 철학적 정당성 문제는 마치 유령처럼 끊임없이 중국철학의 시야에 재등장하면서, 중국철학 연구자들의 의식 속에 드리운 '다모클레스의 검'이 되었다.

그렇다면 본론으로 돌아가 "중국철학은 철학인가?"라는 근본적 질문에 우리는 어떻게 접근해야 할까? 이 문제에 대한 답은 자명하다. '역격의'라는 역사적 실천이 이미 서양철학의 패러다임으로 중국철학을 구축할 수 있음을 보여주었기 때문이다. 비록 이러한 중국철학이 역사 추적 방식으로 형성되어 방법론적 한계를 지니고 있다 할지라도, 여전히 철학의 범주에 속한다고 볼 수 있다. 다만, 이러한 성장력이 결여된 중국철학은 우리가 지향하는 진정한 철학의 모습이 아니다. 따라서 인식의 지평을 전환해 볼 때, "중국철학은 철학인가?"라는 문제의 본질은 "중국철학은 어떤 철학인가?" 또는 "중국철학은 어떻게 해야만 생명력 있는 철학이 될 수 있는가?"라는 보다 근본적인 질문들로 재조명될 수 있음을 알 수 있다. 즉 우리는 '중국철학'이 철학적 정체성을 확보할 수 있다는 점을 인정하되, 이는 서양철학의 규범적 정의와는 구별되는 독자적 체계임을 인식해야 한다. 이는 중국철학이 중국적 특수성과 보편적 세계성을 동시에 함축해야 함을 의미한다. 그렇다면 이러한 중국철학의 실체는 무엇인가? 이에 대한 탐구는 두 가지 선행 과제를 고려해야 한다. 즉, 철학의 본질 규명과 미래 철학의 방향성 전망 문제이다. 전자는 중국철학의 철학적 정당성 문제와 직결되며, 후자는 중국철학이 어떻게 하면 성장력을 지닌 사상체계로 발전할 수 있는지에 대한 방법론적 성찰을 요구한다. 이 두 가지 질의는 중국철학의 존재론적 기반과 미래적 가능성을 동시에 조망하는 핵심축이다.

철학의 본질에 대한 물음에 대해 일반적으로 '애지지학(愛智之學)'이라는 정의가 제시되지만, 이 개념에 대한 보다 심층적인 해석을 도출하기란 쉽지 않다. 지혜에 대한 열정과 추구가 철학의 핵심적 특성임은 부인할 수 없다. 그렇다면 철학이 추구하는 지혜의 정체는 과연 무엇인가? 철학의 발상지인 고대 그리스에서 최초의 철학자들은 자연 철학자로 불리며, 세계의 근원을 탐구하고 변화무쌍한 현상 너머에 존재하는 불변의 원리를 규명함으로써, 신화적 사유를 초월하는 이성적 이해를 통해 우주의 변화 법칙을 해명하고자 했다. 이러한 탐구는 그들에게 최고의 지혜로 인식되었다. 철학은 소크라테스에 의해 첫 번째 변혁을 맞이하였으며 그는 지혜 탐구의 초점을 자연에서 인간 세계로 전환하였다. 덕성(德性)에 대한 체계적 연구를 통해 인간의 삶을 더욱 신중하게 이끌어간 그의 사상은 후대 도덕철학 전통의 기초를 마련했다. 이러한 철학적 방식으로 삶을 인도하는 것 역시 중요한 지혜의 한 형태라 할 수 있다. 플라톤은 현상계 위에 완벽한 이데아 세계를 창조적으로 구축함으로써, 소크라테스로부터 계승한 선(善)의 개념을 최고의 이념으로 정립하였다. 이를 통해 자연 철학자들과 소크라테스 사상 사이의 이론적 장력을 교묘하게 해소하였다. 아리스토텔레스는 이데아 세계를 현상계로 재도입하여 형식 논리와 철학사를 통합하는 데 성공했으며, '존재(being)'를 최상의 연구 범주로 설정함으로써 형이상학의 시대를 개척했다. 이로 인해 서양철학사에 플라톤주의와 아리스토텔레스주의라는 두 거대한 전통이 형성되었으며, 이후 전개된 기독교 철학, 인식론, 언어철학, 현상학 등은 모두 이들과 깊은 연관성을 지니게 되었다. 그러나 우주의 근원을 탐구하든, 도덕적 사유를 신중히 전개하든, 이념을 창조하거나 '존재'의 포괄적 체계를 구축하든, 나아가 후대 철학의 다변적 양상에 이르기까지, 이는 모두 지혜의 결실이자 철학적 '지혜 사랑(愛智)'의 구현이다. 그렇다면 지혜란 무엇이며, 철학은 어떻게 '지혜를 사랑'하는 것일까? 여기서 우리는 먼저 지식과 지혜의 구별에 대해 논의하기로 한다. 하이데거는 "학술적 지식(scholastic learning)은 철학과 분리될 수 없으나 그것이 철학의 본질을 구성하는 것은 아니다."[183]라고 하였다. 즉, 철학은 지식과 떼려야 뗄 수 없지만, 철학의 본질은 앎(知)에 있지 않고 사(思)에 있다. 철학은 이성적 사고이자 지혜를 추구하는 학문이다. 지혜에 대한 이해는 종종 지식의 형태(철학 저서, 철학사 등)로 보존되지만, 이는 철학이 철학으로서의 본질을 유지하는 데 필수적인 것은 아니며, 철학의 본질을 구성하지도 않는다. 이는 마치 시계가 시간을 나타내지만 그것이 '시간의 흐름' 자체는 아닌 것과 같다.

---

183) M. HEIDEGGER. 『What is a Thing?』. Translated by W.B.Barton, Jr. and Vera Deutsch. Indiana: Gateway Edition, 1967:3.

양국영(楊國榮) 역시 "철학은 본래 형태로 볼 때, 지혜가 담긴 '사(思)'로서 경험 영역의 지식과는 본질적으로 구별된다. 지식은 주로 분류 방식을 통해 의해 대상을 인식하는데, 그 내면에는 존재에 대한 일종의 분리가 내재되어 있다. 반면 철학은 '차별(分)' 또는 '대립(別)'을 초월하여 '연결(通)'을 추구한다. 철학적 관점에서 소위 '연결(通)'은 단순히 철학 체계나 학설 자체의 논리적 융합성이나 무모순성에 국한되지 않으며, 그 심층적인 의미는 존재의 통일성과 구체성에 대한 개방과 명료함에서 드러난다."[184]고 주장하였다. 즉, 철학이 추구하는 지혜는 존재에 대한 '분별(分別)'을 통해 획득하는 지식이 아니라, 존재의 내포와 의미를 밝혀 존재를 그 본연의 모습대로 인간 앞에 드러나도록 하는 지혜이다. 따라서 우주 본원에 대한 탐구든 도덕적 삶에 대해 성찰이든, 모두 존재(우주, 덕성 등)의 의미를 밝히는 것이며, 이를 통해 인간이 존재를 보다 심층적으로 이해하고 인식하여 더 나은 삶을 영위할 수 있도록 하려는 데 있다.

그러나 철학적 지혜가 지식과 분리될 수 없다는 사실은 부정할 수 없다. 지식(사변적 지식과 실천적 지식)은 지혜를 창조하기 위한 필수 조건이며, 지식이 없으면 지혜도 존재할 수 없다. 지식이 지식으로서 자리 잡을 수 있는 것은 본질적으로 지혜가 정형화되었기 때문이다. 즉, 한편으로 지식은 지혜의 발생을 촉진하고('지식을 지혜로 전환') 다른 한편으로 지혜의 실현은 지식의 양을 지속적으로 증가한다('철학'을 '철학사'로 전환). 지식과 지혜 간의 이러한 변증 관계는 오근우(吳根友)가 제시한 '지식 시야(知識視野)'와 '사상 시야(思想視野)'[185]라는 개념을 통해 더욱 명확히 할 수 있다. 즉, "우리가 잘 알고 있는 구체적인 생활과 시대 조건 이외에도, 지식과 사상 두 가지 시야에 대한 철학 창조 주체의 확장과 융합은 현시대 중국철학 창조가 필요로 하는 두 가지 조건이다."[186] 여기서 말하는 '시야(視野)'는 한편으로 철학자의 관점을 의미하며, 다른 한편으로는 철학자가 창조한 철학 체계의 '시야'를 가리킨다. 오근우에 따르면 유학 발전의 역사는 유학이 "지식 시야와 사상 시야 아래 지속적으로 확장되어 온 역사이다."[187] 원시 유학 시기(즉, 유

184) 楊國榮.「何爲中國哲學」.『文史哲』, 2009(1):38쪽.

185) [역자주] '지식 시야'와 '사상 시야'는 각각 지식과 사상에 대한 개인의 인식 범위와 깊이를 나타내는 개념이다. '지식 시야'는 개인이 가지고 있는 지식의 범위와 깊이를 의미하며, '사상 시야'는 개인이 가지고 있는 생각, 철학, 신념 체계의 범위와 깊이를 나타낸다.

186) 吳根友.「對當代中國哲學創新的思考」.『華中師範大學學報(人文社會科學版)』, 2015(5):55쪽.

187) 각주 186 참조.

학이 발전한 첫 번째 시기)에는 공자, 맹자, 순자 등 유학자들이 묵가(墨家), 도가(道家), 음양가(陰陽家) 등 제자백가(諸子百家) 사상을 흡수했으나, 전체적으로 볼 때 이 시기의 유학 사상은 상대적으로 단순했다. 한유(漢儒) 시기에 이르러서는 동중서(董仲舒)를 대표로 하는 유가(儒家)가 유학 사상을 기반으로 백가(百家)의 학설을 수용하여 유학 발전의 두 번째 시기를 개척하였다. 위·진, 남북조시대를 거쳐 수당 시기에 이르기까지, 유가는 불가(佛家)와 도가(道家)의 지식과 사상을 수용하여 송명심성(宋明心性) 유학의 탄생을 위한 지식적 및 사상적 기반을 구축하였으며, 불(佛)·도(道) 양가의 금욕 사상 또한 점차 송명이학(宋明理學)의 '이치로써 사람을 죽이는(以理殺人)' 현상으로 이화(異化)되었다. 청나라 초기 강희(康熙), 옹정(雍正), 건륭(乾隆) 삼조의 철권 정치로 인해 주경(注經), 해경(解經), 연사(研史) 등을 중심으로 한 고증학적 학술 풍조가 유행하면서 건륭, 가경(嘉慶) 시대 특유의 지식형 청대 유학이 형성되었다. 근대에 들어와 서양 지식이 유입되자 유학은 서양의 과학 지식 및 철학 사상을 융합하고 흡수하기 시작하였으며, 이로 인해 유학을 기본 가치로 삼는 현대 신유학 형태가 확립되었다.[188] '지식 시야'와 '사상 시야'라는 두 범주는 서양철학에도 동일하게 적용된다. 자연 철학자들을 포함하여 소크라테스, 플라톤, 아리스토텔레스 등의 철학 체계에는 우주, 자연, 인간에 대한 경험 지식적 고찰과 철학적 성찰이 포함되어 있으며, 특히 아리스토텔레스는 서양 여러 학문의 창시자로 인정받는다. 이후 철학의 여러 차례 변화를 살펴보면, 철학사에서의 '지식 시야'와 '사상 시야'의 분포를 파악할 수 있다. 예컨대, 기독교의 탄생으로 인해 고대 그리스 로마 철학이 기독교 철학으로 변모하였고, 근대 과학 지식의 발달로 인해 근대 인식론 철학이 등장하였으며, 현대 수리 논리학의 발전은 언어철학을 철학의 중요한 분야로 자리매김하게 하였다. 두 차례의 세계대전의 파괴적 영향으로 철학의 관심사는 다시 인간 세계로 회귀하게 되어 현상학, 실존주의 철학, 정치철학 및 미덕 윤리학이 부활하였다. 이처럼 지식과 사상은 철학에 있어 필수적인 이론 요소이며, '지식 시야'와 '사상 시야'는 철학자에게 없어서는 안 될 창작의 필수 요소이다.

중·서 철학은 모두 '지식 시야'와 '사상 시야'의 지속적인 확장 및 융합 과정에서 발생하고 발전해 온 것이다. 세계화 추진, 현대 과학기술의 급속한 발전, 그리고 정보 빅데이

188) 吳根友.「對當代中國哲學創新的思考」.『華中師範大學學報(人文社會科學版)』, 2015(5):55~56쪽.

터의 등장으로 인해 중·서 철학은 이 두 시야의 확장과 융합 속에서 지속적으로 성장하면서 궁극적으로는 '세계철학'의 길로 나아가게 된다. '세계철학'의 현실적 전제는 '세계 역사'이다. 15세기부터 17세기에 걸쳐, 세계 지리의 대발견과 자본주의 시장의 형성이 이루어지면서, 경제 세계화로 인한 정보 세계화, 정치 세계화 등의 세계화 운동이 빠르게 세계 각지로 확산되었다. 이로 인해 전체 인류 사회는 하나로 연결되고 운명을 공유하게 되었다. 그러나 이에 따른 정치, 경제, 군사, 문화 등의 갈등은 인류 사회의 관계를 더욱 긴장시키고 있다. 역사적으로 보면, 인간과 인간 사이의 거리가 지금처럼 가까웠던 적도, 또 이토록 멀었던 적도 없다. 결국, 인류는 불가피하게 '세계 역사'의 시대에 접어들게 되었다. 정보기술의 지속적인 발전과 서로 다른 문명 간의 교류가 심화함에 따라, '지식 시야'와 '사상 시야'도 끊임없이 확장되고 융합되며, 지식과 사상의 시야가 세계적 범위로 확장됨에 따라 철학도 불가피하게 '세계철학'으로 나아가게 된다. 오근우가 제시한 바와 같이, '세계철학'은 "형이상학적인 선입견 즉, 일종의 '세계철학'의 기존 형태가 어딘가에 존재하고, 소수의 사상 발굴자가 이를 신비로운 곳에서 발굴해내는 것이 아니다. 오히려 우리는 어떻게 새로운 '세계 역사'의 요구에 부응하여, '세계 역사' 속의 사람들이 상호 교류하고 수용할 수 있으면서도 자기만의 독특한 생존방식을 유지할 수 있도록 하는 철학 관념을 제공하는 새로운 철학적 형태로 나아갈 것인지에 주목해야 한다."189) '세계철학'은 전통적인 철학과는 크게 다른 새로운 철학 관념이다. 따라서 우리는 전통철학, 즉 중국철학이나 서양철학을 포함한 전통철학이 모두 지역 지식과 민족의 생존 상황을 기반으로 형성된 생활 지혜라고 할 수 있다. 그러나 '세계'의 발견과 더불어 인류의 생존 환경이 점차 하나로 연결되고, 지역적 문제와 글로벌 문제가 밀접하게 연관되면서, 인류 사회는 생사를 함께 하는 운명 공동체를 형성하게 되었다. 따라서 철학의 '지식 시야'와 '사상 시야'는 전 인류 사회에 대해 개방될 수밖에 없으며, 특정 생활 방식에 대한 사고는 곧 세계적 차원의 사고를 의미하고, 특정 생활 문제에 대한 답변은 곧 세계적 차원의 답변이 된다. 이로 인해 철학은 점점 더 '세계철학', 즉 '통합을 추구하는 철학'으로 변모하게 된다. 철학이 세계철학의 시대에 진입했다고 해서, 이는 민족 철학이 소멸되거나 대체되었다는 것을 의미하지 않는다. 오히려 이 세계철학은 민족 철학이 현시대에 더 높은 차

189) 吳根友.「對當代中國哲學創新的思考」.『華中師範大學學報(人文社會科學版)』, 2015(5):61쪽.

원으로 발전하고 창조적으로 추진되는 것으로 볼 수 있다. 글로벌시대에 접어들면서 지역성과 세계성의 경계가 더욱 모호해지고 있는 상황에서, 민족 철학은 세계철학의 높이에 올라서 세계철학을 위해 새로운 지혜와 힘을 제공해야 하며, 이를 통해서만 글로벌시대에서 새로운 발전 기회를 가질 수 있다. 한편, 세계철학은 단일한 철학이 아니며, 민족철학을 없애고 새로운 철학을 창조하려는 것도 아니다. 세계철학은 새로운 철학 관념이나 철학 운동으로, 이러한 관념이나 운동은 서로 다른 지역의 민족 철학이 상호 이해하고 소통하며 융합되도록 함으로써, 세계화 시대의 인류 사회가 더 나은 방향으로 발전할 수 있도록 새로운 철학적 지혜를 제공한다. 따라서 우리는 세계철학을 구체적인 철학 체계로 보기보다는 개방적인 철학 이념으로 이해하는 것이 더 바람직하다. 이러한 이념 하에 우리는 다양한 철학 체계를 갖출 수 있으며, 중국철학, 서양철학, 일본철학, 인도철학 모두 세계철학의 일부가 될 수 있다. 이러한 철학적 계보 속에서, 각 철학은 그 자체의 민족성과 지역성을 유지하면서도 열린 시각과 포용력을 지니고 있기에, 다른 철학들과 서로 소통하고 융합하며 공존할 수 있다.

이처럼 철학을 지식과 사상으로 구성된 생활의 지혜로 정의한다면, 미래 철학은 '지식 시야'와 '사상 시야'의 지속적인 융합과 개척을 통해 형성된 '세계철학'이라 할 수 있다. 이러한 관점에서 '중국철학'을 어떻게 이해해야 할 것인가? 이 문제는 본질적으로 세 가지 핵심 쟁점을 포함한다. 첫째, 중국 전통철학은 진정한 철학인가? 둘째, 중국철학 학문체계가 정립된 이후 왜 독창적인 철학 사상을 창출하지 못했는가? 셋째, 중국철학의 미래 발전 방향은 무엇인가? 첫 번째 질문에 관해, 우리는 중국 전통철학이 철학임을 분명히 확인할 수 있다. 비록 풍우란의 '이서석중(以西釋中)'과 유사한 방법론적 한계가 존재하지만, 중국철학을 독립된 학문체계로 정립할 수 있는 것은 사실이다(비록 이러한 '철학'과 '중국'의 결합이 다소 무리한 측면이 있음에도 불구하고). 하물며 철학 자체에는 소위 '고정 법칙(一定之法)'이 존재하지 않는다. 양국영이 지적했듯이, "'법칙'은 특정 학문체계나 지식 형태와 연관되어 있으며, 구체적 지식이 아닌 지혜 형태에 대해 우리는 '고정 법칙'을 적용하기 어렵다. 중국과 서양의 철학은 역사적 발전 과정에서 각기 상이한 양상을 보여주었다. 서양철학의 경우, 시대별(고대 그리스, 중세, 근대 등)로 철학 양상이 상이할 뿐만 아니라, 동시대의 철학 체계(하이데거와 비트겐슈타인의 철학) 역시 연구 주제나 언어 표현 방식 등에서 현저한 차이를 보인다. 그러나 이러한 형태적 차이는 철학의 본질적 가치에 영향을 미치지 않는다."[190] 따라서 중국 전통철학이 철학이 아니라는 주장은 근본적으로 '거짓된 문제(false problem)'에 해당한다. 이는 서양철학이 철학의 '정통'이라는 전제하에, 중국철학과 지혜를 부당하게 평가절하한 태도에서 비롯된 것이다. '철학'이라는 용어가 비록 고대 그리스에서 유래되었지만, 수천 년에 걸친 발전 과정을 통해 이미 그 지리적·문화적 한계를 초월하여 보편적인 개념 및 담론 체계로 진화했다. 철학은 삶의 지혜이자 존재 본연의 모습을 드러내게 하는 지혜로서, 인류의 생존과 깊이 연관되어 있다. 더 나아가 철학은 인류문명의 존재 방식 그 자체로서, 문명이 존재하는 모든 곳에 철학이 존재한다고 볼 수 있다. 선진(先秦) 시대 유가(儒家)의 '인의예지(仁義禮智)'에 대한 신중한 사고, 노장(老庄) 도가(道家)의 우주 자연에 대한 근본적 질문, 법가(法家)의 예법(禮法) 사회에 대한 분석, 그리고 송명 유학(宋明儒學)의 심성(心性) 본체론에 이르기까지, 그 어느 하나도 삶의 지혜와 존재의 규명, '지식 시야'와 '사상 시야'의 융합 및 확장과 무관한 것이 없다. 이러한 다층적이고 심오한 사유체계를 가진 중국 전통철학을 어떻게 철학이 아니라고 단정할 수 있겠는가?

물론, 우리는 최근 중국철학의 합법성 문제를 둘러싼 논쟁이 실제로는 또 다른 문제, 즉 "중국철학 학문이 정립된 이후 왜 새로운 철학 사상이 나타나지 않았는가?"라는 문제와 밀접한 관련이 있음을 인지해야 한다. 이는 앞서 언급한 두 번째 질문과 일치하다. 많은 이들에게 '중국철학'은 실질적으로 '중국에서의 철학'에 대한 완곡한 표현에 지나지 않는다. 이는 21세기 초기, 중국철학의 정당성 문제에 관한 논의를 유발했던 정가동(鄭家棟)의 주장대로, 그가 중국철학 정당성 문제를 다시 제기한 것은 "'중국철학의 존재 여부를 따지거나 논증하려는' 것이 아니며, '중국철학(혹은 중국철학사)' 학문의 정당성에 의문을 제기하려는 것은 더더욱 아니다. 그가 고민한 것은 '중국철학의 현대적 형태와 표현 방식', 즉 어떠한 해석 방법과 표현 방식을 통해야 만이 '중국적'이면서도 동시에 '철학적'인 학문을 구축할 수 있는지에 대한 문제이다. 문제의 핵심은 현대 언어 환경에서 '중국철학'과 중국 본토의 역사 전통 간의 내재적 연관성을 유지(혹은 구축)하여, '중국'과 '철학' 사이에 지리적, 정치적, 인류학적 차원이 아닌 문화적, 사상적 차원에서 일종의 소속 관계를 형성함으로써, '중국철학'이 단순히 '중국에서의 철학'이나 '철학'(서양철

190) 楊國榮.「何爲中國哲學」.『文史哲』, 2009(1):38쪽.

학)의 사례만이 아닌, 진정한 '중국의 철학'으로 자리매김할 수 있게 하는가에 있다."191) 정가동이 언급한 바와 같이, 그가 중국철학의 정당성 문제를 다시 논의하는 것은 중국 전통철학이 아닌 중국철학의 '현대 형태와 표현 방식'을 지적하려는 데 있다. 즉, 중국철학의 현대 형태는 '중국'의 철학적 사명을 완수하지 못했을 뿐만 아니라(중국철학의 '본토 역사 전통'을 계승하지 못함), '철학'의 중국 사명도 완수하지 못했다('철학'의 '중국식' 표현을 실현하지 못함). 따라서 중국철학의 현대 형태를 '중국의 철학'이라고 부르기보다는 '중국에서의 철학'이라고 부르는 것이 더 적절하다. 이러한 의미에서 볼 때, 중국철학의 정당성 문제는 매우 우려할 만한 상황이다. 물론, 이러한 결과를 초래한 원인은 복합적이며, 후문에서 논의할 중국철학의 학문 여정이나 학문체계 정립 규범에 따른 여러 어려움 외에도 중국철학의 발언권 역시 중요한 원인 중 하나이다. 중국철학이 '역격의'를 통해 학문체계를 구축한 이래로, 중국 철학계에서 사용하는 철학의 개념이나 표현 방식은 모두 서양 철학적인 것이며, 설령 중국식 표현이 있더라도 서양 철학계의 인정을 받지 못하고 있다. 이처럼 중국 철학계가 중국철학에 적합하면서도 서양 철학계가 인정하는 철학적 용어와 개념을 창출하지 못했기 때문에, 중국 철학사상은 제대로 된 목소리를 내지 못하고 '정당성'에 대한 질의와 도전에 직면하게 되었다. 어쨌든, 중국철학이 직면한 '현대 형태와 표현 방식'의 '정당성 위기'는 기정사실임이 틀림없다. 따라서 우리는 지금까지 충분히 성숙하지 못했던 중국철학을 미화하는 데 노력을 기울이기보다는, 이 위기를 극복할 방안을 모색함으로써 중국철학이 다시 세계철학의 무대로 복귀할 수 있도록 해야 한다. 이는 곧 세 번째 질문, 즉 중국철학의 미래 방향에 대한 문제로 이어진다.

앞서 언급한 바와 같이, 철학의 미래는 세계철학이다. 따라서 중국철학의 미래 역시 세계철학의 일부로 자리 잡아야 할 것이다. 세계철학에 대한 구상과 관련하여, 야스퍼스는 우리에게 참고 가능한 교본을 제공해 주었다. 특히 그가 『대철학자(Die Groben Philosophen)』라는 책에서 세계 철학자들에 대한 분류는 서구 중심주의의 틀을 깨려는 노력이 돋보인다. 그러나 야스퍼스가 서양 철학자로서 세계철학 연구를 진행할 때, 그는 불가피하게 서양철학을 바탕으로 다른 철학을 바라보아야만 했다. 중국철학의 입장에서 볼 때, 이는 다소 불공평하다. 물론 어떠한 철학적 배려에서도 '편견'은 피할 수 없다. 프

191) 鄭家棟.「"合法性"概念及其他」.『哲學動態』, 2004(6):4쪽.

랜시스 베이컨(Francis Bacon)과 (한스 게오르크 가다머(Hans Georg Gadamer)가 지적했듯이, 사람들은 자신의 문화와 개인적 경험을 바탕으로 설정한 '동굴의 허상(洞穴假象)'에서 벗어날 수 없으며, 자신의 '편견'이나 '선이해(前理解)에서 자유로울 수 없다. 이로 인해 야스퍼스는 서양철학을 바탕으로 세계철학을 바라볼 수밖에 없으며, 중국철학 또한 자신의 문화적 배경에서 출발하여 세계철학으로 나아갈 수밖에 없다. 이는 중국철학을 편견의 철학이라고 단정하는 것이 아니라, 오히려 세계성과 지역성 사이에서의 세계철학의 융합을 입증한다. 중국의 미래 철학은 '중국적'이면서도 '철학적'이어야 한다. 여기서 '중국적'은 중국철학이 반드시 '중국'이라는 토양에서 출발하여 '중국'의 전통을 계승하고, 전형적인 '중국적' 모습을 지녀야 함을 의미하며, '철학적'은 중국철학이 세계 '철학'의 안목과 시야를 갖추고, 세계 '철학'에 새로운 사상과 가능성을 제공할 수 있어야 한다는 뜻이다. 이는 바로 이택후(李澤厚)가 말한 '인류의 시각, 중국의 안목'[192)]과 같은 맥락이다. 구체적으로 말하자면, 중국의 미래 철학은 중국 전통철학, 서양철학, 마르크스주의 철학 이 세 가지 철학 문화전통을 융합한 새로운 형태의 '대철학'이어야 한다.

중국의 전통철학사상은 중국 미래 철학의 근본 기반이다. 중국철학의 현대 형태가 '합법적인(철학적인)' 방식으로 정립되지 못했기 때문에, '중국철학'이라고 하면 사람들은 무의식적으로 '중국 전통철학'을 떠올리게 된다. 중국 전통철학은 중화 문화의 정수이자 중화민족의 자부심이며, '중국'을 형성하는 주축으로서, 반드시 중국 미래 철학의 기본 바탕이 되어야 한다. 또한, 중국 전통철학은 '삼교융합(三教融合)'의 발전과정에서 상호 학습과 상호 소통, 상호 융합을 거쳐 마침내 "유위표, 불위심, 도위골(儒爲表, 佛爲心, 道爲骨)"[193)]이라는 중화 문화 대전통을 구축했으며, 이는 수천 년 동안 중화 문명의 축을 이룬 핵심 정신이 되었다. 중국 전통철학의 '삼교융합' 과정은 중국 미래 철학의 '삼통융합(三統融合)'에 유익한 방법론적 시사점을 제공할 수 있다. 물론, 여기서 가장 큰 문제는 전통철학의 현대적 전환 문제이다. 전통철학은 박물관의 전시품이 아니라 생생하게 살아 숨 쉬는 지혜이다. 현시대에 이러한 지혜를 '활성화'하여 새로운 역사적 시기에 우리가 앞으로 나아갈 수 있는 사상적 기반을 마련하는 것은, 오늘날 중국철학의 혁신을 추

192) 李澤厚.『中國哲學登場』. 北京: 中華書局, 2014:167쪽.

193) [역자주] 유가 사상으로 언행을 단속하고, 불가사상으로 마음을 수련하며, 도가 사상으로 심신을 수련함을 뜻하는 말이다.

구하는 철학자들이 깊이 고민해야 할 중요한 과제이다.

서양철학은 중국 미래 철학발전에 있어 중요한 보충 요소로 작용한다. 서양 학문이 동양으로 전파되기 시작한 이래로, 서양철학은 지속적으로 중국에 침투하며, 학자들에게 깊은 영향을 미쳤다. 서양철학의 영향을 받지 않은 중국 철학자는 거의 없으며, 어떠한 철학 체계의 구축도 서양철학의 체계와 패러다임의 영향을 벗어날 수 없다. 실제로 중국 현대철학은 지난 100여 년간 서양철학의 영향 아래 꾸준히 발전해 왔다. 중국 현대철학의 기본 용어, 개념, 방법론, 체계는 대부분 서양철학에서 유래하였다. 우리는 서양철학과 중국철학 간의 이러한 복잡한 관계를 정확히 이해해야 한다. "전면적인 서구화"도 불가능하지만, "전면적인 부정" 또한 바람직하지 않으며, 실제로도 실현 불가능하다. 우리는 이성적인 태도와 합리적인 방식으로 중·서 철학 간의 사상적 '위계'를 적절히 조정해야 하며, 서양철학을 중국철학의 중요한 보충 요소이자 새로운 사상의 원천으로 삼아, 중·서 철학사상이 중국 문화 환경 아래 서로 학습하고, 배려하며, 상호 성찰과 화합의 과정을 통해 공생 관계를 구축하도록 해야 한다. 이를 통해서만 중국철학이 올바른 방향으로 발전할 수 있다. 이것이 바로 중·서 비교철학의 중요한 가치와 의미이다. 데이빗 홀(David Hall)과 로저 에임스(Roger T. Ames)가 지적한 바와 같이, "비교철학에서 차이점은 공통점보다 더 큰 의미를 지니며", "바로 이러한 중요한 차이를 통해 우리는 특정 문화의 문제와 어려움에 대한 선택 가능한 해결책을 발견할 수 있으며, 중·서 양 문화를 위한 상호 보완의 기회를 제공할 수 있다."[194] 따라서 서양철학은 중국 미래 철학의 중요한 보완적 요소로 기능할 수 있다. 이는 서양철학의 가치를 부정하는 것이 아니다. 즉, 중국 미래 철학의 발전은 우선 중국의 문화적 맥락, 국민의 현실적 삶, 심리 구조 및 문제의식에 기반해야 비로소 세계철학에 새로운 개념·시각·방법론을 제시할 수 있다. 이는 서양철학을 경시함이 아니라, 오히려 서양철학이 제공하는 독자적 관점과 사유방식이 없이는 중국철학이 세계로 진출하거나 세계철학의 숲에서 독립적 위상을 확보하기 어려움을 강조하는 것이다. 민족성을 고수함으로써 비로소 세계성을 획득할 수 있으며, 개방성을 수용함으로써 더 나은 세계를 구축할 수 있다.

마르크스주의 철학은 중국 미래 철학의 사상적 지침이다. 마르크스주의 철학은 서양철

194) 郝大維, 安樂哲. 『孔子哲學思微』. 蔣弋爲, 李志林. 譯. 南京: 江蘇人民出版社, 2012:2~3쪽.

학에 비해 다소 늦게 중국에 도입되었으나, 여전히 동시대적 범주에 속한다. 그러나 러시아 혁명과 중국 혁명의 성공을 계기로 마르크스주의 철학은 중국의 사회주의 현대화 건설을 추진하는 지도 사상으로 자리매김하였다. 중국의 마르크스주의 연구 과정에서 다소간의 편향과 오류가 존재했음은 부인할 수 없지만, 이는 마르크스주의 철학 자체의 위대함을 훼손할 수 없다. 마르크스주의 철학은 많은 이들의 철학에 대한 관점과 인식을 전복시켰다. 이를 통해 철학은 종교, 거짓, 무의미한 사변(思辨) 및 형이상적 고립의 영역에서 벗어나 생활과 실천, 냉혹한 현실 그리고 피로 물든 혁명의 영역으로 나아가게 되었다. 마르크스는 "구유물론의 입장이 '시민' 사회에 기반한 반면, 신유물론의 입장은 인간사회 혹은 사회화된 인간에 근거한다."고 비판하며, "철학자들은 세계를 단지 다양한 방식으로 해석해 왔을 뿐이며, 문제는 세계를 변혁하는 것"[195]이라고 지적했다. 특정 측면에서 마르크스의 철학은 '세계철학'에 더 근접한다. 이는 그가 전 인류의 해방을 위해 사고하고 실천했기 때문이다. 그의 철학적 시야와 입장은 선행 철학자들은 물론 동시대를 포함한 모든 철학자보다 더 포괄적이며 성취도도 높았다. 마르크스가 기대한 바와 같이, "진정한 철학은 필연적으로 시대 정신의 정수이다. 따라서 철학이 내적 내용뿐만 아니라 외적 표현을 통해 현실 세계와 접촉하고 상호작용하는 그러한 시대가 반드시 올 것이다. 이러한 철학은 특정 체계와 대립하는 것이 아닌, 세계를 관통하는 보편적 철학이자 당대의 세계철학으로 변모하게 될 것이다.……철학은 문화의 살아있는 영혼이 되며, 철학은 세계화를, 세계는 철학화를 이루게 될 것이다."[196] 현재가 바로 이러한 '세계사적' 시대에 해당하며, 철학 역시 세계에 진출하여 시대와 접촉하면서 상호작용하고 있다. 세계철학은 철학과 인류의 시대적 운명이 될 것이다. 이러한 점에서 중국 미래 철학의 발전 방향은 세계철학의 시대적 흐름에 부합될 뿐만 아니라, 마르크스가 예견한 인류 철학의 미래와도 일치하다. 따라서 우리는 마르크스주의 철학이 구상한 세계철학의 이상적 모습을 지침으로 삼아, 중국 전통철학의 시대적 '활성화'를 사상적 기반으로 삼고, 서양철학과의 문화적 '호경(互鏡)'을 철학적 보완으로 활용하여 중국 미래 철학을 고차원적 세계철학으로 발전시켜야 한다.

---

195)『馬克思恩格斯選集: 第1卷』. 北京: 人民出版社, 2012:140쪽.
196)『馬克思恩格斯全集: 第1卷』. 北京: 人民出版社, 1995:220쪽.

제3장

중국철학의 학문적 발전과정 및 구조적 딜레마

특정 의미에서 볼 때, '철학'이 '중국'과 만나고 중국철학 학문이 서양철학 패러다임에 의해 정립된 순간부터, 중국철학은 '합법성 위기'라는 본질적 한계를 내포하게 되었다. 앞서 지적한 바와 같이 이 '학문적 정당성의 위기'는 중국철학이 근대화 과정을 거치며 이중적 양상으로 재현되었다. 구체적으로 20세기 초반의 '학문적 정당성 논쟁'이 "중국 전통사상에 철학이 존재하는가?"라는 존재론적 질문에 집중되었다면, 21세기 초반의 논쟁은 "현대 중국에 철학이 존재하는가?"라는 질문, 즉 '중국에서의 철학'과 '중국적 철학 체계'의 개념적 변별이라는 인식론적 전환을 보여주었다. 초기 정당성 위기가 철학 개념의 재해석을 통해 방법론적 타협점을 모색할 수 있었다면, 현 단계의 위기는 훨씬 더 근본적이고 복합적인 난제로 부상했다. 이는 근대 중국철학이 백여 년의 발전과정에서 세계적으로 주목받을 만한 독창적 철학 체계나 획기적 저서를 배출하지 못했다는 냉엄한 현실에서 기인한다. 특히 20세기 서양철학이 현상학, 해석학, 분석철학 등 다층적 패러다임을 통해 비약적 발전을 이룩한 것과 대비될 때, 현재 중국 철학계의 성과는 '철학적 엄밀성'과 '문화적 정체성' 측면에서 동시에 도전받고 있다. 더 나아가 중국 본토에서 서구 철학자들과 동등한 학문적 위상을 인정받는 철학자들의 부재는 이 분야의 발전 수준을 가늠케 하는 척도가 되고 있다. 국제 학술공동체의 시각에서 현대 중국철학은 아직도 이론적 자족성을 확보하지 못한 채 문화적 타자성의 차원에서 인식되고 있으며, 실체적 연구 대상이라기보다는 방법론적 실험의 장으로 여겨지는 경향이 있다. 따라서 '중국적 철학 체계(Sinology-oriented philosophy)'라 명명하기보다는 '중국어권 철학 실천(Chinese philosophical praxis)'이라는 개념이 보다 정확한 학술적 위치를 규정할 수 있을 것이다.

이러한 학문적 정체성 혼란은 결국 21세기 중국 철학계의 "합법성 논쟁"을 촉발한 근본 원인이 되었다.

그렇다면 현대 중국철학은 어떻게 이러한 상황에 이르게 되었는가? 이러한 의문을 전제로 본 장에서는 다음과 같은 핵심 과제를 탐구하고자 한다. 첫째는 근대 중국철학사에서 지속해온 이론적 모순의 역사적 기원과 구조적 특성이고, 둘째는 백여 년간의 발전과정에서 학문적 공백을 초래한 인식론적 장애 요인이며, 셋째는 중국철학 연구 방법론의 진화과정에서 누적된 이론적 한계와 그 학술사적 영향력 등이다. 이 세 가지 문제의식은 중국철학의 미래 발전 방향을 모색하는 데 있어 반드시 해결해야 할 학문적 과제로 자리매김하고 있다.

3.1 중국철학의 학문적 발전과정

현대 중국철학의 학문체계는 1912년 북경대학(北京大學)의 '철학문(哲學門)' 설립을 기원으로 한다. 북경대학은 중국 근대사상 최초의 국립 종합대학으로서, 그 설립은 중국 근대 고등교육의 효시가 되는 중요한 사건이었다. 북경대학의 전신인 1898년 설립된 경사대학당(京師大學堂)은 무술변법(戊戌變法) 운동의 산물로 평가된다. 1898년 9월 무술변법 실패 이후 대부분의 신정(新政) 조치가 폐기되었음에도 불구하고, 경사대학당은 비교적 이른 시기에 설립[1]된 덕분에 존속할 수 있었다. 당시 경사대학당은 국가 최고 학술기관이자 교육 행정기구로서의 이중적 지위를 갖추고 있었으며, 현대적 의미의 교육부 기능을 수행하며 전국 교육행정을 총괄하였다. 1911년 신해혁명의 성공은 청 왕조의 존립에 결정적 타격을 주었으며, 1912년 2월 12일 마지막 황제 부의(溥儀)의 퇴위로 청조는 공식적으로 멸망하였다. 그해 2월, 원세개(袁世凱) 정권은 저명한 학자 엄복(嚴複)을 경사대학당 총감독으로 임명하여 과도기 운영을 맡겼다. 1912년 5월 초, 중화민국 교육부는 경사대학당을 북경대학으로 개칭하기로 하고, 이후 '국립'이라는 정식 명칭을 부여

1) 1896년 6월, 형부좌시랑(刑部左侍郎) 이단분(李端棻, 1833~1907)이 청나라 조정에 최초로 경사대학당(京師大學堂) 설립을 건의하였다. 그러나 당시 보수적인 완고파가 재정 문제 등을 근거로 실행 유보를 주장함에 따라 경사대학당 건립 계획은 백지화되었다. [蕭超然, 等.『北京大學校史(1898~1949)』. 上海:上海教育出版社, 1981:5~6].

하여 중국 근대사상 최초의 국립대학의 지위를 확립하였다. 엄복은 이 과정에서 북경대학 초대 총장 겸 문과대학 학장으로서 중추적 역할을 수행하였다.

북경대학 철학과는 1912년 '철학문'이라는 이름으로 정식 설립되었다. 철학문의 기원은 경사대학당 시기의 이학문(理學門)으로 소급될 수 있으며, 당시 이학문 산하에는 "이학연구법(理學研究法), 정주학파(程朱學派), 육왕학파(陸王學派), 주진제자학파(周秦諸子學派)"[2] 등 철학성을 띤 강좌가 개설되어 있었다. 1914년 당시 북경대학 총장 호인원(胡仁源)은 대학 예과 및 본과 체계를 개편하는 과정에서 문과 학제를 확장하였다. 기존 중국문학과 외에 중국철학과와 영국문학과를 신설하였으며, 그해 가을부터 철학문은 정식으로 신입생 모집을 시작하였다. 초기 철학문은 중국철학과 서양철학으로 나뉘었으나, 서양철학 전공 교수진의 부재로 인해 1914년 입학생 모집 당시에는 '중국 철학문'[3]으로 명명되기도 하였다. 중국 철학문은 초기에 학장 1인을 중심으로 운영체계를 구축하였으며, 외부 교수를 초빙하여 강의를 진행하였다. 그러나 서양철학 전문가의 부재로 인해 교과과정이 중국철학사에 집중되었고, "강의 방식은 주희(朱熹)의 성리학 강론 방식을 계승한 전통적 형식을 유지하였다." 이후 유럽·미국·일본 등지에서 유학한 학자들이 귀국하면서 새로운 사상과 철학 이론이 도입되기 시작하였으며, 기존의 '문구 해석 중심' 연구 방법론에 변혁이 일어났다. 또한, "서양 이론 및 학문적 패러다임으로 중국 전통을 재해석하는 경향이 점차 학계의 주류를 형성하게 되었다."[4]

구체적으로 이러한 변화는 1917년을 전후하여 발생하였다. 1916년 12월, 중화민국(中華民國) 남경 임시정부의 초대 교육 총장을 역임한 채원배(蔡元培)가 북경대학 총장으로 취임하면서 "'사상의 자유'를 기본 원칙으로 삼고, '겸용병포(兼容幷包)'의 정신을 수용한다."[5]는 새로운 교육 이념 아래 북경대학의 민주 개혁을 본격적으로 추진하기 시작하였다. 이 개혁은 교원 임용 체계부터 시작되었으며, 특히 문과(文科) 분야를 중심으로 진행되었다. 1916년 12월 26일, 중화민국 대통령 여원홍(黎元洪)의 정식 임명을 받은 채원배는 진보적 잡지 『신청년(新青年)』의 자금 문제 해결을 위해 북경에 온 진독수(陳獨

---

2) 『北京大學哲學系史稿(內部資料)』. 2004:3쪽.

3) 각주 2 참조.

4) 각주 2, 4쪽.

5) 蔡元培. 「致 ≪公言報≫函並答林琴南君函」//蔡元培. 『蔡元培教育論集』. 長沙: 湖南教育出版社, 1987: 231쪽.

秀)를 직접 만나 북경대학 문과대학 학장직을 제안하였다. 1917년 1월 4일 북경대학 총장으로 취임한 채원배는 교육부에 공문을 제출하여 진독수의 문과대학 학장 임명을 정식으로 추천했다. 교육부의 승인을 거쳐 1월 15일 진독수가 정식으로 문과대학 학장에 부임하였고, 이는 북경대학 민주 개혁의 중요한 전환점이 되었다.[6] 이후 『신청년』을 중심으로 활동하던 신문화운동의 주요 인물들인 주작인(周作人), 호적(胡適), 유반농(劉半農), 이대조(李大釗), 노신(魯迅) 등이 차례로 북경대학에 합류하면서 문과 교수진이 질적·양적으로 크게 강화되었다. 이는 북경대학 내 사상적 다양성과 활력을 증진시켰을 뿐만 아니라, 신문화운동의 확산과 이후 "5·4운동(五·四運動)"[7]의 발발에 필요한 인적·사상적 토대를 조성하는 데 결정적인 역할을 하였다. 특히 채원배와 진독수의 합류는 중국철학문(哲學門) 교수진에 혁신적인 변화를 가져왔으며, 이에 따라 철학문의 교육과정도 체계적으로 개편되는 등 학문적 발전이 가속화되었다. 1917년을 전후로 북경대학 철학문의 수업 방식과 내용 설정에 중대한 변화가 발생하였다. 철학문 설립 초기 '중국철학사(中國哲學史)' 강의는 진불신(陳黻宸)이 단독으로 담당하였으나, 1917년 진불신이 병으로 사망한 이후 마서륜(馬敘倫), 진한장(陳漢章), 호적(胡適) 세 명의 교수진이 공동으로 강의를 이어갔다. 이 중 진한장의 중국철학사 강의는 복희(伏羲) 시대를 기점으로 하여 1년간 상나라 시대의 『홍범(洪範)』까지 집중적으로 다루는 전통적 방식이었다. 그러나 호적은 상고시대 삼대(三代)부터 시작하던 기존의 방식을 과감히 버리고 실증 가능한 사료를 근거로 노자(老子)와 공자(孔子)부터 직접 강의를 시작했다. 호적은 "실증 가능한 역사적 문헌을 토대로 서양철학사의 방법론을 적용하여 중국철학을 체계적으로 해석"[8]하였는데, 당시 강의를 듣던 학생들도 이에 매우 놀랐다고 한다. 그 당시 수강생이었던 고힐강(顧頡剛)은 "이러한 방법론적 전환은 삼황오제(三皇五帝) 중심의 전통적 역사관에 익숙했던 우리에게 지적 충격을 안겼으며, 교실 분위기가 술렁일 정도로 파장이 컸다."[9]고 증언하였다. 호적은 철학을 "인생의 근본적 문제에 대한 체계적 해결 방안을 모색하

6) 汪成法.『中國現代大學與新文學傳統』. 南京: 南京大學出版社, 2016:25쪽.

7) [역자주] "5·4운동"은 1919년 5월 4일 북경에서 시작된 대규모 반제국주의, 반정부 운동으로, 중국 근대사에서 중요한 전환점이 된 사건이다. 이 운동은 제1차 세계대전 이후 체결된 베르사유 조약에서 일본이 중국 산동반도에 대한 독일의 이권을 넘겨받게 된 것에 대한 중국인들의 강한 반발로 촉발되었다.

8) 李四龍.『有哲學門以來』. 北京: 三聯書店, 2012:9쪽.

9) 顧頡剛.『古史辨: 第1冊』. 上海: 上海古籍出版社, 1982:36쪽.

는 학문"[10]으로 정의하였으며, 이러한 학문적 기준에 비추어 볼 때 "중국철학은 노자와 공자 시대에 이르러서야 비로소 철학으로서의 요건을 갖추게 되었다"[11]고 주장하였다. 이듬해, 호적은 자신의 철학 강의 내용을 체계적으로 정리하여 책으로 출판하였다. 이것이 바로 채원배가 서문을 쓰고 상해 상무인서관에서 출간한 『중국철학사대강(中國哲學史大綱)』이다. 이 저서는 "내용의 참신성과 서술 형식의 혁신성으로 인해, 출간 직후 학계와 사회 전반에 걸쳐 큰 반향을 일으켰다."[12] 1917년 전후 철학과 강의 체계에서도 중요한 변화가 발생하였다. 초기 철학과 설립 당시 서양철학 강의를 담당할 인재가 부재했으나, 호적이 1917년 9월 컬럼비아대학을 졸업하고 북경대학에서 '중국철학사'와 '서양철학사' 강좌를 동시 개설함으로써 이를 해결하였다. 윤리학 분야에서도 1917년 학부 과정에 '윤리학'을 신설하며 전문성을 강화하였다. 하지만 초기 강의를 담당한 강심부(康心孚)가 중국철학 전통에 기반한 인성론적 접근을 핵심으로 삼으면서, "서양 윤리학의 최신 성과를 반영하는 데 한계가 있었다."[13] 이를 인지한 채원배는 1918년 양창제(楊昌濟) 교수를 철학과로 영입하여 윤리학 강의를 맡겼다. 양 교수는 동서비교를 기본 틀로 삼되 이를 융합적으로 해석하며, 윤리학과 철학의 기초 원리를 유기적으로 연결하는 강의 방식[14]을 도입해 진보적 청년층에게 큰 영향을 주었다. 그뿐만 아니라 철학과 교육과정은 철학 사상을 넘어 다양한 자연과학 및 사회과학 분야로 확장되었다. 1915년 생물학, 교육학, 사회학이 정규 교과목으로 추가되었고, 1916년에는 인류학, 인종학, 미학, 언어학, 인도철학 등 과목이 신설되었다. 1918년에는 '근대 유럽-미국 철학'(호적)과 '근세 심리학사'(진대제)등 강의를 개최하였으며, 아동심리학 연구실을 설립하고 철학전공 학생들에게 외국어를 필수과목으로 지정하는 등 실질적 연구 역량 강화에 주력하였다. 특히 1919년 서양 근대 철학과 서양 현대철학 강좌의 개설은 철학과 학생들의 학문적 시야를 국제적 차원으로 확장하는 계기가 되었다.[15]

1917년 6월, 국내 최초의 철학전문 교육기관으로서 북경대학 철학문(哲學門)이 제1기

---

10) 胡適.『中國哲學史大綱』. 上海: 上海人民出版社, 2014:1쪽.

11) 각주 10, 21쪽.

12) 馮友蘭.『中國現代哲學史』. 南京: 江蘇文藝出版社, 2013:76쪽. 인용문 부호 안의 내용은 인용자가 추가한 것임.

13)『北京大學哲學系史稿(內部資料)』. 2004:6쪽.

14) 각주 13 참조.

15) 각주 13, 7쪽.

졸업생을 배출하며 본격적인 학술인력 양성 체제를 구축하였다. 같은 해 12월에는 학술 연구 역량 강화를 위해 '철학문 연구소'가 정식 설립되었고, 이어 1918년 2월『학과교수회조직법(學科教授會組織法)』[16] 공포에 따라 철학문 교수회가 구성되었다. 교수회 초대 주임으로 선출된 도리공(陶履恭, 1887~1960)은 학제 개편 및 교육과정 혁신을 주도하며 2년 임기 동안 학과 기반을 정비하였다. 1919년 5·4운동이라는 사회변혁의 역사적 맥락 속에서 채원배 총장의 교육 개혁 정책이 본격화되었다. 전면적인 학제 개편을 통해 종전의 '문(門)' 체계를 현대적 '학과(系)' 체제로 전환함에 따라 철학문은 정식으로 철학과(哲學系)로 개칭되었고, 중국철학의 학문 발전도 새로운 역사 시기에 접어들었다.

20세기 20년대 전반기, 중국철학과의 학문적 발전은 여전히 북경대학 철학과를 중심으로 이루어졌으나, 북경대학 철학과의 독보적 지위가 점차 변화하기 시작했다. 1919년 봄, 여러 차례의 우여곡절 끝에 설립된 유명한 사립 교회학교인 연경대학(燕京大學)은 "철학과를 초기 24개 학과 중 하나로 설정"하였으며, "초기에는 심리학과와 통합 운영하다가 1921년 독립하였고"[17] 1952년에 이르러 북경대학 철학과에 병합되었다. 1919년 설립된 남개대학(南開大學)은 개교 당시부터 철학문(哲學門)을 설치하여 철학 및 사회과학부에 소속시켰으며, 1923년에 철학과로 개칭하였다. 그러나 당시 학과는 행정적 실체성이 부족하여 교수진 변동에 따라 불안정한 운영 상태를 보였다.[18] 1920년 설립된 중법대학(中法大學) 서산학원(西山學院)의 철학과는 "사회과학원 소속 2개 학과 중 하나로 운영되다가 1937년 폐지되었다."[19] 1920년에 창립된 국립중앙대학(國立中央大學) 철학과는 현재 남경대학(南京大學) 철학과의 전신이다. 남경고등사범학교(南京高等師範學校)도 문과 개설 시 철학과를 포함하였는데[20] 이는 동남대학(東南大學) 철학과의 기초가 되었다. 1913년에 설립된 국립무창고등사범학교(國立武昌高等師範學校)는 1922년 9월부터 4개 학부를 8개 학과로 개편하고 산하에 교육철학과를 두었다. 1926년에 교육철학과를 철학과로 개칭함으로써 무한대학(武漢大學) 철학과의 기반을 마련했다. 1924년에 설립된 중산대학(中山大學) 철학과는 개교 초기 핵심 학과로 성장하였으

16)『北京大學哲學系史稿(內部資料)』. 2004:5쪽.

17) 張瑋瑛, 等.『燕京大學史稿』. 北京: 人民中國出版社, 2000:170쪽.

18) 南開大學哲學院·曆史概況. http://phil. nankai. edu.cn.

19) 何醒.『北京大學哲學系1952年』. 北京: 商務印書館, 2012:3쪽.

20) 東南大學人文學院·曆史沿革. http://nvxy.seu.edu.cn.

며, 풍우란(馮友蘭), 이달(李達), 오강(吳康), 주겸지(朱謙之), 주보성(周輔成), 나극정(羅克汀), 마채(馬採) 등 저명한 학자들의 활약으로 영남(嶺南) 지역의 대표적 철학 교육기관으로 자리매김하였다.[21] 1926년 4월 15일, 청화대학(清華大學) 교직원대회는 『청화학교조직요강(清華學校組織大綱)』을 심의 통과하고, 『요강』이 규정한 "학과 중심 운영" 방침에 따라 철학과를 포함한 17개 학과 체제를 확립했다.[22] 그해 9월 김악림(金嶽霖)이 초대 교수로 부임하고 철학과가 본격적으로 운영되기 시작했다.[23] 다만 개교 초기부터 철학 강좌가 개설되어 있었기에 그 학문적 전통이 더욱 깊은 것으로 평가된다.[24] 1928년 설립된 보인대학(輔仁大學) 철학과는 "문과대학 소속 4개 학과 중 하나로 운영되다가"[25] 1952년에 이르러 북경대학에 통합되었다. 1919년부터 1928년까지 불과 10년간 중국철학과는 단일 중심 체제에서 다원적 구조로의 전환을 이루었으며, 이 시기는 현대 중국철학사에서 '철학의 르네상스'로 불릴 만큼 학제적 기반이 확립된 시기였다. 현재 중국 고등교육기관의 주요 철학과 체계는 대부분 이 시기에 그 토대가 마련되었으며, 이는 중국철학의 심화 발전을 위한 견고한 학문적 인프라로 작용하였다.

그러나 이러한 안정적인 교육 환경은 오래가지 못했다. 1927년 8월, 봉천 군벌 장작림(張作霖)이 북경을 점령한 후, 국립북경대학을 폐지하고 기타 8개 국립대학과 통합하여 경사대학교(京師大學校)로 개편하였다. 이 과정에서 "기존 9개 국립대학 중 북경대학이 두 학과로 나뉜 외, 나머지 학교들은 경사대학교의 단일 학과로 통폐합되었으며", "원 북경대학의 문학원과 이학원은 각각 경사대학당의 문과와 이과로 재편성되었다."[26] 1928년 6월 국민혁명 완수 후, 장개석(蔣介石) 남경 정부는 경사대학교를 중화대학(中華大學)으로 개칭하고, 그해 8월에 북평대학(北平大學)으로 재개명하여 북평대학구(北平大學區)에 편입시켰다. 이러한 개편 조치는 북경대학 교직원과 학생들의 강력한 반발을 일으켰으며, 이에 따른 대규모 시위와 항의 운동이 전개되었다. 약 1년간의 지속적인 투쟁 끝에, "1929년 6월 17일, 국민당 정부는 대학구(大學區) 제도를 폐지하기로 하였다. 하지

21) 中山大學哲學系概況. http: //philosophy.sysu.edu.cn.
22) 清華大學校史研究室.『清華大學九十年』. 北京: 清華大學出版社, 2001:36쪽.
23) 萬俊人.『清華大學文史哲譜系』. 北京: 清華大學出版社, 2012:295쪽.
24) 각주 23, 293쪽.
25) 何醒.『北京大學哲學系1952年』. 北京: 商務印書館, 2012:3쪽.
26) 蕭超然, 等.『北京大學校史(1898~1949)』. 上海: 上海教育出版社, 1981:157쪽.

만 북경대학의 교명은 정식으로 회복하지 않았다."[27] 결국, 동년 8월 22일, 북경대학 학생들은 전교 총회를 소집하여 자발적으로 교명 복원을 선언하고 이를 전국에 공표하였다. "8월 6일, 국민당 정부는 마지못해 북경대학 단과대학(北大學院)을 국립북경대학(國立北京大學)으로 공식 개칭한다는 결정을 내렸다."[28] 이를 통해 북경대학은 정식으로 독립 지위를 회복하게 되었다. 독립 지위를 회복한 북경대학 철학과는 새로운 발전 단계를 맞이하게 되었으며, 장이(張頤) 교수가 새 학과장으로 임명되었다. 장이 교수의 학과장 임명은 중국철학사 및 교육사에서 중대한 전환점으로 평가된다. 장이 교수는 1913년 사천성(四川省) 국비 유학생으로 선발되어 1919년에 미국에서 철학 박사 학위를 취득하였다. 이어 영국 옥스퍼드대학에 진학하였으며, 1923년에 중국인 최초로 철학 박사 학위를 수여 받는 쾌거를 이루었다. 1924년에 귀국하여 북경대학 철학과에서 '서양철학사', '독일철학', '칸트철학', '헤겔철학' 등 체계적인 강좌를 개설[29]하여 중국 근대 서양철학 연구의 초석을 마련하였다. 1926년 시국의 영향으로 인해 하문대학(廈門大學)으로 자리를 옮겼다가 1929년에 다시 북경대학 철학과 학과장으로 복귀하였다. 장이 교수의 학과장 취임 이전 북경대학은 비록 철학과가 있었지만, "문사철(文史哲)이 분리되지 않았으며, 철학과 교과과정도 타 학과와의 중복 개설로 인해 독자적인 학문체계를 확립하지 못한 상황이었다."[30] 장이 교수는 영미권 선진 철학과 모델을 도입하여 학제 개혁을 단행하여, 중국 최초의 현대적 의미의 철학과 체제를 정립함으로써 철학이 독립된 학과의 지위를 획득하도록 하였다.[31] 이는 문학·역사학과와의 명확한 학문적 경계를 확립한 획기적인 사건이었다. 하린(賀麟) 교수의 후일담에 따르면, "장이 선생의 북경대학 철학과 주관 및 칸트·헤겔 철학 강의를 계기로 비로소 중국에 근대 수준의 대학 철학과가 형성되기 시작했다."[32]고 평가하였다. 이처럼 장이 교수의 학과장 취임은 중국철학 교육의 제도화와 전문화를 가속화한 결정적 계기로서의 역사적 의의를 지닌다.

전반적으로 1919년 5·4운동부터 1937년 노구교사변(盧溝橋事變)[33]까지, 혼란스러운

27) 蕭超然, 等.『北京大學校史(1898~1949)』. 上海: 上海教育出版社, 1981:167쪽.
28) 각주 27, 168쪽.
29)『北京大學哲學系史稿(內部資料)』. 2004:13쪽.
30) 각주 29 참조.
31) 韓水法.『北京大學哲學學科史』. 北京: 商務印書館, 2014:119쪽.
32) 賀麟.『五十年來的中國哲學』. 北京: 商務印書館, 2002:25쪽.
33) [역자주] "노구교사변(7·7사변)"은 1937년 7월 7일 중국 북경 남서쪽 교외의 노구교에서 일본군과 중국

정세로 인해 북경 등지의 대학들은 상당한 영향을 받았다. 그럼에도 불구하고, 철학 학문 분야는 지속적인 발전과 성장을 이루었다. 특히 북경대학과 청화대학의 철학과가 두드러진 성과를 보였는데, 이 시기 학과 체계 정비와 교과과정 구성이 다각화·체계화되면서 근대적 대학의 표준에 부합하는 본격적인 철학과가 형성되었다. 학과 운영 측면에서는 중국철학, 서양철학, 윤리학, 미학, 논리학 등 철학의 주요 분야를 포괄하는 체계적인 교과과정이 마련되었으며, 특정 주제 연구 및 인물 연구와 같은 심화 영역까지 포함함으로써 현대대학 철학과의 교육 체제와 유사한 수준을 갖추게 되었다. 또한 양수명(梁漱溟), 웅십력(熊十力), 장동손(張東蓀), 김악림(金嶽霖) 등 저명한 철학자들이 활발한 학술활동을 전개하며 각자의 대표적 저작을 발표하고 독자적인 철학 체계를 정립함으로써, 중국 현대철학사의 학문적 토대를 공고히 하는 성과를 거두었다. 더욱 주목할 것은 이 시기 철학과가 학제적 인프라 구축과 사상적 혁신을 병행하며 우수한 인재를 양성한 동시에, 혼란한 시대적 상황 속에서도 철학 연구의 학맥(學脈)과 사상적 계보를 유지하고 발전시켰다는 점이다. 이를 통해 중국철학의 지속 가능한 발전을 위한 초석이 마련되었다.

1937년에 발발한 "7·7사변(노구교사변)"은 중국 근현대사에서 특수한 역사적 배경 속에 탄생한 저명한 고등교육기관의 설립 계기가 되었으니, 바로 국립 서남연합대학(약칭 서남연대) 설립이다. '7·7사변' 이후 일본군의 평진(平津) 지역 신속 점령으로 인해 북평(北平)과 천진(天津)이 차례로 함락되자, 교육부는 9월 10일에 교육부령 제16696호를 공포하여 청화대학·북경대학·남개대학(南開大學) 및 중앙연구원을 통합한 국립장사임시대학(國立長沙臨時大學) 설립을 공식 결정하였다.[34] 이에 따라 북방 3대 학부기관의 남천(南遷)이 본격화되었다. 10월 2일 개최된 국립장사임시대학 제4차 상무위원회에서는 학제 개편안을 의결하고 "철학·심리학·교육학 3개 학과를 통폐합하여 철학심리교육학과(哲學心理教育學系)를 신설하고 문학원 소속 4개 학과 중 하나로 편성"하였다. 동시에 풍우란 교수를 초대 학과장으로 임명하였다.[35] 그러나 교육 인프라의 심각한 부족으로 인해 철학과는 문학원 전체와 함께 곧바로 남악성경(南嶽聖經)학교로 이전하여 국립장

군이 충돌한 사건으로, 일본은 이에 따라 중국을 전면 공격했다. "노구교사변"은 일본 제국주의가 중국을 병탄하려는 야심을 실현하기 위해 의도적으로 만들어낸 것으로, 전면적인 중국 침략의 시작을 알리는 사건이 되었다.

34) 萬俊人.『清華大學文史哲譜系』. 北京: 清華大學出版社, 2012:349쪽.

35) 각주 34, 350쪽.

사임시대학 남악(南嶽) 캠퍼스로 재편되었다. 11월 16일 문학원의 개강 선언에 이어 19일부터 정규 수업이 시작되었으며, 풍우란 학과장의 주도하에 철학심리교육학과의 교육과정을 새로 확정하였다. 해당 학과는 "3개 전공 분야별 독립적인 교학 조직을 구성하고 총 31개 교과목을 개설하였는데, 그중 철학 분야에서 15개 과목(필수 8과목·선택 7과목)"[36] 총 72학점의 체계를 유지하였다."

하지만 철학과는 남악에서도 오래 머물지 못했다. 남경 함락과 무한 위기 상황으로 인해 후방 지역이던 장사마저 안전하지 못하게 되자, 국립장사임시대학은 다시 한번 이전해야 했다. 1938년 1월 19일, 국민정부 최고 당국은 국립장사임시대학의 곤명(昆明) 이전을 공식 승인했다.[37] 그러나 곤명의 교육 인프라 역시 극히 제한적이었기에, 3월 15일 학교 측은 회의를 통해 운남성(雲南省) 몽자(蒙自)에 분교를 설립하고 문과대학과 법과대학을 개설하기로 결의했다. 이에 따라 몽자는 철학과의 새로운 교육 거점이 되었다. 4월 2일 국민정부 교육부는 국립장사임시대학의 명칭을 국립서남연합대학(國立西南聯合大學)으로 변경하고, '임시'라는 표현을 삭제함으로써 장기적인 항전 의지를 표명했다.[38] 이는 중국 교육사상 가장 위대한 대학 중 하나인 서남연합대학의 공식적인 탄생을 의미한다. 초대 문과대학장으로 내정된 호적(胡適)이 미국에서 외교 업무 수행 중인 관계로 부임할 수 없어, 풍우란과 탕용동(湯用彤)이 각각 대리 학장과 철학심리교육학과 주임을 맡았다. 5월 4일 철학과는 운남성 몽자에서 정식 개강하고, 기존 국립장사임시대학의 교육과정을 이어받아 이틀 후부터 본격적인 수업을 시작했다. 8월 4일 서남연합대학 제84차 상무위원회에서는 "철학과에 통합되어 있던 교육학과를 분리하여 운남대학 교육학과와 통합"하기로 하고, 학과 명칭도 철학심리학과로 변경하였다.[39] 같은 해 8월 23일 첫 학기가 종료되고 6명의 졸업생을 배출했다.[40] 이후에도 철학과는 일본군의 공습으로 인해 곤명과 몽자 사이를 반복적으로 이동해야 했다. 10월 18일 풍우란이 정식 문과대학장으로 임명되고 11월 15일부터 새로운 학년도가 시작되었으며, 이해부터 첫 신입생을 모집했다. 1939년 여름, 서남연합대학 삼분사(三分寺) 캠퍼스가 완공되면서 철학과

36) 萬俊人.『清華大學文史哲譜系』. 北京: 清華大學出版社, 2012:353쪽.

37) 각주 36, 357쪽.

38) 각주 36, 358쪽.

39) 각주 36, 363쪽.

40) 각주 36, 361쪽.

를 비롯한 문과대학이 삼분사 캠퍼스로 이전했다.[41] 동시에 "북경대학, 청화대학, 남개대학은 각각 대학원을 재개설하고 대학원생 모집을 시작했으며, 학적 관리를 개별 학교에 귀속시키고 수업을 통합 운영하는 체제를 확립하였다."[42] 이 시기부터 서남연합대학 철학과는 본격적인 학술연구와 교육의 정상화 궤도에 접어들었다.

서남연합대학 철학과는 당대 중국 철학계에서 독보적인 위상을 차지했다. 저명한 철학자들이 집결되어 있었을 뿐만 아니라, 다양한 사상의 교류와 논쟁을 통해 뛰어난 학문적 성과를 지속하여 창출했다. 교육제도 측면에서 "서남연합대학은 4년제 학점제를 도입하여 총 132학점 이수를 졸업 요건으로 규정했으며, 학년별 평균 33학점을 수강하도록 요구했다." 철학과 교육과정은 공통필수, 전공필수, 전공선택으로 체계화되었고, "학생들은 전공 필수과목 이수 후 타 학과 개설 강의를 자유롭게 수강할 수 있었다."[43] 1938년 겨울학기부터 1946년 봄학기까지의 교과과정을 보면[44], 1학년은 학부 공통필수과목, 2학년은 공통필수과목과 전공필수과목, 3~4학년은 전공필수과목과 선택과목으로 구성되었다. 또한, 철학과에서는 세 개의 공동필수과목을 개설하여 1학년은『논리학』을, 2학년은『철학개론』과『과학개론』을 수강하도록 했다. 전공필수과목으로는『중국철학사』,『서양철학사』,『인도철학사』,『윤리학』,『지식론』,『형이상학』,『미학』등이 개설되었으며, 전공선택과목은『독일철학명저강독』,『칸트철학』,『헤겔철학』,『기호논리학』,『수리철학(數理哲學)』,『위진현학(魏晉玄學)』,『불전선독(佛典選讀)』,『서양현대철학』,『호세원저습독(胡塞爾原著習讀)』,『아리스토텔레스철학』,『그리스철학명저연구』등을 개설하여 학기마다 상이한 과목을 수강하면서 철학 연구의 역사적 변화를 인지하도록 했다. 특히 외국어 교육을 중시하여 "철학심리학과 학생들이 영어(2년 수강)와 독일어도 필수과목으로 이수하도록 규정했다."[45] 왕태경(王太慶), 장수오(張遂五)를 비롯한 학자들의 독일어 실력은 이 시기에 확고한 기초를 다졌다. 학술성과 측면에서 1937년~1946년간 서남연합대학 철학과는 현대 중국철학사의 중추적 역할을 수행했다. 이 시기 풍우란의『정원육서(貞元六書)』, 탕용동의『한위양진남북조불교사(漢魏兩晉南北朝佛敎史)』,

41) 萬俊人.『清華大學文史哲譜系』. 北京: 清華大學出版社, 2012:369쪽.

42) 李四龍.『有哲學門以來』. 北京: 三聯書店, 2012:44쪽.

43)『北京大學哲學系史稿(內部資料)』. 2004:18쪽.

44) 각주 41, 365~406쪽.

45) 각주 43 참조.

김악림의 『논리(論理)』와 『논도(論道)』, 하린의 『근대관념론해석』, 『당대중국철학』 등 다수의 획기적 저작이 출간되었으며, 일부 학자들은 이 시기에 자신의 철학 체계를 완성하기도 했다. 항일전쟁 승리 후 1946년 5월 4일, 서남연합대학은 마지막 수료식을 마치고 해체 절차에 들어갔다. 그날로 학생들과 교사들의 북상이 시작되었으며 국립서남연합대학의 휘황한 역사는 이로써 막을 내렸다. 그해 10월 10일 북경대학과 청화대학이 동시에 개교식을 진행하고 10월 17일 남개대학도 개교식을 진행하고 새 학기를 시작했다. 이에 따라 세 대학의 철학과가 점차 정상적인 교육 체계를 회복하였고, 중국 현대철학사의 새로운 장이 시작되었다.

1946년 북경대학과 청화대학이 복교한 이후부터 1949년 중화인민공화국 건국 이전까지, 북경대학·청화대학·연경대학 철학과는 당시 북경 지역 고등교육기관 철학과 중 가장 대표적이면서도 각기 독창적인 학풍을 형성하고 있었다. 북경대학과 청화대학 철학과는 서남연합대학 시기의 학문적 전통을 계승하면서도, 북경대학은 중·서양 철학사 연구에 주력하며 '역사주의적 연구 경향'을 정착시킨 반면, 청화대학은 '논리적 실재론'을 중심으로 "학생들의 논리적 사고 함양과 철학 체계 구축에 중점을 두고 학생들의 독창적 사고능력 배양을 강조하였다."[46] 연경대학은 미국 선교회 설립 기관으로, '7·7사변' 이후 북평(북경)에 잔류하였으나 태평양전쟁 발발과 미일 관계 악화로 일시 폐쇄되었다가 1942년 사천성(四川省) 성도(成都)에서 복교하고, 1945년 종전 후 북평(북경)에서 재개교하였다. 미국 교회학교의 특성상 연경대학은 북경대학·청화대학과 상이한 "실용주의·신실재론·사회학 등 실학적 내용"을 중심으로 하였으며, 장동손(張東蓀) 등의 '신관념론파'가 교단을 이끌었다.[47]

1949년 10월 1일 중화인민공화국이 수립한 후, "10월 8일, 화북고등교육위원회는 모든 전문대학에 '변증법적 유물론·역사적 유물론' 및 '신민주주의론(근대 중국혁명운동사 포함)' 필수 이수를 통보하였다."[48] "1951년 5월 18일 정무원은 마서륜(馬敘倫) 교육부장관의 제안에 따라 고등교육기관의 학제 개편을 결의하였다. 동년 10월 30일에는 전국 규모의 학과 조정 방안이 확정되며, 건국 이전 대학들에 대한 체제 개혁이 본격적으로 추

46) 『北京大學哲學系史稿(內部資料)』. 2004:24쪽.

47) 각주 46 참조.

48) 李四龍. 『有哲學門以來』. 北京: 三聯書店, 2012:55쪽.

진되었다."[49] 1952년은 중국 고등교육사에서 중요한 전환점이 된 해로, 이때부터 전국적 차원의 학과 개편 작업이 시행되었다. 그 일환으로 전국 각 대학의 철학과를 북경대학으로 통합하였으며, 이를 통해 북경대학 철학과는 전국 유일의 철학과가 되었고, 이러한 체제는 1956년까지 지속되었다. 이 시기 북경대학 철학과는 저명 학자들이 집중되며 학술 역량이 크게 강화되어, 서남연합대학 이후 중국철학 교육사에 또 하나의 황금기를 열게 되었다.

1952년 학제 개편 이후, 북경대학은 동년 10월 4일 개강식을 진행하였고 김악림을 철학과 초대 학과장으로 임명하였다. 개편된 철학과는 철학, 심리학 두 전공을 포함하였으며, 교수진은 논리학 교육연구실, 마르크스-레닌주의 교과과정 지도조, 중국철학사 자료 연구조, 서양철학 번역조 등 4개 전문팀으로 재편성되었다.[50] 이번 학제 개편은 고등교육기관을 마르크스주의 원칙에 부합하도록 조정한다는 명확한 정책 방향 아래 추진되었다. 당시 교육부는 철학전공의 교육목표를 "마르크스-레닌주의 철학연구 인력 및 선전 간부 양성"[51]으로 명확히 규정하였다. 이러한 목표를 실행하기 위해 중국은 소련식 교육 모델을 전면 도입하였으며, 주요 조치로는 교수진을 학과별 교육연구실 체제로 재편성하고, 교과과정에서 마르크스-레닌주의 관련 강좌를 핵심과목으로 지정하였으며, 통일된 교육 요강에 따라 선택과목 제도를 폐지하고 전 과목을 필수이수제로 전환하였고, 공식 외국어를 러시아어로 지정하는 것 등이 포함되었다. 아울러 소련 전문가 초청과 유학생 파견을 병행하는 등 체계적인 인력 양성 프로그램도 시행되었다.[52] 북경대학 철학과 출신인 1951년 입학생 주덕생(朱德生)의 회고에 따르면, "당시 학계에서는 마르크스주의 철학만을 유일한 정통 철학으로 인정하고, 다른 사상체계는 단지 비판적 연구대상으로만 여겨졌다. 이에 따라 교수진은 마르크스-레닌주의 이론 재교육과 철학사 강의 준비에 집중해야 했으며, 실제 강의는 신진 교사들이 주도하는 독특한 상황이 펼쳐지기도 했다."[53] 이러한 사례를 통해 당시 철학과의 운영 현황과 시대적 배경을 엿볼 수 있다.

조정된 철학과가 마르크스-레닌주의 학습과 강의를 중심으로 진행되었지만, 이는 결

49) 李四龍.『有哲學門以來』. 北京: 三聯書店, 2012:57쪽.
50)『北京大學哲學系史稿(内部資料)』. 2004:30쪽.
51) 각주 50 참조.
52) 각주 50 참조.
53) 朱德生.「51級舊聞」//王宗昱.『苦樂年華』. 北京: 北京大學出版社, 2004:104쪽.

코 다른 철학전공 분야의 발전이 정체되었음을 의미하지는 않는다. 중국철학 연구 영역을 살펴보면, 학제 개편 이전 북경대학 철학과는 역사적 접근(탕용동을 중심으로)을, 청화대학 철학과는 이론적 접근(풍우란을 중심으로)을 주축으로 하여 '양대 학파의 대립 구도'를 형성했으나, 통합 이후 북경대학 철학과는 점차 "'사(史)'와 '론(論)'을 결합하는 새로운 학술 패러다임"[54]을 정립하게 되었다. 서양철학 연구 측면에서는 개편 전 북경대학 철학과는 독일 고전철학과 고대 그리스 철학 분야에서 상당한 성과를 거두었으며, 홍겸(洪謙)과 웅위(熊偉) 등 교수진 합류 후 "분석철학과 현상학이 새로운 연구 중심축으로 자리매김하며 고전과 현대를 아우르는 종합적 접근"[55]이 구현되었다. 논리학 분야에서는 원래 청화대학(김악림 등이 주도)이 현대 논리학 연구의 중심지였으나, 학과 통합으로 인해 "북경대학이 논리학 연구의 새로운 거점이 되었고 주요 전공 분야로 부상하였다."[56] 미학 분야에서는 기존 '북등남종(北鄧南宗)'으로 불리던 북경대학의 등이칩(鄧以蟄)과 남경대학의 종백화(宗白華)로 구성된 이원 체계에서 더 나아가, 종백화의 전입과 중산대학 출신 마채(馬采) 및 다학제적 연구자 주광잠(朱光潛)의 합류로 북경대학 미학과는 "전국 최고 수준의 미학과로 도약하여 1960년대 국내 최초의 교육연구실을 설립하는"[57] 성과를 거두었다. 다만 북경대학 철학과는 초기부터 계승되어 온 종교학(특히 인도철학 및 불교 철학) 연구가 학과 개편 과정에서 단절되면서 1980년대에야 재개되는 아쉬움도 있었다.[58] 종합적으로 볼 때, 1952년 전국적 학제 개편은 중국 철학계의 다원적 발전을 저해하고 기존의 학문적 다양성을 상실하게 한 측면이 있다. 반면, 1952년부터 1956년까지 북경대학 철학과는 "전국의 철학 인재들이 집결하여 학문의 정점을 이루었으며, 중국철학사에 불멸의 업적을 남겼다."는 평가를 받고 있다. 특히 이 시기에 형성된 역사와 이론을 통합하는 접근법 및 고금을 관통하는 학문적 정신은 이후 전국 각 대학 철학과의 재건 과정에 모범이 되었으며, 교수진의 이동을 통해 광범위하게 확산되었다. 이러한 성과는 당시 북경대학 철학과를 중국철학사 속 하나의 '학문적 신화'로 자리매김하는 결정적 요인이 되었다.

54) 何醒.『北京大學哲學系1952年』. 北京: 商務印書館, 2012:4쪽.
55) 각주 54, 5쪽.
56) 각주 54, 5쪽.
57) 각주 54, 5쪽.
58) 각주 54, 5쪽.

북경대학 철학과의 독보적 지위는 얼마 지나지 않아 정치적 요인으로 인해 종말을 맞이하였다. 1956년 2월, 니키타 흐루쇼프(Nikita Sergeyevich Khrushchev)는 소련공산당 제20차 비밀회의에서 사회주의 건설 과정에서 발생한 스탈린의 중대한 착오를 지적하며 개인숭배를 비판하였다. 같은 해 4월, 중국공산당 중앙정치국 확대 회의에서 모택동은 『10대 관계를 논함(論十大關係)』이라는 보고를 통해 소련의 사회주의 건설 과정에서 나타난 오류를 교훈으로 삼아 맹목적 모방을 경계할 것을 강조하였다. 아울러 과학·문화 분야에 '백화제방(百花齊放), 백가쟁명(百家爭鳴)' 방침을 제시함으로써 "신중국 수립 이후 소련을 전면적으로 벤치마킹하던 국면을 전환하였다. 이는 당시 국가 건설 전략의 중대한 전환으로 평가된다. 이러한 정책 변화에 따라 대학 철학과에 대한 집중적 통제도 점차 완화되기 시작하였다."[59] 참고로 중국과학원은 1955년 철학연구소(현 중국사회과학원 철학연구소의 전신)를 설립하였다. 하지만 1952년 학제 개편 이후 중단되었던 대학 내 철학과 설립은 1956년 무한대학, 복단대학(復旦大學), 중국인민대학(中國人民大學)에 철학과가 신설되며 재개되었다고 볼 수 있다.

무한대학 철학과의 기원은 1922년에 설립된 무창(武昌)고등사범학교 교육철학과로 거슬러 올라갈 수 있다. 1952년 무한대학 철학과가 북경대학 철학과에 통합된 이후, 당시 무한대학 총장이던 이달(李達)은 철학과 재건을 본격적으로 추진하였다. "1956년 고등교육부의 승인을 받고 무한대학 철학과가 공식적으로 재건되었으며, 이달(李達) 총장이 초대 학과장을 겸임하였다. 이 시기 북경대학 철학과에서는 강천기(江天驥), 진수재(陳修齋), 양조도(楊祖陶) 등 저명한 교수진을 영입하여 학과 기반을 다졌다."[60] 복단대학의 역사는 1905년 설립된 복단공학(復旦公學)에서 비롯되었으며, 1942년 사립에서 국립대학으로 전환되었다. "1949년 동제대학(同濟大學) 철학과와 절강대학(浙江大學) 철학과가 복단대학에 통합되면서, 사회학과 내에 철학 그룹이 신설되어 이후 철학과 설립을 위한 인적 토대가 마련되었다."[61] "1952년 8월부터 9월에 걸쳐 진행된 화동지역(華東地區) 대규모 학과 개편 과정에서 복단대학은 인문사회과학 및 자연과학 분야의 중심으로 자리매김하였다."[62] 비록 이 과정에서 다수의 철학 인재가 유출되었으나, 일부 핵심 교

59) 何錫蓉.『新中國哲學的曆程』. 上海: 學林出版社, 2012:78쪽.

60) 각주 59, 79쪽.

61) 復旦大學哲學學院曆史.http://philosophy, fudan.edu.cn/6695/list.htm.

수진이 잔류함으로써 향후 철학과 재건의 중추적 역할을 수행할 수 있었다. 1956년, 복단대학 철학과가 정식으로 설립되고 호곡원(胡曲園)이 초대 학과장을 맡았다. 중국인민대학의 기원은 1937년 설립된 섬북공학(陝北公學, 중국공산당이 항일전쟁 기간 중 창설한 간부 양성 기관)으로서, 1950년 화북대학(華北大學)을 모체로 정식 설립되었다. 이 대학은 "신중국 최초의 순수 인문사회과학 대학"이자 "특수한 위상을 지닌 고등교육기관"[63]으로 평가받는다. 1956년에는 "기존 마르크스-레닌주의 연구반 철학 분과를 확대 개편하여" 철학과를 신설하였는데, 이 과정에서 "하사경(何思敬)이 초대 학과장으로 부임하였고 북경대학 철학과의 묘력전(苗力田) 등 저명한 교수진이 영입되었다."[64] 역사적으로 볼 때, 이들 대학이 1956년 국내 최초로 철학과를 개설할 수 있었던 배경에는 비교적 유연했던 당시의 정치적 환경과 더불어 각 기관이 보유한 독보적인 인적·학술적 인프라가 결정적인 역할을 하였다.

1958년 "대약진운동(大躍進運動)"[65]의 시작과 함께 고등교육기관 내 철학과 설립이 새로운 전성기를 맞이하였다. "문화대혁명(文化大革命)"[66] 이전까지 기존 4개 대학(북경대학, 중국인민대학, 복단대학, 무한대학) 철학과 외에도 흑룡강대학(1958), 길림대학(1958), 강서대학(1958), 요녕대학(1959), 사천대학(1959), 하북대학(1960), 하문대학(1960), 중산대학(1960), 남개대학(1962) 등 9개 대학에 철학과가 신설되었다.[67] 이 시기 북경대학 철학과는 체계적인 교재 편찬 작업에 주력하였으며, 문헌 수집과 재편집 과정을 통해 상당한 성과를 달성하였다. 1950년~1960년대 편찬 자료 중 『서양 고전 철학 원전 선집(전6권)』은 그 대표적인 성과물로[68], 대부분 "문화대혁명" 이전에 출간되었다. 중국철학 및 미학 분야에서도 유사한 원전 선집이 발간되어 학계의 연구 활동에 기여하였다. 특히 1960년대 초, 중앙에서 추진한 전국 고등교육 통합교재 편찬 사업은 1961년 6

62) 復旦大學校史.http: //www.fudan.edu.cn/channels/view/71/.

63) 何錫蓉.『新中國哲學的曆程』. 上海: 學林出版社, 2012:79쪽.

64) 각주 63, 80쪽.

65) [역자주] "대약진운동"은 1958년부터 1962년까지 모택동의 주도로 중국에서 시행된 사회주의 건설 가속화 및 공산주의 사회 진입을 목표로 한 대규모 농공업 대증산(大增産) 정책을 가리킨다.

66) [역자주] "문화대혁명(文化大革命)"은 1966년 5월 16일부터 1976년 10월까지 중국에서 모택동(毛澤東)이 발동하고 주도한 가운데, 임표(林彪)와 강청(江青) 두 반혁명 집단이 이를 이용하여 당과 국가 및 각 민족 인민에게 심각한 재난을 초래한 내란을 의미한다.

67) 각주 63, 81~82쪽.

68)『北京大學哲學系史稿(內部資料)』. 2004:36쪽.

월부터 1964년 봄까지 진행되었으며, 대규모 인력과 예산이 투입되어 대부분의 교재가 출판 준비 단계에 이르렀다. 그러나 1964년 상반기 정치적 격변으로 인해 이 프로젝트는 완성되지 못했으며, 출판 계획 또한 약 10년간 중단되는 상태가 지속되었다.[69]

1966년 "문화대혁명" 발발 이후, 전국적 규모의 중등교육기관 및 고등교육기관 휴교 조치가 시행되면서 철학 관련 교과과정 및 학술연구 활동이 전면 중단되었다. 4년 이상의 교육 공백기를 거친 대학들은 1970년을 기점으로 학생 선발을 재개하였으며, 이때의 입학 대상은 공농병(工·農·兵) 계층 출신자 위주로 구성되었다. 1970년부터 1976년까지 북경대학 철학과는 총 6회(1971년 제외)에 걸쳐 공농병 학생들을 선발하였으며, 기당 모집 인원이 100명을 넘었다.[70] 복단대학 철학과도 1971년부터 1976년까지 6기 동안 총 300여 명의 학생을 선발하였다. 1973년, 중국 서남부 변경지역에 위치한 귀주대학(貴州大學) 인문대학에 철학과가 신설되었는데, 이는 문화대혁명 기간 전국에서 유일하게 설립된 철학과였다.[71] 당시 교육 방식은 '대규모 비판 수업' 형태가 위주였으며 '전투 임무 연계 교수법'을 지속하여 적용하였다.[72] 1972년 북경대학 철학과는 모택동의 지시에 따라 철학사 연구를 위해 '모택동 철학 저서 학습 소조', '마르크스-레닌주의 철학 저서 학습 소조', '철학사 학습 소조', '정치경제학 학습 소조' 등 정치학습 조직을 체계적으로 구성하였다. 1972년부터 1973년에 걸쳐 다수 교재가 편찬되었으며, 그중 『마르크스주의 철학발전사』는 북경대학 철학과가 최초로 기획한 교재로서 당시 전국적으로도 선구적인 편찬 사례로 평가받았다.[73] 그러나 전반적인 사회환경의 제약으로 인해 문화대혁명 기간 철학 분야의 학문적 성과는 미흡한 수준에 머물렀다.

1976년 10월, "문화대혁명"이 종료되었다. 1977년 말, "문화대혁명" 기간 동안 중단되었던 대학입시 제도가 정식으로 재개되었으며, 이에 따라 전국 대학들이 점진적으로 정상화되면서 학생 모집을 본격적으로 시작하게 되었다. 이러한 변화는 중국 철학계가 새로운 발전 단계로 진입하는 계기가 되었다. 특히 주목할 점은 1970년 중국인민대학이 일시적으로 폐교되면서, 해당 대학의 철학과가 1973년 북경사범대학으로 편입되어 북경사

69) 『北京大學哲學系史稿(內部資料)』. 2004:37쪽.

70) 각주 69, 47쪽.

71) 何錫蓉. 『新中國哲學的曆程』. 上海: 學林出版社, 2012:85쪽.

72) 각주 69, 46쪽.

73) 각주 72 참조.

범대학 철학과로 재편된 사실이다. 이는 중국인민대학의 일시적 폐교에도 불구하고 철학과가 유지된 특이한 사례였다. 1978년 '4인방(四人幇)'[74] 세력이 몰락한 후, 중국인민대학이 정식으로 복교하면서 철학과도 다시 복구되었다.[75] 1977년부터 1991년까지의 기간 동안, 기존 대학들의 철학과가 재설치되는 한편 전국적으로 13개의 신규 철학과가 신설되었다. 주요 설립 현황은 다음과 같다. 산동대학 철학과(1960년 철학전공 개설, 정치학과 소속, 1966년 학생 모집 중단, 1977년 독립 학과 설립), 광서대학 철학과(1977년 철학과 학부 과정 개설), 남경대학 철학과(1960년 정치학과 내 철학전공 개설, 1977년 철학과 설립), 난주대학 철학과(1978년), 내몽골대학 철학과(1978년), 안휘대학 철학과(1979년), 북경사범대학 철학과(1979년), 상담대학 철학과(1979년), 정주대학 철학과(1980년), 항주대학 철학과(1980년, 현 절강대학 철학과), 산서대학 철학과(1980년), 서북대학 철학과(1977년 철학 교육연구실 복구, 1979년 학생 모집 시작, 1984년 철학과 설립), 화동사범대학 철학과(1986년).[76] 이 시기 대학 철학과들은 "문화대혁명"의 후유증을 극복하고, 개혁개방 정책의 심화 및 고등교육 체제의 발전에 부응하며 중국 철학계가 점차 부흥하는 역사적 전환점을 맞이하게 되었다.

1992년 등소평(鄧小平)의 남방 담화(南方談話)[77]와 중국공산당 제14차 당 대회 개최를 계기로, 중국특색사회주의 건설은 새로운 역사적 전환점을 맞이하였다. 이에 따라 사회주의 시장경제 발전 요구에 부응하고 고등교육기관의 자원 배치 최적화를 통해 운영 효율성 제고 및 인재양성 체계 강화를 목표로, 전국 각지의 고등교육기관들이 적극적으로 사회·시장 진출을 확대함으로써 고등교육 분야에서 대규모 체제 개혁이 본격화되었

74) [역자주] "4인방"은 왕홍문(王洪文), 장춘교(張春橋), 강청(江青), 요문원(姚文元) 네 사람이 "문화대혁명" 기간 동안 결성한 패거리를 의미한다. "4인방"이라는 호칭은 1974년 1월 초, 모택동이 강청 등이 임표(林彪)와 공자(孔子)를 비판하는 "비임비공(批林批孔)"을 기회로 삼아 주은래(周恩來) 총리에게 화살을 돌린 데 대한 비판에서 처음 제기되었다.

75) 『中國人民大學教學科研及輔助單位簡史(內部資料)』. 1993:5쪽.

76) 상술한 각 학과의 상세한 상황은 각 학부의 홈페이지 및 각 학과가 위치한 고등 교육 기관 홈페이지의 소개와 하석용(何錫蓉)이 저술한 『신중국 철학의 과정(新中國哲學的歷程)』(學林出版社, 2012) 87쪽 참조.

77) [역자주] 등소평의 "남방 담화"는 1992년 10월, 중국의 개혁개방 정책을 재확인하고 가속화하기 위해 중국 남부 지역을 순시하며 발표한 연설을 의미한다. 이 담화는 중국 경제 발전의 방향을 제시하고, 시장경제 원리를 적극적으로 도입해야 함을 강조했다. 특히, "흑묘백묘론(黑貓白貓論)"으로 대표되는 실용주의적 접근방식을 통해 경제성장을 최우선 과제로 삼아야 한다고 주장했다. 이는 중국이 사회주의 시장경제 체제를 더욱 공고히 하고 세계 경제 강국으로 발돋움하는 데 중요한 전환점이 되었다.

다. 이러한 고등교육 계열 조정 및 구조 개혁 과정에서 철학과는 중대한 전환기를 맞게 되었다. 첫째, 일부 대학 철학과는 새로운 교육 환경 하에서의 지속 가능한 발전을 도모하기 위해 독립 학과 지위를 버리고 타 인문사회계열 학부와 통합하는 조치를 취하였다. 이는 철학과가 시장경제 환경에서 대중적 수요와 선호도가 낮아짐에 따라 졸업생의 취업률과 소득 수준도 낮아지면서, 신입생 모집에 어려움을 겪게 된 데 따른 현실적 대응이었다. 이는 철학과가 시장경제 환경에서 비인기 전공이 되고 졸업생의 취업률과 소득 수준이 낮아지면서, 신입생 모집에 어려움을 겪게 된 데 따른 현실적 대응이었다. 이러한 통합 모델은 행정·재정적 지원 기반을 강화하면서도 학문적 독자성을 유지할 수 있는 장점이 있었다. 대표적 사례로 길림대학 철학사회학원(1995), 요녕대학 철학·공공관리학원(2000), 명칭상 철학 표기를 생략한 소주대학 정치·공공관리학원(1995), 귀주대학 인문학원(1998) 등을 들 수 있다.[78] 둘째, 주요 종합대학들의 철학과가 학제 개편을 통해 철학단과대학(哲學院)으로 격상하고, 중국철학·서양철학·윤리학·미학 등 세부 전공 체계를 정비하였다. 무한대학 철학학원(1996), 중국인민대학 철학학원(2005), 복단대학 철학학원(2006) 등이 이러한 발전 모델을 구현한 대표적 사례이다. 셋째, 일부 우수 공과계열 대학들도 학제 종합화 추세에 부응하여 철학과를 신설함으로써 교육 체계의 균형성을 높였다. 청화대학은 1952년 학과 조정과정에서 철학과가 북경대학으로 통합된 역사적 배경을 딛고, 2000년 인재 영입을 통해 철학과를 성공적으로 재건하였다. 한편 절강대학은 종전 항주대학 소속 철학과를 통합하여 새로운 학과를 설립하였다. 특히 "공과대학 내 철학과 설립"은 복합형 인재양성, 이공계 학생의 인문 소양 함양, 그리고 대학 내 문화 다양성 제고에 있어 긍정적인 역할을 한 것으로 평가된다."[79]

결론적으로, 1990년대 이후 추진된 고등교육 체제 개혁은 중국철학 학문 발전에 결정적인 영향을 미쳤다. 20여 년의 성장 과정을 걸치며 중국 대학 철학과는 양적 확장과 질적 성장을 동시에 이루었으며, 북경대학·중국인민대학·무한대학·복단대학 등 주요 대학 철학과는 교육 수준과 학과 구조 측면에서 뚜렷한 발전을 이루며 신중국 철학연구 발전의 중추적 역할을 담당해 왔다.

78) 何錫蓉.『新中國哲學的曆程』. 上海: 學林出版社, 2012:91쪽.
79) 각주 78, 92쪽.

3.2 중국철학의 학문적 제도화

주지하다시피, 중국의 학위 체계는 학사, 석사, 박사 세 단계로 구성되었으며, 학위 수여 권한은 전공 및 학문분류에 따라 차이를 보인다. 1997년 중화인민공화국 교육부 산하 학위관리위원회와 대학원생교육실이 공동으로 발표한「석·박사 학위 수여 및 대학원생 양성 학과와 전공 목록」에 따르면, 철학은 당시 12개 1급 학과 중 하나로 분류되었으며, '철학' 1급 학과 하위에 마르크스주의 철학, 중국철학, 외국철학, 논리학, 윤리학, 미학, 종교학, 과학기술철학 등 8개 학과를 개설하였다.[80] 2011년 국무원 학위위원회와 교육부가 해당 목록을 개정하여「학위 수여 및 인재양성 학과 목록(2011년 판)」을 공포하였으나, 철학 분야는 여전히 1개의 1급 학과와 8개의 하위 학과 체계를 유지하였다.[81]

중국철학의 학과 체제는 지속적인 발전과 개선 과정을 거쳐왔다. 일찍 "청나라 정부와 민간단체가 유럽, 미국, 일본 등 선진국의 대학 학부 및 학술체계를 참조하여 대학 설립 방안을 마련하였기에, 철학은 초기부터 설립 방안에 포함되었다."[82] 그 시기 왕국유(王國維)는 대학에 철학 학과를 설립할 것을 강력히 주장하였으나, 이 주장은 장지동(張之洞)과 장백희(張百熙) 등의 반대에 직면하였다. 그 결과, 1902년 경사대학당의 '임인학제(壬寅學制)'[83]에는 철학이 한 과목도 포함되지 않았으며, 단지 "문과 아래 경학(經學)과 이학(理學)과에 철학이 일부 포함되어 있을 뿐이었다."[84] 중화민국 수립 후, 교육부는 경학과를 폐지하고, 1913년에는 '대학 규정'을 공포하여 철학을 문과 산하에 귀속시켰으며, 철학문을 다시 중국철학과 서양철학으로 분류하였다. 중국철학과 서양철학은 각각 16개 과목으로 구성되어 명칭상 상호 대응 관계를 보였으며, 중국철학 학과에 중국철학, 중국철학사, 서양철학 개론이 개설된 반면, 서양철학 학과에는 서양철학, 서양철학사, 중국철학 개론이 대칭적으로 편성되었다. 또한, 두 학과 공통과목으로 종교학, 심리학, 윤리학, 논리학, 인식론, 사회학, 인도철학개론, 교육학, 미학(術), 미술사, 생물학, 인류 및 인종학, 정신병학, 언어학 개론 등이 있었다.[85] 특기할 만한 점은 철학전공 외에도 문학

80)『授予博士、碩士學位和培養研究生的學科、專業目錄(1997)』.
81)『學位授予和人才培養學科目錄(2011)』.
82) 韓水法.『北京大學哲學學科史』. 北京: 商務印書館, 2014:66쪽.
83) [역자주] 1902년 청나라 정부가 반포한 학제 개혁을 의미한다.
84) 각주 82, 67쪽.

분야의 국문학, 범문학(梵文學), 영문학 등 다양한 언어학과에서 철학개론, 미학개론, 윤리학개론 등 철학 관련 과목을 개설한 사실이다.[86] 이는 당시 학제 체계가 도입 초기 단계에 머물러 있었음을 시사하며, 대학 교육의 형성기 특성상 철학과 문학 등 인접 학문 간의 학문적 경계가 명확히 정립되지 못했음을 반영한다. 철학과의 실질적인 학문적 독립은 1930년대 장이(張頤)가 북경대학 철학과를 주도하던 시기에 비로소 완성되었다. 그러나 역사적 관점에서 평가할 때, '임인학제(壬寅學制)'부터 '대학규정(大學規程)'에 이르는 과정에서 중국철학과는 대학에서 기초적 기반을 마련하였으며, 상당한 수준의 독자적인 학과 체계를 구축하였다고 볼 수 있다.

1919년 북경대학 철학문(哲學門)을 북경대학 철학과로 명칭을 변경하고 학점제와 수강 선택제를 체계적으로 도입한 것을 계기로, 중국 대학 철학교육 체계는 본격적인 현대화 단계에 진입하였다. 이후 중국철학과의 역사적 변천 과정에서 다양한 형태의 개혁이 시도되었으나, 중국철학과 서양철학의 이분법적 구조는 지속적으로 유지되었다. 미학, 윤리학, 논리학 등 부수 분과들은 양 체계 하위에 배치되어 학문적 계보를 형성하였다. 신중국 수립 이후 마르크스주의가 국가 이념으로 확립됨에 따라, 철학교육은 새로운 전환기를 맞이하게 되었다. 마르크스주의 철학의 지배적 지위 확립으로 인해 중국철학사와 서양철학사 모두 이념적 비판의 대상이 되었고, 이는 기존의 중·서 이분 구도를 해체하는 계기가 되었다. 이러한 사상적 변화는 이후 '일체양익(一體兩翼)'[87] 철학 체계 구축의 토대를 마련하였다. 1952년 전국적 규모의 학과 조정과정을 거치며 북경대학 철학과는 전국에서 유일한 종합적 철학 교육기관이 되었다. "이 시기 체계적 개편은 학과 방향, 조직기구 및 제도 세 차원에서 진행되었다. 즉, 학과 방향 측면에서 철학과는 이념 정치의 종속적 부속물로 전환되었고, 소련식 교육연구실 제도(教研室制度) 도입을 통해 자연과학, 사회과학, 논리학 3개 교학팀 체계를 구축하였다. 교과과정 설정에서는 중국철학사, 서양철학사 및 여러 자연과학 과목이 포함되었으나, 모두 이념적 편향이 강하게 반영되었으며, 주요 교과과정은 모두 소련식 교육 체계를 따랐다. 또한, 소련 전문가를 초빙해 모든 중국 교사에게 주입식 교육을 진행했으며, 상당 기간 중국 교수들의 서양철학사 강의

---

85) 璩鑫圭, 唐良言. 『中國近代教育史資料彙編: 學制演變』. 上海: 上海教育出版社, 1991:698쪽.
86) 각주 85, 699쪽.
87) [역자주] 여기서 '일체'는 마르크스주의 철학, '양익'은 중국철학사와 서양철학사를 가리킨다.

를 금지했다."[88] 1953년 11월 중국 고등교육부가 「고등교육기관 대학원생 육성 잠정 방법(초안)」을 공표함에 따라, 1954년 북경대학 철학과는 공식적으로 대학원생 모집을 시작하였다. 초기 1954년~1955년에는 변증법적 유물론과 역사적 유물론 전공자만을 선발하였고, 1955년부터 중국철학사 전공에서 대학원생을 모집하기 시작하였다. 이어 1956년에는 서양철학과 논리학 전공 과정이 추가되어 학문적 다각화가 추진되었다.[89]

"문화대혁명"의 10년간, 고등교육은 전면 중단되었고 철학과도 강의와 연구를 중단했다. 이 역사적 격동기를 지나 1978년에 이르러서야 북경대학은 중국철학, 서양철학, 마르크스주의 철학 등 세 분야의 대학원 과정을 재개하고 대학원생을 모집하기 시작하였다. 1981년 1월 1일 「중화인민공화국학위조례」 시행은 신중국 학위 제도의 새로운 장을 열었으며, 학사·석사·박사 3단계 체계를 공식화함으로써 학문적 위상을 재정립했다. 국무원은 같은 해 5월 20일 「중화인민공화국 학위조례 잠정 실시방법」을 공표하여 학위 수여 과정을 철학, 경제학, 법학, 교육학, 문학, 역사학, 관리학, 공학, 농학, 의학 등 10개 분야로 분류하고 학위 수여 기준을 세분화하여 학문적 체계성을 강화했다. 이어 1981년 11월 3일에 「제1차 석사학위 수여 기관 및 학과·전공 목록」을 발표하였다. 여기에는 중국사회과학원 대학원이 변증법적 유물론, 역사유물론, 마르크스주의 철학사, 중국철학사, 외국철학사, 현대외국철학, 논리학, 윤리학, 미학, 종교학 등 9개 철학 관련 학과를 포함한 반면, 북경대학은 종교학을 제외한 8개 학과가 포함되었다. 중국인민대학은 모두 6개 학과가 포함되었는데, 현대외국철학, 논리학, 미학, 종교학은 제외되고 그 대신 자연변증법이 포함되었다.[90] 따라서 현재 운영 중인 소위 철학 하위 학과들의 주요 체계가 이 무렵 대체로 형성되었음을 확인할 수 있다. 1983년 국무원 학위사무처는 「대학교와 연구기관의 석·박사학위 수여 학과 전공 목록(시행 초안)」을 발표하였다. 이 「시행 초안」에서는 철학을 10개 학문 분야 중 하나로 분류하고 그 하위에 변증법적 유물론과 역사유물론, 마르크스주의 철학사, 중국철학사, 서양철학사, 현대외국철학, 논리학, 윤리학, 미학, 종교학(종교원리, 기독교, 이슬람교, 불교, 도교, 민간비밀종교, 원시종교 포함), 자연변증법 등 10개 하위 전공으로 체계화하여 1981년에 발표한 제1차 철학 학과 전공을 모두 포함함으로

88) 韓水法.『北京大學哲學學科史』. 北京: 商務印書館, 2014:71쪽.

89) 각주 88, 74쪽.

90)『首批碩士學位授予單位及其學科、專業名單』.

써 학문적 기반을 공고히 했다.[91] 이로써 중국철학사와 서양철학사는 마르크스주의 철학의 비판 대상에서 벗어나 '일체양익' 구조로 자리매김했다. 이는 현대 중국철학 교육의 역사적 전환점으로 평가받고 있다.[92]

고등교육의 꾸준한 회복과 급속한 발전, 그리고 학문 분야별 교육 및 연구의 세분화·과학화를 바탕으로, 고등교육기관의 전공 설정은 지속적인 조정과 확대 과정을 거쳤다. 사회주의 현대화 건설에 대한 고등교육의 기여도를 높이고, 사회주의 과학문화사업발전의 요구를 충족하기 위해 1990년 11월 28일 국무원 학위위원회와 국가교육위원회는 공동으로 「석·박사 학위 수여 및 대학원생 양성을 위한 학과 전공 목록」 개정판을 발표하였다. 이 개정판은 1983년에 제정된 「시행 시안」을 바탕으로 여러 차례의 심도 있는 논의와 수정을 거쳐 완성되었으며, 1983년 판과 비교할 때 "일부 전공 분야의 확대, 학문적 내실화 및 체계 보강과 더불어 지나치게 세분화된 전공의 통합과 새 전공의 추가"를 명시하고 있다.[93] 1990년 개정판 「목록」은 학문 분야를 11개로 확장하였으며, 특히 철학 하위 학과에 대한 구조 조정을 시행하였다. 1983년 판 초안의 '변증법적 유물주의와 역사유물주의'를 '마르크스주의 철학사'와 통합하여 '마르크스주의 철학'으로 재편성했으며, '중국철학사'를 '중국철학'으로, '외국철학사'와 '현대 외국철학'을 각각 '서양철학'과 '동양철학'으로 개편하였다. 또한 '자연변증법' 명칭을 '과학기술철학'으로 변경하고 나머지 4개 전공은 기존 명칭을 유지하는 범위 내에서 체계적인 재구성을 완료하였다. 이를 통해 철학 하위 학과는 9개 전공 체계로 재편되었으며, 이는 현행 명칭 체계와 기본적으로 부합하게 되었다. 1997년 개정판에서는 상대적으로 연구 중요도가 낮았던 '동양철학'을 '외국철학' 영역에 통합하고 다른 전공 체계는 기존과 동일하게 유지하였다. 이를 통해 "중국철학과 외국철학은 더 이상 철학사적 범주에 머물지 않고, 마르크스주의 철학과 마찬가지로 역사적·이론적 경계가 해체되게 되었다."[94] 이로써 1급 학과 한 개와 하위 학과 8개로 구성된 현대철학 학문체계가 체계적으로 확립되었으며, 이는 현재까지 이어지는 고등교육 체계의 기초를 마련한 것으로 평가받고 있다. 2011년에 학과 목록을 재개

91) 『高等學校和科研機構授予博士和碩士學位的學科、專業目錄(試行草案)』. 1983.

92) 趙敦華. 「"哲學二級學科"芻議」. 『中山大學學報(社會科學版)』, 2008(2):120쪽.

93) 『國務院學位委員會、國家教委關於施行「授予博士、碩士學位和培養研究生的學科、專業目錄」的通知』. 學位 [1990] 030號, 1990-11-28.

94) 각주 92 참조.

정하였으나 철학 분야의 기본 구도는 여전히 현재까지 유지되고 있다. 이는 장기간의 교육 실천을 통해 해당 학과 체계가 내부적 균형을 유지하면서도 사회주의 현대화 건설에 필요한 학문적 수요에 부응함으로써 일정한 합리성을 입증했기 때문이다. 그러나 학문적 관점에서 살펴보면, 이 8개 하위 학과의 분류 기준이 체계적으로 통일적이지 않음을 쉽게 확인할 수 있다. 구체적으로, '중국철학'과 '서양철학(동양철학)'은 공간·지리적 기준에 의한 분류인 반면, '윤리학', '미학', '논리학', '종교학', '과학기술철학'은 학문적 이론에 근거한 분류이며, '마르크스주의 철학'은 인물이나 학파 중심의 분류 방식이다. 이러한 표준의 불일치는 학과 설정의 불명확성을 반영하며, 학과 구조의 체계적 혼란을 반영하고 있다. "학과 분류 체계는 학술 지도(地圖)와 같아서, 통일된 기준이 미비한 분류는 방위와 축척이 불분명한 지도와 유사하다. 비록 '학과 건설 중심'이라는 원칙을 표방하고 있지만, 불명확한 분류 체계 하에서는 학과 발전의 방향성과 전망이 불확실해질 수밖에 없다."[95] 이와 같은 체계는 정치적 개입의 결과물일 뿐만 아니라 역사적으로 인한 구조적 문제를 내포하고 있으며, 특히 중국철학 학과의 체계적 딜레마를 초래하는 요인이 되었다.

특히 주목할 만한 점은 2005년 12월 국무원 학위위원회와 교육부가 발표한 「마르크스주의 이론 1급 학과 및 하위 학과 조정과 증설에 관한 통지」를 통해 마르크스주의 이론을 독립적인 1급 학과로 승격시켜 '법학' 분야에 귀속시킨 점이다. 이로써 마르크스주의 이론은 기존 철학 1급 학과와 동등한 학술적 위상을 확보하게 되었다. 또한, 중국인민대학은 기존의 8개 하위 학과 외에 2005년 9월 8일 관리철학 교육연구실을 새로 설립하고, 2014년 1월에는 정치철학 연구센터를 신설함으로써 전국 최초로 관리철학 및 정치철학 분야의 석·박사 과정을 개설한 고등교육기관이 되었다. 이러한 혁신적 조치는 1급 학과 체계 내에 두 개의 새로운 하위 전공을 신설했을 뿐만 아니라, 철학 분야가 시대적 변화에 부응하여 자율적으로 학문 구조를 개편함으로써 철학의 비약적인 발전을 도모하고자 하는 학문적 혁신으로 평가받는다.

현행 제도에 따라 철학 1급 학과 산하에는 8개의 하위 학과가 설치되어 있으나, 어느 고등교육기관이든지 모두 하위 학과를 개설할 수 있는 것이 아니다. 북경대학, 중국인민

95) 趙敦華. 「"哲學二級學科"芻議」. 『中山大學學報(社會科學版)』, 2008(2):120쪽.

대학, 무한대학, 복단대학 등 일류 대학을 제외한 대부분의 철학과는 자체 교수진의 연구 역량과 학술 수준을 고려하여 특정 하위 학과를 선별적으로 발전시키고 있다. 이러한 학과 운영의 기본 단위는 주로 교육연구실이다. 교육연구실은 대학 내에서 가장 기초적인 교육·연구 조직으로 그 기능과 역할을 강화해 나가고 있다.

엄밀히 말하자면, 중국의 교육연구실 제도는 20세기 50년대 중반 소련에서 도입한 것으로 확인된다. 이 제도가 정착되기 전까지 중국 대학의 철학과는 연구실과 유사한 성격의 연구소 또는 학습조만 존재하였다. 또한, 이 교육연구실 제도의 기원은 1912년 북경대학 철학문 설립 시기까지 거슬러 올라갈 수 있다. 당시 철학문은 독립된 학과장 체계가 부재한 상태에서 문과 학장 주도로 교수진을 구성하여 교육 및 연구 활동을 진행하였으며, 1917년에는 학술 토론, 교수법 연구, 서양 고전 번역을 목적으로 한 중국 최초의 철학 연구소를 설립하였다. 이 기구는 호적(胡適), 진대제(陳大齊), 장몽린(蔣夢麟) 등 저명 학자들이 연구소 주임을 역임하였으며 1920년까지 운영되었다.[96] 1918년에는 "본부의 교과과정 운영 및 학술 인프라 구축을 전담하는 철학문 교수회가 추가로 설립되었다."[97] 이러한 조직적 시도들은 중국철학 학과의 체계적 발전을 위한 초기 실험으로 평가되며, 교육연구실 제도의 전신(前身)으로 간주 된다. 서남연합대학 체제 하에서 북경대학, 청화대학, 남개대학이 통합되면서 철학과는 철학심리교육학과에 소속되었다. 철학심리교육학과는 3개 교육팀을 구성하여 그중 철학 교육팀이 철학 교육과 연구를 전담하였다. 1939년, 3교 연구원(研究院)이 재개되자 북경대학, 청화대학, 남개대학은 각각 연구원을 설립하고 산하에 문과 연구소 철학부를 신설하여 대학원 교육을 체계화하였는데, 이는 중단되었던 조직 체계를 회복하는 결정적 계기가 되었다. 1949년 신중국 수립 이후, 10월 5일에 개최한 중소(中蘇)우호협회 창립 대회에서 유소기(劉少奇) 국가 부주석은 "국가를 건설하려면 반드시 '소련을 스승으로 삼아' 소련의 경험을 배워야 한다."[98]고 지적했다. 이어서 개최된 제1차 전국 교육 업무 회의에서 '소련 교육 건설의 선진 경험 참조'는 신민주주의 교육제도 수립 지침의 핵심 요소로 자리 잡았다.[99] 그러나 실제 운영 과정

96) 韓水法. 『北京大學哲學學科史』. 北京: 商務印書館, 2014:121쪽.

97) 『北京大學哲學系史稿(內部資料)』. 2004:5쪽.

98) 『中華人民共和國教育大事記(1949~1982)』. 北京: 教育科學出版社, 1984:4쪽.

99) 각주 98, 8쪽.

에서 과도하게 확대 적용되면서 소련 모델의 무분별한 모방 현상이 나타났다.[100)]1952년 고등학교 학과 개편 과정에서 북경대학 철학과는 전국 유일의 철학과로 지정되었으며, 소련 모델을 기반으로 한 개편 작업을 시작하였다. 그중 핵심 조치가 바로 "전 학과 교사가 담당 교과목별로 교육연구실을 구성하여 해당 과목의 교육 및 연구를 조직하는 것"이었다. 이에 철학과 교사들은 논리학 연구팀, 마르크스-레닌주의 교육 지도팀, 중국철학사 사료 연구팀, 서양철학 번역팀 등 4개 팀으로 재편성되었으며[101)], 이는 "철학과 내 엄격한 전공 분화의 시초로 기록된다."[102)]

중·소 관계 악화 이후에도 양국 간에는 여전히 상당한 정치·문화적 동질성이 남아 있었고, "교육연구실 조직 방식이 '당지부(党支部)[103)]가 연대 단위로 관리지도하기 용이하다.'는 원칙에 부합되므로"[104)] 1956년 이후 대학들의 철학과를 복구 후에도 기초 교육 단위는 여전히 교육연구실 체계를 유지하였다. 대표적 사례로 중국인민대학 철학원의 전신은 1952년 7월 설립된 변증법적 유물론과 역사 유물론 교육연구실로, 이 기관은 마르크스-레닌주의 기초 교육연구실에서 차출된 교원들로 구성되었다. 1956년 중국인민대학 철학과가 정식 설립된 이후에도 주요 교육 업무는 변증법적 유물론과 역사유물론 교육연구실, 철학사(중국철학사, 서양철학사 포함) 교육연구실, 논리학 교육연구실 등 각 교육연구실 소속 교원들이 주도하였다.[105)] 이 제도는 "문화대혁명" 기간의 휴교 조치와 대학 입시 재개, 1990년대 고등교육체제 개혁 등 역사적 격변기를 거치면서 지속적으로 유지되었다. 현재 대학 교육연구실은 전공별 교원 배치 시스템으로 운영되며, "교원들이 공동으로 수업을 준비하고, 학술 문제를 토의하며, 교재 편찬을 하는 등의 협업적 연구 활동을 수행"[106)]하고 있다.

결론적으로, 학술구조 측면에서 철학 분야의 8개 하위 학과를 교육연구 활동의 '경(經)'으로 규정할 경우, 이들 학과를 기반으로 구성된 교육연구실 체계는 '위(緯)'에 해당한다고 볼 수 있다. 전자가 철학교육 연구의 이론적 범주와 방향성을 제시했다면, 후자는

100) 肖海濤.『中國高等教育學制改革』. 廣州: 廣東高等教育出版社, 2011:53쪽.
101)『北京大學哲學系史稿(内部資料)』. 2004:31쪽.
102) 각주 101, 30쪽.
103) [역자주] 중국공산당 조직이 업무를 수행하는 기본 단위를 가리키는 말이다.
104) 顧明遠.「論蘇聯教育理論對中國教育的影響」.『北京師範大學學報(社會科學版)』, 2004(1):13쪽.
105)『中國人民大學教學科研及輔助單位簡史(内部資料)』. 1993:2~3쪽.
106) 각주 104, 11쪽.

실제 운영과 업무 수행을 담당하는 실질적 주체로 기능한다. 21세기에 들어 학제 간 연구소와 신설 연구기관들이 등장했으나, 이들은 대체로 '기초 교육연구기관으로 정착하지 못한 채 느슨한 연구컨소시엄 형태나 교육연구실의 보조적 학술기구'로 남아 있다. 교육연구실의 핵심적 역할과 기능을 대체할 수 없는 한, 중국철학 학과의 '하위 학과 - 교육연구실' 시스템은 '수경횡위(豎經橫緯)'의 기본 운영구조를 고수할 것으로 전망된다.

3.3 중국철학 학문의 구조적 딜레마

철학 하위 학과를 기반으로 구축된 철학과 교육연구실 체계가 장기간 안정적으로 유지되어 온 사실은 해당 체제가 내재한 체계적 우위와 합리성을 입증한다. 구체적으로, 각 교육연구실에 교육 및 연구 주도권을 위임함으로써 독립적인 연구 활동을 보장하고 전공 교수진의 교과과정 설계 및 인재양성 계획 수립 과정에서 자율성을 부여하는 제도적 장치를 마련하였다. 이러한 분권화된 운영 방식은 행정기구의 불필요한 개입을 최소화한 동시에, 교육연구실 차원에서 학문적 주체성을 강화함으로써 구성원들의 연구 역량 발현을 촉진하는 긍정적 효과를 나타냈다. 학문적 측면에서 볼 때, 해당 모델은 "교수진의 협업 체계를 강화하여 교육의 질적 수준을 제고하는 데 기여했으며, 특히 경륜 있는 교수진이 신진 교수에게 학문적 지도와 멘토링을 제공할 수 있는 제도적 기반을 조성하였다."[107] 그러나 해당 '하위 학과 - 교육연구실' 체계가 행정적 의사결정 과정에서 파생된 제도적 한계로 인해 발생할 수 있는 관료화 경향과 학문적 자율성 제약 문제는 체계적 개선이 요구되는 중요한 과제로 남아 있다.

중국철학과의 규모 및 재적생 수는 전 세계 어느 대학과도 비교할 수 없는 독보적 위상을 차지하고 있다. 이러한 현상은 다음과 같은 구조적 요인에서 기인한다. 첫째, 인구 대국의 입시 구조 하에서 대학 입학전형 확대 정책과 학과 정원 충원을 위한 전형 조정(調劑) 제도가 복합적으로 작용한 결과이다. 1999년 대학 확대모집 정책을 기점으로, 철학과는 제1지망 탈락생을 대상으로 전공 조정 방식을 통해 정원을 충원해 왔으며, 이는 시

107) 顧明遠.「論蘇聯教育理論對中國教育的影響」.『北京師範大學學報(社會科學版)』, 2004(1):11쪽.

장 수요와 관계없이 학과 규모를 유지하는 메커니즘으로 기능하였다. 특히 교수진과 재학생 간의 상호 순환적 구조(교수정원 증가 → 학생정원 확대 → 교수 수요 재증가)가 안정적인 균형상태를 유지함으로써 21세기 초 대학 확장기와 2010년대 대학원생 증가기에 걸쳐 지속적 성장이 가능하였다. 둘째, 학제적 분과구조의 특수성이 결정적 요인으로 작용하였다. 철학 1급 학과 아래에 개설된 8개의 하위 학과는 그 종류가 다양할 뿐만 아니라 범위도 넓어, 철학과의 규모가 상대적으로 큰 편이다. 그러나 많은 사람들이 인지하지 못하는 점은 "중국 대학의 철학과가 서양 대학에서 4~5개 학과에 해당하는 내용을 포괄하고 있다."[108]는 사실이다. 이는 서구 대학에서 철학과가 주로 서양철학(일부 대학의 동양철학 연구는 중국학과에 소속됨)에 집중하고, "마르크스주의 철학은 정치학 등 사회과학 계열에 편제되며, 종교학, 과학사, 예술사 등은 별도의 학과로 분리"[109]되는 현상과 대비된다. 따라서 중국 대학 철학과의 현재 규모는 하위 학과들의 체계적인 구성과 밀접한 관련이 있다.

대규모 철학과의 존재 자체가 본질적 결함이 있는 것은 아니다. 오히려 합리적인 체계를 갖춘 대형 학과 구조는 사상의 교차융합과 학문적 대화를 촉진함으로써 혁신적 이론의 탄생을 가속화할 수 있다. 문제의 핵심은 중국 대학 철학계가 양적 팽창과 인적 규모 측면에서 이미 세계적 수준에 도달했음에도 불구하고, 이에 상응하는 학문적 성취를 이루지 못하고 있다는 점에 있다. 매년 쏟아져 나오는 논문은 많지만, 국제 학계에서 주목받을 만한 성과나 획기적인 이론 창출은 여전히 희소하다. 더욱 아이러니한 것은 철학과 내 하위 학과들이 각자 고대철학과 현대철학, 중국철학과 서양철학, 마르크스주의 철학 등 다양한 영역으로 무분별하게 확장되어 각자 '독립왕국'을 건설하려는 현상이다. 각 교육연구실은 중복적 구조에서 비롯된 비효율과 자원 낭비를 해결하지 않은 채, 오히려 인력 부족과 규모의 한계를 근거로 지속적인 확장을 요구하고 있다. 이로 인해 초래된 학제 간 문제는 더욱 심각해지고 있다. "행정 논리에 휘둘린 하위 학과의 무분별한 확장이 학문적 정당성 확보 없이 진행되면서, 결국 또 다른 행정적 개입으로만 문제가 임시봉합되는 악순환이 지속되고 있다."[110] 철학이라는 본질적으로 성찰적인 학문이 오히려 행정적

108) 趙敦華.「"哲學二級學科"芻議」.『中山大學學報(社會科學版)』, 2008(2):120쪽.
109) 각주 108, 121쪽.
110) 姚新中, 陸寬寬.「當代中國哲學的結構困境」.『哲學研究』, 2016(3):121쪽.

모순에 갇혀 있다는 사실은, 학문공동체 전체가 직면한 심각한 위기를 보여주는 증상이라 할 수 있다.

또한, 철학의 '하위 학과 - 교육연구실' 체계는 철학 연구의 삼중 조합(三重組合) 특성을 드러낸다. 첫째, 시간적 차원에서 각 교육연구실은 교수진 구성 및 학술연구에서 고금을 아우르는 노력을 기울인다. 모든 하위 학과가 자신만의 역사 전통을 지니고 있기에, 이를 계승 발전시키는 동시에 현대적 의제를 반영하는 초시간적 연구를 진행하려고 한다. 이러한 시간적 배치가 본질적으로 문제가 될 수는 없으나, 현실적으로 하위 학과 간의 체계적 연계가 부족하여 유사 연구와 중복 연구가 발생하는 문제가 있다. 특히 각 학과가 자기중심적 체계를 고수함으로써 학과 간 상호 경시(相輕)와 고립화가 심화되고 있으며, 이는 학문적 화합을 저해하는 요인으로 작용하고 있다. 둘째, 공간적 차원에서 중국철학 - 서양철학 - 마르크스주의 철학의 삼중 구조가 대부분의 하위 학과에 명확하게 혹은 묵시적으로 존재한다. 예컨대 윤리학 내에서도 중국 윤리학, 서양 윤리학, 마르크스주의 윤리학이 분명히 구별된다. 본래 이들 간의 대화와 상호작용을 통해 활발한 학문적 교류가 가능할 수 있으나, 현실적으로는 독립적 영역으로 고립된 구조가 형성되어 유기적인 연구가 이루어지지 못하고 있다. 이는 단단히 통합된 '민족'보다는 강제적으로 결성된 '연합체'의 구조에 가까워 보인다. 특히 각 학과가 독립된 '연방국'처럼 분리된 상태로 기능함으로써 철학 내부의 긴장이 심화하는 결과를 초래하고 있다. 셋째, 의리(義理) 차원에서 볼 때, 마르크스주의 철학은 독립적 하위 학과의 위치를 차지할 뿐 아니라, 정치적·문화적 요인으로 인해 다른 학과에도 심층적으로 침투하고 있다. 중국공산당의 지도철학으로서 신중국 창건 초기 통일 국면을 실현한 역사적 배경을 지닌 마르크스주의 철학은 철학 하위 학과 중 하나로 자리매김하였다. 표면적으로 볼 때, 마르크스주의 철학은 8개 하위 학과 중 하나지만, 실질적으로 중국철학, 서양철학, 마르크스주의 철학의 삼중 구조는 각 학과에 공통으로 나타난다. 이는 마르크스주의 철학이 다른 하위 학과에 실질적 영향을 미치고 침투하는 요인으로 작용한다. 특히 마르크스주의 이론이 1급 학과로 승격함에 따라, 마르크스주의 철학은 철학 분야를 넘어 인문사회과학 전반에 걸쳐 상당한 발언권을 확보하였다. 이러한 현상은 중국철학 하위 학과 내부 구조의 중요한 변수로 작용하고 있다.

'하위 학과 - 교육연구실'이라는 조직구조와 철학연구에서의 시간, 공간, 의리(義理)의 삼중적 분포는 중국 철학계에 보편적으로 존재하는 구조적 위기를 가져왔다. 첫째, 철학 하위 학과와 그 교육연구실 간의 동질화 확장 문제이다. 대규모 철학과 자체가 본질적인 문제를 지니는 것은 아니며, 충분한 학제 간 협력과 활발한 교류가 이루어지면 오히려 학문적 경쟁력을 강화하는 요소로 작용할 수 있다. 이는 중국철학의 심층적 탐구와 학술적 논의를 위한 견고한 플랫폼을 구축할 수 있는 잠재력을 지닌다. 그러나 현실은 이러한 기대와 다르게 전개되었으며, 그 근본적인 원인은 여러 하위 학과가 서로 다른 분류 기준에 의하여 설립되었기 때문이다. 하위 학과들은 각각 독자적인 연구 영역(비록 학제 간 교차와 중복이 다수 존재하지만)을 보유하고 있으므로, 이러한 독립성을 유지할 합리적 근거가 있다고 판단하며, 이를 공고히 하기 위해 지속적인 확장을 추구함으로써 결과적으로 '규모화와 완결성'을 추구하는 하위 학과 체제를 형성하게 되었다. 이로 인해 같은 하위 학과 내에서 시간적, 공간적, 차원적, 방향적 측면에 따른 연구의 세분화가 가능해졌다. 예를 들어, 중국철학 연구 분야에서는 선진(先秦), 한당(漢唐), 송명(宋明), 당대(當代) 등의 시대별 철학사 연구와 유가, 불가, 도가 사상 연구, 심성유학과 정치유학 연구 등이 진행되고 있다. 서양철학 연구에서는 고대, 중세, 근대, 현대 등 시기별 철학사 연구, 영국, 프랑스, 독일, 미국 등 지역별 철학연구, 존재론, 인식론, 가치론 등 체계적 철학 연구가 동시에 진행되고 있다. 윤리학 연구의 경우 중국 윤리학, 서양 윤리학, 마르크스주의 윤리학 등 연구 분야(이들은 다시 중국철학, 서양철학, 마르크스주의 철학연구와 교차 및 중복되는 영역을 가짐)와 더불어 메타윤리학, 규범윤리학, 미덕윤리학, 응용윤리학 등의 이론 연구 그리고 공자, 맹자, 아리스토텔레스, 칸트 등 사상가별 윤리 이론 연구 등이 있다. 다른 하위 학과들도 이와 유사한 분류 체계를 갖추고 있다. 철학 연구의 세분화와 심화는 학문 분화를 초래였는바, 이는 '합구필분(合久必分)'의 철학적 '천하대세(天下大勢)'와 부합된다고 할 수 있다. 그러나 현실적으로 학문 분야와 교육연구실의 확장은 철학 연구의 심화보다는 단순한 규모 확대 및 행정적 팽창에 그치는 경우가 많다. 이러한 확장은 특정 분야 연구의 질적 심화 대신 연구 범위의 확대와 일반화를 초래하며, 학술 연구의 중복 및 학술 자원과 공간에 대한 과도한 경쟁을 유발하기도 한다. 제한된 자원이 최적의 효율성 없이 분배되고 공유되지 못할 경우, 이는 실질적으로 자원 낭비로 이어질 수 있다. 즉, 하위 학과와 교육연구실의 확장은 상호보완적이지 않은 동질적 팽창에 불과하여, 철학의 내적 조화가 아닌 '단일 방향'으로의 확장이다. 이른바 '화실생물, 동즉불계

(和實生物, 同則不繼)'[111]가 이를 설명하고 있다.

둘째, 철학 하위 학과와 해당 교육연구실은 독립적 체계를 구성함에 따라 상호배타적 관계를 형성했다. "학과 건설 및 평가와 같은 행정 규제로 인해 하위 학과는 설립 초기부터 구조적 배타성을 내포하게 되었다."[112] 하위 학과는 본질적으로 행정 개입의 산물이다. 이러한 체계는 1997년에 「석·박사 학위 수여 및 대학원생 양성을 위한 학과 전공 목록」을 공표한 이후로 안정성을 유지해 온 듯 보이지만, 실제로 20년이 넘는 기간 동안 이러한 학과 구조는 철학교육의 질적 개선이나 중국철학 연구의 혁신적 발전을 이끌지 못했다. 물론 중국철학이 아직 '중국어'로 완벽하게 표현되지 못하고 있는 데에는 다양한 요인이 존재한다. 하지만, 적어도 현재의 학과 구조가 사고의 틀로 작용해 온 점은 부인할 수 없다. 이러한 구조에 점차 익숙해지고, 그 구조에 적응하며, 이러한 습관이 다시 구조의 합리성을 강화하는 악순환은 결국 사고와 습관의 정체를 초래했다. 학과 건설 중심의 환경에서 학과 평가는 다양한 기준에 따른 학과 설치의 문제점을 개선하기보다, 오히려 하위 학과의 독립성과 배타성을 더욱 공고히 하는 결과를 낳았다. 하위 학과 자체의 독립성이 강화될 뿐만 아니라, 학과 평가를 통한 조직 확장이 가속화되면서 하위 학과는 점차 거대화되고 독립적 체계를 강화하였으며, 이로 인해 상호 간 분리 현상을 심화되었다. 학술 자원이 상대적으로 부족한 상황에서 이러한 독립성은 동질적 배타성으로 발전하였고, 특정 학과의 강화가 다른 학과의 약화를 의미하는 제로섬 게임으로 변모하게 되었다. 이러한 동질적 배타성은 하위 학과의 전문화를 지나치게 강조함으로써 각 학과가 독립적으로 운영되고 상호 교류가 저해되는 결과를 초래했다. 이는 "철학 교수진과 연구자의 학문적 시야를 제한했을 뿐만 아니라, 기초 교육이 필요한 학부생과 대학원생들이 특정 분야에 치우치는 일엽장목(一葉障目)의 문제"[113]를 야기하였다. 이러한 철학교육의 결과는 종종 편협성이나 학문적 해악으로 이어지는 경우가 많았다. 철학은 본질적으

---

111) [역자주] 여기서는 상이한 사물 간의 조화로운 공존은 사물의 성장과 발전을 촉진하는 반면, 완전한 동일성은 오히려 사물의 발전을 저해한다는 점을 강조한다. 구체적으로 살펴보면, '화(和)'란 서로 다른 사물 또는 요소들이 상호작용하며 융합하는 상태를 의미하며, 이러한 차이의 조화를 통해 새로운 사물이 창조되고 발전이 촉진됨을 뜻한다. 이에 비해 '동(同)'은 동일한 사물이나 요소들의 단순한 중첩을 가리키며, 사물 간의 차이를 배제함으로써 발전 가능성을 제한하고 정체 상태를 초래하는 것을 의미한다. 이 사상은 『국어·정어(國語·鄭語)』에 기록된 주(周)나라 태사(太史) 사백(史伯)의 철학적 관점으로, 그가 제시한 중요한 철학적 통찰에 해당한다.

112) 姚新中, 陸寬寬. 「當代中國哲學的結構困境」. 『哲學研究』, 2016(3):121쪽.

113) 각주 112 참조.

로 선입견이 없는 비판적 성찰의 과정으로, 인간에게 겸손과 관용을 가르쳐 자신만의 '동굴(洞穴)'에서 벗어나 진정한 세계를 인식하게 하는 것을 목표로 한다. 그러나 철학의 과도한 전문화는 하위 학과 교육연구실 구성원들에게 진리를 독점했다는 오만을 주어 타 학파의 견해를 수용하지 못하게 한다. 이러한 태도는 철학의 존재론적 가치에 심각한 위협이 될 수 있다. "최근 여러 대학에서 철학 하위 학과 간의 경계 완화를 위한 노력이 이루어지고 있으며, 학부 교육에서 철학적 소양 함양을 강조하고 있다. 그러나 현행 평가체제와 행정 심사 압력, 전통적 운영 방식의 관성으로 인해 하위 학과의 독립성은 여전히 강하게 유지되고 있으며, 교육연구실 간의 장벽 해체에는 상당한 어려움이 존재하고 있다."[114] 물론, 긍정적인 변화가 없는 것은 아니다. 최근 이러한 문제들이 국가적 차원에서 주목받기 시작하였다. 중국공산당 제18차 전국대표대회 보고서에는 '고등교육의 내실화 추진'이라는 내용이 제기되었다. 이에 일부 학자들은 학과 건설 패러다임 전환을 위해 네 가지 방향을 제안하였는바, 예를 들면 '분산 배치'에서 '프로젝트+플랫폼' 중심으로, '하위 학과'에서 '1급 학과' 중심으로, '폐쇄적 구조'에서 '개방적 시스템'으로, '병렬적 운영'에서 '학제간 교차'로의 전환 등이 있다.[115] 이를 통해 하위 학과 간의 인위적 장벽을 해체하고 학제간·학문간 교류 및 융합을 촉진함으로써 고등교육의 '내함식 발전(內涵式發展)'을 실현하는 것을 궁극적 목표로 하였다. 이러한 사고 체계는 철학 개혁을 위한 유의미한 방향성을 제시하고 있다.

셋째, 지식 전달에 대한 요구가 두드러진 반면, 사상적 비판 기능이 상대적으로 약화되고 있다. 헤겔의 "철학은 곧 철학사이다."라는 주장과 같이, 이 명제의 본질을 정확히 이해하기 위해서는 '철학사'가 내포하는 이중적 의미를 명확히 파악해야 한다. 우선, 철학사는 역사적 맥락 속에서 철학자들이 구축한 다양한 이론 체계의 총체를 의미한다. 따라서 철학사에 대한 이해는 철학의 필수적인 구성 요소라 할 수 있다. 철학교육은 당연히 철학 이론과 지식의 체계적 전수를 포함해야 하며, 철학사에 대한 이해는 철학자들이 직면한 문제의식과 그들이 남긴 철학적 과제를 파악하기 위한 선결 조건이 된다. 나아가 철학사에 대한 무지는 새롭게 제기되는 철학적 문제들을 창의적 성과로 오인하거나, 철학적 사유가 현재의 출발점에서만 비롯된다는 오만한 착각을 낳을 위험이 있다. 다음으로,

114) 姚新中, 陸寬寬. 「當代中國哲學的結構困境」. 『哲學研究』, 2016(3):121쪽.
115) 唐景莉. 「比名次更重要的是內涵」. 『中國教育報』, 2013-03-18(005).

철학사는 철학적 탐구의 동적(動的) 과정을 의미한다. 이는 철학이 정적(靜的) 이론 체계가 아니라 살아 움직이는 '존재' 그 자체임을 시사한다. 철학적 문제들은 발생, 비판, 소멸, 재생의 순환적 과정을 거치며, 이러한 사상의 흐름이야말로 철학의 본질적 속성을 구현한다. 이 두 차원의 이해를 종합할 때 비로소 철학에 대한 심층적 통찰이 가능해진다. 따라서 완전하고 건전한 철학교육을 구현하기 위해서는 역사적 접근과 이론적 탐구의 조화를 꾀해야 한다. 역사 연구의 결여는 무지의 함정으로, 이론 탐구의 소홀은 지혜의 결핍으로 이어질 수밖에 없다. 그러나 현실의 철학교육 현장에서는 이 두 요소의 균형 있는 통합보다는 이론과 지식의 전달 기능이 과도하게 강조되는 경향이 관찰된다. 이는 교육의 효율성 측면에서 가장 직관적이고 실행 가능한 방법론으로 인식되고 있으나, 철학교육의 본질적 가치 구현이라는 측면에서는 중요한 한계로 작용하고 있다. 이와 대조적으로 철학교육 분야에서는 학생들의 문제의식 함양 및 사고력·비판력 제고에 필요한 교육적 접근 방안이 여전히 체계화되지 못하고 있다.

특히 학문적 성과 측정 및 평가 지표의 부재는 철학교육이 학과 평가 체계 내에서 실질적 가치를 인정받지 못하게 하는 주요 원인으로 작용해 왔다. 이러한 구조적 한계로 인해, 철학교육은 지나치게 전문적 지식을 전달하는 방향으로 치우치게 되었고, 그 결과 동일한 지식 배경과 이론적 기반을 공유하는 인재들이 직업시장에서 동질화된 경쟁을 강요받는 상황을 초래하였다. 지적 수준이 향상될수록 이론적 정교성은 강화되었으나, 그와 동시에 철학교육이 교조적인 지식 전달의 역할을 더욱 강화하는 결과를 낳았다. 이러한 경향은 철학이 일상적 문제 해결과 실천적 성찰에 기여하는 기능을 약화시켰을 뿐만 아니라, 철학교육이 지니는 비판적 사고 함양이라는 본래적 목표로부터 멀어지게 하였다. 결과적으로 철학은 지적 자본화의 수단으로 전락하게 되었으며, 지나친 전문화와 지식의 상품화는 철학을 '쓸모없는 학문'으로 여기는 사회적 인식을 심화시키는 계기가 되었다. 로티(Rorty)가 지적한 바와 같이, "현대 영어권 철학자들은 자신들의 학문적 실천에 대해 학계 및 사회적 설명 책임을 지는 데 점점 어려움을 겪고 있다. 철학 연구가 지나치게 전문화되고 직업화될수록 타 학문 분야 및 대중으로부터의 신뢰와 존중은 감소하는 경향을 보인다. 특히 현대철학은 고전철학의 매력을 상실하고, '지식적 이질성'으로 인해 소외될 위험에 처해 있는 실정이다."[116] 물론 철학의 전문화와 지식화는 근대 이후 서구 대학 체계에서 이미 심화된 현상이다. 월러스틴(Wallerstein) 등 학자들이 지적한 바와 같이, 현대대학은 18세기 말~19세기 초를 기점으로 '지식 창출의 중심 기관'으로 자리매김하였다.[117] 19세기 사상사의 가장 두드러진 특징은 지식의 학문적 체계화와 전문화를 바탕으로 새로운 지식생산 및 지식인 양성을 목표로, 지속적인 제도적 장치를 구축했다는 점이다.[118] 결과적으로, 철학은 학문적 정체성을 확립하는 과정에서 교육적 책무와 학문적 전문성이라는 이중적 부담을 지니게 되었다. 이로 인해 학문적 경계의 모호성, 학생 모집의 불안정성, 졸업생 진로의 불확실성이라는 실천적 과제가 발생하고 있다. 현대 중국철학을 위기라고 규정하는 것은 지나친 단순화일 수 있으나, 철학교육이 맞닥뜨린 본질적 위기는 분명히 존재한다.[119]

116) 理査德·羅蒂.『哲學的場景』. 王俊, 陸月宏, 譯. 上海: 上海譯文出版社, 2009:34쪽.
117) 華勒斯坦, 等.『開放社會科學』. 劉鋒, 譯. 北京: 三聯書店, 1997:8쪽.
118) 각주 117, 8~9쪽.
119) 姚新中, 陸寬寬.「當代中國哲學的結構困境」.『哲學研究』, 2016(3):121쪽.

제4장

중국철학의 내재적 장력

중국철학 백여 년의 발전과정은 세계철학사적 맥락에서 탁월한 성취로 평가될 수 있다. 전통과 현대, 중국과 서구, 전쟁과 혁명이라는 역사적 격변 속에서 철학적 돌파구를 모색해야 했던 시대적 조건은 중국철학과 유사한 경험을 가진 문명권에서도 극히 드문 현상이다. 이러한 시대적·사상적 배경 속에서 중국철학의 학문 발전과정은 내부적으로 세 가지 장력을 형성했다. 첫 번째는 시간적 층위에서 전통 철학과 현대철학 간의 연속성 단절 문제이며, 두 번째는 공간적 층위에서 토착 사유체계와 서양철학 사이의 위계 정립 난제이다. 세 번째는 사상 내용과 표현 형식 사이의 서술적 괴리이다. 이 세 가지 장력은 현대 중국철학의 구조적 특성으로 기능하며, 중국철학의 발전을 위기 상태에 처하게 했다. 결국, 중국철학은 내재적 전통의 단절과 외연적 수용의 피상성이라는 이중고에 직면하여, 철학적 혁신의 돌파구 모색과 전통의 재생산 과정이 동시에 요구되는 복합적 과제에 직면하게 되었다.

따라서 현대 중국철학이 혁신적 발전을 이루고 세계철학의 일원으로 도약하기 위해서는 이 세 가지 난관을 구조적으로 해결해야 한다. 즉, 전통계승과 중국적 정체성의 발현을 바탕으로 하면서도 외부 철학과 상호 소통·상호 보완할 수 있는, 세계철학 무대에서 정당성을 확보할 수 있는 이론 체계를 구축하는 것이다. 이러한 삼위 일체적 접근을 통해서만 중국철학은 역사적 정체성을 보존하면서도 세계철학의 선진적 담론장에 효과적으로 통합될 수 있다.

4.1 전통과 현대의 "연속 관계"

주지하다시피, 전통과 현대는 상호 복잡한 상관관계를 지닌다. 역사 발생학적 관점에서 전통은 현대에 선행하는 역사 시기이며 사회 형태이다. 반면 인식론적 차원에서 볼 때, 전통은 현대적 사유의 구성물로서 현대와 대비되는 문화적 형상으로 재구성된다. 인간은 현대사회에 진입한 이후에야 비로소 현대와 변별적이면서도 불가분의 관계에 있는 전통의 존재를 인식하게 된다. 앤서니 기든스(Antony Giddens)가 지적했듯이, "'전통'이라는 개념 자체는 근본적으로 현대성의 산물이다."[1] 계몽주의의 발전과 현대성의 성숙 과정에서 전통과 현대의 개념적 분화가 이루어졌으며, "현대와 전통의 이분법적 구조가 현대사회의 존재 양상을 설명하는 가장 정교한 서사 체계 중 하나로 자리매김하게 되었다."[2] 따라서 전통과 현대성 두 개념은 상호 참조적이면서도 상호 규정적인 특성을 나타낸다.

계몽시대에 이르러 모든 것은 이성의 판단을 거쳐야만 했다. 칸트가 언급한 바와 같이, "우리 시대는 진정한 비판의 시대이므로, 모든 것은 반드시 비판을 견뎌내야 한다."[3] 이성적 비판은 현대적 가치의 확립에 기여할 수 있다. 반면, 계몽 이성이 현대성의 우위 가치를 유지하기 위해 이성의 도구적 기능, 특히 비판적 기능을 방임함으로써 현대의 대립면에 있는 전통이 희생양으로 전락하는 결과를 초래한다. 따라서 "계몽사상가들은 전통을 '교조(教條)'와 '무지(無知)'의 산물로 간주하며",[4] 이를 "쉽게 지워버릴 수 있는 허구적 구조"[5], "고착된 역사적 유산" 또는 "근거 없는 편견의 집합체"[6]로 평가절하하였다. 이러한 인식 하에 계몽주의는 전통에 대한 체계적인 도전을 개시하고, 이성을 통해 전통을 재구성하고 강제적으로 '현대화', '문명화'하려는 시도를 지속해왔다. 이 과정에서 "이성을 지닌 사람들은 인간 이성의 정당한 범위와 경계를 무시하고, 강제로 이성을 신앙 영역에 끌어들였을 뿐만 아니라, 계몽 이성의 오만을 방임하면서 더 이상 전통과 풍습에 대해 경외심을 가지지 않았다."[7] 계몽이 오만과 복수에 가까운 태도로 전통을 공격할

1) 安東尼·吉登斯.『失控的世界』. 周紅雲, 譯. 南昌: 江西人民出版社, 2001:36쪽.
2) 傅永軍.「現代性與傳統」.『山東大學學報(哲學社會科學版)』, 2008(2):8쪽.
3) 康德.『康德三大批判合集:上』. 鄧曉芒, 譯. 北京: 人民出版社, 2009:3쪽.
4) 각주 1, 37쪽.
5) 각주 1 참조.
6) 각주 2, 11쪽.
7) 각주 2, 11쪽.

때, 계몽은 사실 전통과 현대 간의 내재적 연관성을 진정으로 이해하지 못했을 뿐만 아니라, 오히려 현대성의 토대가 되는 전통적 요소들을 파괴하는 역설적 상황을 초래하였다. 전통과 현대의 관계는 계몽주의자들이 상정한 단순한 대립 구도를 넘어서는 복잡한 상호작용의 양상을 보인다. 앤서니 기든스의 지적처럼 "현대성은 그 발전과정에서 전통에 대한 해체와 재구축을 지속적으로 반복해왔다."[8] 전근대(前近代) 전통사회에서 인간은 순환적·반복적 역사관과 시간관을 고수하면서, 역사는 끊임없이 반복되며 발전은 단순한 순환 과정에 지나지 않는다고 여겼다. 사람들은 역사를 기억하고 과거를 교훈으로 삼음으로써 현재와 미래를 예측할 수 있다고 믿었다. 서양에서는 헤라클리토스(Heraclitus)가 "세계의 근원은 불"로서, 불이 만물을 생성한 후 다시 삼켜버림으로써 새로운 세계를 재생한다고 주장했으며, 니체는 세계가 '영원회귀(永遠回歸)' 속에 있다고 선언하였다. 고대 중국에서는 공자가 "은(殷)이 하(夏)의 예(禮)를 계승하고 주(周)가 은(殷)의 예(禮)를 계승하였는바, 이를 토대로 '백 세대 이후의 상황 또한 예측할 수 있다.'[9]"라고 했으며, 맹자는 "오백 년마다 필히 성군(聖君)이 나타난다."[10]고 역설했다. 이러한 흥망성쇠의 순환성은 중국사에서 서양사보다 더욱 두드러지는데, 이는 양수명이 주장한바 와 같이 "진한(秦漢) 이후 중국 역사는 일치일란(一治一亂)의 순환구조에 갇혀 있었으며 진정한 혁명은 없었다.", "서양 근대문명의 유입(오늘날의 상황)이 없었다면 이 패턴은 지속되었을 것이다"[11]. 헤겔 역시 "중국 역사는 진정한 의미의 역사가 아니라 왕조 교체의 반복에 불과하다. 그 속에서 진정한 진보는 발생하지 않았다."[12]고 평가했다. 현대성의 등장과 함께 이러한 순환적 시간관은 선형적 발전사관으로 대체되었으며, 역사는 비가역적 과정으로 재개념화되었다. 이로 인해 과거 - 현재 - 미래의 연속성 인식이 약화되었고, 전통과 현대의 단절이 가속화되었다. 이는 계몽주의가 전통과의 단절을 통해 현대성을 확립하려 했던 근본적 원인이다. 전통은 '낡은 것'으로, 현대는 '새것'으로 상징되며, '새것'은 필연적으로 '낡은 것의 청산'을 전제로 하기 때문이다.

---

8) 安東尼·吉登斯.「生活在後傳統社會中」//烏爾裏希·貝克, 安東尼·吉登斯, 斯科特·拉什.『自反性現代化-現代社會秩序中的政治、傳統與美學』. 趙文書, 譯. 北京: 商務印書館, 2001:72쪽.

9) [역자주] "其或繼周者, 雖百世, 可知也."(『논어·위정편』)

10) [역자주] "五百年必有王者興."(『맹자·공손추하편』)

11) 梁漱溟.『中國文化要義』. 上海: 上海人民出版社, 2011:208~209쪽.

12) 阿蘭·佩雷菲特.『停滯的帝國』. 王國卿, 等譯. 北京: 三聯書店, 2007:扉頁.

그러나 실질적으로 현대와 전통의 관계는 결코 절대적 대립 구도가 아니다. 전통을 창조적으로 계승하든 부정적으로 배격하든, 전통은 여전히 현대성의 내재적 근거로 기능한다. 전통은 현대가 싹틀 수 있는 토양이자, 현대가 자기 반성적 성찰을 통해 역사적 정체성을 구축하는 매개체이다. 계몽 이성주의가 전통을 배척하는 양상을 띠더라도, 현대성의 피속에 전통의 유전자가 지속적으로 순환한다는 사실은 부정할 수 없다. 가다머(Hans Georg Gadamer)의 주장대로 "과거와의 대면에서 진정 요구되는 것은 전통 탈피가 아니라, 전통이 우리 존재 양식에 내재한 비대상적 근거로서 작용하는 것을 이해하는 데 있다. 이는 타자화된 관찰이 아닌 자기 반성적 재구성 과정을 통해, 전통이 미래 역사적 판단의 재료로서 동화되는 것을 의미한다."[13] 전통은 이성의 대립적 존재가 아니다. 반면, 전통은 "구술적 전승을 통한 세대 간 지속"[14]이라는 실천적 행위로 정의될 수 있으며 그 자체가 이성적 활동의 산물이다. "가다머의 통찰대로 전통의 본질은 보존에 있으며, 이 보존 행위 자체가 바로 '이성적 실천'의 한 형태이다. 단순히 새로움과 계획성만을 이성의 영역으로 격상시키는 사고방식은 편협한 오류라 할 수 있다."[15] 사실 전통은 근대의 산물이라 해도 과언이 아니다. 더 정확히 말해 전통이란 근대적 시각이 투영된 거울 속에서 탄생한 문화유전자 같은 존재다. 전통은 고정불변한 것이 아니며, 시대의 발전과 사회의 변천에 따라 지속적으로 새로운 의미와 가치를 구현한다. 이러한 구현의 주요 방법은 끊임없는 해석에 있다. "전통이 지닌 '완결성'은 시간의 단선적 연속성에서 기인하는 것이 아니라 지속적인 해석에 기인한다. 해석의 궁극적 목적은 과거와 현재를 잇는 의미의 고리를 발견하는 데 있다."[16] 전통은 끊임없이 소멸하고 재생되며, 고정불변한 것이 아닌 지속적 발전과 변화의 과정이다. "'전통이 변화에 폐쇄적이다.'는 편견은 지성의 빈곤을 드러내는 발상이다. 전통은 시간의 침전 속에서 진화를 거듭하며, 때로는 갑작스러운 변이(變異)나 전환(轉換)을 통해 새로운 형태로 탈바꿈한다. 전통을 '발명과 재구성 가능한 것'으로 규정한다면, 나는 오히려 전통을 '지속적인 재발명과 재구성 과정 그 자체'라고 정의하고 싶다."[17] 이러한 측면에서 계몽주의는 전통을 근본적으로 오해했다고 볼 수 있

13) 伽達默爾.『詮釋學 I: 真理與方法-哲學詮釋學的基本特征』. 洪漢鼎, 譯. 北京: 商務印書館, 2011:399쪽.

14) 彼得·奧斯本.『時間的政治』. 王志宏, 譯. 北京: 商務印書館, 2004:180쪽.

15) 傅永軍.「現代性與傳統」.『山東大學學報(哲學社會科學版)』, 2008(2):13쪽.

16) 安東尼·吉登斯.「生活在後傳統社會中」//烏爾裏希·貝克, 安東尼·吉登斯, 斯科特·拉什.『自反性現代化-現代社會秩序中的政治、傳統與美學』. 趙文書, 譯. 北京: 商務印書館, 2001:81쪽.

다. 계몽주의는 전통을 이성의 대립물로 규정함으로써 전통이 현대와 대립 구도를 형성하게 했다. 이는 전통을 '구원'할 수 없을 뿐만 아니라, 전통과 현대 간 내재적 연속성을 차단하여 현대를 이성의 허무(虛無)로 나아가게 하는 결과를 초래했다. 이에 기든스(Antony Giddens)는 "사회가 전통을 필요로 한다는 인식은 지극히 이성적이며 합리적이다. 우리는 계몽주의의 '전통 포기' 주장을 무비판적으로 수용해서는 안 된다. 전통은 삶에 연속성을 부여하고 존재 양태를 구성하는 필수불가결한 요소이므로 반드시 계승해야 한다."[18] 전통을 포기해서는 안 되며, 전통을 부정한 현대성은 미래를 상실할 수밖에 없다. 전통은 현대와 마찬가지로 삶의 본질적 구성 요소이며, 우리는 삶의 진리를 통해 전통을 고수하고 보존해야 한다. 그래야 만이 전통을 현대로 유입할 수 있으며, 현대적 이성과 자유를 부여할 수 있다. "전통은 얼마든지 비전통적 방식을 통해 보호받을 수 있으며, 이러한 비전통적 방식이 바로 그의 미래이다."[19] 이 역시 우리가 추구해야 할 미래지향적 전통계승의 길이다.

아이러니하게도 계몽운동이 전통에 대해 맹렬한 비판을 가했음에도 불구하고, 서양철학은 전통의 계승과 혁신 문제에 있어서 중국철학보다 훨씬 더 체계적이고 합리적이다. 철학은 고대 그리스 태동기부터 피타고라스(Pythagoras)가 '지혜 사랑(愛智, philosophia)'이라 명명하면서 시작되었다. 철학이 지혜 자체가 아닌 '지혜 사랑'으로 불리는 이유에 대해 소크라테스는 상당히 타당한 해석을 제시하였다. 그는 "'지혜자(智慧者)'라는 명칭은 오직 신(神)만이 가질 수 있으며", 인간은 "'애지자(愛智者)' 혹은 유사한 명칭으로 부르는 것이 더 적합하다."[20] 이는 고대 그리스인들의 관점인 '지혜'는 신성한 존재로서, 오직 신(지혜의 여신 아테나 등)만이 소유할 수 있으며, 인간은 지혜를 사랑하고 추구하는 방식으로 지혜에 접근할 수 있을 뿐, 결코 완전히 소유할 수 없다는 것과 비슷한 맥락이다. 이러한 지혜 탐구의 행위방식이 바로 철학의 본질이다. 이러한 지혜성을 강조하기라도 하듯, 철학의 첫 번째 근본 질문이 바로 '존재(Existence)'란 무엇인가? 또는 "가장 본질적이며 근원적인 존재는 무엇인가?", "변화무쌍한 세계 뒤에 존재하는 변하지 않는

17) 安東尼·吉登斯.『失控的世界』. 周紅雲, 譯. 南昌: 江西人民出版社, 2001:37~38쪽.
18) 각주 17, 37쪽.
19) 각주 17, 42쪽.
20) 柏拉圖.『斐德羅篇//柏拉圖全集: 第2卷』. 王曉朝, 譯. 北京: 人民出版社, 2003:202쪽.

실체는 무엇인가?"였다. 이러한 철학적 질문을 본격적으로 제기한 철학자는 바로 고대 그리스의 파르메니데스(Parmenides, 기원전 515년경~445년경)로, 그는 "존재하는 것은 존재하고, 존재하지 않는 것은 존재하지 않는다. 존재와 비존재 사이에는 어떠한 공통점도 없으며, '존재'는 불생불멸한 것으로 연속적이고 완전한 하나인, 철학의 최고 존재이다."라고 주장했다. 플라톤의 '이데아'와 아리스토텔레스의 '실체' 개념 역시 이러한 존재 탐구의 연장선상에 위치한다. 다만 탐구 대상이 존재의 전체에서 본질로, 전체에서 다시 부분으로 변화한 것 뿐이다. 아리스토텔레스는 모든 '실체'는 궁극적으로 '완성(隱德來希, entelecheia)'을 지향하며, 이 '완성'이 절대적 완전성에 도달하면 기독교 신학의 '신(上帝)'으로 승화된다고 보았다. 따라서 신은 유일한 실체이며, 제일 완전한 실체이다.

근대 과학의 발전과 이성의 진보는 철학과 과학의 체계적 융합을 필연적으로 요구한다. 이로 인해 철학적 개념체계는 과학적 검증이라는 존재론적 변혁을 경험하게 되었다. 이러한 인식론적 진화는 신학과 철학의 체계적 분리(철학의 방법론적 독립) 및 철학적 사유의 인식론적 전환이라는 구조적 변동을 초래하였다. 전자와 관련하여 데카르트(René Descartes)는 『제1 철학에 관한 성찰(Meditations on First Philosophy)』에서 "신적 존재와 영혼의 문제는 신학적 교의가 아닌 철학적 영역을 통해 논증되어야 할 근원적 과제"[21]라고 선언하며 방법론적 전환을 주도하였다. 후자의 경우 실체 개념을 둘러싼 존재론적 논쟁들은 인식론적 토대에 대한 근본적 성찰을 요구하는 계기가 되었다. 데카르트의 '코기토(cogito ergo sum)', 로크(John Locke)의 '백지설(tabula rasa)', 라이프니츠(Gottfried Wilhelm Leibniz)의 '단자론(Monadologie)'은 모두 과학적 인식의 보편적 토대를 확립하려는 방법론적 시도로서, 이성 중심주의적 형이상학 체계를 심화시키기 위한 이론적 기획이었다. 그러나 이러한 인식론적 '후퇴(regressus)'는 결과적으로 철학적 도미노 효과를 유발하였다. 합리론과 경험론의 인식 기원 문제에 관한 대립이 심화되던 시기, 흄은『인성론』에서 인과율(因果律)[22]을 인간 심리의 '습관적 기대(habitual expectation)'에 불과한 주관적 관념으로 규정했다. 이와 같은 인식론적 위기는 칸트의 선험철학(transzendentale Philosophie) 체계를 탄생시키는 계기가 되었으며, 칸트는 '코페르니쿠

21) 笛卡爾.『第一哲學沉思錄』. 龐景仁, 譯. 北京: 商務印書館, 1986:1쪽.

22) [역자주] '인과율'은 사물 간의 인과관계, 즉 원인이 반드시 결과를 초래한다는 법칙을 의미한다. 예를 들어, 칸트 철학에서는 인과율을 인간이 세계를 인식하는 기초로 보며, 경험적 관찰과 이성적 추론을 통해 인과관계를 수립한다고 본다.

스적 전회'를 통해 인식의 객관성 기반을 외재적 대상에서 선험적 주체로 전위시킴으로써 현상계와 블랙홀(black hole)의 이원론적 구분을 확립하였다. 근대 철학의 주체성 원칙은 헤겔에 이르러 절정에 달했으며, '절대정신(Absoluter Geist)'은 궁극적 실재이자 최고의 존재로 확립되었다. 마르크스는 헤겔의 변증법을 변용하여 실천을 통해 사유와 존재의 통일을 이루었고, 이로써 주체성 철학을 실천 세계로 확장하였다. 또한, "인간 사유의 객관적(gegenständliche) 진리성 문제는 이론적 영역이 아닌 실천적 과정에서 검증되어야 한다."고 선언함으로써 철학적 주체성을 실천적 객체화 과정으로 확장하였다.[23)]

유감스럽게도 마르크스의 실천철학에 대한 학문적 진전은 당대 서양철학의 주류로 수용되지 못했다. 20세기 초반 서양 철학계는 여전히 마르크스 이전의 사유체계를 답습하며 발전해 나갔다. 특히 수리·논리학의 비약적 발전과 더불어 철학적 탐구의 초점이 언어와 논리의 문제의식으로 집중되면서, 철학적 언어체계의 재정립을 통한 문제 해결을 주장하는 패러다임이 부상하였다. 루트비히 비트겐슈타인이 『논리 철학 논고』에서 선언한 "말할 수 있는 것에 대해서는 분명하게 말해야 하며, 말할 수 없는 것에 대해서는 침묵해야 한다."[24)]는 명제는 이러한 시대적 조류를 상징적으로 보여준다. 이러한 언어분석 철학자들의 이론적 도전 아래 철학계는 전례 없는 '언어학적 전회(linguistic turn)'를 경험하였으며, 이 흐름은 현대철학에 지속적인 영향을 주었다. 그러나 두 차례에 걸친 세계대전의 충격으로 인해 철학자들은 언어적 유희에 머물던 사변적 사고에서 벗어나 현실 세계로 회귀하였으며, 철학사의 중요한 전환점인 '생활세계 전향(Lebenswelt turn)'이 본격적으로 대두되었다. 마르틴 하이데거(Martin Heidegger)의 "언어는 존재의 집"에서 지칭하는 언어는 더 이상 논리 실증주의적 분석 대상이 아닌 해석학적 존재론의 장으로 재개념화되었다. 에드문트 후설(Edmund Husserl)이 주창한 '현상학 운동'은 이러한 철학적 전환의 첫 번째 정점이다. 이후 '인간'은 다시 철학의 중심으로 회귀하였고, 철학적 성찰의 초점은 단순한 '존재자(Seiendes)' 차원을 넘어 '존재(Sein)' 자체의 본질 탐구로 심화하였다. 동시에 언어분석의 영역에서 구체적인 생활세계로의 실천적 복귀가 이루어졌으며, 이로 인해 실존주의, 해석학, 정치철학, 덕윤리학, 프랑크푸르트학파, 포스트모더니즘 등 다양한 철학적 흐름이 다층적으로 분화 발전하였다. 이들의 이론적 유산은 오늘날

23) 『馬克思恩格斯選集: 第1卷』. 北京: 人民出版社, 2012:134쪽.
24) 維特根斯坦. 『邏輯哲學論』. 賀紹甲, 譯. 北京: 商務印書館, 1996:23쪽.

서구 학계의 철학 강의실과 학술지 페이지에서 여전히 활발하게 재검토되고 재해석되며 지적 생명력을 이어가고 있다.

서구의 계몽운동이 전통에 대한 강도 높은 비판을 가했음에도 불구하고, 오히려 서양 사상사 발전과정에서 계몽운동은 고대 그리스 철학 유산을 탁월하게 계승·발전시켰다는 점에서 역사적 의의를 지닌다. 특히 20세기 서양철학의 '생활 전향' 이후 이러한 전통계승의 양상은 더욱 뚜렷이 나타났다. 야스퍼스가 지적한 바와 같이, "인류는 여전히 축의 시대에 형성된 사상적 토대 위에서 삶을 영위하며, 새로운 사상적 도약을 시도할 때마다 그 시기로 회귀하여 창조적 영감을 얻는다."[25] 서양철학은 지속적으로 전통으로부터 지혜와 힘을 얻음으로써 새로운 철학적 패러다임을 개척해왔다. 이와 대조적으로, 중국철학은 근대화 과정에서 '중국적 정체성'과 '철학적 보편성' 사이의 유기적 결합에 실패하면서, 현대 중국철학은 전통사상과의 단절 속에서 정체성 혼란을 겪고 있다.

중국의 전통사상은 체계적인 '철학'으로 정립되기 전에 '도통(道統)'이라는 독자적인 계승 체계를 통해 유지해왔다. 주공(周公), 공자(孔子), 맹자(孟子), 순자(荀子), 동중서(董仲舒), 정주(程朱), 육왕(陸王), 안원(顏元), 대진(戴震) 등으로 이어지는 유가 사상은 물론, 노자(老子), 장자(莊子), 왕필(王弼), 곽상(郭象), 성현영(成玄英), 왕현람(王玄覽) 등으로 대표되는 도가 전통뿐만 아니라 인도에서 유입된 불교 사상 역시 각기 독창적인 '도통(道統)'의 계보를 유지하고 있었다. 오랜 사상 발전 역사 속에서 유·불·도 삼교와 '삼통'은 지속적인 상호 융합과 흡수의 과정을 거쳤으며, 일부 학자들은 유(儒)·석(釋)·도(道) 삼가에 모두 정통한 경지에 이르렀다. 이러한 '삼통'은 중국 전통철학 정신의 '대통(大統)'으로 자리매김하였다. 청말 근대기에 접어들어 서양 사상이 유입되면서 중국 학계는 고대와 현대, 동양과 서양의 다양한 철학 사상을 적극적으로 수용·융합하려고 노력하였다. 강유위(康有爲)의 '대동설(大同說)', 담사동(譚嗣同)의 '인학(仁學)', 장태염(章太炎)의 '구분진화설(俱分進化說)', 손중산(孫中山)의 '민생사관(民生史觀)' 등은 중학(中學)을 토대로 서양의 진화론과 민주평등 사상을 창조적으로 재해석한 사상적 성과물들이었다. 그러나 아이러니한 것은, 호적과 풍우란 등이 중국철학의 학문적 체계를 정립하기 전까지는 중국철학이 서양철학의 도전에 유연하게 대응하며 창조적 전환을 모색할

25) 卡爾·雅斯貝斯. 『曆史的起源與目標』. 魏楚雄, 俞新天, 譯. 北京: 華夏出版社, 1989:14쪽.

수 있었으나, 중국철학 체계화 이후 오히려 대화의 주도권을 상실하게 되었다는 점이다. 현대 중국철학 정립 이후에도 비록 풍우란의 '경지설(境界說)'과 모종삼의 '도덕의 형이상학(道德的形而上學)'과 같은 사상적 혁신이 지속되었지만, 근대 전환기 사상가들(강유위, 담사동, 손중산 등)이 중국 사회에 미친 광범위한 영향력에 비하면 현대 신유가(新儒家) 사상의 영향력은 상대적으로 미약하다. 프랑스 철학자 질 들뢰즈를 비롯한 사상가들은 철학의 본질에 대해 "엄밀한 의미에서 철학은 개념을 창조하는 학문이며", "철학의 사명은 지속적으로 새로운 개념을 창조하는 데 있다."[26] "가령 어떤 철학자에 대해 담론할 때, '그가 어떠한 새로운 개념도 창조해내지 못했다면', 그를 진정으로 가치 있는 철학자라고 할 수 있을까?"[27]라고 지적했다. 이러한 관점에서 볼 때, 전근대 중국 철학자들이 창출한 철학적 개념들은 현대 중국 철학자들의 개념에 비해 더 높은 인지도와 영향력을 지니고 있음이 분명하다. 현대 중국철학에 대한 비판이 비록 오래된 논제나, 본서에서는 이러한 현상의 근본 원인 중 하나로 중국철학이 전통계승을 통한 현대적 발전을 실현하지 못한 점을 지적하고자 한다. 강유위, 담사동 등이 근대 중국철학사에서 두각을 나타낼 수 있었던 것은 전통철학을 기반으로 서양의 과학 및 철학 사상을 능동적으로 수용·융합한 데 있다. 이로 인해 당시 '중체서용(中體西用)'[28]은 하나의 주류 방법론으로 정착할 수 있었다. 비록 '중체서용'이 여러 한계점을 내포하고 있지만, 철학적 측면에서 이는 전통 중국 사상을 토대로 '서학동점(西學東漸)'[29]이라는 근대화의 흐름에 대응하고자 한 시도로 평가할 수 있다. 그러나 중국 현대철학이 호적과 풍우란의 학문적 패러다임을 통해 체계화된 이후, 중국철학은 사실상 '역격의'를 거쳐 '서양화'되는 과정을 겪었다. 이러한 과정으로 인해 중국철학은 학문적 체계를 갖추게 되었지만, 이와 동시에 중국 사상이 '철학화'되면서 전통사상은 더는 생활방식이 아닌, 분석과 정리가 필요한 철학적 텍스트와 자료로 전락했다. 결과적으로 전통이 생활과 분리되고 '지행불합일(知行不合一)'[30]

26) 吉爾·德勒茲, 菲力克斯·迦塔利.『什麼是哲學?』張祖建, 譯. 長沙: 湖南文藝出版社, 2007:205쪽.

27) 각주 26, 207쪽.

28) [역자주] "중국 학문을 근본으로 하고, 서양 학문을 활용한다"라는 뜻으로, 청조 말기 양무운동의 지도이념이다. 중국의 윤리 경전과 역사 학문을 근본으로 삼고, 서양의 과학기술을 실용적으로 응용해야 한다는 주장을 핵심으로 하고 있다.

29) [역자주] 근대 서양의 학술 사상이 중국으로 전파된 역사적 과정을 가리킨다. 일반적으로는 명말청초(明末清初)와 청말민초(晚清民初) 두 시기에 유럽 및 미국 등의 학술 사상이 전래된 것을 의미한다.

30) [역자주] 개인의 지(知)와 실제 행(行) 사이에 괴리가 존재하는 철학적 개념으로, 바른 도리(道理)나 목표를 분명히 알면서도 다양한 이유로 실천에 옮기지 못하거나 초심에서 벗어나는 양상을 의미한다. 이 개

로 나아감에 따라, 중국철학은 전통과 현대를 연결하는 근본적 토대를 잃게 되었다.

우선, 현대 중국철학은 전통사상 계승을 통해 개인에게 실존적 기반을 제공하는 철학적 체계를 구축하지 못했다. 역사적으로 중국 전통철학은 줄곧 '수기안인(修己安人)'[31]을 학문적 이상이자 실천적 삶의 방식으로 삼아왔다. 특히 유가 지식인들은 '전도홍의(傳道弘毅)'[32] 사명의식과 '민포물여(民胞物與)'[33]의 포용 정신을 표방해왔다. 그뿐만 아니라, "부귀영달의 유혹을 이겨내고, 비천과 고난에도 굴하지 않으며", '모도불모식(謀道不謀食)'[34]의 신념으로 '달즉겸제천하(達則兼濟天下)'의 사회적 책임과 '궁즉독선기신(窮則獨善其身)'[35]의 개인적 수양을 병행해왔다. 더 나아가 "위천지입심(爲天地立心), 위생민입명(爲生民立命), 위왕성계절학(爲往聖繼絶學), 위만세개태평(爲萬世開太平)"[36]의 철학적 이상을 고수해왔다. 이러한 '도통(道統)' 체계 하에서 형성된 군자와 대장부의 윤리적 전형은 다층적 의미에서 지식인층에게 정신적 지표와 실천적 모범을 제시함으로써, 역사적 변혁기에도 불구하고 지속적인 문화적 정체성을 유지할 수 있는 토대를 마련하였다. 순탄과 역경, 출세나 좌절을 막론하고, 유학자들은 '유가' (사실상 불가와 도가 사상을 흡수한 신유학) 학설로부터 풍부한 정신적 자원을 획득해왔다. 두유명(杜維明)이 지적한 바와 같이, "전통은 마음의 안식처이며 모든 인간이 이상(理想)을 형성하는 토대이다. 우리의 신앙과 인생관·우주관은 물론, 인간관계의 본질 및 자아 인식 모두 여기에서 비롯되었다."[37] 중국 전통철학의 이러한 특성은 근대 철학 형성기까지 일정 부분 유지되었는데, 이는 풍우란의 '경지설(境界說)'[38] 특히 '천지의 경지(天地境界)'[39]설을 통

념은 명나라 사상가 왕양명의 지행합일(知行合一) 이론에서 파생된 것으로, 지(知)와 실제 행(行)이 본래 일치해야 함에도 현실에서는 분리 상태가 빈번하게 발생함을 강조한다.

31) [역자주] "자신의 수양을 높이고 백성을 안락하게 한다."(『論語·憲問편』).

32) [역자주] "시대가 부여한 중대한 책임을 맡으려면, 넓은 마음과 끈질긴 의지가 필수적이다."(『論語·泰伯편』).

33) [역자주] "백성을 동포로 간주하고 만물을 벗으로 간주한다."(북송 사상가 張載의 『西銘』에서 나온 말).

34) [역자주] "군자가 추구하는 것은 '도'의 확립과 실천이지, 개인의 생계가 아니다."(『論語·衛靈公』).

35) [역자주] "뜻을 이루지 못한 상황에서는 자기 수양과 품성 함양에 힘써야 하며, 뜻을 이루어 출세한 후에는 선을 널리 실천하고 악을 징벌하며 선을 권장하는 데 앞장서야 한다."(『論語·衛靈公편』).

36) [역자주] "인류 사회를 위해 건전한 정신적 가치관을 수립하고, 민중을 위해 올바른 삶의 방향을 제시하며, 생명의 본질적 의미를 확립하는 한편, 선현들의 점차 사라져가는 학문을 계승·발전시켜 후세의 태평성세를 위한 토대를 마련한다."(北宋·張載『橫渠四句』).

37) 杜維明. 「中國傳統文化的當代價值」. 『江海學刊』, 2011(3):6쪽.

38) [역자주] 풍우란이 제시한 '자연의 경지', '공리의 경지', '도덕의 경지'와 '천지의 경지'를 뜻한다. 91페이지 각주 126 참조.

해 도덕 철학적 차원에서 재해석되기도 하였다. 이는 중국철학 학문 설립 초기, 철학자들이 중국 전통철학이 실질적으로 도덕철학에 더 근접한다고 판단한 주요 이유이다. 그러나 유감스럽게도, 서양철학의 연구 패러다임이 중국 학계에서 심화 및 고착됨에 따라, 중국 현대철학은 철학의 '학술성'을 강조하면서, 전통 문헌의 해석과 고증을 통해 중국철학에 내재한 '천도의리(天道義理)'[40] 등의 개념적 의미를 명확히 규명하는 데 주력했다. 이러한 경향으로 인해 현대 개인의 정신세계구축에 점차 소홀해졌으며, 서양 패러다임을 통한 전통정신의 '활성화'에 실패하였다. 역사적 맥락에서 볼 때, "5·4" 신문화운동 시기의 전통부정 경향, 소련식 교조주의적 마르크스주의의 유입, "문화대혁명" 시기의 전통문화 말살 정책, 그리고 개혁개방 이후 서구 현대성과 탈현대성의 복합적 충격은 전통정신의 단절을 가속화하였다. 결과적으로 중국철학의 핵심 정신은 현대적 삶의 장(場)에서 점차 유리되어 박물관의 유물로 전락하였으며, 단순한 텍스트 해석의 대상으로 축소되는 이중적 위기에 직면하게 되었다. 이는 궁극적으로 철학의 본질적 기능인 '삶의 지혜' 제공이라는 측면에서 현대 중국철학이 안고 있는 구조적 결함을 드러내고 있다.

또한, 현대 중국철학은 전통사상 계승을 통해 현대사회의 구체적 삶에 실질적인 가치지향성을 제시하는 철학적 지침을 마련하지 못했다. 역사적 맥락에서 고찰할 때, 중국철학사에서 '예(禮)' 개념은 사회질서 구축의 핵심축으로 기능해왔다. 주공(周公)의 '제례작악(制禮作樂)'[41]을 기점으로, '예'는 중화 문명의 행위 규범이자 가치 좌표로 정립되었다. 『예기·곡례상(禮記·曲禮上)』에 나오는 "예는 친소(親疏)를 판별하고 의혹을 해소하며 동이(同異)를 구분하고 시비(是非)를 변별한다."[42]라는 예법이 지닌 사회적 조율 기능을 명확히 보여준다. 춘추전국시대 예제(禮制)의 붕괴에 직면한 공자는 '석례귀인(釋禮歸仁)'[43]의 철학적 전환을 시도하였다. 이는 외재적 규범(타율)을 주체적 도덕률

39) [역자주] '천지의 경지'는 풍우란이 그의 인생 경지 이론에서 제시한 최고 단계로, 이 경지는 '하늘을 앎(知天)', '하늘을 섬김(事天)', '하늘을 즐김(樂天)', '하늘과 하나 됨(同天)'을 특징으로 하며, 인간이 우주 전체에 대한 깨달음과 이해를 통해 '하늘과 사람이 하나 됨(天人合一)'의 경지를 실현하고, 사회윤리를 초월한 철학적 높이에 도달함을 강조한다.

40) [역자주] 중국 전통문화에서 도덕과 자연법칙에 관한 핵심 개념으로, 하늘의 도리(천도, 자연의 법칙)와 인간의 윤리 도덕이 통일됨을 강조한다.

41) [역자주] 주공(周公)이 예(禮)와 악(樂)을 제정하여 제도와 윤리의 토대를 마련했음을 의미한다.

42) [역자주] "夫禮者, 所以定親疏、決嫌疑、別同異、明是非也".(『禮記·曲禮上』)

43) [역자주] 중국사상사 용어로, 공자가 주나라 시대의 예제(禮制)를 '인(仁)'을 핵심으로 하는 내재적 인성체계로 전환함으로써, '내성외왕(內聖外王)'의 이성적 전통을 열었음을 의미한다.

(자율)로 내재화함으로써, 주례의 형식주의를 '인'의 실천철학으로 재해석한 획기적 사유였다. 송대 이학의 등장은 이러한 유교 전통을 형이상학적 차원으로 승격시켰다. 이학자들은 '예'의 근원을 '천리(天理)'에 두고, 인간 질서를 우주론적 차원에서 정당화하는 이론 체계를 구축하였다. 따라서 송, 명 이후의 '예교식인(禮教食人)'[44]의 부정적인 사회적 영향과 정치적 결과를 잠시 접어두고, 단지 '예' 개념 자체에 초점을 맞추어 보더라도, '이-예-인'의 3차원 구조가 중국 전통 사회질서 유지하는 데 있어서의 핵심적 역할은 부인할 수 없다. 특히 유교적 덕목인 충(忠), 효(孝), 절(節), 의(義) 예(禮), 의(義), 염(廉), 치(恥) 등 '예교(禮教)' 체계는 '천리'의 초월적 근원과 인간의 실존적 조건을 유기적으로 연결하는 가교역할을 수행했다. 따라서 사회관 측면에서 이는 생활의 모든 영역에 규범과 지침을 부여하여, 사회 전반의 공공질서와 미풍양속을 유지할 수 있게 했다. 그러나 중국철학 학문이 정립된 이후, 이 전통은 제대로 계승되지 못했다. 20세기 초 과학주의와 실증주의의 도전 속에서 전통철학은 근대적 변용에 실패하였으며, 특히 1923년 '과학과 현학 논쟁', 1930년대 사회 성격 논쟁을 거치며 이론적 정체성을 상실하였다. 근대 신유학자들의 노력 역시 결정적 한계를 드러냈다. 웅십력(熊十力)의 본체론적 탐구, 양수명의 문화철학, 풍우란의 신이학(新理學), 모종삼의 도덕형이상학 등은 서양철학과의 대화보다는 전통 개념의 재해석에 집중함으로써 현대사회의 가치 혼란에 유효한 대응 방안을 제시하지 못했다. 기존 가치체계의 붕괴와 새로운 가치체계의 정립 실패는, 현대 중국철학이 포스트 전통 시대에 직면한 가장 심각한 난제가 되었다. 1949년 신중국 수립 이후 마르크스주의 교조화와 "문화대혁명"의 혁명주의 노선은 전통철학의 계승 자체를 위협하는 결과를 초래하였다. 1980년대 개방정책과 시장경제 도입은 가치체계의 이중적 해체를 가속화하였으며, 서구 포스트모더니즘 사조의 유입과 자본주의 가치관의 확산 속에서, 전통 철학과 현대 사유의 실천적 접점은 완전히 소실되었다. 이로 인해 현대 중국철학은 전통적 정체성과 현대적 적응력이라는 두 가지 과제를 동시에 안은 채 이론적 공백 상태에 직면하게 되었다.

마지막으로, 현대 중국철학은 전통을 계승하여 근대 국가 건설의 정치적 정당성에 정신적 기반을 제공하는 데 실패했다. 철학은 시대정신의 결정체이며, 동시대인들의 정신

44) [역자주] 노신(魯迅)의 대표작『광인일기(狂人日記)』에서 제시한 개념으로, 봉건 예교가 문자적 의미의 '식인(食人)'이 아닌 정신적 압박과 도덕적 족쇄를 통해 인간성을 말살하는 양상을 가리킨다.

적 공감대를 형성하는 핵심 요소이다. 특정 시대의 철학적 성취는 해당 시기 국가·사회가 추구하는 정신적 지향을 반영한다. 춘추전국시대는 중국 문명의 '축의 시대(Axial Age)'로서, 이 시기에 전통 중국철학은 근본적 변혁을 실현했다. 여영시(餘英時)는 『천도와 인간과의 관계를 논함』이라는 저서에서 "축의 시대의 철학적 도약을 가장 명확히 보여주는 지표는 초월적 가치체계의 형성이며, 이를 통해 현실정치 질서와의 긴장 관계를 형성"[45] 하였고, 제자백가는 바로 이러한 정신적 도약을 '도'라는 개념체계로 체계화하였음을 주장했다.[46] 이는 『장자』에서 언급한 "도술이 천하에 의해 분열되었다."[47]는 진단과도 맥을 같이한다. 전국(戰國) 말년 진(秦)의 무력통일은 과도한 법가 통치로 인해 삼대(三代)를 겨우 유지하고 멸망하였다. 반면, 한고조(漢高祖)는 황로학(黃老學)[48]의 무위정치(無爲政治)[49] 사상을 받아들여 휴양생식 정책을 실행함으로써 사회안정과 경제발전을 도모하였다. 한무제(漢武帝) 시기에 이르러 제국적 위상 정립과 적극적 경세(經世) 사상이 대두되면서, 한대 유학은 제자백가의 사상을 포용하는 가운데 음양오행설(陰陽五行說)[50]과 천인감응설(天人感應說)[51]을 체계적으로 통합한 경학 체계를 완성하였다. 위진남북조 시기 현학(玄學)의 흥기와 수당대(隋唐代) 불교의 융성은 장기간의 정치적 혼란과 사회적 붕괴 상황과의 상관관계 속에서 이해되어야 한다. 특히 불교와 도교의 사상적 확장은 위·진부터 수당에 걸쳐 유가 사상의 헤게모니에 도전장을 던졌다. 송대(宋代)에 이르러 유학은 불교·도교 사상과의 경쟁적 대응 속에서 이기론(理氣論)과 심성론(心性論)을 정교화하며 송명이학(宋明理學)[52]이라는 새로운 패러다임을 창출하였다. 그러나

---

45) 餘英時.『論天人之際』. 北京: 中華書局, 2014:51쪽.

46) 각주 45, 32쪽.

47) [역자주] "道術爲天下裂",『莊子·天下편』.

48) [역자주] 황제(黃帝)와 노자(老子)의 학설을 지칭한다. 전국시대 도가 학파의 일부 사상가들은 황제의 명의를 빌려 도가 사상을 해석하고, 노자 사상을 계승·발전시켰다. 나아가 음양가, 유가, 법가, 묵가 등 주요 학파의 관점을 수용함으로써 '황로학'의 사상적 체계를 완성하였다.

49) [역자주] 통치자가 통치를 포기하거나 아무것도 하지 않는 것이 아니라, 무위(無爲)라는 형식을 통해 통치를 완성하는 것, 즉 '무위로써 이루지 않음이 없게(爲無爲而無不爲)'하는 경지를 의미한다.

50) [역자주] 음양론과 오행론을 합친 이론으로, 동양철학의 근본이자 사주명리학의 핵심 이론이다.

51) [역자주] 하늘과 인간이 서로 연결되어 영향을 주고받는다는 이론이다. 이 이론은 자연재해의 책임을 군주에게 묻는 의도를 담고 있으며, 군주가 자신의 부덕을 반성하고 기우제를 지내는 것과 같은 맥락에서 이해될 수 있다. 동중서(董仲舒)가 주장한 천인감응설은 인간이 간절히 기도하고 바라면 하늘이 그 뜻을 이룬다는 생각을 포함하고 있다.

52) [역자주] 중국 송나라 시대의 성리학을 탐구하는 학문 분야를 지칭한다. 이 분야는 주돈이(周敦頤)와 소강절(邵康節)과 같은 선구자들의 철학적 탐구를 바탕으로 발전했으며, 이들의 사상은 성리학의 형이상

명대 상품경제의 발전과 시민사회의 성장은 이학의 관념론적 체계의 한계를 노출하였으며, 이는 명말·청초 고증학의 대두와 실학 사조 형성으로 이어졌다. 청대 강희·건륭성세(康乾盛世) 시기 문화통제 강화와 더불어 학술계는 고증학파(考證學派) 주도하에 경전의 고증에 치중하는 경향을 보였으며, 이는 청말(淸末) 구망(救亡)을 시대적 과제로 삼은 변법유신과 신해혁명으로 대표되는 근대사상의 등장 배경이 되었다. 강유위, 양계초 등의 군주입헌론과 손문, 황흥(黃興) 등의 민족혁명론은 모두 제국주의 침탈에 직면한 '중화 문명 구망'이라는 시대적 명제 하에서 전개된 사상적 실험이었다. 신해혁명 이후 신문화운동은 '각민(覺民)'의 계몽이라는 사명을 계승하여, 5·4 구망 운동과의 융합 속에서 현대 중국사에 "계몽과 구망의 이중 변주(李澤厚의 표현)"라는 역사적 선율을 새겼다. 그러나 이후 30여 년간 서구 패러다임(마르크스주의를 비롯한)의 도입과 정착 과정에서 중국철학은 전통을 현실로 전환하는 데서 한계를 드러냈다. 이 시기 현대 중국 철학계는 '상아탑'에 갇혀 서양철학의 패러다임으로 독자적 철학 체계 구축에 집중하거나, 서양철학의 패러다임을 완전히 배제하고 전통적 방식으로 국학을 재정립하는 양상을 보였다. 또한, 일부는 '계몽과 구국'이라는 시대적 흐름에 의식적으로 참여하였으나, 전통 사상계승의 난관에 부딪히고 사상논쟁에 그쳐 피상적 수준에 머무르는 등 한계를 드러냈다. 강유위, 담사동, 손중산 등과 비교해 볼 때, 이 시기의 철학자들은 전통과 현대의 계승 및 전환 과정에서 일정한 성과를 이루었으나, 여전히 상당한 한계를 드러내고 있다. 신중국 수립 이후 교조적 마르크스주의와 혁명적 정치투쟁은 현대 중국철학 발전의 주요 장애물로 작용하였으며, 심지어 정체와 퇴보를 초래하였다. 장기간의 침체를 겪은 끝에 1980년대에 이르러서야 새로운 발전 계기를 맞이하였으나, 이어진 경제개방과 서구 사상의 대규모 유입은 사회적 불안을 증폭시켰을 뿐만 아니라 전 사회적 차원의 공리주의적 가치관 변화를 야기하였다. 이로 인해 전통철학의 핵심 원리인 '의리지도(義利之道)'[53]는 경제성장의 물결 속에서 급속히 붕괴되었으며, 궁극적으로 인간성의 이질화(異化)를 초래하였다. 한편, 장기간 지속된 사회변혁과 전통문화에 대한 맹목적 부정으로 인해 현대 중국철학은 시대 정신을 성찰할 방법론적 기반을 구축하지 못하였으며, 국가 정치에 필요한

학적 토대를 마련하고 후대 성리학의 발전을 촉진하는 데 기여했다.

53) [역자주] 도덕적 행위와 물질적 이익 간의 관계에 대한 논변으로, 그 핵심은 도의(道義)와 공리(功利)의 추구를 어떻게 조화시킬 것인가에 있다. 이 개념은 유가(儒家) 윤리에서 비롯되었으며, 도의로 이익을 추구해야 함을 강조하고, '이익을 위해 의리를 저버리는(見利忘義)' 행위를 철저히 배격한다.

정신적 공감대 형성에 효과적으로 기여하지 못한 한계를 노출하였다.

"5·4 운동" 이후, 특히 "문화대혁명" 기간에 실시된 전통철학에 대한 체계적 숙청 작업은 중국철학의 근대적 발전에 구조적 영향을 미쳤다. 현대 중국철학의 창조적 발전과 전통적 유산 사이의 상관관계를 고찰할 때, 이 두 사건이 초래한 인식론적 단절은 중요한 부정적 요인으로 작용한다. 두유명 교수는 "5·4 운동" 시기의 반전통 담론에 대해 "유가사상의 역사적 변용 과정에서 형성된 부정적 측면을 과도하게 본질화한 방법론적 오류"라고 지적하였다. 그의 분석에 의하면, 당시 지식인들은 삼강(三綱)을 비롯한 유교 윤리의 제도화된 측면을 권위주의적 사회구조의 총체적 상징으로 규정함으로써, 유교 전통의 다층적 함의를 단선적 사유로 환원시키는 오류를 범하였다. 더 나아가 그는 당대의 지적 풍조가 "문화적 자기부정을 통해 서구 근대성의 수용을 가속화할 수 있다는 도식적 낙관론"에 기댔음을 비판했다. 이러한 역사적 성찰을 바탕으로 두유명은 문화발전의 역동적 특성을 강조하며, "문화전통은 정적(靜的)인 구조가 아닌 역동적인 창조과정이며", "전통과 현대의 대화를 통해 공동의 인식 지평을 확장해 나가는 과정에서만 진정한 학문적 혁신이 가능하다."고 역설하였다. 이 과정에서 그는 전통문화의 정체성 유지와 개방성 간의 미세한 균형을 강조하며, 과도한 폐쇄성은 현실 적응력을 상실하게 하고 지나친 확산은 내생적 발전 동력을 약화시킨다고 경고했다.[54] 역사적 유산에 대한 비판적 검토는 학문적 필수조건이지만, 궁극적으로는 '창조적 전환(creative transformation)'을 위한 수단이어야 한다. 구체적으로 전통철학의 현대적 활성화는 단순한 복고주의가 아니라, '역동적 재해석(dynamic reinterpretation)'을 통해 현대적 가치와의 접목을 모색하는 과정이다. 현대 중국철학의 혁신과제는 이러한 이중과제를 동시에 해결하는 데 있다. 즉, 전통사상의 계보학적 연구를 통해 정신적 근원성을 확보하면서도, 글로벌시대의 학제간(interdisciplinary) 문제의식을 수용해야 한다. 이는 단순한 이론 종합을 넘어, 중국적 경험의 특수성과 보편적 철학 담론 간의 변증법적 종합을 요구한다. 결론적으로 중국철학의 발전 방향은 역사적 전통에 대한 비판적 계승, 현대 중국사회의 구조적 특성에 대한 실증적 분석, 그리고 글로벌 지성사와의 대화적 소통, 이 삼위 일체적 접근을 통해서만 전통과 현대의 다층적 긴장 관계를 생산적 창조 에너지로 전환할 수 있으며, 궁극적으로

54) 杜維明.「中國傳統文化的當代價值」.『江海學刊』, 2011(3):6쪽.

인류문명 공동체 구축에 이바지할 수 있는 철학적 혁신을 달성할 수 있다.

4.2 본토와 외래의 "서열 관계"

'본토'는 지리적 공간 범주에 속한다. '본토철학'이라는 용어로 '중국철학'을 지칭할 때, 이는 전통철학이 지닌 독특한 '중국성'이라는 정체성의 표지를 강조하기 위함이다. 중국철학의 전통과 현대 사이의 '연속 관계(續)'가 중국철학 내재의 통시적 전환과 개신(開新)을 강조한 것이라면, 중국 본토철학과 서양철학을 대표로 하는 외래 철학 사이의 '서열(序)' 문제는 상이한 공간적 배경을 가진 철학 및 문화체계 간의 충돌, 갈등, 창조적 발전과정을 의미한다. 전통과 현대 간의 사상적 계승 문제와는 차별적으로, 본토철학과 외래 철학 간의 서열 문제는 중국 본토 철학이 철학적 '타자(他者)'에 대하여 어떠한 태도와 대응 방식을 취하는 가의 문제이다. 구체적으로, 본토 철학이 외래 철학에 대한 도입과 수용 여부, 외래 철학이 본토 문화 내에서 차지해야 할 지위, 그리고 전면적 수용과 부분적 수용의 선택 기준, 수용 대상 및 수용 방식 등 문제는 각 시대의 철학자와 지식인들이 직면해야 할 핵심적인 시대적 과제이다.

주지하다시피, 근대 이후 외래 철학 도입의 필요성과 그 방법, 그리고 도입 범위에 대한 최초의 체계적 탐구는 양무파(洋務派)[55]에 의해 이루어졌다. 그들의 대표적인 사상인 '중체서용' 이론은 "중국식 가치관을 지키면서 서양의 과학·군사기술을 배운다."라는 핵심적 의미를 담고 있다. 이 이론은 양무파가 수구주의(頑固守舊)와 급진적 개혁주의(激進革新) 사이의 첨예한 대립 속에서 도출한 절충적 사상이다. 역사적 맥락에서 볼 때, 새로운 시대가 도래하는 시기에는 일반적으로 수구파들이 개혁파들에 비해 더 예민한 반응을 보이는 경향이 있다. 개혁파들은 선진적인 모든 요소가 자신들에게 유용하며 반드시 수용해야 한다는 강한 믿음이 있어, 서학의 장점과 실용적 가치에 주목하며 적극적인 서구화 정책을 추진한다. 그러나 이들은 서학 도입 후 발생할 수 있는 '문화적 소화 불량'

55) [역자주] 1861년에 중국에서 시작된 양무운동을 주도한 세력을 지칭한다. 양무운동은 '중체서용(中體西用)'을 기본 정신으로 삼아, 중국의 전통적인 문화를 근본으로 삼고 서양의 과학기술을 수단으로 받아들이자는 사상에 기반을 뒀다.

문제에 대해서는 상대적으로 소극적인 태도를 보인다. 반면 수구파들은 개혁파들과 달리 냉철한 시각을 유지한다. 그들은 서학과 중국 전통 학문 사이에 근본적인 갈등과 충돌이 존재한다고 직감적으로 인식하면서, 서학을 이질적인 요소로 간주한다. 더욱이 이들은 전통 중국의 '천조상국(天朝上國)'이라는 민족적 자부심과 전통 제도에 대한 맹목적 신뢰, 그리고 서양 과학기술과 문화에 대한 이해 부족으로 인해 결국 폐쇄적 태도를 견지하며 외래문화를 배척하는 입장을 취하게 된다.

물론, 폐쇄적이며 경직된 환경에서는 일반적으로 보수적인 사상이 더 안전할 뿐만 아니라, 스스로의 정당성을 입증할 필요 없는 이론적 입장을 취할 수 있다. 반면, 개혁을 시도하고자 한다면, 비록 아주 사소한 변화일지라도 막대한 노력과 대가를 수반하게 된다. 노신(魯迅)이 개탄했듯이, "중국은 변화가 극히 어렵다. 단순한 책상 위치 변경이나 난로 개축과 같은 사소한 변화조차 상당한 희생을 동반해야 한다."[56] 이는 관념 전환이 얼마나 도전적인 과제인지를 명확히 드러내는 대목이다. 완고한 수구세력에 맞선 양무파는 개혁의 길을 선택하였다. 비록 그들의 개혁이 점진적이며 제한적이었으나, 여전히 수구파에게 '서학' 도입의 가능성과 필요성을 논리적으로 입증해야만 했다. 그러나 이러한 설득 과정은 결코 간단하지 않았다. 양무파는 이론적 논쟁뿐 아니라 정체성 문제에도 직면하였다. 양무파는 개혁을 지향하였음에도, 그들의 신분은 여전히 '묘당지고(廟堂之高)'[57]에 집착하는 만청 시대의 전통적 사대부들이었다. 이들은 청 왕조의 통치 질서 유지는 물론, 공자와 맹자로 이어지는 '도통'의 문화적 계승 또한 고수해야 했으며, 이를 통해 자신들의 정치적·문화적 정체성을 공고히 해야 했다. "천불변, 도역불변(天不變, 道亦不變)"[58]이라는 유교적 명제가 보여주듯, 양무파는 아편전쟁의 패배를 통해 서구 열강들의 과학기술의 우월성을 확인했음에도 불구하고, 이를 '변천경도(變天更道)'를 실행해야 할 만큼의 중대한 위기로 인식하지 않았다. 따라서 '중학'의 본체적 위상을 부정하지 않는 전제하에, 양무파의 핵심적 논의는 '서학'의 도입이 '중학'의 근본을 훼손하지 않으며, 오히려 그 기반을 강화할 수 있다는 것을 논증하는 데 집중되었다. 이러한 논리적 토대 위에서 양무파는 수구파의 "서양 기술은 중국 고대 기술에 대한 참조와 표절에 불과하다."는 비

56) 魯迅.『魯迅文萃: 雜文』. 北京: 文化藝術出版社, 2003:16쪽.

57) [역자주] 높은 지위에 있으면서 권력을 쥐고 있는 관리나 통치자를 형용하는 데 쓰이는 말이다.

58) [역자주] "자연(天)이 변하지 않으면 인간사회의 기본 법칙(道)도 변하지 않는다."(『漢書·董仲舒傳편』).

판을 역이용하여 '서학중원(西學中源)'론을 정립함으로써 서학 수용의 정당성을 확보하였다. '서학중원'론의 논리 구조는 간명하다. 즉, 서양의 대부분 기술은 본래 중국 고대에 존재했으며 후에 서양으로 전파된 것이다. 현 시점에서 서양 기술을 배우는 것은 단지 '실례구제야(失禮求諸野)'59)에 불과하며, 이는 '중학'의 외연을 확장하는 보완적 조치일 뿐 그 정체성을 침해하는 것이 아니다. '서학중원'론은 수구층의 저항을 완화하고 중·서 문화 교류를 실질적으로 추진했다. 하지만 문화 교류가 심화됨에 따라 그 이론적 한계가 드러나기 시작했다는데, 그중 가장 큰 문제는 중·서 문화 간 내재적 관계를 명확히 규명하지 못한 점이다. 비록 서학의 기원이 중국에 있다 하더라도, 서학은 서양에서 체계화된 독자적인 학문체계와 문화적 특성을 지니고 있다. 따라서 이러한 이질적 학문이 대규모로 유입될 경우, 전통 중학과의 관계 정립 문제가 필연적으로 대두된다. 양자의 관계에 본말(本末)과 주종(主從)의 위계적 질서가 존재하는가? 상호 영향의 메커니즘은 무엇인가? 나아가 전통 중학의 체계와 비교할 수 없는 서학의 내용까지 수용해야 하는 이유는 무엇인가? 이와 같은 문제들은 심층적인 이론적 탐구를 요구하였다. 이러한 역사적 맥락 속에서 서학 수용의 효율적 추진을 위한 '중체서용'론이 대두하게 되었다.

'체(體)'와 '용(用)'은 중국 고대 철학에서 유래한 핵심 개념으로, '체'는 본체(本體)와 근원적 본질을 의미하며, '용'은 작용과 실천적 활용을 지칭한다. '중체서용'이라는 개념은 표면적으로는 '중학'을 형이상학적 근간으로 삼고 '서학'을 실용적 도구로 활용한다는 입장을 강조하는 것으로 해석된다. 그러나 중국의 지식인들이 서양의 과학기술, 경제, 정치제도, 문화 및 사상 등을 체계적으로 수용하는 과정에서 '본'과 '말', '체'와 '용'의 개념적 경계가 점차 희미해지기 시작하였다. 학계에 따르면, 양무운동 시기의 논쟁에서 이 개념들은 표층적 서술에 그쳤을 뿐, 그 철학적 함의에 대한 본격적인 탐구가 진행되지 않았다. 당시 이 개념들이 활용된 주요 원인은 친숙한 철학적 용어를 통해 중학과 서학의 위계질서를 정립하고, 어느 쪽이 주도적 원리이며 어느 쪽이 실천적 방법인지를 규정하려는 데 있었다.60) 이러한 주종(主從) 관계의 논리는 양무운동 이전부터 그 맹아가 나타났으며, 풍계분(馮桂芬)이 『교빈려항의(校邠廬抗議)』에서 "중국의 윤리적 가치를 근본으로 삼고 서양의 기술을 보조적 수단으로 활용해야 한다."61)라고 명시적으로 주장한 이

59) [역자주] "국가나 상층사회의 예의 제도가 결핍할 때, 민간에서 찾아 보충한다."(『禮記·檀弓上편』).
60) 丁偉志. 「"中體西用"論在洋務運動時期的形成與發展」. 『中國社會科學』, 1994(1):104쪽.

후부터 '중체서용'의 이론적 틀이 본격적으로 정립되기 시작하였다. '중체서용'론은 형식적으로 중학을 주체적 근간으로, 서학을 기능적 보조로 설정하는 이원적 구조를 확립했으나, 그 실질적 의도는 중학의 정당성 담론 아래 서구 문명의 체계적 도입을 정당화하려는 데 있었다. 이는 "기존의 유교적 정치질서와 도덕 규범의 불변성을 전제로 하면서도, 서구 근대문명의 성과를 부국강병의 실용적 수단으로 수용하려는"[62] 양무파의 전략적 사고를 반영한다. 더욱이 '중체' 강조는 표면적 원칙에 불과하고, 실제 정책 추진에서는 '서용'의 현실적 효용성에 주력하였다는 해석도 존재한다. 이홍장(李鴻章)이 주장한 바와 같이 "중국의 우월성은 도(道)의 정신에 있으며, 서양의 강점은 기(器)의 기술에 있다. …… 외적을 방어하기 위해서는 전대 성현의 제도를 견지해야 하지만, 그렇다고 해서 스스로 울타리를 쌓아 외국의 장점을 배제해서는 안 된다."[63] 이는 "서양의 장점을 학습하는" 실용주의적 입장을 반영한다. 따라서 '중체서용'론은 이론적으로 '서학지용(西學之用)'이 '중학지체(中學之體)'에 종속되어야 한다는 원칙을 내세웠으나, 실제로는 '중학지체'의 생존이 '서학지용'의 효과적 운용에 의존한다는 역설적 구조를 내포하고 있었다. 즉, '기지용(器之用)'을 통한 '도지본(道之本)'의 수호가 핵심과제로 부각된 것이다. 이 점은 설복성(薛福成)이 『주양추의(籌洋芻議)』에서 주장한 "서양의 과학기술을 도입하여 요(堯), 순(舜), 우(禹), 탕(湯), 문(文), 무(武), 주(周), 공(孔)의 '도'(道)를 수호하게 되면 서양인들이 중국을 경멸하지 못할 것"[64]이라는 논의에서도 살펴볼 수 있다. 이는 중국이 '형상지도(形上之道)'[65]에 치우쳐 '형하지기(形下之器)'[66]를 소홀함으로 인해 서양에 뒤처졌다는 반성에서 비롯된 인식이었다. 따라서 자강을 위해서는 서양 기술을 전략적으로 활용하여, 유교적 가치체계를 수호해야 한다는 실천적 논리가 도출되었다.

양무운동이 심화됨에 따라 그 구호는 초기의 '자강(自強)'에서 후기의 '구부(求富)'로 점진적으로 전환되었다. 그러나 이 시기 양무파 내부의 일부 개혁 인사들은 서구의 강대함이 단순 기술 이전에 '중상부민(重商富民)' 정책과 그 배경에 있는 정치체제에 근거한

61) 馮桂芬.『校邠廬抗議』. 上海: 上海書店出版社, 2002:57쪽.

62) 丁偉志.「"中體西用"論在洋務運動時期的形成與發展」.『中國社會科學』, 1994(1):107쪽.

63) 각주 62, 109쪽.

64) 薛福成.「籌洋芻議·變法」//『戊戌變法: 第1冊』. 上海: 上海人民出版社, 2000:160쪽.

65) [역자주] 우주 만물의 근본 원리와 법칙을 말하며, 물질의 존재를 초월하는 추상적인 개념을 뜻한다.

66) [역자주] 형태가 있는 물체나 도구, 즉 인간의 요구나 의지에 따라 그 원형을 변화시켜 일정한 용도를 얻게 하는 것을 뜻한다.

다는 인식을 점차 형성하게 되었다. 이에 따라 '서학(西學)'에 대한 이해와 '서용(西用)'의 개념적 범위가 확장되어, "서양 각국의 통치 방식에는 '본말(근본과 핵심)'의 구분이 있는바, 근본은 국가의 정치제도에 있으며, 핵심은 경제·기술 발전에 있다."[67]는 다층적 인식으로 진화하였다. 그러나 이러한 사유는 기존 '중체서용' 프레임워크에 구조적 긴장을 초래하였다. 즉, 서학에 본말의 구분이 있어, 그 근본은 정치제도에 있고 핵심은 경제·기술 발전에 있다면, 중국의 서구 문명 수용은 경제·기술뿐만 아니라 정치제도까지 포괄해야 한다는 논리적 귀결점에 도달한 것이다. 종천위(鍾天緯)가 지적했듯 유럽의 번영은 "정치제도와 교육체계의 완성, 민생 안정, 국력 강화라는 삼위 일체적 성취에 기반했으며, 그 핵심은 민심 수용과 참여 정치에 있다."[68] 하지만 이로 인해 양무파는 본질적 딜레마에 직면하게 되었다. 서구 강대함의 근원을 정치·교육으로 규정할 경우, 중국의 현대화를 위해서는 이 체계 전반을 수용해야 하기에, 그러한 선택은 '중체'의 권위를 훼손할 위험이 있었다. 양무운동의 선구적 인물들은 이 문제를 인식했으나, 이에 대한 답을 제시할 능력이 부족했으며, 결국 "요순과 문무왕의 '치국지도(治國之道)'를 본받고, 고대 성현의 사상 정수를 계승하고 발양하는"[69] '중체서용' 프레임으로 타협을 모색했다. 비록 그들이 '중체' 개념을 최소화하고 '서학' 범위를 확장하는 방식으로 '중체서용'의 실질적 내용을 변화하려고 했지만, 전제 정치 체제의 근본적 변혁 없이는 서구식 행정·군사 시스템 도입과 전통 유교 질서 유지 사이의 괴리를 극복할 수 없었다. 이로 인해 양무운동은 초기의 기술 이식 단계에서 벗어나지 못한 채, 전통 체제 수호와 근대화 추진이라는 이중 과제 사이에서 근본적 한계를 드러내게 되었다.

갑오전쟁(청일전쟁) 패배 이후 '중체서용' 모델은 유교적 윤리 강령과 명분론의 틀을 벗어나지 못하고 구조적 한계를 드러냈다. 이러한 역사적 국면에서 변법을 주창한 유신파가 역사의 전면에 등장하자, 양무파는 즉시 구체제 수호세력으로 전락하게 되었다. 양무운동 후기 다수 양무 관료집단은 '중체서용' 프레임워크가 서양 학문 수용에 갖는 제약성을 인식하면서도, 여전히 '중체' 이데올로기 하에 제한적 서구 문물 도입을 고수하였다. 그들은 서구 문명의 도입이 "중학의 핵심 영역을 침해하지 않는 범위" 내에서 이루어

67) 郭嵩燾.「福建按察使郭嵩燾條議海防事宜」//『洋務運動: 第1冊』. 上海: 上海人民出版社, 1961:142쪽.
68) 丁偉志.「"中體西用"論在洋務運動時期的形成與發展」.『中國社會科學』, 1994(1):112쪽.
69) 鄭觀應.『盛世危言』. 北京: 華夏出版社, 2002:19쪽.

져야 한다는 최후의 방어선을 고수하며, 근본적 체제 개편을 거부하였다. 따라서 강유위와 양계초 등 개혁파의 '중체'와 '서용'의 이분법적 구조를 해체하고 양자를 혼융(混融)하려는 주장은 양무파의 강력한 반발을 초래할 수밖에 없었다. 특히 장지동의 『권학편(勸學篇)』은 개혁파 사상과의 이념적 경계를 확립하려는 의도적 행보로, 양 진영의 이념적 대립 구도를 명확히 반영한다. 이론적 차원에서 개혁파는 중학·서학의 균형적 통섭을 역설했으나, 실제 변법 구상에서는 러시아 '표트르 대제 서구화 개혁'과 일본 '메이지 유신'을 모델로 삼음으로써 전통적 '중학위체(中學爲體)' 패러다임을 근본적으로 전환하고자 하였다. 이들의 사상적 지향은 표면적 '중체서용' 담론을 정치적 보호막으로 활용하면서, 실질적으로 '회통중서(會通中西)'를 통한 체용(體用) 이원론의 해체를 추구하는 데 있었다. 특히 강유위 등이 주장한 '중서회통'은 중·서 문화 간 상호 보완과 교류를 표피적 수준에서 논의한 것이 아니며, 서학의 본질에 대해 양무파보다 더 명확하며 심층적인 인식을 지니고 있었다. 그들은 서양이 강대해진 본질이 단순 군사력이나 기술 차원에 있는 것이 아니라, 학문체계와 법제 등 제도적 토대에 있음을 파악하였다. "모든 신문물과 제도 배후에는 학문적 토대가 뒷받침되어 있다."[70]는 그들의 주장은 양무파의 피상적 서구화 전략을 근본적으로 비판하며, '서체서용(西體西用)'의 논리적 귀결을 예시하였다.[71] 이러한 사상적 도약은 필연적으로 양무 보수 세력과의 충돌을 초래하였으며, 결과적으로 과거 진보 세력이던 양무파가 역사적 조류 속에서 수구세력으로 전락하는 계기를 마련하였다. 비록 유신변법운동이 실패로 막을 내렸으나, 이 사건은 중국 지식인 사회에 지속적인 사유체계의 변환을 촉발하였다. '중체서용' 패러다임을 넘어서는 지적 토대 위에서 중서 문명의 체용 이분법을 해체하고 혼융을 모색하는 새로운 담론이 형성되기 시작했으며, 이는 손문(孫文) 주도의 신해혁명으로 이어지는 사상적 교량 역할을 수행하였다. 특히 민주혁명을 통한 서구식 정치체제 도입은 '유기진도(由技進道)'[72] 역사 시기의 본격적 진입을 선포함으로써, 중국 근대화 과정이 질적 전환기를 맞이했음을 시사한다.

신해혁명은 '공화(共和)' 개념을 대중의 의식 속에 심화시키는 데 기여했으나, 역사적 한계로 인해 실패하였으며, 정치적 각성만으로 근대화를 실현할 수 없다는 것을 여실히

70) 康有爲. 「日本書目志」//『康有爲全集: 第3集』. 北京: 中國人民大學出版社, 2007:263쪽.

71) 丁偉志. 「"中體西用"論在戊戌維新時期的嬗變」. 『曆史研究』, 1994(1):141쪽.

72) [역자주] 구체적인 기술을 익히는 것부터 시작하여 끊임없는 실천과 깨달음을 통해 더 높은 수준의 '道'에 대한 이해와 체험에 도달함을 의미한다.

증명하였다. 이에 따라 신문화운동의 사상적 흐름 속에서 '민주'와 '과학'이 새로운 시대 정신으로 부상하면서, 서구 학문에 대한 수용 차원은 '정치제도 차원'에서 '윤리 가치체계'로의 심층적 전환을 겪게 되었다. 그러나 제1차 세계대전의 발발은 서구 문명의 구조적 모순을 폭로하였으며, 양계초를 비롯한 동아시아 지식인들에게 문명론적 성찰의 계기를 제공하였다. 1918년 유럽 순방 당시 양계초는 1년간의 현장 조사를 통해 '서구 문명 파산론'[73]을 주장하며, "유럽 각국이 자국 문제 해결에 급급한 상황에서 세계 문명을 선도할 역량을 상실했고"[74], 오직 중국 고유의 "선진제자(先秦諸子) 및 수당시대의 철학만이"[75] "광대무변"한 인문학적 자원으로써[76] 인류문명의 위기를 극복할 수 있다."고 역설하였다. 특히 공자·노자·묵자가 개척한 도덕철학 체계를 통해서만이 더 넓은 경지에 이를 수 있다고 주장하였다. 이에 따라 "자국 문화를 정립하고"[77] 서구 문명의 기술적 성과를 선택적으로 수용하는 '신중체서용론(新中體西用論)'을 제안함으로써, 전통과 근대의 변증법적 종합을 모색하였다. 이러한 사상적 궤적은 근대 중국 지식사회가 직면한 문명 전환기의 딜레마를 상징적으로 보여주는 사례라 할 수 있다. 수

현대 신유학의 기초를 정립한 양수명(梁漱溟) 역시 유사한 관점을 제시하였다. 양수명은 문화를 한 민족의 생활양식으로 정의하며, 삶의 본질을 끊임없는 의욕(will)과 그 충족 과정으로 규정하였다.[78] 그는 인간의 의욕 해소 방식을 세 가지 유형으로 체계화하였는데, 첫째는 '전진적(前進的)' 방식으로서, 의욕 충족을 위해 적극적으로 문제를 해결하고자 하는 접근법이다. 둘째는 '조화적(調和的)' 방식으로, 의욕 자체를 조절하여 현 상태에 대한 만족을 추구하는 방식이다. 셋째는 '후퇴적(後退的)' 방식으로서, 의욕 존재 자체를 부정하는 금욕주의적 태도를 가리킨다.[79] 이러한 이론적 틀에서 첫 번째 경로는 서양 문화의 특성과 부합한다. 서양 문화는 합리적 사고와 인식론적 철학을 바탕으로 인간과 자연의 관계 문제를 탐구하는 적극적 정신을 구현한다. 두 번째 경로는 중국 문화의 특질을 반영하는데, 중국 문화는 직관적 사유와 인생론적 철학을 통해 인간과 타인의 관

73) 梁啟超. 『歐遊心影錄』. 北京: 商務印書館, 2014:22쪽.
74) 각주 73, 21쪽.
75) 각주 73, 51쪽.
76) 각주 73, 49쪽.
77) 각주 73, 50쪽.
78) 梁漱溟. 『東西文化及其哲學』. 北京: 中華書局, 2013:26쪽.
79) 각주 78, 58쪽.

계 조화를 추구한다. 세 번째 경로는 인도 문화의 특성으로 나타나며, 이는 감각적 인식과 종교적 철학을 매개로 인간과 자아의 관계 문제를 다룬다. 이 세 문화 유형은 상호 계승적 발전 관계에 있다고 볼 수 있다.[80] 양수명에 따르면, 서양 문명은 진취적인 의욕을 바탕으로 이성적 사고를 통해 자연과 사회를 연구 대상으로 삼아 궁극적으로 민주주의와 과학이라는 두 가지 중대한 성과를 달성하였다. 그러나 이러한 '외부 지향적'[81] 경향은 과학기술과 제도의 급속한 발전을 이룩한 동시에, 다수의 문제를 야기함으로써 "사람들이 정신적 상처를 입고 생활의 고통을 겪게 되었다."[82] 이에 따라 양수명은 문화의 첫 번째 발전 방향이 궁극적으로 두 번째 방향으로 전환되어야 함을 주장하였다. 즉 서양의 외부 지향적 태도에서 중국의 내재적 태도로의 전환이 필요하다는 것이다. 중국 문화는 의욕의 조화를 본질적 정신으로 삼으며, 외부가 아닌 내면에서 해답을 구하고, 인간과 자연의 조화를 중시함으로써 인류의 생명 본성에 가장 부합하는 문화로 평가된다. 공자의 학설은 단순한 사상이 아니라 생생한 삶 그 자체이며, 공자 이후 유가 사상은 우주 생명을 총체적으로 조화시키는 철학으로 발전했다. 이는 만물의 생명 욕구를 억압하지 않고 자연스러운 순환을 도모하며, 천지의 변화와 양육을 찬양하고 그 흐름에 동참하는 것을 지향한다. 따라서 유학 문화를 대표하는 중국 문화는 서양 문화가 초래한 정신적 고통을 치유할 뿐만 아니라, "물질문명의 시대에서 인간 본성의 시대로"[83]의 전환을 반영하는 가장 합리적이고 바람직한 문화로, 미래 세계문화는 중국 문화의 부흥을 통해 구현될 것으로 전망하였다.

20세기 초, 서양을 모델로 삼으려는 시대적 조류 속에서도 문화 복고 경향은 완전히 사라지지 않았으며, '서구화' 담론은 여전히 지배적인 흐름을 형성하고 있었다. 이러한 과정에서 복고파와 서구화파 양 진영은 극단적인 입장을 표명하며 첨예한 대립을 보였으며, 이는 1930년대 '전면적 서구화론'과 '중국 본위론'을 둘러싼 대규모 문화 논쟁으로 발전하였다. 이는 '중체'와 '서체' 사상이 문화 영역에서 직접적으로 충돌한 대표적 사례라 할 수 있다. 1935년 1월, 왕신명(王新命), 하병송(河炳松) 등 10인의 교수들은 공동으

80) 梁漱溟.『東西文化及其哲學』. 北京: 中華書局, 2013:190쪽.
81) 각주 80, 179쪽.
82) 각주 80, 68쪽.
83) 각주 80, 180쪽.

로 「중국 본위의 문화 건설 선언(中國本位的文化建設宣言)」(이하 「선언」)이라는 문장을 발표하여 서구 문화의 충격으로 인해 중국 고유의 문화 정체성이 붕괴되고 정치·사회·사상 영역에서도 중국적 특질이 상실되었음을 비판하였다. 나아가 이러한 환경에서 성장한 국민은 더 이상 진정한 의미의 '중국인'으로 규정될 수 없다는 점을 강조하며, 현대 세계에 중국 문화는 물론 중국인조차 실존하지 않는다는 근본적인 문제를 제기하였다.[84] 이에 따라 그들은 문화 영역에서의 주체성 회복과 정치·사회·사상의 중국적 특질 재정립을 위해 '중국 본위의 문화 건설'이 시급히 추진되어야 한다고 역설하였다.[85] 구체적으로 "비판적 태도와 과학적 방법으로 중국의 과거를 재조명하고, 현재를 진단하며, 미래를 설계해야 한다."[86]는 방법론을 제시하였다. 학술적으로 평가할 때, 이 「선언」의 논조와 내용은 현대적 기준에서도 상당히 균형 잡힌 시각을 보여주었다. 예컨대 한편으로는 문화 복고주의를 비판하며 역사의 재현 가능성과 필요성 자체를 부정하는 동시에, 다른 한편으로는 영국·미국·소련·이탈리아·독일 등 서구 국가들의 발전모델을 무비판적으로 답습하는 태도를 경계하면서, 이러한 접근이 "중국 특유의 시공간적 조건을 도외시한다."[87]고 지적하였다. 이처럼 복합적인 시각으로 인해 「선언」은 발표 즉시 학계의 광범위한 관심을 불러일으켰으며, 지지층과 반대 진영을 형성하였다. 특히 반대 세력 중 가장 강력한 목소리를 낸 것은 전면적 서구화파였는데, 이는 표면적으로는 중간 입장을 표방한 「선언」이 실질적으로는 서구화파의 전통부정 입장을 표적으로 삼고 있었기 때문이다. 결과적으로 「선언」은 발표 직후 호적(胡適), 진서경(陳序經) 등 서구화파 핵심 인물들의 조직적인 반론에 직면하게 되었다.

1935년 3월 말, 호적은 「"중국 본위의 문화 건설"에 대한 비평」이라는 논평을 발표하여 10인 교수진이 주창한 "중국 본위의 문화 건설"론이 실질적으로 '중체서용' 사상의 새로운 변형에 불과함을 날카롭게 지적하였다. 호적은 '중국 본위'라는 개념이 궁극적으로 '중학위체'와 동일한 논리 구조를 지니며, 이른바 '비판적 수용' 역시 '서학위용'의 범주를 벗어나지 않는다는 반론을 제기하였다.[88] 따라서 10인 교수진이 아무리 "고전에 구

84) 羅榮渠. 『從"西化"到現代化: 中冊』. 合肥: 黃山書社, 2008:417쪽.
85) 각주 84, 418쪽.
86) 각주 84, 418쪽.
87) 각주 84, 419쪽.
88) 각주 84, 447쪽.

애받지 않음"을 강조하고 "장점을 취하고 단점을 버리는" 개방적 자세를 표명할지라도, 근본적으로 '중국 본위'라는 틀에서 벗어나지 못했는바, 이는 결국 '세련된 절충주의'를 빌미로 한 문화 복고 운동에 지나지 않는다고 비판하였다.[89] 특히 중국 문화의 정체성 상실에 대한 우려에 대하여, 호적은 "문화 그 자체가 지닌 보수적 성격"[90]을 강조하며, "문화의 모든 영역에서 발생하는 격변에도 불구하고, 근본적인 문화 정체성은 그 보수적 속성으로 인해 필연적으로 존속하게 마련"이라고 주장했다. 이러한 문화적 보수성은 역사적으로 다수의 지식인들이 경고해온 이른바 '본국 중심주의(本國本位)' 문제의 본질적인 표출이라 할 수 있다.[91] 물질문명, 정치제도, 사상체계가 아무리 발전하더라도 민족적 정체성은 그 본질을 유지한다는 점에서, 중국의 정치형태, 사회구조, 사상체계가 고유한 특성을 상실했다고 단정 짓기는 어렵다. 오히려 역설적으로, "현재 중국이 직면한 가장 심각한 문제는 정치·사회·사상 등 제반 분야에서 여전히 뿌리 깊은 전통문화의 잔재가 과도하게 남아있다는 사실"[92]이라는 지적이 제기되고 있다. 호적은 중국 전통문화의 강력한 타성(惰性)을 고려할 때, '본국 중심주의'에 대한 집착은 오히려 부적절한 태도 주장하였다. 따라서 현시점에서 요구되는 것은 철저한 세계화 혹은 전면적 서구화를 통해 세계문화의 "활력과 진취성을 도입함으로써, 중국 전통문화의 침체된 기운을 해소하는 것이다."[93]

진서경 역시 문화 복고와 문화 조화에 대해 반대의 입장을 표하며, 보다 직관적으로 전면적 서구화를 주장하였다. 그는 10명의 교수진이 '불수구, 불복고(不守舊, 不復古)'를 주장하지만, 그들의 「선언」은 여전히 35년 전 장지동이 제시한 '중체서용'의 틀에서 벗어나지 못하고 있다고 평가했다.[94] 또한, "중국 문화는 어떠한 측면에서도 서양 문화와 비교할 수 없으며, 우리가 높이 평가하는 것은 서양의 우수한 것들에 비해 한참 미치지 못하며, 우리가 부정하는 것은 서양에서 최악으로 간주하는 것보다도 훨씬 심각하다."[95]고 주장했다. 진서경의 이러한 주장에 대해 양심(楊深) 교수는 『동방을 벗어나: 진서경

89) 羅榮渠. 『從"西化"到現代化: 中冊』. 合肥: 黃山書社, 2008:451쪽. 448~449쪽.
90) 각주 89, 449쪽.
91) 각주 89, 450쪽.
92) 각주 89, 451쪽.
93) 각주 89, 451쪽.
94) 陳序經. 『陳序經文集』. 廣州: 中山大學出版社, 2004:27쪽.
95) 楊深. 『走出東方: 陳序經文化論著輯要』. 北京: 中國廣播電視出版社, 1995:255~256쪽.

문화 논저 집요』라는 책에서 "과거에 중국은 이미 상당한 양의 서양 문화의 찌꺼기를 받아들였다. 이러한 찌꺼기들은 쉽게 제거되지 않으므로, 앞으로는 서양 문화의 찌꺼기가 정수와 함께 유입되는 것에 유의해야 한다. 만약 서양 문화의 정수가 제거하기 어려운 찌꺼기와 결합된다면, 이는 곧 전면적으로 서구 문화를 받아들이는 것, 즉 전면적 서구화와 다를 바 없다."[96]고 비판하였다. 주목할 것은, 진서경은 전면적 서구화가 오늘날 서양 문화의 '완벽함' 때문이 아니며, "중국 문화가 본질적으로 서양 문화만큼 훌륭하지도 않고, 현대 환경과 추세에도 부합되지 않기 때문에 전면적 서구화를 할 수밖에 없다."[97]고 강조한 점이다. 즉, 전면적 서구화로 인해 서양 문화의 단점이 유입되더라도 중국의 단점이 서양의 단점보다 더 심각하기 때문에, 전면적 서구화가 오히려 중국에 큰 발전을 가져올 수 있다고 본 것이다.

1935년 5월, 호적 등의 반론에 대응하기 위해 10명의 교수진은 「우리의 총답변」을 발표하여 자신들의 입장을 재차 피력하였다. 이들은 자신들의 주장이 '중체서용'과는 근본적으로 차이가 있음을 강조하였다. 중체서용론은 중국의 정신문명과 서양의 물질문명을 이분법적으로 구분하여 전자가 후자를 지배해야 한다고 주장하지만, 실질적으로 물질과 정신은 분리될 수 없는 동일 사물의 양면성이며, 특정한 '체(體)'가 존재하면 필연적으로 그에 상응하는 '용(用)'이 있으므로, 중체서용이라는 개념 자체가 내재적 모순을 지니고 있음을 지적하였다.[98] 또한, 그들이 제시한 '중국 본위'의 개념은 "과거의 유산을 맹목적으로 계승하는 보수주의가 아니고, 서구 문명을 무비판적으로 수용하는 모방주의도 아니며, 중체서용과 같은 피상적인 절충주의는 더욱 아니다."라고 명확히 규정하면서, 이는 "현시점의 역사적 조건과 지역적 특수성 속에서 전 민족의 실질적 요구와 발전 단계를 종합적으로 고려한 혁신적 사상"[99]임을 주장하였다. 이러한 이론적 기반 위에서 "중국 본위의 문화 건설"은 "시간적 차원에서는 복고주의를 반대하고 공간적 차원에서는 전면적 서구화를 거부하는 것으로, 현시기 발전 추세를 정확히 인식하고, 해당 지역의 구체적 환경을 중시하는 동시에, 문화 건설의 시·공간적 요구에도 부합되는 점"[100]을 강조하였

96) 羅榮渠.『從"西化"到現代化: 中冊』. 合肥: 黃山書社, 2008:492쪽.
97) 楊深.『走出東方: 陳序經文化論著輯要』. 北京: 中國廣播電視出版社, 1995:258쪽.
98) 각주 96, 508쪽.
99) 각주 96, 506쪽.
100) 각주 96, 506쪽.

다. 그러나 그들이 제시한 "시·공간적 요구"에 대한 구체적 해석인 "국민 생활의 안정, 경제발전의 촉진, 민족 생존권의 확보"[101]라는 삼중 목표는 서구화파의 강력한 반론을 초래하였다. 특히 엄기징(嚴旣澄)은 "이 세 가지 목표가 현대 국가들의 보편적 과제라면, 여기에 '중국 본위'라는 특수한 개념을 추가한 의의는 무엇인가?"[102]라고 함으로써 논쟁의 핵심 쟁점을 부각했다. 이는 문화 정체성과 현대화의 관계에 대한 보다 심층적인 이론적 탐구가 필요함을 시사한 것이라 할 수 있다.

중국 본위주의와 전면적 서구화 간의 문화적 논쟁은 대부분의 학술적 논쟁과 마찬가지로 명확한 결론을 내리지 못한 채 종료되었다. 이는 양측이 논쟁 과정에서 서로의 주장을 일정 부분 수용하며 입장을 수정했기 때문이다. 예를 들어, 복고파는 서구화파가 주장한 "중국 고유문화의 가치를 무시하고, 서양 문화의 결함에도 불구하고 무조건 수용해야 한다."[103]는 논리를 비판했다. 이러한 비판은 상당한 설득력을 지녔기에, 서구화파는 복고파의 합리적인 비판을 받아들이고, '전면적 서구화'라는 개념 자체를 재고하기 시작했다. 그들은 '현대화'가 곧 '서구화'가 아님을 인식하고, 논의의 초점을 '전면적 서구화'에서 '현대화'로 전환했다. 이 변화는 "단순한 용어의 변화가 아닌 인식의 전환을 반영한다. 즉, 서구 문화의 우월성이 그 근원지 때문이 아니라 근대성과 현대성에 기인함을 깨달은 것이다. 과거 100년간의 실패는 중국 문화의 정체성에 기인한 것이 아니라, 그 중세적 특성에 기인한 것이다."[104]는 풍우란의 분석대로 서구화파의 인식 전환의 본질을 잘 보여준다. 한편, 10인 교수진 역시 초기의 입장을 다소 수정하여, 서구화와 현대화의 일치성을 부분적으로 인정하기 시작했다. 「우리의 총답변」에서 그들은 "문화는 시대에 따라 진화해야 하며, 복고주의는 퇴행적인 것으로, 보수적 태도로써 문명의 발전을 막아서는 안된다. 오히려 시대의 흐름에 따라 나아가야 한다."[105]고 강조했다. 그들은 비록 중국의 특수성을 강조하며 전면적 서구화를 반대했지만, 서구화의 방향성 자체를 완전히 부정하지는 않았다. 결국, 그들의 입장은 '복고'보다는 '서구화', 더 정확히는 '현대화'로 기울었다. 이처럼 격렬한 논의는 명확한 결론에 도달하지 못한 채 종료되었으나, 양측은 논쟁

101) 羅榮渠.『從"西化"到現代化: 中冊』. 合肥: 黃山書社, 2008:509쪽.
102) 각주 101, 513~514쪽.
103) 각주 101, 469쪽.
104) 馮友蘭.『三松堂全集: 第4卷』. 鄭州: 河南人民出版社, 2000:205쪽.
105) 각주 101, 506쪽.

과정에서 언어적 혼란 속에 잠재된 공통의 문제의식을 발견하였다. 즉, 후퇴는 불가능하며 전진 또한 서구의 부속물로 전락해서는 안 된다는 점이다. 따라서 궁극적 해결방안은 양측이 암묵적으로 도달한 공동 인식인 '현대화'에 있었다. 이로써 민족성과 시대성 간의 긴장 관계는 새로운 균형점을 모색할 수 있는 계기가 마련되었다.

이 시기, 철학과 문화의 논쟁 과정에서 중·서 구도의 대립과 갈등 외에 마르크스주의 사상 역시 본격적으로 개입하기 시작했다. 일부 학자들이 지적한 바와 같이, "'5·4 운동' 이후 중국 사상계에서 가장 두드러진 변화는 근대 이래의 '중국'과 '서양', '고대'와 '현대'라는 이분법적 대립에서 벗어나 중·서·마(中·西·馬) 세 가지 사상이 상호 경쟁하며 복잡하게 얽힌 양상으로 전환된 점이다."[106] 다만, 마르크스주의가 20세기 초 중국에 막 유입되던 시기에는 마르크스주의와 중·서 문화 간의 융합 및 교류가 주요 흐름으로 자리 잡지 못했다. 그러나 현대 사상사의 관점에서 고찰할 때, 장신부(張申府)가 제기한 '삼류합일(三流合一)' 이론은 중요한 시사점을 지닌 주장으로 평가된다. 장신부는 1920년대 중반부터 기존 동서문화 논쟁을 초월하고자 시도하며, 유물사관(唯物史觀)을 토대로 동서문화에 대한 재평가 및 재정의를 통해 중국 전통문화와 서양 근대문화를 동시에 극복하면서도 양자의 장점을 포괄하는 '제3의 문화'를 창출하고자 하였다. 1930년대에 이르러 그는 '삼류합일'을 공식적으로 제창했는데, 여기서 '삼류'란 공자(孔子), 러셀(羅素), 레닌(列寧)을 가리킨다. 장신부는 자신이 편집한 문장에서 "나는 러셀, 레닌, 공자의 삼류합일을 이상으로 삼는다."[107]라고 밝혔다. 1940년대에도 그는 여전히 "나는 공자, 레닌, 러셀을 합칠 수 있다고 굳게 믿으며, 그들이 합칠 수 있기를 바란다."[108]라고 강조했다. 장신부에 의하면 공자는 "중국 고유의 최우수 전통"을 구현하는 인물이며, 러셀은 "서양의 최우수 전통"과 "최첨단 논리 및 과학"을 상징한다고 분석하였다. 한편 레닌은 "세계사적 패러다임 전환을 개척한 전통"을 대표하며, "역사적 전통의 정수를 종합적으로 계승한 방법론"[109]을 체현한다고 설명했다. 이 세 가지 사상체계는 상호 모순되지 않을 뿐만 아니라 오히려 상호보완적 관계에 있다. 장신부는 "공자, 러셀, 레닌의 사상을 종합한

---

106) 杜運輝. 「"三流合一"與二十世紀中國文化的融通和超越」. 『中國社會科學』, 2015(4):25쪽.
107) 張岱年. 「關於新唯物論」//『張岱年全集: 第1卷』. 石家莊: 河北人民出版社, 1996:133쪽.
108) 張申府. 「家常話」//『張申府文集: 第3卷』. 石家莊: 河北人民出版社, 2005:434쪽.
109) 각주 108 참조.

새로운 체계는 신세계 속 신중국의 이념적 기준이자 상징이 될 것"[110]이라고 강조하였다. 비록 장신부가 '삼류합일' 사상이 미래 중국 및 세계철학사에서 차지할 위상에 대해 확고한 신념을 갖고 있었으나, 이 이론은 그 당시는 물론, 후대에 이르기까지 주목받지 못하였으며 적극적인 지지도 얻지 못하였다. 대표적으로 1940년 진백달(陳伯達)은 세 철학 체계를 병렬 제시한 장신부의 접근법을 비판하며, 현재와 미래의 '신철학'은 오직 변증법적 유물론뿐이며 그 외 어떤 '신철학'도 존재할 수 없다고 주장하였다. 이에 따라 '삼류합일' 철학을 단순한 절충주의적 시도로 비판적으로 평가했다.[111] 결과적으로 '삼류합일' 철학 체계는 당시 매우 제한적인 수용성과 인정도를 보였다. 이는 당시의 정치적 환경, 마르크스주의 연구계의 교조주의적 경향, 장신부의 정치적 정체성 등 복합적 요인과 더불어, 그의 이론적 서술이 지나치게 단순하고 모호한 이론적 한계에도 기인한다.[112] 이에 따라 '삼류합일' 사상의 잠재적 가치를 심층적으로 계발·발전시킬 학문적 과제는 장신부 사상에 깊이 공감하던 동생 장대년(張岱年)에게로 계승되었다.

장대년은 비교적 이른 시기에 '삼류합일(三流合一)' 사상을 수용한 학자로, 해당 관점의 이론적 한계를 명확히 인식하고 있었다. 그는 형 장신부의 중·서·마 회통(會通) 사상을 계승하는 동시에 이를 고차원적 수준의 이론으로 발전시켰다. 장대년의 첫 번째 이론적 기여는 '창조적 종합' 개념의 정립이다. 「중국 본위의 문화 건설에 관하여」에서 그는 중국 본위 문화 건설이 "서양 문화를 무비판적으로 수용해서는 안 되며", "구문화의 단순한 복원을 반대한다."라고 주장하였다. 그는 '창조적 종합'이 "세 사상의 단순한 조합이 아닌", 동서양 문화의 우수 요소를 창의적으로 융합하여 형성된 새로운 패러다임임을 강조했다.[113] 또한, 이러한 종합이 기존의 '중체서용' 논리와는 질적으로 다른 차원의 사상적 혁신임을 강조하였다.[114] 특히 "창조적 종합은 기존 요소를 단순히 절충하는 것이 아니라, 이를 변증법적으로 초월하여 새로운 가치를 창출하는 과정"[115]이라고 규정했다. 이는 궁극적으로 유물론을 토대로 이상주의와 실증주의를 통합한 새로운 철학 체계, 혹

110) 張申府. 「家常話」//『張申府文集: 第3卷』. 石家莊: 河北人民出版社, 2005:434쪽.

111) 方克立. 「從曲高和寡到主流話語-張申府"三流合一"思想的曆史命運」. 『河北師範大學學報(哲學社會科學版)』, 2013(5):60쪽.

112) 杜運輝. 「"三流合一"與二十世紀中國文化的融通和超越」. 『中國社會科學』, 2015(4):34~36쪽.

113) 張岱年. 「關於中國本位的文化建設」//『張岱年全集: 第1卷』. 石家莊: 河北人民出版社, 1996:229쪽.

114) 張岱年. 「西化與創造」//『張岱年全集: 第1卷』. 石家莊: 河北人民出版社, 1996:257쪽.

115) 張岱年. 「哲學上一個可能的綜合」//『張岱年全集: 第1卷』. 石家莊: 河北人民出版社, 1996:274쪽.

은 동서양 철학의 변증법적 종합을 지향하는 것이었다. 신중국 성립 이후 마르크스주의 이론의 교조적 발전과정에서 '삼류합일' 및 '창조적 종합' 사상은 일시적으로 주목받지 못했다. 그러나 개혁개방 시기의 서구 사상 유입과 유학 부흥 속에서 중국문화의 정체성 문제가 재조명되자, 장대년은 1987년에 '문화종합혁신론'을 제안하였다. 그는 사회주의 문화 건설을 위해 전통문화의 비판적 계승과 서구 문화의 선택적 수용을 통한 창조적 변형을 진행할 것을 주장했다. 특히 "문화혁신은 단순한 절충이 아니라, 중국 전통과 서구 근대를 모두 초월하는 제3의 문화체계 수립"[116]임을 강조하였다. 이 과정에서 민족문화의 주체성 유지 및 타 문화의 우수성 수용 모두 필수적인 것이라 역설하면서[117], 오직 이러한 과정을 거쳐야만 세계문화에 독창적인 기여를 할 수 있으며, 타민족으로부터 진정한 존중을 얻을 수 있다는 점을 강조했다.[118] 결론적으로 그의 이론 체계는 "마르크스-레닌주의 원칙 하에 사회주의 가치관을 기반으로 중·서양 문화의 정수를 종합하여 중국 문화의 질적 도약을 꾀하는 것"[119]으로 요약될 수 있다.

문화의 종합적 혁신을 논의함에 있어서 중·서·마 세 가지 핵심 요소 간의 위계 관계 문제를 논하지 않을 수 없다. 장대년이 제시한 '문화종합혁신론' 이론 체계에서 이 세 요소의 관계는 마르크스주의를 지도적 원칙으로 삼아 중국 전통문화와 서양 문화, 그리고 고·금의 장점을 포괄적으로 수용하는 방식으로 정립되었다. 특히 장대년은 이러한 관계를 체(體)-용(用)의 이원적 구조 모델 속에서 체계화하였는데, 여기서 주목할 점은 그가 전통적인 '실체'로서의 '체' 개념에 '원칙'으로서의 '체'라는 이중적 의미를 더 부여한 점이다.[120] 이에 따라 '체'는 일차적으로 문화적 주체성과 실체성을 구현하면서도 동시에 규범적 원칙과 방법론적 지침으로서의 기능을 수행하게 된다. 이러한 이론적 구성으로 인해 '체-용'의 이원적 구조 안에는 삼차원적 구조 관계가 내재하게 되었으며, 이는 후일 방극립(方克立)이 정립한 "마혼(馬魂, 마르크스주의 정신을 핵심으로 하고), 중체(中體, 중국 문화를 주체로 하며), 서용(西用, 서양 문화를 활용하는)"이라는 이론으로 발전하는

116) 張岱年.「綜合、創新, 建立社會主義新文化」//『張岱年全集: 第6卷』. 石家莊: 河北人民出版社, 1996: 252쪽.

117) 張岱年.「正確認識中西文化的異同」//『張岱年全集: 第6卷』. 石家莊: 河北人民出版社, 1996:249쪽.

118) 각주 117, 250쪽.

119) 각주 116, 253~254쪽.

120) 張岱年.「文化體用簡析」//『張岱年全集: 第6卷』. 石家莊: 河北人民出版社, 1996:202쪽.

토대를 마련하였다.

방극립은 장대년의 '문화종합혁신론'을 지지하고 이를 체계적으로 발전시킨 학자이다. 1990년에 발표한 인터뷰에서 그는 "마르크스주의를 지도 원칙으로 삼아 고금중외의 모든 우수한 문화적 성과를 비판적으로 수용하고, 이를 바탕으로 종합적·창조적인 혁신을 추구해야 한다."[121]는 입장을 명확히 천명한 바 있다. 이러한 사상적 기반은 2006년 "마혼, 중체, 서용" 이론의 정립으로 이어졌다. 이 이론 체계에서 '마혼'은 마르크스주의를 정신적 지도 원칙으로 삼는 것을 의미하며, 사회주의 사상체계의 핵심적 지위를 강조한다. '중체'는 중국 문화를 본체로 하여 중화민족의 전통적 가치관인 '자강불식, 변화일신, 후덕재물, 유용내대'[122] 등의 문화적 정수를 창조적 주체로서 계승 발전시키는 것을 핵심으로 한다. '서용'은 서양학을 활용 차원에서 접근하여 "서양 문화 및 타 민족문화의 긍정적 요소를 선택적으로 수용하는 것"[123]을 의미한다. 특히 방극립은 장대년의 '체' 개념의 두 가지 내재적 의미를 두 개의 범주로 구분하여 구체화하였다. 여기에 일본의 '화혼양재(和魂洋才)'[124] 모델을 참조하여 '주도성 및 원칙' 차원의 '체'를 '혼(魂)'으로 재개념화하고, '주체성 및 실체' 차원의 '체'는 기존 개념으로 유지하였다. 이를 통해 기존의 '체-용(體-用)' 이원론을 '혼-체-용(魂-體-用)'의 삼원 구조로 확장함으로써 "문화혁신 이론의 창조적 발전과 이론적 혁신"을 거두었다.[125] "마혼, 중체, 서용"으로 구조화된 이 학술적 패러다임은 전통적 이원론적 사고를 극복함과 동시에, 현대 학계가 중·서·마 세 가지 학술 자원을 통합하려는 이론적 노력과 부합한다는 점에서 제안 즉시 학계의 주목을 받았다. 그러나 해당 패러다임에 대한 학계의 반응은 찬성과 의문·비판으로 양극화되었다. 방극립 역시 논쟁의 초점이 두 가지 핵심 문제, 즉 마르크스주의의 '혼'으로서의 위상 문제와 '체-용' 관계의 논리적 정합성 문제에 집중되어 있음을 정확히 인지하였다.[126]

121) 關東.「現代新儒學研究的回顧與展望-訪方克立教授」.『哲學研究』, 1990(3):85쪽.

122) [역자주] "自強不息、變化日新、厚德載物、有容乃大", 이는 "적극적이고 진취적이며, 도덕적 수양을 중시하고 타인에 대한 관용을 의미하는 가치관"을 뜻하는 말이다.

123) 方克立.「關於文化體用問題」.『社會科學戰線』, 2006(4):17쪽.

124) [역자주] 일본 에도 막부 말기에 형성된 사회사상으로, 일본 고유의 정신적 토대(和魂)를 지키면서 서양의 기술지식을 수용하는 것을 핵심 내용으로 한다.

125) 張小平, 楊俊峰.「"馬魂中體西用"與文化體用問題縱橫談-訪中國社會科學院學部委員方克立教授」.『馬克思主義研究』, 2017(5):24쪽.

126) 각주 125, 30쪽.

비록 그가 문제의 본질을 포착했음을 부인할 수 없으나, 이는 학계 내 이견이 해소되었음을 의미하지 않는다. 이러한 논쟁은 한편으로 학자 및 학파 간 이론적 입장 차이에서 기인하며, 다른 한편으로 '혼-체-용'과 같은 역사적 학술 개념이 내포한 다층적 함의와도 깊이 연관된다. 사회주의 문화 건설에서 마르크스주의의 지도적 지위는 당연히 인정되어야 한다. 이는 마르크스주의가 "줄곧 중국 선진 문화의 발전 방향을 대표해" 왔기 때문이다. 그러나 '발전 방향'으로서의 지도성과 '혼'이라는 정체성 부여 사이에는 중대한 인식론적 차이가 존재한다. '혼' 개념은 중국 전통문화 맥락에서 민족 정체성의 상징으로 기능하며, 과도한 국가 감정·민족 정서·지역 문화적 색채를 내포한다. 따라서 "마르크스주의를 혼으로 삼는다."는 명제는 "마르크스주의를 지도이념으로 삼는다."는 명제에 비해, 특히 전통문화(유학 포함) 연구자 집단 내에서 현저히 낮은 공감대를 형성한다. 나아가 방극립이 '화혼양재' 개념을 인용한 논증은 '화혼(和魂)'이 본질적으로 '민족혼'이라는 함의를 간과한 것으로 판단된다. 이는 '마혼' 논의가 민족문화 정체성과의 긴장 관계에서 비롯된 도전과제를 충분히 해명하지 못했음을 시사한다.

동시에, '체'와 '용'의 관계 문제는 여전히 난해한 철학적 과제로 남아있다. '체'와 '용'의 개념적 외연을 어떻게 규정하든, '중체서용(中體西用)'과 '서체중용(西體中用)'의 논쟁은 지속적으로 재현되는 양상이다. 양무파가 제시한 '중체서용' 이론은 그 고전성에도 불구하고, '체-용'이라는 개념적 틀 자체가 끊임없는 논쟁의 대상이 되면서도 동시에 지속적으로 재사용되고 있다. 본질적인 문제는 글로벌시대에 접어들며 중·서 문화가 지속적으로 융합·교류하는 가운데, 과연 문화적 '체'와 '용'을 명확하게 규정할 수 있는가 하는 점이다. 우리는 '중국성(中國性)'과 '서양성(西洋性)'의 본질은 물론, 규범적 의미의 '토착'과 '외래'를 제대로 이해하고 있는가? 이러한 개념적 명확성이 결여된 상태에서 '중서체용' 논의에서 의미 있는 창의적 분별이 가능할 수 있을까? 더 나아가, 만약 우리의 문화적 사유와 시야가 중국문화를 절대적 본체로 하고 서양의 선진 문명을 단순한 '도구적 용도'로만 인식하는데 머무른다면, 이러한 혁신적 문화가 어떻게 세계화의 흐름에 부응하고 미래지향적으로 발전할 수 있으며, 나아가 '타자를 위한 것'으로 확장될 수 있을지에 대한 의문이 제기된다.

물론, 백여 년간의 사상 탐구와 이론적 개척은 풍부한 학문적 유산을 축적했으며, 중·서·마의 삼위일체 구도 속에서 문화적 조율을 통해 실질적 진전을 이루었음은 부인할 수 없다. 이 체계적 프레임워크는 아직 완결성을 갖추지 못했으며 각 이론 전통의 경계선은 지속적으로 재정립되고 있으나, 우리는 미래 중국철학의 발전이 필연적으로 이 세 사상 체계 간의 상호작용을 거쳐 실현될 것이라고 확신한다. 학계 일각에서 지적한 바와 같이, "중·서·마의 사상체계는 현대 중국인의 생활세계와 존재 방식에 대한 자기 이해와 성찰 과정에서 각각 독립적이면서도 상호보완적 기능을 발휘한다. 이들 중 어느 하나라도 결여될 경우, 자기 반성적 인식의 다층적 지평과 세계관적 시야 확보에 결정적 손실이 발생한다는"[127] 점은 심층적 성찰이 요구되는 부분이다. 중국특색사회주의 현대화 건설 과정에서 마르크스주의 원칙의 지도적 지위를 동요시켜서는 안 되며, 이는 중국 문명의 진로 결정에 있어서 핵심적 방향성을 제공한다. 그러나 이러한 기반 위에서 우리는 더욱 세계적 시야를 확장하여 인류 문명 전체의 맥락 속에서 '중국의 해석학'을 구축해야 한다. 이를 통해 중국의 현안을 세계적 지평에서 재구성하고, 중국 경험을 보편적 지식으로 승격시키며, 중국정신을 체계적 사유체계로 정립하고, 중국이념을 창조적 사상으로 발전시켜야 한다. 오직 이렇게 해야만 삼위일체 사유체계의 융합을 초월적 프레임워크 속에서 실현할 수 있으며, 편협한 권역 주의적 논쟁을 넘어 문명사적 차원의 대화 가능성을 모색할 수 있다. 나아가 중국 현실에 대한 실천적 사유를 통해 글로벌 문명의 새로운 지향성을 제시하는 사상적 토대를 마련할 수 있다.

4.3 내용과 형식의 "서술 관계"

중국철학의 세 번째 장력은 철학적 의리(義理)의 내용과 표현 형식 간의 복잡한 상호관계에 있다. 이론적으로 내용과 형식은 불가분의 통일체를 이루며, 내용은 형식을 통해 구현되고 형식은 내용에 의해 실질성을 획득한다. 내용이 없이는 형식이 성립할 수 없으며, 형식이 없이는 내용 역시 표현될 수 없다. 따라서 형식적 공허와 내용적 공백은 모두 철학적 담론의 정당성을 상실하게 만든다. 역사적으로 중국철학은 고유한 개념체계와 서술 방식을 발전시켜왔으나, 근대화 과정에서 '서학동점(西學東漸)'의 영향 아래 서양철

127) 賀來.「如何尋求中、西、馬彙通的結合點」.『光明日報』, 2015-01-21(13).

학이 유입되면서 일본 학계를 통해 차용된 용어들이 대량으로 수용되었다. 또한 '역격의'의 방법론적 접근을 통해 중국 전통 사상을 재구성함으로써, 중국 전통사상의 '철학적 체계'라는 새로운 학문적 패러다임을 정립하였다. 이에 따라 중국철학의 학제적 토대는 1920년대 북경대학 철학과에서 공식적으로 확립되었다. 신중국 성립 이후, 일정 기간 (소련) 마르크스주의 철학 담론이 주류를 이루었으며 중국철학은 마르크스주의 철학화 개조를 강제적으로 진행해야 했다. 20세기 80년대 중반을 전후하여 개혁개방이 추진되면서 서구 사상이 대규모로 유입되었고, 중국철학은 새로운 이론적 도전에 직면하였다. 다양한 철학 개념과 사조(思潮)들의 전통철학 영역에 대한 진입은 중국철학의 해석학적 지평을 확장시킨 반면에, 일부 과도하게 외래적인 해석 방식으로 인해 전통 사유의 본질적 특질이 왜곡되는 결과를 초래하기도 하였다. 20세기 초의 '역격의', 1950년대의 마르크스주의 철학화, 그리고 1980년대 이후의 새로운 서구화라는 세 차례의 패러다임 전환을 겪었음에도 불구하고, 중국철학은 자생적 전통과 시대적 요구를 조화롭게 통합하는 체계를 정립하지 못하였다. 이러한 상이한 계보에서 비롯된 철학적 형태들은 중국 전통 의리학과의 유기적 연결을 이루지 못했을 뿐만 아니라, 상호 간의 형태적 차이를 조화롭게 통합하지도 못하여 중국철학 내 내용과 형식 간의 긴장 관계를 더욱 다층적이고 복합적인 양상을 띠게 했다. 이러한 철학의 내용과 형식 사이의 복잡한 긴장 관계는 중국철학이 중국 전통철학을 온전히 계승하지도, 새로운 철학 체계를 구축하지도 못하는 딜레마를 초래하였으며, 결국 '중국철학의 정당성 위기'에 대한 논쟁을 불러일으키는 결과를 낳았다. 따라서 중국철학이 과연 '중국적 철학'으로서의 정체성을 지니는지, 아니면 단순히 '중국에 존재하는 철학'에 불과한지가 핵심적인 쟁점으로 부각되었다. 그러나 일부 학자들이 지적한 바와 같이, "중국철학의 소위 '정당성 위기'는 실체적이거나 존재론적인 위기가 아니라, '표현의 위기' 즉, 서양의 담론 체계를 통해 중국철학을 해석하고 재현하려는 과정에서 발생한 문제이다. 중국철학 자체는 실재하지만, 서양철학의 개념과 언어로 이를 표현하려 할 때, 생동감 있고 유기적인 중국철학의 전체성이 종종 분해되어 단편적인 철학적 자료로 전락하였으며, 결국 중국철학은 그 본질을 상실하게 되었다.", "중국철학의 '합법성 위기'는 실질적이고 존재론적인 위기가 아니라, '한의호표(漢意胡表)[128]'

128) [역자주] "중국의 내용(漢意)을 외부의 형식을 통해 표현함(胡表)"을 뜻하는 말이다.

라는 의미에서 발생한 위기이다.”129) 즉, 중국철학의 ‘정당성 위기’는 철학적 이치 자체의 결핍에서 비롯된 것이 아니라, 근대 철학의 패러다임 전환 속에서 발언권을 상실하고, 그에 적합한 표현 방식을 찾지 못해 ‘실어(失語)’ 상황에 이르렀기 때문이다. 따라서 중국철학이 이러한 ‘정당성 위기’에서 벗어나 철학적 혁신을 이루려면 이런 내용과 형식 사이의 서술적 긴장감을 극복해야 한다.

현대 중국철학의 패러다임을 기반으로 한 저작인 『중국철학사』에서 풍우란은 중국 전통 철학(선진시대의 주공 시대부터 청말 강유위·담사동의 현대 경학에 이르기까지의 시기)을 ‘자학시대(子學時代)’와 ‘경학시대(經學時代)’라는 두 가지 체계로 분류하였다. 전자는 주로 선진 시대부터 회남왕(淮南王) 시기까지를 포괄하며, 후자는 동중서에서 청나라 말기 강유위에 이르는 시기를 아우른다. ‘자학시대’는 중국철학사에서 제자백가가 활발하게 학술 논쟁을 전개했던 시기로, 비록 중국 전통철학의 형성기에 있었지만 다수의 탁월한 사상이 창출된 시대적 특징을 지닌다. ‘예붕악괴(禮崩樂壞)’130)의 사회적 혼란으로 인한 가치관의 공백과 정신적 위기 속에서, 제자백가들은 각기 철학적 해결방안을 제시하여 무너져가는 사회질서를 재정립하고, 기울어가는 문명의 기둥을 지탱함으로써, 세계 ‘축의 시대(Axial Age)’ 문명의 형성에 독특한 중국적 시각을 기여하였다. 여영시(餘英時)의 해석에 따르면, 이 시기 제자백가의 사상적 성과는 ‘축의 돌파(軸心突破)’로 개념화될 수 있으며, 그 돌파 대상은 중국 전통의 ‘예악(禮樂)’ 문명과 그 배경에 자리한 ‘무(巫)’ 문화였다. “‘축의 돌파’ 이후 새롭게 대두한 각 학파는 기존과는 질적으로 다른 ‘천(天)’ 개념을 정립하였으며(혹은 ‘발견’), 이는 이전 시대에는 존재하지 않았던 새로운 초월적 정신 영역을 개척한 것으로, 각 학파는 이를 ‘도(道)’라는 개념으로 체계화하였다.”131) 장자의 ‘도술위천하열(道術爲天下裂)’132)은 이러한 사상적 변혁을 함축적으로 표현한 진술로 평가된다. 이러한 의미에서 일부 학자들은 ‘자학시대’의 철학적 특성

129) 顔炳罡.「20世紀中國哲學研究話語體系範式轉換之得失及未來走向」.『文史哲』, 2010(1):14쪽.

130) [역자주] 중국 주나라 시대 정치, 사회, 도덕 질서를 유지하는 핵심 체계였던 예(禮)와 악(樂)이 춘추시대에 무너졌음을 나타내는 표현이다. 이후 의미가 확대되어 사회질서가 혼란하고 도덕적 풍속이 해이해진 상태를 통칭하는 말로도 사용되었다.

131) 餘英時.『論天人之際』. 北京: 中華書局, 2014:32쪽.

132) [역자주] ‘도술위천하열’은『장자(莊子)·천하편(天下篇)』에 나오는 표현으로, 원래 의미는 고대에 통일되어 있던 ‘도술(道術)’, 즉 우주의 진리나 통치의 대도(大道)가 사회의 분열로 인해 각 학파의 편향된 이론으로 갈라져 나갔음을 뜻한다. 이로 인해 결국에는 백가쟁명(百家爭鳴) 즉, 각 학파가 자기의 주장만을 고수하는 상황을 초래하였다.

을 '자학패러다임'이라는 개념으로 설명하였다. 즉, "자학패러다임이란 중국철학사 연구에서 각 학파가 당대의 문제의식을 바탕으로 독자적인 해결 모델과 사상적 체계를 수립하고, 사상의 시대적 대응성과 창의적 발전을 추구한 방법론적 틀을 의미한다. 중국철학사에서 선진시대 제자백가는 자학패러다임의 뛰어난 대표이며, 송명이학(宋明理學) 중 송학(宋學) 전통이 자학패러다임에 가장 근접하다."[133] '자학시대'는 본질적으로 새로운 문명 체계의 구축기로서, '자학패러다임' 하에서 창출된 개념체계와 표현 방식은 모두 독창적인 특성을 지닌다. 이러한 개념과 표현 방식은 해당 시기 '축의 돌파'의 방향성을 규정했을 뿐만 아니라, 중국 문명의 발전궤적과 사상 흐름을 결정한 핵심적 요인이 되었다.

한(漢)제국의 건립과 함께 동중서가 주장한 "백가를 폐지하고 유가만을 중시하는" 정책은 한무제의 강력한 지지를 받으면서 중국철학은 '경학시대'로 진입하게 되었다. 풍우란의 해석에 따르면, "경학 시대의 철학자들은 그 사상의 신구(新舊)를 막론하고 모두 '자학(子學) 시대' 철학자들의 명의를 빌려 자신들의 사상을 표출하였다. 그들의 사상 역시 대체로 고대 '자학시대' 철학의 용어 체계를 통해 표현되었다. 이 시기 철학자들이 만들어낸 사상은 모두 고대 철학, 특히 경학의 전통적 틀 안에 담겨 있었다."[134] 즉, '자학시대' 철학자들이 독창적인 개념체계와 표현 방식을 구축한 것에 반해, '경학시대'의 철학자들은 제자백가가 개척한 철학적 범위와 패러다임 내에서 주로 경전 해석(解經)과 주석(註疏)을 통해 사상을 전개함으로써 철학적 표현의 '경학 패러다임'을 정립하였다. "경학 패러다임이란 중국철학사 연구에서 각 학파가 고전 문화 전통을 계승하고 명물 제도에 대한 문헌학적 해석을 중시하며, 고전 이론의 정통성 여부를 판단 기준으로 삼는 학문적 경향을 말한다. 이는 독창적인 해석을 추구하기보다는 고전 해석의 객관성과 전통계승의 정당성을 강조하는 특징을 지닌다. 중국철학사에서 한학(漢學) 전통은 이러한 경학 패러다임의 전형적인 사례로 평가된다."[135] 앞서 정의된 '자학패러다임'의 관점에서 볼 때, 송명이학은 비록 풍우란이 규정한 '경학 시대'에 속하기는 하지만, 그가 대표하는 송대 학문 전통은 오히려 '자학패러다임'에 가장 근접한 특성을 보인다. 이는 '경학 시대'의 다른 철학 사상들과 비교할 때, 송명이학은 중국 전통철학에서 또 하나의 정점을 이루었을

133) 朱人求.「話語分析與中國哲學研究範式的轉換」.『學術月刊』, 2016(9):39쪽.
134) 馮友蘭.『中國哲學史: 下冊』. 上海: 華東師範大學出版社, 2010:3쪽.
135) 각주 133 참조.

뿐만 아니라 그 철학적 개념과 표현 방식에서도 현저한 창의성을 발휘했기 때문이다. 풍우란이 송명이학을 '경학 시대'의 범주에 포함시킨 것 역시 송명이학이 비록 새로운 철학적 시각을 제시하였음에도 여전히 "경전 해석을 통해 사상을 표출하는" 표현 방식을 고수한 데 있다. 대표적으로 주희(朱熹)의 『사서장구집주(四書章句集註)』가 이러한 특성을 잘 보여준다.

'자학시대'와 '자학 패러다임'이 아침이슬처럼 사라진 데 반해, '경학시대'와 '경학 패러다임'은 중국 전통철학 발전사에서 보다 장기적인 영향력을 발휘했다. 후자의 사상적 영향은 비록 전자에 훨씬 미치지 못하지만, 중국 전통철학의 주류 담론 방식으로 확고히 자리매김하였다. '아주육경(我注六經), 육경주아(六經我注)'[136], 고증훈고(考證訓詁)[137], 미언대의(微言大義)[138]를 막론하고, '자학시대'의 고전 문헌은 여전히 뛰어넘을 수 없는 사상적 정점으로 인식되어 왔다. 이로 인해 중국철학은 근대에 이르기까지 '자학시대'에서 형성된 '체계 내 순환'의 패턴에서 벗어나지 못했으며, 설령 새로운 철학적 통찰이 등장하더라도, 여전히 "고대 철학 체계에 의존하여 고대 철학 용어로 표현한 것에 지나지 않았다."[139] 따라서 풍우란은 중국이 상고(上古) 철학과 중고(中古) 철학만 있을뿐, 근고(近古) 철학은 없다고 판단했다. 이에 비해 서양에는 상고 철학, 중고 철학과 더불어 근고 철학도 있으며, 근고 철학은 "직접적 현실 관찰을 바탕으로, 전통 사유체계로부터 독립하여 새로운 개념들을 적극적으로 창출했다는 특징을 보인다."[140] 즉, 중고 철학이 독자

136) [역자주] '아주육경'과 '육경주아'는 중국 고대 학술연구에서 등장하는 두 가지 상이한 학문적 방법론을 지칭한다. '아주육경'은 학자가 육경을 해석할 때 경서 본래의 의미를 규명하는 데 주력하며, 타 고적에서 제공하는 객관적 지식을 바탕으로 경문을 주해하고, 경서의 원의를 추구하는 데 중점을 두며, 원전의 본뜻에 충실한 해석을 중시하는 방법론을 가리킨다. 반면, '육경주아'란 학자가 육경을 연구함에 있어 경전의 사상을 자신의 독자적 이해와 결합하고, 경서에 주석을 더하여 자신의 관점과 사상을 표현하는 방식을 의미하며, 이를 통해 학문연구에서 개인의 재능과 지혜가 갖는 중요성을 부각시키는 특징을 지닌다.

137) [역자주] 고증과 훈고는 중국 전통 학술의 두 가지 중요한 개념으로, 문헌연구 및 고전 해석에 핵심적인 역할을 담당한다. 고증은 고대 문헌, 사료 및 관련 자료를 실증적으로 조사·분석함으로써 특정 사항의 사실 여부나 정확성을 규명하는 학문적 방법이다. 이 과정에는 일반적으로 문헌 검토, 다양한 자료의 비교·대조, 분석과 고증을 거쳐 확실한 증거와 결론을 도출하는 단계가 포함된다. 훈고는 고전 텍스트의 문장을 해석하는 작업으로, 고대 한문의 어휘나 표현을 당대에 이해하기 쉬운 언어로 풀이함으로써 후대 학자들이 고전의 원래 의미를 정확히 이해할 수 있도록 하는 데 목적이 있다. 고증과 훈고는 모두 고대 문화와 학문을 체계적으로 이해하고 계승하기 위한 방법론으로, 상호보완적 관계를 이루며 중국 전통 학술의 중요한 축을 구성하고 있다.

138) [역자주] '미언대의'는 짧은 말 속에 큰 뜻이 담겨 있음을 의미한다.

139) 馮友蘭. 『中國哲學史: 下冊』. 上海: 華東師範大學出版社, 2010:3쪽.

적인 개념체계 없이 상고 철학 개념이나 용어를 통해 표현한 데 비해, 근고 철학은 '낡은 용기에 새로운 내용을 담는' 방식을 근본적으로 거부하고 '새로운 용기에 새로운 내용'을 구현했다. 이는 사상의 혁신성이 기존 개념체계의 수용 한계를 초과할 때, 새로운 철학 체계가 필연적으로 등장하는 과정을 보여준다. 따라서 중국에서 근고 철학이 탄생하지 못한 원인은 '새로운 사상의 혁신성'이 '기존 패러다임의 틀을 돌파할 만큼 충분히 강력하지 않았기 때문'이다. 그러나 근대 이후 사회변혁과 서학동점(西學東漸)의 영향으로 중국철학의 '기존 패러다임'이 점차 해체되면서, '새로운 사상의 성장'이 본격화되고 있다. 풍우란은 중국 근고 철학의 싹이 트고 더욱 성장하기 위해서는 서양철학과 같은 '새로운 개념체계'라는 인식론적 도구가 선행 조건으로 필요함을 강조하였으며, 이를 새로운 철학 패러다임 정립의 필수 조건으로 간주하였다."

서양철학 패러다임의 도입은 중국철학의 발전에 지대한 영향을 미쳤다. 이는 주로 서양철학의 방법론을 활용하여 중국철학의 학문적 체계를 구축하고 중국철학사를 서술하는 과정에서 명확히 드러났다. 중국철학의 학제화는 1912년에 설립되어 1914년부터 학생 모집을 시작한 북경대학 '중국 철학문(哲學門)'에서 비롯되며, 서양철학의 관점에 입각한 중국철학사 서술의 초기 대표적 성과로는 호적의 『중국철학사대강(中國哲學史大綱)』을 꼽을 수 있다. 채원배는 해당 저서 서문에서 당시 중국철학사 편찬이 직면한 두 가지 핵심과제를 제시하였다. 첫째는 문헌학적 문제로, 주진(周秦) 시대 고전의 진위 판별 및 정리라는 기술적 난제이며, 둘째는 방법론적 문제로, 고대 철학의 체계적인 학문분류의 부재로 인해 서양철학사의 방법론을 차용할 수밖에 없는 한계이다.[141] 호적은 이 같은 문제의식에 대해 혁신적인 해결방안을 제시하였다. 첫 번째 문제에 대해서는 기존의 역사 서술 방식과는 근본적으로 차별화된 접근법을 채택하여, 전통적인 계보학적 서술을 단절하고 노자와 공자로부터 직접 논의를 시작함으로써 선행 문헌들에 대한 학술적 검증을 보류하였다. 이는 당대 학계에 파장을 일으킨 방법론적 혁신이었다. 두 번째 문제에 대해서는 서양철학의 범주 체계(우주론, 인식론, 윤리학 등)를 적용하여 중국 사상 자료를 체계적으로 분류·해석함으로써, 중국철학을 서양적 학문체계 안에서 재구성하는 새로운 패러다임을 정립하였다. 이는 경학 중심의 전통적 해석학과는 근본적으로 구별되

140) 馮友蘭.『中國哲學史: 下冊』. 上海: 華東師範大學出版社, 2010:3쪽.
141) 胡適.『中國哲學史大綱』. 上海: 上海人民出版社, 2014:序 1.

는, 철학적 분석을 우선시하는 학문적 전환이었다. 특히 호적은 경학의 주석 전통을 탈피하여 자신이 작성한 글을 본문으로 삼고 고전 원문을 주석으로 활용하는 역발상을 통해, 철학과 경학의 방법론적 경계를 명확히 구분하였다. 이러한 접근은 중국철학사 서술이 경학 패러다임에서 서양철학 패러다임으로의 본격적 전환을 이루는 계기가 되었으며, 현대적 학문으로서의 정체성을 확립하였다.[142] 호적은 철학사 서술의 세 가지 목적을 "명변(明變, 고금 철학 사상의 역사적 변천 과정에 대한 규명)", "구인(求因, 사상 변화 원인 분석)", "평판(評判, 학설의 가치 평가)"으로 제시하였다. 이 세 가지 목적은 실질적으로 세 가지 표준 또는 세 가지 기본 요소에 해당하며, 요건을 갖춘 철학사는 필수적으로 이 세 가지 내용을 포함해야 한다. 그렇지 않을 경우 진정한 '역사'로 인정할 수 없다.[143] 채원배는 『중국철학사대강』의 학문적 의의를 '엄격한 문헌 검증', '간결한 서술 방식', '객관적 평가 기준', '과학적 분류 체계'라는 네 가지 측면에서 높이 평가하였으며[144], 『중국철학사대강』은 당시 학계의 관행을 혁신한 선구적 업적으로 인정받았다. 비록 호적의 저서가 선진시대에 국한된 미완성본이었으나, 이는 풍우란의 저서에 비해 방법론적 개척 측면에서 더 큰 의의를 지닌 것으로 평가받고 있다. 즉, 『중국철학사대강』은 "학문의 새로운 지평을 열었으나 스스로 스승을 자처하지는 않았다(但開風氣不爲師)"라는 평가와 함께, 중국철학사 연구의 새로운 지평을 연 획기적 저술로서 그 역사적 위상을 확고히 하고 있다.

호적이 개척한 새로운 '학풍'은 풍우란에 이르러 비로소 완성되었다고 할 수 있다. 풍우란은 철학 영역을 '형식적 시스템'과 '실질적 시스템'으로 명확히 구분하였으며, 이는 채원배가 제기한 중국철학 체계 부재론과 사실상 유사한 견해를 보였다. 다만 풍우란은 철학 체계에 대한 분류를 더욱 세분화하고 심화함으로써, 중국철학사 서술에 있어 더욱 명확한 방향성을 제시하였다. 풍우란은 유년기에 중국 전통 교육을 받았으며, 이후 신사상 관련 서적들도 섭렵하였다. 북경대학 졸업 후, 미국으로 유학하여 콜롬비아대학에서 철학박사 학위를 취득하였다. 이러한 중서 철학에 대한 포괄적 이해를 바탕으로, 그는 서양철학의 장점과 중국철학의 한계를 명확히 인식할 수 있었다. 풍우란에 따르면, 근대 학

142) 朱人求. 「話語分析與中國哲學研究範式的轉換」. 『學術月刊』, 2016(9):39쪽.

143) 胡適. 『中國哲學史大綱』. 上海: 上海人民出版社, 2014:序 2.

144) 각주 143 참조.

문(철학 포함)은 서양에서 기원하였으며, 그중 과학이 가장 두드러진 학문으로 부상하였다. 물론, 중국 의리학(義理學)의 범주에 서양 학문을 포함시켜 '서양 의리학사'를 저술하는 것도 가능하다. 그러나 이러한 접근법은 의리학과 근대 학문 간의 관계를 명확히 규명하지 못할 뿐만 아니라, 세계 학계의 보편적 흐름에도 부합하지 않는다. 따라서, 중국 의리학을 철학적 범주로 정립하는 것이 훨씬 간명하고 명확한 방안이라 할 수 있다.[145] 즉, '중국철학사'라는 명칭이 '서양 의리학사'보다 적절한 이유는 철학이 근대 학문과의 친연성이 더욱 밀접하거나, 철학 자체가 더욱 과학적 성격을 지니기 때문이다. 풍우란은 철학이 서양 학술용어임을 분명히 인식하고 다음과 같이 진술하였다. "현시대 중국 철학사를 기술하려면 핵심 과업 중 하나는 중국 역사상 다양한 학술 사상 중 서양에서 규정한 철학에 부합하는 내용을 선별하여 서술하는 것이다."[146] 이러한 점에서 풍우란과 호적의 접근법은 본질적인 차이를 보이지 않았으나, 풍우란의 분류 체계가 보다 간결하고 체계적이었다. 그는 고대 그리스 철학의 세 주요 분야인 물리학, 윤리학, 논리학을 기점으로 삼아, 이를 일반 철학의 세 주요 분야인 우주론, 인생론, 인식론으로 발전시켰으며, 이러한 분류 체계를 중국 의리학에도 직접 적용하였다. 예를 들어, 그는 중국 의리학에서 '천도(天道)'를 탐구하는 부분을 '우주론'으로, '성명(性命)'을 연구하는 부분을 '인생론'으로 규정하였다. 풍우란은 또한 철학적 논증을 매우 중시하였다. 그는 "철학은 이성적 사고의 산물이다. 철학자가 어떠한 이치를 제시하고자 한다면 반드시 논증을 통해 이를 입증해야 한다."[147]고 주장하였다. 또한, 그는 순자의 "주장은 근거를 갖추어야 하고, 논리는 이치에 부합해야 한다."(『荀子·非十二子』)라는 말이 바로 이러한 논증의 중요성을 드러낸다고 보았다. 그러나 풍우란은 중국철학이 논증 측면에서 서양철학에 비해 현저히 부족하다는 점도 분명히 지적하였다. 그는 중국에서 논증에 필수적인 논리학이 충분히 발달하지 못하였으며, 이를 중국 의리학의 한계점으로 간주하였다. 당시 일부 학자들은 중국철학의 정신이 미언대의(微言大義)에 있으며, 깨달음을 통해 이를 체득해야 한다고 주장하였다. 그러나 풍우란은 이에 대해 비판하며 다음과 같이 언급하였다. "철학은 반드시 언어와 글자로 표현된 이치여야 한다. 비록 '도(道)'가 언어나 문자의 표현을 초월

145) 馮友蘭.『中國哲學史: 上冊』. 上海: 華東師範大學出版社, 2010:6쪽.
146) 각주 145, 3쪽.
147) 각주 145, 5쪽.

할 수는 있으나, 철학 그 자체는 반드시 언어와 문자 안에 존재해야 한다."[148] 이러한 그의 비판은 중국철학의 핵심적 문제를 정확히 지적한 것으로 평가받는다.

풍우란은 중국철학 특히 방법론, 논리적 논증, 언어적 표현 등과 관련된 결함을 지적하면서도 중국에 철학이 존재한다는 점을 확신하였다. 그는 철학 체계를 '형식적 체계'와 '실질적 체계'로 구분하고, 중국철학의 부족함이 전자가 아니라 후자에 있다고 보았다. 실질적 체계가 결여된 경우 철학으로 간주될 수 없지만, 형식적 체계가 부족하더라도 여전히 철학으로 인정될 수 있다는 것이다. 예를 들어, 아리스토텔레스 이전의 고대 그리스 철학은 형식적 체계가 미흡했으나 플라톤 등의 저작은 실질적 체계를 갖추고 있어 철학으로 인정받을 수 있었다. 풍우란이 제사한 '실질적 체계'란 철학자의 '견식'과 철학의 '핵심 개념'[149], 즉 철학자의 사상과 개념체계를 의미한다. 철학사 서술 방식에 있어서도 풍우란은 호적과 차별화된 접근을 보였다. 그는 철학사 서술 방식을 서술식(敍述式)과 선록식(選錄式, 자료를 선별하여 기록하는 방식)으로 구분하였다. 서술식은 서양에서 주로 사용되는 방식으로, 철학사학자가 자신의 관점을 체계적으로 서술할 수 있다는 장점이 있다. 그러나 이런 방식은 독자가 원전에 직접 접근하지 못하게 하여 철학사학자의 해석에 과도하게 의존하거나, 서술 내용의 이해를 어렵게 만들 수 있다는 한계가 있다.[150] 반면, 중국 철학사학자들은 『송원학안(宋元學案)』[151], 『명유학안(明儒學案)』[152]과 같은 저작에서 볼 수 있듯 선록식을 더 많이 활용하였다. 선록식은 철학사학자가 자료를 선별·기록하며 자신의 견해를 자연스럽게 개진할 수 있는 방식으로, 독자로 하여금 철학사적 흐름을 명확히 이해하도록 돕는다. 풍우란 역시 선록식을 채택하였으며, 이는 중국 전통철학사 서술 방식을 계승한 것이라 할 수 있다.

서양철학 패러다임의 확립은 중국철학 연구에 상당한 영향을 미쳤으며, 이는 긍정적 영향과 부정적 영향을 모두 포함하는 양면성을 지닌다.

---

148) 馮友蘭.『中國哲學史: 上冊』. 上海: 華東師範大學出版社, 2010:7쪽.

149) 각주 148, 13쪽.

150) 각주 148, 12쪽.

151) [역자주] 중국 송나라와 원나라 시대 유학자들의 생애와 사상을 집대성한 인명사전이다. 이 책은 명말 청초의 학자인 황종희(黃宗羲)가 편찬을 시작했으며, 그의 아들 황백가(黃百家)와 제자 전조망(全祖望) 등이 이어받아 완성했다.

152) [역자주] 청나라 황종희의 대표작 중 하나로, 강희 15년(1676)에 완성되었다. 이 책은 모두 62권으로, 명대 학술 사상사를 논술한 전문 저서이다.

첫째, 철학의 범주와 관련된 문제에서, 우주론, 인생론, 인식론이라는 세 가지 주요 분야로 철학을 구분함으로써 철학사 연구자들이 중국철학 자료를 찾기 위한 명확한 기준과 방향을 제시하였다. 그러나 동시에 이는 중국철학을 특정 범주에 한정시키는 결과를 초래하였다. 우주론, 인생론, 인식론이 철학의 전체 범위를 포괄할 수 있는지 여부는 차치하더라도, 중국철학 사료의 내용이 이 세 가지 분야에 전부 귀속될 수 있는지에 대해서도 심도있게 논의할 필요가 있다. 예를 들어, 우주론적 관점에서 '천도(天道)'를 연구하거나 인생론적 방식으로 '성명(性命)'를 연구한다 하더라도, 이러한 방법론만으로 '천도'의 본질과 '성명'의 본질을 명확히 해석할 수 있는가? 또한 '천도'와 '성명'에 관한 학문이 다른 두 분야와 전혀 무관하다고 단정할 수 있는가? 당연히 그렇지 않다. 노자의 '도생만물(道生萬物)'이나 주돈이의 '태극도설(太極圖說)'등은 모두 '천도'의 우주 생성 문제를 논한 것이지만, 그 근본은 인간 세상과 밀접히 연결되어 있다. 더욱이 인식론적 관점에서 볼 때, 우주 생성에 대한 묘사와 표현 자체가 바로 고대인의 지식체계를 반영한 것이다. 이처럼 우주론과 인식론은 분리되어 고찰할 수 없는 관계에 있다. 게다가, 서양철학의 패러다임을 활용하여 중국철학을 범주화할 때, 중국철학의 일부 중요한 사상을 간과할 가능성이 존재한다. 예를 들어, 풍우란의 저작에서는 병가(兵家)를 소홀히 다루었다. 그러나 이택후는 병가와 도가가 매우 밀접히 연관되어 있으며 "『노자』가 본래 병법서를 논한 책은 아니지만, 병가와 밀접한 관계를 가지고 있음을 주장했다. 이 관계는 단순히 후세 병법가들이 이를 어떻게 활용했는지에 국한되지 않으며, 그 사상적 기원 자체가 병가와 연관된다는 뜻이다. 따라서 『노자』는 병가의 현실적 경험에 역사적 관찰과 깨달음을 더하여 정치·철학 이론으로 귀납한 것이다."[153]라고 지적했다. 이러한 관점에서 볼 때, 서양철학의 패러다임을 채택하여 병가의 철학적 사상을 배제한다면, 이는 큰 아쉬움을 남기게 될 것이다. 따라서 서양철학의 분류 방식을 그대로 적용하여 중국철학의 내용을 규정하는 것은 "장님이 코끼리를 만지는 것"과 같아 그 정확한 본질을 파악하지 못할 수 있으며, 심지어 중요한 요소를 간과하는 "삭족적리(削足適履, 발을 깎아서 신발에 맞추다)"의 오류에 빠질 위험도 있다.

둘째, 서양철학의 개념과 관념의 도입은 중국철학에 학문적 형식성을 부여했으나, 동

153) 李澤厚.『中國古代思想史論』. 北京: 三聯書店, 2008:76쪽.

시에 그 본질적 정신(神)을 상실하게 하였다. 풍우란은 철학이 반드시 언어와 문자를 매개로 이치를 체계화해야 하며, 이러한 표현의 핵심에 철학 개념이 위치한다고 보았다. 그러나 철학 개념은 단순한 문자적 표상이나 사상적 내용에 한정되지 않으며, 그것이 내포하는 총체적인 문화적 맥락을 포함한다. 따라서 호적과 풍우란을 비롯한 학자들이 서양철학의 개념체계를 차용하여 중국철학 사상을 '재구성'하는 과정에서 문화 간 번역과 전환의 문제가 필연적으로 발생하였다. 그러나 실제로 이러한 문화번역의 문제의식은 충분히 조명받지 못한 채, 서양철학 개념들은 대부분 일본어를 통한 중역을 거쳐 중국철학 사상에 직접적으로 도입되었다. 풍우란이 지적했듯이, "소위 중국철학이란 중국의 특정 학문 또는 그 일부가 서양적 의미의 철학이라는 명칭으로 규정된 것에 불과하다."[154]는 인식이 널리 퍼져 있었다. 당시 지식인들은 철학이 서양의 학문체계로서 물리학이나 수학과 같은 보편과학처럼 중국에 직접 적용 가능하다고 간주했을 가능성이 크다. 즉 철학이라는 명칭 자체만으로도 일정한 학문적 기준을 설정하고, 명칭을 통해 실체를 규명할 수 있다고 믿었다. 이를 통해 중국 전통 의리학을 철학 체계로 승화시킬 수 있을 것이라 기대했지만, 안타깝게도 이러한 시도는 성공하지 못했다. 중국 전통철학은 이미 자체적인 철학 개념체계와 표현 방식을 확립하고 있었기 때문에, 중국철학사를 서술하거나 사상을 해설할 때 이러한 고유 개념들을 배제할 수 없었다(공자나 노자를 말할 때 '인(仁)'이나 '도(道)' 사상을 말하지 않을 수 없듯이). 문제는 서양철학의 개념체계가 도입되면서 기존의 표현 방식 위에 새로운 언어체계가 중첩되었다는 점이다. 우주론, 존재론, 인식론, 윤리학, 논리학과 같은 서양철학의 범주들이 중국철학의 핵심 개념인 천도, 성명, 심, 이, 기, 음양, 오행 등과 복잡하게 교차함으로써, 본래 '해석하기 어려운' 중국 전통철학은 표현의 딜레마와 서술의 긴장감을 더욱 깊이 겪게 되었다. 이러한 딜레마와 긴장감은 특히 소련식 마르크스주의 철학의 표현 방식의 유입됨에 따라 더욱 다층적이고 복잡한 양상을 띠게 되었다.

1949년, 마르크스주의 철학이 신중국의 지도적 철학 사상으로 정립되면서 중국철학 연구의 방법론적 전환이 본격화되었다. 이러한 패러다임 전환의 초기 이론적 성과는 1950년대 초 안드레이 즈다노프(Andrei Alexandrovich Zhdanov)의 철학사 서술 모델 확

154) 馮友蘭.『中國哲學史: 上冊』. 上海: 華東師範大學出版社, 2010:6쪽.

립에서 구체화되었는데, 이 모델은 "과학적 철학사는 유물론적 세계관과 그 법칙의 형성·발전 과정을 다루며, 유물론이 관념론과의 투쟁 속에서 발전해왔듯 철학사 역시 이 양자의 대립 속에서 이해되어야 한다."155)는 인식론적 틀을 제시하였다. 1950년대 중후반 '쌍백방침(백화제방·백가쟁명)'의 도입으로 즈다노프 패러다임에 대한 비판적 검토가 진행되며 관념론에 대한 부분적 재평가가 시도되었으나, 유물론 대 관념론, 변증법 대 형이상학이라는 이분법적 연구 패러다임은 근본적인 변화를 겪지 않았다. 후외로(侯外廬)가 『중국철학간사(中國哲學簡史)』 서론에서 강조한 바와 같이, "마르크스주의 역사주의 관점에서 중국철학사를 연구함에 있어서는, 유물론 사상의 역사적 부상 요인을 생산투쟁 및 계급투쟁과의 연관성 속에서 구체적으로 분석해야 한다. 역사적 시기별로 유물론자들이 관념론과 어떠한 방식으로 정면 대결을 벌였는지, 이러한 이론적 대립이 당대 계급투쟁의 시대적 정신을 어떻게 구현하였는지, 나아가 이러한 사상적 투쟁을 통해 획득한 방법론적 교훈을 면밀히 고찰해야 한다. 이를 통해 특정 역사 단계에서 유물론자들이 관념론의 핵심적 한계를 어떻게 정확하게 규명함으로써 인간의 객관적 세계인식에 진리의 지향을 제공했는지를 해명할 수 있다. 아울러 유물론과 관념론의 대립구조가 변증법과 형이상학의 투쟁과 어떠한 변증법적 관계를 형성하는지, 그리고 소박한 변증법 사상이 역사적 발전과정에서 어떠한 이론적 진화 경로를 거쳐 독자적 특성을 발현시켰는지를 구조적으로 분석해야 한다."156)이 글은 당시 철학적 담론의 표현 방식을 보다 생동감 있게 구현하였으며, 유물론과 관념론 간의 대립과 갈등이 철학사 연구에서 차지하는 핵심적 위상을 직관적으로 드러냈다. 1980년대 "문화대혁명" 종식 이후 중국 철학계는 레닌의 "철학은 인식의 역사"157)라는 명제를 수용하여 연구 패러다임을 재정립하였다. 임계유(任繼愈)가 『중국철학 발전사』에서 제시한 "철학이란 세계관에 관한 학문으로서 자연·사회·사유의 보편적 법칙을 탐구하는 인식체계"라는 정의, 그리고 "철학사 연구는 근본적으로 인간 인식의 역사를 추적하는 작업"158), "중국철학사는 중화민족의 인식 역사이다."159) 등이 대표적 관점이다. 그러나 유물론과 관념론, 변증법과 형이상학의 이분법이

155) 喬清舉.『當代中國哲學史學史: 上』. 上海: 上海古籍出版社, 2014:9쪽.

156) 侯外廬.『中國哲學簡史: 上』. 北京: 中國青年出版社, 1963:緒論 2.

157) 列寧的原話爲: "**哲學的曆史**", "簡單地說, 就是整個認識的曆史" (『列寧全集: 第55卷』. 北京: 人民出版社, 1990:302쪽).

158) 任繼愈.『中國哲學發展史: 先秦卷』. 北京: 人民出版社, 1983:10쪽.

나 철학사가 바로 인식사라는 도식은 궁극적으로 서양철학의 개념체계를 중국 전통사상에 역이식한 것에 불과하며, 이로 인해 오히려 서술적 긴장감이 가중되는 역설적 모순을 초래했다. 그 결과 중국철학은 '한단학보(邯鄲學步)'[160]라는 우화처럼 자체 발언권을 상실한 채 방법론적 정체성의 위기를 맞이하게 되었다.

서양 학문의 표현 패러다임(마르크스주의 패러다임을 포함)이 중국철학의 언어적 표현에 미친 부정적 영향에 대해 철학자 언병강(顔炳罡)은 '참수(斬頭)', '분해(肢解)', 그리고 '주체성 상실'이라는 생생한 비유를 통해 설명하였다. 그는 다음과 같이 지적하였다. "이러한 언어 체계 하에서 진행된 중국철학 연구는 명백한 한계를 지니고 있다. 첫째, 중국철학의 원전(原典) 시대를 단절시키고 제자백가의 학문을 무력화시켰다. 둘째, '서양철학사를 모방하는 방식'이 중국철학의 고유한 정체성을 해체하여 유기적 통합체였던 중국철학을 단편적 자료로 변질시켰다. 셋째, 중국철학의 자주적 주체성이 집단적으로 상실되었다. 요컨대, 이는 '참수', '분해', '주체성 상실'이라고 할 수 있다."[161] 여기서 '참수(斬頭)'란 주로 호적이 노자와 공자로부터 직접 철학사를 서술함으로써, 그들이 속했던 하(夏), 상(商), 주(周) 삼대 문화 및 선현들과의 사상적 연계를 단절시킨 것을 가리킨다. 이로 인해 중국철학은 마치 뿌리 없는 나무, 근원 없는 물과 같은 존재가 되었다. 부인할 수 없지만, 호적의 이러한 접근방식은 당시에도, 그리고 현재의 관점에서도 '이질적'이라 평가될 수 있다. 그러나 당시 이 방식은 경학(經學)에 대항하고 신학(新學)을 수립하려는 혁신적 의의를 지니고 있었다. 더욱이 이러한 방식은 호적 이후 거의 사라졌기 때문에, 그 부정적 영향은 지속적으로 심화되지는 않았다. 실제로 중국철학에 심각한 영향을 미친 것은 소위 '분해(肢解)' 방식이었다. 이는 주로 '이서석중(以西釋中)'이라는 방법론과 밀접하게 연관되어 있다. 이와 관련하여 언병강 교수는 다음과 같이 비판적으로 지적하였다. "20세기 중국철학 연구자들은 흔히 서양철학의 개념체계와 분석 틀에 따라 중국철학을 '분해'한 뒤, 다시 서양철학의 기준에 맞추어 이를 재조합하였다. 이러한 접근법은 한편으로 중국철학 고유의 생명력과 정합성을 파괴하였으며, 다른 한편으로 연구의 본질을 단순히 중국 고전 문헌에서 서양 철학적 요소를 찾아내는 작업으로 전락시

159) 任繼愈.『中國哲學發展史: 先秦卷』. 北京: 人民出版社, 1983:5쪽.

160) [역자주] "다른 사람을 기계적으로 모방하면 다른 사람의 장점을 배우지 못할 뿐만 아니라, 자신이 원래 가지고 있던 재능까지 잃어버리는 것을 비유하는 말."(『莊子·秋水』).

161) 顔炳罡.「20世紀中國哲學研究話語體系範式轉換之得失及未來走向」.『文史哲』, 2010(1):15쪽.

켰다."[162] 이러한 '분할'과 재구성 과정은 서양철학의 패러다임을 도구로 삼아 중국철학의 '프랑켄슈타인(Frankenstein)'을 창조하는 것과 다르지 않다. 이러한 방법론적 제약 아래에서, 중국철학은 서양철학의 체계를 온전히 수용하지도 못할뿐더러, 중국 전통철학의 본질적 특성도 제대로 드러내지 못했다. 그 결과 도달할 수 있는 사상적 성과는 제한적일 수밖에 없다. 결국, 외과 수술과 같은 이러한 '분해'와 변형의 최종 귀결은 중국철학의 주체성 상실이었다. 이는 초기에는 서양철학의 패러다임을 의식적으로 '참조'하는 수준에 그쳤으나, 점차 무의식적 '의존' 상태로 고착화되는 양상을 보였다. 일부 학계에서는 오늘날 서양철학의 개념체계, 예컨대 본체, 실체, 현상, 유물론, 관념론, 변증법, 인식론 등이 없이는 철학적 담론 자체가 불가능한 지경에 이르렀다.[163] 물론 서양철학의 개념적 정밀성, 논증 구조, 논리적 엄밀성은 중국철학의 특정 범주를 이해하는 데 분명히 유용한 분석 도구가 될 수 있다. 예를 들어, 주희(朱熹)가 논한 '이(理)'와 '기(氣)'의 선후 문제는 풍우란에 의해 논리적 우선성과 시간적 우선성의 문제로 재해석되기도 했다. 그러나 근본적으로 서양철학의 개념체계, 범주 설정, 표현 방식은 중국철학의 사유 전통과 본질적 차이를 지닌다. 만약 서양철학에 대한 '참조'가 '의존'으로 변질되고, 이로 인해 중국철학의 주체성이 상실된다면, 그 결과물은 단지 한자(漢字)로 기록된 서양철학에 불과할 것이다. 이는 결국 "중국적 맥락 속의 서양철학"을 의미할 뿐, 진정한 의미의 '중국철학'이라 할 수 없다.

개혁개방 정책 시행 이후 서양철학 사조의 대규모 유입으로 인해 현상학, 해석학, 실존주의, 포스트모더니즘, 서구 마르크스주의 등 다양한 철학 체계가 중국 학계에 도입되어 광범위한 학술적 수용 기반을 확립하게 되었다. 이는 기존 마르크스주의 철학 패러다임이 철학계를 장악하던 단일적 구조를 점진적으로 해체하는 계기로 작용하였으며, 중국철학 연구의 다원적 방법론 체계가 본격적으로 구축되는 학술사적 전환점으로 기록되었다. 1990년대에 접어들어 사회주의 시장경제 체제의 정립과 개방정책의 심화가 맞물리면서 중국은 글로벌 현대화 프로세스에 적극적으로 편입되기 시작하였으며, 이와 병행하여 중국 철학계 내에서 학문적 주체성에 대한 성찰이 본격화되었다. 이러한 학술사적 맥락에서 '중국철학사 재서술' 문제가 학계의 핵심 의제로 부상하였으며, 특히 중국철학 연구방

162) 顔炳罡.「20世紀中國哲學研究話語體系範式轉換之得失及未來走向」.『文史哲』, 2010(1):15~16쪽.
163) 각주 162, 16쪽.

법론에서 '중국성(中國性)'의 정체성 문제와 '철학성(哲學性)'의 학문적 정당성 문제가 이중적 초점으로 대두되었다. 1990년대 초반부터 가속화된 '국학열(國學熱)' 현상은 1980년대 '서구 학문 열풍'의 퇴조 이후 문화적 불안감과 맞물린 보수적 문화재건 담론으로 표출되었으나, 학술적 측면에서 주목할 만한 성과를 산출하였다. 특히 전통철학 텍스트의 체계적 재해석 작업과 유가 철학의 현대적 변용 모델 탐구는 20세기 말까지 지속되었던 "서양철학 편향적 연구 경향"에 대한 구조적 균형추 역할을 수행하였다. 비록 국학 관련 논쟁들이 이론적 합의 도출 없이 표류한 측면이 있으나, 이는 오히려 학문적 성숙 과정의 필수적 단계로 해석될 수 있다. 철학적 담론이 완결된 결론에 도달하는 순간 그것은 더 이상 철학적 사유의 역동성을 지닐 수 없기 때문이다. 21세기로 이행하는 과정에서 전통과 현대성의 변증법적 갈등은 "중국철학의 학제적 정체성 확립" 문제로 재편되었으며, 이 과정에서 중화 문명의 사유체계와 서양철학 방법론의 창조적 종합을 모색하는 새로운 연구 경향이 태동하기 시작하였다. 이러한 학문적 진화는 단순한 사상적 반동을 넘어 중국철학의 글로벌 철학사적 위상 정립을 위한 방법론적 실험으로서 그 의의를 지닌다.

결론적으로 볼 때, 이 시기의 다원주의적 패러다임은 중국철학 연구의 새로운 학문적 틀로 보기보다는 과도기적 사유체계로 규정하는 것이 더 타당하다. 개혁개방 40여 년간 중국 철학계는 '서구 학문 열풍'에서 '전통문화 부흥 운동'으로의 전환을 거치며 궁극적으로 학문적 정체성 확립을 위한 방법론적 탐구를 지속해왔다. 이는 근본적으로 '중국적 철학 담론'의 구성 원리를 둘러싼 인식론적 성찰로, 구체적으로는 '중국문화의 철학적 해석'과 '철학적 지평에서의 중국문화 재구성'이라는 상호작용적 과정으로 이해될 수 있다. 이러한 학문적 자의식의 각성은 서구중심주의적 지식체계로부터의 탈피를 추구하며, 동시에 중국철학 고유의 서사구조와 개념체계를 재정립하려는 방법론적 혁신을 내포한다. 그러나 역사적 맥락에서 보면, 20세기 초 중국철학의 학제화 과정은 서양철학의 인식틀과 마르크스주의 분석방법론의 교차적 영향 하에 형성되었으며, 이로 인해 중국 전통사상의 현대적 해석에는 구조적 장력이 내재하게 되었다. 현재 중국철학 담론장에서 중·서·마 삼위일체 구조가 고착화된 상황에서, 단일 패러다임의 우월성을 주장하거나 이원대립 구도를 강제하는 방식은 학문적 생산성 측면에서 명백한 한계를 드러낸다. 이러한 인식론적 딜레마를 해소하기 위해서는 기존의 철학 자원에 대한 창조성 전환이 필수적이다.

구체적으로 세 가지 철학 전통을 비판적으로 종합하여, 신시대 가치를 반영하는 개념체계를 구축해야 한다. 이를 통해 방법론적 혁신을 도모하고, 학문의 보편성과 문화 특수성을 조화시키며, 궁극적으로 중국철학의 주체성을 확립함으로써 세계철학 담론장에서의 독자적 위상을 정립할 수 있을 것이다. 이러한 학문 과제의 성취는 철학적 상상력의 재구성과 이론적 추상화 수준의 제고를 통해 중국 사유의 정수를 담아낼 수 있는 새로운 해석학적 프레임워크의 정립에 달려 있다.

구체적으로, 중국철학의 담론 혁신은 삶을 궁극적 지향점으로 삼아 시대정신과 조응해야 한다. '철학의 생활화(philosophization of life)'라는 명제는 진부한 담론으로 간주되지만, 이는 두 가지 중대한 시대적 함의를 내포한다. 첫째는 철학적 자각의 성숙도를 가리키며, 둘째는 사상적 실천력의 부재를 드러낸다. 괴테가 "이론은 회색이지만 삶의 나무는 영원히 푸르다."고 시적으로 표현한 바와 같이, 철학과 삶의 상관성에 대한 인식은 이미 학계의 보편적 공감대를 형성하였다. 고대철학이든 현대철학이든 본질적으로 동시대 삶의 해석학적 체계라는 점에서, 모든 철학 연구자들은 이 연관성을 인정한다. 그러나 이러한 공감대에도 불구하고 철학 혁신의 실질적 진전이 더딘 이유는 무엇인가? 이 지점에서 우리는 철학적 담론과 실천 사이의 괴리, 즉 '사상의 무력화(powerlessness of thought)' 현상을 목격한다. 철학계의 유명한 경구인 "기호가 존재하는 곳에서 의미는 퇴행한다."는 역설은, '철학의 생활화'가 반복 강조될수록 오히려 현실 철학의 생활 유리 현상을 증폭시키고 있음을 시사한다. 피에르 아도(Pierre Hadot)가 지적했듯, 고대 그리스에서 철학은 본질적으로 '삶의 방식(philosophy as a way of life)' 그 자체였다. 따라서 진정한 의미의 생활화가 구현된다면 "철학이 삶으로 돌아가야 한다."는 주장 자체가 무의미해진다. 이러한 관점에서 철학의 생활화에 대한 요구는 고전적 이상이 아닌 현대적 과제로 재해석되어야 한다. 특히 20세기 서양철학의 '생활전환(life-turn)' 이후, 이 문제의식은 더욱 절실한 시대적 요청으로 부상했다. 진부함 속에 내재한 영속적 진리(perennial truth)의 가치는, 비록 진부하게 들릴지라도 지속적으로 논의하고 실천해야 할 철학적 사명을 환기시킨다. 철학이 단순한 개념 유희를 넘어 현대인의 실존적 지침이 되고, 시대정신을 구현하는 '살아있는 지혜(living wisdom)'로 거듭날 때, 비로소 중국철학의 혁신은 불멸의 생명력을 획득할 것이다.

다음으로, 중국철학의 담론 혁신은 중국 전통철학의 담론 체계를 창의적으로 전환하는 과정과 불가분의 관계에 있다. 중국철학 담론은 철학적 정합성을 갖추어야 할 뿐만 아니라, 그 이전에 '중국적 정체성'을 확보하여 중국인의 정신적 특질과 사상적 특성을 구현해야 한다. 이러한 전제는 중국 전통철학의 담론 체계를 창의적으로 전환하고, 그 안에 잠재된 활력적 개념·용어·담론 방식을 현대적 시각으로 재해석하여 현실에 재정착시킬 필요성을 시사한다. 이를 통해 전통과 현대 간의 사상적 괴리를 해소하고 중국철학 담론 체계의 시대적 진화를 도모할 수 있다. 일반적으로 중국 전통철학의 창의적 전환은 이중적 차원에서 접근 가능하다. 첫째는 전통 개념과 담론의 현대적 해석이며, 둘째는 전통 사상을 표출할 수 있는 신개념의 창출이다. 전통 담론의 현대적 해석은 고대와 현대 간의 해석학적 접근뿐 아니라 동서양 간의 비교철학적 접근도 포괄한다. 전자는 현대 중국이 전통을 심층적으로 이해하고 계승하기 위한 것이며, 후자는 세계가 중국철학을 체계적으로 이해할 수 있도록 하기 위한 것이다. 최근 중국철학 연구의 심화와 중국 문화의 세계화 가속화로 인해 이 두 해석 작업은 상당한 성과를 거두었다. 그러나 중국철학 혁신의 절실한 요구에 비추어 볼 때, 이러한 성과는 여전히 확장적 보완과 질적 심화가 필요하다. 특히 도(道), 천(天), 인(仁), 성(性), 이(理) 등 중국철학의 근원적 개념에 대한 해석 작업의 미비가 현저히 드러난다. 한편, 개념 혁신은 담론 혁신의 토대이자 철학적 진보의 핵심 지표이다. 양수명의 '윤리 본위(倫理本位)', 비효통(費孝通)의 '향토 중국(鄕土中國)' 및 '차서격국(差序格局)', 풍우란의 '경지(境界)', 이택후의 '정본체(情本體)'와 '실용 이성(實用理性) 및 낙감문화(樂感文化)' 등은 중국철학이 개념 혁신을 위해 지속적으로 모색해온 창의적 성과들이다. 그러나 이러한 개념들은 시대정신과의 접목 측면에서 아직 한계를 드러내고 있으며, 철학 담론 혁신의 모범사례로서 의미는 있으나 개념 혁신이라는 과제는 여전히 해결해야 할 중차대한 학문적 사명으로 남아있다.

마지막으로, 중국철학 담론의 혁신은 중·서·마 삼위일체의 공동 참여 없이는 성취될 수 없다. 이미 논의된 바와 같이, '중국철학·서양철학·마르크스주의 철학'이라는 삼중 담론 체계가 현대 중국철학 담론장에서 공존하며 형성하는 복합적 서술적 장력은 불가피한 현실이다. 우리는 이 삼위 담론을 조화롭게 혁신하는 방향으로 진력해야 하며, 단순한 배제를 통한 장력 완화 방식은 학문적 정당성이 부족하다. 중국철학의 전통적 담론 체계는 현대 중국철학이 표출하는 '중국적 토대'이자 문화 정체성의 핵심축을 이룬다. 만약 천도(天道)·성명(性命)·심(心)·이(理)·기(氣) 등 고유 철학 범주에 대한 창조적 해석과 혁신적 계승을 포기한다면, 현대 중국철학은 철학으로서의 형식적 정체성은 유지할 수 있겠으나, 본질적 '중국성(中國性)'을 상실한 공허한 외피에 불과할 것이다. 서양철학은 중국철학이 학문적 체계를 정립하는 과정에서 유일한 방법론적 패러다임으로 작용하였으며, 그 학문적 토대에 구조적으로 내재화되었다. 현대에 이르러 서양철학은 중국철학 표현양식의 일원으로 정착하였을 뿐만 아니라, 담론 혁신 과정에서도 불가결한 구성 요소로 자리매김하였다. 더욱이 서양철학 담론은 여전히 글로벌 철학 담론의 헤게모니를 장악하고 있다. 따라서 서양철학 담론의 포기는 중국철학의 세계적 담론장으로부터의 자발적 고립을 의미하며, 동시에 철학 혁신이 지향해야 할 글로벌 비전과 시대적 소통 가능성을 근본적으로 훼손하는 결과를 초래할 것이다. 마르크스주의 철학은 인류사적 차원에서 가장 미래지향적이며 진리 탐구의 지평을 확장하는 비판적 철학 체계로서, 동시대 서양의 주류 철학 사조들과 비교하여도 여전히 우월한 철학적 경지를 구현하고 있다. 만약 우리가 마르크스주의 철학을 교조주의적 해석의 오류에서 벗어나 그 철학적 정수를 정확히 파악하고 생동감 있는 사상체계를 유지한다면, 이는 중국철학 담론 혁신에 강력한 추동력을 제공할 것이다. 결론적으로, 중국철학의 서술적 장력을 건설적으로 해소하고 담론 혁신을 실현하기 위해서는 삼중 담론을 단순히 배제하는 방식이 아니라, 현실적 삶의 장과 사회적 실천을 토대로 삼아야 한다. 이를 기반으로 삼위 담론이 상호 소통·공동 참여·창조적 융합을 이루어낼 때, 비로소 중국적이면서도 세계가 공유할 수 있는 새로운 철학적 패러다임을 창출할 수 있을 것이다.

요약하자면, 중국철학 내부에서 발생한 세 가지 장력은 단기간에 축적된 문제가 아니라, 장기적인 역사적 과정 속에서 다양한 담론 체계와의 상호작용을 통해 지속적으로 재구성되고 변모해 온 결과이다. 따라서 이러한 장력의 해소는 소수 연구자들의 단기적인 연구 노력만으로 달성될 수 있는 과제가 아니다. 이는 중국철학의 혁신을 지향하는 학자들이 국제 학계와의 지속적인 비교 연구와 상호 학습을 통해, 학문적 소통과 비판적 대화를 거쳐 점진적으로 해결 방안을 모색해야 할 중차대한 철학적 과제이다. 철학의 혁신에는 지혜와 천재성이 필수적이며, 특히 난관에 봉착할수록 심오한 통찰력과 탁월한 창의성이 요구된다. 그러나 천재성은 단순히 우연히 발생하는 것이 아니라, 특정 시대적 배경과 사상적 토대 위에서 점진적으로 형성되고 발전하는 것이다. 서양철학사를 고찰해보면, 자연 철학자들의 선행 연구 없이는 고대 그리스 철학의 삼대 거장(소크라테스, 플라톤, 아리스토텔레스)이 등장할 수 없었을 것이며, 르네상스와 계몽주의 사상의 축적 없이는 독일고전철학의 전성기도 불가능했을 것이다. 동양철학의 경우도 마찬가지로, 하·상·주 삼대 문화의 기반 없이는 춘추전국시대의 백가쟁명이 발생할 수 없었을 것이며, 유·불·도 삼대 사상체계의 상호작용 없이는 송명이학의 형성도 불가능했을 것이다. 이에 따라 철학적 혁신은 연구자들의 공동 참여를 필요로 하며, 철학이 '지식의 지평'과 '사상의 영역'을 확장해 나가는 과정에서 양적 축적을 질적 도약으로 전환하는 이론적 돌파구를 마련해야 한다. 현대 중국철학이 직면한 다양한 과제를 해결하기 위해서는 전통철학의 현대적 계승과 창조적 발전을 도모하고, 서양철학에 대한 체계적 이해와 비판적 수용을 강화하며, 마르크스주의 철학의 방법론적 유용성을 최대한 활용하여 사상적 시너지를 창출해야 한다. 이러한 다각적인 노력을 통해 비로소 중국철학은 현대적 위기를 극복하고, 새로운 역사적 시기에 맞는 '역격의'를 더욱 높은 수준과 개방적인 차원에서 구현할 수 있을 것이며, 궁극적으로 현대 중국철학의 지속 가능한 발전과 혁신을 달성할 수 있을 것이다.

제5장

중국철학 혁신의 방법론적 탐구

철학적 사유의 혁신은 반드시 방법론적 변화와 동일시될 수는 없지만, 철학이 진정한 혁신적 탐구를 지속하기 위해서는 방법론적 기반이 필수적이며, 그러한 기반이 결여된 상태에서는 현실적으로 한계가 존재한다. 여기서 방법론(Methodology)이란 단순한 방법(Methods)의 나열이나 방법의 일반화(Generalization of Methods)에 대한 이론을 가리킨다. 전자는 보편적 적용 가능성을 지닌 방법에 대한 체계적인 연구를 의미하며, 후자는 방법론 자체의 근본 원리에 대한 형이상학적 성찰을 포함한다. 본질적으로 방법(Method)은 인간이 세계를 인식하고 변혁하는 데 활용하는 도구적 장치로서 기능하며, 마르크스주의 철학의 관점에서 이는 "물질세계에 대한 인식과 변혁이라는 실천적 과정에 접근하기 위한 인지적-실천적 수단체계"로 정의될 수 있다. 역사적으로 동서양을 아우르는 철학 전통 속에서 다양한 방법론적 체계가 형성되어 왔다. 과장하지 않고 말하자면, 각 철학 체계는 고유한 방법론적 프레임워크를 지니고 있다고 볼 수 있다. 중국철학에서는 '주석(註釋)'[1], '해석(詮釋)'[2], 해경(解經)[3], '격의(格義)'[4], '육경주아(六經注我)', '아주육경(我注六經)' 등 독특한 해석학적 방법론이 발달했으며, 서양철학에서는 변증법(Dialectics), 삼단논법(Syllogism), '신앙을 통한 이해(Fiducia qua fides)', '나는 생각한다, 고로 존재한다(cogito ergo sum)', 회의론(Scepticism), 경험론(Empiricism), '판단 유보(Suspension

1) [역자주] 책의 내용이나 단어의 의미 등을 설명하는 것을 의미한다. 또한, 사물의 이치나 도리를 설명하는 것, 또는 그러한 설명을 가리키기도 한다.

2) [역자주] 어떤 사물을 깊이 해석하고 이해하는 것을 말한다.

3) [역자주] 고전 문헌의 경전을 해석하고 설명하여 독자가 그 깊은 의미를 이해할 수 있도록 하는 것을 말한다.

4) [역자주] 유추적 이해의 방법론이자 철학적 개념이다. 이는 개념 간의 대등성을 전제로, 본래 중국에 존재하던 사상적 관점에 대비하여 외래사상 관념을 해석하는 것을 의미한다.

of Judgment)', 해석학(Hermeneutics), 언어분석(Language Analysis) 등 다양한 방법론적 기법이 체계화되었다. 이러한 방법론적 차이는 동서양 철학이 각자의 문화적 토대와 인식론적 전제 하에 독자적인 사유체계와 이론적 프레임워크를 구축해온 역사적 과정과 밀접하게 연관되어 있다. 특히 중국철학의 경전 해석 전통과 서양철학의 논리적 추론 체계 사이의 대조적 특성은, 방법론적 선택이 철학적 사유의 방향성과 깊은 상관성을 지님을 보여주는 대표적 사례라고 할 수 있다.

20세기로의 전환기를 맞이하면서 중서 철학 간의 역사적 접변(혹은 서구 문명의 동방 확장)은 철학사 발전에 새로운 패러다임을 형성하는 계기를 마련하였다. 특히 20세기 초에 체계적인 학문적 기틀을 정립한 중국철학은 서양철학의 방법론적 틀 내에서 발전해왔음에도 불구하고, 중국 경제의 급부상과 함께 국제학계에서 중국 문화의 정신적 가치 및 철학적 유산에 대한 체계적인 연구가 본격적으로 시작되었다. 제2차 세계대전 이후 서구 지성사에서는 '신동방주의(New Orientalism)' 사조가 부각되기 시작하였는데, 이 사조가 비록 오리엔탈리즘적(Orientalism) 인식론의 한계를 완전히 극복하지는 못했지만, 서양 학문 전통이 아시아적 사유체계에 대해 체계적인 이해를 시도했다는 점에서 학문적 의의를 지닌다. 나아가 중서 문명 간의 교류가 확대되고 심화됨에 따라, 양 문명의 철학적 전통은 세계철학이라는 보편적 담론의 장에서 상호소통적 관계를 구축하게 되었으며, 궁극적으로는 문명 간 공동 진화의 가능성을 모색하는 단계에 이르렀다.

이러한 맥락에서 중국철학은 새로운 생명력을 부여받아야 하는 시대적 사명에 직면해 있다. 이는 단순히 중화 문화 부흥이라는 역사적 과제를 넘어, 인류 보편적 철학발전에 중국적 지혜를 기여해야 하는 보다 포괄적인 차원의 사상적 도전이다. 그러나 근대화 과정을 겪은 지난 한 세기 동안의 중국철학 발전사를 고찰해보면, 이러한 혁신적 전환이 결코 단순하지 않음을 알 수 있다. 이는 철학적 사유체계의 내재적 한계뿐만 아니라 역사적 맥락의 제약과 방법론적 패러다임의 한계가 복합적으로 작용한 결과로 분석된다. 현 단계 중국 철학계에서는 기존의 사유 패러다임을 혁신할 새로운 방법론적 프레임워크의 구축이 시급한 과제로 대두되고 있다. 이를 통해 중국철학의 이론적 지평을 확장하고 학문적 역량을 강화해야 한다는 점에는 학문적 공감대가 형성되어 있다. 그러나 전통 사유체계의 단순한 재현이나 서양철학 방법론의 표면적 차용은 근본적 해결방안이 될 수 없다. 글로벌시대의 새로운 학문적 환경 속에서 중국 고전 사상의 정체성을 유지하면서도 현대적 학문체계와의 창조적 융합을 모색해야 한다. 이를 통해 중국철학이 '고목에 꽃이 피듯이' 학문적 활력을 재생하고, 지속 가능한 '학문적 항해'를 이어갈 수 있는 방법론적 혁신 모델을 정립하는 것이 핵심과제라 하겠다. 본 장에서 제기하는 문제의식에 기반한 논의는 일종의 '비부감수(蚍蜉撼樹)'[5]에 해당할 수 있다. 방법론의 혁신을 위한 이러한 학문적 시도는 불가피하게 이론적 난제와 실천적 도전에 부딪히게 될 것이며, 나아가 '진심어린 노력에도 불구하고 학계의 인정을 받지 못하는' 결과로 이어질 수도 있다. 그러나 중국철학 연구자로서 우리는 이러한 탐구적 시도를 감행해야 할 학문적 사명을 지니고 있다. 비록 당대의 성과로 구체화되지 않거나 방법론적 한계로 인해 완벽한 성공을 거두지 못하더라도, 이는 후속 연구자들에게 '해당 방법론적 접근의 타당성과 한계'에 대한 귀중한 학문적 통찰을 제공할 수 있을 것이다. 따라서 이 과정에서 기울이는 모든 학문적 노력과 탐구는 결코 헛된 것이 아니며, 중국철학 방법론 혁신의 지속적인 여정에서 하나의 의미 있는 이정표로 기능할 수 있을 것이다.

5.1 방법론: 이분법적 접근

서론에서 필자는 중국철학의 발전과 지속의 주요 경로가 철학 문제가 아닌 철학 이론의 계승에 있었음을 지적하였다. 이로 인해 선진(先秦)시대 이후 중국철학 혁신의 기본 경로는 '주경(注經)'이라는 경전 해석체계로 장착되었다. 경(經)은 영속성과 불변성을 본질적 특성으로 지닌다(經者, 常也, 恆也). 오경(五經)에서 십삼경(十三經)에 이르기까지, '경'으로 명명된 모든 문헌은 세속적 시간성을 초월한 불변의 권위서로 인식되었다. "하늘이 변하지 않으면 도(道) 또한 변하지 않는다."[6]의 원리에 따라 경전은 도(道)를 구현한 '재도지서(載道之書)'이자 '성인지학(聖人之學)'으로서 끊임없는 해명과 재해석을 요구하는 존재였다. 이러한 지식체계의 지속적 재생산 과정은 중국철학사에서 '경전 해석학(經典詮釋學)'으로 정립되는 근간이 되었다. 고대 경전 해석방법론은 훈고(訓詁),

5) [역자주] "왕개미가 나무를 흔들려고 한다."는 뜻으로, 역부족인 힘으로 큰일을 시도하려는 것을 이르는 말이다.

6) [역자주] "天不變道亦不變"(『天人三策』·董仲舒).

집주(集注)[7], 고증(考據), 발미(發微)[8] 등 다층적 접근법을 발전시켰으나, 궁극적 지향점은 '지천도(知天道)'와 '지대인언(知大人言)'이라는 두 축에 수렴된다. 그러나 역사적 시공간의 간격으로 인해 후대 해석자들은 원전의 맥락과 개인적 사유체계, 시대적 요청 사이에서 필연적인 해석학적 장력(hermeneutical tension)을 겪게 된다. 유소감(劉笑敢)의 분류에 따르면, 이러한 장력은 텍스트의 역사성 복원을 추구하는 '문헌학적 해석 방향'과 현실 적용성을 중시하는 '창조적 해석 방향'이라는 이중적 양상으로 표출된다.[9] 이는 각각 '저자 중심주의'와 '해석자 중심주의'라는 해석학 패러다임의 차이로 설명될 수 있다. 문헌학적 접근은 고증학적 엄밀성을 바탕으로 경전의 역사적 원 뜻(原義)을 객관적으로 재구성하는 것을 목표로 한다. 해석자는 텍스트 내재적 맥락에 최대한 충실해지려는 자세를 견지하며, 주관적 개입을 최소화함으로써 '해석의 객관성'을 확보하고자 한다. 반면, 창조적 해석은 텍스트의 현실 적용 가능성과 이론적 생산성을 강조한다. 강유위의 『공양학(公羊學)』에서 확인되듯, 해석자는 경전의 '미언대의(微言大義)'를 창조적으로 확장하여 당대적 문제의식과 결합시키는 '해석적 용단'을 감행하기도 한다. 이 두 패러다임은 각각 고유의 학술 가치를 지니면서도 구조적 한계를 내포한다. 문헌학적 접근은 경전의 역사적 실체를 파악하는 데 필수적이지만, 과거 텍스트에 대한 과도한 충실성이 현실문제와의 대화 능력을 상실할 경우 경전의 정신적 생명력은 점차 퇴색하게 된다. 반면, 창조적 해석은 고전의 현대적 활성화를 도모하나, 텍스트의 역사적 맥락을 무시한 자의적 해석은 '해석의 폭주'로 이어져 원전과 해석 양자 모두를 위협할 수 있다. 따라서 이상적 경전 해석학은 역사성과 창조성의 변증법적 종합을 통해, 과거와 현재의 대화를 매개하는 해석학적 순환구조를 정립해야 한다.

중국 고대 해석학 전통에 관한 연구에서 유소감(劉笑敢)은 이론적 차원에서 세 가지 핵심 개념을 체계적으로 구분하였다. 이는 '비철학적 주해(註解)', '철학적 해석(詮釋)', 그리고 '해석적 철학 저서(著作)'[10]로 요약할 수 있으며, 각각 주석(註釋), 해석(詮釋), 구축(建構)의 차별적 특성을 구현한다.[11] '비철학적 주해'는 문자학적 차원의 전통적 해

7) [역자주] 주로 고전 문헌에 대한 주석을 의미하며, 특히 유교 경전에 대한 학자들의 해석을 모아 놓은 것을 지칭한다.

8) [역자주] 어떤 학문이나 주제에 대해 깊이 있게 연구하고 탐구하는 것을 의미한다.

9) 劉笑敢.『詮釋與定向: 中國哲學研究方法之探究』. 北京: 商務印書館, 2009:12쪽.

10) 각주 9, 32쪽.

석 방법으로, 『춘추좌씨전(春秋左氏傳)』 및 『경전석문(經典釋文)』 등에서 확인되는 바와 같이, 개별 문자, 구절, 장 단위의 문헌소해(文獻疏解)에 주력한다. 이는 음운학, 훈고학, 고증학 등 문헌학적 접근과 역사학, 천문학, 수학 등 실증적 학문영역을 포괄하며, 텍스트의 표층적 이해를 위한 기초 작업으로서의 성격을 지닌다.[12] '철학적 해석'은 단순한 언어 해독을 넘어서는 의미 탐구의 학문적 실천이다.[13] 『춘추공양전(春秋公羊傳)』, 『역전(易傳)』, 『한비자(韓非子)』의 『해로(解老)』 및 『유로(喩老)』 등에서 나타나는 바와 같이, 텍스트의 함의(meaning)와 의의(significance)를 철학적 사유의 차원에서 재구성하는 작업이다. 이 과정에서 훈고학적 방법론을 수용하되, 궁극적으로는 철학적 개념의 창출과 사상적 함의의 확장을 지향한다. '해석적 철학 저서'는 경전 해석을 매개로 독자적 철학 체계를 정립하는 창조적 학문형태이다.[14] 동중서(董仲舒)의 『춘추번로(春秋繁露)』, 왕필(王弼)의 『노자주(老子注)』, 곽상(郭象)의 『장자주(莊子注)』 등이 대표적 사례로, 이들은 경전 해석의 형식을 빌려 기존 철학 체계를 변용하고 새로운 사유체계를 구축하였다. 이러한 구분 및 이해에 따르면, '비철학적 주해' 또는 '주석'은 주로 문자학 및 고증학 분야의 작업에 해당하며, 비록 경전 및 텍스트를 이해하는 기초가 되는 요소이긴 하지만, 일반적으로 철학과의 관계는 그다지 밀접하지 않다. 따라서 본 논의에서는 이를 '해석'의 전제 또는 기초로 이해하며, 이는 '해석'과 동일하지 않을 뿐만 아니라 철학과의 거리도 상당히 멀다고 판단한다. 반면, '철학적 해석'은 철학적 차원으로 전환되며 비록 '주석'과 같은 훈고학적 작업을 포함할 수 있으나, 이 '해석'은 철학적 의미를 내포하고 있다. "통용하는 중국철학사 논저 중 언급된 주석을 단 저서는 모두 '철학적 해석 저서'로 간주될 수 있으며, 그중에서도 체계가 완벽하고 중요한 위치를 차지하는 사상가들의 해석적 작품들은 '해석적 철학 저서'로 분류될 수 있다."[15] '철학적 해석'과 '해석적 철학 저서'의 차이는 전자가 고전을 해석하는 데 중점을 둔 반면, 후자는 철학 체계의 정립을 주요 관심사로 한다는 점에 있다. 그러나 이들 모두 중국철학 해석 전통의 핵심 구성 요소에 해당한다. 또한, 앞서 언급한 의리(義理) 차이 외에도, 우리는 역사 논리적 관점에서

---

11) 劉笑敢.『詮釋與定向: 中國哲學研究方法之探究』. 北京: 商務印書館, 2009:33쪽.

12) 각주 11, 33~34쪽.

13) 각주 11, 34쪽.

14) 각주 11, 34쪽.

15) 각주 11, 32쪽.

세 가지를 구분할 수 있다. 즉, 중국철학의 해석 전통은 논리적 측면에서 볼 때 주석이 먼저 등장하고, 이어서 철학적 해석이 나타나며, 최종적으로 해석적 철학 저서를 완성하는 것이 역사적 사실이다. 다만 '논리'적 측면을 강조하는 이유는 중국철학의 해석 전통, 특히 그 발전과정에서 이 세 가지 형태가 종종 동시에 존재하기 때문이다. 이러한 공존은 시대적으로나 개인적으로도 나타날 수 있다. 즉, 세 가지 형태가 한 철학자의 철학 저서 내에서 동시에 공존할 수 있다는 점이다. 요컨대, '비철학적 주석'은 중국철학 해석 전통의 기반이며, '철학적 해석'은 일반적인 형태이고, '해석적 철학 저서'는 이 전통의 세련되고 성숙된 형태이다. 바로 이 세련되고 성숙된 형태가 중국철학의 사상혁신 및 지속적인 발전을 지탱하고 있다.

중국철학의 해석 전통을 논의할 때, 독일 철학자 가다머(Hans-Georg Gadamer)의 철학적 해석학과 '지평 융합(Horizontverschmelzung)'[16] 이론이 빈번히 비교 대상으로 부각된다. 그러나 이 두 체계는 근본적인 차이점을 내포하고 있다. 유학자 유소감이 정확히 분석했듯이, "가다머의 해석철학은 본질적으로 존재론적 성격의 철학 체계이며, 그 핵심 과제는 인간의 현존재(Dasein) 혹은 본질적 존재 방식의 탐구에 있다. 이는 방법론적 차원의 접근이나 특정 학문 분야의 연구기법과는 차원을 달리한다."[17] 가다머 본인도 이 점을『진리와 방법(Wahrheit und Methode)』제2판 서문에서 명시적으로 강조한 바 있다. "해석학의 근본 과제는 이해의 기술적 절차를 개발하는 것이 아니라, 이해가 발생하는 존재론적 조건들을 규명하는 데 있다. 이러한 조건들은 결코 방법론적 성격의 '절차'가 아니며, 따라서 해석자가 임의로 적용할 수 있는 대상이 아니다."[18] 가다머의 해석학은 하이데거(Martin Heidegger)의 철학적 전환을 계승하여, 단순한 '기술 이론'의 차원을 넘어 존재론적 차원으로의 전회(轉回)를 완성했다. 이에 따라 '이해' 개념은 단순한 인식방식이 아니라 '현존재의 세계경험 그 자체'이며 '존재의 근원적 운동성'[19]으로 재정의

16) [역자주] '시각적 지평 융합'이라고도 칭하는 이 개념은 독일의 학자 가다머(gardamer)가『진리와 방법』이라는 책에서 해석학에 대해 논할 때 사용한 중요한 개념이다. 주로 이해의 과정에서 해석자의 시각(지평, 즉 자신의 선견, 편견과 역사적 배경을 포함)과 텍스트의 역사적 시각(지평)이 서로 융합되고 서로 영향을 미침으로써 새롭고 더욱 풍부한 이해를 발생시키는 것을 가리킨다. 이러한 융합은 해석자가 텍스트의 의미를 단순히 받아들이는 것이 아닌 동태적이고 창조적인 과정으로, 이 과정에서 해석자의 원래의 시각이 확장되거나 변화될 수 있으며, 동시에 텍스트의 의미도 이로 인해 새롭게 밝혀질 수 있다.

17) 劉笑敢.『詮釋與定向: 中國哲學研究方法之探究』. 北京: 商務印書館, 2009:13쪽.

18) 伽達默爾.『詮釋學I: 真理與方法—哲學詮釋學的基本特征』. 洪漢鼎, 譯. 北京: 商務印書館, 2011:418쪽.

19) 伽達默爾.『詮釋學Ⅱ: 真理與方法—補充和索引』. 洪漢鼎, 譯. 北京: 商務印書館, 2011:555쪽.

되었다. 가다머는 하이데거의 현존재(Dasein)에 대한 시간성 분석이 "이해가 주체의 행위방식이 아니라 현존재 그 자체의 존재 방식임을 설득력 있게 입증했다."[20]고 평가했다. 이러한 철학적 토대를 고려할 때, 가다머의 해석학 이론을 중국철학의 해석 전통 연구에 직접 적용하려는 시도는 필연적으로 이론적 부조화를 초래할 수밖에 없다. 양자의 존재론적 기반과 방법론적 지향이 근본적으로 상이하기 때문이다.

'지평 융합' 개념은 해석학적 담론에서 핵심적인 이론적 축을 형성한다. 가다머의 철학적 해석학 체계에서 이 개념은 '작품과 그 효과 사이의 의미론적 통일성을 구현하는 실현 형태'로 정의된다. 그의 주장에 따르면, "해석자가 텍스트를 이해하는 과정에서 자신의 의미 지평이 결여할 경우, 작품의 본질적 의미에 도달하는 것은 원천적으로 불가능하다."[21] 이 이론적 전제 하에서 텍스트와 해석자는 각각 고유한 역사-문화적 '지평'을 보유하며, 진정한 이해란 이중시각의 변증법적 종합을 통해 새로운 의미생성의 지평이 개방되는 대화적 과정[22]으로 설명된다. 가다머는 『진리와 방법』에서 "이해란 독자적 존재로 여겨지는 지평들의 융합과정 그 자체"라고 천명함으로써, 전통적 객관주의 인식론을 철저히 탈구축한다. 이에 따라 '이해의 우열성' 문제에 대한 그의 입장은 복잡한 이중성을 드러낸다. 한편으로 이해는 "단순한 모방행위가 아닌 창조적 실천"으로 규정되며, "창조적 요소를 포함한다고 해서 그것이 필연적으로 더 나은 이해를 보장하지 않는다."고 주장한다. 다른 한편 "이해의 정당성은 자의적 해석에서 기인하지 않으며, 텍스트 자체의 타자성과의 대화적 긴장 속에서 확보된다."라는 점을 강조한다. 이 이론적 모순에 대해 가다머는 "우리가 이해할 때, 필연적으로 다르게 이해한다."[23]는 현상학적 진술로 해결을 시도한다. 즉 가다머는 이해의 가치 판단 기준을 '정확성'에서 '창조적 차이'의 차원으로 전환함으로써, "차이 자체가 궁극적 가치 기준으로 부상하며 더 나은 이해의 가능성을 원천적으로 배제하는"[24] 이론적 딜레마에 직면하게 된다. 그러나 그는 동시에 '텍스트의 타자성을 청취하는 해석자의 윤리적 자세'를 요구하며, '임의적 해석은 텍스트와의 대화 과정에서 스스로 해체되는 자기초월적 성격'을 지닌다고 역설한다. 이러한 이중

20) 伽達默爾.『詮釋學Ⅱ: 真理與方法—補充和索引』. 洪漢鼎, 譯. 北京: 商務印書館, 2011:555쪽.
21) 각주 20, 602쪽.
22) 伽達默爾.『詮釋學I: 真理與方法-哲學詮釋學的基本特征』. 洪漢鼎, 譯. 北京: 商務印書館, 2011:433쪽.
23) 각주 22, 420쪽.
24) 劉笑敢.『詮釋與定向: 中國哲學研究方法之探究』. 北京: 商務印書館, 2009:16쪽.

적 입장은 결국 해석학적 순환구조에서 해결점을 모색한다. "진정한 이해를 추구하는 자는 자신의 선이해를 텍스트에 강요하지 않고, 오히려 텍스트의 목소리에 귀 기울이는 개방적 태도를 견지해야 한다."[25] 따라서 해석자의 창조적 기여는 "주관적 편견의 합리화가 아니라, 텍스트와 해석자 사이의 지평 융합을 매개하는 필수적 조건"으로 재정의된다. 이러한 이론적 틀 안에서 가다머는 역사주의적 객관성 신화를 해체하면서도 상대주의적 함정을 회피하는 변증법적 균형감각을 보여주었다. '지평 융합' 이론은 철학 해석학 분야에서 확실히 창의적 통찰과 혁신적 가치를 지니며, 중국철학 해석 전통에 대한 방법론적 계기를 제공한다. 그러나 이 이론의 차이성 인식 기준은 합리적 이해의 범위를 과도하게 확장함으로써, 해석학적 논의를 단순화하거나 이론적 수준을 하향 평준화시키는 경향성을 나타낸다. 특히 가다머의 해석학 체계는 합리적 이해의 틀 내에서 해석적 우열의 판별 문제에 대해 본질적 해결책을 제시하지 못한다는 점에서 방법론적 한계가 확인된다. 논리적 추론에 따르면, 해석자의 이해과정이 완전히 임의적이지 않다면 다양한 해석은 단순한 차이의 차원을 벗어나지 않는다. 만약 이 이론을 중국철학 해석 전통 연구의 보편적 준칙으로 삼을 경우, '육경주아'와 '아주육경'의 해석학적 변별력이 소멸되어 역사적 해석 층위의 다원성이 무의미해질 우려가 있다. 더 나아가 조기(趙岐)의 『맹자장구(孟子章句)』,[26] 주희(朱熹)의 『맹자집주(孟子集注)』[27], 대진(戴震)의 『맹자자의소증(孟子字義疏證)』[28] 등 역사적 해석 텍스트 간의 학술사적 가치 변천을 체계적으로 해명하는 데 방법론적 한계에 직면하게 된다.[29] 실제 해석학적 실천에서 '지평 융합'은 텍스트의 역사

25) 伽達默爾. 『詮釋學Ⅱ: 真理與方法—補充和索引』. 洪漢鼎, 譯. 北京: 商務印書館, 2011:75쪽.

26) [역자주] 조기(趙岐)가 『맹자』에 대한 상세한 주석과 해설을 담은 저술로, 원문에 대한 구절별 해석뿐만 아니라 조기 자신의 맹자 사상에 대한 이해와 독자적인 해석도 반영하고 있다. 이 작품은 고대 중국 학술사에서 중요한 위치를 차지하며, 『맹자』 연구에 필수적인 참고문헌으로 평가받고 있다.

27) [역자주] 남송의 성리학자 주희(朱熹)가 『맹자』에 주석을 추가한 저술로, 그의 대표작이다. 이 책은 전통 유학에 대한 깊이 있는 해석을 제시함으로써 『맹자』를 자부(子部)에서 경부(經部)로 격상시키는 계기를 마련하였으며, 유학 연구의 핵심 문헌으로 자리 잡게 하였다. 주희의 주해는 고전의 해석 방식과 철학적 사유를 결합하여 독자적인 해석 전통을 형성하였고, 비록 후대 학자들로부터 일부 비판을 받기도 하였으나 그 영향력은 여전히 지대하다.

28) [역자주] 『맹자자의소증』은 청대 학자 대진(戴震)이 저술한 철학 저작이다. 이 책은 훈고학과 고증학의 관점에서 출발하여 이(理), 천도(天道), 성(性), 재능(才), 도(道), 인의예지(仁義禮智), 성(誠), 권(權) 등 주요 철학 범주의 본질적 의미를 깊이 있게 탐구하고 해설하였다. 대진은 이 저술을 통해 송나라 이후 유가 경전 해석에 나타난 일부 관점에 반박하고자 하였다. 저서에서는 맹자의 사상을 상세히 해석하는 한편, 이치(理)와 천리(天理) 등 다른 철학 개념들에 대한 논의도 함께 전개하며, 각 개념 간의 내적 연관성과 실제 생활에서의 적용 가능성을 부각하였다.

29) 劉笑敢. 『詮釋與定向: 中國哲學研究方法之探究』. 北京: 商務印書館, 2009:15~16쪽.

적 맥락에서 의미구조를 복원하는 고증의 과정과, 이를 현대 상황에 부합되게 새롭게 해석하려는 창의적 시도가 함께 이루어질 것을 요구한다. 이에 따라 해석의 우열 판단은 각각의 연구 지향성에 따라 상이한 평가 기준을 적용해야 한다. 텍스트 중심·역사 지향적 해석의 경우 텍스트 원의(原義)의 정확한 재구성을 기준으로 삼아야 하며, 반면 현대적·응용 지향적 해석은 시대적 요청에 부응하는 창의적 해석의 혁신도를 평가 기준으로 삼아야 한다. 가다머 해석학의 세계철학사에 대한 기여는 부인할 수 없으나, 이는 만능의 방법론이 아니다. 중국철학 연구에 있어서는 '나래주의(拿來主義)'[30]의 수동적 차용을 경계해야 하며, 서구 해석학 이론의 중국철학 특수성에 대한 적용 가능성을 철학적 반성과 방법론적 비판을 통해 엄밀히 검증해야 한다.

중국철학 발전사에서 경전 해석은 사상 창출의 핵심적 매개체이자 방법론적 경로로 인식되어 왔다. 본론에서는 이미 역사적 실증주의 해석학과 창의적 주체표현 해석학이라는 두 가지 핵심적 방법론 패러다임을 검토한 바 있다. 이 상호보완적인 해석학 체계는 전통적 학술 담론에서 '아주육경'과 '육경주아'의 이중구조로 개념화되며, 현대 학술적 프레임워크에서는 "역사적 텍스트에 대한 학술적 이론 연구"와 "현실과 미래지향적 현대 이론 구축"이라는 이원적 차원으로 재해석될 수 있다.[31] 역사주의적 접근과 혁신주의적 접근은 각각 독자적인 인식론적 가치와 방법론적 의의를 지닌다. 비록 실천적 차원에서 이 두 패러다임을 완전히 분리하는 것이 불가능하지만, 그 개념적 경계를 모호화하거나 동일시해서는 안 된다. 역사적 본질에 대한 정밀한 규명 없이는 원전의 참의미에 도달할 수 없으며, 현대적 문제의식 없이는 이론적 혁신을 기대하기 어렵다. 유소감 교수가 강조하듯, 이러한 이중구조를 현대 학술용어로 재정립한 근본적 의도는 "기존 해석체계에 대한 체계적 이해를 심화함과 동시에, 보다 본질적으로 현대 학자들의 연구 과정에서 방법론적 자의식을 제고함으로써 중국철학이 현대 학문으로서의 이론적 수준을 제고하기 위함에 있다."고 할 수 있다.[32]

---

30) [역자주] 「나래주의(拿來主義)」는 중국 현대 문학가 노신(魯迅)이 풍자적 해학과 날카로운 비판정신, 기교적인 언어 구사를 통해 당대 정치 현실에 대한 통찰력 있는 비판과 권위주의 체제에 대한 저항 의식을 체계적으로 제시한 잡문이다. 이 작품은 예리한 사회비판과 정교한 담론분석이 유기적으로 결합된 텍스트로, 중국 현대 사상사에서 독창적인 사유체계와 실천적 비판 정신을 동시에 구현한 대표적인 저작으로 평가된다. 현대적 맥락에서 '나래주의'는 창조적 혁신보다는 전통 문화유산의 기계적 계승을 지향하는 보수적 사고방식을 의미한다.

31) 劉笑敢. 『詮釋與定向: 中國哲學研究方法之探究』. 北京: 商務印書館, 2009:60쪽.

'아주육경'과 '육경주아'는 송대 철학가 육구연(陸九淵, 1139~1193)의 핵심 학술 명제로서, 경전 해석학 방법론에 관한 중요한 논쟁을 유발한 개념이다. 『육구연년보(陸九淵年譜)』의 기록에 의하면, 육구연의 제자 양간(楊簡, 1141~1225)이 그에게 "육경에 주석을 달지 않는 이유"를 질문하자, 육구연은 "육경이 마땅히 나를 주석해야 하거늘, 내가 어찌 육경을 주석하겠는가?"[33]라고 답변하였다.[34] 이는 '육경주아'와 '아주육경'의 원초적 형태로 간주된다. 여기서 '육경'은 유가 경전 체계를 총칭하는 개념으로써 협의로는 사서오경(四書五經), 광의로는 십삼경(十三經)까지 포괄하며, '주(注)'는 경전에 대한 주석 혹은 해석을 의미한다. 이 논의의 핵심은 '아(我)' 개념의 철학적 함의에 있다. 육구연은 "학문을 하려고 근본을 찾고자 한다면 고대 경서에서 근원을 찾는 데에 구애되지 말아야 한다."[35]고 주장하며[36], 본심(本心)과 양지(良知)의 체득을 통한 주체적 각성이 경전 해석을 초월한다는 입장을 피력하였다.[37] 이때 '아(我)'는 개별적 실존을 넘어선 '천리(天理) 체현의 주체'로서, 성인의 심성(心性)을 계승한 도덕적 주체성을 의미한다. 따라서 경전은 본심이 외재화된 결과물에 불과하며, 본말 관계에서 부수적인 위치에 있다고 보았다. 이 주장은 남송 말 학자 진보(陳普, 1244~1315)의 강렬한 비판을 초래하였다. 그는 『기사약의(記事約義)』에서 "육경주아론은 장자 학파의 오만한 발언에 지나지 않는다. 경전의미조차 완전히 이해하지 못한 현실에서 주석의 필요성을 부정하는 것은 하학상달(下學上達)의 유학 수양을 저버린 것"[38]이라고 지적하였다.[39] 양자의 논쟁은 학술 목적론과 방법론의 근본적 차이에서 기인한다. 육구연이 도덕실천을 최우선적 학문 목적으로 삼아 경전연구의 부수성을 강조한 반면, 진보는 '존덕성(尊德性)과 도문학(道問學)의 통합'을 주장하며 경전탐구를 천리(天理) 체득의 필수경로로 간주하였다.[40] 비록 양측 학파 간 학술적 견해 차이를 좁히지 못하였으나, 본 논쟁을 통해 '육경주아'와 '아주

32) 劉笑敢.『詮釋與定向: 中國哲學研究方法之探究』. 北京: 商務印書館, 2009:62쪽.

33) [역자주] "六經當注我, 我何注六經",『語錄』(陸九淵).

34) 陸九淵.『陸九淵集』. 北京: 中華書局, 1980:522쪽.

35) [역자주] "學苟知本, 六經皆我注腳",『語錄』(陸九淵).

36) 각주 34, 395쪽.

37) 각주 32, 66쪽.

38) [역자주] "六經注我, 莊生之流, 傲忽之辭。六經注我, 而我於六經之義, 仍猶有所未明, 何哉? ……此所爲忽傲者也, 先立其大, 則必略其小, 而迷於'下學上達'之途矣",『答上饒遊翁山書』(陳普).

39) 陳普.「答上饒遊翁山書」//『黃宗羲全集: 第5冊』. 杭州: 浙江古籍出版社, 2005:480~481쪽.

40) 각주 32, 67쪽.

육경'이 근본적으로 경전 해석학적 방법론의 차원을 넘어선 학문적 목적의식과 경전 주해(註解)의 당위성에 관한 인식론적 차원의 문제임을 규명할 수 있다. 특히 해석학적 방법론으로서의 '경전 주석' 개념은 역사적 발전과정을 거치며 추가적으로 부여된 개념적 외연(外延)으로서, 그 원초적 학술사적 맥락과는 구별되어 이해되어야 함을 확인할 수 있다.

실제로, '아주육경'과 '육경주아' 이전에, 경전 해석 방법론의 의미와 더 가까운 또 다른 범주가 존재한다. 곽상(郭象)의 『장자주(莊子注)』에서 유래한 '곽상주장자(郭象注莊子)'41)와 '장자주곽상(莊子注郭象)'42)의 문제가 바로 그것이다. 주지하다시피 곽상의 『장자주』는 형식적으로는 『장자』에 대한 주석서 형식을 따르고 있으나, 실제로는 그가 이 책을 매개로 자신의 독화론(獨化論) 사상체계를 전개하였다. 이러한 이유로 "곽상(郭象)이 장자를 주석한 것에 대해 '곽상이 장자를 주석한 것이 아니라, 오히려 장자가 곽상을 주석한 것이 아닌가?'"43) 라는 의문이 생기게 되었다. 후세가 '장자주곽상'에 대한 태도는, 유소감의 연구에 따라 대체로 두 가지로 구분할 수 있다.44) 옛사람들이 이 표현을 사용해 곽상주장자 자체를 지칭할 때는 주로 곽상의 주석에 대한 칭찬을 의미한다. 예컨대, 유훈(劉塤)은 "곽상주장자는 논의가 고상하고 간결하며, 깊은 의미를 담고 있다. 장자가 수천 마디로도 명확히 밝히지 못한 것을 곽상은 한 마디로 해결했다."라고 평가하였다.45) 그러나 이 표현이 다른 작품에 대한 평론에서 사용될 때는, '장자주곽상'은 보통 해석자가 원저자나 텍스트의 본래 의미를 제대로 파악하지 못했음을 비판하는 뜻으로 사용되었다. 예를 들어, 송나라 학자들이 왕필(王弼)의 『역주(易註)』를 비판하며 말하기를 "왕필의 주석은 공허한 말을 늘어놓기만 하고, 자의적인 해석을 섞어 넣었으므로 '곽상

---

41) [역자주] 서진(西晉) 시대의 현학자 곽상(郭象)이 『장자』와 그 사상에 대해 주석을 달고 해설한 것을 의미한다. 곽상의 『장자주』는 해석학적 성격을 지닌 철학 저작으로, '육경주아'의 대표적인 작품에 속한다. 이 책은 곽상의 해석학 사상을 체계적으로 서술하고 있는데, 여기에는 그의 해석 특징, 해석 목적, 창조적 해석, 유연한 해석 방식, 그리고 장자 사상의 진실성 등에 대한 논의가 포함되어 있다.

42) [역자주] 곽상(郭象)이 『장자』에 단 주석은 장자 본인의 사상과 다소 차이를 보인다. 비록 장자 사상의 범주를 완전히 벗어나지는 않았지만, 은연중에 곽상의 자의적인 해석의 태도를 드러내고 있다. 따라서 일각에서는 곽상이 장자를 주석하는 것을 빌미로 오히려 자신의 사상을 펼쳤다고 말한다. 즉, 곽상이 장자를 해석한 것이 아니라, 장자가 곽상의 사상을 뒷받침하는 도구가 되었다는 뜻이다.

43) 普濟. 『五燈會元』. 北京: 中華書局, 1984:1348쪽.

44) 劉笑敢. 『詮釋與定向: 中國哲學研究方法之探究』. 北京: 商務印書館, 2009:72쪽.

45) 劉塤. 『隱居通議: 卷十九』. 北京: 中華書局, 1985:195쪽.

주장자'가 오히려 '장자주곽상'처럼 보인다"[46]라고 하였다.[47] 후세에 이르러 사람들은 곽상과 장자의 학술 환경을 초월하여 '곽상주장자'와 '장자주곽상'을 두 가지 상이한 주석학적 패러다임으로 인식하게 되었다. 두 방법론은 상호보완적 관계에 있으나 학술적 난이도와 방법론적 우위에 있어 차이점이 존재한다는 점이 학계 공론으로 자리 잡았다. 다만 이러한 차이는 주석 텍스트 자체에 기인하는 것이 아니라, '주관적 편향성의 극복 여부'라는 방법론적 과제와 '저자 정신(精神)의 객관적 재구성'이라는 해석학적 원칙에 대한 태도 차이에서 비롯된다고 분석되었다.[48] 학술사적 관점에서 보면, 당대 학자들은 '육경주아'의 방법론적 폐단을 경계하면서 '아주육경'의 실증적 접근을 통해 원전의 본질적 정신을 복원하고자 노력하였다.[49] 이 과정에서 비록 곽상의 『장자주』가 '간결한 서술'과 '탁월한 견해'로 인해 고대 지식인들의 경탄과 공감을 불러일으켰으나, 학문적 엄밀성 측면에서 '타자를 통한 주체적 울분 표출'이라는 '장자주곽상'식 해석방법론은 학문공동체의 광범위한 수용을 얻지 못하였다. 이러한 학술적 부정적 평가는 크게 두 측면에서 기인한다. 첫째, 해당 방법론은 해석학적 과잉의 위험성을 내포하여 성공적 실행 시 학파창립의 가능성을 지니지만, 방법론적 실패 시 '호상학적(虎象學) 오류(즉 이론적 변형으로 인한 본질적 왜곡)'를 초래하거나 저자의 원의(原義)를 이탈하여 주관적 해석을 강요하는 '사심자용(師心自用)'의 오류에 빠질 위험성을 내포한다. 둘째, 이 방법론은 해석 주체와 텍스트 간의 상호작용에서 발생하는 '주석학적 변이성'을 통제하기 어렵다는 방법론적 한계를 지니고 있다. 고전 해석학적 관점에서 볼 때, '곽상주장자'와 같은 전통적 주석 방법론은 철학 텍스트 이해의 기초적 토대로서 불가결한 학문적 가치를 지닌다. 비록 '장자주곽상'과 같은 역설적 해석이 표면적 성과를 거둔 것으로 보일지라도, 이는 곽상의 장자 철학에 대한 진정한 이해의 산물이라 단정하기 어렵다. 더욱이 이러한 실험적 해석 방법에만 집착하여 정전(正典) 주석의 기본 원칙을 경시할 경우, 학문적 엄밀성의 상실이라는 심각한 결과를 초래할 수밖에 없다. 중국 고대 학자들은 사상적 혁신을 추구함에 있어서도 직관적이고 파격적인 '장자주곽상'식 접근법보다, '곽상주장자'식 전통

46) [역자주] "輔嗣注易, 不但爲玄虛語, 又間出己意。一段易反晦而難明, 故世謂郭象注莊子, 反似莊子注郭象".

47) 劉笑敢.『詮釋與定向: 中國哲學研究方法之探究』. 北京: 商務印書館, 2009:70쪽.

48) 각주 47, 71쪽.

49) 각주 47, 71쪽.

해석 방식을 통해 경전의 본래적 의미와 성인(聖人)들의 심오한 사유에 접근하고 체화하는 것을 학문적 정당성의 근간으로 삼았다. 모든 사상적 창조는 필연적으로 '아주육경'의 토대 위에서 성립되어야 하며, '육경아주'나 '장자주곽상'과 같은 해석학적 변주는 중국 철학사 내에서도 예외적 사례로 분류된다.

근대적 전환기를 맞이하면서 중국철학의 주경(注經) 해석 전통은 구조적 변곡점에 직면하게 되었다. 서양철학 개념체계의 확장과 함께 동아시아에 체계적으로 유입되면서, 중국 전통철학의 핵심 용어와 사유체계를 서양철학의 인식론적 틀과 방법론적 장치를 통해 재해석하는 경향이 학술 담론의 헤게모니를 장악하게 된 것이다. 특히 '중국철학'이라는 학문적 범주의 정립 자체가 이러한 서구 중심적 패러다임 하에서 이루어짐에 따라, 근대 이후의 학술공동체에서는 중국 고유의 철학적 전통이 서구적 개념체계 속에서 '역격의'라는 이중적 해석학적 과제에 직면하게 되었다. 이러한 지적 풍토 속에서 '아주육경'으로 대표되는 전통적 주석학적 방법론은 점차 그 학문적 효용성을 상실하게 되었으며, 철학적 담론의 창의적 재구성을 위한 방법론적 도구로서의 기능이 현저히 약화되었다. 이로 인해 주자학적 해석학 전통에 기반한 철학 혁신 모색은 이론적 한계에 부딪혔으며, 모종삼과 같은 소수 예외적 사례를 제외하면 대부분의 학술 시도가 서양철학의 개념적 틀 내에서의 이차적 해석 작업에 머무르는 양상이 지속되었다.

근대 이후의 '역격의' 개념은 위·진시기 전통적 '격의'와 대비되는 이론적 구조를 지닌다. 학술사적 관점에서 '격의'는 문화교섭의 초기 단계에서 발생하는 독특한 경전 해석학적 방법론으로 정립되며, 특히 중국 위·진 시대 토착문화와 불교 문화 간의 상호 소통 과정에서 그 전형적 사례를 확인할 수 있다. 문헌학적 고증에 의하면, '격의' 개념의 최초 기술은 중국 남조(南朝)의 양(梁)나라 석혜교(釋慧皎, 497~554)의 『고승전(高僧傳)』 권4 『진고읍축법아(晉高邑竺法雅)』 편에 수록되어 있다. 해당 기록은 축법아(竺法雅)가 "소년 시절 외학(外學)과 세전(世典)에 정통하였으며 성장 후 불교 의리를 체득함으로써 사대부층의 학문적 종주(宗主)로 부상하였음을 서술하였다. 특히 그가 강법랑(康法朗) 등과 공동으로 경중사수(經中事數, 불경 개념)를 유가 사상·도가 사상 등 중국 전통사상과 대비하여 불교 교리를 해석한 방식을 후세에서는 '격의'라 칭하였다."[50] 여기서 '외

50) 釋慧皎. 『高僧傳』. 北京: 中華書局, 1992:152쪽.

학'과 '세전'은 불교 외부의 학문체계를 지칭하며, '경중사수'는 불경 내 개념체계의 구조적 틀을 의미한다. 보다시피, '격의'의 본질은 토착문화의 정착된 개념체계를 매개로 외래사상의 핵심 개념을 대중적으로 해석하는 과도기적 방법론이다. 탕용통(湯用彤)은 '격(格)'을 '개념 간의 체계적 대응'으로, '의(義)'를 '명목체계의 구조화'로, '격의'를 관념 비교 방법 또는 상이한 관념 간의 대등으로 해석하였다.[51] 이밖에도 유소감(劉笑敢)은 이 방법론이 토착 경전에 대한 심층적 이해, 불교 교리에 대한 학문적 숙련, 문화 전환기 교육적 실용성, 핵심 개념의 비교해석, 친숙과 비친숙 개념체계의 상호매개 등 다섯 차원의 학술적 특성을 내포한다고 역설하였다.[52] 역사철학적 관점에서 전통적 '격의'는 문화수용 과정에서 발생하는 해석학적 변통책(權宜之計)으로, 토착문화의 정착된 개념체계를 통해 외래사상의 기초개념을 재해석하는 과도기적 메커니즘으로 평가된다.[53]

'격의'는 광의와 협의 두 가지 측면에서 이해될 수 있다. 광의의 '격의'란 중국 본토 또는 익숙한 전통 경전의 개념 및 용어를 활용하여 외래 개념과 사상을 이해하고 대비함으로써 낯선 문화의 개념과 사상을 해석하는 방법론적 접근을 의미한다. 한편 협의의 '격의'는 위진남북조 시기 불교 전입 초기에 불가(佛家)들이 중국 경전의 개념과 용어를 차용하여 불교 경전의 사상을 해석한 특정한 방법론을 지칭한다. 역사적으로 볼 때, 협의의 '격의' 방법이 본격적으로 제기되기 이전인 위·진 시대에 하안(何晏)과 왕필(王弼) 등이 이미 노자와 장자의 용어를 활용하여 유학을 해석한 사례가 있었다. 근대에 이르러서는 유사한 방식으로 중학의 개념을 통해 서학을 '격의'하는 현상이 나타났다. 예를 들어, 근대 기독교 전파 과정에서 중국의 '상제(上帝)'나 '천(天)'이라는 용어로 기독교의 'God'을 해석하거나, 서양철학 수용 과정에서 '격치(格致)'를 '물리' 또는 '과학'으로, '도(道)'를 고대 그리스 철학의 '로고스(logos)'로 해석한 사례가 있다. 특히 주목할 만한 것은 양계초가 불교 용어인 '진여(眞如)'로 칸트(Kant, 1724~1804)의 '자유의 나(自由之我)'를, '무명(無明)'으로 '현상의 나(現象之我)'를 해석한 사례이다.[54] 이는 불교가 이미 본토화

51) 湯用彤.『儒學·佛學·玄學』. 南京: 江蘇文藝出版社, 2009:136쪽.

52) 劉笑敢.『詮釋與定向: 中國哲學硏究方法之探究』. 北京: 商務印書館, 2009:99쪽.

53) 각주 52 참조.

54) [역자주] 칸트 철학에서 '자유의 나'와 '현상의 나'는 인간 존재의 두 가지 측면을 나타낸다. '자유의 나'는 인간이 스스로의 이성으로 도덕 법칙을 세우고 그에 따라 행동하는 자율적인 존재로서의 자신을 의미한다. 이는 경험적 제약에서 벗어난 순수한 이성의 자유이며, 인간을 인간답게 만드는 인격성의 근원이다. 반면 '현상의 나'는 우리가 경험하는 감각 세계 속에서 존재하는 자신을 의미한다. 이 세계는 원인

된 문화적 자원으로 활용되면서 칸트 철학의 개념을 '격의' 방식으로 재해석한 전형적 사례라 할 수 있다.[55] 전통적 '격의'가 불교의 중국 전래 과정에서 비교적 성공적인 문화 수용 모델로 평가된 점은, 근대 서학 수용 과정에서도 '격의' 방법론이 유효하게 작용했다면 중국철학의 양상이 어떻게 달라졌을지에 대한 성찰을 불러일으킨다. 그러나 안타깝게도 근대 서학 전파 과정에서 전통적 '격의'는 기대만큼의 성과를 거두지 못했다. 일각에서는 '격의' 자체가 당대나 현대에 있어서도 그리 중요하지 않은 방법론이라고 평가하기도 한다. 이는 근대 중국이 서양 문화의 급격한 유입 속에서 수많은 새로운 개념과 용어를 소화할 시간적 여유나 학문적 저력을 갖추지 못했기 때문이다. 당시 서학은 단순한 교류나 해석의 대상이 아닌 학습과 모방의 대상으로 인식되었으며, 전통 중학 역시 서학을 효과적으로 해석할 수 있는 이론적 체계를 갖추지 못했다. 더욱이 근대 서양 문화의 다수 개념은 중국 전통문화 내에서 대응어를 찾기 어려웠고, 이에 중국은 일본을 통해 한자로 번역된 서학 용어를 수용하는 방식을 택할 수밖에 없었다. 따라서 번역과 인용·소개의 속도 및 효율성 측면에서 볼 때, '격의'의 역할은 현저히 축소될 수밖에 없었다.

물론 단순한 서학의 개념체계, 학술용어 및 이론적 틀의 도입은 중학의 발전에 긍정적 영향을 미칠 수 있었을지 모르나, 실제 역사적 과정에서는 서양철학의 사유구조가 중국 고유의 경전 해석 방식에 재편되는 복잡한 현상이 발생하였다. 특히 주목해야 할 점은 이러한 '격의' 방법론이 근대 중국 지성계에서 의식적으로 선택되고 실행된 것이라는 사실이다. 전통적 '격의'가 중국 중심의 해석체계(中本西末)를 기반으로 서양 문화를 수용·설명하던 방식과 대조적으로, 근대 '격의'는 서양철학 체계를 표준 참조체계로 삼아 중국 사상을 재해석하는 방향성을 지니고 있다. 이는 친숙한 본래 문화코드를 외래 철학의 논리적 프레임워크에 부합시키는 방법론으로 이해될 수 있다. "따라서 우리는 이러한 방법을 '역격의'라 명명하고자 한다."[56] 이 개념은 광의와 협의 두 차원에서 구분되어 논의할 수 있다. 광의의 '역격의'는 서양 학문 체계를 활용한 중국문화 연구 전반을 포괄하며, '이서석중(以西釋中)' 개념과 유사한 맥락을 지닌다. 반면 협의의 '역격의'는 특정 서양 철학 이론을 중국 사상의 개념구조와 대응시키는 실증적 방법론을 지칭한다. 따라서 '역

과 결과의 법칙에 따라 움직이며, 우리의 의지와 행동은 다양한 외부적 영향과 제약 속에서 이루어진다.
55) 劉笑敢.『詮釋與定向: 中國哲學研究方法之探究』. 北京: 商務印書館, 2009:100쪽.
56) 각주 55, 101쪽.

격의'는 '이서석중'식 철학연구를 지칭하는 유일한 개념이 아니다. 이외에도 '양격의(洋格義)'(임진국 등의 견해), '역격의(逆格義)'(임안오 등의 견해) 등 다양한 용어 제안이 있으나, 이 방법론은 근본적으로 '역격의'의 범주 내에 속한다. 사실 근대 중국철학 연구의 주류 패러다임은 시종 이 방법론적 전환을 겪어왔으며, '중국철학'이라는 학문 개념 자체가 바로 이러한 '역격의'의 산물이라 할 수 있다.

보편적으로 인정되는 사실은, '역격의' 방법론이 중국철학 연구와 발전에 지대한 기여를 했다는 점이다. 근대화 과정에서 전통적인 '주경해경(注經解經)' 해석체계는 그 영향력을 상실했으며, 신세대 철학자들은 이 방법론을 통해 새로운 철학적 사유와 체계를 구축할 수 있는 한계에 직면하게 되었다. 이는 중국 전통철학이 근대 서양 문명의 도전 앞에서 겪은 역사적 운명이자, 동시에 철학 연구방법론의 현실적 전환점을 의미한다. 서양철학 체계의 도입과 병행으로 인해 호적, 풍우란 등 학자들은 '역격의' 방법론을 접목하여 『중국철학사대강』과 『중국철학사』 등과 같은 학술 걸작을 탄생시켰다. 이를 통해 중국철학 연구는 새로운 패러다임으로 전환되었으며, 궁극적으로 '현대적' 학문체계를 정립하고 서양철학과 대등한 독자적 철학 패러다임을 확립하는 데 성공하였다. 특히 항일전쟁 기간 민족주의 열기가 고조되던 시대적 배경 하에서, 이러한 학술적 사건은 중화 문화의 정체성 유지와 관련된 중대한 문화적 의미를 지녔다. 이 새로운 패러다임의 지도 하에, 중·서 철학 문화 교류 초기의 어려운 단계를 극복하고, 다수의 학술 저서가 출판되었다. 이 과정에서 전통적인 중국철학 사상은 새롭게 등장한 시각론과 개념체계를 통해 시대적 가치를 재해석 받으며 새로운 생명력을 얻었다. 더욱 중요한 것은 이 방법론적 전환을 통해 중국철학이 서양적 현대사유방식으로의 진입을 시작했다는 점이다. 현재 중국철학 연구계는 서양뿐만 아니라 글로벌 학문계의 시각장에서 중국철학 자원을 활용해 현대적 문제에 대한 해결책을 모색하고 있으며, 이는 특히 현대 신유학 연구와 해외 중국철학 연구 분야에서 두드러진 현상으로 나타난다.

하지만 이런 현상의 또 다른 측면을 간과해서는 안 된다. '역격의'는 철학연구에 혁신적 동력을 제공하는 동시에, 우리 자신의 철학적 도약을 가로막는 장애물로 작용할 수 있는 이중적 성격을 지니고 있다. 첫째로 이 방법론은 중국 전통철학에 대한 오해를 유발하거나 억지로 끼워 맞추는 위험을 내포할 수 있다. 본래 '격의'는 주로 본토 철학의 토대 위에서 낯선 외래 철학을 소화·응용하는 방식이었다. 즉, 중국적 사유방식으로 비중국적 문화를 해석하려는 지혜였다. 반면 '역격의'는 서양철학의 개념체계와 용어를 통해 중국 고유의 사상을 해석하는 태도이다.[57] 이는 중국철학과 국제 철학계의 대화에 유리한 반면에, 서양철학의 틀을 중국철학에 강제 적용하려는 경향을 낳는다. 예를 들어 현대 중국 철학에서 통용되는 '본체론', '존재론', '유물론', '관념론' 등 핵심 개념들은 사실 마르크스주의 철학을 포괄한 서양 어휘체계를 통해 중국철학을 재구성한 결과물이다. 우리가 중국 학자들의 서양철학 이해도를 논하기 전에(어느 정도의 '오해'는 피할 수 없음) 더욱 근본적인 의문이 제기된다. 이 서양식 개념들이 과연 중국 전통철학을 진정 포괄적으로 설명할 수 있는가? 중국철학에 서양의 '존재(存在)', '본질(本質)', '실재(實在)', '초험(超驗)'과 같은 개념이 실재적으로 존재하는가? 만약 존재한다면, 왜 서양 철학자들이 중국 사상을 지속적으로 부정하는가? 여기에 담긴 문제의식은 단순히 서양 학자들의 이해 부족에서 기인한 것만은 아니다. 물질과 정신, 유물론과 관념론의 이분법적 구분이 과연 그토록 확고한 것인지, 나아가 서양철학의 개념체계가 중국철학 해석을 위한 최적의 틀인지에 대한 물음은 필연적으로 제기되는 본질적인 철학적 성찰이다.

둘째, '역격의' 연구를 진행하는 학자들은 이 개념이 유발하는 학술적 오해에 대해 상대적으로 소홀한 태도를 보인 것으로 나타난다. 전통적인 '격의'는 승려들이 경전 해설을 통한 제자 교육 방식으로 시작되었으나, 이는 애초에 문제의 심각성을 예상하지 못한 편법적 수단이었다. 그러나 시간이 흐르면서 이를 비판적으로 재해석하는 사상가들이 등장하였다. 후조(後趙) 시기 석호(石虎) 불교 왕국 운동에 참여한 도안(道安)은 후조를 떠난 후 "선대의 '격의'는 논리적 기반이 부족하다."[58]고 직언하였으며, 후진(後秦) 홍시(弘始) 3년(401년) 구마라습(鳩摩羅什)이 장안(長安)에 진출하여 불경을 번역하기 시작하면서 '격의'와 같은 편법적 방법이 점차 사라지게 되었다. 전통적 '격의'가 불교 교리 이

57) 여기서 유소감(劉笑敢)이 지적한 우려는 결코 근거 없는 것이 아니다. 그는 현대 교육 체제 하에서 청년 학자들이 서양철학을 먼저 학습한 뒤 중국철학 연구를 시작하는 과정에서, 서양철학에 대한 이해가 중국철학에 대한 이해보다 훨씬 깊어지는 현상을 지적하였다. 이는 호적, 풍우란 시대의 학문적 맥락과 문제의식의 차이에서 기인한다고 볼 수 있다. (劉笑敢.『詮釋與定向: 中國哲學研究方法之探究』. 北京: 商務印書館, 2009:105쪽) 그러나 필자는 이러한 '역격의'가 이들의 연구 방식에 적용되지 않은 것처럼 보일지라도, 실제로는 이들 방식이 '이서석중(以西釋中)'의 근본적 틀을 벗어나지 못하고 있다는 점에서 여전히 '역격의'의 한 변형형태로 간주할 수 있다고 본다. 또한, 이러한 현상은 청년학자들이 서양철학의 이념으로 중국철학 사상을 해석할 때 불가피하게 발생하는 부조화 문제를 해결하지 못했다는 점에서 더욱 주의 깊게 고민해야 할 대목이다.

58) 陳寅恪.『陳寅恪史學論文選集』. 上海: 上海古籍出版社, 1992:99쪽.

해 및 고차원적 사유체계 수립을 위한 잠정적 방법론이었다면, 근대 '역격의'는 이미 일반적 해석체계로 자리 잡았다. 심지어 "현대 학계에서는 '역격의' 자체가 진보 사상이론의 전파 및 도입 방식으로 자리매김하였으며, 단순한 학문연구 수단을 넘어 독자적인 학제적 방법론으로 인정받고 있다."라는 지적이 제기된다. 이는 단순한 인식 도구가 아닌 실질적인 지적 생산 방식으로 변화한 것을 의미한다.[59] 1919년 호적의 『중국철학사대강』 출간 이후 약 1세기간 '역격의' 연구 패러다임은 상대적 안정기를 맞이하였다. 이 기간에 학계에서는 '역격의'의 편법적 성격을 인정하는 입장이 지배적이었으며, 중국 철학계 내에서도 이 개념에 대한 근본적인 의문이나 비판적 논의는 극히 드물었다. 특히 '역격의'의 합법성, 정당성, 필요성에 관한 체계적 논증 역시 부족한 상태였다. 그러나 최근 글로벌화 과정에서 중국철학이 세계철학계에 새로운 이론적 기여를 못하고 있는 현실이 부각되면서, 중국철학의 합법성 문제가 재조명받기 시작했다. 이와 함께 '역격의'가 초래하는 사상적 딜레마도 점차 주목받고 있으나, 아직 포괄적이고 체계적인 반성과 비판적 재해석이 이루어지지 않은 실정이다.

결론적으로, '역격의'의 철학 방법론이 중국에서 형성된 지 백여 년이 지났으나, 현대 중국철학은 여전히 '역격의'의 틀에서 벗어나지 못하고 있으며, 의식적으로나 무의식적으로 더욱 깊이 빠져들고 있다. 이러한 현상에 대해 어떤 학자들은 "현대 중국인들이 자국 전통철학을 해석할 때, 지식 생태계와 언어체계의 급변으로 인해 서양철학의 개념체계와 어휘를 통하지 않으면 전통 지혜를 이해하기 어려워졌다."[60]고 지적하였다. 현재 철학 혁신의 맥락에서 볼 때, '역격의' 프레임워크의 지속적인 고수는 실패와 다름없으며, '격의' 시대로의 회귀 또한 불가능하다. 이는 단순히 서양철학에 대한 이해만이 아니라, 중국철학을 포함한 세계철학 연구 수준이 100년 전과 비교하여 더욱 심화되었기 때문이다. '격의' 방식은 비록 완전히 부적절하지는 않으나, 현재의 학문적 지평에서는 그 의미가 많이 축소되었다. '아주육경'이나 '육경주아'와 같은 '주경해경(注經解經)' 시대의 복귀는 더 이상 현실적이지 않다. 이는 한편으로 근대 이후 '주경' 방식을 통한 철학 혁신 시도는 현대 학문사의 역사적 맥락 속에서 쇠퇴하였고, 다른 한편으로 '주경' 접근법 자체가 경전 텍스트의 권위에 지나치게 구속되어 사상적 창의성과 표현의 폭을 제한

59) 劉笑敢.『詮釋與定向: 中國哲學研究方法之探究』. 北京: 商務印書館, 2009:101쪽.
60) 袁寶新.『從海德格爾、老子、孟子到當代新儒學』. 武漢: 武漢大學出版社, 2011:207쪽.

했기 때문이다. 결론적으로, 세계철학계는 이제 다차원적이며 긴밀한 대화의 단계로 진입하였으며, 우리가 추구해야 할 것은 단순한 '격의'나 '역격의' 방식을 초월한 심층적 융합과 상호작용적 성찰이다. 이를 위해서는 현대 학문적 규범에 부합되면서도 중국철학의 고유한 특질을 보존할 수 있는 새로운 철학적 방법론의 구축이 시급하다. 이러한 방법론은 중국적 특색을 갖춘 철학 체계를 정립할 수 있을 뿐만 아니라, 동시에 국제학계에서의 학술적 영향력을 극대화할 수 있어야 한다.

5.2 "대철학": 방법론적 혁신

서양철학의 개념, 용어, 이론을 중국 철학사상의 틀로 삼는 '역격의' 방법론이 겪고 있는 철학적 모순은 현시대에 들어서 점차 뚜렷해지고 있다. 중국철학이 새로운 사상과 이론 체계를 창조해내지 못하는 이유는 다양한 역사적·문화적 요인에 기인하지만, 그중 방법론적 제약성은 핵심적인 장애 요인으로 작용하고 있다. 중국철학의 사유방식과 표현체계를 현대적 철학 언어로 전환할 수 없는 한, 어떻게 하면 그 창의적 재해석을 가능케 할 수 있는가? 전통적인 '아주육경' 방식에서 '육경주아' 접근법 그리고 '격의', '역격의' 논리에 이르기까지 중국철학 연구의 고전적 방법론들은 이미 현대적 지식생산 체계와의 근본적 부조화를 겪고 있다. 이에 단순한 방법론 개선을 넘어, 세계철학의 현대적 특성과 중국철학의 형식적 특수성을 동시에 반영하는 차세대 철학 방법론의 구축이 시급한 상황이다. 바로 이러한 방법론적 혁신의 가능성을 탐구하고자 하는 것이 본 연구가 제시하는 '대철학' 프로젝트의 핵심이다. 그러나 이러한 방법론적 전환을 위해서는 우선 두 가지 전제적 과제를 해결해야 한다. 첫째는 미래 철학의 시대적 방향성 문제이며, 둘째는 중국 전통철학의 형식적 구조 특성 문제이다. 당연히 개별 문제 하나만으로도 파생적 문제를 초래할 수 있어, 이를 해결하기 위해서는 체계적인 접근이 필요하다. 본 절에서는 이러한 심층적 문제들의 구조적 틀을 제시함으로써 철학 방법론 혁신의 방향성을 제시하는 데 그 목적이 있다.

첫 번째 문제인 미래 철학의 시대적 방향성에 관해, 본서 제2장에서는 미래 철학이 '구통(求通)'을 전제로 하는 세계철학으로 진화할 것으로 전망하였다. 세계철학의 체계적 기반은 당연히 세계역사이다. 생산력 발전과 국제교류 체계의 급변으로 인해 인류 사회는 경제, 정치, 문화 등 다차원 분야에서 지속적 확대와 심화를 겪고 있다. 현대화 및 글로벌화가 전 지구적 차원에서 인간 공동체를 점점 더 긴밀하게 연결시키면서, 진정한 의미의 운명 공동체 구현이 가능해졌다. 이러한 토대 위에서 인류 역사는 역사 세계(historisches Welt)에서 세계역사(Weltgeschichte)로 전환했으며, 민족역사(national history)를 초월한 글로벌 역사(global history)의 단계에 접어들고 있다. 민족적 경계를 넘어선 이 역사적 전환은 세계 각지의 문화체계가 지속하여 충돌, 대립, 융합, 대화를 통해 상호작용하는 동적 과정을 필연적으로 초래하였다. 이러한 문화적 교류 속에서 인간은 서로의 삶의 방식과 그 내재된 민족 문화의 역사적 맥락을 공유하게 되었으며, 세계철학은 바로 이러한 다양성의 충돌과 조화 속에서 점차 형성되어 나갔다. 근대 세계사의 흐름을 살펴보면, 세계철학의 등장이 순탄치만은 않았음을 확인할 수 있다. 서양철학의 언어적 패권주의와 문화적 헤게모니가 세계철학의 초기 모습을 크게 좌우했으며, 어느 정도 서구 모델이 세계철학의 출발점을 형성하였다고 해도 과언이 아니다. 제2차 세계대전 종결 후, 식민지국들의 독립운동이 확산되면서 서구중심주의 체계가 붕괴되기 시작하였다. 이 시기 제3 세계 국가들은 '세계문화' 무대에서 자신들의 독특한 문화적 정체성을 구축하기 시작하였으며, 이로 인해 세계철학은 서구적 색채에서 벗어나 다채로운 방향성을 얻게 되었다. 특히 중국의 경제성장과 문화 부흥은 동양철학의 현대적 전환을 가속화하였으며, 서양 철학계에서 동양철학의 학술 가치가 점차 인정받기 시작하였다. 이러한 변화를 통해 세계철학은 비로소 진정한 글로벌 단계에 접어들었다고 할 수 있다. 이 과정은 어떤 의미에서 세계철학이 "서양철학의 동양으로의 확산 및 동양철학의 서양으로의 확산으로 인한 이중적 산물"[61]임을 증명하고 있다. 동서양 철학의 융합적 사유방식은 철학발전의 새로운 지평을 열었다. 이후, 어느 민족이나 국가의 철학이 이러한 글로벌 흐름에서 벗어나 독자적인 발전을 추구한다면, 그것은 세계철학의 본질적 요구와 배치된 것으로 평가될 수밖에 없다. 인류 사상의 진보와 국제사회의 발전에 부응하지 못하는 철학은 결국 시대적 배척을 받게 마련이다. 이는 단순한 미래 예언이 아니라, 중국 근대 철학과 문화가 겪은 역사적 교훈의 현실적 반영이기도 하다. 노신(魯迅)이 『문화편지론(文化偏至論)』에서 주

61) 譚仲鶰.『世界哲學與未來中國哲學. 開放時代』, 1997(1):10쪽.

장한 바와 같이, "현명한 자는 세계적 대세를 통찰하고 균형을 유지하여 편향을 시정하고 정수를 취합하여 국내 형세에 반영해야 한다. 대외적으로는 세계 사조에 부합하며, 대내적으로는 고유한 문화적 정체성을 보존함과 동시에 현대성을 수용하고 고전을 재해석하여 새로운 사상체계를 정립해야 한다.[62)]"[63)] 철학의 세계화 추세와 융합은 철학발전의 필연적인 시대적 흐름이며, 민족 철학은 반드시 세계철학의 틀 안에서 연구 활동을 전개해야만 진정한 학술 가치를 실현할 수 있다.

그러나 여기서 유의해야 할 점은, 세계철학이 단순히 '일원론(一元哲學)' 또는 각 민족 철학의 집합체를 의미하지 않는다는 사실이다. 첫째로, 세계철학은 헤겔이 주장하는 '진리의 유일성'에 기반한 일원론적 체계가 아니다. 비록 헤겔이 "진리는 유일하므로 진리에 관한 객관적 필연성을 다루는 철학도 유일해야 한다."고 주장했지만, 인간은 결국 '신의 눈'을 가지고 있지 않기에 진리의 전체성을 포괄적으로 접근할 수 없다. 따라서 초월적·보편적·절대적 진리의 존재를 단정적으로 선언하기 어렵다. 진리는 본질적으로 구체적이며 역사적 속성을 지닌다. 철학적 진리의 '일(一)' 개념은 단일한 일원 체계가 아니라, 전체성·연속성·역사성을 겸비한 '총체적 통일성'으로 해석되어야 하며, 모든 구체적 진리는 이 총체적 진리의 내적 구조적 요소로 존재한다. 이러한 관점에서 볼 때, 철학은 진리의 객관적 필연성을 탐구하는 학문이며, 동시에 단일한 방법론에 구애받지 않는 특성을 지닌다. 이러한 특징은 세계 각국의 철학발전 과정 전반에 걸쳐 보편적으로 나타나는 현상이다. 철학적 지식의 탐구 방식은 마치 장님이 코끼리를 만지는 것과 유사하다. 즉, 부분적 경험을 통해 전체를 추론하거나, 다양한 부분적 진리들을 통합적으로 이해하려는 시도는 언제나 한계를 지닌다. 이러한 인식 방식은 '월영만천'[64)]과 비슷하며, 보편적 진리에 대한 구체적 인식 방식이자 구체적 진리들 사이의 보편적 관계성을 모색하는 방법론적 특성을 지닌다. 세계철학이 등장한다고 해서 이러한 다원적 인식의 가능성과 필연성이 사라지는 것은 아니다. 오히려 이는 철학적 사유의 근본적 운명이자 인류의 존

62) [역자주] 明哲之士, 必洞達世界之大勢, 權衡校量, 去其偏頗, 得其神明, 施之國中, 翕合無間. 外之既不後於世界之思潮, 內之仍弗失固有之血脈, 取今復古, 別立新宗.

63) 魯迅.『魯迅全集: 第1卷』. 北京: 人民文學出版社, 2005:57쪽.

64) [역자주] '月映萬川'. 불교에서 기원 된 것으로 문화와 철학 영역에서 많이 인용된다. 이 명제의 기본함의는 비록 달은 하나뿐이지만 수많은 물에 그림자를 만들 수 있으며 그림자마다 모두 완전한 달이라는 것이다. 이는 하나의 근본적인 존재(또는 진리)가 여러 형태로 나타날 수 있으며, 각각의 표현 모두 완전한 것임을 상징한다.

재적 사실성을 반영한다. 인간은 본질적으로 유한한 존재이기 때문이다. 유한한 인간은 무한한 진리를 완전히 파악할 수 없으며, 오직 무한히 연장된 역사 속에서만 구체적 진리들을 점진적으로 규명하며 무한성에 접근할 수 있다. 따라서 세계철학은 단일 철학 체계가 아니라, 다양한 문명권이 자신의 역사적·문화적 맥락 속에서 시대정신을 해석하는 방식의 구현체이다. 즉, 동일한 세계, 동일한 시대, 나아가 동일한 문제에 대한 다양한 답변이 바로 그 세계철학의 핵심 구조를 형성한다. 이러한 다양성은 중국 고전 명언인 "화실생물 동즉불계"65)에서도 확인된다. 즉 서로 다른 것이 만나서 조화를 이루면 만사 번창하나, 서로의 차이를 이해하지 못한 채 한 쪽으로만 치우친다면 오래 지속될 수 없다. 이는 세계철학이 단순한 문화적 수용이나 통합주의가 아니라, 다양한 관점의 상호보완적 지식생산 체계임을 시사하고 있다.

둘째, 세계철학은 단순한 민족 철학들의 집합체가 아닌 그 이상의 개념으로 이해되어야 한다. 철학이 민족적 범위에서 세계적 차원으로 확장된다고 해서 민족 철학이 소멸되거나 퇴화하는 것은 아니다. 오히려 이는 각 민족국가의 철학 연구가 세계철학의 고차원적 시각과 방법론적 기반 위에서 수행되어야 함을 의미한다. 세계철학은 민족 철학을 대체하거나 새로운 철학적 형태로의 전환을 의미하지 않으며, 각 민족 철학이 동일한 시대적 배경 하에서 지구적 문제 영역에 직면했을 때, 다양한 문명의 철학적 지혜와 방법론적 잠재력을 종합적으로 연구하도록 하는 핵심 동력으로 기능한다. 이를 통해 인류는 공통의 존재적 도전과 운명적 과제에 대한 답변을 모색하는 데 기여할 수 있다. 만약 세계철학이 단순한 민족 철학들의 집합체에 불과하다면, 철학 역사 자체가 이미 세계적 차원에서 시작되었다는 결론에 이르게 되겠지만, 이는 현대적 세계철학 구상과는 근본적으로 배치된다. 이와 대비하여 '인류적 시야, 중국적 통찰'이라는 구상은 세계성과 지역성의 장력을 조율하는 데 유효한 해석틀을 제공한다. 물론 이 개념의 실현은 복잡한 역사적·문화적 과정을 요구하지만, 이는 세계철학이 특정 철학 체계나 이론 모델과 동일하지 않음을 시사한다. 오히려 세계철학은 현재 진행 중인 철학적 실천이자 미래지향적 이념체계로서, 인류 철학사의 목표지향성과 발전 법칙을 규정하는 역할을 수행한다. 따라서 우리의 과제는 '세계적 관점'과 '민족 정체성'이 상호작용하는 새로운 철학적 패러다임을 구

65) [역자주] '和實生物, 同則不繼', 『國語·鄭語』.

축하는 데서 시작된다. 각 민족 철학이 자신의 문화적 특수성을 유지하면서도 세계적 문제의 해결에 기여할 수 있는 방식으로 발전하는 것이다. 이는 결국 각 국가의 철학적 전통이 세계적 커뮤니케이션의 맥락에서 어떻게 자신의 독특한 가치를 창출하고 전달할 수 있는지에 관한 실천적 탐구로 귀결된다.

우리가 논의해야 할 두 번째 문제는 중국 전통철학의 형식적 특성에 관한 것이다. 주지하다시피 중국 고대에는 현대적 의미의 '철학' 개념이 형성되지 않았으며, 대신 경(經), 사(史), 자(子), 집(集)의 네 가지 분류 체계를 통해 지식영역을 구획하였다. 특히 "문(文), 사(史), 철(哲)이 불가분의 통일체"를 이루는 전통은 중국 고유의 문화적 특성을 보여주는 중요한 사례이다. 이러한 분류 체계 내에서 철학은 단순히 독립된 학문 분야가 아니라 문학, 역사학과 융합된 통합적 지적 현상으로 존재하였다. 『논어』, 『맹자』, 『장자』와 같은 선진시대 고전들은 철학 사상과 문학적 표현이 교차하는 특징을 지니고 있다. 노신(魯迅)이 "(중국) 역사상 유일무이한 저작으로, 운각(韻脚)을 달지 않은 이소(離騷)에 해당한다."[66]라고 평가한 『사기(史記)』는 역사학의 걸작이면서도 문학사적 가치를 지닌 동시에, 그 내용에 담긴 인간관, 정치 철학적 사유는 현재까지도 중요한 연구 대상으로 남아있다. 더욱 흥미롭게는 『춘추(春秋)』, "삼전(三傳)"[67], 『춘추번로(春秋繁露)』와 같은 저서들은 문학, 역사, 철학, 천문학, 역법 등 다양한 학문 분야의 지식을 종합적으로 포함하고 있다. 당, 송, 명, 청 시대에 이르러서도 이러한 통합적 경향은 지속되었으며, 한유(韓愈)가 주장한 "문장은 이치를 설명할 수 있어야 한다."[68]라는 사상은 바로 문학과 철학의 융합적 관계를 입증하는 사례에 속한다. 물론 학문 분야의 명확한 구분이 없는 현상은 중국 만의 특수성이 아니다. 서양 문명의 초기 단계에서도 비슷한 경향이 관찰된다. 고대 그리스 시기 플라톤의 철학 저서들은 문학적 서정성과 논리적 심오함이 결합된 작품들이었으며, 『펠로폰네소스 전쟁사』[69]와 같은 역사서는 문학 걸작으로서의 가치를 동시에 인정받고 있다. 중세 스콜라 철학 시기에는 종교와 철학의 융합이 특징적인 현상으

---

66) [역자주] "史家之絶唱, 無韻之離騷", 『漢文學史綱要』(魯迅).

67) [역자주] "삼전"은 『춘추』를 해석한 저서인 『춘추좌씨전』, 『춘추공양전』, 『춘추곡량전』을 가리킨다.

68) [역자주] "文以載道", 『通書·文辭』(宋·周敦頤).

69) [역자주] 고대 그리스의 역사가 투키디데스(Thucydides)가 기록한 역사서로, 기원전 431년부터 기원전 404년까지 아테네와 스파르타를 중심으로 벌어진 펠로폰네소스 전쟁을 다루고 있다. 이 전쟁은 민주정과 과두제 간의 체제 갈등, 동맹 간의 배신과 외교적 갈등 등 다양한 측면에서 분석될 수 있다.

로 나타났다. 서양 학문의 진정한 의미의 분화는 아리스토텔레스의 체계화 작업을 통해 시작되었지만, 윤리학, 논리학, 물리학 등의 분야별 체계 정립은 근대에 이르러서야 비로소 형성되었다. 르네상스 이후의 자연과학과 인문학의 분화·발전은 학문연구의 전문화를 촉진하였고, 이는 근대 서양의 지적 우월성 확보를 위한 기반이 되었다. 특히 학문분류 체계는 식민주의적 확장과 병행하여 전 세계적으로 확산되었으며, 이 과정에서 '중국철학'이라는 학문 분야도 정립되었다. 이러한 역사적 배경을 고려할 때, 중국 전통철학의 형식적 특성은 단순히 시대적 한계를 넘어서는 문화적 특성으로 접근해야 할 것이다.

물론 주목할 만한 점은, 중국 전통철학에 '문, 사, 철 불가분' 현상이 존재했으나, 이는 학문 분야를 구분할 필요가 없다는 의미가 아니며, 우리가 학문 분야를 분류하려는 노력이나 준비가 없었다는 것은 더욱 아니라는 것이다. 앞서 언급했듯이, 중국 고대 시기 많은 철학자들이 문학과 역사학 분야에서 상당한 업적을 달성했다. 예를 들어, "한유, 왕안석, 주희 세 선현은 모두 '문(文)'이라는 칭호를 받았으며, 한유와 왕안석은 문학자이자 철학자였고, 주희는 문학, 역사, 철학 등 여러 분야에서 뛰어난 기여를 했다."[70] 이는 '문, 사, 철 불가분' 현상이 중국 고대에 실제로 존재했음을 보여주는 동시에, 세 분야가 상호 보완적인 효과를 발휘함을 나타낸다. 그러나 이는 세 분야를 구분할 필요가 없거나 현대 학문체계를 정립할 필요가 없다는 의미가 아니다. 근대 이후 서양의 학문분과가 이룩한 사회적 발전은 이미 널리 인정된 사실이므로, 여기서는 더 이상 언급하지 않겠다. 더욱이, 중국 고대에는 사실 한나라 시대부터 학문분과를 시도한 바 있다. 예를 들어, 한나라에서 설립한 '오경박사(五經博士)'는 『시경』, 『서경』, 『예기』, 『역경』, 『춘추』 등 다섯 부의 경전연구를 중심으로 한 학술기구로, 이는 중국 고대 학문분류의 초기 형태로 간주될 수 있다. 또한, 중국 남조 "유송원가(劉宋元嘉) 15년(서기 438년)에 유학관, 현(도)학관, 사학관, 문학관을 동시에 세웠는데[71] 이 역시 국가에서 공식적으로 설립한 기구이다. 여기서 '유학'은 경학을, 현학은 철학을 말하며 사학과 문학은 그대로 변함이 없다. 따라서 문, 사, 철의 분류는 이미 남조시대부터 시작되었음을 알 수 있다. 이후 조송(趙宋) 시대에 이르러서는 학문이 더욱 세분화되었다."[72] 비록 이러한 분과가 근대적 의미의 학문분류와

---

70) 向世陵. 「整體、本體、境界與世界—中國哲學如何走向未來」. 『福建論壇(人文社會科學版)』, 2008(1): 15쪽.

71) [역자주] "凡四學並建", 『宋書·隱逸傳·雷次宗』.

72) 각주 70, 15~16쪽.

다르지만, 적어도 학문 연구의 심화에 따라 학문 전문화로 이어지는 학문분류는 학문 연구의 필연적인 경로임을 보여준다.

아이러니하게도 근대 서양의 지성 체계를 토대로 구축된 학문분류 체계는 현대에 이르러 급진적인 변곡점을 맞이하였다. 이 거대한 패러다임 전환의 심층에는 학제 간 융합연구라는 새로운 지적 생태계의 부상이 자리 잡고 있다. 다층적 요인이 복합적으로 작용한 이 학문혁명의 배경을 해석하는 열쇠는 두 개의 상호 연동적 핵심 개념에서 찾을 수 있다. 바로 사회구조의 다중복합성 심화와 과학적 탐구의 심층화라는 시대적 과제다. 두 차례 세계대전 이후 가속화된 과학기술의 폭발적 발전(수많은 과학기술의 발전은 전쟁 수요와 중요한 관련이 있다.)은 인류문명을 이중적 변혁의 소용돌이로 몰아넣었다. 인간이 기술을 재정의하는 동시에 기술이 인간을 재창조하는 상호작용 속에서, 단순한 생활방식의 진화를 넘어 문명의 존재론적 토대 자체가 재편되는 역사적 전환기가 도래한 것이다. 이러한 상생적 변모 과정은 초연결 사회라는 거대한 모순을 탄생시켰으며, 이로써 한 개인의 선택이 지구촌 차원의 파급효과를 발생시키는 '나비효과'[73]의 시대가 본격화되었다. 사회구조의 복잡성 기하급수적 증대는 기존의 단선적 인식론을 근본적으로 붕괴시켰다. 표면적으로 단순해 보이는 현상조차 그 이면에 숨겨진 다층적 인과관계를 해석하기 위해서는 여러 학문을 아우르는 총체적 접근이 필요하다(다만 인간은 복잡한 생활을 보다 간결한 방법으로 해석하려는 시도를 지속적으로 하고 있다). 이론의 진화 속도가 문제 발생 속도를 따라가지 못하는 '시간의 격차' 속에서 인류는 다학제적 협업이라는 새로운 지적 전략을 선택할 수밖에 없었다. 이처럼 학제 간 융합연구의 출현은 단순한 방법론적 보완을 넘어, 인류가 사회를 인식하고 재구성하는 과정에서 마주친 존재론적 위기에 대한 응전이자 지식 패러다임의 혁명적 전환을 의미한다. 철학사의 거대한 순환주기를 관조하면 흥미로운 통찰을 얻는다. 고대 그리스에서 모든 학문을 포용하던 철학의 통합적 모태는 근대에 이르러 전문학문으로의 분화를 통해 '백화제방'의 지적 풍경을 연출했다. 이 분화의 역사가 현대에 이르러 새로운 통합의 에너지로 재편되는 아이러니는, 동양의 선현들이 예지한 '분구필합(分久必合)'의 우주론적 리듬을 증명한다. 특히 인공지능과 양자역

73) [역자주] 작은 변화가 예상치 못한 큰 결과를 초래할 수 있다는 의미로 사용되는 용어이다. 원래 기상학에서 유래했으며, 브라질에서의 나비 날갯짓이 텍사스에 토네이도를 일으킬 수 있다는 개념에서 시작되었다. 이 개념은 인문학, 신학, 사회현상 등 다양한 분야에 적용되어, 사소해 보이는 변화가 시간이 지남에 따라 예상치 못한 큰 결과를 가져올 수 있음을 설명한다.

학이 개척한 새로운 지평은 인간 존재의 본질에 대한 철학적 성찰을 요구하며, 빅데이터 시대의 복합적 과제들은 학문 간 융합을 통한 '대철학(大哲學)' 체계 구축을 절박하게 만들고 있다. 이처럼 지식의 지형도가 재편되는 오늘날, 학문의 융합적 진화는 더 이상 선택이 아닌 필연적인 경로가 되었다. 이 거대한 지적 전환은 인류가 우주 규모의 사유에 진입했음을 알리는 신호탄이자, 새로운 지식혁명의 서곡이다.

일반적으로 '대철학'이라 칭하는 개념은 현재 단계에서 단순한 철학 체계나 형식적 철학 분야를 넘어, 철학적 사유방식과 방법론적 경향성으로 이해하는 것이 타당하다. 본 연구는 기존의 철학연구 접근법과 차별화된 새로운 철학적 방법론을 제안함으로써 중국철학의 혁신적 발전을 도모하고자 한다. 조돈화(趙敦華)의 정의에 따르면, '대철학(macro-philosophy)'은 '순수철학(pure philosophy)'과 대비적 개념으로 구성된다. '순수철학'은 아리스토텔레스의 "지혜는 본질과 원인에 관한 과학"이라는 규정에 근거하여, "지식 자체를 목표로 하는 학문"으로 정의될 수 있다.[74] 이는 서양철학사에서 형성된 대부분의 철학 이론 체계와 유사하며, 가장 전형적인 예로 형이상학을 들 수 있다. 그러나 '순수철학'이 철학사 전반에 걸쳐 지배적 입지를 확보한 반면, 그 대응 개념인 '대철학'의 존재 범위는 상대적으로 모호하다. 조돈화의 관점에서 볼 때, 모든 철학 체계는 아무리 추상적이고 현실 초월적이라 해도 필연적으로 특정 '문화 토양(cultural matrix)'을 내재하고 있다.[75] 이처럼 '순수철학'이 탄생하고 발전한 문화적 배경이 바로 '대철학'의 원초적 형태를 구성한다.

서양철학의 역사적 전개과정을 분석해보면, '순수철학'의 혁신적 돌파는 언제나 특정 '문화 토양'이라는 거대한 토대 위에서 발생해왔음을 알 수 있다. 이 '문화 토양'은 단순히 정적인 존재가 아니라 시간의 흐름과 역사적 변화에 따라 지속적으로 재구성되는 동적 체계이다. 고대 그리스 철학의 경우, '문화 토양'은 헬레니즘 문명의 세계관·우주관·인생관·가치관으로 구성되었는데, 이는 신화적 사고 체계에서 유래한 신화, 종교, 시가, 희곡, 미술, 음악, 수학, 의학, 역사 등 다양한 문화 현상에서 구체화 되었다. 이 복합적인 문화적 토대 위에서 자연철학, 형이상학, 윤리학이라는 철학의 핵심 분야가 탄생하였다. 중세 기독교 철학의 경우, 기독교 신앙체계가 '문화 토양'으로 기능하였으며, 이는 신학적

---

74) 亞裏士多德.『形而上學』. 苗力田, 譯. 北京: 中國人民大學出版社, 2003:4쪽.
75) 趙敦華.「"大哲學"視野中的現代中國的哲學」.『雲南大學學報(社會科學版)』, 2005(3):23쪽.

교리체계와 스콜라스틱 철학의 방법론적 틀을 형성하는 데 기여하였다. 근대 철학의 등장은 과학 혁명의 영향으로 자연과학 지식 체계가 '문화 토양'으로 부상하면서 인식론과 지식론이 전성기를 맞이하게 되었다. 20세기에 이르러 수학, 언어학, 심리학, 생물학, 사회학, 정치학 등 다양한 학문 분야의 발전이 철학의 '문화 토양'에 새로운 차원의 요소를 추가하였다. 이와 같이 '문화 토양'의 진화는 철학사 발전에 필수적인 토대를 제공한다. 그러나 '순수철학'과 '문화 토양' 간의 연결고리가 약화되거나 불안정해지면, 철학은 위기 상황에 직면하게 된다. 고대 그리스 철학의 첫 번째 위기(기원전 5세기 상대주의와 회의주의의 도전)는 플라톤의 이데아론과 아리스토텔레스의 형태론적 체계로 극복되었으며, 이를 계기로 그리스 철학의 황금기를 맞이하였다. 로마제국 시대의 윤리 철학은 로마 귀족 계층의 도덕적 타락으로 인해 두 번째 위기를 맞이하였다. 이는 기독교 신앙체계의 수용으로 해결되었고, 중세 스콜라 철학의 지배로 이어졌다. 중세가 종결된 이후 철학은 세 번째 위기에 봉착하였으나, 과학적 방법론과 근대 자연과학의 발전을 통해 극복되면서 근대 철학의 신기원을 열게 되었다. 19세기 말부터 20세기 초반까지 지속된 '수학 위기', '물리학 위기'[76]는 철학의 네 번째 위기를 구성하였으며, 조돈화 교수가 지적한 바와 같이 현대 서양철학은 여전히 이 위기에서 벗어나지 못한 상황이다.[77]

서양철학의 역사적 발전과정을 분석해보면, '순수철학'과 '대철학'은 실제로 역동적 상호작용을 통해 반복적으로 교체되는 관계에 있음을 확인할 수 있다. 즉, '순수철학'이 주도적 지위를 점하는 시기는 '대철학'의 영향력이 상대적으로 약화되는 단계와 동시적으로 발생한다. 반대로 '순수철학'이 이론적 위기에 직면할 때면, 다양한 사상체계와 문화적 전통이 격렬하게 충돌하고 융합되는 특수한 시대적 맥락이 형성된다. 이러한 상황에서 '대철학'은 '문화 토양'으로서 철학적 사유의 전반적 흐름을 좌우하게 된다. 당대 서양철학은 구조적 위기와 존립의 어려움에 직면해 있다. 바로 이러한 역사적 전환점에서 '대철학'의 본래 기능과 역할이 재강조되어야 할 것이다. 특히 학제간 연구(in interdisciplinary research) 및 응용철학(applied philosophy)의 부상은 '대철학'의 이론적 토대에 새로운 차원의 사상적 색채를 부여하고 있다. 조돈화 교수는 "제4차 철학적 위기는 단순히 학원

76) [역자주] 19세기 말부터 20세기 초반까지 지속된 리히테른-베른슈타인 논쟁과 니츠제-헤인리히-보른의 논쟁을 가리킨다.

77) 趙敦華. 「"大哲學"視野中的現代中國的哲學」. 『雲南大學學報(社會科學版)』, 2005(3):23쪽.

식 철학(academic philosophy)의 위기에 지나지 않으며 실용철학, 서브(分枝) 철학, 학제간 연구 등 모든 형태의 철학 활동은 '대철학' 체계에 포괄된다." 따라서 "현대사회에 있어 '순수철학'은 여전히 탈위기 과정 중에 있지만, '대철학'은 그 형식적 풍부성과 개념적 범위의 확장성 측면에서 역사적 사례에서 유례를 찾기 어려운 수준의 발전을 이루었다." 라고 강조하였다.[78)]

'대철학'과 '순수철학'의 상호보완적 관계는 결코 양자 간 대립구조를 뜻하는 것은 아니다. 오히려 이 두 개념은 역사적 진화 과정 속에서 서로를 견고히 하며 발전하는 상호작용 체계를 구성한다. 첫째, 서양철학의 기원적 특성은 본래 '대철학'의 형태로 자리매김하였다. 철학자들이 학제적 분야에서 혁혁한 업적을 남긴 사실은 이를 입증한다. 고대 그리스 철학자들은 물론, 근대 철학계의 거장들 역시 다학제적 업적을 통해 학문계에 지대한 영향을 미쳤다. 데카르트는 철학자이면서 수학과 물리학 분야의 선구적 업적을 이룩했으며, 로크는 철학연구 외에 의학, 교육학, 정치학 등에서 혁신적 사유를 전개했다. 라이프니츠는 철학, 수학과 더불어 법학, 역학, 광학, 언어학 등 다양한 분야를 아우르며 '17세기의 아리스토텔레스'라는 찬사를 받았다. 칸트는 철학 분야에서 탁월한 성취를 이루었을 뿐만 아니라 천문학 연구에도 깊이 관여하였으며, 특히 '성운설'의 주요 창시자 중 한 사람으로 평가받는다. 이러한 사례들은 전통철학이 지닌 '대철학적 특성'이 어떻게 형성되었는지를 상징적으로 보여준다. 반면 '순수철학'은 근대 자연과학의 급속한 발전과 학문 분화 과정 속에서 '대철학'의 영역에서 점차 추상화되고 전문화된 개념으로 형성되었다. 이는 학문계의 구조적 변화가 철학연구 방식에 미친 영향을 반영한다. '대철학'은 서양철학사의 역사적 맥락에서 자연스럽게 나타난 현상으로, '순수철학'의 심화를 저해하기보다는 오히려 철학적 사유의 문화적 토대를 견고히 하는 역할을 수행하였다. 둘째, '순수철학'의 부상이 '대철학'의 원형적 구조를 약화시킬 수 있지만, 실제로는 철학의 핵심 영역을 심화함으로써 '대철학'의 차원적 확장을 촉진한다. 현대 서양의 과학철학, 정치철학, 종교철학 등 학제적 철학연구는 '대철학'의 범위를 확장하는 동시에, 각 분과 철학의 이론적 기반이 되고 있다.[79)] 이는 '순수철학'이 철학 연구의 기반이 되며, 분과 철학의 세분화가 진행될수록 '대철학' 연구의 폭과 깊이가 증대되는 상호작용 과정을 보여

78) 趙敦華.「"大哲學"視野中的現代中國的哲學」.『雲南大學學報(社會科學版)』, 2005(3):24쪽.
79) 각주 78 참조.

준다. 강물이 바다로 유입되어 해수면이 상승하는 것처럼, '순수철학'의 심화는 분과 철학의 발전을 통해 '대철학'의 지적 수준을 격상하는 동력이 된다. "현재 학문계의 동향성을 분석해보면 정치철학, 경제철학, 사회철학, 법철학, 역사철학, 고고학 철학, 생물 철학, 응용윤리학 등은 철학, 정치학, 경제학을 아우르는 PPE 프로그램과 결합되어 새로운 가능성을 개척하고 있다. 이러한 학제간 연구 모델은 '순수철학'을 출발점으로 하여 '대철학'을 실현하기 위한 주요한 방법론적 구조를 제시한다."[80] 결론적으로, '순수철학'과 '대철학'은 상호 견제 관계가 아닌 시너지 효과를 창출하는 보완적 체계를 형성한다. 글로벌시대에 철학의 진화가 '대철학' 방향으로 진행될 수 있으나, 이는 '순수철학'의 가치 소멸을 의미하지 않는다. 오히려 '순수철학'의 이론적 심화를 통해 '대철학'의 실천적 가능성을 확장하고, '대철학'이 제공하는 포괄적 사유구조를 활용하여 '순수철학'의 혁신적 발전을 도모해야 한다. 이는 철학이 시대적 사명을 완수하기 위한 필연적 전략적 선택이라 할 수 있다.

'대철학' 외에도 조정양(趙汀陽)은 '대형상 윤리학(大模樣倫理學)'[81]이라는 학문적 체계를 구축하였다. 그는 "대형상 윤리학을 창안한 근거는 윤리학 분야에서 접하는 해석적·논의적 어려움을 겪는 다양한 문제들의 체계적 이해와 해결을 도모하기 위함이며, 광의의 사회적 맥락 속에서 윤리적 쟁점들의 배경과 의미를 심층적으로 파악하려는 데 있다."[82]고 학문적 입장을 명확히 하였다. 현대 윤리학이 직면한 본질적 과제는 도덕적 문제가 생활세계의 단편적 측면에 머무는 것이 아니며, 순수한 도덕적 문제만으로 타 학문 영역과 유리되어 존재할 수 있는 삶이 사실상 존재하지 않는다는 점에 있다. 윤리학은 자체적 언어체계를 구축함으로써 '완벽한' 규범 체계를 창출할 수 있으나, 해당 체계가 현실 생활에 효과적인 가르침을 줄 수 없다면 그 체계는 실질적 의미를 상실한다. 특히 윤리학이 생활세계를 규범적 틀로 재구성하려면 정치·경제·군사·문화·과학기술·의료·가

80) 趙敦華.「"大哲學"視野中的現代中國的哲學」.『雲南大學學報(社會科學版)』, 2005(3):24쪽.

81) [역자주] "대형상 윤리학"은 윤리학의 새로운 유형이자 새로운 사고 단계를 의미한다. 이 개념은 바둑 용어에서 착안하여 윤리학이 직면한 다양한 문제를 보다 효과적으로 이해하고 해결하기 위해 고안되었으며, 다양한 윤리적 문제의 배경과 의미를 보다 넓은 공간적 맥락에서 파악하고자 하였다. 저자는 윤리학이 다른 학문 분야가 제공하는 '여지'를 염두에 두고 사고해야 하며, 다양한 학문의 존재와 윤리 문제에 대한 그들의 한계를 간과해서는 안 된다고 주장한다. 아울러 대형상 윤리학은 철학적 사고가 문화의 모든 측면을 포괄적으로 이해해야 하며, 세부에 매몰되지 않는 전체론적 사고가 필요함을 강조하였다.

82) 趙汀陽.『論可能生活』. 北京: 中國人民大學出版社, 2009:284쪽.

정·자연 등 다방면에 걸친 다차원적 문제들과의 상호작용을 간과할 수 없다. 각 문제 영역은 고유의 경향성과 핵심 쟁점을 내포하고 있으므로, 윤리적 분석 과정에서 이러한 맥락적 특성을 체계적으로 고려하지 않을 경우, 보편주의적 윤리 규범을 강요하는 도덕적 독단주의로 회귀할 우려가 있다. 따라서 윤리 문제를 해결하기 위해서는 '대배경과 의미'라는 메타 이론적 프레임이 필수적이다. 이는 기존의 '소윤리학(小倫理學)'[83]이 추구하는 '보편적 규범주의'와 구분되는 접근법으로, "모든 영역에 적용 가능한 단일화된 윤리 기준을 설정하려는 환원주의적 시도를 지양한다." 반면, '대형상 윤리학'이 요구하는 바는 "사상의 다층적 감각을 회복함으로써 사물에 대한 단순화된 인식을 극복하고, 성숙한 사유 주체로서 윤리학적 문제를 고찰하며", 학제간·분야간·계층간·민족간·문화간 차이를 아우르는 다원적 배경과 상황에 처한 타자의 사유 지평을 포괄적으로 수용해야 함을 강조한다. 특히 "개별적 사건과 주체에 대한 주관적 가설 설정을 경계할 것"[84]을 요구하는 이 학설은 "윤리학적 사유가 타 학문의 '논리적 여백' 속에서 정교화되어야 한다."[85]라는 방법론적 전제를 제시한다. 이러한 주장의 기반은 삶 자체가 본질적으로 총체적 존재 양태를 지닌다는 존재론적 인식에 근거한다. 조정양은 "윤리학적 연구는 타 학문 분야의 '미개척 영역'에서 전개되어야 하며, 생활 전반을 포괄적으로 이해하려는 시도는 '소경이 코끼리를 만지는' 격으로 인식적 한계를 내포하게 된다."고 주장한다. 이는 철학적 탐구가 세부사항의 총체적 통합을 요구하는 점을 강조하는 표현이다. 따라서 학문공동체는 개별적 관찰을 통한 진리의 파편들을 협업적 차원에서 체계적으로 종합함으로써, 보다 종합적인 삶의 전체상 복원을 도모해야 한다. 이는 "철학적 사유에 있어 문화적 다면성을 이해하지 못한다면 그 어떤 단일 측면도 올바르게 이해할 수 없다는 인식론적 명제로 귀결된다. 철학(윤리학 포함) 사상은 부분적 요소에 종속되지 않는 총체적 사유체계를 구축해야 한다."[86] 결론적으로 '대형상 윤리학'은 대철학 체계가 윤리학 영역에서 구체화된 방법론적 실천이라 할 수 있다. 이는 윤리학과 삶의 총체적 실재를 변증법적으로 종합하는 접근법으로, 분산된 진리 요소들을 학제간 협력을 통해 체계적으로 수렴·통합

83) [역자주] 소윤리학은 인간의 도덕적 삶과 행위에 대한 학문적 탐구를 의미한다. 소윤리학은 크게 이론윤리학과 응용윤리학으로 나눌 수 있다.

84) 趙汀陽.『論可能生活』. 北京: 中國人民大學出版社, 2009:285쪽.

85) 각주 84, 284쪽.

86) 각주 84, 286쪽.

함으로써 윤리적 사유가 삶에 대한 '총체적 효과'를 창출해야 한다는 실천적 지향을 포함한다.

이밖에도 오근우(吳根友) 교수는 '구통(求通)'을 출발점으로 하는 '세계철학' 개념을 체계적으로 제시한 학자로서 주목받고 있다. 그의 이론 체계는 '세계역사' 개념을 기반으로 구축되었으며, 이는 앞서 논증한 바와 같이 역사적 맥락에서의 필연적 결과로 이어진다. 지역 문명 시대에도 '세계철학' 개념이 존재했으나, 당시의 철학적 탐구는 '세계 속의 철학(philosophy in the world)'에 국한되어 있었다. 이는 "특정 지역의 철학 사상을 기계적으로 종합한 수준에 머무르며, 진정한 의미의 '세계철학(world philosophy)'과는 차별된 성격을 지닌다."[87] 근대 자본주의 생산양식의 세계적 확장과 민족국가 시스템의 형성을 통해 인류는 유럽 중심의 철학적 관점에서 최초의 '세계철학'을 구축하게 되었다.[88] 현대사회는 다양한 민족과 문화가 단순히 공존하는 단계를 넘어, 점차 포괄적이고 복잡한 관계를 형성하는 단계에 접어들었다. 이러한 변화는 이데올로기적 대립과 문화적 갈등의 격화를 동반하며, 헌팅턴의 "문명의 충돌은 현시대 최대 갈등(Clash of Civilizations)"이라는 유명한 주장과 맞물린다. 따라서 '세계역사'의 새로운 단계에 부응하는 차세대 '세계철학'의 구축은 단순한 학술적 과제를 넘어 시대적 요구사항으로 부상하고 있다. 오근우는 '세계철학'이 형이상학적 전제나 신비적 원천에서가 아니라, 현실적인 세계 역사적 동력 속에서 구체적인 철학적 형태가 형성되어야 한다고 주장한다. 특히 그는 "새로운 세계역사의 요구에 부응하는 철학적 형태를 구상하는 것", 즉 "각 민족의 독특성을 유지하면서도 상호 교류와 수용이 가능한 생존방식을 모색하는 철학적 관점"의 구축을 강조한다.[89] 이러한 접근은 헤겔, 마르크스, 야스퍼스, 롤스 등 철학자들이 제기한 문제의식을 계승하면서도 독창적인 해석을 제시한다. 오근우 철학의 핵심 특징은 바로 '구통(求通)' 개념의 체계적 활용에 있다. 그는 "'세계철학'의 핵심 문제들은 모두 근본적으로 '구통'의 문제로 귀결된다."고 진단하며, 민족문화·윤리·정치 체계 간의 소통, 인간과 자연 간의 법칙적·목적론적 소통, 그리고 과학·인문학·성별 간의 소통이라는 세 가지 차원의 소통 문제를 제시하였다.[90] 이 '통' 개념은 단순한 개념적 수용을 넘어, 담사동(譚嗣同)

87) 吳根友. 「對當代中國哲學創新的思考」. 『華中師範大學學報(人文社會科學版)』, 2015(5):60쪽.
88) 각주 87 참조.
89) 각주 87, 61쪽.

의 "인(仁)은 통(通)을 제일의 의(義)로 삼는다."는 인통(仁通) 철학에서 유래한 것으로, 세 가지 차원의 철학적 의미를 지닌다. 첫째로 '통성(通性)'은 본래 불통한 실체들 사이를 연결하고 이미 통합된 관계를 지속적으로 발전시키는 동적 힘을 의미한다. 주관적 차원에서 이는 인간의 '심력(心力)' 즉 의지, 소망, 감정, 이성 등을 포괄하는 혼합적 주체적 에너지로 해석될 수 있으며, 객관적 차원에서는 자료, 정보, 에너지 간의 가교류성(可交流性)과 가통성(可通性)을 의미한다. 따라서 '통성'은 인간 주체가 적절한 매개체를 운용하여 인간과 객체 세계, 인간과 인간 간의 장벽 없는 소통을 실현함으로써, 인류가 우주와 무한히 자유롭게 교류할 수 있는 자유의지를 유지하도록 하는 것이다.[91] 둘째, '통'은 또한 인류가 우주에서 주체적으로 활동하며 영원히 지속되기를 바라는 일종의 갈망 및 그 활동 자체에 대한 사상적 표현이다.[92] 인간이 타자, 타문화, 심지어 타 존재와 관계를 구축할 때 '가통성'의 길은 미리 마련되어 있지 않으며, 이 과정에서 스스로 길을 개척해야 한다. 즉, '통성'이 길을 결정하는 것이 아니라 '통성'이 길을 개척하는 동력이 되어야 한다. '구통(求通) 철학'은 우리에게 지구와 인간의 경계성 및 그 소통 가능성에 대한 전체적 사유를 지니고, 각 민족국가, 인종, 지역, 단위, 개인의 생존과 발전 공간 및 가능성 문제를 탐구할 것을 요구한다.[93] 셋째로 '구통' 철학의 '통성' 개념은 한자 '술(術)'의 원의와 유사성을 지닌다. 즉, '통성'이란 무한한 우주와 세상 속 하나의 '읍중지도(邑中之道)'로서,[94] 단순한 기원을 넘어 어떤 특정 지점도 아닌, 모든 시작점이 잠재적 기원이 될 수 있는 다양한 형태로 존재할 수 있다.[95] 또한, 그 기원은 다른 기원들과 소통·연결되며 종횡무진으로 확장된다. 최초의 시작점인 '읍중지도'는 지역성과 특수성을 지니지만, 외부 다른 '읍중지도'들과의 교류를 통해 글로벌성과 세계성을 획득한다. 이에 따라 '통성'의 철학은 주체의 자유의지를 기반으로 끊임없는 탐구와 개척, 무한한 실천을 요구하는 철학적 프로젝트로 정의될 수 있다. 이 실천적 철학은 소유나 점유가 아닌 개척과 탐

90) 吳根友. 「對當代中國哲學創新的思考」. 『華中師範大學學報(人文社會科學版)』, 2015(5):62쪽.

91) 각주 90, 62쪽.

92) 각주 90, 62쪽.

93) 각주 90, 63쪽.

94) [역자주] 고대 문헌에서 '읍중지도(邑中之道)'는 일반적으로 성읍 내부의 도로 네트워크를 가리키는 말이다. 이러한 도로에는 주요 거리, 골목 및 주거 지역을 연결하는 기타 경로가 포함될 수 있다. '읍중지도'는 사람들이 일상적으로 이동하는 통로일 뿐만 아니라 사회생활의 중요한 구성 요소이다.

95) 각주 90, 63쪽.

구 과정 자체를 지향한다.[96] 여기서 '통'은 단순한 '동(同)'이나 '통(統)'이 아닌, "인간 주체의 지식, 감정, 의지, 욕망이 통제 가능한 조건 하에서 실현되고 소통되는 과정이며, 상호 교류, 이해, 인식, 인정, 수용, 조화로운 공존을 지향하는 동적 관계성을 의미한다."[97] 또한 '통'은 완성된 상태가 아니라 진행 중인 역동 과정이므로, 이를 추구하는 철학은 결코 종결되지 않으며, 끊임없이 새로운 길을 개척하고 새로운 경지에 도달하는 특성을 지닌다.

우리가 언급하는 '대형상 윤리학' 혹은 '구통(求通)'적 세계철학은 본질적으로 '대철학(mega-philosophy)'을 지향하는 학문 체계라 할 수 있다. 이는 철학적 사유를 근간으로 삼되 철학의 경계에 갇히지 않고 다학제적 시각, 사고 체계, 이론적 방법론을 융합하여 각 '읍중지도(邑中之道)'를 체계적으로 연결함으로써 보다 포괄적이고 심층적이며 확장된 사유 지평을 구현하는 철학 방법론이다. 진정한 '대철학'의 본질은 내용의 포괄성에 있는 것이 아니라, 그 이론적 기반 및 이론 체계의 심층성과 이론적 시야의 포용성에 있다. 규모적 측면에서의 '대(大)'는 철학적 문제를 철학사적 발전궤적 전체와 학제간 상호 연계성 속에서 이해하는 총체적 접근을 의미하며, 시각적 차원에서의 '대'는 인류문명 보편성과 중국 발전의 장기적 전략을 동시에 포괄하는 문제 제기·해석·해결 체계를 의미한다. 또한, 방법론적 측면에서의 '대'는 철학을 독립적 학문으로 고립시키지 않고 과학·사회과학 분야에 침투하여 거시적 방법론으로 기능하는 학제간 융합 모델을 의미한다. '대철학'을 발전 방향으로 삼고 학문간·문화간 융합을 추구할 경우, 현대 중국철학은 다문화적 사상을 흡수함으로써 본토철학과 서양철학의 이분법적 틀을 초월할 수 있다. 이를 통해 전통적 정체성을 보존하면서도 세계 철학과의 대화 가능성을 확장함으로써, 중국철학의 현대적 혁신을 가속화할 수 있을 것이다.[98] 특히 학제간 연구가 시급한 현시점에서 '대철학'의 등장은 세계철학이 다원성(plurality), 포용성(inclusiveness), 심층성(depth)을 겸비한 통합적 발전궤적을 수립하는 데 기여할 것이다. 더불어 이 개념은 중국철학이 세계철학 담론과 접목되면서도 전통사상의 실천 지혜를 계승·발전시키는 이중과제를 수행하는 데 유효한 방법론적 프레임을 제공할 수 있다.

---

96) 吳根友. 「對當代中國哲學創新的思考」. 『華中師範大學學報(人文社會科學版)』, 2015(5):63쪽.
97) 각주 96 참조.
98) 姚新中, 陸寬寬. 「當代中國哲學的結構困境」. 『哲學研究』, 2016(3):125쪽.

5.3 "대철학"과 중국철학 혁신

앞서 언급한 바와 같이 중국 전통사상에는 현대적 의미의 '철학' 개념이 존재하지 않는다. 대신 경(經)·사(史)·자(子)·집(集)의 분류 체계 하에서 다층적 사유체계가 축적되어 왔다. 따라서 근대 학제적 틀에서 도입된 '순수철학'의 개념을 비판 없이 적용하여 중국 전통사상을 해석할 경우, 그 내재적 사유체계의 본질을 왜곡할 우려가 있다. 이는 근본적으로 서양철학 전통에서 형성된 '순수철학'의 개념이 중국 전통사상의 존재론적 기반 및 가치체계와 상이한 전통을 갖기 때문이다. 비록 20세기 초 서구적 학문체계의 수용이 중·서(中西) 사상의 대화 채널을 개척하고 중국철학의 근대적 학술체계 정립에 기여한 측면이 있으나, 궁극적으로 서양철학의 개념, 분석틀, 이론 체계는 중국 전통사상이 내재한 천도(天道)·인륜(人倫)·심성(心性)의 삼위 일체적 사유구조와의 부조화를 피할 수 없다. 이와 같은 방법론적 한계는 서양철학의 언어체계로 중국 사상의 다층적 함의를 평면화하는 인식론적 결함을 내포한다. 더욱 주목할 점은 중국 전통문화가 '문·사·철 삼위일체'의 유기적 구조를 특징으로 한다는 사실이다. 현대 학문분과의 세분화가 학문적 심도 확장에 기여한 측면은 인정되나, 철학을 순수이성의 영역으로 고립시켜 문사(文史) 분야와의 상호 텍스트적 관계를 단절할 경우, 중국 사상의 존재론적 통합성을 해체하는 결과를 초래한다. 이러한 접근법은 중국철학 연구의 시야를 협소화할 뿐만 아니라, 경학(經學) 해석학적 맥락과 역사적 변주(變奏) 과정을 무시함으로써 원전(原典)의 다의적 층위를 평면화하는 오류를 유발하게 된다. 실제로 중국 고전의 해석 작업은 훈고학·고증학·역사학·종교학 등 다학제적 연구 방법론의 종합적인 운용이 없이는 그 내재적 사상을 온전히 파악하기 어렵다. 반면 서양의 '대철학' 전통이 제공한 보편성 추구의 방법론적 시각은 중국철학 연구에 있어 비교문화적 성찰과 이론적 혁신의 계기를 마련했다는 점에서 의의가 있다.

우선, '대철학' 개념은 중국 전통철학 사상자원의 전방위적·심층적 개발에 유리하다. 사실, '철학'이 본질적인 문제를 내재하고 있는 것은 아니다. 근대학과의 분화 현상을 살펴보면, 철학의 학제적 위상 변동이 명확히 확인된다. 현대 지성계에서는 존재론적 질문에 대해 물리학의 설명력을 우선시하며, 인간 인식 메커니즘 연구에서는 심리학·생리학의 실험적 접근법이 인식론 철학을 대체하고 있다. 언어체계 연구 분야에서도 언어학의 구조론적 성과가 철학적 언어론을 상대화하는 현상이 관찰된다. 가치론 차원에서는 철학적 메타 포스가 여전히 효력을 발휘하지만, 이마저도 '마음 치유서'과 같은 대중문화 장르와의 경쟁 속에서 영역을 잃어가고 있다. 이러한 학제적 위기 상황 속에서 '순수철학'은 일정 부분 위기에 직면한 것으로 관찰되지만, 이는 철학의 지식생산 기능이 종결되었음을 의미하는 것은 아니다. 철학의 근본적 가치는 방법론적 틀과 사유의 체계적 구조를 제공하는 데 있다. 학문분과 간의 탐구영역이 지속적으로 확장됨에 따라, 해당 분야의 연구 유효성 검증 문제와 학제적 경계 설정 등의 쟁점들이 부각되었으며, 이러한 문제 해결을 위한 철학적 성찰이 정치철학, 과학기술철학, 경영철학, 수학철학, 의학윤리학 등 다양한 학제간 연구 분야의 형성을 촉진하는 계기가 되었다. 바로 이러한 학제 통합적 연구영역이 현대 '대철학'의 주요 연구 대상으로 부상하고 있다. '대철학'은 전통적 철학이 개념체계 중심의 접근법에 의존하는 것과는 달리, 초학문적 관점을 바탕으로 다학문적 이론자원을 통합적으로 활용함으로써 순수철학의 본질적 문제들(예를 들면 "우주의 근원은 무엇인가?", "존재의 본질은 무엇인가?", "신의 존재는 어떻게 규정되는가?", "언어의 본질은 무엇인가?" 등)을 넘어서, 정치적 정당성의 근거, 기술 중심 사회의 윤리적 한계, 의료윤리와 관련된 실천적 쟁점 등 현실 세계의 근본적인 문제들에 대해 체계적으로 대응하는 철학적 접근 방식이다. 이를 위해서는 단순한 철학적 사유 능력뿐 아니라 해당 학문 분야에 대한 전문적 지식과 역량이 병행되어야 한다. 따라서 각 학문 분야 내부에서 체계적인 철학적 사유 훈련이 필수적으로 요구되며, 기존 철학 이론을 단순히 기계적으로 적용하는 방식은 헤겔이 경고한 바와 같이 '외적 사유(äußeres Denken)'[99]의 한계에 봉착할 위험이 크다.

이러한 관점은 중국 전통철학 자원의 현대적 계승과 발전에 중요한 시사점을 제공한다. 본질적으로 중국 고대 문화에는 서구 철학사에서 정의하는 '순수철학'이라는 개념적 틀과 동일한 전통이 존재하지 않는다. 풍우란이 이 서구적 철학 개념을 참고하여 중국철학사 체계를 구축하려고 했지만, 중국철학은 근원론(cosmogony), 존재론(ontology), 언어론(linguistics), 인식론(epistemology) 등 추상적 철학 문제를 체계적으로 탐구하는 서구적 전통과는 다른 특성을 보인다(완전한 결여라기보다는 다른 형태의 전개라고 볼

99) [역자주] 이 용어는 독일어에서 유래했다. 일반적으로 외부의 표현이나 행동을 통해 사고과정을 보조하는 사고방식을 설명하는 데 사용된다.

수 있다). 중국철학의 핵심 관심사는 정적인 '존재(在, Being)'보다는 동적인 '생성(生, Becoming)'에 있었으며, 우주의 창조적 생성과 생명의 실체를 근본적인 철학적 문제로 설정하였다. 즉, 중국철학은 천지(天地)와 생명을 분리된 개별 학문영역이 아닌 하나의 유기적 전체로 인식하였다. "천지의 큰 덕은 만물을 만들고 살리는 데 있으며"100), "만물은 끊임없이 생성하고 변화한다"101), "삶의 본질을 탐구하지 않고서는 죽음의 의미를 이해할 수 없다."102) 등의 경구들은 중국철학 문화의 정신적 핵심이 '생생불식(生生不息)'의 창조적 변화 원리와 생명력의 지속성에 대한 철학적 성찰에 있음을 명확히 보여준다. 이러한 특성들은 중국철학이 본질적으로 '생성의 철학(philosophy of becoming)'임을 입증하며, 이러한 철학적 기반으로 말미암아 『주역』이 '군경지수(群經之首, 모든 경전의 으뜸)'로서 중국 전통 체계에서 최고의 위치를 차지하게 된 근본적 이유라고 할 수 있다. 조정양이 "대형상 윤리학"에서 지적한 바와 같이, "생명의 실재는 본래 전체적 존재 방식으로 나타나지만, 인간의 사유는 이를 요소별로 분석하는 경향을 보인다. 그러나 이러한 분석적 접근만으로는 생명의 진정한 본질을 포착할 수 없으며, 오히려 사유의 창의성을 제약하게 된다. 따라서 다양한 사유를 전체성으로 재통합하는 과제가 철학적 사유의 핵심적 과제라 할 수 있다."103) 철학은 현상 세계의 궁극적 본질을 탐구함으로써 형이상학을 탄생시켰다. 그러나 이는 철학적 사유의 착각에 불과하며, 인간의 삶에서 현상과 본질은 별개로 존재하지 않는다. 본질은 궁극적으로 현상들이 구성하는 전체적 효과에 지나지 않으며, 본질과 현상은 하나의 동일한 실체이다. "각종 현상 속에서 새로운 '본질'이 생성될 수는 없으며, 이들은 단지 현상의 총체적 효과를 구성하는 요소에 불과하다. 철학이 탐구하려는 것은 바로 이러한 '총체적 효과'이다. 개별 사물의 존재는 이 전체적 효과 없이는 성립할 수 없으므로, 어떤 사물도 단독적으로 사고될 수 없다."104) 중국철학에도 '천도(天道)', '성명(性命)', '천리(天理)' 등의 형이상학적 개념이 존재하지만, 이는 서양의 형이상학과 근본적인 차이를 보인다. 서양철학에서 형이상학과 형이하학은 초월(transcendence)과 피초월(immanence)의 관계로 구분되며, 현상과 본체는 본질적으로 분

100) [역자주] "天地之大德曰生"(『주역·계사卦』).
101) [역자주] "生生之謂易"(『주역·계양卦』).
102) [역자주] "未知生焉知死"(『맹자·장수편』).
103) 趙汀陽. 『論可能生活』. 北京: 中國人民大學出版社, 2009:286쪽.
104) 각주 103 참조.

리된 두 영역으로 인식된다. 반면 중국철학에서 '도(道)'와 '기(器)'는 동일한 세계관 내에서 상호통합된 관계를 형성한다. '기'는 '도'를 내재하며 '도' 또한 '기'를 통해 구현된다. 이는 중국철학이 분열된 개념체계가 아닌 유기적 전체성을 지닌 '대철학(大哲學)' 체계임을 의미한다. 중국철학을 올바르게 이해하기 위해서는 중국인의 세계관, 문화관, 종교관, 윤리관, 성별관은 물론, 기술 문명, 의학, 천문학, 역사학 등과의 철학적 연관성을 포괄적으로 파악해야 한다. 이 모든 요소들이 '하나의 문제가 곧 모든 문제'라는 전체론적 사고방식을 구현한다. 따라서 '대철학' 시대의 도래는 중국 전통철학 발전에 있어 중대한 전환점으로 평가된다. 이 새로운 철학적 패러다임 속에서 전통철학이 현대적 생명력을 회복할 수 있을지 여부는, 철학 연구자들이 공동으로 해결해야 할 핵심적인 철학적 과제라고 할 수 있다.

둘째, '대철학(大哲學)' 개념의 정립은 중국철학 학문체계 내 하위 학과 간 장벽 해체에 유리한 조건을 조성한다. 장기간 누적된 학제 간 분절은 학과 발전의 구조적 난제로 지속되어 왔다. 역사적 맥락에서 분석할 때, "'순수철학' 패러다임과 소련식 학과 분류 체계의 이중적 영향 아래 중국 철학계는 마르크스주의 철학·중국 전통철학·서양철학의 삼원 체계가 고착되었으며, 이들 분야가 상호 독립적 영역으로 분화되면서 학제 간 소통의 단절을 초래했다."[105] 현행 중국 교육부 지정 철학의 8개 하위 학과 체계[106]를 다차원적으로 분석하면 세 가지 분류 기준이 복합적으로 작용했음을 확인할 수 있다. 첫째, 공간·지리학적 분류(중국철학·외국철학), 둘째, 이론 체계 중심 분류(윤리학·논리학·미학), 셋째, 학파적 정체성에 기반한 분류(마르크스주의 철학 등)이다. 여기에 더해 시간성(고대·현대)의 계층적 요소가 학제 간 경계 설정에 중첩적으로 개입하면서, 미시적 연구 차원에서 학문 간 상호관계가 다층적 복잡성을 드러내고 있다. 이로 인해 철학의 8개 하위 학문 간 특히 구체적인 연구 영역에서는 복잡하고 다면적인 상호작용이 빈번히 발생하는 양상을 나타낸다. 이에 따라 "교육부가 공식적으로 규정한 8개 철학 하위 학과를 기반으로 설립된 다양한 교육 및 연구기관에서는 삼중적인 구조적 특징이 뚜렷이 확인된다. 시간적 차원에서 각 하위 학과는 전통철학과 현대철학을 통합하는 종합적 성격을 지니며, 공간

105) 趙敦華. 「"大哲學"視野中的現代中國的哲學」. 『雲南大學學報(社會科學版)』, 2005(3):24~25쪽.

106) 즉, 중국철학, 외국철학, 마르크스주의 철학, 윤리학, 논리학, 과학기술 철학, 종교학, 미학이다. 중국인민대학 철학원은 이 토대에서 전후로 관리철학과 정치철학 등 두 개의 하위 학과를 증설했다.

적 차원에서는 대부분의 하위 학과가 중국철학, 서양철학, 마르크스주의 철학으로 구성된 3차원적 구조를 명시적 또는 암묵적으로 내포하고 있다. 이념적 차원에서는 마르크스주의 철학이 독자적인 체계를 구축함과 동시에 타 하위 학문 분야에 심층적으로 침투하는 특징을 보인다. 이러한 다차원적 조합 구조는 필연적으로 구조적 모순을 양산한다. 첫 번째 문제점으로 철학 하위 학문의 확장성과 포괄성 간 긴장 관계를 들 수 있다. 각 하위 학과는 자율적인 영역 구축을 통해 학문적 독자성을 강화함과 동시에 무한한 분화 가능성을 내재하고 있으며, 이는 시간적 차원(중국철학사의 선진시기·송명시기·현대시기 구분), 공간적 차원(서양철학의 독일·프랑스·영미권 세분화), 이론적 차원(마르크스주의 사상의 응용철학 분화)에서의 다층적 분절을 초래한다. 이러한 '분화-통합'의 순환구조는 학제 간 중복연구 및 자원경쟁 등의 부작용을 초래하며, 궁극적으로 철학의 통섭적 발전을 저해하는 구조적 한계로 작용하고 있다. 두 번째 문제로는 학과 분화의 구조적 한계에서 비롯된 하위 분과 간 상호 배타성의 딜레마가 주목된다. 철학의 하위 전공 분야들이 행정 중심의 학문평가 체계 하에서 점차 고립적인 체계를 형성함에 따라, 일단 구축된 학과 공동체는 자연스럽게 배타적 성향을 강화하는 경향을 나타낸다. 이러한 현상은 교수진의 학문적 시야를 제한할 뿐만 아니라, 철학을 전공하는 학부생과 대학원생들에게도 심각한 인식적 한계를 초래한다. 철학적 사유의 근간이 되는 통섭적 안목을 기르기보다는 조각난 지식 조각에 매몰되게 함으로써, 학문적 거시성을 상실한 세부 전공의 덫에 갇히게 되는 것이다. 최근 수년간 일부 선도적 대학의 철학과에서는 교과과정 개편을 통해 학문 간 경계를 허물고 철학 교양 교육을 강화하려는 시도가 이루어지고 있는데, 이는 매우 고무적인 현상이라 할 수 있다. 그러나 여전히 경직된 학문평가 지표의 굴레와 인재양성 시스템의 관성적 운영이 걸림돌로 작용하며, 철학 하위 분과들의 학문적 자치성은 오히려 강화되는 역설적 상황이 지속되고 있다. 이는 단순히 교과과정 개편 차원을 넘어 학문 생태계의 구조적 개혁을 요구하는 중차대한 과제로 다가온다. 세 번째는 지식 전달 기능의 팽창과 맞물린 철학교육의 본질적 가치 훼손 문제가 심각성을 더해가고 있다. 철학교육의 진정한 사명은 이성적 비판 정신의 함양, 방법론적 통찰력의 연마, 가치 판단 능력의 계발에 있음에도 불구하고, 현실에서는 교화적 기능이 과도하게 부각되고 있다. 이로 인해 철학 학문의 정체성은 모호해지고, 진정성 있는 학문적 성찰은 방향을 잃게 되며, 학문공동체의 지속가능성마저 흔들리는 악순환이 반복되고 있다. 졸업생들의 진로 불확실성과 학문적 신뢰도 하락은 이러한 구조적 모순이 초래한 필연적 결과라 할 수 있다. 이를 중국철학의 '위기'라고 단정하기에는 다소 논란의 여지가 있으나, 현실에 뿌리내린 심층적 도전에 직면한 것은 부인할 수 없는 사실이다."[107] 이러한 학문적 전환기에 '대철학' 개념의 제안은 시의적절한 대안으로 주목받고 있다. 기존의 세부 학과들이 '순수철학'의 이념을 추구하며 학문적 순수성에 과도하게 집착하는 것과 달리, 대철학은 학제 간 융합을 통해 지적 지평을 확장하는 혁신적인 패러다임을 제시한다. 문제 중심적 연구 방법론을 공유하면서도 인문학, 사회과학, 자연과학의 경계를 초월하는 통합적 사유체계를 구축함으로써, 현대사회가 직면한 다차원적 복합 문제들을 해결할 수 있는 심층적 통찰력을 제공하는 것이 그 특징이다. 이러한 혁신적 접근법은 이미 국내외 학계에서 그 실현 가능성이 구체적으로 입증되고 있다. 중국인민대학의 관리철학·정치철학·PPE(철학·정치·경제 융합전공) 개설, 영미권 명문대의 PPL(정치·철학·법학 통합전공) 운영 등은 모두 대철학 시대의 전주곡이라 평가받는다. 이제 학문공동체는 과감한 개방성과 유연성을 바탕으로 하위 분과 간 장벽을 해체해야 할 시점이다. 철학이 삶의 총체성에 대한 예민한 안목을 회복하고, 다학제적 지혜를 융합하며, 인류 보편의 근원적 질문에 답변할 수 있는 종합적 사유체계를 재구축할 때, 비로소 '대철학' 시대가 요구하는 학문적 사명을 다할 수 있다.

최종적으로, '대철학'의 출현은 중국철학(나아가 서양철학까지 포함한)이 세계철학의 흐름 속에 본격적으로 편입되는 데 있어 중요한 계기를 제공했다고 평가할 수 있다. 현대 중국철학은 호적, 풍우란 등 선구적 학자들의 학문적 탐구를 통해 체계적으로 형성되기 시작했으며, 그 과정에서 서양철학의 패러다임이 심층적으로 수용되었다. 이러한 서양철학의 영향은 중국철학의 발전과 혁신적 전환에 일정 부분 제약 요소로 작용하기도 했으나, 당시 중국 철학계의 근대화 과정에서는 긍정적인 전환점으로 작용하였다. 특히 초기 단계에서 '역격의' 방법론은 중국과 서양 간의 철학적 교류를 촉진하는 데 핵심적인 역할을 수행하였다. 중국 철학자들은 서양철학의 체계적 패러다임을 의식적으로 수용하면서 전통철학 사상을 체계화하려는 시도를 본격화하였으며, 비록 '전면적 서양화' 주장이 일부 학계에서 지지를 받았으나 학문적 주류로 자리 잡지는 못했다. 궁극적으로 중국철학

107) 姚新中, 陸寬寬. 「當代中國哲學的結構困境」. 『哲學研究』, 2016(3):121쪽.

은 비판적 성찰을 통해 서양철학의 영향 아래 자신의 한계(논리적 엄밀성의 부족, 논증 구조의 미흡, 개념 표현의 모호성 등)를 점차 인식하게 되었다. 이러한 자기반성적 성찰을 바탕으로 현대 신유가(新儒家) 학자들은 서양철학의 이론적 틀을 창의적으로 수용하고 변용함으로써 송명이학(宋明理學)의 사상적 전통을 현대적 지평에서 재해석하는 작업을 수행하였다. 이를 통해 중국 전통철학을 새로운 지적 차원으로 고양시키는 데 기여하였다. 이러한 학문적 노력의 산물로 형성된 현대 신유학(新儒學)은 비록 일정한 한계를 지니고 있음에도 불구하고, 그 사유의 독창성과 철학적 깊이 면에서 현대 중국철학이 이룩한 주요한 학문적 성과로 평가받는다. 이러한 성과는 서양 학문체계와의 생산적인 대화와 상호텍스트성을 통해 가능해진 것으로, 중국철학의 현대적 전환에 있어 결정적인 계기를 제공하였다. 한편, 중국철학의 형성과정, 특히 '현대 신유학'의 출현은 중국철학이 서양 철학계의 주류 담론 영역으로 진입하는 계기를 마련하였으며, 이는 세계철학의 발전 방향에 새로운 패러다임과 평가 기준을 제시하는 중대한 전환점으로 작용하였다. 이러한 기준 체계의 정립은 서양철학의 재해석에 있어 중요한 방법론적 틀을 제공했을 뿐만 아니라, 서양 사회가 중국철학과 문화를 인식하는 방식에 근본적인 전환을 가져왔다. 중국철학이 단순한 지역적 철학 체계를 넘어 독자적인 학문적 전통으로 국제적으로 인정받게 됨에 따라, 중국 지식인들은 서양철학이 철학 전체를 대표하는 유일한 체계가 아니라 하나의 지역적 학문 분파에 불과하다는 인식을 갖게 되었다. 동시에 인도철학, 일본철학 등 다양한 철학 전통의 존재가 학문적으로 확인되면서, 중국 지식인들의 철학적 사유는 보다 포괄적이고 다차원적인 관점을 갖추게 되었다. 서양 철학계 내에서도 점차 철학이 고대 그리스 문명의 독점적 산물이 아니라는 사실이 학문적으로 인식되기 시작했다. 비록 여전히 그리스 중심주의를 고수하는 학자 집단이 존재하지만, 철학이 이미 인류 보편적 가치를 지닌 사상체계로 자리매김하고 있다는 점은 학문적으로 명확해지고 있다. 이러한 인식 확장은 형이상학에 국한되지 않고, 도교의 경지론이나 불교의 중생 해탈 철학 등 다양한 철학적 전통에서 구현되는 형태로 나타나고 있다. 이러한 철학적 전통들은 각기 다른 문화적 맥락 속에서 고유한 '진리 체계'를 구축하고 있으며, 서양 철학계가 발전시켜온 체계적 사유방식과 대등한 학문적 위상을 확보하고 있다. 따라서 서양 문명이 물리적 세계인식에서 선도적 역할을 수행했다면, 동양 문명은 철학적 세계관의 형성과 정립에 있어 선구적 위치를 차지했다고 평가할 수 있다. 역사적 맥락 속에서 미래 세계철학은 동서양 철학의 본질적 특성을 통합적으로 수렴하는 새로운 패러다임으로 진화할 것이다. 중국 현대철학자 풍우란이 제시한 통찰에 따르면, "미래의 세계철학 체계는 중국 전통철학의 합리성을 기반으로 보다 엄밀한 논리체계를 구축하면서도, 서양 전통철학의 경험주의를 초월하여 신비주의적 깊이를 내포하게 될 것이다."108) 이러한 합리성과 신비주의의 변증법적 통합만이 인류 보편적 가치를 포괄하는 철학적 틀을 완성할 수 있다는 점을 강조할 필요가 있다. 이러한 미래지향적 철학 체계, 즉 '대철학'은 특정 민족주의적 편향이나 선입견을 초월하는 보편적 특성을 지니며, 보다 확장된 인식론적 지평과 다층적인 사유체계를 기반으로 동서 철학 전통의 경계를 횡단하는 종합적 사유체계로 기능할 것이다. '대철학'은 단순히 서양철학과 중국철학의 기계적 결합이 아니라, 이 두 철학 전통을 포괄하면서도 새로운 차원으로 승화된 철학적 종합체로 규정할 수 있다. 동서 철학 전통은 상호보완적 관계 속에서 구조적 조화를 이루어야 하며, 문화적 편견과 인식론적 차이를 극복하는 공동 진화의 길을 모색해야 한다. 이러한 과정을 통해 진정한 의미의 세계철학이 탄생할 수 있을 것이다.

'대철학' 개념의 제안은 현대 중국철학 발전사에서 획기적인 전환점을 이룬 중대한 역사적 사건으로 평가될 수 있으며, 이와 함께 동반되는 학문적 과제와 시대적 사명은 더욱 중차대하다고 할 수 있다. 중국 전통문화의 심층에는 탁월한 철학적 유산이 다층적으로 축적되어 있음에도 불구하고, 동시에 현대적 가치체계와의 상호 조응에서 한계를 드러내는 역사적 사상적 요소들이 상당 부분 존재하는 것이 사실이다. 이에 따라 학문적 엄정성과 미래지향적 시각을 견지하면서, 시대적 요구에 부합하지 않는 사상적 잔재에 대한 비판적 선별 작업과 인류 보편적 철학발전에 기여할 수 있는 중국적 특수성을 내포한 정신문화 자원의 체계적 재발굴은 중국 인문학계가 직면한 핵심적인 학문적 과제로 부각된다. 이러한 인식을 바탕으로 '대철학'의 이론적 틀에서 접근할 때, 중국철학의 혁신적 발전을 위해서는 방법론적 차원에서 다음과 같은 변증법적 관계들에 대한 체계적 정립이 선행되어야 한다.109)

108) 馮友蘭.「中國哲學與未來世界哲學」. 塗又光, 譯.『哲學研究』, 1987(6):42쪽.
109) 姚新中.「中華文化創新發展的方法論思考」.『人民日報』, 2017~06~12(16).

1. “述(전승)”과 “作(창조)”의 변증법적 관계의 정립

비록 상이한 문화권이 각기 독자적인 발생학적 기원과 발전적 궤적을 지니고 있으나, 생명력을 유지하는 모든 문명 체계는 근본적으로 동일한 방법론적 과제에 직면한다. 이는 곧 역사적 변증법의 틀 속에서 전통문화의 계승과 혁신을 어떻게 변증법적으로 통합할 것인가 하는 시대적 물음이다. 방법론적 측면에서 접근할 때, 문화적 진보는 두 가지 상보적 경로를 통해 구현된다고 볼 수 있다. 첫째는 전승 매커니즘을 통한 간접적 혁신(mediated innovation)이며, 둘째는 문화형식의 구조적 재구성을 통한 직접적 혁신(immediate innovation)이다. 중국철학사 용어 체계로 환원하면, 이 두 차원은 각각 ‘술(전승)’과 ‘작(창조)’이라는 개념 범주로 규정될 수 있다. 역사철학적 관점에서 보면, 노자·공자·석가모니에서 소크라테스·플라톤에 이르는 인류문명의 ‘축의 시대(Axial Age)’ 이후 동서양 학문사적 전개과정을 관통하는 주요 특징은 창조적 실천보다 계승적 해석이 우세했다는 점이다. 즉, 전반적으로 ‘술이부작(述而不作)’[110]의 방법론적 경향성이 지배적이었다고 평가할 수 있다. 여기서 ‘부작(不作)’의 개념은 반드시 이중적 해석학적 층위에서 이해되어야 한다. 첫째는 역사적 제약성(historical constraints) 차원의 소극적 의미로서, 시대적 조건과 문화적 패러다임의 한계로 인한 창조적 행위의 불가능성을 의미한다. 둘째는 방법론적 우선성 차원의 적극적 의미로서, 무근원적 창작(無源之水)과 무토대성 실험(無本之木)을 경계하면서 의도적 주체성(intentional agency)에 기반한 창조적 절제를 지칭한다. ‘술(전승)’의 방법론적 체계 역시 두 가지 하위 유형으로 구분된다. 첫째는 단순 재생산(simple reproduction) 모델로서, 문화코드의 기계적 반복을 통한 정태적 계승 방식을 의미한다. 둘째는 반성적 재해석(reflective reinterpretation) 모델로, 역사문제의식(historical problematics)에 기반하여 기존 개념체계를 시대적 맥락에서 재구성하는 동태적 계승 방식을 지칭한다. 특히 후자의 경우, 원전 텍스트의 해석학적 지평 확장을 통해 오히려 전통을 넘어서는 창의적 성과를 도출할 수 있다. 공자의 사상체계가 바로 이러한 반성적 재해석 모델의 전형적 사례라 할 수 있다. 춘추전국시대 예악제도(禮樂制度)의 해체라는 역사적 위기 상황에서, 공자는 주나라 문화전통에 대한 비판적 계승을

110) [역자주] ‘술이부작(述而不作)’은 공자가 옛것을 바탕으로 서술하되, 자신의 것을 보태지 않는다는 의미로 사용한 말이다.

통해 '예치(禮治)' 이론을 체계화하였다. 특히 '인(仁)' 개념의 창안을 통해 도덕철학 차원의 새로운 패러다임을 구축함으로써, 단순한 전승을 넘어선 창조적 계승의 모범적 사례를 보여주었다. 이와 유사하게 각 시대의 문화 주체들이 수행하는 '술(전승)'의 실천은 필연적으로 그 시대의 문제의식과 역사적 특수성을 반영하며, 고전 텍스트에 대한 창의적 해석을 통해 새로운 철학적 담론을 생성해나가는 변증법적 과정이다. 이러한 방법론적 접근은 문화사적 발전의 내재적 논리를 구현하는 동시에, 전통과 혁신의 변증법적 종합을 가능하게 한다. 문화적 진보는 단순한 단절이나 기계적 계승이 아니라, 역사적 유산에 대한 비판적 수용과 창조적 변형을 통해 구현되는 지속 가능한 혁신 과정이다.

'술(전승)'에는 '작(창조)'이라는 본질적 속성이 내재하며, '술(전승)'의 진정한 가치는 '작(창조)'의 실현을 통해 완성된다. '아주육경'이 선행되어야 '육경주아'가 가능하다는 이 명제는 중화 문화 전승 및 발전의 본질적 특성을 구현하는 동시에 인류문명 진화의 보편적 법칙과도 부합한다. 역사적으로 '축의 시대(Axial Age)'를 기점으로 인류문명은 존재론적 인식의 지평을 다차원적으로 확장함과 동시에 끊임없이 원초적 사유로 회귀하여 근본적 화두들을 재조명해왔다. 인간 실존의 의미, 환경과의 상호작용, 우주적 위상 등 보편적 철학적 문제에 대한 탐구는 문명사적 과제로 부상하였다. 이러한 철학적 성찰을 구현하기 위해 동서고금의 사상가들은 이론 체계 구축과 방법론적 실험을 병행해왔다. 공자의 "기소불욕 물시어인(己所不欲, 勿施於人)"[111]과 같은 실천윤리, 맹자의 '구기방심(求其放心)'[112]의 심성수양론, 소크라테스의 '자기인식(γνῶθι σεαυτόν)' 철학, 아리스토텔레스의 '정치적 동물론(ζῷο ν πολιτικόν)', 주희의 '이일분수(理一分殊)' 해석학, 왕양명의 '치양지(致良知)' 실천론, 데카르트의 '코기토(Cogito)' 인식론, 벤담의 공리주의 '최대 다수의 최대 행복' 원칙, 칸트의 '정언명령(kategorischer Imperativ)', 헤겔의 '절대이념' 변증법 등 다층적 사유체계는 20세기 실존주의·현상학·분석철학 등 현대사상과 더불어 인간과 세계의 본질규명을 위한 다학제적 접근의 초석을 마련하였다. 이러한 사상사적 유산은 역사성과 시대성을 변증법적으로 종합하여 문화혁신의 구조적 법칙을 입증하였다. 특히 마르크스는 독일 관념론, 영국 고전 경제학, 프랑스 사회주의 등 인문학적 성취를 비판적으로 전승하여 '과학적 사회주의' 이론을 정립함으로써 인간 해방과

111) [역자주] "자기가 하고자 하지 않는 바를 남에게 강요하지 말라."『논어·안연편(論語·顔淵편)』
112) [역자주] "학문의 길은 결국 인간 본연의 선한 마음을 되찾는 여정이다."『맹자·고자편(孟子·告子편)』

전면적 발전이라는 문명적 지향을 체계화하였다. 이러한 성과들은 단순한 이론적 성취를 넘어 시대정신의 결정체로서 인류문명의 진보적 방향성을 제시하는 혁명적 패러다임으로 자리매김하였다.113)

'술(전승)' 즉 기존 문화유산을 재해석하고 전승함으로써 혁신을 이루는 방식 외에도, 문화혁신의 또 다른 중요한 방식은 '작(창조)' 즉 창의적인 창작 활동을 통해 특정 시대가 직면한 도전적인 과제에 직접적으로 대응하는 것이다. 이는 시대적 특수성과 사회적 요구를 심층적으로 분석하여 새로운 이론체계와 독창적인 문화 형태를 창출하는 과정이다. 역사발전 경험에 비추어 볼 때, 사회구조의 대변혁기는 필연적으로 사상문화의 비약적 발전기를 동반한다. 현대 중국이 추진하는 인류사적 차원의 위대한 실천은 이론창조와 학술진흥, 문화발전에 전례 없는 역사적 기회를 제공하고 있다. 새로운 역사적 조건과 시대 환경 속에서, 중국 우수전통문화의 창조적 전승 및 발전 방안 모색 그리고 역사와 현실의 대화, 동서 문명의 교차점에서 새로운 담론체계 정립이라는 세 가지 핵심과제가 부상하고 있다. 이러한 시대적 과제 해결을 위해서는 '술(전승)'과 '작(창조)'의 상호작용에 대한 철학적 재해석이 요구되며, 이를 통해 중국문화의 창조적 발전을 위한 이론적 토대를 마련하고, 동시대적 문화생산 메커니즘을 재구성하는 것이 현시대의 중차대한 사명이라 할 수 있다.

2. "損(계승)"과 "益(혁신)"의 변증법적 관계의 정립

'술(전승)'이나 '작(창조)'을 물론하고 중화 문화혁신 발전의 필수요건은 다음 두 가지 차원에서 구현되어야 한다. 첫째는 문화 정체성 수호를 기반으로 시대적 화두에 능동적으로 대응하며, 원초적 문화 요소를 전승하면서도 현시대가 제기하는 문제의식에 창조적 해법을 제시하는 것이다. 둘째는 전통적 틀을 탈피하는 혁신적 개방성을 견지하며, 문화유산에 대한 과감한 재해석을 통해 현대적 토대 위에서 창의적 실험을 진행함으로써, 선대가 미처 답습하지 않은 새로운 문화적 경로를 개척하는 것이다. 이러한 혁신 과정을 통

113) 실제로 칼 마르크스가 구축한 철학 체계는 '대철학'의 전형적인 고전 형식으로 간주될 수 있다. 이 철학 체계는 사회적 현상에 대한 해석과 비판적 분석에서 결정적인 영향력을 행사해온 것으로 학계에서 널리 인정받고 있다. 이러한 맥락에서 '대철학'은 그 지속적인 영향력과 해석력을 통해 분명히 강력한 생명력을 지닌 철학적 전통이라고 평가할 수 있다.

해 고전 문화의 현대적 변용을 실현하며, 전통과 현대의 시공간을 관통하는 창조적 계승 방식을 모색함으로써 유구한 문화유산을 새로운 문명 차원으로 승화시켜 나가야 할 것이다.

중화 문화의 혁신적 발전을 추진하기 위해서는 전통문화에 대한 '손익취사(損益取捨)'[114]의 원칙을 수립해야 한다. 중화 문화는 5천여 년에 걸친 역사적 진화과정을 통해 형성된 동태적 가치체계로서, 시대를 초월한 보편적 가치를 함유한 요소와 더불어 역사적 제약성으로 인해 현대사회와 부합하지 않는 요소가 공존하고 있다. 이에 대한 합리적 선택과 체계적 재구성이 필수적이다. 현 단계 중화 문화혁신 논의에서 핵심적 과제는 문화유산의 본질적 가치와 시대적 한계를 변증법적으로 식별하는 데 있다. 특히 봉건적 사회구조 하에서 형성된 인간 주체성 억압, 사상의 자유로운 발전을 저해하는 관념체계는 철저한 비판과 현대적 전환을 요구한다. 특히 모든 전통문화를 무비판적으로 수용함으로써 현대 사회의 복합적 문제들을 해결하고자 하는 접근 방식은 실천적 가능성 차원에서 현실성이 결여할 뿐만 아니라, 이론적 기반과 방법론적 타당성 측면에서도 정당화되기 어렵다는 점을 학문적 차원에서 명확히 인식해야 한다.

중화 문화혁신 발전을 효과적으로 추진하기 위해서는 단순히 '손(계승)'의 차원을 넘어 전통문화에 대한 '익(혁신)'의 전략적 접근이 필수적으로 요구된다. 본질적으로 전통문화에 어떠한 '익(혁신)'을 부여할 것이며, 어떻게 부여할 것인지에 대한 실천방안은 방법론 차원에서 체계적인 탐구가 필요한 과제이다. 중화 문화혁신 발전은 현대적 시대정신과의 조화를 추구해야 하지만, 이때 시대정신이 곧 사회 사조나 사회심리의 수동적 반영이라는 의미는 아니다. 문화혁신은 단순한 사회적 수요에 대한 대응이 아니라, 전통문화의 시대적 가치를 심층적으로 발굴하고 현대사회의 사상적 흐름과 대중심리 속에 내재된 긍정적 에너지를 상호 융합하는 창조적 과정이다. 이러한 관점에서 중화 문화혁신 발전은 현실적 토대 위에서 출발하되 이를 초월해야 하는 이중적 과제를 안고 있다. 구체적으로 첫째, 맹목적 복고주의에 기반한 역사적 회귀 방식을 경계해야 한다. 이는 주체성 상실 상태에서 과거의 관념·예의·풍습을 무비판적 준거로 삼는 방법론적 한계를 지닌다. 둘째, 유행 추종적 포퓰리즘을 경계해야 한다. 이는 현실의 모든 문화 현상을 합리화하며

114) [역자주] 최적의 결과를 얻기 위해 의사결정 과정에서 다양한 요인을 저울질하고 선택하는 것을 뜻하는 말이다.

속물주의와 악성 문화에 허위적 정당성을 부여하는 편향적 접근이다. 이 두 극단적 경향은 방법론적 측면에서 '손(계승)'과 '익(혁신)'의 변증법적 관계를 단편화한 결과로, 전자의 경우 비판적 성찰 기능을 약화하고 후자의 경우 창조적 발전의 본질을 왜곡함으로써 전통과 현대의 유기적 연결고리를 단절하는 위험성을 내포한다. 따라서 문화혁신의 성공적 구현을 위해서는 역사문화유산의 현대적 해석과 동시대적 가치창출 사이의 균형적 조화, 나아가 비판과 창조의 상호작용을 통한 문화적 시너지 창출이 요구된다.

중화 문화혁신 발전은 결코 추상적 개념이나 시대적 맥락과 유리된 실체가 아니다. 오히려 이는 다층적인 사회적 실천을 매개로 발전 법칙을 체계화하고 새로운 성장 동력을 창출하는 역동적 과정으로 이해되어야 한다. 특히 문화혁신은 단순한 사상체계의 진화를 넘어 생활양식의 구조적 변혁과 실천 패러다임의 전환을 포괄한다. 본질적으로 중화 문화혁신 발전의 궁극적 지향은 현대 중국 사회구성원들의 가치체계 정립, 인식론적 프레임워크 구축, 일상생활의 문화적 실천에 대한 체현에 있다. 이러한 다차원적 구현 정도가 바로 중화 문화혁신 발전의 핵심 성과 지표이자 가치 평가의 기준으로 작용한다는 점에서 중요성을 지닌다.

3. "文(형식)"과 "質(내용)"의 변증법적 관계의 정립

모든 문화의 발전과정은 '문(형식)'과 '질(내용) 간의 상호작용 문제를 필수적으로 포함한다. 공자는 『논어·옹야편(論語·雍也篇)』에서 "내용이 겉모양보다 뛰어나면 너무 투박하고, 겉모양이 내용보다 뛰어나면 너무 화려하다. 겉모습과 내용이 조화된 뒤라야 비로소 군자답다."[115]라고 천명함으로써, 내재적 실질과 외형적 표현의 조화를 통해 성인(君子)의 이상적 인격을 구축해야 함을 강조하였다. 이 학문적 담론은 단순히 윤리적 수양 차원을 넘어, 현대적 관점에서 중화 문화의 계승 발전과 혁신 추진에 있어서 형식과 내용의 균형적 조율이 필요함을 시사한다. 구체적으로 중화 문화의 지속 가능한 발전을 위해서는 '문'과 '질'의 이원적 구조를 동시에 고려한 체계적 접근이 요구되며, 이를 통해 문화적 표현 형식의 다변화와 내재적 가치 함양의 질적 심화를 지속하여 추구해 나가야

115) [역자주] "質勝文則野, 文勝質則史, 文質彬彬, 然後君子"(『論語·雍也篇』).

할 것이다.

중화 문화는 선진시대의 제자백가에서 양한경학(兩漢經學), 위진현학(魏晉玄學), 수당불학(隋唐佛學)을 거쳐 송명이학(宋明理學)에 이르기까지 5천 년에 달하는 지적 전통을 구축하였다. 역사의 긴 흐름 속에서 유, 불, 도, 묵, 명, 법, 음양, 농, 잡, 병 등 여러 학파가 생겨났으며 노자, 공자, 장자, 맹자, 순자, 한비자, 동중서, 왕충, 하안, 왕필, 한유, 주돈이, 정호, 정이, 주희, 육구연, 왕수인, 이지, 황종희, 고염무, 왕부지, 강유위, 양계초, 손중산, 노신 등 많은 사상가들이 거대한 문화유산을 남겼다. 수천 년의 역사발전 과정에서 중화 문화의 주류 발전 양상은 유학을 중심축으로 불교와 도교가 양익을 구성하는 체계적 구조를 형성하였다. 형식적 차원에서 유교·불교·도교 삼교는 각기 독자적인 사상체계와 전승 방식을 구축하였으며, 이로 인해 중화 문화는 다층적인 학파 구조와 '삼교융합(三敎融合)'이라는 독특한 문화지형을 창출하였다. 그러나 이러한 전통적 지식체계가 현대 중국사회의 물질문명 진흥과 정신문화 혁신이라는 시대적 과제 속에서 어떻게 창조적 전환을 실현할 것인가의 문제는 중화 문화의 혁신적 발전을 위한 핵심적 연구 주제로 부상하고 있다.

문화형식의 혁신과 비교할 때, 내용적 계승과 발전은 보다 본질적이고 핵심적인 가치를 지니고 있다. 외형적 양상과 무관하게, 중화 전통문화의 정신적 본질은 강력한 실천적 특성과 시대적 적응력을 내재하고 있으며, 현실 참여적 가치 지향을 명확하게 구현하고 있다. 중국 고대 유학의 대가들과 도가의 현인들, 불교의 고승들이 역사적으로 존경받을 수 있었던 근본적인 이유는, 그들이 시대적 맥락을 정밀하게 파악하고 사회 정신적 요구를 심층적으로 해석하며, 개념체계와 이론구조를 정립하는 과정에서 타 학파의 우수한 사유성과를 비판적으로 수용함으로써 자신들의 지적 체계를 풍부하게 발전시켰기 때문이다. 어떤 입장에 있더라도, 유교·불교·도교 삼교는 고루한 관념에 집착하거나 자기 폐쇄적인 태도를 취하지 않고, 지속적인 상호 교류와 창의적인 융합을 통해 중화 문화의 삼위 일체적 본질구조를 형성해냈다. 이러한 견고한 문화적 핵심 구조야말로 중화 문화가 지속적인 계승과 창조적 전환을 실현할 수 있었던 근본적인 동력이자 역사적 기반이 되어왔다.

중화 문화의 혁신적 발전을 구현하기 위해서는 '문(형식)'과 '질(내용)'의 새로운 변증법적 통합을 실현하는 것이 핵심과제이다. 현대사회의 일부 영역에서는 지나친 형식주의에 치우쳐 '질(내용)'의 본질적 가치를 도외시함으로써, 중화 문화를 단순한 표면적 장식 수단으로 전락시키고 문화적 외피에만 집착하는 경향이 나타나고 있다. 이러한 피상적인 접근 방식은 진정한 의미의 문화혁신이라 평가받기 어렵다. 반면, 내재적 가치를 지나치게 강조하는 일부 집단은 문화를 대중의 생활과 유리된 고두강장(高頭講章)[116]이나 양춘백설(陽春白雪)[117]과 같은 형태로 고착시켜, 실질적인 생활과의 연계성을 상실한 이론적 유산으로 전락시키는 위험성을 내포하고 있다. 이와 같은 양극화 현상은 문화혁신의 역동성과 실천성을 저해하는 요인으로 작용한다. 결론적으로 '문(형식)'과 '질(내용)'은 차량의 양륜(兩輪), 조류의 양익(兩翼)과 같은 공생적 관계로서, 양자의 조화로운 균형과 상호작용을 통해서만 중화 문화의 창조적 전환과 지속 가능한 발전이 가능하다는 점을 인식해야 한다. 이원적 요소의 유기적 통합은 문화적 정체성 확립과 현대적 가치창출을 동시에 달성하는 핵심 메커니즘으로 작용할 것이다.

"주나라는 비록 장구한 역사를 자랑하는 왕조였으나, 끊임없이 혁신을 추구해왔다."[118]라는 고전적 명제가 시사하듯, 중화 문화는 고정된 유산이 아닌 끊임없이 진화하는 유기적 생명체이다. 새로운 역사적 조건과 발전 양상 속에서 '술(전승)'과 '작(창조)'을 유기적으로 통합하고, '손(계승)'과 '익(혁신)'을 상호보완적으로 추진하며, '문(형식)'과 '질(내용)'의 조화로운 통일을 실현하는 방법론적 과제는 중화 문화혁신 발전의 핵심 쟁점으로 부각되고 있다. 이러한 방법론적 돌파구를 성공적으로 개척할 경우, 개방성과 포용성을 겸비한 창조적 중화 문화는 중화민족의 위대한 부흥을 위한 강력한 정신적 동력원이 될 뿐만 아니라, 인류운명공동체 구축이라는 역사적 진보 과정에 지적 에너지를 공급하는 원천으로 기능할 것이다.

---

116) [역자주] 중국 고대 시기에 경서 본문 상단의 넓은 여백에 수기 또는 인쇄 방식으로 해설 문자를 첨가한 형태를 지칭한다. 후대에 이르러 이러한 형식의 경서를 총칭하는 용어로 의미가 확대되었다.

117) [역자주] 심오하며 통속적이지 않은 문학예술을 비유하는 말이다. '양춘백설'은 원래 전국시대 초나라의 예술성이 비교적 높고 난도가 비교적 큰 노래를 가리키는 말이었으나, 후일에는 심오하며 통속적이지 않은 문학예술을 두루 지칭하였다.

118) [역자주] "周雖舊邦, 其命維新"(『詩經·大雅·文王』).

제6장

중국철학의 발전 잠재력

'대철학(大哲學)'은 현대 중국철학의 혁신을 위한 실천적 방법론적 기반을 제공하였다. 이를 토대로 삼아, 철학발전의 삼위 일체적 방향성과 중국철학의 실질적 학술 환경을 종합적으로 고려하면서, 중국철학 혁신의 잠재적 성장 동력을 체계적으로 탐구할 필요가 있다. 이에 본 논문은 다음과 같은 세 가지 구조적 발전 방향을 제시한다. 첫째, 철학의 본질적 속성에 대한 재인식 차원에서, 철학은 생활 실천과 결합된 '애지지학(愛智之學)'으로서 지혜 탐구와 현실 성찰의 이원적 구조는 본질적으로 분리될 수 없다. 따라서 중국철학 혁신은 실천철학과 지혜 철학의 변증법적 통합을 추구해야 한다. 둘째, 현대 중국철학의 정체성 확립 차원에서, 전통 철학과의 유기적 연계는 학문적 단절을 방지하는 핵심 요소이다. 따라서 현대철학 혁신 과정은 전통 사유체계와 현대 학문 담론 간의 창조적 조화를 모색하는 역사적 과제를 수반해야 한다. 셋째, 글로벌 철학 담론장에서의 중국철학 위상 정립 차원에서, 철학적 보편성과 지역성의 변증법은 미래 학문 발전의 핵심 패러다임이다. 세계철학으로의 발전은 중국철학 혁신의 필수적 방향이므로, 비교철학적 관점에서 타 지역 사유체계와의 구조적 대화를 심화시켜야 한다.

특히 중국적 특수성과 철학적 보편성 간의 상호작용 모델을 구축함으로써, 글로벌 학술공동체에 기여할 수 있는 이론적 틀을 개발할 필요가 있다. 이상의 세 가지 차원에서 현대 중국철학은 방법론적 혁신, 역사적 계승, 공간적 확장이라는 삼위일체적 발전 전략을 통해 중국적 정체성과 세계적 보편성을 통합하는 철학 체계를 정립할 수 있을 것으로 기대된다.

6.1 실천과 지혜의 병행

당대 중국철학 혁신의 첫 번째 발전 가능성은 철학적 지혜와 실천성의 상호보완적 강조에서 비롯된다. 이는 모든 철학 체계 발전의 근본적 토대를 형성하는 핵심 요소이다. 철학의 본질적 가치가 지혜의 추구에 있다는 인식은 서양철학 전통이 고대 그리스 시기부터 전 세계적으로 확산되며 정립된 보편적 통념이다. 역사적으로 피타고라스가 최초로 '철학(philosophia)'을 '지혜를 사랑하는 학문(애지지학)'으로 개념화하였으나, 서양철학사 전반에서는 소크라테스가 철학적 지혜의 진수를 구현한 대표적 인물로 평가된다. 델포이 신전의 신탁 사건은 이러한 맥락을 상징적으로 보여주는 사례이다. 아폴론 신의 여사제가 "소크라테스보다 지혜로운 자는 없다."라고 선언하자, 소크라테스는 이에 대해 회의적인 태도를 취하며 체계적인 실증적 검증을 시도하였다. 당대 지식인들과의 철학적 대화를 통해 신탁의 진위를 검토한 과정은 『변명록(Apology)』에 상세히 기록된 바와 같이, "인간 지혜의 한계에 대한 깨달음"이라는 중요한 철학적 통찰로 귀결되었다. 소크라테스는 법정에서 "타인들이 무지함을 인식하지 못한 채 자만에 빠진 반면, 나는 나의 무지를 인정함으로써 상대적 우위를 확보했다."고 주장하였다.[1] 이 주장의 핵심은 델포이 신전 정문에 새겨진 "너 자신을 알라(Know thyself)"라는 명제의 실천적 구현으로 볼 수 있다. 그의 사상적 위상은 단순한 지식의 축적이 아니라, 인간 이성의 한계를 성찰하는 자기반성의 능력에서 기인한 것으로 평가받는다. 이러한 자기인식의 과정은 궁극적으로 "아테네 최고의 현자"라는 평가를 받게 한 인식론적 기반이 되었다.

소크라테스는 과연 지혜로운 인물로 평가받을 만한가? 이 물음의 해석을 위해 우리는 먼저 철학적 지혜의 개념적 경계를 명료히 할 필요가 있다. 델포이 신전의 신탁 사건과 소크라테스의 철학적 성찰을 종합해보면, 철학적 지혜는 왕양명이 언급한 인간의 '의지영명처(意之靈明處)'[2]와 유사한 인식론적 특성을 지닌다. 그러나 이 '영명지지(靈明之

1) 柏拉圖.『蘇格拉底之死』. 謝善元, 譯. 上海: 上海譯文出版社, 2011:51쪽.

2) [역자주] 양심(良心)은 모든 인간이 선천적으로 갖추고 있는 본유의 도덕적 덕목이며, 외부 환경의 영향을 초월한 자기 본연의 도덕적 성품이다. 양심은 단순한 인지적 판단 능력을 넘어서, 인간의 행위를 규제하고 방향 짓는 도덕적 기준으로 기능한다. 왕양명(王陽明)의 심학(心學) 체계에서 핵심적인 개념으로 제시되는 '영명지지(靈明之知)'는 개인의 내면적 자각과 주체적 판단력을 중시하며, 이러한 내면적 통찰을 바탕으로 지속적인 성찰과 실천을 통해 도덕적 완성을 추구함과 동시에 사회적 책임을 실현해야 한다는 유교적 실천철학의 핵심을 체현한다.

知)’는 단순한 경험적 지식과는 본질적 차이를 갖는다. 소크라테스의 분석에 의하면, 자신을 지혜롭다고 주장하는 이들은 절대적 무지의 상태에 있는 것은 아니다. 특정 전문 분야에서 그들이 축적한 지식은 객관적 타당성을 확보할 수 있는 수준에 이르렀다. 그러나 핵심적인 문제는 이들의 인식론적 한계에 있다. 첫째, 그들이 인식하지 못하는 무지의 범위가 이미 습득한 지식을 압도적으로 초과하고 있으며, 둘째(그리고 더욱 근본적인 문제로서), 그들은 특정 전문 분야의 지식을 비전문적 영역에까지 무분별하게 확장하려는 인식론적 오만을 드러낸다. 이는 소크라테스 철학에서 지혜 결핍의 전형으로 간주된다. 이 지점에서 지식의 양적 축적이 지혜의 충분조건이 될 수 없음은 물론, 무지의 자각 그 자체가 지혜의 가능 조건으로 기능할 수 있다는 역설적 통찰이 도출된다. 이러한 인식론적 통찰을 바탕으로 소크라테스는 다음과 같은 존재론적 선언에 도달한다. “진정한 지혜는 신적 영역에 속하며, 나는 단지 델포이 신탁의 해석자에 불과하다. 신이 인간에게 전하려는 근본 메시지는 인간 지혜의 가치가 극히 미약하거나 심지어 무가치할 수 있다는 사실이다.”[3) 이 선언은 인간 인식의 근본적 한계를 직시하라는 실존적 명령으로 해석될 수 있다. 소크라테스가 제시한 ‘너 자신을 알라(Know thyself)’의 철학적 실천은 ‘무지를 앎(知無知)’이라는 이중구조의 인식론을 함축한다. 여기서 두 번째 ‘知’를 단순한 사실적 인식으로 이해한다면, 첫 번째 ‘知’는 반성적 자기성찰을 통한 존재론적 각성으로, 이것이 바로 인간의 ‘영명(靈明)’이다. 이는 공자(『논어·위정편』)의 “아는 것은 안다고 하고 모르는 것은 모른다고 하는 것이, 진정 아는 것이다.”[4)라는 명구와 같은 맥락을 이룬다. 양자 모두 지혜의 본질을 지식의 양적 축적이 아닌 인식주체의 성찰적 태도에서 찾고 있다. 흥미롭게도 이러한 사유는 동서양을 관통하는 지혜론의 보편성을 보여준다. 공자가 “지혜로운 자는 현혹되지 않는다.”[5)에서 추구한 경지는 심오한 철학적 성찰을 요구하지만, 그 실천적 출발점은 지식에 대한 진실성 있는 태도에 있다. 이는 소크라테스가 ‘철학(philosophia, 지혜 사랑)’을 신적 차원의 지혜 추구로 정의하면서도, 인간의 무지 자각을 최고의 지혜로 간주한 점과 정확히 조응한다. 여기서 지혜의 존재 여부는 단순히 지식의 보유 여부에 의해 결정되는 것이 아니라, 자신이 가진 제한된 지식을 어떻게 인식하고 대

3) 柏拉圖.『蘇格拉底之死』. 謝善元, 譯. 上海: 上海譯文出版社, 2011:54쪽.
4) [역자주] “知之爲知之不知爲不知是知也”(『論語·爲政편』).
5) [역자주] “知者不惑”(『論語·子罕편』).

하는가에 달려 있음을 알 수 있다. 지혜는 지식의 단순한 집합체라기보다는, 지식을 바라보는 올바른 태도와 사고방식이다. 가장 단순하고 기본적인 형태의 지혜가 종종 가장 본질적이며 근본적인 지혜로 작용한다는 점에서 그 중요성이 더욱 부각된다. 결론적으로 소크라테스 철학의 핵심은 인간 인식의 비대칭적 구조에 대한 각성에 있다. 인간은 지혜를 사랑하는 존재이지만 신적 지혜의 소유자는 될 수 없으며, 이러한 존재론적 한계에 대한 진실한 인정이야말로 철학적 지혜의 정초가 된다. 이 성찰적 인식은 단순한 인식론을 넘어, 인간 존재의 근본 조건에 대한 실존적 통찰로 확장된다.

소크라테스는 인간의 지혜 획득 가능성과 그 가치 측정에 대해 철학적 회의주의를 견지하였다. 그의 이러한 반지성주의적 입장은 아테네 사회의 기존 가치체계와 첨예한 대립을 초래하였으며, 결과적으로 철인(哲人) 사상사 최초의 지적 순교 사건으로 이어지는 결정적 계기가 되었다. 이러한 소크라테스의 문제 제기는 플라톤에게 존재론적 혼란을 가져옴과 동시에, 철학적 사유의 심층화를 추동하는 계기가 되었다. 플라톤의 '이데아론(Theory of Ideas)'[6]과 '모방론(Imitation theory)'[7]은 근원적으로 소크라테스 역설에 대한 체계적 해명 시도로 이해될 수 있다. 형이상학적 관점에서 플라톤은 감각적 '현상계(Aisthēsis)'를 단순한 '유사실재(eidolon)'로 규정하면서, 그 배후에 초월적 '이데아계(World of Ideas)'의 절대적 실재성을 주장하였다. 그의 철학 체계에서 '지혜(sophía)'란 '본질적 진리(Truth)'의 파악, 즉 이데아의 '직관적 인식'을 의미한다. 신적 존재가 인간을 능가하는 지혜를 소유하는 근거는 신이 이데아를 직접적으로 직관할 수 있는 '능력'에 기인한다. 반면 인간 영혼은 속세에 내려오기 전에 이데아를 인식하였으나, '물질적 신체'에의 유폐로 인해 이에 대한 기억을 상실하게 되었다는 것이 그의 설명이다. 이에 따라 플라톤 학파 철학은 영혼의 정화과정을 통해 신체적 속박으로부터 점진적 해방을 추구하는 변증법적 수행으로 정의된다. 이러한 인식론적 접근은 철학을 '죽음의 연습'으로

6) [역자주] 고대 그리스 철학자 플라톤이 주장한 철학 이론으로, 우리가 감각으로 경험하는 현상 세계 너머에 존재하는 영원하고 불변하는 '이데아(Idea)'의 세계를 상정한다. 그는 이 이데아의 세계가 진정한 실재이며, 현상계의 모든 사물은 이 이데아를 모방하거나 참여함으로써 비로소 가치와 의미를 얻는다고 보았다.

7) [역자주] 플라톤의 모방론은 예술이 현실 세계를 그대로 모방하는 것이라고 설명하는 이론이다. 이 이론은 고대 그리스 시대부터 발전해 왔으며, 예술 작품이 현실을 얼마나 잘 모방하는지가 좋은 예술의 조건이 된다고 보았다. 플라톤은 이중 모방을 한 이미지의 세계를 불완전한 것으로 생각했기에, 이미지를 보고 이데아를 생각해 내는 이성을 중시했다.

개념화하는 독특한 윤리학을 형성한다. 플라톤의 존재론적 이원론에 따르면, 인간은 신과 동등한 절대 지혜를 획득할 수 없으나, 동시에 지혜의 가치를 전면 부정하지는 않는다. 이데아적 공유 이론에 근거할 때, 신적 지혜와 인간적 지혜는 동일한 형상적 본질을 공유함으로써 가치론적 동질성을 확보한다. 현상계의 존재론적 위상에 대한 플라톤의 설명은 이중적 구조를 지닌다. 감각적 세계는 이데아의 불완전한 모방체로서, 동시에 형상의 참여(Methexis)를 통해 잠재적 가치를 부여받는다. 인간 인식의 가능성은 현상계를 매개로 한 기억의 각성(anamnesis)에 기초하는데, 이 과정에서 재생된 지식은 관조적 인식에 비해 완전성(entelecheia)이 결여되었으나, 존재론적 참여를 통해 부분적 진리성을 보유한다. 그러나 플라톤은 현상적 인식에의 정체를 경계하며, 영혼의 이성적 기능을 통한 본질적 진리 추구를 강조한다. 이는 '동굴의 비유'로 상징되는 인식의 해방 과정으로 구현된다. 플라톤 철학의 현세 부정적 경향성은 형상과 현상의 존재론적 이분법, 그리고 철학적 수행의 탈육체적 성격에서 명확히 드러난다. 그러나 그의 모방설(模仿說)과 분유설(分有說)[8]은 오히려 현상계의 대비적 가치를 이론화할 가능성을 내재하고 있었으며, 이러한 개념적 틀은 아리스토텔레스의 실재론적 철학으로의 이행을 위한 이론적 기반을 제공하였다.

아리스토텔레스는 플라톤의 진리관과 지혜론을 부분적으로 계승하면서 플라톤의 사상적 계승자로 자리매김하였다. 그는 인간을 본질적 지식 추구자로 규정하고, 지혜를 "사물의 근원적 원인을 탐구하는 학문적 체계"[9]로 엄밀하게 규정하였다. 특히 소크라테스와 플라톤의 엘리트주의와 달리 대중적 의견에 상대적으로 높은 가치를 부여하였는데, 이는 진리가 인간사회 전반에 분산되어 있으며 비록 불완전하더라도 일반 대중의 의견과 소수 지식인의 견해 모두 진리의 편린을 함유하고 있다는 인식에 기반한다. 그는 "일반 대중들의 모든 주장이 완전히 오류일 가능성은 희박하며, 최소한 부분적 혹은 핵심적 측면에서 진리성을 내포할 수 있다."[10]는 확장된 진리관을 제시하였다. 이러한 철학적 토

8) [역자주] 고대 그리스 플라톤의 미학 이론이다. 그는 '이념론'에서 출발하여, 이념 세계는 완전한 통일체라고 생각하며, 그것이 첫 번째 실재로서 감성 현실 세계에 영향을 미친다고 보았다. 현실 세계의 다양한 사물들은 이념 세계에서 적절한 이념 원형을 찾을 수 있으며, 사물의 존재는 '공유' 이념의 결과 때문이다. 아름다움의 이념은 절대적이고 신성하다고 생각하며, 세계 만물의 아름다움은 아름다움의 이념을 표현하고 공유했기 때문이다.

9) 亞裏士多德.『形而上學』. 苗力田, 譯. 北京: 中國人民大學出版社, 2003:4쪽.

10) 亞裏士多德.『尼各馬可倫理學』. 廖申白, 譯注. 北京: 商務印書館, 2003:22쪽.

대 위에서 아리스토텔레스는 소크라테스의 딜레마를 해소하기 위해 지혜의 본질에 관한 5대 판단 기준을 체계적으로 정립하였다. 첫째, 진정한 지혜는 특정 분야의 지식 습득이 아니라 총체적 인식체계의 구축에 있다. 둘째, 지혜로운 자는 대중적 이해를 초월한 복합적 난제를 해석할 수 있어야 한다. 셋째, 학문적 우위성은 원인론적 설명의 정밀도에 의해 결정된다. 넷째, 실용적 효용을 넘어 지식 그 자체를 목적으로 하는 순수학문이 더 고차원적 지혜에 해당한다. 다섯째, 지혜의 소유자는 수동적인 복종자가 아니라 능동적인 규범제정자여야 한다.[11] 이와 같은 기준에 비추어 볼 때 형이상학을 중심으로 한 철학은 만물의 존재론적 근원을 탐구하는 궁극적 지혜의 학문이며, 따라서 철학자는 가장 완성된 지혜의 구현자로 평가받을 수 있다.

역사적 관점에서 볼 때, 피타고라스학파의 철학적 정의에서 소크라테스의 난제에 이르기까지, 그리고 플라톤의 이데아론과 아리스토텔레스의 실천 지혜 탐구에 이르는 과정에서 철학은 점차 '애지지학(愛智之學)'에서 '지혜지학(智慧之學)'[12]으로의 변모를 겪어 왔음을 알 수 있다. 이 과정에서 철학이 '지혜를 사랑'한다는 근본적인 사상적 특성을 완전히 상실한 것은 아니지만, 소크라테스 이후의 철학 사조는 이전 시기와 달리 지혜를 신성한 존재나 절대적 신의 전유물로만 보지 않고, 보다 도전적인 태도로 발전해 나갔다. 이는 인간 역시 신성과 분리되지 않은 지혜의 소유자임을 시사하며, 이러한 지혜는 더 이상 무의미한 것이 아닌 신성의 일부를 분할 받은 존재로 재해석되었다. 특히 아리스토텔레스 철학에서는 지혜와 지식의 개념적 차이가 완전히 소멸되지는 않았으나 두 영역 간의 경계가 점진적으로 허물어지며 상호보완적 관계가 형성되었다. 이 시기 지혜는 가능한 한 광범위하고 근원적이며 순수한 지식을 의미하는 개념으로 진화하였고, 심지어 모든 지식을 포괄하지 않더라도 최대한 포괄적 체계를 지향하는 특징을 갖추게 되었다. 다만 아리스토텔레스 체계에서의 지혜 관련 지식은 현대 인식론적 개념과 상이한 양상을 보인다. 현대 지식론이 인식주체가 인식 대상에 대해 형성한 '무엇인가(what it is)'에 대한 사실적 진술을 중심으로 전개되는 반면, 아리스토텔레스 철학에서의 지식은 해당 현상의 '근본적

11) 亞裏士多德.『形而上學』. 苗力田, 譯. 北京: 中國人民大學出版社, 2003:4쪽.

12) [역자주] '지혜지학'은 그리스어 '필로-소피아(philo-sophia, 지혜를 사랑함)'에서 유래하였으며, 근본적인 질문, 성찰, 실천을 통해 세계와 인생에 대한 깊이 있는 이해와 초월을 추구하는 학문을 의미한다. 이는 철학이 인간 이성 사고의 정점에 서 있으며, 지혜를 계발하고 정신적 자유를 실현하며 실천을 이끄는 것을 목표로 함을 강조한다.

원인(why it is)'을 탐구하는 데 그 초점이 맞춰져 있다. 이런 맥락에서 인간의 감각 인식은 현대적 의미의 경험적 지식 형성에는 기여할 수 있으나, 아리스토텔레스가 정의한 '원인 탐구적 지식'으로 승화되기에는 한계가 있다. 구체적 사례로 불의 열기를 감각적으로 인지하는 것은 경험적 지식의 범주에 속하지만, 이 현상의 본질적 원인을 설명하는 능력이야말로 진정한 지혜의 본질로 규정된다. 따라서 아리스토텔레스의 철학 체계에서 철학적 지혜는 우주 만물의 근원과 본질적 원리를 탐구하는 형이상학(metaphysics)으로 체계화되었으며, 비록 윤리학, 정치학 등 타 학문 분야도 그의 철학 체계에 포함되었지만, 형이상학은 줄곧 제1 철학으로서 최고의 지혜를 상징하는 학문으로 자리매김하였다. 이러한 철학적 전개는 후대 기독교 신학 체계의 형성은 물론 근대 인식론의 발전에 이르기까지 지속적인 영향을 미치며, 인간 지식과 지혜의 본질, 그 기원과 인식 가능성에 관한 체계적 탐구의 틀을 제공하는 기초를 마련하였다.

철학적 지혜와 학문적 지식 간의 관계는 다층적 구조를 지닌 복합적 주제로서, 본 논문의 범위 내에서 그 내재적 연관성을 완전히 규명하기에는 한계가 존재한다. 소크라테스와 아리스토텔레스 철학의 언어적 맥락을 일시적으로 배제하더라도, 하이데거가 제시한 이론적 틀에 대한 기본적인 공감대를 형성하는 것은 가능하다. 하이데거에 따르면, "학문적 지식은 철학과 분리될 수 없으나, 결코 철학의 본질적 구성 요소를 이루지는 않는다."[13]는 것이다. 철학의 본질에 대한 해석은 철학자마다 상이한 시각을 보이지만, 하이데거는 이를 사유를 향한 실천적 행위로 규정하며, 철학 자체가 곧 사유 활동의 본질적 발현이라고 강조한다. 비트겐슈타인 역시 "철학의 목표는 논리적 사고의 명확화에 있으며, 철학은 학설이 아닌 활동이다."[14]라고 주장함으로써 이와 유사한 입장을 견지한다. 그러나 모든 사유 활동은 필연적으로 특정 대상과 사유 재료를 필요로 한다. 형이상학에서는 '존재' 개념, 종교 철학에서는 '신'의 문제, 인식론에서는 '관념' 체계가 각각 사유의 중심축을 형성한다. 이러한 사유 요소들에 대한 체계적 이해가 바로 하이데거가 말하는 '학문적 지식'의 실체이다. '학문적 지식'은 철학과 본질적으로 밀접한 관계를 맺고 있으며, 철학의 중요한 구성 요소임은 틀림없으나, 철학(지혜)의 전체 범주를 포괄하는 것은

13) M. HEIDEGGER.『What is a thing?』Translated by W. B. Barton, Jr. and Vera Deutsch. Indiana: Gateway Edition, 1967:3.

14) 維特根斯坦.『邏輯哲學論』. 賀紹甲, 譯. 北京: 商務印書館, 1996:48쪽.

물론 그 본질적 핵심을 구성하는 것도 아니다. 철학의 본질은 고정된 결과물이 아닌 지속적인 사유 과정에 존재한다. 따라서 철학사는 철학적 사유의 산물을 기록한 역사적 문서에 불과하며, 사유 활동 자체를 대변하지는 않는다. 철학이 지식생산을 수반한다 하더라도 그것은 부수적 산물에 불과하며, 철학의 근본 목적이 아니다. 흥미롭게도 철학은 문제해결을 추구하기보다는 오히려 새로운 문제의 생성을 통해 진리 탐구를 지속한다. 이러한 맥락에서 철학자는 '문제 생성자(prob-lem-maker)'로 규정될 수 있으며, 철학적 탐구는 지혜와 진리의 완결된 형태를 획득하는 순간 오히려 그 생명력을 잃기 시작한다. 슈트라우스의 경고처럼 "해결책의 유혹에 굴복하는 것은 철학이 직면한 근본적 위험이다."[15] 이러한 위험을 경계하는 태도가 바로 소크라테스가 '정신 조산술(精神助産術)'[16]이라 명명한 철학적 대화의 핵심이다. 그에게 철학적 담화는 단순한 지식전달이 아니라, 대화 주체가 자기성찰을 통해 진정한 이해에 도달하는 과정이었다. 성찰 없는 삶을 부정한 소크라테스는 철학을 "세계와 삶에 대한 근본적 재고를 통해 상식적 틀을 초월하게 하여 삶의 가치를 재구성하는 실천"으로 정의하였다. 결론적으로 철학적 지혜의 목표는 단순 지식전달을 넘어 새로운 시각적 틀 제공에 있다. 철학 개념과 프레임워크를 매개로 문제 발견, 성찰적 사고 실현, 삶의 의미 창출이라는 3단계 과정을 거치며, 궁극적으로 '애지지학(愛知之學)'으로서의 본질적 기능을 실현한다. 이를 위해 철학적 사유는 반드시 실천 차원으로 전환되어야 하며, 이를 통해 인간 존재의 실존적 가치를 재확인하는 순환이 완성된다.

그러나 서양철학의 발전과정에서 철학적 지혜가 요구하는 내적 실천적 요구와 괴리 현상이 일시적으로 나타난 바 있다. 중세 기독교 철학의 '경원현담(經院玄談)'[17]과 현실 생활의 격차를 차치하더라도, 근대 자연과학의 급속한 발전과 더불어 제일철학으로서 형이상학의 위상과 영향력은 점차적으로 축소되었다. 형이상학은 진리 탐구를 위한 거대한 지식체계를 구축하려 했으나, 지식이 과학으로 전환되는 순간 철학적 틀을 벗어나 독립

15) 施特劳斯, 等.『論僭政』. 何地, 譯. 北京: 華夏出版社, 2006:213쪽.

16) [역자주] 소크라테스의 정신 조산술은 그가 사용했던 교육 방법론을 의미한다. 이는 학생에게 지식을 직접 가르치기보다는, 학생 스스로 자신의 내면에 있는 지식을 발견하도록 돕는 방식이다. 마치 산파가 아기를 받아내듯, 소크라테스는 학생의 질문과 대화를 통해 스스로 답을 찾아가도록 유도했다.

17) [역자주] 스콜라 철학의 맥락 속에서 진행되는 심오하고 이해하기 어려운 토론이나 언사를 가리킨다. 이러한 논의는 복잡한 철학적 또는 신학적 문제에까지 관여할 수 있으며 종종 고도의 추상성과 이론성을 띤다.

된 지식(진리) 체계로 분리되었다. 이로 인해 철학(형이상학)은 점차 사유의 자기 충족을 위한 폐쇄적 영역으로 퇴색하였으며, 현실과의 괴리를 초래한 개념적 체계를 구축함으로써 이 관념을 생활 그 자체로 승격시켰다. 이러한 역설적 상황은 생활이 관념에 의해 결정되는 비정상적 구조를 초래하였다. 헤겔 철학 체계는 이러한 관념론적 전개의 절정을 보여주었으며, 동시에 형이상학의 종말을 예고하는 이중적 성격을 지닌다. 이후 마르크스 철학의 등장은 서양철학사에 근본적 전환점을 마련하였다. 마르크스는 『아버지께 바치는 시집』에서 "칸트와 피히테는 우주적 차원에서 미지의 세계를 탐구하는 데 주력하였으나, 나의 목표는 지상의 일상적 실재를 철저히 분석하고 이해하는 데 있다."[18]는 철학적 입장을 피력했다. 이후 『포이어바흐에 관한 요강』에서는 철학적 전환을 분명히 선언하며 "지금까지의 철학자들은 단지 세계를 해석하는 데 머물렀을 뿐, 진정한 과제는 세계를 변혁하는 것이다."[19]라고 강조하였다. 비록 마르크스가 주요 비판 대상으로 삼은 것은 포이어바흐의 구유물론과 헤겔의 관념론이었지만, 철학이 역사적으로 세계해석의 수단으로 기능해왔다는 사실은 부인할 수 없는 역사적 진실이다. 아리스토텔레스가 철학을 "존재의 원인과 본질을 탐구하는 학문"으로 정의한 이래로, 철학은 이미 세계해석의 핵심 개념으로 자리 잡았으며, 이러한 전통은 현대에 이르기까지 지속되고 있다(모든 이론체계가 궁극적으로 현상 해석을 포함한다는 점에서 볼 때). 마르크스는 철학의 해석 기능을 부정하였는가? 이에 대해 하이데거는 마르크스의 주장을 단순한 이분법적 대립으로 해석하는 데 회의적인 태도를 보인다. 그는 다음과 같은 근본적인 성찰을 제시하였다. 즉, "마르크스주의는 (이중) 현실 인식의 측면을 포착하고 있다. 그러나 마르크스가 제시한 '철학자들이 세계를 단지 다양하게 해석해 왔을 뿐, 중요한 것은 세계를 변화시키는 데 있다'라는 명제에 대해서는 재고할 필요가 있다. 여기서 필연적으로 제기되는 철학적 문제의식은 다음과 같다. 세계해석과 세계변혁 사이에 진정한 이분법이 존재하는가? 모든 세계해석 행위 자체가 이미 변혁적 실천을 내포하지 않는가? 진정한 사유 작업으로서의 해석 행위는 그 자체로 개념적 변혁을 수반하지 않는가? 반대로 모든 사회적 변혁은 이론적 전망(Vorblick)을 방법론적 전제로 삼지 않고 가능한가?"[20] 하이데거는 마르크

18) 『馬克思恩格斯全集: 第40卷』. 北京: 人民出版社, 1982:651~652쪽.

19) 『馬克思恩格斯選集: 第1卷』. 北京: 人民出版社, 2012:140쪽.

20) F. 費迪耶, 等. 「晚期海德格爾的三天討論班紀要」. 丁耘, 譯. 『哲學譯叢』, 2001(3):53쪽.

스의 이론을 단순한 문자적 해석에 머무르지 않고, 해석 행위 자체가 이미 세계변혁의 가능성을 내재하고 있으며, 이론적 통찰이 현실 전환의 매개체로 기능할 때 비로소 혁명적 변화가 실현된다고 파악하였다. 프랑스 혁명은 바로 이러한 이론과 실천의 상호작용이 구체적으로 구현된 대표적인 역사적 사례라 할 수 있다. 마르크스가 '비판의 무기'가 '무기의 비판'을 대체할 수 없다고 주장한 것은 단순히 이론의 배제를 의미하는 것이 아니라, "이론이 대중적 실천과 유기적으로 결합될 때 비로소 진정한 사회변혁의 동력을 발휘할 수 있다."[21]는 점을 핵심적으로 강조한 것이다. 그가 제시한 "철학의 진정한 과제는 세계를 변혁하는 데 있다."라는 명제는 단순한 이분법적 사고가 아니라, 인식론적 차원에서 계층화된 실천 철학의 방법론적 원리로 이해되어야 마땅하다. 이는 철학적 사유가 단순한 해석의 영역에 머무르지 않고 구체적인 실천으로 전환되어야 한다는 마르크스 철학의 근본적 특성을 체현하는 것이다.

프리드리히 엥겔스는『루트비히 포이어바흐와 독일고전철학의 종말』에서 "모든 철학, 특히 근대 철학의 중대한 문제는 사유와 존재의 관계에 관한 것"[22]이라고 규정한 바 있다. 이 문제의 핵심은 존재(물질)와 의식 중 어느 것이 본체론적 우위성을 가지는가 하는 물음으로 요약된다. 이 개념적 분기점은 고전적 마르크스주의 철학이 유물론과 관념론을 변별하는 방법론적 기준으로 작용한다. 근대 기계론적 유물론은 인식론적 차원에서 존재와 사유의 관계를 단선적 인식반영론으로 해석하여, 존재를 제1차적 실재로 상정하고 의식을 이에 대한 수동적 반영으로 간주한다. 이에 반해 관념론 철학 체계는 의식의 선재성을 강조하며, 존재의 실재성을 의식의 구성물로 환원하는 입장을 취한다. 헤겔과 같은 변증법적 관념론자조차도 사유와 존재의 동일성을 '절대정신'이라는 초역사적 주체의 전개과정으로 설명함으로써, 철학 체계를 통한 세계인식의 총체적 포괄을 시도하였다. 그러나 이 철학적 체계화는 순수사변적 추상의 영역에 갇혀, 개념의 자기운동을 통한 주관적 변증법적 전개에 그친다는 근본적 한계를 드러낸다. 그의 '절대정신'은 철학사적 지양과정을 통해 축적된 인류 정신의 총화로서 절대적 진리 체계를 표방했으나, 역사적 실천과의 접점에서 그 이론적 타당성을 입증하지 못하였다. 마르크스는 헤겔 철학이 유럽사상계에서 배척받던 시기, 용기 있게 자신을 '이 위대한 사상가의 제자'[23]라고 공공연히

21)『馬克思恩格斯選集: 第1卷』. 北京: 人民出版社, 2012:9쪽.
22)『馬克思恩格斯選集: 第4卷』. 北京: 人民出版社, 2012:229쪽.

밝히며 이 위대한 변증법 사상가의 방법론적 유산을 유물론적 기초 위에서 재구성하였다. 그의 철학적 혁신은 사유와 존재의 변증법적 통일이 '실천(praxis)'이라는 인간학적·사회학적 매개체에서 구현된다는 점을 규명한 데 있다. 비록 실천 개념이 헤겔의 '노동변증법'이나 포이어바흐의 '감성적 객체활동'에서 선행적으로 사용되었지만, 마르크스는 이를 혁명적으로 재개념화하였다. 그는 실천을 "인간의 본질적 존재 양식"으로 정의하며, 이 개념을 인간의 물질적 욕구충족을 위한 대상적 활동, 사회적 관계의 생산과 재생산 과정, 주관성과 객관성의 변증법적 중층구조라는 삼중적 차원에서 해석하였다. 이러한 실천철학의 관점에서 존재는 단순한 객관적 실재를 넘어 '인간화된 자연'으로 재구성되며, 의식 또한 사회적 실천 과정을 매개로 한 "물질적 내용을 포괄하는 반영체"로 승화된다. 더 나아가 실천은 개체를 사회적 총체와 연결하는 매개로 작용함으로써, 인간의 사회적 본질을 형성하고 역사발전의 동학적 원리를 제공한다는 점에서 방법론적 혁신을 이룩하였다.

철학의 기능이 '세계해석'에서 '세계변혁'으로 전환된 것은 철학사적 관점에서 볼 때 근본적인 패러다임의 변화를 의미한다. 전통철학은 세계의 본질규명을 핵심과제로 삼았으며, 이는 우주론·존재론·형이상학 체계로 구체화되었다. 인식론적 차원에서는 인간 인식능력의 한계와 그 방법론(특히 칸트의 선험철학 체계)에 초점을 맞추어 왔다. 실천적 측면 역시 기독교 철학, 칸트의 윤리학, 헤겔의 정신철학 등 관념론적 틀 내에서 제한적으로 논의되어 왔다. 이러한 철학적 전통에 대해 마르크스주의 철학의 등장은 근본적인 재정립을 요구하는 계기로 작용하였다. 여기서 철학은 단순한 사유의 실험장이 아니라, 역사적 실천의 결정적 계기로 그 기능적 전환이 이루어진다. "철학은 프롤레타리아트를 그 물질적 무기로 삼고, 프롤레타리아트는 철학을 정신적 무기로 획득한다."[24]는 유명한 명제는 이론과 실천의 변증법적 통합을 천명한 것이다. 이러한 과정에서 철학적 비판은 단순한 이론적 성찰에 머무르지 않고, 사회구조 변혁의 실질적 동력으로 작용하게 된다. 마르크스에게 있어 철학의 진정한 실현은 필연적으로 그 자체의 근본적인 자기 해체 과정을 수반하는 것으로 간주된다. 비판의 대상이 되는 현실 사회관계가 근본적으로 변혁되는 순간, 해당 사회적 조건 하에서 형성된 철학적 체계는 그 역사적 사명을 완수하는

23) 『馬克思恩格斯選集: 第2卷』. 北京: 人民出版社, 2012:94쪽.
24) 『馬克思恩格斯選集: 第1卷』. 北京: 人民出版社, 2012:16쪽.

동시에 해체의 길로 접어든다. 이는 이론과 실천의 변증법적 통일을 실현하는 과정이며, 철학이 자기모순을 내포한 채 역사발전의 추동력으로 전화(轉化)하는 현상을 체현한다. 따라서 철학의 진정한 실현은 그 자체의 소멸을 매개로 하여 비로소 완성된다고 규정할 수 있다.

"철학의 소멸"은 마르크스 철학의 맥락에서 단순한 부정적 종말이 아니라, 철학적 이상이 현실화되는 긍정적 변증법적 과정을 내포한다. 상부구조 영역(정치·도덕·종교·법률 등)에 존재하는 철학은 사회구조의 역사적 초월성과 동일한 운명을 경험하게 된다. 마르크스주의적 사변에 따르면, 국가와 사회제도가 궁극적으로 소멸해야 한다면, 이들 상부구조적 표현 형식인 철학과 법률 역시 필연적으로 동일한 운명을 공유하게 된다. 여기서 말하는 철학의 소멸은 단순한 관념적 사변의 종식을 의미하는 것이 아니라, "사변의 종식 지점에서 현실 생활의 영역으로 전환할 때, 인간의 실천적 활동과 구체적 발전과정을 과학적으로 해명하는 진정한 실증과학이 비로소 시작된다."[25]는 방법론적 전환을 함축하는 개념이다. 의식에 대한 추상적 서사는 엄밀한 과학적 인식으로 대체되어야 한다. 다만 마르크스가 비판의 대상으로 삼은 것은 철학 전반이 아니라, 관념론적 사변체계(즉 "세계를 단지 해석하는 데 그치는 철학")였다. 철학의 자기 초월은 장구한 역사적 과정을 요구하며, 비판의 무기가 대중화된다 하더라도 '무기의 비판'으로 전화하기 위해서는 물질적 기반의 성숙이 필수적이다. 이는 생산력의 비약적 발전과 생산 관계의 근본적 변혁을 통해서만 실현될 수 있다. 철학의 소멸 여부와 그 시점에 대해서는 여전히 학계에서 활발한 논쟁이 지속되고 있으나, 마르크스는 철학에 혁명적인 패러다임 전환을 제시하였다. 이는 추상적 사변에서 구체적 삶의 현장으로, 세계해석에서 세계변혁으로, 관념론적 차원에서 실천적 차원으로의 근본적인 전환이라 할 수 있다. 이러한 철학적 전환 이후, 중세 스콜라 철학적인 공허한 논쟁이나 기계적 비교 방식은 역사적 유물로서 그 의미를 상실하고 퇴출될 수밖에 없는 운명에 처하게 되었다(20세기 초 언어철학이 형이상학적 추상성에 갇혀 현실과의 단절이라는 한계를 드러낸 사례가 이를 시사하듯, 후기 비트겐슈타인은 생활세계로의 회귀를 통해 이러한 문제를 극복하려는 시도를 전개했다). 철학의 진정한 가치는 현실 삶의 토대에 뿌리내려 인간의 실존적 조건을 개선하는 실천적 지

25)『馬克思恩格斯選集: 第1卷』. 北京: 人民出版社, 2012:153쪽.

혜로 승화될 때 비로소 구현된다. 이는 철학이 정신적 무기로서의 본래 사명을 완수하는 동시에, 그 역사적 사명을 자기초월적 방식으로 종결짓는 과정이라 할 수 있다.

따라서 철학의 지혜성과 실천성에 관한 탐구는 중국철학을 포함한 모든 철학적 혁신의 본질적 속성으로 자리매김한다. 철학은 그 본질적 특성상 지혜와의 불가분성을 내재적 규정으로 삼는다. 만약 철학이 지혜의 신성성을 추구하지 않는다면, 이는 단순한 상식적 인식의 차원을 초월하지 못하고 결국 경험적 상식의 수준에 머무르게 될 것이다. 이러한 철학적 성찰의 맥락에서 인간을 '철학적 존재'로 규정한 아리스토텔레스의 명제는 재고찰할 필요가 있다. 동물이 본능과 경험 축적으로 생존을 영위하는 반면, 인간이 생물학적 한계를 초월하여 자연계의 주체적 존재로 부상할 수 있었던 근본 동인은 바로 철학적 지혜의 획득에 기인한다. 신체적 힘의 열세(소), 이동 능력의 한계(말), 방어기제의 결여(발톱) 등 생물학적 취약성을 가진 인간이 자연계의 관리자 지위를 획득할 수 있었던 것은 철학적 지혜의 소유라는 본질적 특성에 의해 설명된다. 철학적 지혜는 현대 과학적 지식과 본질적으로 구별되는 개념이다. 지식은 과거의 실천적 경험을 체계화하고 정제하는 과정을 통해 형성되는 반면, 지혜는 미래지향적 인식체계를 추구한다. 전자가 사물의 본질적 실체(what)를 규명하는 데 중점을 둔다면, 후자는 인식의 방법론적 접근(how)에 주목한다. 두 개념 간의 상관관계는 매우 복잡하며, 무지(無知)의 상태가 반드시 지혜의 결핍을 의미하지는 않는다(소크라테스가 주장한 '지적 겸허'가 지혜의 한 형태로 인정되는 사례와 같이). 오히려 지식의 축적이 반드시 지혜의 함양으로 이어지지 않는 역설적인 상황도 존재한다. 따라서 지식과 지혜는 상호보완적인 관계를 유지하면서도, 각각 독립적인 인식체계를 형성하고 있다는 점을 명확히 인식할 필요가 있다. 지식은 본질적으로 과거 경험에 기반한 인식체계로서 인간이 미래를 직면할 때 필연적으로 '인식론적 무지'라는 인지적 한계에 봉착하게 된다(예컨대 인공지능의 미래전망과 관련하여 어떤 전문가도 절대적 확신을 갖지 못하는 것은 미래 경험이 선험적으로 부재하기 때문에 지식 구축이 구조적으로 불가능하기 때문이다). 반면 철학적 지혜의 본질은 미지의 영역에 대한 선험적 지식의 부재 속에서도 기존 인식체계를 확장적 사유의 프레임워크로 재구성함으로써 현상 관찰과 예측 가능성을 창출해내는 인식론적 역량에 있다. 즉 철학적 지혜는 단순한 지식의 축적이 아니라 다층적 시각을 통해 현상을 관통하는 '인식론적 렌즈'의 작동 방식이라 할 수 있다. 공자가 『논어』에서 언급한 "지혜로운 자는 쉽게 현혹되지 않는다."

라는 주장은 신적 전지전능(omniscience)과 같은 절대적 지식의 소유를 의미하지 않는다(이러한 초월적 인식은 인간 인지 능력의 경계를 월등히 초월한다). 오히려 이는 지혜자가 사물을 관조하는 다차원적 시각을 보유함으로써, 특정 현상에 대한 최적의 인식론적 접근법을 선택할 수 있는 인지 능력을 함의한다. 다시 말해, 미지의 현상에 직면했을 때 단순히 무지를 인정하는 소극적인 태도에 머무르지 않고, 자신의 인식체계 내에서 활용 가능한 지식의 범위를 명확히 규정하며, 필요한 인식론적 도구의 부재를 정밀하게 진단하고, 이러한 인식론적 한계를 성찰적으로 수용하는 능동적인 인식 태도야말로 지혜의 경지인 '불혹(不惑)'이라 할 수 있다. 『논어·위정편』의 "아는 것은 안다고 하고 모르는 것은 모른다고 하는 것이, 진정 아는 것이다."라는 명제는 이러한 자기반성의 인식론이 지혜의 핵심임을 천명한 것으로 해석될 수 있다.

지혜 추구가 철학의 내재적 사명이라면, 생활 실천에 대한 관찰은 철학의 외연적 지향성으로 해석될 수 있다. 철학의 실천적 정체성은 비록 마르크스에 의해 체계적으로 이론화되었지만, 실천 우위성(practical primacy)에 대한 최초의 철학적 주장이 마르크스에게서 비롯되었다고 단정하기 어려운 역사적 근거가 존재한다. 고대 그리스 철학자 소크라테스는 철학사적 전환점에서 천문학적 사변(speculative astronomy)을 극복하고 인간적 현실 세계로의 회귀를 주창한 선구자로 평가된다. 젊은 시절 자연철학(natural philosophy)에 몰두했던 그는 방법론적 한계를 체감한 후, "철학의 본질이 자연현상의 해석에만 한정되어서는 안 되며, 인간 공동체의 실천적 문제를 외면한 자연 탐구는 학문적 사명의 왜곡"이라는 인식론적 전환을 이루었다. 그의 유명한 명제 "사회적 실재(social reality)를 이해하지 못하는 자는 진정한 자유인이 아니다."[26]는 철학의 실천적 지향성(practical orientation)을 확립한 혁명적 선언으로 평가받는다. 소크라테스 철학의 논의 영역은 신앙, 정의, 지혜, 용감성, 국가 통치 원리 등 인간 존재의 구체적 조건과 긴밀히 결합되어 있다. 이러한 실천 철학의 전통은 플라톤의 『폴리테이아(국가)』를 통해 체제론적 접근으로 진화했으며, 아리스토텔레스의 『정치학』과 『니코마코스 윤리학』에서 학문적 체계를 획득하였다. 헬레니즘 시기 스토아학파의 윤리학적 전회(轉回)는 이 흐름의 역사적 연속성을 보여준다. 근대 철학의 장에서도 존 스튜어트 밀의 『공리주의론(Utilitarianism)』,

26) 趙敦華. 『西方哲學簡史』. 北京: 北京大學出版社, 2012:39쪽.

존 로크의 『통치론(Two Treatises of Government)』, 장자크 루소의 『사회계약론(Du contrat social)』, 임마누엘 칸트의 『도덕 형이상학 정초(Grundlegung zur Metaphysik der Sitten)』, 그리고 헤겔의 『법철학 강요(Grundlinien der Philosophie des Rechts)』에 이르기까지, 철학적 사유가 사회적 실천과 결부되며 현실 문제 해결의 방법론으로 기능해온 사례는 다층적으로 확인된다. 20세기 전반기를 주도했던 언어철학 패러다임은 엄밀한 논리 분석을 지향하였으나, 이성 중심의 냉철한 접근법이 인간 삶의 온존성(溫存性)을 포착하지 못함에 따라 철학적 담론의 초점이 다시 실존적 삶의 세계로 재정립되었다. 특히 후기 현대사회로 진입함에 따라 인간 존재의 근본적 고립감과 실존적 소외 현상이 심화되는 가운데, 철학적 사유가 인간 존재의 본질적 조건과 정서적 경험에 대한 체계적 성찰을 강화해야 한다는 실천적 요구가 부각되었다. 이러한 학문적 전환기에 현상학-실존주의 사상의 부상, 프랑크푸르트학파의 비판이론, 신자유주의 담론에 대응하는 공동체주의 철학, 그리고 덕윤리학의 부활 등 사회적 책임성을 강조하는 다양한 사유체계들이 상호작용하며 철학의 실천적 지향성을 심화시켰다. 이에 철학적 사유가 구체적 삶의 현장에 주목하고 사상의 실천적 효용성을 중시하는 특성은 철학의 고유한 정체성 구성 요소로서, 그 학문적 기원으로부터 계승되어온 본질적 속성임을 재확인할 필요가 있다. 철학은 이러한 실천적 차원을 단순히 보존하는 차원을 넘어, 그 적용 범위와 통찰의 심도를 지속적으로 심화·확장해야 하는 학문적 의무를 지닌다. 비록 실천이 철학적 체계의 외연적 확장으로 인식될 수 있으나, 이는 철학적 지혜의 형성과정과 본질적으로 동질성을 지닌다. 철학적 지혜의 탁월성은 신적 계시나 초월적 통찰이 아닌, 구체적 실천을 매개로 한 인간의 자기 형성과정에서 도출된다는 점에서, 실천적 맥락과의 단절은 철학적 사유의 생명력을 근원적으로 위협한다. 모든 철학적 개념체계와 인식론적 틀은 궁극적으로 실천의 장(場)에서 구조화되며, 이와의 유기적 연결고리가 소멸될 경우 그 이론적 타당성은 공허한 추상으로 전락한다. 이러한 인간과 철학의 실천적 본성에 대한 논증은 이미 마르크스의 『경제-철학 수고』와 『독일 이데올로기』에서 체계적으로 전개된 바 있으며, 그의 "철학자들은 세계를 해석만 해왔을 뿐, 문제는 세계를 변화하는 데 있다."라는 명제는 철학의 실천적 소명을 압축적으로 드러내는 지표로 재평가받고 있다.

요컨대, 철학 혁신의 과제, 특히 중국철학의 혁신적 전환은 철학적 지혜의 함양과 실천적 가치의 구현이라는 이중적 차원에서 접근해야 한다. 철학적 사유 없이 표피적 실천에 머무를 경우, 인류는 우주론적 차원에서 단순 생물학적 존재성의 증명에 그치게 되며, 반대로 실천적 토대를 상실한 철학적 지혜는 인류문명 초기 단계의 원초적 사유 수준을 벗어나지 못한다. 따라서 현 단계 중국철학이 직면한 이론적 난제를 극복하기 위해서는 중국사회의 역사적 전개과정에 대한 심층적 구조 분석을 수행하고, 현실 참여를 통해 신시대 중국의 정신사적 흐름을 체계적으로 포착해야 한다. 아울러, 중국 역사 경험의 장막 속에서 철학적 개념의 재창조, 인식론적 패러다임의 혁신, 철학 체계의 구조적 재편이라는 창조적 과제를 수행해야 한다. 이러한 다층적 접근을 통해 철학의 지혜성과 실천성을 새 시대 중국의 구체적 역사적 조건 속에서 변증법적으로 종합할 때에만, 우리는 현대 중국철학의 이론적 딜레마를 해소하고 동양철학의 새로운 지평을 개척할 수 있을 것이다.

6.2 전통과 현대의 융합[27)]

현대 중국철학 혁신의 제2차 성장 동력은 전통과 현대성의 변증법적 통합에서 그 가능성을 모색할 수 있다. 역사적으로 전통과 현대성은 상호 모순적 요소와 상보적 특성을 동시에 내포하는 복합적 관계 구조를 형성해왔다. 서구 문명권에서 이 관계는 본질적으로 이중적 성격을 지니는데, 현대성은 전통에 대한 급진적 단절을 특징으로 하는 반작용적 성격을 지니는 동시에, 전통적 문화적 토양에서 유래된 연속성을 내재하고 있다. 중국사의 독특한 맥락 속에서 이러한 이중성은 장기간에 걸쳐 현상학적으로 명확히 드러나지 않았다. 그 이유는 중국의 근대화가 초기 서구 문명의 외부적 자극에 의해 촉발되었고, 특정한 측면에서 볼 때 '수동적 근대화(受動型近代化)'[28)]의 역사적 경로를 밟아왔기 때문이다. 특히 이 과정에서 근대성의 실현은 전통가치 체계의 단절적 해체를 전제조건으로 삼는 경향을 보였다. 이로 인해 장기간에 걸쳐 현대성과 전통은 이분법적 대립 구도로

27) 본 장의 내용은 『북경대학학보(사회과학판)』 제2015권 3월호에 게재된 논문 「전통과 현대화의 재고(再考)」를 기초로 재구성한 것이다. 해당 논문은 저자 요신중(姚新中) 교수가 재차 수정 및 보완 과정을 거쳐 본서에 수록하였다.

28) [역자주] '수동적 근대화'는 시민 혁명이 실패하거나 제한적으로 작동한 국가에서 외부 자극과 내부 요구에 따른 점진적 개혁을 통해 근대 국가로 이행하는 과정을 설명하는 개념이다. 이는 외부의 영향이나 내부의 필요에 의해 점진적으로 이루어지는 개혁을 통해 근대 국가로 나아가는 방식을 의미한다.

인식되었으며, 이는 동일한 사회현상에 대한 해석학적 괴리와 인식론적 장력으로 표출되었다. 현재 진행 중인 중국특색사회주의 현대화 담론은 자생적 발전모델 구축을 지향하며, 이는 필연적으로 근대성의 본질 규명, 전통문화와의 상관관계 정립, 보편적 가치와 특수적 실천의 변증법적 종합 등 철학적 차원의 근본 과제를 제기한다. 이러한 이론적 성찰은 단순한 문화적 계승을 넘어 문명론적 차원에서 새로운 패러다임 구축을 요구하는 역사적 과제로 부상하고 있다.

전통과 현대화의 관계를 고찰함에 있어서 우선 현대화 이론(modernisation theory)의 이론적 체계를 체계적으로 검토할 필요가 있다. 현대화 이론의 사상적 기원은 사회학의 거두인 에밀 뒤르켐(Émile Durkheim)과 막스 베버(Max Weber)의 이론적 토대로 소급된다. 이 이론의 지지자들은 사회구조의 진화과정을 경제적 성장, 정치체제의 발전, 기술혁신이 상호작용하여 초래한 총체적 사회변혁의 결과로 이해하며, 현대화의 본질적 특징으로 핵심적인 구조적 전환 세 가지를 제시한다. 첫째, 가내수공업 중심의 전통적 생산 방식에서 기계화된 공장제 대량생산체계로의 전환(산업화). 둘째, 농촌 지역의 전통공동체에서 도시 문명으로의 인구이동(도시화). 셋째, 대규모 사회조직의 출현(관료화)이다. 이러한 구조적 변혁은 가족제도, 종교적 실천, 교육체계 등 사회기초구조에 파급효과를 발생하여 권리 구조의 재편과 가치체계의 변동을 필연화한다. 학계의 개념적 정의를 살펴보면, 로즈만(Gilbert Rozman)과 번스타인(Thomas Bernstein)은 현대화를 "과학기술 혁명이 촉발한 다차원적 사회변동과정"[29)]으로 규정하였으며, 이 과정이 경제성장뿐 아니라 정치제도, 문화패러다임, 일상생활의 전 영역에 걸친 총체적 변환을 요청한다고 강조하였다. 이에 반해 바커(Chris Barker)는 역사발전의 단계론적 관점에서 현대화를 "후 전통(post-traditional)과 후 중세(post-medieval) 사회 형태로의 이행"으로 해석하며, 농업 중심 봉건체제에서 산업자본주의로의 전환, 세속적 합리성의 확립, 민족국가 기반의 제도적 규제체계 정착 등을 핵심적 지표로 제시하였다.[30)] 액튼 기든스(Anthony Giddens)는 현대화의 진보적 성격을 강조하며, 이를 전통사회가 산업사회로의 구조적 변환을 통한 발전과정으로 규정하였다. 그의 이론 체계에서 현대화는 역사상 유례없는 발전 동력

29) GILBERT ROZMAN. THOMASP BERNSTEIN.『The Modernization of China』. New York: Free Press, 1981:3.

30) CHRIS BARKER.『Cultural Studies: Theory and Practice』. London: Sage, 2005:44.

을 창출하는 메커니즘으로, 전문적 기술지식의 축적과 복합적 조직구조의 진전을 핵심 특성으로 한다. 특히 전통사회와의 단절적 특성을 강조하며, 현대성의 문화체계가 인간 존재의 의미구성을 과거의 유산이 아닌 미래지향적 가치 탐구에서 도출한다는 점을 이론화하였다.[31] 현대화 이론의 이와 같은 다양한 접근에도 불구하고, 다수의 연구자들은 근대성의 형성과정에서 전근대적 가치체계와의 단절을 공통의 특성으로 삼는다. 이들이 제시하는 근대성의 삼중 구조는 다음과 같다. 첫째는 합리성(rationality)의 지향으로, 정서적 유대를 기반으로 한 공동체의 관계 패턴을 성찰의 대상으로 전환하는 인식론적 전환을 포함한다. 둘째는 개체성(individuality)의 각성으로, 집단주의 규범 체계가 억압하는 창의적 잠재력을 해방하고 개별 행위자의 권리·복지·자율성을 제도화하는 사회구조의 재편을 의미한다. 셋째는 진보성(progressiveness)의 담론으로, 순환사관을 대체한 선형적 역사발전관에 기초하여 기술혁신과 제도개선을 통한 사회 진보를 지속 추구하는 가치 지향을 내포한다. 이 이론 체계는 역사적 특수성을 초월한 보편적 적용 가능성을 주장한다. 즉, 근대성의 확산 과정은 단순한 시대 구분의 차원을 초월하여 전통적 생활양식에 대한 근본적인 재편이 불가피하며, 어떠한 문화권도 이러한 구조적 전환의 영향권에서 벗어날 수 없다. 경제적 근대화가 사회구조·문화패턴·정치제도·가치체계 등 다차원적 변혁을 유발하며, 이러한 변혁 경로가 예측 가능한 보편법칙성을 지닌다는 것이 핵심 명제이다.[32] 그러나 론 잉글하트(Ronald Inglehart)와 웨인 베이커(Wayne E. Baker)는 이러한 결정론적 관점을 비판적으로 수정하였다. 그들은 경제발전과 가치 변화의 상관관계를 인정하면서도, 구체적 변용 양상은 각 문화권의 역사적 맥락과 제도적 유산에 의해 매개된다고 주장하였다.[33] 근대화 담론의 초기 이론가들과 수정론자들이 공유하는 핵심 인식은 근대성의 본질이 신념체계의 패러다임 전환에 있다는 점이다. 이 관점에 따르면, 전통적 가치체계는 도구의 합리성과 기능의 적합성을 상실한 역사적 유물로서, 기술 문명

31) ANTONY GIDDENS. 『Conversations with Anthony Giddens: Making Sense of Modernity』. California: Stanford University Press, 1998:94.

32) "경제발전은 절대적인 규범과 가치에서 벗어나 점점 더 합리적이고 관용적이며 참여하는 가치로 변화하는 것과 관련이 있다."[RONALD. INGLEHART, WAYNEE. BAKER. 「Modernization, Cultural Change, and the Persistence of Traditional Values」. 『American Sociological Review』, 2000(1):19]

33) "경제발전은 특정 사회를 예측 가능한 방향으로 변화시키는 경향이 있지만, 그 과정과 경로는 필연적이지 않다. 많은 요인이 관련되어 있으므로 모든 예측은 해당 사회의 역사적, 문화적 맥락에 따라 달라져야 한다."[RONALD INGLEHART, WAYNEE. BAKER. 「Modernization, Cultural change, and the Persistence of Traditional Values」. 『American Sociological Review』, 2000(1):49]

과 제도화된 합리성이 주도하는 새로운 생활양식과의 비가역적 갈등과 불가피하게 직면하게 된다. 따라서 근대화 과정은 본질적으로 전통적 세계관의 해체와 재구성을 수반하는 문명사적 전환이다.

현대화 이론은 전통과 현대의 관계에 대한 역사적 정당성을 어느 정도 확보하고 있으나, 그 철학적 사유체계가 단선적 사고방식에 편중되어 있다는 구조적 한계를 내재하고 있다. 이러한 인식론적 취약점은 전통과 근대 간의 본질적 상호관계를 단절시키며, 양자 간의 비연속적 특성을 지나치게 부각시키는 결과를 초래하였다. 따라서 본 이론에서 제시하는 현대화 개념은 '단기 현대화(short modernization)' 모델로 규정될 수 있다. 이 모델은 특정 역사적 시공간 맥락에서 전통 질서와의 의도적 단절·부정·대체를 통해 추진된 근대화 과정을 의미한다. 단기 현대화의 전형적 사례는 16세기 서구 유럽에서 전개된 사회 구조적 변혁으로, 르네상스 정신의 부활, 계몽주의 철학의 확산, 종교개혁 운동, 근대 민족국가 체제의 정립 등 다층적 변화양상을 포괄한다. 이 과정은 자유·민주주의·인권이라는 규범적 가치체계를 이념적 기반으로 삼고, 과학기술 발전, 산업화 촉진, 도시화 가속, 관료제 정착 등을 핵심 추진과제로 설정하였다. 현대화 이론의 지지자들은 전통적 가치체계와 근대화의 상호작용을 제한적 시각에서 해석함으로써, 근대화 과정을 전통적 질서의 근원적 해체와 새로운 가치 패러다임의 총체적 구축으로 인식하는 경향을 보인다. 더 나아가 이들은 전통에서 근대로의 이행 과정을 단선적 진화론적 도식으로 설명하며, 양자 간의 필연적 단절과 항시적 대립 관계를 이론화하였다. 이러한 인식론적 접근이 바로 전통-현대화 관계의 첫 번째 유형이다.

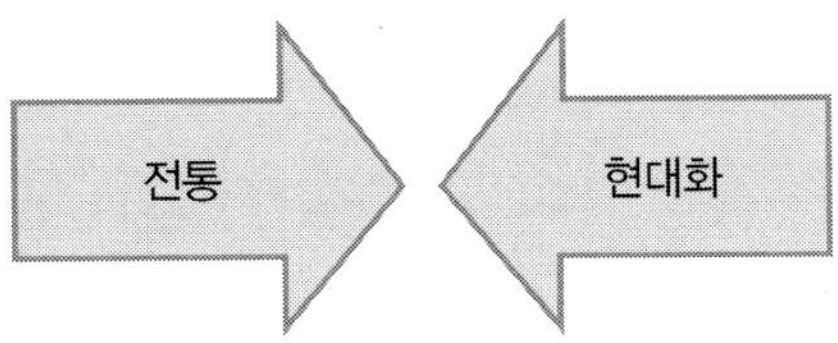

〈그림 6-1〉 전통과 현대화 관계의 첫 번째 유형

단절(斷絶)과 대항(對抗) 모델은 특정 역사적 맥락에서는 일정한 설명력을 지니고 있으나, 현대화라는 새로운 패러다임은 전통적 구속으로부터의 초월을 통해 그 가치를 실현하고 사회적 수용성을 확보해야 한다. 다만, 현대화를 단순히 '현대성(modernity)'이라는 단일한 표상으로 환원하여 이해하는 것은 인식론적으로 편향된 접근이라 할 수 있다. 근대화는 역사발전의 필연적 단계일 뿐만 아니라, 전통과의 변증법적 관계 속에서 그 실체가 규명되어야 하는 복합적 현상이다. 20세기 후반에 이르러 이분법적 모델의 인식론적 한계는 점차 학계의 주요 쟁점으로 부각되었다. 글로벌 차원에서 가속화된 현대화 과정이 심화되는 상황에서, 기존의 예측과는 달리 전통적 가치체계가 사회생활 전반에서 소멸하는 현상은 관찰되지 않았다. 오히려 다층적인 전통 요소들은 지속적으로 재구성되면서, 문화적 재생산(cultural reproduction) 메커니즘을 통해 공간적 확산, 내용적 심화, 구조적 혁신을 동시에 진행해 왔다. 이러한 실증적 관찰을 계기로 학계는 전통에 대한 인식 패러다임의 전환을 모색하기 시작하였다. 1971년 에드워드 실즈(Edward Shils)는 『전통(Tradition)』을 통해 "모든 실존은 역사적 연속성 위에 구축되며, 과거의 영향력에서 완전히 벗어날 수 없는 존재론적 조건임"[34)]을 역설함으로써 전통-현대성 논의의 새로운 지평을 개척하였다. 그의 주장에 따르면 현대화는 오히려 전통적 토대 위에서만 합리적 해석이 가능한 역사적 과정이다. 데이비드 그로스(David Gross)의 『폐허 속의 과거: 전통과 현대성 비판(The Past in Ruins: Tradition and the Critique of Modernity)』은 이 논리를 더욱 발전시켜, 현대화된 사회구조 내에서 전통이 수행하는 대체 불가능한 기능을 실증적으로 입증하였다. 그는 현대화 이론의 단선적 진보관에 대한 근본적인 재검토를 요구하면서, 전통적 가치의 지속성 요인을 세 가지 차원 즉, 전통적 실천의 도구적 효용성(instrumental utility), 현대성의 결핍을 반영하는 거울적 기능(mirror function)[35)] 그리고 인간 존재론적 안정성(ontological security)을 제공하는 메커니즘을 통해 분석하였다. 더 나아가, 전통의 사회문화적 의미는 단순한 연속성을 넘어서, 비가역적인 역사적 경험의 축적체로서 개인과 공동체의 정체성 형성에 결정적인 기여를 한다는 점에서 학문적으로 재조명되고 있다.[36)] 전통적 가치의 적응력과 생명력은 전통이 여전히 현대사회를 구성하는 핵심적인 동력으로 작용하고 있음을 실증적으로 보여준다. 물론 모든 전통적 체계

---

34) EDWARD SHILS. 「Tradition」. 『Comparative Studies in Society and History』, 1971(2):122.

35) DAVID GROSS. 「Rethinking "Tradition"」// 『The Past in Ruins: Tradition and the Critique of Modernity』. Massachusetts: University of Massachusetts Press, 1992:87. "현대화의 질병을 치유하는 유일한 방법은 더욱 강화된 현대화를 추구하는 것"이라는 편협한 현대화 관점은 이미 학계와 사회 전반으로부터 광범위한 비판을 받고 있다.

36) 각주 35, 83쪽.

에는 활성화된 요소와 사문화된 요소가 공존한다. 현대성의 관점에서 볼 때, 생명력 있는 전통이란 단순히 과거의 역사적 유산으로서 고고학적 유물이나 박물관의 전시품처럼 경직된 형태를 의미하지 않는다. 오히려 이는 사상체계, 가치신념, 사회규범, 생활방식 등으로 구현되며, 학문적 체계와 실천적 맥락에서 계승되는 동시에 현대적 주체에 의해 재해석되고 검증되는 '역동적 전승'을 의미한다. 이러한 전통은 현대사회와 유기적인 상호작용을 형성하며, 지속적인 진화와 변주(變奏)의 특성을 내재하고 있다. 이는 단선적인 시간축 위에서 과거 유산을 단순히 재생산하는 것이 아니라, 창조적인 계승과 혁신적인 변용을 통해 다층적이고 복합적인 구조로 재편되는 과정 그 자체이다. 따라서 전통의 형식적 표현과 내용적 실체는 시대적 맥락에 따른 해석학적 재구성을 필수적으로 수반하며, 이러한 변증법적 발전 과정 속에서 전통은 근대화의 통합적 구성 요소로 기능한다. 결국, 전통은 현대화의 역사적 서사와 분리된 고립적 실체로 존재할 수 없다는 점이 여기에 있다.

현대사회에서 전통의 역할과 가치에 대한 재인식이 확산되면서, 학계는 전통과 현대성의 불가분적 상관관계를 이론화하기 시작하였다. 현대화 과정은 표면적으로 기존 가치체계의 변용을 수반하나, 본질적으로 역사적 전통의 연속선상에서 발전해온 문명사적 현상이다. 이 과정을 설명하는 핵심 개념으로 제시된 '장기 현대화(long mod-ernisation)' 이론은 현대성을 단일한 역사적 단계가 아니라 전통적 요소를 점진적으로 포섭·재창조하는 역동적 진화과정으로 해석한다. 학술적 관점에서 현대화는 인류 문명사 전반에 걸친 연속적 발전궤적으로, 특정 역사 시기를 기준으로 전통과 현대를 이분법적으로 구분하는 접근법의 한계를 지적한다. 문명 발전의 궤적은 원시사회에서 '기축 시대 문명'[37]으로, 현대문명에서 다시 지역 특수성을 내재한 글로벌 문명으로 이어지는 단계적 진화과정으로 파악된다. 각 시대의 가치체계는 표층적 차이에도 불구하고 역사적 연쇄반응 속에서 유기적 연결성을 지닌다. 이러한 이론적 틀에서 전통과 현대의 관계는 단절이 아닌 변증법적 종합의 관계로 재해석된다. 현대성은 전통적 토양에서 발생한 역사적 산물이며, 동시에 전통은 현대화 과정의 추동력으로 작용한다. 이러한 상호작용은 인간 본질에 대한

37) [역자주] '기축 시대 문명'은 현대철학자 카를 야스퍼스가 제시한 개념이다. '기축 시대 문명'은 인류 역사상 약 기원전 800년에서 기원전 200년 사이, 특히 기원전 600년에서 기원전 300년 사이에 북위 30도 전후, 즉 북위 25도에서 35도 구간에서 발생한 특별한 시기를 의미하며, 인류문명 정신의 중대한 돌파 시기로 여겨진다.

철학적 탐구, 자유의지의 확장, 가치체계의 재구성 등 인문학적 핵심과제들을 통해 가시화된다. 궁극적으로 문명 발전은 감성과 이성의 변증법, 개인주의와 공동체주의의 상호작용, 내재적 가치와 외재적 제도의 조화라는 삼차원적 구조 속에서 지속적으로 전개되는 현상으로 이해될 수 있다. 이와 같은 진화 도식(evolutionary schema)은 인류문명이 단선적 발전을 넘어 다층적 혼종성을 통해 진보해온 역사적 실증을 보여주는 분석 모델로 기능한다.

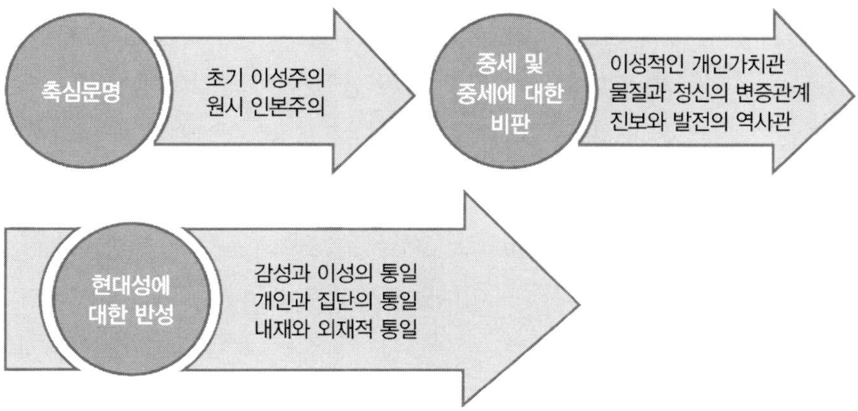

〈그림 6-2〉 전통-현대화의 변천 과정

이러한 발전과정은 유럽을 중심으로 한 서양 세계에서, 고대 그리스 문명과 고대 히브리(Hebrew) 문명으로부터 발전한 중세 문화를 통해 구체적으로 구현되었다. 중세 문화는 신학적 기반 위에서 교회, 국가, 사회의 통합을 이루었으며, 한편으로는 이성의 발전을 억제하는 경향을 보였지만 다른 한편으로는 고대 문화를 보존·계승하면서 신이 창조한 세계의 질서를 연구하고 이해하는 것을 장려했다. 그러나 종교적 정신성을 강조하는 과정에서 물질적 가치를 억압한 결과, 중세 후기에는 엄격한 신권주의에 대한 저항과 고대 문화의 재해석을 통한 회귀 운동이 나타났다. 이러한 맥락에서 르네상스, 종교개혁, 계몽운동이 발생하였다. 과학기술 혁명의 추진력 아래 유럽은 이성주의, 개인주의, 진보주의를 핵심 가치로 삼고, 산업혁명, 기술혁신, 도시화 등을 수단으로 한 근대화 운동을 최초로 실현하였다. 이러한 근대화 운동은 세계와 인류 사회에 근본적인 변화를 가져왔으며, 인류는 자연과의 관계에서 처음으로 주체적인 존재로 부상하여 물질적 풍요, 개성의 실현, 사회적 발전을 이루었다. 그러나 동시에 심각한 부작용도 초래하였고, 이에 대한 반성으로 해방신학, 배려 윤리, 생태 철학 등 포스트모더니즘(postmodern) 사조가 등장하여 근대성에 대한 편협한 이해를 수정하고 비판하려는 움직임이 나타났다. 탈근대는 근대와 완전히 단절된 시대가 아니라, 근대의 연속선상에서 발전한 개념으로, 근대의 가치를 계승하면서도 근대화 과정에서 나타난 극단적 경향을 비판적으로 성찰하고 수정하려는 흐름을 반영한다.

'장기 현대화' 이론은 기존 전통에 대한 현대화의 단절을 의미하는 것이 아니라, 오히려 역사적 유산을 현대적 변혁 과정에 통합적 접근을 강조하는 개념적 틀로 제시된다. 이 이론적 관점에 따르면 현대화는 단일 시점의 단절적 사건으로 환원될 수 없으며, 동시에 특정 공간적 범주에 국한된 완결성 또한 지니지 않는다. 현대화란 본질적으로 지속적 확장성(continuity), 진화적 가변성(evolutionary variability), 순환적 발전성(cyclical development)을 내포한 동태적(dynamic) 과정으로 재해석된다. 이러한 이론적 정립은 전통-현대 이분법을 극복하는 제2의 패러다임으로서 학문적 체계성을 확보하게 되었다.

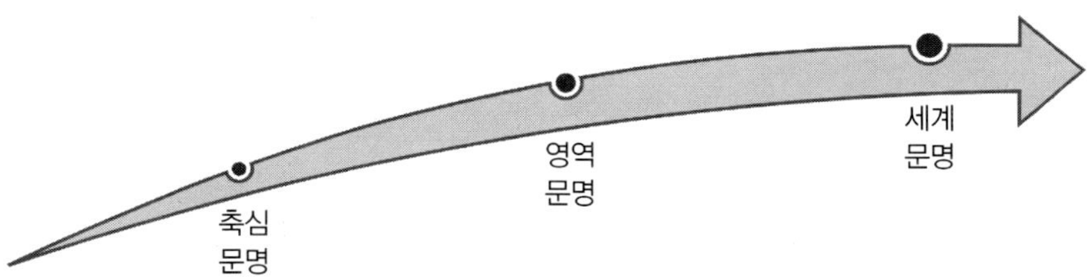

〈그림 6-3〉 전통과 현대화 관계의 두 번째 유형

'장기 현대화' 이론의 정립은 현대화 담론에 새로운 분석 틀을 제시한다는 점에서 학문적 의의를 지닌다. 이 이론은 전통과 현대를 이분법적으로 대립시키는 양분론적 시각에 대한 방법론적 비판을 내포하며, 단기 현대화 모델과 비교할 때 중국의 역사적 특수성과 사회 구조적 맥락을 보다 정밀하게 반영한다. 역사적으로 중국 전통은 서구 중심의 근대화 패러다임 하에서 근본적인 개혁의 대상으로 간주되어 왔으며, 특히 신문화운동 시기의 '공가점 타도(打倒孔家店)'[38] 운동과 "문화대혁명" 시기의 '파사구(破四舊)'[39] 운동

38) [역자주] "공가점 타도"는 "五·四" 신문화운동 기간에 제기된 구호로, 공자를 대표로 하는 유가 전통 도

을 통해 제도적·문화적 단절이 의도적으로 추진되었다. 그러나 실증적 연구 결과에 따르면 전통적 요소가 완전히 소멸되지 않았으며, 문화대혁명 이후 사회적 기억과 제도적 잔존(survival)을 통해 신속히 재구성되었다. "중국은 비록 형식적으로 완전한 현대화 단계에 진입하였으나, 그 사회 구성의 현대성은 여전히 전근대적 문화전통의 심층적 구조로부터 지속적인 영향을 받고 있다."[40] 이는 '중국형 현대성(Chinese modernity)'이 서구적 근대화 이론의 단선적 발전관과 차별화되며, 전근대적 문화유산과의 지속적 상호작용 속에서 형성되고 있음을 시사한다. 사실 중국 문명은 기원전 5세기 백가쟁명 시기에 이미 철학적 합리주의의 토대를 구축하였으며, 유가 사상이 정립한 도덕적 주체성 개념은 사회통합의 규범적 기반으로 기능해왔다. 송대(宋代)에 이르러서는 개봉(開封)을 비롯한 주요 도시의 인구가 100만 명을 초과하는 도시 문명이 형성되었으며, 과거제도를 중심으로 한 관료제도는 유럽 문명보다 수백 년 앞선 시점에 이미 정비된 체계로 자리 잡았다.

중국 전통과 현대의 관계에 대한 해석은 '단기 현대화' 모델로 설명하기에 한계가 있다. 동시에 이 관계는 '장기 현대화' 모델의 포괄적 분석 범위를 초월하는 복합성을 지닌다. 이러한 특수성은 중국의 현대화 과정이 전통적 토대에서 영양분을 흡수하였음에도 불구하고, 19세기 중엽 이후 서구 중심의 현대성 패러다임에 종속된 역사적 경로 의존성에서 기인한다. 서구 열강이 근대화 이념과 가치체계를 강제적으로 이식하기 시작한 이래, 중국은 이를 수용해야 하는 역사적 필연성 속에서 자국의 전통문화와 사상을 재인식하고 재평가하는 과정을 거치며, 동시에 전통의 해체와 새로운 체계의 재구성이라는 이중적 과제를 지속적으로 수행해왔다. 이러한 특수한 역사·사회학적 경험은 엘리트 사이에서 전통과 현대를 이분법적 대립 구도로 인식하는 인식론적 틀을 형성하였다. 그들은 유교 전통이 개체의 주체성을 억압하고 의무론적 윤리가 개인 권리를 제약하며, 군체주의가 개별성의 가치를 희생시킨다고 주장하였다. 이 같은 비판적 시각 하에 전통적 요소들은 근대화 지체의 구조적 요인으로 규정되었으며, 그에 대한 근본적 청산을 현대성 획

덕과 문화체계를 비판하는 것을 목적으로 한다.

39) [역자주] "파사구"는 1966년 6월 1일『인민일보』사론「일체의 악마와 괴물을 휩쓸어 버리자」에서 언급한 "수천 년 동안 모든 착취 계급이 만들어낸 인민을 해독하는 네 가지 낡은 것 즉, 구사상, 구문화, 구풍속, 구습관"을 가리킨다. "문화대혁명" 시기에 시작된 "파사구, 입사신(破四舊, 立四新)" 운동은 중화민족의 전통문화와 명승고적 등에 돌이킬 수 없는 큰 피해를 가져왔다.

40) RANA MITTER.『Modern China: A Very Short Introduction』. Oxrord: Oxford University Press, 2008:12.

득의 전제조건으로 상정하였다. 이로 인해 반(反)전통주의는 20세기 중국 근대화 담론의 헤게모니적 가치로 부상하였으며, '서구화가 바로 현대화'라는 도식이 지식계의 주류 담론으로 정착하게 되었다. 반면 문화적 주체성 수호론자들은 서구적 근대성의 침식에 저항하며, 외생적 현대화 모델의 수용을 중국문화 정체성의 해체 요인으로 간주하였다. 이들은 과학과 민주주의를 서구화의 동의어로 환원하는 담론구조에 반박하면서, 근대화 담론 자체를 중화 문명 고유의 가치체계에 대한 도전으로 인식하였다. 특히 이들은 서구적 근대성의 보편주의가 중국의 특수한 역사, 문화적 조건을 무시하는 문화 제국주의 성격을 내포한다고 비판하였다.

양극화된 문화적 양상은 상이한 메커니즘으로 전통과 현대화 간의 연속성 분리 현상을 초래하였다. 그러나 전통과 현대성 담론에 대한 인식론적 전환을 통해 일방적 강조의 태도를 극복할 경우, 양자 간의 선순환적 구조 형성이 가능해진다. 이러한 순환 패러다임은 전통과 현대성의 관계 맺음에 있어 포괄적 가능성의 장을 개방하며, 다원적 발전 경로의 수용성을 높임으로써 실천적 대안의 스펙트럼을 확장한다. 본 모델은 전통적 가치체계와 현대적 요소의 유기적 융합을 도모하며, 특히 중국을 비롯한 유사한 역사적 경험을 공유하는 국가들이 주체적 현대화 모델을 탐구할 수 있는 이론적 틀을 제공한다. 이중적 작동기제 하에서 도입된 현대적 가치체계는 전통문화에 대한 반성적 성찰을 유도하며, 동시에 재해석된 전통문화 요소는 현대화 과정에 재투영되어 새로운 패러다임을 창출한다. 이처럼 상호 비판과 재수용의 과정을 통해 양자는 지속 가능한 발전의 순환적 상호작용 체계를 구축하게 된다.

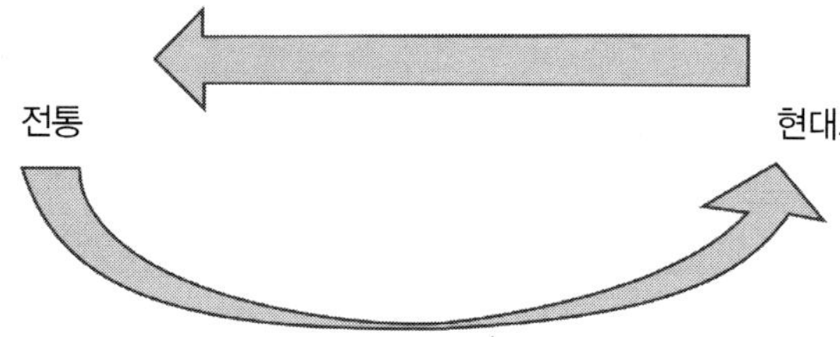

〈그림 6-4〉 전통과 현대화 관계의 세 번째 유형

전통과 현대화의 관계를 해석하는 제3의 패러다임으로서 '순환적 상호작용 모델'은 기존의 '단기·장기 현대화' 이론을 보완하는 개념적 틀을 제시한다. 본 모델은 전통과 현대성의 불가분적 공생 관계를 체계적으로 규명함으로써 현대화 과정에서의 보편성과 특수성의 변증법적 통합을 가능케 한다. 양자의 관계는 단순한 상호연계 차원을 넘어 상호 포섭적 역동성과 변증법적 발전을 추동하는 체계적 상호작용으로 진화한다. 분석적 관점에서 전통 체계는 현대화의 영향권 내에서 지속적인 재구성 과정을 겪으며, 진정성 있는 현대화란 기존 전통의 정수를 계승·발전시키는 창조적 변형과정으로 이해된다. 이 과정에서 전통의 핵심 가치체계는 현대적 가치 지향과 공명작용을 통해 다층적 재해석을 수용하며, 이를 통해 문화적 지속성과 혁신성의 이중적 과제를 달성한다. 반면 표층적 현대화는 전통의 유기적 구조를 파괴하는 기계적 단절을 야기하며, 이는 문화 정체성의 해체와 가치 계승의 단층을 초래하는 반문화적 현상으로 평가된다. 문화발전의 역동성 측면에서 현대화 과정은 필연적으로 특정 문맥(context) 내에서 전개되는 '재지역화(re-localization)' 메커니즘을 수반한다. 이러한 문화 특수적 현대화 패턴은 문명의 다원적 진화 가능성을 증명하며, 사회학자 에드워드 실즈(Edward Shils)가 지적한 바와 같이 "모든 문화혁신은 본질적으로 전통적 요소의 재구성"[41]이라는 명제를 입증한다. 동시에 전통 체계는 수동적 수용 대상이 아닌 능동적 매개체로서 현대화의 방향성을 규정하는 상호 형성적 역할을 수행한다. 이러한 이중적 상호작용 메커니즘은 문명의 생태적 적응력을 강화하며, 특정 문화시스템이 역사적 연속성을 유지하면서 동시에 환경변화에 대응할 수 있는 유기적 진화 모델을 제공한다. 전통과 현대성 간의 장력은 궁극적으로 문화적 지속가능성의 핵심 동력으로 작용하며, 인류문명의 다층적 발전궤적을 설명하는 새로운 분석 프레임워크로 기능할 수 있다.

'장기 현대화 이론'과 전통과 현대성 순환구조 모델은 중국 철학사적 담론, 특히 유교 사상체계에 대한 학술적 재조사를 요구함과 동시에, 글로벌화 가속화 시대에 전통 유학의 적응 전략을 재구성해야 한다는 인식론적 전환을 촉진하였다. 이러한 새로운 학문적 패러다임의 정립을 통해 유가 사상의 가치체계가 단순히 역사적 철학 체계의 핵심 요소에 머물지 않고, 현대 중국 사회의 개혁 과정과 구조적 통합성을 형성하는 필수 구성 요소로 재평가되어야 함을 학술적으로 입증할 수 있다. 보다 구체적으로 말하면, 유교적 인문정신은 문화유산 차원을 넘어 현대화 추진 메커니즘의 이론적 기반이자 실천적 기준으

41) "모든 새로운 것은 기존에 존재하던 것에 대한 수정을 통해 탄생한다."[EDWARD SHILS. 「Tradition」. 『Comparative Studies in Society and History』, 1971(2):122]

로 작용해야 할 시대적 과제를 부여받고 있다고 분석될 수 있다.

유가 사상의 현대적 의의는 전통적 가치체계의 계승과 혁신적 생활양식의 형성이라는 이중 과제를 조화롭게 해결할 수 있는 사상적 토대를 제공한다는 점에서 주목받는다. 이에 대한 다층적 접근은 시간성(temporality)과 공간성(spatiality)의 복합적 차원에서 수행되어야 한다. 중국 문명의 정체성을 구현하면서 동시에 세계 문명 담론에 기여하는 유가 사상은 본질적으로 지방성(locality)과 세계성(globality)의 변증법적 통일체라 할 수 있다. 세계화 시대의 현대화 담론은 단일 패러다임의 확산이 아니라 다문화적 요소의 창조적 융합과정으로 재해석되어야 한다. 게리 해밀턴(Gary Hamilton)이 지적했듯이, 글로벌 경제 체제 내에서 관찰되는 것은 서구적 가치의 획일적 확장이 아니라 비서구 문명 모델의 적극적 재구성과 상호작용을 통한 문명 다양성의 지속적 진화이다.[42] 이러한 문명 간 대화의 장(場)에서 유가 사상은 전통과 현대성의 상호변환(inter-conversion) 메커니즘을 작동시킬 수 있는 개념적 플랫폼으로 기능한다. 진인각(陳寅恪)이 풍우란의 『중국철학사』 심사평에서 강조한 바와 같이, "유가 사상의 역사적 영향력은 제도적 측면과 사회실천 차원에서 두드러진다."[43] 이는 법률체계의 체계적 구축, 공공 영역과 사적 영역 간의 명확한 경계 설정, 그리고 일상생활의 제도적 규범화에 대한 심층적 사유를 바탕으로 한다. 특히 『예기·대학』에서 제시된 "천자로부터 백성에 이르기까지 모든 이가 자신의 품성을 수양하는 것을 근본으로 삼아야 한다."[44]는 유가 윤리학의 핵심 사상은, 도덕적 주체성의 형성을 사회적 책임의 실현과 유기적으로 결합하는 전형적인 이론적 틀을 제시하고 있다. 유가 사상의 현대적 전환 가능성은 다음의 세 가지 철학적 축에서 탐구될 수 있다. 첫째, 이성적 실천(理性實踐)을 통한 도덕적 자율성의 구현, 둘째, 개인·공동체·국가의 윤리적 연대성 강조, 셋째, 효율적 거버넌스 모델 구축에 대한 정치 철학적 통찰. 특히 도덕적 주체의 자기 반성적 수양(self-cultivation) 개념은 개인화(individualization)가 심화되는 현대사회에서 공동체적 연대의식을 재구성할 수 있는 핵심적인 철학적 자원으로 주목받고 있다.

유교 전통과 현대화의 변증법적 관계에 대한 중국 지식인 계층의 인식은 장기간에 걸

42) GARY G. HAMILTON.「Civilizations and Organization of Economies」//『The Handbook of Economic Sociology』. Edited by N.J. Smelser and R. Swedberg. New Jersey: Princeton University Press, 1994:184.

43) 陳寅恪.「審査報告三」//馮友蘭.『中國哲學史: 下冊』. 上海: 華東師範大學出版社, 2010:336쪽.

44) [역자주] "自天子以至於庶人, 壹是皆以修身爲本",『禮記·大學』.

친 굴곡적이면서도 복잡한 순환적 진화과정을 겪어왔다. 역사적으로 지배적인 담론은 두 가지 극단적인 패러다임으로 분열되어 왔는데, 첫째는 유교적 규범 체계를 현대화에 저항하는 경직된 이데올로기로 고착시키려는 보수주의적 관점이며, 둘째는 유교적 가치체계를 현대화의 구조적 장애물로 간주하고 전면적인 부정을 시도한 급진적 현대주의적 접근이다.[45] 후자의 경우 특정 역사적 맥락을 내포하고 있으나 방법론적 일원론의 한계가 명확히 드러난다. 이는 체계적인 '현대화 이론'의 학문적 체계라기보다 단선적 진화론에 근간을 둔 도식적 접근에 불과하며, 전통과 현대성의 상호작용에 대한 심층적 이해가 부족한 단편적 시각으로 평가된다. 더 나아가 이러한 이분법적 사유구조는 현대화 과정에서 중국이 경험한 구조적 좌절과 발전 지체의 중요한 인과 요인으로 작용하였다. 개혁개방 이후 학술계는 전통과 현대의 관계성을 재구성하는 새로운 패러다임 모색에 진입하였다. 1990년대를 기점으로 유교 전통과 현대화를 대립적 범주로 규정하려는 시각은 근본적 전환을 맞이하였다. 다층적 동인에 기초하여 국내외 한학 연구자들과 국가 지도자들은 유학을 문화발전 전략의 핵심축으로 재위치하는 데 공동으로 주력하였으며, 유교 유산을 중화 문명 부흥의 정체성 코드이자 21세기 문화 소프트파워의 핵심 자원으로 재해석하기 시작했다. 이러한 유교 부흥론의 본질은 단순한 전통의 재현이 아니라 전통과 현대의 상호작용을 통한 창조적 변환이라는 거시적 틀에서 이해되어야 한다. 구체적으로 역사적 전통의 현대적 계승은 필연적으로 문화적 유전자의 비판적 계승과 창의적 재구성을 요구하며, 이 과정에서 가치 재생산 메커니즘의 과학적 분석이 선행되어야 한다. 유교사상의 다층적 구조 내부에는 진보적 요소와 보수적 요소가 혼재되어 있으므로, 엄밀한 문헌학적 분석과 철학적 비판을 통한 가치판별 작업이 필수적이다. 현 단계 유교 부흥 운동은 단순한 고전학의 복원이 아니라 중국 특색 현대화 프로젝트의 구성 요소로 이해되어야 한다. 최근 학계에서는 장구한 문명사적 축적 속에서 포스트모던 시대의 가치 위기를 극복할 대안적 패러다임을 추출하려는 연구 동향이 가속화되고 있다. 재해석된 유교 철학은 새로운 가치체계 형성에 기여함은 물론, 인류문명 전환기의 세 가지 근본적 질문(현대성의 모순을 넘어선 조화사회 구현 방안, 인문 정신과 기술 문명의 통합 전략, 자본 논리 초월을 통한 빈부격차 해소 메커니즘)에 대한 동아시아적 지혜를 제공할 것으로 기

45) XINZHONGYAO.『An Introduction to Confucianism』. Combridge: Cambridge University Press, 2000: 266~279.

대된다.

이밖에도 유가 사상의 핵심 가치체계를 기반으로 전통과 현대성의 상관관계에 대한 철학적 해석을 도출할 수 있다. 이 이원적 관계는 단순한 선형적 대립구조가 아니라 다층적 상호작용의 복합체로 이해되어야 한다. 이러한 인식론적 틀은 정치·경제·문화·윤리·교육·종교 등 사회구성체를 분절적으로 인식하는 시각을 배격하며, 이 모든 요소가 유기적 총체성을 형성하는 상호연관적 차원임을 강조한다. 유가 사상은 기술 문명과 경제구조의 현대화를 부정하지 않으면서도, 현대화 과정에서 정신문화와 가치체계의 내재적 함의를 구조적으로 재정립하였다.[46] 이러한 현대화 담론은 문화체계의 재구성에 있어 방법론적 의의를 지니며, 동시에 반성적 전통주의(reflective traditionalism)의 관점에서 역사유산의 평가 기준을 정립하고 재창조 방안을 모색하는 데 기여한다. 특히 유가 사상은 합리성과 자기 성찰성을 겸비한 지적 전통으로서, 새로운 역사적 조건 하에서 종합적 창조적 전환(creative transformation)과 혁신적 발전모델을 제시하였다. 이는 문화전통의 내재적 활력소가 현대성과의 변증법적 종합을 통해 재현될 수 있음을 입증할 뿐만 아니라, 전통과 현대성의 순환적 상생 구조에 대한 이론적 토대를 마련함으로써, 현대화 패러다임에 대한 중국철학의 독자적 해석체계를 완성한 것으로 볼 수 있다.

유가 사상의 전통과 현대적 가치체계 간의 역동적 상호작용은 중국 현대화 과정의 핵심 패러다임을 형성하고 있으며, 이 양자 간의 긴장과 조화는 다층적 차원에서 현대 중국인의 가치관 정립과 사회적 인식 구조에 지속적인 영향을 미치고 있다. 이러한 상호적 변증법 속에서 유가 사상은 지속적인 현대적 변용을 통해 새로운 시대정신과의 창조적 융합 가능성을 입증해 왔다. 이와 같은 사상사적 전환이 가능한 이론적 토대는 두 가지 축으로 설명될 수 있다. 첫째, 진정성 있는 현대화 담론은 배타적 폐쇄성을 거부하는 개방적 사유체계로서, 내재적 전통과 외래 문명 간의 변증법적 종합을 통해 실현된다는 점이다. 이는 동서양 지성사의 대화 장에서 구체화되는 보편적 합리성의 구현 과정이라 할 수 있다. 둘째, 유가 사상사 자체가 정태적 유물이 아닌 '창조적 전승'의 역사적 실천이었다

46) 20세기 초 중국을 대표하는 학자 양계초(梁啓超)는 다음과 같은 견해를 제시하였다. "중국 학문의 정체성은 인간 현세적 삶에 내재된 규범 체계에 대한 탐구를 중심축으로 형성되어 왔다. 고대부터 근대에 이르기까지 사상가들의 연구성과가 집약된 이 학문영역을 현대적 개념 틀로 재해석할 경우, 그 본질은 존재론적 차원의 인생 철학 기반 구축과 제도적 차원의 정치철학 실현이라는 이중적 과제를 내포하고 있다."(梁啓超.『先秦政治思想史』. 上海: 上海古籍出版社, 2014:3쪽)

는 점이다. 선진시대 제자백가 사상의 종합으로 완성된 한대 경학, 도가 철학과의 개념적 융합을 시도한 위진현학, 불교와 도교의 심성론을 비판적으로 계승한 송명 성리학, 그리고 서구 철학의 방법론으로 전통을 재해석한 현대 신유학(新儒學)에 이르기까지, 이 연속적 사상혁신 과정은 유가 전통의 내재적 '현대화' 역량을 입증하는 역사적 사례라 할 수 있다. 재구성된 유가 가치체계는 현대 중국의 사회윤리 재정립과 정치 문명 구축에 이론적 기반으로 작용하며, 도덕 중심주의 문명관, 창의적 전환적 발전론, 문화 주체성 담론 등은 이미 국가 전략 차원과 학술 담론장에서 핵심 키워드로 정착되었다. 이는 사회주의 시장경제의 심화 과정에서 법치주의와 덕치주의의 변증법적 통합, 이상적 가치와 현실적 실천의 조화, 전통문화 자원의 현대적 활성화 등 다차원적 과제에 대한 이론적 대응을 반영한다. 특히 '중국특색사회주의', '중화 문명 부흥', '문화적 자신감' 등 현 정치 담론의 핵심 개념들은 단순한 서구적 근대화 모델의 차용을 넘어 문명사적 연속성 위에서 전통의 창조적 계승을 추구한다는 점에서 주목할 만하다. 다만 이러한 개념들의 실질적 함의 정립은 단순한 정치적 차원을 넘어 철학적 체계화와 제도적 실천을 요구하며, 이를 위해서는 이념적 지향과 역사적 맥락, 현실적 필요성의 삼위 일체적 접근이 필수적이다. 따라서 현단계 과제는 이중적 접근법을 요구한다. 첫째, 유가 전통의 개념체계에서 현대화의 자원을 발굴하는 내재적 계승 작업을 심화해야 한다. 둘째, 비교문명론적 시각에서 유가 사상을 세계철학사의 보편적 담론장에 위치함으로써, 문화적 특수성과 보편성의 변증법적 종합을 모색해야 한다. 이를 통해 유가 사상이 단순한 민족문화 코드를 넘어 인류 문명 발전에 기여하는 보편적 가치체계로 재탄생할 수 있도록 해야 할 것이다.

유가 전통의 현대적 가치 실현은 유교 전통과 현대화가 궁극적 가치 차원에서 본질적인 조화를 이룬다는 점을 체계적으로 규명하는 과제이다. 전통과 현대의 융합적 시각에서 유가 전통을 조명할 때는 다음과 같은 두 가지 원칙적 입장을 견지해야 한다. 첫째, 단편적이고 피상적인 현대화 이론을 배격하며, 현대성을 지나치게 강조함으로써 전통을 부정하거나 현대화의 논리로 전통과 현대의 연계성을 단절하는 비판적 태도를 지양해야 한다. 둘째, 극단적인 전통주의를 경계하며, 전통을 절대화하여 현대를 부정하거나 전통적 관점에서 현대를 배척하는 폐쇄적이고 배타적인 태도를 방지해야 한다. 이러한 해석학적 접근은 단순히 문화 재생 차원의 실용적 목적을 넘어, 유교 사유체계와 현대 문명의 상호작용을 통해 새로운 문화 질서를 구축하고 유가 전통의 가치를 현대 보편 가치로 전환하는 이론적 기반 마련을 지향한다. 재해석된 유가 전통은 사회통합을 촉진하며, 경제·정치·문화·사회 영역에서 발생하는 다차원적 문제들을 시스템적으로 해결하는데 기여할 것으로 기대된다. 특히 공동 부유 실현이라는 사회적 목표 달성을 위해 유가 전통은 체계화된 교육 프로그램을 통해 학문적 기반을 강화하고, 다양한 매체를 활용한 가치 전달 메커니즘을 구축해야 한다. 이를 위해 현대 교육 시스템에 유가 사상을 체계적으로 통합하고, 체험 중심의 학습 프로그램을 개발함으로써 전통문화를 현대적 관점에서 재해석하여 대중화하는 노력이 필요하다. 아울러 디지털 미디어 플랫폼을 활용한 사회적 도덕 네트워크의 재구축을 통해 개인과 공동체 간의 정서적 유대를 강화하고, 사회적 안정성을 제고하며, 지속 가능한 공동체 형성에 기여할 수 있는 실천적 전략을 수립해야 한다.

유가 전통은 현대화의 유기적 구성 요소로서 현대화의 가능성과 발전 잠재력을 내재하고 있다. 그러나 이러한 가능성을 현실화하고 잠재력을 최대한 발굴하기 위해서는 유가 전통과 현대화의 요구 사이에 체계적인 가치 통합이 필요하다. 이러한 통합 과정은 유가 전통의 재현대화로 간주될 수 있다. 유가 전통과 현대 실천 간의 가치적 조화는 현재의 정치구 현실과 높은 수준의 일치를 이룰 수 있으나, 이를 단순히 정치적 수단으로 활용하는 것은 지양되어야 한다. 그렇지 않을 경우, 현대화된 유가는 그 본질적인 가치와 매력을 상실하게 되어, 중국의 현대화 과정에 지속적이고 전면적인 영향을 미치는 데 한계를 초래할 것이다.[47] 재현대화된 유가는 역사적 회귀가 아니며, 전통성과 현대성의 유기적 결합을 통해 새롭게 재해석된 가치체계를 형성한다. 이는 극단적 민족주의와 구분되는 현대적 접근 방식으로서, 서구 중심의 현대화 패러다임을 단순 이식하려는 시도나 과거 회귀를 주장하는 보수주의적 입장 모두 역사적 실증을 통해 그 한계가 증명되었음을 명확히 할 필요가 있다. 급격한 세계화 흐름 속에서 전통적 가치의 지속 가능성을 확보하기 위해서는 급진적 전통주의와 전면적 서구화라는 양극단 사이의 전략적 균형점을 모색해야 하며, 재해석된 유교적 가치체계는 바로 이러한 동태적 균형을 구현할 수 있는 혁신적 가치 모델로 기능할 수 있다.

재해석된 유가 가치는 전통적 특수성과 현대적 보편성의 '화이부동(和而不同)'[48]의

---

47) 여영시(餘英時)는 유교 지식인 계층인 '사(士)'의 문화적 주체성을 중점적으로 부각하며, 이들이 문화적 사명감을 내포한 채 정치적 비판에 적극적으로 개입하였음을 밝혔다. (餘英時. 『士與中國文化』. 上海: 上海人民出版社, 2003쪽)

48) [역자주] 화이부동(和而不同)은 "화합하되 소신 없이 남을 따르지 않는다."는 뜻의 사자성어이다. 이는

조화를 강조한다. 서구적 현대화 패러다임이 강력한 확장성을 바탕으로 동질화를 추구하며 이질적 문화 요소를 배제하는 과정에서 발생한 민족 간·문화 간·시대 간의 구조적 긴장과 대조적으로, 유가 사상은 글로벌 현대화 수용과 민족 정체성 유지의 이중 과제를 조화롭게 구현하고자 한다. 이는 전통적 의미체계를 현대문명의 맥락에서 재해석함으로써 문화적 계승과 혁신의 동시적 달성을 지향한다. 글로벌 가치의 형성과정에 있어 지역적 정체성의 전략적 활용이 필수적임을 강조하는 재해석된 유가 사상은 문화융합의 다층적 메커니즘을 제시한다.[49] 세계화 연구의 실증적 데이터가 입증하듯, 다양한 가치체계를 창의적으로 통합하는 능력이 문명 간 공존 가능성을 결정짓는 핵심 요소이다. 본 연구가 제시하는 실천전략은 화합의 가치관, 책임의식, 유교적 인륜 관계(孝·信·仁·禮) 등 전통적 가치의 선택적 계승을 통해 현대화 과정 속에서 문화적 정체성을 확보해야 한다는 점을 강조한다. 이러한 접근법은 이론적 차원에서 유교적 문화유전자(文化基因)의 진화적 적응 메커니즘을 활성화함으로써, 실천적 측면에서는 글로벌 가치체계와의 상호작용적 변증법적 관계를 구축하는 것을 목표로 한다. '화중유이(和中有異)'와 '이중유화(異中有和)'의 원리는 문화 보편주의와 특수주의의 이분법을 넘어, 역사적 연속성과 단절성, 내생적 요소와 외연적 영향력의 변증법적 통일을 추구한다. 특히 유가 인문주의는 현대사회의 질서구축에 있어 도덕적 주체성 함양을 핵심 동력으로 상정한다. 이는 집단적 기억에 근거한 문화 정체성의 창조적 재구성을 통해 전통적 화합 관념을 현대적 시민사회 건설에 접목하려는 방법론적 시도이다.[50] 현대성 평가 지표로서 제시된 전통과 현대의 통합성, 세계화와 지역화의 상호보완성, 개인과 공동체의 조화성, 권리와 의무의 균형성 등 다차원적 준거는 경제구조·정치제도·교육체계·가치관·커뮤니케이션 방식 등 사회 전반

공자의 『논어·자로 (論語·子路)편』 제23장에 나오는 말로, 군자는 사람들 간의 다름을 인정하고 포용하지만, 소신 없이 남을 따라 하지 않는다는 의미를 담고 있다.

49) 유가 사상이 구축한 독창적인 세계관과 정치철학은 국제사회의 포용적 발전을 가능케 한 정신적 기반을 형성하였다. 중국 현대철학자 모종삼은 "중국은 서구적 의미의 민족국가(nation-state)가 아닌, 문화적 동질성을 기반으로 한 문화공동체(cultural community)로서의 정체성을 지니고 있으며, 전통적 '천하' 개념은 존재하지만, 근대 서구의 주권국가 이념에 기반한 국가관은 형성되지 않았다."라는 심층적 통찰을 제시하였다. 나아가 그는 "중국인들은 윤리적 차원에서 '도덕적 주체(moral being)'로서의 자질은 내포하고 있으나, 정치적 영역에서 '주권 주체(political being)'로 완전히 성숙하기까지는 역사적·문화적 제약이 존재한다."라고 명확히 진단하였다. (牟宗三. 『曆史哲學』. 長春: 吉林出版集團有限責任公司, 2010:180쪽)

50) BØRGE BAKKEN. 『The Exemplary Society: Human Improvement, Social Control, and the Dangers of Modernity in China』. Oxford: Oxford University Press, 2000:1.

의 선순환 발전 메커니즘을 규정한다. 재해석된 유가 사상은 복합위기 시대에 도덕적 성찰과 창의적 혁신의 상관성을 제고함으로써, 물질문명과 정신문화의 균형적 발전모델을 제시한다. 서구적 개인주의와 권리 중심의 사유체계와 대비되는 공동체적 책임의식 강조는 글로벌 거버넌스 체제 내에서 중국적 현대화 모델의 차별화된 가치를 형성한다. 이는 궁극적으로 다극화 시대의 문명 간 대화에 기여할 수 있는 중국 고유의 사상 체계적 자원으로 기능하며, 인류 공동가치 창출을 위한 지적 유산의 현대적 재해석이라는 역사적 의미를 내포한다.

6.3 중국성과 세계성의 공존

현대 중국철학 혁신의 세 번째 발전 가능성은 중국성(中國性)과 세계성(世界性)의 이원적 통합에 있다. 이택후(李澤厚)가 유서원(劉緖源)과의 학술대담에서 천명한 바와 같이, "하이데거 이후 철학사의 주역 자리는 중국철학이 차지해야 한다."[51]라는 주장은 "포스트모더니즘에서 데리다에 이르는 서양철학의 흐름이 이미 소진되었다."[52]는 전제에 기반한다. 학계에서는 이러한 '역사적 주체성'의 구현 방식과 시기에 대한 논의가 지속되고 있으나, 이택후의 학설이 하이데거 실존주의와 '정본체(情本體)' 철학 간의 내재적 친화성에 근거한다는 점은 주목할 만하다. 근대화 100여 년의 축적을 거친 오늘날 중국철학은 문화강국으로서의 학술체계를 정비하고 세계철학 무대에 진출할 준비를 마친 상태로 국제학계의 주목을 받고 있다. 현재 학술공동체 내에서는 문화 주체성에 대한 인식이 점차 확산되며 공감대를 형성하고 있으며, 향후 철학사 발전과정에서 중국철학의 적극적인 개입이 불가피하다는 전망이 지배적인 상황이다. 다만 핵심 쟁점은 중국철학이 이러한 발전과정에 어떤 방식으로 참여할 것인가에 있다. 중국철학의 세계화 추세에 대한 신뢰는 맹목적 낙관주의나 피상적 자부심을 넘어, 문명사적 교훈(百年之痛)을 토대로 한 실천적 각성에서 비롯되어야 한다. 철학사적 관점에서 볼 때, 이 문제는 두 가지 과제를 제기한다. 첫째, 유구한 동아시아 지성전통(예악·천도·심성·정리 등)을 현대적 지평에

51) 李澤厚, 劉緖源.『該中國哲學登場了? 李澤厚2010年談話錄』. 上海: 上海譯文出版社, 2011:5쪽.
52) 각주 51, 7쪽.

서 재해석할 수 있는 철학적 창의성, 둘째, 서구중심주의를 초월한 보편적 가치체계 구축 능력이다. 20세기 서구 문명의 '세례'를 경험한 중국의 현대화 프로젝트가 여전히 미완성 상태임을 고려할 때, '자구(自救)'에서 '구세(救世)'로의 패러다임 전환은 이론적·실천적 난제를 내포하고 있다. 이에 대한 해법으로서 중국철학은 도덕적 메시아니즘을 배제한 채, 문명 간 대화의 장(場)에서 보편적 의미를 지닌 '지역적 지식(local knowledge)'을 제시해야 한다. 중국성은 민족정신의 정체성 기반으로, 세계성은 문명 공생의 방법론적 지향으로 상호보완적 관계를 형성해야 한다. 이러한 이중과제 구현의 사례인, 두유명(杜維明)이 주창한 '유학3기설(儒學三期說)'[53]은 유교 정신의 현대적 전환을 모색하며 해외 신유학파의 세계시민주의적 입장을 체현하고 있다. "지난날을 거울로 삼으면 앞날을 알 수 있다(鑒往知來)."[54]라는 역사철학적 격언이 시사하듯, 중국철학의 세계화 전략은 기존 학맥(특히 신유학파)의 연구성과에 대한 비판적 계승을 토대로, 다원 문명 공존 시대에 부합하는 이론 체계 구축에 주력해야 할 것이다. 이 과정에서 철학적 보편성과 문화적 특수성의 변증법적 통합이 핵심적 과제로 부각된다.

두유명의 '유학3기설' 이론 체계를 분석함에 있어서, 우선 그 학설의 이론적 기원인 모종삼(牟宗三)의 '유학3기설'에 대한 이해가 선행되어야 한다. 모종삼의 3기 구분론에 따르면, 유학 제1기는 공자·맹자·순자로부터 동중서에 이르는 시기로 '주조기(鑄造期)'에 해당한다. 이 시기 공자는 "인격 실천과 천도(天道)의 합일을 통해 도덕적 완성의 경지에 도달하였으며, 그 사상적 성과는 한(漢)제국의 건국과 발전이라는 역사적 실현으로 구체

53) [역자주] '유학 3기설'은 모종삼이 처음 제기한 이론이다. 모종삼의 유학 3기설에 따르면 유학의 발전은 세 단계로 구분할 수 있다. 첫 번째 단계는 공자·맹자·순자에서 동중서에 이르는 시기로, 유학 발전의 초기 단계에 해당한다. 두 번째 단계는 위진남북조에서 송명유학까지이며, 세 번째 단계는 중화민국 시기부터 시작되어 현재까지 진행 중인 유학의 발전기이다. 두유명은 모종삼의 유학 3기설을 계승 · 발전시켜 유학 3기 발전의 방향과 전망을 제시하였다. 구체적으로, 유학 1기는 선진 시대부터 한대까지로 공자, 맹자, 순자 등이 대표하는 유학의 창시 시기이다. 2기는 송나라부터 명청 시대까지로 유학이 절대적 주체성을 확립하고 심성과 도덕을 중시하는 추상적 이론 체계를 완성한 단계이다. 3기는 근대 이후 서양 문화의 충격을 맞이한 시기로, 현대 신유학이 서양 문화와의 대면 속에서 창의적 대응을 모색하는 단계이다. 모종삼의 유학 3기설은 서양 문화를 유학의 새로운 형태로 포용하는 것을 유학 내부의 자기 혁신으로 규정한 반면, 두유명의 유학 3기설은 인문정신을 바탕으로 계몽적 사고에 대응하고 보편적 가치를 통해 규범 원칙을 정립하며, 새로운 시대에 다원적 현대화를 구축함으로써 인류와 세계 각국이 대화할 수 있는 기반을 마련하고자 하였다. 모종삼과 두유명의 '유학 3기설'은 모두 현대화의 요구에 대응하고자 한 점에서 공통되나, 시대적 배경에 따라 두유명의 이론이 보다 글로벌한 시야를 지니고 있다. 이론의 근원을 살펴보면, 두 관점 모두 유학 전통의 사상적 자원을 계승하고 발전시켜 나갔다는 공통된 기반을 가지고 있다.

54) [역자주] "鑒往知來"(『詩經·大雅·蕩』).

화되었다.” 유학의 제1기는 “적극성, 풍요성, 건설성, 종합성”이라는 특징을 지닌다.[55] 제2기에 해당하는 송명이학(宋明理學) 시기는 “절대적 주체성의 형성 및 발현기”로 규정할 수 있으며, 이 시기의 핵심 특징은 “소극성, 분해성, 변화성”이라는 세 가지 측면으로 집약된다. 특히 이 시기는 기존의 사회 관습과 제도에 대한 개혁이라는 사회적 효용성을 실현하는 데 중요한 역할을 하였다.[56] 유학 제3기는 청나라 멸망 이후 유학 정신의 공백과 사회적 위기 상황에서 모종삼 등이 ‘구세부도(救世扶道)’의 사명감을 바탕으로 제시한 현대적 이론 체계로서, 현재진행형이자 미래지향적인 학문적 담론이다. 제3기 유학의 핵심과제는 순수 학문적 차원에서 서양 명수학(名數學)을 수용하여 동양철학의 최고 원리를 체계화하는 ‘학통(學統)의 개척’ 및 역사 문화적 차원에서 민족국가의 자각적 건설을 통해 보편 이성을 심화시키는 ‘정통(政統)의 수립’이다.[57] 이는 “내성(유학)에서 외왕(민주·과학)으로의 전환”[58]을 의미하는 사상적 전환이다. 모종삼은 헤겔의 변증법(正-反-合) 이론을 적용하여 유학 제3기를 유학 제1기의 고차원 복원 형태로 해석하였다. 이론적 구성면에서 제3기 유학은 서양 학문(특히 민주주의와 과학)에 대한 체계적인 이론적 대응체계로서, 형식적으로는 제1기와 유사한 “적극성, 구조성, 종합성, 충실성”의 특징을 지니지만[59], 서양 학문을 포괄할 수 있는 상위차원의 종합을 지향한다는 점에서 본질적인 차별성을 갖는다. 이러한 이론적 틀은 중국 근대화 과정에서 전통 유학을 현대적으로 재해석하려는 모종삼 사상의 핵심적 특징을 형성한다.

모종삼을 중심으로 한 홍콩·대만의 신유학자들은 민족적 존망이 걸린 역사적 위기 국면 속에서 학술활동을 전개하였다. 이들은 민족적 책임의식과 역사적 사명감을 내재한 지식인으로서, 당대의 시대적 과제에 대한 이론적 해답을 모색해야 하는 사명을 지니고 있었다. 모종삼이 제시한 ‘유학3기설’은 이러한 시대적 요구에 대한 체계적이고 철학적인 대응으로 평가된다. 모종삼 학파의 시각에서 근대 중국이 직면한 위기는 겉으로 드러난 정치·경제적 문제를 넘어, 본질적으로는 민족문화 정체성의 위기로 인식되었다. 이들

55) 牟宗三. 『道德的理想主義』. 長春: 吉林出版集團有限責任公司, 2010:12~13쪽.

56) 각주 55, 13쪽.

57) 각주 55, 13쪽.

58) [역자주] ‘구내성(舊內聖)으로부터 신외왕(新外王)으로의 전환’은 유학을 주체로 하는 중국 전통문화에서 민주와 과학으로의 전환을 의미한다. 모종삼은 이를 유학 제3기 발전의 핵심 과업으로 여겼다. 내성에서 신외왕으로의 전환은 문화 이념의 차원에서 유학과 민주 과학을 연결하는 것을 뜻한다.

59) 각주 55, 13쪽.

은 서구의 가치체계를 맹목적으로 수용하려는 자유주의 진영과는 달리, 중국 전통문화에 대해 깊이 있는 '문화적 공감각(共感覺)'과 '역사적 계승 의식'을 유지하였다. 이러한 인식에 기반하여, 중화민족의 부흥을 중화 문명의 재생과 동일시하였으며, 그 핵심과제를 유학의 현대적 재구성으로 설정하였다. 다만 모종삼은 이러한 부흥이 단순한 복고주의가 아닌 '창조적 전환'을 의미한다는 점을 분명히 하였다. 그의 창조관은 역사발전의 필연성에 근거한 '유기적 혁신' 개념으로, "창조는 반드시 자문화의 토대 위에서 역사적 필연성에 의해 생성되어야 하며, 외래 요소의 기계적 도입으로는 성립될 수 없다."[60]는 논리를 전개하였다. 이러한 관점에서 유학 제3기의 핵심 사상적 과제는 '전통의 창조적 계승'으로 정의할 수 있다. 모종삼은 유학의 현대화를 위해 '삼통병립설(三統並立說)'이라는 체계적인 이론을 구축하였다. 구체적으로 살펴보면, 도통(道統)은 공자와 맹자의 도덕 형이상학 체계를 계승하는 것으로, '정신문명의 정체성'을 구현하는 핵심 요소이며, 학통(學統)은 서양 과학 정신을 수용하여 '지성주의 전통'을 확립함으로써 학문적 독자성을 확보하는 것을 의미한다. 또한 정통(政統)은 민주주의 제도 구축을 위한 '정치 합리성 전통'의 정립을 지향한다. 이 삼위일체의 구조 속에서 중국 전통문화는 도통의 우월성과 함께 학통 및 정통의 상대적 결여라는 이중적 특성을 나타낸다. 즉, '치도(治道)'의 철학적 기반은 충분히 발달하였으나 '정도(政道)'의 제도화 측면에서는 미흡한 상태이며, '덕성지지(德性之知)'[61]는 심화되었으나 '견문지지(見聞之知)'[62] 측면에서는 현저한 결핍을 보이는 구조적 한계를 지니고 있다. 따라서 중화 문명의 재건을 위한 핵심과제는 도통의 현대적 해석을 바탕으로 서구 학문체계를 비판적으로 수용함으로써 삼통의 조화로운 발전을 도모하는 데 있다. "이 이론 체계의 실천적 전개는 다음과 같은 세 가지 차원에서 구체화된다. 첫째, 도통의 계승을 통해 정신문명의 가치체계를 재정립하는 작업, 둘째, 학

---

60) 牟宗三.『道德的理想主義』. 長春: 吉林出版集團有限責任公司, 2010:4쪽.

61) [역자주] 타고난 봉건적 도덕관념을 의미한다. 덕성에 대한 앎은 견문을 통해 얻어지는 것이 아니며, 개인적 노력만으로 도달할 수 있는 것도 아니다. 이는 도덕적 수양이 일정 경지에 이르렀을 때 비로소 자연스럽게 얻어지는 결과이다. 이러한 덕성은 내적·외적으로 이해되고 마음으로 체화되며, 사유와 깨달음의 기능을 지닌다. 이를 인간 본연의 성품으로 보며, 외부 대상에 의존하지 않고 내면의 수양을 통해 발현될 수 있고, 단순한 견문 지식보다 더 높은 차원의 인식으로 간주한다.

62) [역자주] 중국철학에서 덕성지지(德性之知)와 대비되는 인식론 개념으로, 북송 시대 이학자 장재(張載)의『정몽(正蒙)·대심편(大心篇)』에서 최초로 제시되었다. 이 개념은 '사물과 접촉하여 앎(物交而知)'으로 정의되는 인식 방식, 즉 감각 기관을 통해 외부 세계를 접촉함으로써 경험적 지식을 획득하는 경로를 의미한다.

통의 체계화를 통해 과학적 이성주의 전통을 창출하는 과정, 셋째, 정통의 확립을 통해 민주주의 제도의 기반을 구축하는 방향으로 나아간다."[63]

모종삼이 도통(道統) 체계 내에서 학통(學統) 창출과 정통(政統) 계승의 필요성을 제기한 근거는 다층적이고 복합적인 성격을 지닌다. 한편으로 그는 현대화 과정에서 발생하는 근본적 문제들에 대한 심층적 성찰을 바탕으로, 민주국가 체제의 제국주의적 변질 가능성, 과학기술 발전이 인간 내재적 가치관을 훼손하고 도덕적 기반을 약화시키는 경향성, 과도한 자유주의 확산이 초래할 인간성 상실, 속물화 및 이기주의적 성향 등의 문제점을 지적하였다. 이에 따라 그는 유가의 도덕적 이상주의를 서구식 자유·민주·과학 체계와 결합함으로써 현대화의 병폐를 극복할 수 있다는 신념을 갖게 되었다. 다른 한편으로 그는 도통 내 학통의 창출과 정통의 계승이 유가의 "천하는 천하로 품어야 한다(藏天下於天下)"[64]는 정치철학을 민주주의와 과학을 매개로 실현하는 동시에, 유학 제3기의 역사적 사명인 '민주건국'과 '정치현대화'를 완수하기 위한 필수적 전제조건이라고 인식하였다. 그러나 이러한 주장의 근저에는 중국 문화의 주체성 유지라는 근본적 요구가 자리 잡고 있었다. 모종삼의 시각에 따르면, 중국 문화의 주체성 부재는 민주주의와 과학의 정착 가능성을 근본적으로 저해하는 핵심 요인으로 인식되었으며, 이는 단순한 문화발전의 동력 문제를 넘어 문명의 방향성을 규정하는 결정적 변수로 간주되었다. 실제로 모종삼이 제시한 "인간은 고상한 도덕 품성을 갖추어야 할 뿐만 아니라 그것을 실천에 옮겨 사회에 복을 마련해줄 능력이 있어야 한다."는 이론구조에는 학문적 한계가 내재되어 있다. 특히 내성(內聖)과 외왕(外王)의 유기적 연결 메커니즘 구축에 있어 체계적인 해법을 제시하지 못한 점이 치명적인 결함으로 작용하였다. 이는 그가 스스로 인식한 한계로, 초기 정치유학 연구를 통해 『도덕적 이상주의』, 『정도와 치도』, 『역사철학』 등 '외왕 3부작'을 출간했으나 이론적 난항을 겪은 후 결국 심성유학(心性儒學) 연구로 전환하게 된 주요 배경이 되었다.[65] 이러한 심성유학 연구는 후학들이 "고상한 도덕 품성을 갖추고 그것을 실천에 옮겨 사회에 복을 마련해줄 능력"을 함양하는 데 오히려 장애물로 작용하였을 뿐 아니라, 심성유학 자체의 지속적 발전과정에서도 실질적인 걸림돌로 작용하고

63) 牟宗三. 『道德的理想主義』. 長春: 吉林出版集團有限責任公司, 序 3쪽.

64) [역자주] "藏天下於天下"(『莊子·大宗師편』).

65) 任劍濤. 「重提儒學第三期發展: 現代性儒學建構的進路問題」. 『江蘇行政學院學報』, 2011(4):36쪽.

있다.

신유학(新儒學) 3기설 체계 구축 과정에서 모종삼 이후 가장 체계적인 이론적 기반을 정립한 학자로는 두유명을 들 수 있다. 다만 두 학자의 사유방식에는 본질적인 차이가 존재한다. 모종삼을 비롯한 홍콩·대만 지역의 신유학자들은 중화민족이 내우외환(內憂外患)의 위기 속에서 생존과 멸망의 기로에 서 있던 시기에 유학의 부흥을 도모하였다. 이들에게 있어 유학의 재건은 단순한 학문적 부흥이 아니라, 중화 문화의 계승과 국가의 존립을 지키기 위한 역사적 사명이었으며, 이러한 인식 하에 강렬한 자기 보존(self-preservation)의 성격을 띤 사상적 운동으로 전개되었다. 반면, 해외 생활 경험이 풍부한 신유학 지식인들인 두유명 등은 선대 학자들의 애국적 구원 의식을 직접 체험하지 못한 세대로, 그들의 문화적 소양과 당대 지식인들이 직면한 문제의식은 별개의 차원에 있었다. 두유명이 제시한 유학3기설은 기존 이론의 틀을 계승하면서도 글로벌화 시대에 '유학'을 '문명간 대화(civilizational dialogue)'와 '문화 중국(cultural China)'이라는 프레임 속에서 새로운 지적 가치를 창출할 수 있는 방향으로 진화시켰다.[66] 특히 그는 계몽주의적 사유방식을 비판적으로 재평가하며, 유학이 현대 세계 문명 발전에 기여할 수 있는 독자적인 가치체계를 구축해야 한다는 확신을 더욱 공고히 했다. 이러한 맥락에서 "두유명이 부여한 유학의 핵심과제는 모종삼 등 선배들이 추구한 중국 본토의 문화 주권 확립이나 민주국가 건설 논의와는 달리, 글로벌 차원에서 서구 문명(특히 근대 서구 문화)의 도전에 대응하는 유학의 현대적 전환 가능성에 초점을 맞추고 있었다. 결국, 근대 이후 지속된 천하체제(天下體系)에서 민족국가(nation-state) 패러다임으로의 전환 과정에서 유학이 수행해야 할 역할에 대한 논의는 명확한 경계선을 설정하고 있음"[67]을 확인할 수 있다.

두유명의 학설을 고찰해보면, 그가 제시한 '유학 3기설(儒學三期說)'은 명확한 공간적·지역적 발전 양상을 보여준다. 이 이론은 유학이 지역적 지식체계에서 출발하여 중화문화로 확장되고, 나아가 동아시아를 넘어 세계적 보편성을 지향하는 역사적 전개과정을 체계적으로 설명하고 있다. "'3기 유학론'은 대체로 다음과 같이 이해된다. 첫째, 선진(先秦) 시기 유학의 기원에서 시작하여 중국 사상계의 주류로 자리매김한 제1기. 둘째, 송대

66) 幹春松.『康有爲與儒學的"新世"』.上海: 華東師範大學出版社, 2015:28~29쪽.

67) 각주 66, 29쪽.

이후 유학의 부흥과 더불어 동아시아 문명을 대표하는 사상체계로 정립된 제2기(19세기 말까지 지속). 셋째, 갑오전쟁과 '5·4운동' 이후 시작되는 제3기로 구분된다."[68] 구체적으로 살펴보면, 유학의 제1기는 공자에 의해 창시된 시기로, 비록 곡부(曲阜)라는 지역을 중심으로 형성되었으나 당우(唐虞) 3대 문명에 대한 공자의 '인혁손익(변혁과 수용)'[69]을 통해 "세계적 의미를 지닌 지역 지식"[70]으로 발전하였다. 제2기는 송명이학의 전성기로, 주자학(朱子學)과 양명학(陽明學)이 동아시아 전역에 영향을 미치며 "중원 문화에서 동아시아 문명으로의 도약"을 이룬 시기이다. 일본 학자 시마다 겐지(島田虔次)의 평가대로 "주자학은 중국에 국한된 사상이 아니라 동아시아 문명의 구현체"[71]라 할 수 있다. 현재 유학(儒學)은 제3기 발전 단계에 진입하고 있다. "동아시아 공동체가 세계화의 물결 속에서 급변하는 오늘날, 유학의 제3기 발전은 필연적으로 세계적 차원의 지평을 지향하게 된다."[72] 곡부에서 출발하여 중국 전역, 동아시아를 거쳐 세계로 이어지는 공간적 확장 양상을 분석해 보면, 두유명이 제시한 '유학 3기설'은 궁극적으로 유학의 보편화를 추구하는 이론적 틀임을 확인할 수 있다. 다만 저자는 유학 제3기가 이미 실현된 역사적 사실이 아니라, 향후 지향해야 할 '미래지향적 비전'[73]임을 분명히 강조하고 있다. 그의 관점에서 "유학의 제3기 가능성은 궁극적으로 유학의 부흥과 성숙, 나아가 인류 사회에 대한 기여 가능성에 달려 있다."[74] 즉, 유학 제3기의 출현 여부는 중국 근대화 과정의 특수한 문제 해결 능력이 아니라, 근대화가 초래한 인류 보편적 문제에 대한 유가 사상의 응답 능력에 있다. 유학은 중국이나 동아시아에 국한될 것이 아니라 세계화 시대에 맞서 보편적 문제의식으로 나아가야 한다. 이것이 유학 제3기의 본질적 의의다. "제3기 유학의 핵심과제는 한문화권(漢文化圈) 내부의 전통 갱신 문제를 넘어, 서양 문명을 포함한 다양한 문명과의 대화와 소통에 있다."[75] 이는 동시에 중요한 가능성을 시사한다. 유학 제3기의 발원지가 반드시 중국 대륙이나 홍콩·대만 지역일 필요는 없다는 점이다. 전 지

68) 杜維明.『現代精神與儒家傳統』. 北京: 三聯書店, 2013:473쪽.
69) [역자주] "因革損益",『劉大櫆集·卷五, 芋園張君傳』.
70) 杜維明.『二十一世紀的儒學』. 北京: 中華書局, 2014:31쪽.
71) 각주 70, 31~32쪽.
72) 각주 70, 32쪽.
73) 각주 70, 34쪽.
74) 각주 70, 35쪽.
75) 幹春松.『康有爲與儒學的"新世"』. 上海: 華東師範大學出版社, 2015:30~31쪽.

구적 문제를 지향하는 만큼, 세계 어디에서든 구현 가능성이 열려 있다. 유학 발전을 주도할 지식인 집단도 동아시아 출신에 한정되지 않으며, 그들의 사상적 배경은 기독교, 불교, 이슬람교 등 다양한 정신문명에서 기인할 수 있다. 그러나 그들의 문제의식은 유가적 성격을 지녀야 한다. 유가는 반드시 다른 주요 종교와 대등한 종교적 지위를 추구할 필요는 없다. "더욱 중요한 것은 유가가 다양한 문제 인식과 성찰의 기초 원리로서 기능하는 것이다. 따라서 유가식(儒家式) 기독교, 유가식 이슬람교, 유가식 유대교, 유가식 불교 등이 모두 가능하다."[76)]

홍콩과 대만의 신유가(新儒家)를 대표하는 모종삼(牟宗三) 등의 학자들과 비교할 때, 두유명을 포함한 해외 신유가 학자들의 학술적 시야는 보다 포괄적이고 발전된 수준에 이르렀다고 평가할 수 있다. 미국의 저명한 학자 데이비드 홀(David L. Hall)과 로저 에임스(Roger Ames)는 "하버드대학교의 두유명 교수는 서양 세계에 유가(儒家) 사상을 체계적으로 소개하는 데 선구적인 역할을 한 인물이다. 그는 유가를 '세계철학(World Philosophy)'으로 재해석하면서, 서양 학계의 다양한 담론을 포용하는 평등한 접근 방식을 취하고 있다."[77)]고 평가한 바 있다. 글로벌화 시대에 유학이 서양 문화의 도전에 대응하고 창의적인 학문적 체계를 구축하려는 노력은 두유명의 '신유학'이 추구하는 핵심 과제 중 하나이다. 두유명은 유학의 세계화에 있어 탁월한 공헌을 했지만, 이러한 혁신적인 관점을 가진 유일한 학자는 아니다. 거시적인 차원에서 볼 때, 해외 신유가 학자 공동체 전체가 이와 같은 방향으로 지속적인 연구 활동을 전개하고 있으며, 이를 통해 유학은 진정한 의미의 국제적 학술 담론으로 자리매김할 수 있게 되었다. 해외 신유가 학자의 대표적 인물인 유술선(劉述先)의 분석에 따르면, 제3세대(즉 해외) 신유가가 처한 시대적 배경은 홍콩과 대만 신유가와는 근본적으로 상이하며, "이에 따라 그들의 사유방식과 연구 방향성도 현저한 차이를 보인다. 그들은 서양의 개방적이고 다원적인 학문 환경에 자연스럽게 적응했으며, 이전 세대가 짊어졌던 역사적 부담에서 상대적으로 자유롭다. 그들에게 요구되는 것은 단지 '세계의 다양한 정신적 전통 가운데 유가가 독자적인 위치를 차지할 수 있음을 논증하는 것'에 불과하다."[78)]고 지적했다. 해외 신유가는 더 이상 유학의

76) 杜維明.『現代精神與儒家傳統』. 北京: 三聯書店, 2013:496쪽.
77) 郝大維, 安樂哲.『先賢的民主: 杜威、孔子與中國民主之希望』. 何剛強, 譯. 南京: 江蘇人民出版社, 2004:33쪽.
78) 劉述先.『儒家哲學研究: 問題、方法與未來開展』. 上海: 上海古籍出版社, 2010:277쪽.

생존을 걱정해야 하는 위기의식 속에서 '유학 수호'라는 방어적 태도를 취할 필요가 없으며, 새로운 시대적 조건과 학문적 요구에 부응하는 창조적인 접근 방식을 모색하는 데 주력하고 있다. 이러한 점에서, 비록 모종삼과 두유명 모두 '유학 3기설'을 주창했지만, 모종삼의 이론이 '일심개이문(一心開二門)'[79]이라는 철학적 체계에 집중한 반면, 두유명의 이론은 공간적 확장성에 주목하여 '동아시아에서 세계로'의 지평을 넓히는 데 중점을 두었다는 점에서 차별화되는 특징을 보인다.

두유명에게 있어 유학 발전 과제의 계승은 서양 문화가 제기한 네 가지 핵심 도전에 대한 대응을 필수적으로 포함한다. 유가(儒家)가 직면한 첫 번째 도전은 그 도덕적 이성과 인문 사상이 서양 과학 정신과의 충돌에서 비롯된다는 점이다. 두유명은 유가 전통이 강력한 도덕적 이성과 풍부한 인문 사상을 보유하고 있음에도 불구하고, 서양 과학주의의 도전 앞에서 그 한계가 노출될 수밖에 없다고 지적하였다. 당군이(唐君毅)가 양심과 도덕적 이성을 통해 과학 정신을 발전시킨 점과 모종삼의 '자아감함(自我坎陷, self-negation)'[80] 개념에 대해 비판적 시각을 제시하며, "도덕적 이성과 그 작용 범위 및 차원을 엄격히 규정해야 한다."[81]는 주장이 제기되었으나, 두유명은 "어떤 영역에서 도덕적 이성이 의도적으로 비활성화되어야 한다면, 이를 유가라고 할 수 있는가? 이는 매우 흥미롭고도 심각한 문제 제기이다."[82]라고 반문하였다. 유가의 도덕적 이성이 서양식 과학 정신을 창출하지 못한 것은 분명 그 한계를 드러내는 것이지만, 이는 반드시 "베버(Max Weber) 이래 현대정신에서 강조하는 전문적 분업 이론만을 수용하여 우리의 가치 영역을 몇 개의 상이한 범주로 기계적으로 구분하는 것"[83]을 의미하지는 않는다. 두유명의 관점에서 이러한 접근은 결국 인격의 전체성을 해체하는 일방적인 해법에 불과할 가능성이 크다. 따라서 유가 전통이 새로운 인문 세계에서 어떤 역할을 수행하고 어떤 가치 기능을 발휘해야 하는지는 지속적인 논의가 필요한 중요한 주제이다.

---

79) [역자주] 불교 용어로서 일심은 중생심(中生心), 이문(二門)은 심진여문(心眞如門)과 심생멸문(心生滅門)을 가리킨다.

80) [역자주] '감함'은 유가 철학에서 역사적 한계를 인식하고 도덕적 이상을 실현하기 위해 사유방식을 전환해야 할 필요성을 언급할 때 사용하는 용어이다. '자아감함'은 개인이 목표를 추구하는 과정에서 자발적으로 장애나 제한을 설정하여 자신의 행동이나 사고를 어떤 어려움이나 한계에 빠뜨리는 것을 의미한다.

81) 杜維明.『現代精神與儒家傳統』. 北京: 三聯書店, 2013:486~487쪽.

82) 각주 81, 487쪽.

83) 각주 81, 487쪽.

유학이 직면한 두 번째 도전은 민주화 운동과 관련된 문제이다. 일반적으로 민주화 운동은 대립과 견제라는 가치의식을 기반으로 형성되며, 그 철학적 토대는 회의주의에 있다. 즉, 민주화 운동은 권위, 인간성의 고귀함, 그리고 모든 이타적 성향과 동기(動機)를 본질적으로 의심하는 구조를 지닌다. 따라서 민주화 운동은 개인의 주관적 동기보다는 정당한 절차와 법치주의 원칙을 우선적으로 고려하며, 다양한 이해관계자 간의 건설적인 갈등 해소와 합리적인 타협을 통해 장기적으로 안정적이고 지속가능한 사회적 질서를 구축해 나가는 본질적 특성을 내포하고 있다. 이에 비해 유가의 도덕적 이성은 '신뢰'를 근본 원리로 삼는다. 유가는 사회에 대한 신뢰를 전제로 하며, '현인 정치' 즉, 솔선수범하는 유가적 지도자의 출현을 기대한다. 이러한 이상적 지도자는 권력을 자제할 뿐만 아니라 민생에 대한 책임감도 함께 지녀야 한다. 이는 고대 전설 속 요(堯)와 순(舜)과 같은 이상적 통치자상을 의미한다. 그러나 역사적으로 이러한 '현인 정치'는 실현되지 못했으며, 유가 정신을 구현하려 한 지식인들은 정치적 투쟁 속에서 종종 희생되었다. "이는 유가 도덕 이성의 설득력이 점차 약화되고 있음을 시사하는 것으로, 매우 심각한 문제로 간주된다."[84]

유가가 직면한 세 번째 도전은 종교적 신념과 도덕적 정조(情操)의 문제였다. 두유명의 관점에 따르면, 중화 문화권에서는 유럽과 미국에서 나타난 해방신학(Liberation Theology)[85]과 같은 혁명적 종교 운동이 발생하지 않았으며, 이는 유가 사상의 특수성과 깊은 관련이 있다. 기독교는 초월적이고 외재적인 신(神) 개념을 바탕으로 현존하는 모든 사회질서와 구조를 '비합법적'으로 간주하며, 이를 근본적으로 변혁하려는 혁명적 정신을 내포하고 있다. 반면 유교 전통은 인류가 창출한 모든 인문적 가치를 역사적 맥락 속에서 긍정적으로 평가하며, 기존 권위 체계에 대해 상대적으로 관용적인 태도를 보인다. 그러나 이러한 관용성은 역설적으로 권위주의 체제에 대한 근본적인 문제 제기를 억제하는 결과를 초래하였으며, 일단 반란이 발생할 경우 그것은 매우 철저하고 극단적인 형태로 나타나곤 한다. 이는 서구적 의미의 민주적 전통과는 본질적으로 다른 양상이다. 유가 사상이 지배적인 사회에서는 권위주의, 남성 중심주의(male chauvinism), 가족 중

84) 杜維明.『現代精神與儒家傳統』. 北京: 三聯書店, 2013:489쪽.

85) [역자주] 1960년대 후반 라틴 아메리카에서 출현한 신학 사조로, 사회경제적 불의와 억압으로부터 민중을 해방하는 것을 목표로 한다. 이 신학은 가난하고 억압받는 사람들의 편에 서서 사회정의를 실현하려 하며, 예수의 가르침을 사회 참여와 해방 운동의 관점에서 해석한다.

심적 폐쇄성 등의 문제가 지속적으로 존재해 왔으며, 이는 비교적 조직적이고 체계적인 여성 해방 운동의 부재와도 깊은 연관이 있다. 이러한 현상은 유가의 군권(君權), 부권(父權), 남권(男權)에 대한 장기적인 정당화와 억압적 구조가 그 원인으로 작용했을 가능성이 있다. 이 점은 학문적으로 심도 있는 검토가 필요한 주제이다. 일부 학자들은 유가 전통이 도덕적 배려와 인간적 유대에는 강점을 보이지만, 종교적 신념체계나 민주 정치의 핵심 요소인 절차적 정당성과 법치주의에 대한 인식이 상대적으로 결여되어 있다고 지적한다. 두유명은 "유가 전통의 가장 큰 장점은 형식적인 종교를 갖지 않으면서도 강력한 인문주의적 포용성을 실현할 수 있다는 점"[86]이라고 평가하였다. 그러나 현대 종교학의 관점에서 볼 때, 이러한 주장은 설득력이 부족하며, 전통적인 성왕(聖王) 이념 역시 현대 사회에서는 더 이상 유효한 정치적 모델로 간주될 수 없다.

유가가 직면한 네 번째 도전은 심리학적 인간관과 관련된 문제이다. 유대교와 기독교는 인간 본성의 원죄(原罪)를 전제로 하며, 프로이트(Sigmund Freud)의 정신분석학은 인간 심리의 무의식적 어두운 측면을 체계적으로 분석함으로써 인간 존재의 유한성과 불완전성에 대한 통찰을 제공하였다. "회의주의와 다양한 객관적 제도들의 구축은 모두 인간 본성의 어두운 면과 깊은 연관이 있다."[87] 만약 우리가 유가가 주장하는 "인간은 본래 선하다"라는 전제, 즉 "개인의 자각적 노력을 통해 도덕적 완성을 이룰 수 있다."라는 신념, 그리고 "정치 지도자는 본질적으로 선하며 상호 예의를 통해 이상적인 사회를 구현할 수 있다."라는 관점을 유지한다면, 이러한 사고방식은 복잡다단한 현대문명의 현실 앞에서 지극히 순진하며 비현실적인 성격을 띠고 있다고 평가할 수밖에 없다.[88]

결론적으로, 두유명은 과학 정신, 민주 운동, 종교적 신념, 인간 본성의 어두운 면 등이 모두 서양 문명이 구현한 핵심 가치들이라고 주장하며, 유가 전통 내부에는 이러한 요소들이 본질적으로 결여되어 있다고 지적했다. 그는 유가가 현대적 가치들에 대해 체계적이고 건설적인 해답을 제시하지 못할 경우, 유학이 진정한 발전을 이루기 어려울 뿐만 아니라 기존의 건전한 전통적 가치마저 왜곡되거나 변질될 위험성이 있다고 경고하였다. 이와 관련하여, 우리는 세계화 시대의 유학이 서양 문화가 제기하는 보편적 도전과 문제

86) 杜維明.『現代精神與儒家傳統』. 北京: 三聯書店, 2013:490쪽.
87) 각주 86, 490쪽.
88) 각주 86, 490쪽.

들에 대해 가능한 한 적극적으로 응답해야 한다는 점을 부정하지 않는다. 왜냐하면 이러한 도전은 궁극적으로 인류 공동체의 미래 운명과 직결되기 때문이다. 그러나 동시에 우리가 강조해야 할 핵심은, 유학이 비록 세계적 차원으로 확장되어야 한다 하더라도, 그 근본 전제는 유학이 여전히 중국 문화와 사상의 토대 위에 서 있어야 한다는 점이다. 이것이 바로 유학이 지속적으로 계승되고 뿌리내릴 수 있는 근본 조건이다. 이는 새로운 시대의 유학이 우선적으로 현대 중국인의 물질적·정신적 삶에 대한 실질적인 답변을 제시해야 하며, 이러한 '지역적 지식과 경험'을 바탕으로 점차 보편적 의미를 갖는 세계적 지식으로 승화·확장되어야 함을 의미한다. 다시 말해, 유학의 '제3기' 발전이 반드시 (다른) 지역에서 중국으로, 동아시아에서 세계로 향하는 일직선적인 경로를 따를 필요는 없으며, 오히려 중국에서 동아시아로, 중국에서 세계로 확산되는 방식으로 전개될 가능성이 더 크다. 유학의 발전이 반드시 '중국적 정체성(中國身份)'을 지닌 지식인들에 의해서만 이루어져야 하는 것은 아니지만(예를 들면 해외 신유가 사상가들), 그 성장과 확장의 근본적 토대는 여전히 '중국성'을 내포한 지식인들이어야 한다. 그들이 유가식 기독교도이든, 유가식 불교도이든, 가장 본질적인 차원에서 그들은 여전히 유가적 사유체계를 기반으로 한 존재여야 한다. 즉, 유가와 기독교 간의 신앙적 충돌이 발생할 경우, 그들은 내면 깊은 곳에서 여전히 유가적 정체성을 유지하고 있다는 점에서 유가적 존재임을 부정할 수 없다. "따라서 만약 모종삼의 유학 제3기 발전론이 서양의 현대 정치 모델과 과학 정신에 대해 지나치게 양보하는 경향을 보인다면, 두유명이 제시한 유학 제3기의 발전 방향은 오히려 더욱 모호하고 불분명하다. 두유명의 문제점은 그의 '세계적 시야'가 오히려 '중국의 고유한 문제의식'을 가려버렸다는 데 있다. 이로 인해 유가는 다원적 가치체계 속에서 단순한 구성 요소로 전락하였으며, 그 고유한 가치의 독립성과 궁극적 의미는 심각하게 훼손되었다. 결국, 유가는 동아시아에서 세계로 확장되는 과정에서 '세계화'라는 거대한 흐름 속에서 스스로의 정체성을 상실할 운명에 처하게 되었다."[89)]

'유학 3기설'에 대한 다양한 비판과 반론 가운데, 가장 체계적이고 영향력 있는 이론은 단연 이택후(李澤厚)가 제시한 '유학 4기설'[90)]이라 할 수 있다. 마르크스 철학의 깊은 영

---

89) 幹春松.『康有爲與儒學的"新世"』. 上海: 華東師範大學出版社, 2015:35쪽.

90) [역자주] 이택후는 『유학 4기설』 서문에서 현대 신유학의 연원과 각기 다른 특징, 그리고 학리적 본질을 체계적으로 정리하였다. 또한 모종삼과 두유명의 "유학 3기설"이 현대 신유학이 심성론을 통해 유가 철학을 대표하고 주도하며 학문의 명성과 미래를 이끌어간다는 관점에 반대하며, 나름의 "4기설"을 천명

향을 받은 그는 물질적 경제발전이 인류 역사발전의 기초이자 필수 조건이라는 확고한 신념을 가지고 있었으며, 심지어 자신의 입장을 '밥 먹는 철학(吃飯哲學)'이라 명명할 정도로 철저한 현실주의적 관점을 견지하였다. 그는 도덕적·윤리적 가치만을 강조하는 전통적 유학관이 본말 전도된 관념이라고 강력히 비판하였다. 이택후가 모종삼과 두유명 등이 제시한 '유학 3기설'을 비판하는 핵심 근거는, 이들이 유학사를 지나치게 '심성 윤리사(心性倫理史)'로 축소해석한 데 있다.[91] 이택후는 자신의 '유학 4기설'이 '직접적 기원'과 '간접적 기원'이라는 이중적 토대 위에 구축되었다고 밝히며, 특히 '직접적 기원' 측면에서는 모종삼 등이 '심성론(心性論)'을 유학의 '도통(道統)' 즉 유가의 도덕 전통으로 간주하고 이를 유학의 '신수(神髓)'이자 '명맥(命脈)'으로 규정한 '유학 3기설'에 대한 비판적 입장을 취했다.[92] 이택후는 '유학 3기설'이 표면적으로 두 가지 중대한 오류와 심층적으로 두 가지 난점을 내포하고 있다고 지적했다. 표면적 오류의 첫째는 "심성(心性) 도덕 이론만으로 유학 전체를 규정하려는 시도는 지나치게 편협한 관점"이라는 것으로, 이는 선진(先秦) 시대에 '심(心)'과 '성(性)'이 유일하거나 핵심적인 논의 주제가 아니었다는 역사적 사실에 기반한 비판이다. 둘째 오류는 "유학 3기론이 순자학(荀子學)을 체계적으로 배제하고, 특히 동중서(董仲舒)를 대표로 하는 한대 유학을 사상사에서 삭제함으로써 유학사의 연속성을 인위적으로 단절시켰다."는 점이다.[93] 심층적 난점으로는 첫째 '내성개외왕(內聖開外王)'의 문제와 둘째 '초월과 내재(內在)의 변증법' 문제를 제시했다. 전자의 경우, "도덕적 양지(良知)가 이미 완전한 상태에 도달했다면, 왜 완전한 심성체(心性體)와 도덕적 양지가 자기부정을 통해 지성(知性) 영역으로 나아가려는가?"라는 철학적 질문을 던지며, 이러한 '감함(坎陷)'의 동력과 그 가능성의 근거를 철저히 추궁했다.[94] 후자의 문제는 '내적 초월' 개념이 한편으로는 신적 존재를 부정하면서 마음과 본성을 존재의 본체로 설정하면서도, 다른 한편으로는 서양철학의 '이원세계론'을 모방하여 '심'과 '성'을 초월적 존재로 설명하는 이론적 모순을 날카롭게 지적한 것이다.[95] 근본적인 문제점은 중국 전통사상의 '심'과 '성' 개념이 감각적 경험 세계를 초월

하였다.

91) 幹春松.『康有爲與儒學的"新世"』. 上海: 華東師範大學出版社, 2015:36쪽.

92) 李澤厚.『曆史本體論. 己卯五說(增訂本)』. 北京: 三聯書店, 2008:130쪽.

93) 각주 92, 131쪽.

94) 각주 92, 132쪽.

하지 않는 성격을 지닌 반면, 서양철학의 '초월' 개념은 감각적 경험을 완전히 초월하는 본질적 차이를 보인다는 점이다. 이러한 근본적 차이로 인해 두 개념체계는 근본적으로 조화될 수 없다는 것이 이택후의 결론이다. 결국, 이택후는 다음과 같은 종합적 평가를 했다. "'현대 신유가'는 이론적 틀, 사변적 깊이, 창조적 수준 어느 측면에서도 송명이학(宋明理學)을 실질적으로 초월하지 못했으며, 오히려 참신한 해석보다는 기존 사상의 재해석에 머물렀다. 이는 송명이학이 현대적 맥락에서 되살아난 일종의 '회광반조(回光返照)'[96]현상에 불과하며, 그 학문적 전망은 밝지 않다."[97] 이러한 맥락에서 그는 이를 '현대 송명이학'[98]이라 명명하기도 했다.

'유학 4기설'에는 '간접 기원'도 존재한다. 이택후의 견해에 따르면, 이 간접 기원은 유학이 새로운 길을 모색하며 발전해 나가기 위해 반드시 직면해야 할 '문제'이다. 그는 "현대사회의 현실문제에 정면으로 대응해야만 유학 발전의 진정한 동력이 될 수 있다."[99]고 주장한다. 이러한 문제들은 주로 서양의 현대화가 초래한 문제들로, 현대화에 따라 등장한 개인주의(개인의 권리, 이익, 독립, 자유, 평등, 민주 등)와 전통 유학이 인간의 본질을 사회적 존재로 규정하고 중시하는 입장(즉, 인간은 다양한 역할과 관계 속에서 생활한다는 견해) 사이에는 근본적인 차이와 심각한 충돌이 존재한다. "현대화된 정치와 경제 제도, 개념, 방식 등, 예컨대 사회계약, 인권선언 등은 전통 유학과 조화를 이루거나 융합되기 어렵다."[100] 한편, 다양한 종교 신학, 현대철학 윤리학, 그리고 포스트모더니즘이 만들어낸 '산문(散文)의 시대', 조각난 삶, 혁명도 열정도 사라진 무료함과 퇴폐성은 전통 유학이 자부심으로 여겼던 '내성(內聖)의 학문'에 다방면에서 도전을 가하고 있다. 그렇다면 전통 유학은 어떠한 방식으로 자신이 가진 잠재력과 자원을 발굴하고, 이러한 도전에 대응함으로써 "심성과 도덕을 중시하는 '내성(內聖)'의 정신을 유지하면서도 현대화에 필수적인 자유, 민주적인 중국식 '외왕(外王)'의 업적을 실현할 수 있는 것인가?"[101] 이택후의 입장에서 보았을 때, 이것이 바로 '유학 4기'가 답해야 할 핵심과제이다. 그는

95) 李澤厚.『歷史本體論. 己卯五說(增訂本)』. 北京: 三聯書店, 2008:133쪽.
96) [역자주] 사람이 죽기 전에 정신이 잠깐 맑아지는 현상을 가리킨다.
97) 李澤厚.『雜著集』. 北京: 三聯書店, 2008:276쪽.
98) 각주 97, 273쪽.
99) 각주 95, 140쪽.
100) 각주 95, 141쪽.
101) 각주 95, 141쪽.

'유학 3기설'에서 주장하는 바와 같이 유학 전통이 이미 소멸했다는 견해에 동의하지 않는다. 그 이유는 유학 전통이 이미 사멸했다면, 서재 속의 지식인들만으로는 그것을 되살릴 수 없기 때문이다. 그 전통은 여전히 살아있으며, "아직 완전히 현대화되지 않은 중국의 수억 명 대중의 마음속에 여전히 살아 숨 쉬고 있기 때문이다. 이처럼 수천 년에 걸쳐 형성되어 온 심층 문화 심리를 체계적으로 발굴하고 인식함으로써 그 본질을 명확히 규명하고, 이를 의식화한 후 이론적 차원으로 승화시키는 작업은 유학의 전통 자원을 재해석하고 체계화하는 데 중요한 기반이 된다. 이러한 학문적 작업은 앞서 언급한 '구풍미우(歐風美雨)'의 세계적 흐름을 주체적으로 수용하고 동화함으로써 '전환적 창조'를 실현할 수 있는 토대를 제공한다."[102]

'유학 4기설'은 겉보기에는 '유학 3기설'에 한대(漢代) 유학이라는 역사적 단계를 추가한 것처럼 보여 단순한 역사 분류의 문제로 오해될 수 있다. 그러나 본질적으로 이 이론에서 이택후는 두유명이 제시한 '10기 분류 가능성'에 대해 명확한 학문적 이견을 표명하고 있다. 이택후의 관점에서 유학의 시대 구분은 단순한 학술사적 분류를 넘어서, "중국문화와 유학 전통에 대한 근본적 이해 방식"과 "그 전통의 미래 발전 방향"이라는 철학적 문제와 직결된다.[103] 철학적 기반의 차이로 인해 '유학 3기설'은 유학의 심성론을 핵심으로 삼아 '심성의 학문'을 중심축으로 한 '도통(道統)' 계승과 복원을 통해 "내성(內聖)에서 외왕(外王)으로의 발전"이라는 유학 부흥의 지향점을 설정하고 있다. 이에 비해 '유학 4기설'이 한대 유학을 강조하는 이유는 심성 도통(心性道統) 중심의 기존 유학관을 비판적으로 해체하고, 원전(原典) 유학이 지닌 다층적 의미구조와 복합적 내포를 재조명하기 위한 학문적 시도이다. 이택후는 유학이 단순히 "심성 도덕의 형이상학"으로 한정될 경우, 결국 "협소한 종교적 교리체계"로 퇴보할 위험이 있음을 지적한다. 반면 풍부한 사상적 자원을 적극적으로 활용할 때 유학은 "현대사상과 이론을 주체적으로 수용·소화하여 보다 개방적이고 포용적인 지적 지평을 열어갈 수 있다."[104]고 강조한다. 이러한 인식에 기초하여 그는 "유학의 시대 구분을 단순한 역사 편찬의 기술적 문제가 아니라, 유학 전통을 재해석하고 그 발전 방향을 모색하는 학문적 방법론"[105]으로 체계화하

102) 李澤厚.『曆史本體論. 己卯五說(增訂本)』. 北京: 三聯書店, 2008:145쪽.
103) 각주 102, 131~132쪽.
104) 각주 102, 132쪽.

였다.

이택후는 유학 제4기의 특징이 보다 다원적이고 포괄적인 발전 양상을 보일 것이라고 지적하였다. 구체적으로 살펴보면, 제1기 유학인 원전유학(공자, 맹자, 순자)은 '예악론(禮樂論)'을 주제로 삼았으며, 예(禮), 인(仁), 충(忠), 서(恕), 경(敬), 의(義), 성(誠) 등을 핵심 범주로 하여 '생위귀(生爲貴)'라는 인본주의 사상의 기초를 확립하였다. 제2기 유학인 한대 유학은 '천인론(天人論)'을 중심 주제로 하여, 음양(陰陽), 오행(五行), 감응(感應) 등을 기본 개념으로 삼아 "인간의 외부 시각과 생존 경로를 확장하는 데 기여하였으나, 동시에 개인이 이 인위적인 체계의 폐쇄적 틀 속에서 억압받고 제한된다."[106]는 한계를 지적하였다. 제3기 유학인 송명이학은 '심성론(心性論)'을 주요 주제로 삼아, 이(理), 기(氣), 심(心), 성(性), 천리(天理), 인욕(人慾), 도심(道心), 인심(人心) 등을 핵심 범주로 하여 인간의 도덕의식을 현저히 향상시켰으나, 내면의 도덕 규범에 대한 강한 구속으로 인해 인간의 자연성이 충분히 발현되지 못하였다는 점을 비판하였다. 제4기 유학에 대해 이택후는 '정욕론(情慾論)', 즉 "인류학 역사 본체론(本體論)"의 전면적인 전개를 핵심 주제로 설정하였다. 이는 '정(情)'을 본체(本體)로 설정하고, 자연의 인간화·인간의 자연화, 축적, 감정, 문화 심리 구조, 이중 도덕성, 역사와 윤리의 이율 배반 등을 핵심 범주로 삼아, "현대인의 다양한 감정과 욕망 및 그 복잡한 구조적 관계를 체계적으로 분석"[107]함으로써, 개인이 최초로 "다양한 발전 경로를 통해 자아를 온전히 실현하는 자유로운 존재"[108]로 성장할 수 있음을 주장하였다.

우리는 유학 '3기설'이든 '4기설'이든, '심성론'이든 '정욕론'이든, 이러한 이론들이 모두 새로운 역사적 단계에서 중국 전통 유학의 근본정신과 사유 전통을 계승하려는 의지를 내포하고 있다고 평가한다. 이는 중국 전통 유학의 잠재력을 심층적으로 발굴하고 재해석하는 기반 위에서, 중국철학이 세계철학의 지평을 확장하려는 시도로 이해할 수 있다. 두유명의 관점에 따르면, 미래의 유학은 단순히 중국 현대화 과정에서 발생하는 특수한 문제들에 대한 대응에 머무를 것이 아니라, 전통과 현대의 조화라는 전 지구적 과제에

105) 幹春松.『康有爲與儒學的"新世"』. 上海: 華東師範大學出版社, 2015:39쪽.
106) 李澤厚.『曆史本體論. 己卯五說(增訂本)』. 北京: 三聯書店, 2008:154쪽.
107) 각주 106 참조.
108) 각주 106, 155쪽.

대한 보편적 해법을 제시해야 한다. 이는 중국이 현대화 과정에서 직면한 문제들이 중국 고유의 특수한 상황에 기인한 것이라기보다는, 세계적 차원에서 보편적으로 나타나는 문제일 가능성이 높기 때문이다. 동아시아 국가들에서 관찰되는 문제들이 비동아시아 지역에서도 유사하게 발생할 수 있다는 점에서, 유학은 진정한 의미의 세계화를 지향해야 한다. 구체적으로는 중국과 동아시아의 지역적 경험을 글로벌 차원의 보편 지식과 지혜로 전환함으로써, 현대화 과정에서 제기되는 다양한 문제들에 대해 새로운 해석적 틀과 실천적 대안을 제시해야 한다는 것이다. 이러한 학문적 과업이 반드시 중국 학자에 의해 수행되어야 하는 것은 아니며, 그 자체로도 학문적 가치를 지닌다. 또한, 유학은 세계의 다양한 종교들과 조화를 이루며, 유교적 가치관을 기반으로 한 새로운 형태의 종교적 융합(예를 들면 유교식 기독교)까지도 가능성의 영역으로 열어두어야 한다. 요약하면, 그는 다음과 같은 입장을 피력한다. "유가 전통이 제3기로 진입하기 위해서는 중국 문화와 동아시아 문명을 토대로 하되, 이를 바탕으로 세계로 나아가야 한다. 그 자원과 근거는 중국 문화와 동양 문명에 있으며, 이는 역사적 연속성과 사회적 기반을 제공한다. 그러나 동시에 세계로의 확장을 위한 용기가 필요하다. 이를 위해 유학은 자신의 한계를 극복하고, 역사발전의 다양성과 현대 서구 문명이 직면한 복합적 도전에 대응하며, 종교적 깊이와 정치적 실천성을 겸비한 새로운 인문정신을 창출해야 한다."[109] 이택후에게 있어 유학 제4기는 단순히 이전 시기들의 개념적 계승이 아니라, 내적 정신적 연속성을 바탕으로 한 발전이다. 그는 유학의 미래가 다양한 주제, 범주, 연구 방향을 포괄할 수 있다고 보며, 비록 '유학 3기설'의 미래 지향에 동의하지 않더라도 이를 종교 철학 발전의 한 갈래로 수용하고 학문적 논의를 전개할 수 있다고 본다(이런 맥락에서 유학 '4기설'은 '3기설'이 현대인의 근본적 관심사인 삶의 기반과 정체성 문제에 대해 여전히 중요한 통찰을 제공한다고 평가한다.) 무엇보다도, 이택후는 자신이 제안한 유학 제4기 개념인 정본체(情本體) 또는 인류학적 역사 본체론을 "세계적 차원과 인류적 차원을 아우르는 관점으로, 특정 민족이나 중국 중심의 시각이 아닌, 중국 전통을 기반으로 세계를 조망하는 통합적 시각"으로 규정한다. 이는 "인류적 시야와 중국적 통찰력"[110]을 융합한 새로운 철학적 패러다임으로 평가할 수 있다.

---

109) 杜維明.『現代精神與儒家傳統』. 北京: 三聯書店, 2013:496쪽.
110) 李澤厚.『中國哲學登場』. 北京: 中華書局, 2014:86쪽.

이러한 관점을 토대로, "동아시아에서 세계로" 또는 "인류적 시각과 중국적 통찰력"이라는 프레임워크에서 볼 때, 유학 '3기설'과 '4기설'은 본질적으로 중국철학, 특히 유학의 미래 발전 방향을 모색하는 시도로서 공통된 지향성을 내포하고 있다. 이 이론들은 모두 철학의 중국적 특수성과 세계적 보편성 사이의 긴장 관계를 유지하면서, 중국철학의 시대적 혁신을 추구하는 지적 노력의 산물이다. 비록 이는 장기적인 역사적 발전과정이 필요하지만, 동시에 매우 긍정적이고 밝은 전망을 지닌 방향임이 분명하다. 유학의 시대 구분에 대한 이론적 논쟁을 제외하더라도, '3기설'과 '4기설'이 제시하는 가장 중요한 시사점은 유학을 중심으로 한 중국 전통철학이 여전히 풍부한 이론적 잠재력을 보유하고 있으며, 이를 심층적으로 발굴할 필요가 있다는 점이다. 그러나 이러한 과정의 핵심 전제는 현재 시대가 진정으로 요구하는 바를 명확히 인식하는 데 있다. 서구에서 기원한 근대화 운동이 제기하는 도전은 피할 수 없는 현실이지만, 반드시 이해해야 할 것은 현대화가 곧 서구화를 의미하지 않는다는 사실이다. 서구가 걸어온 길이 우리가 따라야 할 유일한 방향이나 가능성은 아니다. 더욱 중요한 것은 자신의 전통이 지닌 강점과 한계를 동시에 인식하는 태도이다. 서구 문명을 대할 때, 자격지심에 빠져 자신의 전통을 과소평가하거나 외부의 지도와 '계몽'에만 의존해서는 안 되며, 동시에 오만하게 서구의 모든 사상이나 제도가 우리 전통보다 열등하다고 단정해서도 안 된다. 중국철학이 세계적 영향력을 확보하기 위해서는 먼저 자신의 한계를 객관적으로 인식하고, 세계와 소통할 수 있는 전제조건(과학기술, 산업, 경제, 정치 등의 근대화)을 마련해야 한다. 이러한 기반 위에서만 현대 생활에 부합하거나 현대화 문제를 효과적으로 해결할 수 있는 정신적·문화적 자원(천지국친사[111], 합정합리[112], 시의서거[113], '달칙겸제천하, 궁칙독거기'[114] 등)을 발굴할 수 있다. "인류의 시각, 중국의 통찰력"이라는 표현은 우선적으로 "인류의 시각" 즉 "세계적 시야"를 의미한다. 이는 중국철학이 "큰마음을 지녀야 함(大其心)"을 요구한다.

111) [역자주] "天地國親師". 중국 유교의 천지제사, 조상제사, 성현제사 등 민간제사와 전통 경천법조, 효친순장, 군주에게 충성하고 나라를 사랑하며 스승을 존경하고 교육을 중시하는 가치관념을 뜻하는 말이다.

112) [역자주] "合情合理". 공평하고 합리적인 것을 뜻하는 말이다.

113) [역자주] "詩意棲居". 일상생활에서 아름다운 감수를 추구하고 체험하며 마음속으로 아름다운 사물에 대한 동경과 추구를 유지하는 일종의 생활양식을 뜻하는 말이다.

114) [역자주] "達則兼濟天下, 窮則獨善其身". 뜻을 이루지 못할 때는 계율을 지키며 개인의 품성을 수양하고, 뜻을 이루어 현달하였을 때에는 천하 백성을 행복하게 한다는 것을 뜻하는 말이다.

시야와 포용력이 확장될 때 비로소 철학적 사유의 지평도 넓어질 수 있다. 바로 이러한 맥락에서 우리의 "중국적 통찰력"이 발휘되며, 세계적 관심을 끌 수 있다. 세계성과 중국성 사이에는 역사적·논리적 선후 관계가 존재할 수 있으나, 이는 반드시 시간적 선후를 의미하는 것은 아니다. 논리적으로는 중국이 먼저 세계가 이해할 수 있는 언어로 자신을 표현하는 방법을 터득한 후에야 비로소 중국적 언어로 세계와 소통할 수 있다. 결론적으로, 세계적 시각으로 중국 문제를 조명하고, 세계가 이해할 수 있는 언어로 중국의 지혜를 전달하는 것이야말로 중국철학이 나아가야 할 미래 방향이다.

제7장

철학 혁신과 철학교육

이택후(李澤厚)는 한때 21세기가 교육학의 세기로 부상할 것이라고 예견한 바 있다. 이러한 시대적 흐름 속에서 교육은 단순히 타 목적을 달성하기 위한 수단적 기능에 머무를 수 없으며, "인간의 전면적 성장과 발전, 형성 및 성숙을 체계적으로 연구하는 과학"[1] 이자, "인간성의 형성과 개인의 잠재력 및 심신 건강의 완전한 실현을 본질적 목표로 삼는"[2] 고유한 학문영역으로 재정립되어야 한다. 유재복(劉再復) 역시 "교육은 단순히 '생존 기술'의 습득에 그치는 것이 아니라, '삶의 질' 향상과 '삶의 의미' 함양을 핵심 목적으로 삼아야 한다."고 강조하며, "생존 기능과 직업 기능은 제2차적 목표에 불과하며, 탁월한 인성의 함양이야말로 교육의 제1 목표이자 근본적 사명"[3]이라고 역설하였다. 이택후와 유재복의 교육철학은 특정한 사상적 전제(특히 이택후의 인간성 형성에 관한 철학적 통찰)를 바탕으로 하고 있지만, 그들의 논의는 교육, 특히 철학교육이 "인간다움을 배우는" 본질적 경로로 회귀해야 한다는 점을 시사한다. 2018년 세계철학대회가 '학이성인(學以成人)'을 대주제로 채택한 사실은 철학교육의 근본적 중요성을 방증하는 대표적 사례이다. '성인(成人)' 개념은 개방적이며 다원적인 성격을 지닌다. 각 문화권은 인간성에 대해 상이한 기대와 규범을 설정하고 있으나, 어떠한 경우에도 '성인'은 선천적으로 부여되는 것이 아니라 지속적인 학습과 교육의 과정을 통해 형성된다는 점에서 공통점을 지닌다. 이택후의 지적대로, 인간이 인간으로서의 정체성을 확보하는 심리적 구조는 역사(인류적 차원)와 교육(개인적 차원)을 통해 점진적으로 축적된 산물이다. 『논어』의 첫 구

1) 李澤厚.『與劉再複對談』. 北京: 中華書局, 2014:216쪽.

2) 각주 1, 214쪽.

3) 각주 1, 214쪽.

절 "배우고 때때로 익히면 또한 기쁘지 아니한가."4)가 단순히 편집상의 배열일지라도, 유가 사상이 '성인' 문제에 지속적 관심을 기울여온 맥락에서 볼 때, 이러한 구성은 결코 우연적이라고만 볼 수 없다.

교육은 본질적으로 방대한 역사적 담론이며, 현대 학문체계 내에서도 교육(학)은 여전히 복합적이고 다차원적인 학문영역으로 분류된다. 교육은 단순히 인류의 지식체계를 전승하고 혁신하는 수단이 아니라, 그 자체로 하나의 독립적인 학문 분야로 자리매김하고 있다. 이러한 맥락에서 철학교육은 교육학의 하위 분야로 분류되며, 상대적으로 학계의 주목을 덜 받는 영역이라고 평가할 수 있다. 그러나 철학의 본질과 교육의 목적을 통합적으로 고찰할 때, 철학교육은 교육체계 내에서 핵심적인 위치를 차지하며, 모든 교육의 근본적 토대를 형성한다고 할 수 있다. 이는 교육의 궁극적 목적이 인간을 인간답게 성장시키고, 인간성의 잠재력을 실현하는 데 있다는 점에서 비롯된다. 모든 기술적 지식과 전문성은 인간이 본질적인 인간성을 확립한 이후에 부가되는 요소로서, 인간 존재의 구체성과 다양성, 현실성을 풍부하게 만드는 역할을 한다. 여기서 말하는 현실성은 가능성을 논리적 전제로 삼는다. 철학교육이 지향하는 핵심 가치는 구체적인 지식이나 기술의 습득 그 자체가 아니라(물론 철학 교육과정에서 지식 전달은 필수적이지만, 이는 철학교육의 본질적 목표를 구성하지 않는다), 개인이 비판적 사유능력을 함양하고 자기 삶을 성찰하는 방법을 터득하며, 지속적으로 자신의 삶을 재구성해 나갈 수 있는 능력을 기르는 데 있다. 이를 통해 개인은 자신의 삶을 진정한 의미에서 가치 있게 만들어갈 수 있다. 따라서 철학교육은 단순한 교육적 문제를 넘어서 철학적 성찰의 문제이기도 하다. 철학교육의 발전과 실천은 교육적 패러다임의 혁신뿐만 아니라, 철학 자체의 지속적인 성찰과 혁신 없이는 불가능하다. 철학교육의 목적이 반드시 철학자를 양성하는 데 있는 것은 아니지만, 철학의 진정한 혁신은 철학교육을 통해 형성된 인간적 통찰 없이는 실현될 수 없다. 철학적 혁신이 없으면 철학교육의 질적 전환도 불가능하며, 반대로 철학교육이 혁신적이지 않다면 철학 자체의 발전도 제한된다. 이러한 의미에서 철학적 혁신과 철학교육은 상호보완적인 관계를 넘어서, 운명적으로 연결된 존재라고 할 수 있다. 본 장에서는 철학적 혁신과 철학교육이라는 주제를 중심으로 세 가지 핵심적인 문제를 다룰 것이다. 첫째, 철

4) [역자주] "學而時習之, 不亦說乎"(『論語·學而편』).

학교육은 왜 필요한가? 또는 철학교육이 개인의 삶에 미칠 수 있는 영향력의 범위는 어느 정도인가? 둘째, 현대 철학교육이 왜 시대정신을 반영하는 철학적 사유를 생산하지 못하고 있는가? 즉, 철학교육의 근본적 문제점은 무엇인가? 마지막으로, '대철학(大哲學)'은 철학교육이 직면한 시대적 과제에 어떻게 응답할 수 있는가?

7.1 철학과 철학교육

서양 철학교육사에서 소크라테스(Socrates)는 반드시 다각도로 조명되어야 할 위대한 스승이자 귀중한 사례로 평가받는다. 그는 자신의 무지를 인정하면서도 진리 탐구의 유일한 방법으로 대화를 제시하였으며, 아테네 시내의 거리와 골목을 철학적 토론의 장으로 삼아 지속적인 대화를 통해 지혜와 진리를 발견하고자 했다. 소크라테스는 이러한 교육 방식을 '정신 조산술(maieutics)'이라 명명했는데, 그 본질은 질문자가 답을 주입하는 것이 아니라, 날카로운 질문을 통해 대화자의 편견을 제거하고 스스로 진리를 깨닫게 하는 데 있었다. 비록 소크라테스가 스스로를 교사로 자처하지 않았고, 유료 교육기관을 운영하지도 않았기에 엄밀한 의미의 교사라고 보기는 어렵지만, 그의 주변에는 여전히 많은 청년들이 모여들어 철학을 배우기 시작하였다. 이러한 맥락에서 볼 때, 소크라테스와 이들 사이에는 비교적 느슨한 형태의 사제 관계가 형성되었으며, 그들 간의 대화는 철학교육의 원형적 형태를 구성하였다고 할 수 있다. 수많은 제자 중 플라톤은 특별한 존재로 평가된다. 단순히 그가 후대에 그리스 철학의 정수를 집대성한 인물이기 때문만이 아니라, 스승의 사상과 모습을 생생하게 기록하여 철학적 유산을 영원히 보존한 기록자이기 때문이다. 플라톤의 겸손한 고백－"과거에도 미래에도 플라톤의 저작은 없다. 오직 소크라테스의 것뿐이다."[5]－은 한 제자가 스승에게 바친 최고의 헌사로 읽힌다. 이 표현이 철학자로서의 겸손에서 비롯된 것이든, 혹은 스승에 대한 깊은 존경의 표현이었든 간에, 그것은 소크라테스가 그의 제자들에게 미친 지대한 영향력을 잘 보여주는 사례라 할 수 있다. 그러나 빛이 있으면 그림자가 따르듯, 소크라테스의 철학적 영향력은 정치적

5) 趙敦華.『西方哲學簡史』. 北京: 北京大學出版社, 2012:45쪽.

모략의 희생양이 되기도 했다. 시칠리아 원정의 참패 후, 아테네는 배신자 엘키비아데스(Alcibiades)의 스승이라는 누명을 씌워 소크라테스를 법정에 세웠다. 결국, 청년을 타락시켰다는 허구적인 죄목으로 위대한 철학자는 독배를 마셔야 했다. 아이러니하게도 소크라테스의 삶은 철학교육을 통해 꽃피웠지만, 동시에 철학교육으로 인해 비극적인 종말을 맞이하게 되었다. 플라톤을 통해 영원성을 확보했지만, 엘키비아데스와의 교육적 실패로 인해 생명을 잃은 것이다. 이 사건은 철학교육이 인간의 운명에 미칠 수 있는 심오한 영향력에 대한 근본적인 성찰을 요구한다. 구체적으로 질문하자면, 왜 소크라테스의 철학적 가르침은 엘키비아데스에게서 실패할 수밖에 없었는가? 이 문제는 철학교육의 본질을 탐구하는 영원한 화두라 할 수 있다.

알키비아데스는 고대 아테네의 저명한 정치가이자 군사 지휘관으로, 페리클레스(Pericles)와 근친 관계를 맺은 명문가 출신이다. 3세 때 아버지 클리니아스(Clinias)가 전사하자 페리클레스가 그의 후견인이 되었으며, 이후 그의 정치적·군사적 경력에 중대한 영향을 미쳤다. 역사 기록에 의하면, 알키비아데스는 뛰어난 외모와 강력한 카리스마를 겸비한 인물이었다. 그는 자유분방하면서도 예측 불가능한 성격을 지녔으며, 대담하고 파격적인 행보로 당대 사회의 주목을 한 몸에 받았다. 그는 소피스트 철학자인 프로타고라스(Protagoras)와 프로디코스(Prodicus of Ceos)의 문하에서 수학하는 과정에서 정의, 절제, 애국심 등 전통적인 덕목들을 경시하는 사상적 태도를 형성하게 되었다. 이후 소크라테스의 제자이자 연인으로서 장기간 지속적인 교류를 유지하였다. 그는 소크라테스가 실천한 금욕적 생활방식에 대해 깊은 존경심을 표시하였으나, 스스로 이를 철저히 실천에 옮기지는 못하였으며, 소크라테스의 철학적 사상에 대해서도 완전한 수용보다는 선택적인 태도를 보였다. 알키비아데스의 방탕한 생활방식은 그의 평판에 타격을 주었지만, 동시에 탁월한 정치적·군사적 역량으로 인해 아테네 재건의 핵심 인물로 평가받기도 했다. 그는 시칠리아 원정(Sicilian Expedition)[6]의 주요 주도자이자 주전파의 리더로 활약했으나, 원정 직전 신성모독 사건에 연루되어 아테네 당국으로부터 사형 선고를 받았다. 이에 그는 아무런 해명 없이 적국 스파르타로 망명하여 아테네를 상대로 한 군사적 조언을 제공함으로써, 아테네 시칠리아 원정의 참패를 초래하는 결과를 낳았다. 그의 정치적

6) [역자주] 시칠리아 원정은 고대 아테네가 시칠리아섬을 침공했던 군사 작전을 말한다. 이 원정은 기원전 415년부터 413년까지 약 2년간 지속되었으며, 펠로폰네소스 전쟁의 중요한 전환점이 되었다.

경력은 순탄치 않았다. 스파르타 왕과의 정치적 갈등으로 인해 두 번째 추방을 당한 후, 아테네로 귀환하여 일시적인 정치적 성과를 거두었으나, 스파르타의 유명한 장군 리산드로스(Lysander)와의 전투에서 패배함으로써 다시 망명길에 오르게 되었고, 결국 암살당하여 생을 마감하였다.[7] 플루타르코스(Plutarch)에 따르면, 알키비아데스는 귀족적 배경, 막대한 재산, 뛰어난 외모, 페리클레스의 후원 덕분에 젊은 시절부터 정치적 영향력을 키웠으며, 수많은 지지자와 추종자를 확보했다. 그러나 이러한 성공은 그의 자만심을 키웠고, 아첨에 익숙한 환경 속에서 비판을 수용하지 못하게 만들었으며, 심지어 존경하는 스승의 훈계조차 경청하지 않게 했다. 그럼에도 불구하고 알키비아데스는 소크라테스에게만큼은 특별한 존경과 애정을 보였다.[8] 소크라테스의 제자이자 연인으로서 그는 오랜 기간 동안 밀접한 관계를 유지했으며, 전쟁터에서는 서로를 위험으로부터 보호하기도 했다. 소크라테스 역시 알키비아데스의 교육에 각별한 정성을 기울였고, 그의 말은 때로 알키비아데스의 마음을 움직여 감동을 자아내기도 했다. 그러나 알키비아데스는 결국 아첨꾼들의 유혹에 빠져 향락과 방종의 길을 선택했다. 후대 스토아학파 철학자 클레안테스(Cleanthes)는 "소크라테스는 알키비아데스의 귀만을 통제할 수 있었을 뿐, 그의 적수들이 알키비아데스의 신체 다른 부위를 장악하고 있었다. 그 결과 알키비아데스는 쉽사리 음악과 춤, 여색, 개, 말 등에 탐닉할 수 있었으며, 이러한 상황은 전혀 문제시되지 않았다."[9]고 평하며, 그의 퇴폐적 성향이 본질적이었음을 지적했다. 소크라테스와 알키비아데스의 밀접한 관계, 그리고 시칠리아 원정 당시 그의 배신행위를 고려할 때, 아테네인들이 알키비아데스의 타락을 소크라테스의 교육과 연관 지어 "청년을 타락하게 했다."라는 죄목으로 그를 재판에 넘긴 것은 표면적으론 합리적이라 할 수 있다(비록 이는 정치적 숙청을 위한 구실에 불과했지만). 그러나 근본적인 문제는 여전히 남아있다. 알키비아데스의 부도덕성은 진정으로 소크라테스의 책임인가? 아니면 이는 철학적 교훈의 실용적 한계를 드러내는 사례인가?

플라톤은 이러한 관점을 지지하지 않았다. 플라톤의 해석에 따르면, "철학교육이 알키비아데스를 타락시켰다."는 주장보다는 "알키비아데스가 근본적으로 소크라테스의

7) 柏拉圖.『阿爾喀比亞德』. 梁中和, 譯. 北京: 華夏出版社, 2009:15~16쪽.

8) 普魯塔克.『希臘羅馬英豪列傳: 第2冊』. 席代嶽, 譯. 合肥: 安徽人民出版社, 2012:188쪽.

9) 각주 8, 191쪽.

철학적 가르침을 온전히 이해하지 못했다."[10]는 설명이 훨씬 더 타당하다. 『향연(The Symposium)』에서 플라톤은 이 주장을 뒷받침할 근거를 매우 우회적이며 상징적인 방식으로 제시하고 있다. 사랑의 신 에로스를 찬양하는 연회에서 참석자들이 차례로 연설을 진행하고, 마지막으로 소크라테스가 무녀 디오티마(Diotima)의 가르침을 인용하며 발언한다. 그는 사랑의 신 에로스와 철학적 지혜의 정수(精髓) 사이의 본질적인 연관성을 체계적으로 설명하면서, 에로스의 인도 아래 인간이 진정한 선(善)과 절대적인 아름다움을 지속적으로 추구해야 한다는 철학적 통찰을 제시한다. 그러나 알키비아데스는 소크라테스의 연설이 끝난 후에야 등장하는데, 술에 취해 비틀거리는 모습으로 연회에 나타난다. 이러한 등장 방식은 그가 소크라테스로부터 철학적 교훈을 제대로 수용했는지에 대해 심각한 의문을 제기한다. 더욱 결정적인 것은, 소크라테스와 알키비아데스의 사적 관계를 분석해 보면, 그가 철학적 지혜를 진정으로 학습하고 내면화했다고 보기 어렵다는 점이다. 이는 알키비아데스 자신의 증언에서도 확인할 수 있다. 그는 소크라테스와의 교류를 회상하지만, 그 내용은 철학적 깊이가 담긴 대화나 성찰보다는 피상적인 언급에 그치며, 설령 깊은 통찰의 순간이 있었다 하더라도 알키비아데스는 이를 제대로 인식하거나 내면화하지 못했다.[11] 종합적으로 고찰할 때, 플라톤의 관점에서 볼 때 알키비아데스는 공적 자리에서든 사적 관계에서든 소크라테스의 철학교육을 온전히 체화하지 못했다. 따라서 알키비아데스의 교육적 실패에 대해 소크라테스가 도덕적 책임을 져야 할 이유가 없으며, 그의 가르침이 청년을 타락시켰다는 비난은 철학적·역사적 근거가 부족한 주장이다.

물론, 단지 이러한 사실만을 근거로 알키비아데스가 소크라테스로부터 전혀 교훈을 얻지 못했거나 그의 가르침이 알키비아데스에게 아무런 영향을 미치지 않았다고 단언할 수는 없다. 알키비아데스 자신도 인정하였듯이, 소크라테스의 가르침은 그에게 심대한 영향을 미쳤다. 그는 "소크라테스의 연설을 경청할 때면 심장이 두근거리며 눈물이 저절로 흘러내렸으며"[12], 비록 다른 학자들의 연설도 탁월하지만, 소크라테스의 연설처럼 영혼을 사로잡고 감정을 자제할 수 없을 정도의 강렬한 체험은 결코 없었다고 진술하였다. 더욱이 소크라테스는 알키비아데스로 하여금 공적인 활동에 몰두하는 과정에서 개인적 수

10) 樊黎. 哲學教育爲什麼失敗. 湖南師範大學教育科學學報』, 2016(4):42쪽.

11) 柏拉圖. 『會飲篇』. 王太慶, 譯. 北京: 商務印書館, 2013:78. 樊黎. 「哲學教育爲什麼失敗」. 『湖南師範大學教育科學學報』, 2016(4):42쪽.

12) 柏拉圖. 『會飲篇』. 王太慶, 譯. 北京: 商務印書館, 2013:73쪽.

양을 소홀히 해왔음을 깨닫게 하였다. 알키비아데스는 소크라테스를 의도적으로 피하기도 하였는데, 그 이유에 대해 "나는 그분 앞에서는 반드시 그의 가르침을 따라야 한다는 사실을 너무나 잘 알고 있다. 그러나 그분 곁을 떠나 사람들의 아첨에 귀 기울이게 되면 자제력을 완전히 상실하고 결국 명예와 이익의 유혹에 빠져들게 되기 때문"[13]이라고 설명하였다. 크세노폰(Xenophon)이 지적한 바와 같이, 소크라테스는 자신의 고귀한 인격으로 타인에게 훌륭한 모범을 보였으며, 덕성과 인간사의 문제에 대해 탁월한 통찰을 제시하였다. 실제로 그의 영향을 받은 인물들은 외적 강제가 아닌 "그러한 삶이 가장 훌륭하다는 진정한 믿음에서 비롯된 절제된 삶을 영위하였다."[14] 그러나 이들 중 누구라도 자신이 타인보다 우월하다고 생각하게 되는 순간, 소크라테스를 떠나게 되었으며, 그러한 선택 이후의 결과는 통제 불가능한 방향으로 전개되었다. 이는 지식이 일단 습득되었다고 해서 영구히 보존되는 것이 아니며, 마음의 능력도 신체와 마찬가지로 꾸준한 수련 없이는 제 기능을 발휘하지 못하기 때문이다. 어느 한 시인의 표현처럼, "훌륭한 사람들과 교류하면 선한 것을 배우지만, 나쁜 사람들과 어울리면 분별력을 상실하게 된다."[15] 따라서 소크라테스의 제자들과 추종자들에게 있어 알키비아데스 교육의 실패는 소크라테스의 결함이 아니라 알키비아데스 자신의 책임이었다. 본질적으로 야심 찬 정치가였던 알키비아데스는 소크라테스와 교류한 동기가 진리에 대한 지혜를 얻기 위함이 아니라 정치적 성공을 위한 수단적 접근이었다. 크세노폰의 지적대로, "만약 신이 그들에게 평생 소크라테스처럼 사는 것과 죽음 중에서 선택하라 명했다면, 그들은 차라리 죽음을 택했을 것이며, 소크라테스와 같은 삶을 지향하지는 않았을 것이다."[16] 이처럼 알키비아데스가 소크라테스를 떠나 고귀하고 절제된 삶을 포기했을 때, 그는 필연적으로 타락의 길로 접어들 수밖에 없었다. 이로부터 우리는 소크라테스의 철학교육이 청년을 타락시킨 것이 아님을 명확히 알 수 있다. 오만하고 방탕한 성향을 지녔던 알키비아데스는 소크라테스와의 교류를 통해 점진적인 인격적 성장을 보였으나, 외부의 유혹에 굴복하고 정치적 야망에 사로잡힘으로써 스승과의 관계를 단절하게 되었고, 그 결과 소크라테스의 교육적

13) 柏拉圖.『會飮篇』. 王太慶, 譯. 北京: 商務印書館, 2013:74쪽.
14) 色諾芬.『回憶蘇格拉底』. 吳永泉, 譯. 北京: 商務印書館, 1984:10쪽.
15) 각주 14 참조.
16) 각주 14, 9쪽.

성과는 최종적으로 구현되지 못하였다. 플라톤은 『알키비아데스 전편(前篇)』의 결론에서 이 교육의 실패 원인을 철학적 차원으로 승화시킨다. 알키비아데스가 "우선 정의를 실천해야 한다."고 말하자, 소크라테스는 내면의 우려를 완곡하게 표현하며 "네가 계속 발전하기를 바라지만, 동시에 염려도 된다. 그것은 네 본성에 대한 의심 때문이 아니라, 이 도시국가의 권력이 너와 나를 압도할지 모른다는 두려움 때문이다."[17]고 말하였다.

소크라테스의 우려는 결코 헛된 것이 아니었으며, 역사적 현실은 그의 예견을 정확히 입증하였다. 『국가(The Republic)』 제6권에서 소크라테스가 명시적으로 지적한 바와 같이, 도시국가의 권력 구조는 철학자들로 하여금 물질적 풍요와 가문의 영광이라는 현세의 이익뿐 아니라, 공적 영역에서 대중의 선호에 저항해야 하는 정치적 도전에 직면하게 한다. "대중은 집회, 법정, 극장, 병영 등 다양한 공공장소를 통해 선악의 기준을 설정하고, 이를 법률 제도로 정립함으로써 도시국가의 정치적 의지를 구현하며, 형벌의 강제력을 통해 개인의 복종을 강요한다."[18] 이러한 상황 인식에 기초하여, 소크라테스는 다수의 철학자들이 필연적으로 타락할 수밖에 없는 운명을 비관적으로 진단한다. 철학자들은 근본적으로 두 가지 선택지 중 하나를 강요받게 되는데, 첫째는 도시국가의 요구에 부응하기 위해 대중의 여론과 국가 권력에 순응하는 길, 둘째는 진리 탐구라는 본연의 사명을 고수하면서 세속적 유행을 거부하는 대신 '무용지물'이라는 사회적 낙인을 감수해야 하는 길이다. 플라톤 철학의 틀 내에서 볼 때, "진정한 철학자들이 사회에서 '무용지물'로 취급받는 책임은 철학 그 자체가 아니라, 철학자를 올바르게 활용하지 못하는 정치체제에 있다."[19] 이 두 선택지 중 후자를 택하는 이들은 필연적으로 극소수에 불과하며, 바로 이 지점에서 국가적 비극이 발생한다. 그 이유는 철학자의 자질이 본래 탁월하기에, 일단 그들이 타락할 경우 평범한 인물의 타락보다 훨씬 더 심각한 사회적 파장을 초래하기 때문이다. 소크라테스의 경고는 "부적절한 교육을 받은 최상의 자질은 최악의 결과를 초래한다."[20] 는 명제로 집약된다. 이러한 도시국가의 비극적 구조는 플라톤의 『국가』에 나오는 '동굴의 비유'에서 생생하게 형상화된다. 동굴에 갇혀 있던 자가 탈출하여 태양 아

17) 柏拉圖. 『阿爾喀比亞德』.梁中和, 譯. 北京: 華夏出版社, 2009:178쪽.

18) 樊黎. 「哲學教育爲什麼失敗」. 『湖南師範大學教育科學學報』, 2016(4):43쪽.

19) 柏拉圖. 『理想國』. 郭斌和, 張竹明, 譯. 北京: 商務印書館, 1986:236쪽.

20) 각주 19, 240쪽.

래의 진리를 직접 목격하고 지적 광명의 본질을 깨달은 후, 다시 어둠 속의 동굴로 돌아갈 때는 이미 변화된 시각으로 인해 동료들의 오해와 배척을 받게 된다. 이 상징적 서사는 진리를 인식한 철학자가 현실정치 세계에서 불가피하게 경험하게 되는 소외 현상을 극명하게 드러낸다.

플라톤은『국가』에서 제시한 해방된 죄수의 우화를 통해 소크라테스의 철학적 실패를 상징적으로 형상화하였다. 그러나 이 비극적 서사는 단순히 소크라테스 개인의 운명을 넘어, 철학의 사회적 역할과 인간 인식의 본질에 대한 보편적 철학적 함의를 내포하고 있다. 플라톤의 철학 체계에서 철학은 단순한 사변적 사유에 머무르지 않고, 체계적으로 전수 가능한 실천적 학문으로 간주되었다. 만약 철학이 이러한 실용적 가치를 지니지 않았다면, 플라톤은 소크라테스의 사상을 계승하여 체계적인 철학연구를 수행하지 않았을 것이며, 아테네에 아카데미아를 설립하거나 시칠리아 원정을 통해 정치적 실현을 시도하지 않았을 것이다. 따라서 소크라테스와 플라톤의 철학적 관점에서 볼 때, 철학교육은 인간이 단순히 지혜를 사랑하는 존재(philosophos)로 성장하는 데 그치지 않고, 궁극적으로 지혜로운 존재(sophos)로 변모할 수 있는 가능성을 제공한다. 더 나아가 철학교육은 동굴의 비유에서 상징되는 감각적 속박으로부터 벗어나, 이성적 통찰을 통해 진정한 실재(aletheia)를 직관할 수 있는 인식적 능력을 함양하는 과정이다. 그러나 철학교육이 직면한 근본적 딜레마는 "철학적 진리가 대중의 인식 수준과 어떻게 조화를 이룰 수 있는가?"라는 문제이다. 우화에서 제시된 바와 같이, 진리의 세계를 체득한 철학자는 두 가지 딜레마에 직면한다. 첫째, 진리의 세계에 머무르며 현실정치로의 복귀를 거부하는 경우, 철학자는 사회적 유효성을 상실한 채 '무용지물'로 전락할 위험이 있다. 둘째, 동굴로 복귀하여 대중을 계몽하려는 시도는 극심한 저항과 생명의 위협을 동반하는 고난의 길이다. 플라톤이 제시한 이상적 해결책인 '철학자 왕' 개념은 역사적으로 실현되지 못했을 뿐만 아니라, 후대의 모든 시도 역시 실패로 돌아갔다. 이러한 역사적 교훈은 현재까지도 지속되는 철학적 딜레마를 남긴다. 권력 기반이 없는 철학자가 어떻게 자신의 인식적 통찰을 대중적 차원에서 효과적으로 전파할 수 있는가? 또한, 플라톤이 구분한 인식(episteme)과 의견(doxa)의 이분법적 구도 속에서, 철학교육은 이 양자 간의 관계를 어떻게 조정하고 통합할 수 있는가? 이는 현대철학교육이 여전히 해결해야 할 핵심적 과제로 남아있다.

이러한 맥락에서 우리는 시각을 중국 고대 철학 교육의 영역으로 확장하여, 유사한 교육학적 쟁점이 존재했는지에 대한 비교사적 고찰이 필요하다. 소크라테스와 마찬가지로 공자는 동아시아 교육사에서 혁명적인 패러다임을 제시한 선구자로 평가된다. 그는 사학(私學)을 창설함으로써 주나라 관학(官學) 체제의 교육 독점 구조를 근본적으로 해체하였고, '유교무류(有教無類)'[21]라는 평등교육 원칙을 통해 교육 대상 계층을 획기적으로 확대함으로써 유가 사상의 기틀을 마련하였다. 이는 이후 2천여 년간 동아시아 문화권의 정신적 정통성으로 자리매김하는 기반이 되었다. 학문적 엄밀성을 갖춘 분석에 따르면, '지성선사(至聖先師)'[22] 또는 '만세사표(萬世師表)'라는 칭호는 결코 과장된 표현이 아니며, 역사적 기록들이 이를 충분히 뒷받침하고 있다. 흥미롭게도 공자의 정치적 경력은 그의 교육적 성취와 대비되는 역설적 구조를 보여준다. 55세부터 14년간 열국을 순회하는 방랑 생활을 겪으며 정치적 좌절을 경험했지만, 이는 오히려 교육 활동에 대한 집중적인 투자를 가능하게 한 계기로 작용하였다. 『사기(史記)』 등의 역사 서적에 따르면, '공문십철(孔門十哲)'[23]을 포함한 72 현인과 3,000 제자를 양성한 교육 성과는 당대 교육체계에서 전무후무한 기록으로 평가된다. 여기서 주목할 만한 비교사적 차이는 교육 대상의 사회적 계층 구성에 있다. 소크라테스가 아테네 시민계층과 귀족 중심으로 교육을 전개한 데 반해, 공자는 "어릴 때 가난하여 여러 가지 일을 하였다."[24](『論語·子罕篇』)는 자서전적 진술에서 드러나듯, 신분제 사회에서도 하층민을 교육 대상으로 포용하였다. 이는 강직한 성품의 자로(子路), 우유부단한 성격의 염유(冉有), 온순하고 소극적인 기질의 증삼(曾參) 등 성격과 기질이 다양한 제자들을 모두 훌륭한 인재로 성장시킨 사례를 통해 공자 교육철학의 포용성이 초기에 이미 실현되었음을 보여준다. 이러한 역사적 사례를 통해 도출할 수 있는 교육철학적 명제는 이중적 구조를 지닌다. 철학자 양성에는 탁월한 자질이 요구되지만, 철학교육의 보편적 접근 가능성은 모든 이에게 열려 있다는 점이다. 이는 고대 교육사적 특수성에 국한되지 않고 현대 교육이론에서도 재발견되는 핵심 원리로, 인간의 철학적 사유 능력이 사회적 신분이나 선천적 자질에 구애받지 않는다

---

21) [역자주] "사람들을 평등하게 대하고, 현인과 어리석은 사람, 고귀한 사람과 비천한 사람을 가리지 않고 모두 교육한다."(『論語·衛靈公편』)

22) [역자주] 공자를 칭하는 말이다. '지성'은 가장 존중하고 지극히 거룩한 것을 가리키며, '선사'는 조예가 깊고 후세 사람들이 존경하는 교육가나 학자를 가리킨다.

23) [역자주] '공문 10철'은 공자 문하의 가장 우수한 제자 10명 (子淵, 子騫, 伯牛, 仲弓, 子有, 子貢, 子路, 子我, 子遊, 子夏)을 통틀어 이르는 말이다.

24) [역자주] "少也賤, 故多能鄙事"(『論語·子罕편』).

는 인문학적 전제를 실증적으로 입증시켜 준다.

공자의 교수법은 현대 교육학에서 '계발식 교육(啟發式教育)'의 전형적 사례로 평가받는다. 『논어·술이(論語·述而)』에 수록된 "학습자가 스스로 분발하여 학습에 힘쓰지 않으면 가르쳐주지 않으며, 말하려 해도 제대로 표현하지 못하는 상황에 이르지 않으면 깨우쳐주지 않는다. 한 모퉁이를 예로 들어 설명해주더라도 나머지 세 모퉁이를 스스로 터득하지 못하면 다시 반복해 설명하지 않는다."[25]라는 교육적 명제는 그의 학문적 철학을 집약적으로 보여준다. 여기서 '憤(분)'은 학습자가 인지적 갈등상태에 도달한 것을, '悱(비)'는 개념적 이해는 있으나 표현이 완성되지 않은 상태를 의미한다. 이 구절은 학습자가 주체적인 문제의식을 형성하고 개념적 모순을 내면화한 후에야 교사의 계발식 개입이 효과를 발휘할 수 있음을 철학적으로 시사한다. 특히 주목할 점은, 이러한 반성적 사고과정이 '거일반삼(擧一反三)'의 유추적 확장으로 발전하지 못할 경우, 교육적 상호작용이 의도적으로 중단된다는 점이다. 『예기·곡례상(禮記·曲禮上)』의 "예의상 학생이 스승을 찾아가 학문을 배우는 것이 마땅하며, 스승이 학생을 찾아가 가르치는 것은 관례에 어긋나는 일이다."라는 원칙은 학습자의 '준비성(readiness)' 이론을 선구적으로 제시한 것으로 해석된다.[26] 이는 의식적인 수용태세 없이 이루어지는 교육이 교수자와 학습자 모두에게 역기능을 초래할 수 있음을 경고하는 교육적 통찰이다. 이러한 공자의 교육철학은 플라톤의 『국가』에서 소크라테스가 주장한 '자유 교육론'과 깊은 상관성을 보인다. "강제적 학습은 영혼에 정착할 수 없다."[27]는 명제는 '동굴의 비유'에서 구체화된다. 동굴의 첫 번째 탈출자가 자발적 탐구를 통해 '각성'을 경험한 반면, 강제로 끌려온 자들은 '광명'에 대한 정신적 준비 부족으로 인해 '표상적 이해(表象的理解)'에 머무르게 된다는 점에서 이를 확인할 수 있다. 이러한 철학적 고찰은 현대 교육학에서 중요한 문제점을 제기한다. 즉, 주체 의식 없이 구원을 거부하는 대중에게 교육 개입의 정당성을 확보하는 문제, 그리고 이를 실천하기 위한 현실적 방안의 모색이 그것이다. 특히 대중의 '수동성(passivity)'과 철학적 '각성' 사이의 틈을 메우는 교육의 역할 재정의가 시급하며, 이 과정에서 교육자의 권위와 학습자의 자율성 간의 변증법적 관계 설정이 핵심적 과제로 부

25) [역자주] "不憤不啓, 不悱不發. 擧一隅不以三隅反, 則不復也"(『論語·述而편』).
26) [역자주] "禮聞來學, 不聞往教"(『禮記·曲禮上편』).
27) 柏拉圖. 『理想國』. 郭斌和, 張竹明, 譯. 北京: 商務印書館, 1986:304쪽.

각된다.

어쩌면 우리는 계몽적 방법론을 통해 철학과 대중 담론 간의 긴장 관계를 완화할 수 있는 가능성을 모색해볼 수 있다. 이는 본질적으로 대중의 인식 수준을 철학적 사유의 차원으로 향상시키는 계몽의 과정이라 할 수 있다. 임마누엘 칸트의 철학적 정의에 따르면, 계몽이란 "인간이 스스로 초래한 미성숙 상태로부터의 탈출"28)을 의미한다. 여기서 말하는 미성숙 상태란 타인의 지도 없이는 자신의 이성을 자율적으로 활용할 수 없는 정신적 무능력 상태를 지칭한다. 근대 계몽주의 운동이 남긴 가장 중요한 유산은 인간 이성에 대한 무조건적인 숭배라 할 수 있다. 계몽주의자들의 관점에서 이성은 인간 존재의 본질적 특성이자, 신뢰할 수 있는 유일한 인식 도구였다. 그들은 이성을 통해 인간이 자연법칙을 인식하고 자연에 규범을 부여할 뿐만 아니라, 자율적 입법을 통해 자유의 실현을 도모할 수 있다고 믿었다. 즉, 이성의 인도를 통해 진리 획득과 동시에 자기해방을 달성할 수 있다는 논리가 성립되었던 것이다. 그러나 역사적 결과는 이러한 낙관적 전망을 배반하였다. 계몽의 이성은 약속했던 진리의 구현에 실패하였을 뿐만 아니라, 오히려 도구적 합리성의 편향적 강조가 인간을 근대성의 심연으로 유인하는 역설적 상황을 초래하였다. 여기서 더욱 근본적인 딜레마가 제기된다. 만약 계몽이 필수적이라면, 누가 계몽 주체로서의 정당성을 가지며, 그 적격성 판단의 기준은 무엇인가? 계몽의 기획 아래 인간은 자율적 이성으로 진리에 도달하고자 했으나, 결과적으로는 진리의 불가근접성을 반복적으로 확인해야 했다. 이성에 의한 해방의 서사는 결국 이성 자체에 대한 새로운 예속 구조로 전도되고 말았다. 궁극적으로 계몽은 인간을 유토피아로 인도하기보다는 오히려 인간 이성의 내재적 한계에 대한 성찰을 촉진하는 계기로 작용하였다. 이성은 진리에 대한 영원한 갈망을 지니지만, 신적 차원의 절대적 진리를 소유하는 것은 본질적으로 불가능하다. 인간의 합리성은 오직 끊임없는 진리 탐구의 과정 속에서 점진적으로 성숙하며, 이와 동시에 계몽 그 자체도 지속적인 심화 과정을 필요로 하는 역동적 개념으로 재정립되어야 한다는 교훈을 남긴 것이다.

예컨대 계몽이 "죄수 구출의 난제"에 대한 해결책이 될 수 없고, 철학적 사유와 대중적 여론 간의 근본적인 긴장 관계가 영원히 해소되지 않는다면, 우리 앞에는 두 가지 가능성

28) 康德.『曆史理性批判文集』. 何兆武, 譯. 北京: 商務印書館, 1990:23쪽.

만이 남게 될 것이다. 첫째, 철학은 본질적으로 대중의 일반적인 의견과 일정한 거리를 유지해야 하며, 이러한 경우 '죄수' 역시 구원의 대상이 될 수 없다. 둘째, 우리가 현재 철학교육에 대해 가지고 있는 인식 자체에 근본적인 오해가 존재할 가능성이 있다. 예컨대 계몽이 "죄수 해방의 딜레마"에 대한 근본적인 해결책이 될 수 없으며, 철학적 사유와 대중적 여론 간의 구조적 긴장 관계가 영원히 해소되지 않는다면, 우리 앞에는 두 가지 본질적인 선택지만이 남게 될 것이다. 첫째, 철학은 그 본질상 대중의 일반적인 의견과 일정한 거리를 유지해야 하며, 이러한 전제 하에서 '죄수' 역시 구원받을 수 없다는 결론이 도출된다. 둘째, 현재 우리가 철학교육에 대해 가지고 있는 인식 자체에 근본적인 오해가 존재할 가능성이 있다. 첫 번째 선택지를 따를 경우, 소크라테스나 플라톤이 주장했던 바와 같이 철학은 도시국가에 대해 '쓸모없는' 활동이며, 철학자의 진정한 관심사는 속세가 아닌 순수한 사색에 있다는 것을 의미한다. 이러한 관점에서 볼 때, 자기해방을 이룬 '죄수'는 동굴로 돌아갈 필요조차 없다. 왜냐하면, 이는 철학에 대한 근본적인 오해에서 비롯된 기대이기 때문이다. 아리스토텔레스의 관점에서도 최고의 행복은 심오한 사색에 잠기는 것이며, 진정한 철학자는 물질적인 것(돈, 친구, 가족 등)들을 거의 요구하지 않는다. 그의 최고 관심사는 순수한 지적 활동 그 자체이기 때문이다. 그러나 만약 철학이 세상사와 무관한 '도룡지기'로 전락하여, 최고의 지혜로 간주된다면, 인간사회에 그러한 지혜가 과연 필요하냐는 의문이 제기된다. 비록 철학이 최후의 진리를 획득할 수 있다 하더라도, 그 진리가 인류 사회에 아무런 실질적 기여를 하지 못한다면(플라톤이 주장하듯 철학자의 무용함이 철학자 자신의 탓이 아니라 할지라도), 도시국가가 철학자의 의견을 구할 필요도 없는 악순환이 발생하게 된다. 이러한 상황에서 우리가 굳이 철학자를 도시국가(우리의 지적 호기심을 충족시키는 기능 외에는)에 남겨둘 이유가 무엇인가? 이렇게 되면 철학과 대중 의견 사이의 긴장은 자연스럽게 해소될 것이다. 그러나 이는 분명히 우리가 지향해야 할 바람직한 결과가 아니다. 그렇다면 남은 유일한 가능성은, 우리가 철학교육에 대해 어떤 근본적인 오해를 하고 있다는 결론이다.

플라톤이 죄수 구출에 실패한 사건을 분석함으로써 철학과 대중 의견 간의 긴장 관계를 드러내고, 철학이 대중 의견을 선도해야 한다는 주장을 전개할 때, 이러한 관점이 하나의 전제를 내포하고 있다는 사실을 확인할 수 있다. 이 전제는 철학은 선하고 옳으며, 대중 의견은 그르거나 적어도 철학만큼 선하거나 옳지 않다는 가정에 기반한다. 따라서 양자 간에 긴장이나 충돌이 발생했을 때, 대중 의견은 철학에 양보해야 하며, 죄수는 구출되어야 하고 대중은 계몽되어야 한다는 논리가 전개된다. 그러나 이러한 주장이 정말 타당한가? 철학을 '애지지학(愛智之學)'으로 이해할 때, 우리는 진리를 철학의 근본적인 지침과 방향으로 삼는다. 지혜란 진리에 대한 통찰이며, 우리는 철학이 이 세계와 인간 삶에 대한 진리를 밝혀주기를 기대한다. 이를 통해 우리는 더 안전한 삶을 영위하고, 자신의 삶을 더 신중하게 살아가기를 바란다. 전자의 관점, 즉 진리에 대한 집착은 철학의 전근대적 형태에 속한다. 당시 자연과학과 사회과학이 철학이라는 큰 틀에서 아직 완전히 독립되지 않았기 때문에, 철학은 세계를 이해하는 주요 도구로 큰 기대를 받았다. 그러나 근대 이후 철학의 인식론적 기능은 점차 인지과학으로 대체되었으며, "비트겐슈타인(Ludwig Wittgenstein)에 이르러 철학은 인식론적 사명을 대체로 완수한 것으로 보인다."[29] 즉, 진리 문제에 대한 탐구는 이제 철학에서 과학의 영역으로 이전되었다. 후자의 문제, 즉 삶에 관한 진리에 대해서 논의할 때, 삶의 가치가 본질적으로 다원적이기 때문에 단 하나의 삶의 진리를 찾는 것은 불가능하다. 어떤 사람이 그것을 발견했다고 해서 반드시 좋은 삶을 살 수 있는 것은 아니다. 철학은 삶에 참여하지만, 결코 삶에 대해 보편적인 진리나 표준 해답을 제시하지 않는다. 설령 삶에 대한 진리가 존재한다고 하더라도, 그것은 다양하고 끝이 없을 수 있다. 이처럼 철학은 '애지지학'으로서 진리를 향한 탐험이지만, 결코 진리에 대한 정답을 제시하지 않는다. "천 명의 독자가 있으면 천 명의 햄릿(Hamlet)이 있다."라는 말처럼, "천 가지의 철학교육이 있으면 만 가지의 삶의 방식이 있다."라고 비유할 수 있다. 칸트가 말했듯이, 이성의 본래 의미는 '비판'이며, 계몽의 정신도 '비판의 정신'이어야 한다. 철학은 이성을 통해 지혜를 추구하는 학문으로, 그 진정한 정신은 비판과 성찰에 있다. 즉, 기존의 관행과 규범을 대담하게 도전하고, 이성적으로 충분히 숙고하지 않은 삶의 방식은 모두 멈추고 재검토해야 한다는 태도이다. 우리가 선택한 삶은 이성적으로 철저히 성찰된 삶이어야 하며, 이것이야말로 철학이 취해야 할 자세이다. 철학교육의 본질은 인간 이성의 예리함을 회복시키는 데 있다. 인간은 이성적 사유 능력을 바탕으로 자신의 삶을 비판적으로 성찰하고, 일상적 경험을 심층적으로 분석할 수 있는 능력을 갖추어야 한다. 이러한 성찰적 과정을 통해 우리는 현재의 삶이 진정

29) 李澤厚.『曆史本體論. 己卯五說(增訂本)』. 北京: 三聯書店, 2008:248~249쪽.

한 의미에서 가치 있는 존재 방식임을 확인할 수 있다.

다만 유의해야 할 점은 관습과 기존 생활방식에 대한 성찰이 해당 관습과 생활양식이 잘못되었거나 부정적인 것임을 의미하는 것은 아니라는 사실이다. 관습이 사회적 규범으로 정착할 수 있었던 근본 요인은 역사적 타당성에 기인한다. 즉 이는 인류의 장구한 문명사적 경험을 통해 검증된 집단지혜의 결정체로서, 그 자체로 일정한 실천적 합리성을 내포한다. 따라서 관습에 순응하는 삶의 태도가 반드시 비판적 사유의 결여를 의미하는 것은 아니다. 역사적 합리성에 기초한 관습 체계는 개인이 반성적 사유 없이도 무탈한 생애를 영위할 수 있는 사회적 장치로서 기능해왔다. 그러나 철학교육이 강조하는 핵심은 이러한 역사적 타당성이 곧 개별적 정당성으로 직결되지 않는다는 점에 있다. 시간의 시험을 견뎌낸 과거의 경험법칙이 미래의 삶까지 보장할 수 없다는 사실, 그리고 역동적으로 변화하는 실존적 조건 속에서 오직 성찰적 삶만이 진정한 자기 소유적 존재 방식이 될 수 있다는 점이 중요하다. 이와 관련하여 철학교육의 사명은 대중적 인식과 학문적 진리 사이의 대립 구도를 조장하거나 지적 엘리트주의를 표방하는 데 있지 않다. 진리는 특정 계층의 전유물이 아니며, 대중의식 역시 비합리성과 동의어가 아니다. 철학교육의 본질적 가치는 대중 스스로가 일상적 사유를 메타적 차원에서 성찰할 수 있는 방법론을 제공하는 데 있다. 이를 통해 개인은 사회적 통념의 수동적 수용자에서 벗어나, 자기성찰적 주체로 도약할 수 있다. 궁극적으로 인간의 삶은 사회적 관계망에 뿌리내리면서도 동시에 고유한 개별성을 지닌다. 철학적 실천이 물질적 풍요를 직접 창출하지는 않을지라도, 그것은 존재의 본질에 대한 경건함과 숙고의식을 각인시킨다. 이성적 반성과 비판적 사유를 통해 우리는 '타율적 삶'에서 '자율적 실존'으로, '사회적 관습'에서 '개별적 주체성'으로, '자연 발생적 존재 양식'에서 '의식적 자기 창조'로의 전환을 이룰 수 있다. 이것이 바로 철학교육이 추구하는 실존적 각성의 핵심이다.

7.2 철학교육에 대한 시대적 성찰

1977년 말 대학 입학시험 회복 이후, 중국 철학교육 분야는 약 40여 년간 지속적인 발전을 거듭해왔다. 이 시기 교수진의 전문성 강화, 학술공동체의 규모 및 질적 수준 향상,

교육과정의 체계적 구조화, 학문적 성과의 질적 개선 등 다양한 측면에서 의미 있는 발전이 이루어졌다. 특히 40년 전 또는 20~30년 전과 비교할 때, 현대 중국 철학교육은 교과과정의 다변화, 교수법의 혁신적 진화, 동서양 철학사상에 대한 체계적 이해의 심화 등에서 현저한 발전을 보여주었다. 아울러 세계 유수 대학의 철학과 및 석학들과의 지속적인 학술교류 체계를 구축함과 동시에, 중국철학의 독창적 사유체계를 국제학계에 효과적으로 소개함으로써 서양 철학계와의 적극적인 학문적 대화를 이끌어내는 성과를 거두었다. 이러한 다각적인 노력은 동양철학과 서양철학 간의 상호 이해를 심화시키는 동시에 비교철학 연구의 새로운 패러다임 정립에 기여하고 있다.

그러나 현존하는 장점만으로는 구조적 한계를 극복하기에는 여전히 역부족이며, 중국 철학교육계는 시급히 해결해야 할 다수의 문제점을 안고 있다. 조돈화(趙敦華)가 지적한 바와 같이, 중국 대학의 철학과는 서방 국가의 철학과에 비해 "학문체계가 완비되어 있고, 교수진이 풍부하며, 연구성과도 방대하고, 양성하는 학생 수도 많다."라는 특징을 보인다. 그러나 이러한 양적 우위에도 불구하고 중국 철학계는 국제 학술 무대에서 상응하는 세계적 위상을 확보하지 못하고 있다. "중국 학자들의 학술연구 성과는 국제적인 영향력이 거의 없으며, 국제학계에서 인정받는 획기적인 혁신 성과는 더욱 찾아보기 어려운 실정이다."[30] 1999년 『철학 동태(哲學動態)』 지가 실시한 "20세기 중국철학에 대한 학부생 인식조사"는 이러한 문제를 실증적으로 보여주었다. 무한대학과 남개대학 철학과 학부생 및 석사과정생 167명을 대상으로 한 이 설문에서 "20년 전 대비 철학연구 수준 변화"에 대해 82명(49.1%)이 진보했다고 응답한 반면, 48명(28.7%)은 퇴보, 48명(28.7%)은 정체 상태라고 답했다. 이와 대조적으로 "연구자 자질 변화" 질문에는 67명(40.1%)이 저하, 66명(39.5%)이 향상, 33명(19.8%)은 유지라는 상반된 결과가 도출되었다. 이러한 상충적인 결과에 대해 조사자는 연구자 자질과 연구 성과 간의 괴리를 지적하며 회의적인 시각을 표명하였다. 특히 주목할 만한 것은 연구자 역량에 대한 인식이다. 응답자 중 81명(48.5%)이 철학 종사자 규모를 '불충분'으로 평가하였고, '적정' 49명(29.3%), '과잉' 47명(28.1%)으로 집계되었다. 그러나 이러한 인력 확대 요구와 개인의 진로 선택 사이에는 현저한 괴리가 존재한다. 응답자 중 130명(77.8%)이 철학과 진학 동

30) 趙敦華.「"哲學二級學科"芻議」.『中山大學學報(社會科學版)』, 2008(2):121쪽.

기를 '전공 조정'으로 밝혔고, 자발적 선택은 35명(21.0%)에 불과했다. 졸업 후 철학연구를 지속할 의사에 대해서도 124명(74.3%)이 부정적 태도를, 39명(23.4%)만이 긍정적 태도를 보였다.[31] 1999년 1월 23일 자 『중국청년보(中國青年報)』의 보도에 따르면, 당시 대학원 지원자 수가 사상 최고치를 기록했음에도 불구하고 철학과는 지속적으로 최하위 인기 전공으로 분류되었다. 철학과를 제1지망으로 선택하지 않은 학생들의 상당수가 철학전공보다는 취업 목적의 복수전공 수강에 집중하였으며, 대학원 진학 결정 요인 역시 학문적 열정보다는 취업 경쟁력 약화에 대한 대응 전략으로 분석되었다. 이러한 구조적 악순환이 지속될 경우, 향후 철학계 인력 구성이 비자발적 선택에 의해 결정되는 경향이 강화될 가능성이 있으며, 이는 중국철학의 지속가능한 발전에 심각한 장애 요인으로 작용할 우려가 있다.[32]

유대춘(劉大椿)은 그의 논문 「당대 중국 철학교육의 불균형(當代中國哲學教育的錯位)」에서 현 중국 철학교육 현장에 존재하는 경직성과 독단성을 "세 가지 환상 및 세 가지 결핍"이라는 분석 틀을 통해 체계적으로 규명하였다. 첫 번째는 '진리의 화신'에 대한 환상으로, 이는 "철학 교사가 교육 현장에서 철학을 절대적 진리로 간주하고 자신을 그 진리의 대변자로 자처하는 태도"[33]를 의미한다. 이러한 태도는 철학교육을 단순히 진리 선양의 수단으로 전락시켜, 학습자들이 철학적 진리를 무비판적으로 수용하는 피동적 입장에 머물게 한다. 두 번째는 "인생 멘토에 대한 환상"으로, "철학 교사가 자신을 인생 지혜의 전수자로 간주하고 교육과정을 통해 학생들에게 삶의 방향성을 제시하려는 경향"[34]을 포함한다. 이 현상은 교사 측의 인식적 한계뿐 아니라, 철학에 대한 대중적 오해와 편견이 구조적으로 작용한 결과로 분석된다. 예를 들어, 선행 설문조사에서 "철학이 해야 할 가장 중요한 일"이라는 질문에 대해 응답자 80명이 "지혜를 삶의 여러 영역에 활용하는 것"이라고 답했으며, 62명은 "인간 존재에 대한 인식"을 주요 과제로 지적하였다. 또한 "철학이 어떤 문제를 해결해주기를 바라는가?"라는 복수 선택 문항에서는 "응답자 131명이 '더 이성적으로 사고하고 행동하는 것'을, 120명이 '지혜로운 삶의 경지 추구'

31) 「學生眼裏的20世紀中國哲學」. 『哲學動態』, 2000(4):11쪽.

32) 각주 31 참조.

33) 劉大椿. 「當代我國哲學教育的錯位」. 『中國高等教育』, 2004(2):21쪽.

34) 각주 33 참조.

를, 106명이 '인생의 목적과 의미를 명확히 하는 것'을, 72명이 '세계관과 방법론적 지침 제공'을, 71명이 '처세의 방법과 기술을 익히는 것'을 각각 선택함으로써 철학의 실용적 기능에 대한 기대를 나타냈다."[35] 이러한 데이터는 일반 대중이 철학을 삶의 실용적 지침서로 인식하는 경향을 보여준다. 특히 서점 및 디지털 플랫폼에서 성행하는 '인생 철학', '행복론', '치유 철학' 등의 유행 콘텐츠는 이러한 사회적 심리를 구체화한다. 철학이 인생 성찰을 통해 존재의 의미를 탐구하는 학문적 본질과는 달리, 현대인들은 철학을 "인생 문제 해결 매뉴얼"로 소비하는 경향이 강화되고 있다. 그러나 철학적 성찰의 본질은 단순한 삶의 해법 제시를 넘어, 역사적 사유의 계승을 통해 인간 존재의 복잡성을 이해하는 과정에 있다. 헤겔의 지적대로, "진리란 만들어서 바로 사용할 수 있는 동전이 아니다."[36] 철학교육이 철학을 진리로 간주하고, 철학 수업을 진리 지식을 전달하는 과정으로 삼는다면, 철학은 결국 인생지침서를 판매하는 상업적 행위로 전락할 우려가 있다. 비록 철학적 원리를 쉽게 부정할 수는 없지만, 그러한 원리들은 대체로 인생 경험에 대한 보편적 정리에 불과하며, 모든 상황에 적용 가능한 만능해결책은 아니다. 인터넷에서 유행하는 한 문장처럼, "왜 그토록 많은 원리를 알고 있음에도 여전히 인생을 제대로 살지 못하는가?" 이는 진정한 철학교육이란 다양한 원리를 주입하는 것이 아니라, 스스로 사고하는 방법을 가르치고, "침묵 속에서 천둥소리를 듣는" 법을, 너무 익숙해져 무심코 지나쳤던 부분에 질문을 던지는 법을, 그리고 자신의 삶에 맞는 해답을 스스로 탐구하는 법을 가르치는 것임을 시사한다. 그러나 철학교육이 스스로를 타인의 삶을 지도하는 설교로 오해한다면, 이러한 철학교육은 결국 학생들뿐만 아니라 철학 본연의 가치까지도 훼손하게 될 것이다. "세 번째는 백과사전식 환상이다. 즉 철학교육을 가장 고차원적인 지식 교육으로, 철학 교사를 만물박사로 여기는 것을 말한다."[37] 유대춘(劉大椿)은 이 백과사전식 환상이 세 가지 방식으로 나타난다고 지적하였다. 첫째는 철학을 지식 해석과 평가 기준으로 삼는 태도(즉 철학을 지식의 재판장으로 보는 관점), 둘째는 철학이 지식을 대체할 수 있다는 믿음(즉 새로운 과학이나 지식조차 철학에서 '승화'되거나 '요약'될 수 있다는 인식), 셋째는 철학을 최고의 지식으로 간주하는 태도이다.[38] 요컨대, 현대 중국

35) 「學生眼裏的20世紀中國哲學」. 『哲學動態』, 2000(4):10쪽.
36) 黑格爾. 『精神現象學: 上卷』. 賀麟, 王玖興, 譯. 北京: 商務印書館, 1979:28쪽.
37) 劉大椿. 「當代我國哲學教育的錯位」. 『中國高等教育』, 2004(2):21쪽.

의 철학교육은 철학적 지혜를 철학 이론(진리)과 혼동하고, 철학 사상을 철학적 사실(지식)과 동일시하며, 심지어 철학 자체를 철학사와 혼동함으로써 다양한 인식론적 오류를 초래하였다. 이러한 오류들은 철학 사상을 진리에 대한 단순한 지식체계로 축소 또는 왜곡하는 결과를 초래하였으며, 철학교육의 지식 전달 기능과 실용적 효용성을 지나치게 강조함으로써 철학 사상의 본질적 가치와 철학교육의 교육 목적 모두에 심각한 손해를 입혔다.

유대춘은 철학교육에서 나타나는 세 가지 핵심적인 결핍 요소를 주동성 결핍, 목적성 결핍, 적응성 결핍으로 체계화하였다. 주동성 결핍은 학습자의 능동적 사고 활동과 비판적 질문 능력이 현저히 결여된 상태를 가리킨다. 표면적으로는 철학교육이 일방적인 지식 전달 중심으로 운영되며 학습자가 수동적인 정보 수용자로 전락하는 현상으로 나타나지만, 그 본질적 원인은 철학 수업에서 이루어지는 토론이 충분한 지적 자극과 사고적 도전을 제공하지 못하는 데 있다. 목적성 결핍은 철학교육이 학습자의 실제적 요구를 효과적으로 충족시키지 못하는 구조적 문제를 지칭한다. 이는 철학이 제시하는 추상적 해결 모델이 학습자가 직면한 구체적 현실 문제와의 연계성이 부족하며, 기계적인 형식 훈련이 이론적 지식을 실제 문제 해결에 적용하는 능력의 발달을 저해하는 양상으로 드러난다. 셋째, 적응성 결핍은 철학교육이 급격한 사회 변동기에 나타나는 다양한 현실적 요구에 효과적으로 대응하지 못하는 현상을 의미한다. 이는 일반교양으로서의 철학교육이 인문학적 소양 함양이라는 본연의 기능을 충분히 수행하지 못하고 있으며, 전문 철학교육을 받은 인력조차 사회적 적응력 면에서 미흡한 성과를 보이는 상황을 반영한다.[39] 종합적으로 볼 때, 이러한 철학교육의 구조적 결함은 장기간에 걸쳐 축적된 문제로서, 시급한 제도적 개혁이 필요한 단계에 이르렀다고 평가할 수 있다.

철학교육의 "세 가지 환상"과 "세 가지 결핍"은 현대 중국 철학교육의 모든 문제를 완전히 설명할 수는 없으나, 매우 대표적인 성찰로 간주될 수 있다. 실제로 다수 학자들이 지적한 철학교육의 문제점들은 정도의 차이는 있으나, 대체로 이 범주 안에서 해석 가능하다. 구체적으로 살펴보면, 철학교육 방법론에서 나타나는 교조주의적 경향(철학 교과서를 신성시하거나 절대적 진리로 간주하는 태도), 형식주의적 접근(철학교육을 단순한

38) 劉大椿. 「當代我國哲學教育的錯位」. 『中國高等教育』, 2004(2):21쪽.
39) 각주 38, 22쪽.

지식 전달 과정으로 전락시키는 현상), 지식 중심의 편향(철학적 사유능력 함양과 철학적 자각 고취를 소홀히 하는 문제), 이데올로기 과잉 강조(철학교육을 사상 정치 교육과 동일시하는 경향), 생활화 과정에서 발생하는 저속화 및 세속화 문제, 그리고 교재 체계의 노후화와 내용 중복 등은 현재 철학교육이 직면한 구조적 문제들을 잘 보여주는 사례들이다.[40] 이러한 현상들은 오늘날 중국 철학교육이 교육 이념, 교육 방법론, 교재 구성 등 다양한 측면에서 심층적인 개혁이 필요함을 분명히 시사한다. 따라서 철학교육의 혁신이 시급하며, 그 핵심은 철학교육 이념의 혁신, 교육 방법론의 혁신, 교재 체계의 혁신이라는 세 가지 축을 중심으로 추진되어야 한다는 점을 명확히 제시할 수 있다.

1. 철학교육에서 "철학사(史)"와 "철학 이론(論)"의 통합적 접근

철학교육의 혁신은 우선 철학교육 패러다임의 전환에서 시작되어야 한다. 철학교육의 근본 방향성 설정에 있어서 가장 핵심적인 과제는 철학교육에서 '철학사'와 '철학 이론'을 통합적으로 접근하는 것이다. 즉, 철학교육이 단순히 철학사적 지식의 전수에 국한되지 않고, 철학적 사유 그 자체에 대한 체계적인 교육이 되어야 함을 명확히 할 필요가 있다. 철학사 교육 차원에서 볼 때, 지식 전달 기능은 필수적인 요소이다. 이를 통해 학생들은 역사적 맥락에서 철학자들이 제기한 문제의식과 그에 대한 다양한 해답을 체계적으로 습득할 수 있다. 그러나 보다 중요한 것은 철학교육이 학생들에게 철학적 담론의 내적 체계에 진입할 수 있는 방법론적 토대를 마련해 주는 것이다. 이러한 접근을 통해 학습자들은 철학적 문제의식이 형성된 역사적 배경과 더불어, 철학자들의 사유 전개과정에서 나타나는 논리적 구조를 심층적으로 이해할 수 있게 된다. 철학사적 지식 없이 철학에 접근할 경우 발생할 수 있는 인식론적 한계를 간과해서는 안 된다. 만약 학생들이 철학사에서 다루어지는 핵심 문제의식, 개념체계, 사상적 흐름에 대한 이해 없이 철학을 학습하게 된다면, 이는 필연적으로 방법론적 맹목성에 빠질 위험을 내포한다. 더 나아가 이는 역사적 맥락을 무시한 채 피상적인 수준에서 새로운 철학 문제를 발견했다는 오해를 불러일으킬 수도 있다. 한 철학 교사가 자신이 새로운 철학을 발견했다고 주장하는 학생의 서한에 회

40) 魯力.「關於哲學教育研究的述評」.『青島科技大學學報(社會科學版)』, 2014(3):90~91쪽.

신하면서 경고한 바와 같이, 인류의 철학적 사유는 개인이 사고하는 능력을 획득한 시점부터 비로소 발생한 것이 아니다.

철학교육에서 지식전달은 필수적인 기초 요소이지만, 이는 철학교육 전부가 아니며, 더욱이 그 핵심 목적이 될 수 없다. 철학교육의 본질적 초점은 철학사 교육이 아닌 철학적 사유 그 자체에 대한 교육에 두어야 한다. 미국 철학자 콰인(Quine)이 지적한 바와 같이, "철학자는 크게 두 유형으로 나눌 수 있다. 하나는 철학사에 주목하는 철학자이며, 다른 하나는 철학 본질 그 자체에 관심을 기울이는 철학자이다."[41] 이러한 분류는 일부 철학자들이 철학을 단순히 철학사로 축소시키려는 경향에 대한 비판적 시각이라 할 수 있다. 그러나 철학사에만 지나치게 집중하면서 철학적 사유 자체에는 무관심한 태도를 보이는 이들은 진정한 의미의 철학 교육자로서 갖추어야 할 핵심 자질이 결여되어 있다고 할 수 있다. 철학사 지식은 철학적 사유와 본질적으로 구별되는 개념으로, 철학 정신의 '정적(靜態)' 형태에 불과하다. 따라서 철학사 지식은 철학적 사유의 역동적 흐름을 충분히 포착하지 못하며, '철학적 활동'이라는 본질적 차원보다 '철학적 사실'에 지나치게 의존함으로써 진정한 철학적 사유의 수준에 이르지 못한다. 철학의 정신적 본질은 단순한 '지식의 습득(knowing)'이 아니라, 엄격한 논리적 규범과 체계적인 방법론에 기반한 '이성적 사고(thinking)'에 있다. 철학교육의 궁극적 목표는 이성적 사고능력과 철학적 사유의 정신을 체계적으로 함양하는 데 있다. 중국의 철학교육에서 논리학은 오랜 기간 동안 주변화되어 왔으며, 철학교육 체계 내에서 중심 영역으로 자리매김하지 못했다. 많은 철학 관련 학과에서는 논리학 강좌가 아예 개설되지 않거나, 설령 개설되더라도 제한적인 범위 내에서 다루어지는 경우가 대부분이다. 이러한 현상은 학생들뿐만 아니라 상당수의 교수진 역시 체계적인 논리학 교육을 받지 못한 결과로 이어졌다. 다만, 이는 중국인이나 중국 철학자들이 본질적으로 논리적 사고에 능하지 못하다는 것을 의미하지는 않는다. 역사적 기록에 따르면, 20세기 초 엄복(嚴復)이 서양 논리학을 처음으로 소개했을 당시 지식인 사회에서 큰 반향을 일으켰으며[42], 이후 김악림(金嶽霖), 심유정(沈有鼎), 왕호(王浩) 등은 국제적으로 인정받는 논리학자로 성장하였다. 이는 오히려 현대 중국의 철학교육이 논리적 사고 훈련을 충분히 강조하지 못했음을 시사한다. 서양철학사에서 칸트

41) 坎伯.「哲學的未來」. 吳萬偉, 編譯.『社會科學報』, 2009~12~10(7) 참조.
42) 李澤厚.『實用理性與樂感文化』. 北京: 三聯書店, 2008:13쪽.

이후 철학은 고도로 전문화된 학문 분야로 발전해왔으며, 특히 20세기 수리 논리학과 언어철학의 급속한 발전에 힘입어 철학적 담론은 점차 더욱 엄밀한 논리적 토대를 요구하게 되었다. 이러한 학문적 흐름 속에서 논리적 사고능력의 부재는 국제적 철학 담론에 참여하는 데 있어 심각한 장애 요인으로 작용할 수 있다. 따라서 철학교육에서 논리적 사고 훈련은 단순한 보조적 요소가 아니라, 철학적 소양 함양을 위한 필수적인 기초 교육으로 간주되어야 한다. 오직 논리적 사고능력이 충분히 함양될 때, 학생들은 진정으로 심층적이고 엄밀한 철학적 성찰과 비판적 사고를 수행할 수 있는 역량을 갖추게 된다.

물론 논리적 사고력의 함양은 철학교육의 출발점에 불과하다. 논리적 사고와 철학적 사고는 본질적으로 상이한 차원에 위치하며, 후자는 전자를 포괄하는 동시에 변증성, 비판성, 철저성이라는 세 가지 핵심 축을 통해 보다 심층적인 사유의 지평을 열어준다. 철학적 사고는 단순한 선형적 사고방식이 아니며, 일방향 또는 역방향 사고를 넘어선 변증법적 사고의 형태를 띤다. 이는 다차원적이고 유동적인 사유의 장을 형성하며, 단순히 정답을 도출하는 데 그치지 않고 지속적인 문제 발굴과 의문 제기의 과정 그 자체를 의미한다. 따라서 철학적 사고는 비판성과 철저성을 그 본질적 특성으로 한다. 철학교육은 올바른 세계관, 인생관, 가치관의 정립을 지원하는 역할을 하지만, 철학 자체는 어떠한 고정관념에도 구애받지 않는다. 철학은 철학적 사고를 통해 기존의 관념들을 비판적으로 성찰하고, 이를 자유로운 사유에서 자기 수양으로 전환하는 과정에서 그 사명을 실현한다. 이러한 과정을 통해 철학은 인간 존재 그 자체를 성찰의 대상으로 삼는다. 요약하자면, 철학교육은 단순한 지식 전수를 넘어서, 이성적 사유를 통해 인간 존재의 본질을 지속적으로 탐구하는 교육이다. 이 과정에서 인간은 자기 자신과 자신의 삶의 세계를 새롭게 이해하게 되며, 철학은 이 둘 사이를 소통할 수 있게 하는 가교 역할을 한다. 철학은 해석 속에서 불안을 느끼게 하고, 그 불안을 통해 새로운 해석을 모색하며, 결국 자아와 삶의 세계 사이에서 역동적인 균형을 이루어낸다. 이러한 의미에서 철학교육은 실질적으로 인간 삶의 근본적 경지를 탐구하는 교육이다. 인생의 경지가 높아질수록 철학에 더욱 가까워지며, 진(眞), 선(善), 미(美)의 경지에서 자아와 삶의 통합을 실현하게 된다. 이것이 바로 "자유롭게 행동하면서도 규범을 벗어나지 않는"[43] 이상적인 경지이다. 그러나 이러한

43) [역자주] "從心所欲不逾矩"(『論語·爲政편』).

경지는 단번에 도달할 수 있는 것이 아니다. 이러한 경지를 향한 여정에서 철학교육은 인문교육과 인성교육의 중요성을 더욱 부각시킨다. 자유로운 인격의 형성을 위해서는 도덕적 인격과 심미적 인격의 함양이 필수적이다. 따라서 철학교육은 단순히 철학 지식을 전달하는 과정이 아니다. 그것은 '교(教)'를 통해 '육(育)'을 실현하는 여정이며, '교학상장(教學相長)'[44]의 과정을 통해 인간의 자유롭고 전면적인 성장을 도모한다.

2. 방법 혁신: 고전 텍스트 강독과 토론 중심의 학습 모델 도입

철학교육이 '교(教)'를 매개로 '육(育)' 즉 인재양성을 실현하는 과정이라면, "어떠한 방법으로 가르칠 것인가?"라는 방법론적 과제는 그 핵심적 쟁점으로 부각된다. 소크라테스의 산파술(Socratic midwifery)[45]이든 공자의 문답법(問答法)[46]이든, 역사적 사례들이 입증하듯 대화와 토론은 철학교육의 가장 본질적인 교수방식으로 자리매김해왔다. 다만 모든 토론이 진공 상태에서 발생하는 것은 아니다. 철학적 담론은 필연적으로 전제(premise)와 논의 대상이라는 개념적 기반을 필요로 한다. 비록 헤겔이 철학 체계의 역사적 전개를 해변의 모래성에 비유하며, 철학의 발전이 끊임없는 해체와 재구성의 순환 속에서 이루어지고 있으며, 실제로 역사상 어떤 철학적 문제도 최종적으로 해결된 바 없다고 지적했지만, 바로 이러한 파괴와 재건의 지속적 과정 자체가 철학사적 발전의 증거이자 성과로 간주된다. 완결되지 않은 모래성일지라도, 그것들은 시대를 초월하여 지속적으로 지혜의 빛을 발하고 있다. 현대의 철학교육 환경은 더 이상 소크라테스식의 아고라에서 행인을 상대로 자유로운 대화를 펼치기에는 제약적이다. 이는 토론의 필요성이 소멸했음을 의미하지 않는다. 오히려 토론은 여전히 중요하며, 효과적인 철학적 논의를 위해서는 공유된 전제와 명확한 대상 설정이 선행되어야 한다. 철학이 고도로 전문화된 오늘날, 비전공자와의 철학적 대화가 불가능한 것은 아니지만, 공통의 담론체계가 없으면

44) [역자주] 교육과정에서 교사와 학생이 서로 배우며 함께 발전하는 것을 뜻하는 말이다.

45) [역자주] 대화를 통해 상대방이 스스로 진리를 찾아가도록 돕는 소크라테스의 철학적 교육 방법론을 뜻하는 말이다. 이는 상대방의 내면에 숨겨진 지혜와 답을 스스로 깨닫게 하는 방식으로, 공격적이거나 비판적인 대화가 아닌, 상대방의 생각을 이끌어내는 데 초점을 맞춘다.

46) [역자주] 직접적인 답을 주기보다 질문을 통해 스스로 진리에 도달하도록 유도하는 대화 기법이다. 이는 단순 암기가 아닌 비판적 사고를 자극하며, 교육과 자기 계발에 유용하게 활용된다.

논의는 필연적으로 표층적 수준에 머물게 된다. 따라서 철학교육의 초기 과제는 학습자를 철학적 담론의 맥락 속으로 체계적으로 안내하고, 철학적 사고와 표현의 방식을 체화시키는 데 있다. 이를 통해 비로소 심층적 차원의 학문적 대화가 가능해진다. 학습자를 철학의 개념체계와 역사적 맥락에 정교하게 접목시키는 최적의 방법은 경전(고전 텍스트)을 정밀하게 분석하고 이해시키는 것이다. 이러한 텍스트 중심의 접근은 철학적 언어의 정확한 사용과 사유의 체계성을 동시에 함양할 수 있는 방법론적 장점을 지닌다.

경전이 '경전'으로 칭해지는 근본적 이유는 그것이 지닌 영속적 가치와 보편적 매력에 기인한다. '경(經)'은 도(道)의 불변하는 이법(理法)을 의미하며, 영구불변의 진리를 상징하는 개념이다. '전(典)'은 오제(五帝) 시대부터 전해 내려오는 중요한 문헌을 지칭하며, 학문적·역사적 권위를 인정받는 고전 저작을 의미한다. 따라서 경전이란 시대를 초월한 영속적 가치를 지니면서 학문적 권위를 갖춘 고전 텍스트로 정의할 수 있다. 노벨문학상 수상자인 남아프리카 공화국의 작가 J.M. 쿳시(Coetzee)는 경전을 "문명사적 시련을 극복하고 생존한 텍스트"로 규정하며, "가혹한 역사의 검증을 견디고 세대를 초월하여 지속적으로 읽혀온 작품"47)이라고 설명한 바 있다. 이는 경전이 시간의 시련을 견디며 스스로 그 가치를 입증해낸 결과임을 시사한다. 쿳시는 경전에 대해 보다 포괄적이고 체계적인 정의를 제시하였다. 그에 따르면, "경전이란 인류 문명사적 차원에서 최고 수준의 독창성을 지니며, 근본적인 가치를 내포하고, 학문적 방향성을 제시하며, 해당 분야에서 권위를 상징하는 대표적인 저작"48)이라는 것이다. 이 정의는 경전이 지닌 영속적 가치의 본질적 특성과 다양한 역사적 시련 속에서도 그 생명력을 유지할 수 있었던 근본적 이유를 정밀하게 규명한다. 여기서 말하는 "늘 고전 문헌이나 서적을 읽는다."49)는 표현은 경전이 지속적으로 독해되고 학문적으로 연구되는 과정을 통해 그 진정한 가치가 점차적으로 드러난다는 의미를 내포한다. 경전은 반복적인 독해와 다각적인 해석의 과정을 거치면서 새로운 시각에서 재조명되며, 이러한 지속적인 접촉과 성찰을 통해서 비로소 진정한 경전으로서의 학문적 위상을 확립하게 된다.

철학교육에서 경전 읽기의 중요성은 교수들 사이에서 공유되는 기본 원칙으로 인식되

---

47) 庫切. 「何謂經典」//周慧華, 毛黜敏. 『大學人文教程』. 杭州: 浙江大學出版社, 2006:370쪽.
48) 王充閭. 『文學書簡』. 北京: 現代出版社, 2016:284쪽.
49) [역자주] "常讀爲經, 常數爲典".

고 있다. 이는 철학과 신입생들이 다양한 교수진으로부터 반복적으로 강조 받는 핵심 교훈이다. 그러나 실제 교육 현장에서 경전 읽기가 학생들에게 미치는 실질적인 영향력은 여전히 제한적인 상황이다. 이러한 현상의 원인은 크게 세 가지 차원에서 분석할 수 있다. 경전에 대한 인식 부족, 독서 방법의 비효율성, 그리고 이해 수준의 한계가 그것이다. 첫째, 경전에 대한 인식 부족이 문제로 지적된다. 헤겔이 지적했듯이, "일상적으로 친숙한 것은 진정으로 인식된 것이 아니다. 오히려 그 친숙함 때문에 진정한 이해에서 멀어지기 쉽다."[50] 철학과 교수진이 경전 강독의 교육적 가치를 충분히 인식하고 있더라도, 특히 철학을 처음 접하는 학생들의 경우 경전의 진정한 가치를 체감하기 전까지는 이러한 교훈이 단순한 격언 수준에 머무르기 쉽다. 더욱이 학업 부담, 수업 일정, 일상생활의 압박 속에서 학생들은 시간 관리의 어려움을 겪으며, 경전 읽기를 2차 문헌연구보다 상대적으로 실용성과 효율성이 낮은 활동으로 인식하는 경향이 있다. 결과적으로 학생들은 동서고금의 주요 경전 목록에 대해 피상적인 지식만을 갖추고 있을 뿐, 실제로 심층적으로 연구하거나 완독한 경험은 거의 없는 경우가 대부분이다. 그들이 "잘 알고 있다."라고 생각하는 사상이나 명구들도 사실은 2차 문헌을 통해 간접적으로 습득한 것에 불과한 경우가 많다. 경전 교육이 형식화될 경우, 진정한 지식의 체득이 아닌 단순한 관념의 재생산에 머무를 위험이 존재한다. 둘째, 경전 독서 방법론에서는 정독(精讀)과 범독(泛讀)이라는 두 가지 접근법이 일반적으로 활용된다. 그러나 경전의 학문적 중요성과 역사적 축적에 따른 방대한 문헌량을 고려할 때, 모든 경전을 정독하는 것은 현실적으로 거의 불가능하다. 이에 따라 제한된 학습 시간 내에서 최대한 다양한 경전에 접근하기 위해 범독 방식이 상대적으로 선호되는 경향이 나타난다.[51] 범독이 일정 수준의 교육적 효과를 발휘할 수는 있으나, 철학 경전이 지닌 사상적 깊이를 충분히 이해하기에는 한계가 명확하다. 특히 고난도 철학 텍스트의 경우, 범독은 독서 시간의 효율적 활용에는 기여할 수 있으나 내용 이해의 질적 향상 측면에서는 유의미한 성과를 기대하기 어렵다. 더욱 문제가 되는 것은 일부 학생들이 특정 경전을 단발적으로 범독한 후 재독할 동기를 상실함으로써, 해

50) 黑格爾.『精神現象學: 上卷』. 賀麟, 王玖興, 譯. 北京: 商務印書館, 1979:22~23쪽.

51) 고전을 탐독하려는 데에는 각기 다른 이유가 있다. 어떤 이는 지적인 통찰을 얻고자 하는 갈망에서, 또 다른 이는 학문적 성취나 직업적 필요를 채우기 위해, 또 어떤 이는 사회적 인정이나 외적인 이미지를 가꾸려는 목적에서 고전 읽기에 매진한다. 이처럼 고전에 대한 열정의 배경에는 다채로운 동기들이 얽혀 있다.

당 텍스트에 대한 지속적인 이해 기반을 형성하지 못하는 사례가 빈번하게 발생한다는 점이다. 반면, 정독은 학생들로 하여금 경전의 심층적 사유를 체험하게 하고, 비판적 사고력을 함양하며, 고대 철학자들과의 정신적 소통을 가능케 하는 장점이 있으나, 지나치게 정독 중심의 교육은 오히려 학습 동기를 저하시키고 사고의 유연성을 제한할 우려가 있다. 따라서 철학교육 방법론의 혁신 과정에서는 정독과 범독의 최적 비율 모색이 필수적인 과제로 부각된다. 셋째, 이해 수준의 제한은 경전 독서에서 가장 근본적인 도전요소로 작용한다. 철학 저작, 특히 경전 텍스트는 그 난해성으로 인해 학계에서도 지속적인 논의의 대상이 되어왔다. 학생들이 경전을 학습할 때 직면하는 어려움은 단순한 이해 부족을 넘어서, 기본적인 텍스트 해석 자체가 불가능한 사례까지 포함된다. 대표적으로 독일 고전 철학의 핵심 텍스트들은 전문 철학자들에게도 상당한 난이도가 되는 과제이며, 철학 입문 단계의 학생들에게는 더욱 그러하다. 이러한 현실적 한계 속에서 2차 문헌에 대한 의존도가 증가하는 현상은 자연스러운 귀결로 판단된다. 상기한 세 가지 문제는 표면적으로 독립적인 현상으로 보일 수 있으나, 실제로는 상호 유기적인 관계를 형성하고 있다. 경전의 본질적 난해성과 이를 극복하기 위해 요구되는 학습 투자 대비 상대적으로 낮은 성과 인식, 여기에 학업 성취도와 취업 준비 등 현실적 압박 요인이 복합적으로 작용하면서, 학생들은 경전 직접 독해보다는 강의 수강이나 2차 문헌 활용이라는 효율성 중심의 학습 전략을 우선적으로 선택하게 되는 것이다.

그러나 어떠한 상황에서도 경전 강독은 철학교육의 가장 본질적인 방법의 하나로 인식되어야 한다. 철학 경전은 인류 사상사에서 가장 창의적이며 이념적 성과를 대표하는 역사문화 유산으로, 시대정신의 역사적 각인을 담고 있으며 반복적인 독해, 연구 및 해석의 가치를 지닌다. 이러한 위대한 저작들과 이론 체계에는 인류 사상 문명의 정신적 지향이 내재되어 있을 뿐만 아니라, 미지의 미래에 직면하는 인류에게 무한한 사유가 가능한 지적 좌표를 제공한다. 비록 철학 경전들이 대체로 추상적이고 난해한 성격을 띠고 있으나, 그렇다고 해서 완전히 이해 불가능한 것은 아니다. 우리가 일단 경전 텍스트의 사유적 맥락에 진입하게 되면, 그들이 제기한 문제의식, 사용한 사유 방법론, 그리고 지향했던 철학적 목표가 모두 시대를 초월하여 새로운 통찰을 제공한다는 사실을 발견하게 된다. 인류문명이 수천 년에 걸쳐 발전해온 역사적 과정에서도, 철학적 문제들 중 실질적으로 해결된 사례는 극히 드물다는 점은, 철학적 사유가 지닌 보편성과 궁극성, 그리고 인간 존재와 운명에 대한 근본적인 성찰과의 밀접한 연관성을 입증하는 것이라 할 수 있다. 일부 학자들은 철학을 인간 운명에 대한 본질적 사유라고 정의하기도 한다. 이러한 관점에서 볼 때, 철학교육은 경전 읽기를 결코 소홀히 해서는 안 되며, 오히려 그 중요성을 더욱 강조해야 할 필요가 있다. 단순히 경전을 읽어야 하는 이유에 대한 이해에 그치지 않고, 어떻게 경전을 읽어야 하는가에 대한 방법론과 어떤 경전을 선택해야 하는가에 대한 선별 기준까지 포함하는 종합적인 독서 지도가 이루어져야 한다. 이를 실현하기 위해서는 경전 읽기의 교육적 가치에 대한 인식 제고, 정독과 범독 사이의 균형적인 조화, 그리고 학생들의 경전 독해 능력과 수준을 체계적으로 향상시킬 수 있는 구체적인 교수 전략(예를 들면 실습 중심의 수업 시범, 개별화된 과외 훈련, 교사와의 협동 독서, 집단 토론 활성화, 정독과 범독의 통합적 접근 등)이 철학교육의 이론적 틀과 실천적 방법론의 혁신과제로 부각된다.

물론 경전 독서는 학생과 철학 경전 사상가 간의 사유적 거리를 축소하고, 학생 스스로의 사유체계를 형성하는 데 긍정적인 영향을 미칠 수 있다. 그러나 철학교육의 본질적 목표는 단순한 텍스트 해독에 머무르는 것이 아니라, 진정한 철학적 사유 능력의 함양에 있다. 이러한 관점에서 경전 독서는 철학교육에서 하나의 교육적 도구이자 방법론적 수단에 불과하며, 그 궁극적 지향은 경전 자체를 넘어서는 사유의 해방과 초월에 있다. 따라서 철학교육 현장에서는 학생의 철학적 사고력 신장을 위해, 교사가 경전 해석을 지도하는 기초 위에서 대화와 토론 중심의 발전적 교수법을 구현해야 할 것이다.

공자는 『논어·술이편』에서 "불분불계, 불비불발(不憤不啓, 不悱不發)"이라는 명제를 통해, 학습자가 스스로 진지하게 사고하고 고민하는 과정 없이는 가르침을 주지 않는다는 교육 원리를 천명하였다. 이 주장이 표면적으로는 권위주의적인 교육관으로 보여질 수 있으나, 이어지는 "거일우불이삼우반, 즉불부야(擧一隅不以三隅反, 則不復也)"라는 구절은 이러한 오해를 명확히 해소한다. 공자가 강조하는 '계발(啓發)' 개념은 단순한 지식의 전달이 아니라, '계(啓)'와 '발(發)'의 상호작용을 통해 학습자의 사유 능력을 신장시키고, 거일반삼(擧一反三)의 추론 능력을 함양하는 것을 핵심으로 한다. 이러한 교육철학은 『맹자·진심상편(孟子·盡心上篇)』에서 제시한 "동산에 오르니 노나라가 작아진 듯하고, 태산에 오르니 천하가 작아진 듯하다."[52] 는 지적 지평의 확장 개념과도 깊은 연관성을 보인다. 대표적인 사례로 공자와 그의 제자 자공(子貢) 간의 대화를 살펴보면, 자공이 "가난하더라도 아첨하지 말고 부유하더라도 교만하지 말아야 한다."[53]고 언급하자 공자는 이를 긍정하면서도 "가난하더라도 낙관적인 태도를 유지하고 부유하더라도 예의를 준수하는"[54] 보다 높은 수준의 도덕적 경지를 제시하였다. 이에 자공은 "옥이나 돌을 다듬듯 학문과 덕행을 연마한다."[55]는 『시경』의 구절로 응답하였고, 공자는 "이제 너는 진정으로 시경을 논할 수 있는 경지에 이르렀다. 한 가지를 가르치면 열 가지를 스스로 터득하는 재능을 보여주는구나."[56] 라고 그의 사유 확장을 높이 평가하였다. 또한 자하(子夏)와의 대화에서는 '교학상장(教學相長)'의 전형적인 사례를 보여준다. 자하가 시경의 "아름다운 눈, 예쁜 얼굴, 예쁜 치장"[57] 이라는 구절의 의미에 대해 질문하자, 공자는 "흰 바탕이 있어야 색을 칠할 수 있다."[58]고 답변하였다. 이에 자하가 "예의라는 형식이 내면의 미덕보다 후행하는 것인가?"[59] 라고 질문하자, 공자는 "상(子夏를 가리킴), 너는 참으로 나를 계발할 수 있는 제자로다. 이제 너와 『시경』을 함께 논할 수 있겠구나."[60] 라고 화답하며 상호 성장의 교육적 과정을 확인하였다. 주희는 '기(起)'를 '계발'로 해석하면서 "교사 역시 학습자로부터 영감을 받을 수 있다."[61]는 상호적 교육관을 제시하였다.[62] 양백준(楊伯峻)의 해석에 따르면 이는 "병을 앓고 나면 마음의 장애가 제거되어 마음이 통한다."[63]와 같은 의미로[64] 교육과정에서의 내면적 변화를 강조한다. 이처럼 공자의 교육 방법론은 경전 해석과 대화를 통한 사유의 확장이라는 특징을 보여주며, 제자들은 현실문제나 경전 해석에 대한 질문을 통해 교육의 주체로 참여하였다. 공자는 간결하면서도 개방적인 답변 방식으로 제자들의 사고를 자극하였고, 특히 자공과 자하는 교사의 가르침을 바탕으로 텍스트 해석을 심화시키는 과정에서 스스로 통찰을 얻는 동시에,

52) [역자주] "登東山而小魯, 登泰山而小天下"(『孟子·盡心上편』).
53) [역자주] "貧而無諂, 富而無驕"(『論語·述而편』).
54) [역자주] "貧而樂, 富而好禮"(『論語·述而편』).
55) [역자주] "如切如磋, 如琢如磨"(『詩經·國風·魏風편』).
56) [역자주] "賜也, 始可與言『詩』已矣, 告諸往而知來者"(『論語·述而편』).
57) [역자주] "巧笑倩兮, 美目盼兮, 素以爲絢兮"(『論語·八佾편』).
58) [역자주] "繪事後素"(『論語·八佾편』).
59) [역자주] "禮後乎?"(『詩經·魏風·碩人편』).
60) [역자주] "起予者商也! 始可與言『詩』已矣"(『論語·八佾편』).
61) [역자주] "起, 猶發也。起予, 言能起發我之志意"(『論語集注』·朱熹).
62) 朱熹. 『四書章句集注』. 北京: 中華書局, 2012:63.
63) [역자주] "病困而愈, 滯礙通達".
64) 楊伯峻. 『論語譯注』. 北京: 中華書局, 2009:26쪽.

교사에게도 새로운 깨달음을 제공하는 상호적 학습 관계를 형성하였다. 이러한 지적 교류를 통해 스승과 제자는 서로 영감을 주고받으며 진정한 의미의 '교학상장'을 실현하였다.

그러나 대화와 토론이 반드시 명확한 결론이나 공감대 형성으로 이어지는 것은 아니다. 이 점은 소크라테스의 철학적 실천이 구체적으로 보여준다. 소크라테스가 철학교육에 도입한 '정신 조산술(maieutics)'의 대화 방식은, 토론과 논박을 통해 인간 정신에 내재한 진리 개념을 정화하고(또는 기존의 편견을 해체하며) 대화 주체가 자신의 언어적 표현, 의도적 전달, 실질적 의미를 성찰하도록 유도하는 데 그 목적을 두었다. 그의 논의 주제는 정의, 용기, 경건 등 시민사회 구성원들이 일상적으로 접하는 근본 개념과 규범 체계에 집중되었다. 당대인들은 이러한 덕목에 대한 자신의 이해가 완결성을 갖추었다고 자부했으나, 소크라테스는 "익숙함이 곧 진리의 인식을 뜻하는 것은 아니다."라는 인식론적 전환을 강조했다. 그의 대화 방식은 양측의 합의점을 기반으로 논증을 전개하되, 상대방이 인정하기 어려운 결론에 도달할 때마다 기초 전제로 회귀하여 재론증식 반복 구조를 특징으로 한다. 현대 해석학적 관점에서 이러한 담론 전략을 '궤변적 기법'으로 규정할 수 있으나, 본질적 측면에서 이는 보편적 개념에 대한 질문과 구체적 직관 간의 인식론적 괴리를 조명하는 철학적 방법론이었다. 어떤 정의적 시도도 예외 상황에 의해 개념적 구조가 불안정화되는 딜레마를 반복적으로 드러냈다. 이러한 맥락에서 우리는 과거 철학자들을 비난하기보다 현대철학 교육에서 "합리적 규범 준수, 반성적 태도, 비판적 사고, 변증법적 담론"이 지닌 인식론적 가치를 재조명할 필요가 있다. 철학적 담론의 궁극적 목표가 합의 형성에 있을지라도, 그 과정 자체가 최종적 목표는 아니다(비록 합의 없는 담론이 철학자에게는 필연적 현실이지만). 철학적 사유의 본질적 가치는 결론 도출 여부에 의존하지 않는다. 심지어 합의에 도달하지 못할지라도 담론 과정 자체가 인식론적 생산성을 지닌다. 궁극적 진리 탐구의 길은 장기적이고 험난한 과정인 만큼, 진리 탐구자들 간의 지속적 담론과 논쟁이 필수적이다.[65] 바로 이러한 대화, 비판, 논쟁의 상호작용 과정을 통해 인간은 타인의 사상적 경계와 그 내재된 한계 및 잠재적 위험 요소를 인식하게 되며, 지속적인 사상적 성찰과 정제를 거쳐 인류문명 발전을 위한 사상적 방어

65) G.希爾貝克, N.伊耶.『西方哲學史』. 童世俊, 鬱振華, 劉進, 譯. 上海: 上海譯文出版社, 2012:58쪽.

체계를 구축해 나간다.

3. 교재 혁신: 철학교육 콘텐츠의 "저술 체계(著)"와 "서술 방식(述)"의 재정립

철학교육 교재(또는 광의의 교육 콘텐츠 및 자료)의 혁신은 철학적 사유의 혁신을 위한 핵심과제 중 하나이다. 이 혁신은 '저술 체계(著)'와 '서술 방식(述)'이라는 두 가지 차원에서 체계적으로 분석할 수 있다. '저술 체계' 관점에서 고찰할 때, 철학 교재와 학술서적(專著) 간의 관계 설정은 신중한 검토가 필요하다. 일부 학계 전문가들이 지적하였듯이, 학술서적은 개별 철학자의 "독창적 사유체계"로 간주되며, 이에 따라 객관성과 보편성이 결여되었다는 편견 아래 교재와 대립적 관계를 형성하는 경향이 존재한다. 반면 교재는 집단 지성의 산물로서 학술서적보다 객관성과 실증성을 강조하는 특징을 지닌다는 인식이 일반적이다. 그러나 이러한 이분법적 접근은 "학술 서적의 발전을 저해하고 교재 편찬의 방향성을 왜곡하는 '이중적 오류'"[66]를 초래할 수 있다. 본질적으로 학술서적은 철학자가 자신의 철학적 관점을 바탕으로 철학사를 해석하고 조망한 지적 성과로서, 강한 개인적 특성이 반영되는 경우가 일반적이다. 예컨대 중국 철학계에 지대한 영향을 미친 호적(胡適)의 『중국철학사요강』, 풍우란(馮友蘭)의 『중국철학사』, 그리고 러셀(Bertrand Russell)의 『서양철학사』 모두 이 범주에 속한다. 시대의 변화에 따라 이들 학술서적을 그대로 교재로 활용하는 사례는 드물어졌지만(풍우란의 저서는 비교적 장기간 수용되었다), 이들이 한때 혹은 현재에도 교재로서 지니는 중요성과 가치는 부정할 수 없다. 현대 중국 대학에서 널리 사용되는 일부 학술서적 역시 개인 집필 형태로 편찬된 사례가 있다. 대표적으로 조돈화(趙敦華)의 『서양철학간사』와 『현대서양철학신편』(북경대학출판사), 틸리(Thomas Tilly)의 『서양철학사』,[67] 노사광(勞思光)의 『신편중국철학사』, 갈조광(葛兆光)의 『중국사상사』 등이 이에 해당한다. 이밖에도 등효망(鄧曉芒), 조림(趙林) 공저의 『서양철학사』는 집필자가 단 두 명이었기에 이 시리즈에 포함될 수 있었다. 그러나 대부분의 대학 철학 교재는 여전히 집단 편찬 방식을 채택하고 있다. 예를 들면 묘력전(苗

66) 孫正聿. 「關於哲學教育改革的幾個問題」. 『哲學研究』, 2000(6):66쪽.

67) 조돈화 교수의 『서양철학간사』 서문에 따르면, 틸리(Thomas Tilly)의 『서양철학사』 영문판은 20세기 40년대 북경대학 철학과에서 교재로 채택한 적이 있다(趙敦華. 『西方哲學簡史』. 北京:北京大學出版社, 2012:前言 1 참조).

力田)과 이육장(李毓章)의 『서양철학사신편』, 장지위(張志偉)의 『서양철학사』, 엽수산(葉秀山)과 왕수인(王樹人)의 『서양철학사』(학술판), 유방동(劉放桐)과 유오금(俞吾金)의 『서양철학통사』, 북경대학 철학과 중국철학 연구실의 『중국철학사』, 풍달문(馮達文)과 곽제용(郭齊勇)의 『신편중국철학사』, 곽제용(郭齊勇)의 『중국철학사』, 장립문(張立文)의 『중국철학사신편』 등은 모두 집단 창작의 성과물로 평가받고 있다. 따라서 개인이 저술한 서적이든 다수 협력의 교재든, 실질적으로 모두 철학교육 현장에서 활용 가능한 교육 자료로 기능할 수 있다. 이와 관련하여 종종 논의되는 주관성과 객관성의 이분법은 본질적으로 인위적 구분에 불과하다. 첫째, 학술서적이든 교재든 모두 개인의 창작 활동을 통해 생성된 산물이며, 이는 개인의 철학적 이해 방식에 따라 구성된 결과물이다. 이런 맥락에서 볼 때, 모든 학술서적은 어느 정도의 '편견'을 내포하며, 해석학적 관점에서 이는 필연적이고 정당한 요소이다. 둘째, 철학사 전체를 일관되게 서술하는 것은 난제이지만 불가능한 과제는 아니다. 역사적으로 다수의 철학사 서적들이 이를 입증했으며, 이는 학술서적 역시 철학 교재로서 공정한 평가를 받을 수 있음을 보여준다. 한편 집단 편찬 교재는 다양한 전문가의 연구 성과를 종합적으로 반영한다는 장점으로 인해 광범위하게 채택되고 있으며, 실제로 수많은 우수 교재들이 이 방식으로 생산되었다. 그러나 집단 편찬 방식이 반드시 절대적 객관성을 보장하는 것은 아니다. 이는 편찬자의 학문 수준과 편집 방향성에 따라 영향을 받을 수 있기 때문이다. 결론적으로, 개인 저술의 학술서적과 다수 협력의 교재 모두 철학교육에서 중요한 자료로 기능할 수 있으며, 이들 간의 이분법적 대립은 근거가 부족하다. 오히려 두 형태는 상호보완적 관계에 있으며, 교재는 개인 학술서적의 연구 성과를 집약적으로 반영하는 동시에 스스로 최전선의 학술서적 역할을 수행해야 한다. 이는 "교재가 단순히 학술서적의 역할을 넘어 해당 학문의 최첨단 성과를 반영하는 권위 있는 전문 저작으로 자리매김해야 함"[68]을 의미한다.

교육과정 구성에서 또 다른 중요한 쟁점 중 하나는 '술(해석)'의 문제, 보다 구체적으로는 '강의(講壇)'와 '포럼(論壇)'의 상호관계 정립 문제라 할 수 있다. 이는 본질적으로 교재와 학술서적 간의 관계를 재현하는 또 다른 개념적 틀로 분석될 수 있다.[69] 손정율(孫正聿) 교수의 지적대로, "'강의' 내용은 학계의 '포럼(연구 성과)'에 기반을 둬야 하며, 동

68) 孫正聿. 「關於哲學教育改革的幾個問題」. 『哲學研究』, 2000(6):66쪽.
69) 각주 68, 67쪽.

시에 학술적 '연구성과'는 '강의'를 통해 체계화되어야만 광범위한 확산과 점진적 완성을 이룰 수 있다. 그러나 양자의 발전 속도는 구조적 괴리를 보이며, 학술 담론의 진전이 항상 교육 현장을 선도하는 반면, 교육 콘텐츠는 상대적으로 후발적 위치에 머무는 경향이 있다. 더욱이 학계의 '연구 성과'는 '백가쟁명'의 다원적 논의를 추구하지만, 학교의 '강의'는 학문적 공감대에 기초한 체계적 지식전달을 요구한다."[70] 이를 개념적으로 정리하면 '포럼(연구 성과)'은 '육경주아'의 특성을, 학교 '강의'는 '아주육경'의 특성을 지닌다고 규정할 수 있다. 전자는 철학사적 텍스트에 대한 개별 연구자의 주체적 해석을 중시하는 창의적 사유의 영역으로, 학술공동체의 엄격한 검증과 수용 과정이 필요하다. 반면 후자는 학계에서 이미 공인된 연구 성과를 체계적으로 정리하여 객관적 지식체계로 재구성하는 교육학적 과업을 말한다. 철학교육의 이상적 모델은 이 두 차원의 기능적 분화를 명확히 인식하는 데서 출발한다. 특히 주의해야 할 점은 양자의 영역경계를 명확히 해야 한다는 원칙이다. 학교 교육에서 '강의' 형식을 '포럼' 방식으로 전환할 경우, 특정 학자의 주관적 관점이 객관적 진리로 과도하게 부각되어 교육의 공정성과 학문적 엄밀성이 저해될 가능성이 존재한다. 반면, 학술 '포럼'을 전통적인 '강의' 형태로 구조화할 경우, 창의적 사고와 비판적 성찰이 획일화된 지식 전달 체계에 편입되면서 철학 연구가 본질적으로 지향하는 비판적 사유와 혁신적 탐구 정신이 약화될 우려가 있다. 결론적으로 '강의'와 '포럼'의 상호보완적 관계 정립은 철학교육의 질적 제고와 학문 발전을 위한 필수 조건이라 할 수 있다. 교육 현장에서는 학술적 성과의 체계적 정립과 공정한 전달에 주력해야 하며, 학술연구 영역에서는 자유로운 사유와 창의적 탐구를 독려해야 한다. 이러한 기능적 분화와 상호순환 구조의 확립을 통해 철학 교육과 연구의 선순환적 발전모델을 구축할 수 있을 것이다.

7.3 "대철학"과 철학교육 패러다임의 혁신적 전환

21세기는 '대시대(大時代)'의 세기로 규정된다. 경제 세계화에서 정치 다원화에 이르

70) 孫正聿.「關於哲學教育改革的幾個問題」.『哲學研究』, 2000(6):67쪽.

기까지, 정보의 폭발적 증대에서 학제 간 연구의 부상에 이르기까지, 빅데이터의 탄생에서 인공지능의 혁명적 도약에 이르기까지, 이러한 문명사적 현상은 '대시대'의 본질적 속성이 '공간적 확장(廣)'과 '내용적 심화(深)'에 있다는 사실을 입증하고 있다. 『중용(中庸)』에서 언급된 "넓고 큰 경지에 이르러서도 정교하고 섬세한 부분까지 완벽하게 갖춰야 한다."[71]라는 고전적 표현은 바로 이러한 시대적 특성에 대한 정확한 해석으로 간주될 수 있다. 이러한 학문적 패러다임의 이중적 심화 속에서 철학, 특히 미래지향적 성격을 갖는 현대 중국철학은 실천적, 지혜적, 동시대적, 중국적, 세계적이라는 다차원적 특질을 아우르는 철학 체계로서, 전통 철학과 구별되는 '대철학'의 이론적 정립을 추구한다. 여기서 주의해야 할 점은 '대철학'이 외연적 확장에 그치는 표층적 개념이 아니라, 철학적 사유의 본질적 심도를 구현하는 개념 체계라는 사실이다. "진정한 '대철학'은 규모적·시각적·방법론적 3차원의 '대(大)'를 내포한다. 첫째, 철학사적 맥락과 학제 간 상호텍스트성 속에서 철학적 문제의식을 조망하는 '역사철학적 규모성'을 지닌다. 둘째, 글로벌 비전과 중국 장기발전의 전략적 수요를 결합하는 '지평 융합적 시각성'을 구현한다. 셋째, 철학을 타 학문과의 경계를 넘나드는 방법론적 기초과학으로 재정립하는 '학제 통섭적 방법론'을 제시한다. 이러한 이론적 토대 위에서 학제 간 융합과 문명 간 대화를 통해 다문화적 사상자원을 창조적으로 수용할 경우, 현대 중국철학은 본토적 정체성과 세계적 보편성을 조화시키는 새로운 철학 패러다임으로 진화할 수 있을 것이다. 아울러 '대철학'의 개념틀은 현대 중국철학 교육이 직면한 이론적·실천적 과제에 대한 체계적 해결 방안 모색에 있어 방법론적 지침을 제공할 것으로 기대된다."[72] 궁극적으로 이 철학적 혁신은 중국철학의 현대적 전환을 가속화하고 글로벌 학술계에서의 이론적 영향력 제고에 기여할 것으로 전망된다.

우선, 사상혁신으로서의 '대철학'은 철학교육에서의 철학사와 철학 이론 간의 관계 문제를 해결하는 데 중요한 기여를 할 수 있다. '대철학'은 새로운 철학 패러다임으로서 철학사의 내용을 심화·확장했으며, 철학적 사유의 지평과 방법론적 접근을 혁신적으로 확장하였다. 철학은 더는 '순수철학'이라는 제한된 영역에서만 고찰되는 대상이 아니라, 철학이 생성되고 발전한 '문화적 토대'로부터 총체적으로 이해되어야 할 학문으로 재정립

71) [역자주] "致廣大而盡精微"(『中庸』).
72) 姚新中, 陸寬寬. 「當代中國哲學的結構困境」. 『哲學研究』, 2016(3):125쪽.

되었다. 우리는 일반적으로 철학을 시대정신의 정수이자, 개념화된 시대 그 자체로 인식한다. 그러나 핵심적인 문제는 철학자가 자신이 살고 있는 시대에 대한 거시적이고 심층적인 이해가 부족하다면, 과연 시대정신을 올바르게 파악할 수 있겠는가 하는 점이다. 비록 헤겔이 철학을 "황혼 무렵에 날아오르는 부엉이"에 비유하면서, "철학은 현실이 그 형성과정을 끝내고 스스로를 완성한 후에야 나타난다."[73]고 강조했지만, 이는 철학이 단순히 역사의 수동적 기록이나 과거의 기록에 불과하다는 의미는 아니다. 오히려 헤겔의 관점에서 현실은 이념의 외화(外化) 과정이며, 개념의 구체적 실현이다. 따라서 철학이 탐구하고자 하는 것은 바로 이념 자체(개념과 그 현실화 과정)이며 시대정신의 역동적인 본질이다. 이상적 인식은 현실이 충분히 성숙한 단계에 도달한 이후에야 비로소 가능해진다. 그러나 철학이 성숙한 현실을 매개로 시대정신의 변증법적 운동을 체계적으로 파악하고, 역사발전 과정에 내재된 이념의 진리를 심층적으로 규명한다면, 이는 단순한 세계인식의 차원을 넘어서 세계변혁의 실천적 계기로 작용할 수 있다. 다시 말해, 황혼 무렵에 날아오르는 부엉이는 시대의 어둠을 꿰뚫어 보는 지혜의 사자(使者)로서, 인류를 새로운 역사적 단계로 이끄는 선도적 역할을 수행한다고 할 수 있다.

하지만 시대정신을 정확히 파악한다는 것은 결코 공허한 구호에 그치지 않으며, 이는 치밀한 학문적 탐구와 심층적인 사유를 통해서만 달성 가능한 과제이다. 만약 우리가 특정 시대의 문화적 흐름과 사상적 경향을 예리하게 포착하지 못하거나, 철학이 형성된 '문화 토양'에 대한 통찰력이 부족하다면, 진정한 의미의 시대정신을 체계적으로 이해하는 철학자를 기대하기는 어려울 것이다. 철학사적 관점에서 분석해 볼 때, 위대한 철학자들은 항상 '순수철학'이라는 특정 영역에만 한정되지 않고, 철학이 형성되고 발전해 온 '문화 토양'을 종합적으로 이해한 사상가들이었다. 일부 철학자들은 방대한 지적 스펙트럼과 광범위한 학문적 시야를 겸비한 백과사전식 인물로 평가받기도 한다. 현대사회처럼 지식이 고도로 세분화된 시대에 백과사전식 인물이 되는 것은 점점 더 어려운 일이 되었지만, 여전히 위대한 철학자의 대부분은 '문화 토양'으로부터 사상적 영감을 얻는 '대철학자'들임을 알 수 있다. '순수철학'에 기반한 철학자 역시 철학적 혁신을 이룰 수는 있으나, 시대정신의 본질적 흐름을 꿰뚫어 보는 통찰력 면에서는 '대철학자'에 비해 상대적으

73) 黑格爾.『法哲學原理』. 範揚, 張企泰, 譯. 北京: 商務印書館, 1961:13~14쪽.

로 제한적일 수밖에 없다. 결론적으로 '대철학'의 관점에서 보면, 철학의 '사(史)'와 '논(論)'은 상호 자극하면서 시너지 효과를 창출하는 관계에 있다. 철학사에 대한 이해가 깊어질수록 철학 이론의 창의성과 표현력도 풍부해지며, 이론적 연구가 심화될수록 철학사의 지평도 함께 넓어지는 것이다. 따라서 철학교육에 있어 지식의 전수와 계승은 필수적이며, 철학이 태동한 '문화 토양'을 온전히 이해하기 위해서는 지식의 외연이 지속적으로 확장되고 심화되어야 한다. 철학사는 단순히 '순수철학사'로 한정되어서는 안 되며, 철학과 밀접하게 연관된 정치사, 경제사, 문화사, 사회사, 문학사 등 다양한 영역을 포괄해야 한다. 특정 시대에 대한 다각적 이해와 그 시대의 정신적 풍모에 대한 총체적 인식이 없이는, 당대 철학자들이 왜 특정된 철학적 문제를 제기했는지, 또 어떠한 방식으로 철학적 사유를 전개했는지를 제대로 이해하기 어려울 것이다. 더 나아가 오늘날의 정치, 경제, 문화, 사회, 문학 등에서 표출되는 다양한 시대정신의 양상을 직면할 때, 비로소 우리는 철학사로부터 진정한 통찰을 도출할 수 있으며, 시대에 부합하는 질문을 제기하는 능력을 함양할 수 있고, 사유의 역사적 연속성 속에서 시대정신의 변천 궤적을 파악할 수 있다. 이를 통해 기존 철학의 한계를 극복하고, 시대적 요청에 부응하는 철학적 혁신이라는 목표에 도달할 수 있을 것이다.

무엇보다 중요한 것은, '대시대'의 철학교육이 더는 전통적인 철학교육 방식처럼 철학사적 고찰에만 국한되어서는 교육적 목적을 달성할 수 없다는 점이다. 현대 과학 연구의 심화와 더불어 학제 간 융합이 시대적 조류로 자리 잡으면서 다양한 융합 연구 분야가 지속해서 등장하고 있다. 이러한 학문적 경계의 해체라는 현실 속에서 미래 철학의 발전은 단일 학문으로서의 철학만으로는 도달할 수 없는 지점에 이르렀다. 이러한 역사적 조건하에서 '대철학'을 지향하는 철학교육은 중국철학이 나아가야 할 필연적인 방향성을 제시한다고 할 수 있다. 오직 이러한 방향성에 부합하는 교육 패러다임을 구축해야만, 중국철학은 시대적 혁신을 실현할 수 있으며, 동시대 발전 양상과 세계철학의 흐름에 부응하는 차세대 철학 인재를 양성할 수 있을 것이다.

둘째, 방법론적 혁신으로서의 '대철학'은 철학교육 방법론의 혁신에 기여할 수 있다. 앞서 언급한 바와 같이, 방법론으로서의 '대철학'의 핵심적 특징은 철학의 '문화 모태' 전환에 있다. 이는 철학이 기존의 '순수철학' 패러다임에서 '대철학' 패러다임으로 전환하는 결정적 계기가 되었다. 이러한 전환이 철학교육에 갖는 주요 의의는 철학의 교조적 기능을 탈피한다는 점에 있다. 즉, 철학이 더는 난해한 고전 해설서나 진리 대전(大全)과 같은 추상적 담론에 머무르지 않고, 시대적 맥락 속에서 이해될 수 있는 생동감 있는 사유체계로 재탄생한다는 것을 의미한다. '대철학'은 추상적 철학 이론을 그 역사적·문화적 맥락으로 회귀시킴으로써, 학습자가 철학 사상의 발생 과정을 구체적인 삶의 장면 속에서 체감할 수 있도록 한다. 이를 통해 학습자는 해당 시대의 문학, 역사, 사회, 사상 등 다양한 텍스트를 종합적으로 분석함으로써 시대정신을 이해하고, 철학적 사유의 발생 배경과 전개과정을 심층적으로 이해할 수 있게 된다. 예를 들어, 고대 그리스 신화와 신화적 사유체계에 대한 이해 없이는 자연철학의 발생 배경을 제대로 파악할 수 없으며, '본원(本源)' 개념의 등장 배경이나 서양 문화의 '이원론적 세계관' 특성을 설명하기 어려울 것이다. 마찬가지로, 고대 그리스 신화와 비극에 대한 이해가 없이는 '영웅' 개념이나 미덕, 정의, 절제 등 일련의 윤리 개념을 온전히 이해할 수 없다. 이 같은 원리는 중국철학에도 적용된다. 중국 고대의 역사와 문명에 대한 이해가 없이는 공자의 '복례(復禮)' 사상이나 '육예(六藝)' 교육체계, '대인(大人)'과 '군자(君子)' 개념의 함의를 심층적으로 파악하기 어렵다. 또한, 중국 고대의 사회·정치적 맥락을 고려하지 않고는 노자가 『도덕경』을 저술한 이후 함곡관(函穀關)을 떠난 배경이나 장자의 자유분방한 사유 특성을 제대로 이해할 수 없다. 철학자와 그의 사상을 온전히 이해하기 위해서는 반드시 그들이 살았던 시대적 배경을 이해해야 한다. 철학교육은 단순한 지식 전수가 아닌, 철학적 사유의 역사문화적 토양을 이해하는 과정이어야 한다. 따라서 학습자에게 철학사 개념을 기계적으로 암기하게 하는 대신, 그러한 개념이 발생한 사유의 맥락을 체계적으로 전달하는 것이 중요하다. 공자가 강조한 '거일반삼(擧一反三)'의 교육 원리는 풍부한 지식 축적과 폭넓은 사유를 전제로 한다. '대철학' 교육 방법의 우수성은 바로 이러한 점에서 찾을 수 있다. 이 방법은 단순한 개념 학습을 넘어, 그 개념이 함의하는 시대적 배경과 문화적 함의를 종합적으로 이해할 수 있도록 한다. 이러한 접근법의 실천적 사례로는 서양 명문대학의 PPE(정치·철학·경제), PPL(정치·철학·법) 등의 융합 교육 프로그램을 들 수 있다. 이러한 프로그램은 다학제적 시각에서 철학 문제에 접근할 능력을 함양하고, 철학적 사유를 통해 타 학문 영역의 문제를 성찰할 수 있는 역량을 기르며, 학문 간의 상호작용과 융합을 촉진한다는 점에서 '대철학' 방법론의 실천적 적용이라 할 수 있다.

이와 더불어, 이러한 '대철학' 교육 방식은 철학 원전 독해 과정에서 타 학문 분야의 독서 방법론을 체계적으로 수용·활용함으로써 철학교육의 질적 향상에 기여할 수 있다. 앞서 지적한 바와 같이 철학 저작의 본질적 특징 중 하나는 그 내용이 극도로 난해하다는 점이다. 이러한 인식론적 장벽을 극복하기 위해서는 두 가지 차원의 접근 전략이 요구된다. 첫째, 다학제적 융합 접근을 통해 철학 텍스트가 형성된 역사적 맥락과 그것이 해결하고자 했던 문제의식을 정밀하게 재구성하는 작업이다. 이를 위해 타 학문 분야 전문가 및 학습자들과의 학제 간 대화와 협력을 통해 독해 과정에서 마주치는 해석학적 난점을 극복할 수 있다. 둘째, 철학 원전 자체에 대한 심층적 분석을 수행하면서, 철학을 포함한 다양한 학문 영역에서 개발된 텍스트 분석 기법을 활용하여 문장 단위, 논리 구조, 나아가 텍스트 전체에 대한 포괄적 이해를 도모해야 한다. 구체적으로, 난해한 철학적 명제를 마주했을 경우 훈고학적 분석, 언어학적 해석, 현상학적 접근 등 다각도의 방법론을 종합적으로 적용함으로써 텍스트에 내재된 의미를 보다 정교하게 추출할 수 있을 것이다.

마지막으로, 내용 혁신으로서의 '대철학'은 철학교육 콘텐츠의 체계적 혁신에 기여할 수 있다. 역사적으로 철학사 서술과 교육은 주로 '순수철학' 패러다임에 근거하여 진행되어 왔다. 이 접근법은 시대별 철학자들의 사상체계를 체계적으로 정리하고 철학적 개념의 진화과정을 구조화하여 제시한다는 장점을 지닌다. 그러나 이 방법론은 다음과 같은 구조적 한계를 내포한다. 첫째, 문화사적 맥락에 대한 고증이 결여된 철학사 서술 방식은 철학적 사유가 발생한 '문화 토대'로부터의 독립을 초래한다. 서양철학사의 맥락에서는 이러한 방법론적 한계가 상대적으로 완화될 여지가 있으나, 중국사상사에 그대로 적용될 경우 전통적 사유체계가 지닌 내재적 통합성이 심각하게 저해될 위험이 있다. 이는 『장자·응제왕(莊子·應帝王)』 편에 나오는 "혼돈이 하루에 하나의 구멍을 뚫다가 7일 만에 결국 죽게 되는" 우화가 상징적으로 보여주듯이[74], 지나친 해체적 분석은 오히려 대상의 본질적 생명력을 상실하게 만드는 역설적인 결과를 초래할 수 있다. 이에 비해 '대철학'

74) [역자주] "日鑿一竅, 七日而混沌死"는 『장자·응제왕편(莊子·應帝王篇)』에 수록된 우화이다. 해당 우화는 남해(南海)의 제왕 '희윤(儵淵)'과 북해(北海)의 제왕 '후(忽)'가 중앙제국(中央帝國)의 군주 '혼돈(混沌)'의 환대에 보답하기 위해, 혼돈이 인간과 같은 생활을 할 수 있도록 칠규(七竅, 즉 안목·비공·구강·이공 등 인체의 일곱 개 구멍)를 뚫어주는 과정을 서술하고 있다. 이들은 혼돈을 위해 매일 하나씩 구멍을 뚫어 7일 만에 칠규를 완성했으나, 결과적으로 혼돈은 본래의 자연스러운 상태를 상실하고 생을 마감하게 된다. 여기서 '혼돈'은 원초적이고 미분화된 존재 상태를 상징하며, 칠규의 개통은 외부 세계에 대한 인식과 구분 능력의 획득을 의미한다. 이 우화는 인간에게 내면의 본질을 소중히 여기고 보호할 것을 촉구하며, 맹목적으로 외부 변화와 완벽함을 추구하는 태도를 경계하는 철학적 교훈을 담고 있다.

은 철학이 태동한 '문화 토대'에 대한 직접적 성찰을 바탕으로, 전통철학을 총체적 사유체계로 재구성함과 동시에 다학제적 사고방식을 수용하여 다양한 사상자원을 통합함으로써 중국철학의 혁신적 발전과 새로운 표현양식의 창출을 도모하고자 한다. 조돈화가 지적한 바와 같이, "중국철학은 역사적으로 정치·윤리·종교·과학·의학·도술·민속 등 사회적 실천영역과 불가분의 관계 속에서 발전해왔다. 그러나 서구 중심의 '순수철학' 기준에 의한 선택적 편집 과정에서 이 다학제적 특성은 심각하게 위축되었다. '대철학'은 이러한 인위적 분절을 극복하고, 철학적 사유를 총체적 문화체계 내에서 재정위함으로써 학제 간 융합을 통한 창의적 발전 가능성을 모색한다. 이러한 맥락에서 서양철학의 '대철학' 개념을 참조하는 것은 철학적 사유의 지평을 확장하는 데 유효한 방법론적 시사점을 제공한다."[75] 둘째, 현행 중국철학 학제가 직면한 분화적 구조의 문제를 해결할 수 있는 대안적 프레임워크를 제시한다. 현재 8개 하위 학과로 세분화된 체제는 학제 간 소통의 단절을 초래하여 철학 전공자들의 지적 지평을 제한한다. 이로 인해 학문공동체 내부에 인식론적 장벽이 형성되고, 철학적 문제의식조차 분절된 담론체계 속에서 재생산되는 악순환이 반복된다. 철학전공 학생들은 자신의 전공 분야를 제외한 타 분야에 대한 지식이 부족하여, 서로 다른 하위 학과에 대해 피상적인 이해만을 가지는 경우가 대부분이다. 이러한 교육체계는 학생들이 특정 하위 학문 분야의 철학에만 국한되어, 철학 전반에 대한 통합적 이해를 형성하지 못하는 결과를 초래한다. 하위 학과 간의 경계를 넘는 학문적 교류가 부족하기 때문에, 학생들은 타 분야의 사상적 흐름, 역사적 맥락, 최신 연구 성과에 대해 무관심하거나 무지한 상태로 남게 되며, 결국 철학 학과 내에서도 '문외한'으로 전락하는 문제가 발생한다. 이러한 교육 내용과 체제는 진정한 의미의 철학자 양성에도 부정적인 영향을 미친다. '대철학'은 이러한 인공적 경계를 해체하는 학제적 융합 연구(interdisciplinary convergence)를 지향한다. 이 접근법은 철학적 문제의 본질을 다각도에서 조명하기 위해 상이한 학문 영역의 방법론적 자원을 동원한다. 이는 여러 학문의 장점을 통합하고 다각적인 관점에서 철학적 문제를 분석함으로써, 보다 효과적인 해결방안을 모색할 수 있게 한다. 특히 이종 학문 간 상호 상생적 연구(mutually generative research)를 통해 철학적 사유의 외연을 확장함으로써, 시대적 요청에 부응하는 새로운 철학적 패

75) 趙敦華.「"大哲學"視野中的現代中國的哲學」.『雲南大學學報(社會科學版)』, 2005(3):24쪽.

러다임을 창출할 수 있다. 이러한 학문적 실천은 철학 담론의 표현 방식을 혁신하고, 더욱 역동적인 사유체계를 구축하며, 궁극적으로 철학교육의 콘텐츠 혁신을 선도할 수 있을 것이다. 다양한 학문과의 교류를 통해 철학은 시대에 보다 효과적으로 접근하고 유연하게 표현될 수 있으며, 이를 통해 새로운 철학적 개념, 담론 및 사상체계를 창출해 낼 수 있다. 이것이 바로 우리가 기대하는 '대철학'이 펼쳐 줄 미래의 모습이다.

결론

중국철학의 반본과 개신

새로운 시대는 필연적으로 새로운 사유체계를 요구하며, 동시에 심층적인 철학적 성찰을 내포하고 있다. 현대철학은 지식의 계보학적 계승, 사유의 진화적 발전, 그리고 시대정신의 선도적 구현이라는 중대한 사명을 짊어지고 있다. 이는 철학계가 직면한 역사적 전환점이자, 동시에 철학적 혁신을 이룰 수 있는 전례 없는 기회로 작용하고 있다. 중국철학계는 이러한 시대적 소명에 부응하기 위해, 역사적 전환기를 선도적으로 포착하고 다양한 도전에 대한 전략적 대응을 모색함으로써 인류문명 발전에 기여하려는 노력을 기울이고 있다. 현대적 의미의 '중국철학'(이는 단순한 전통철학의 재해석에 국한되지 않고, 중국철학의 전통적 토대와 현대적 변용을 통합하는 포괄적 개념이다)은 "본질로의 회귀를 통한 창조적 혁신(返本)"과 "전통적 정체성의 재정립을 통한 창조적 발전(開新)"이라는 이중적 과제를 동시에 수행하면서, 중국철학 고유의 독창적인 담론체계를 체계적으로 구축해 나가야 한다. 나아가 세계철학의 지적 지평을 확장하고, 다양한 문명 간의 대화와 상호 융합을 촉진함으로써, 새로운 시대가 요구하는 정신적 가치체계를 정립해 나가야 할 것이다.

현대 중국철학 및 철학교육 혁신의 근간은 근원적인 반본에 있다. 여기서 반본은 단순한 고전 복원이나 보수적 태도를 의미하는 것이 아니라, 중국과 서양의 철학사적 유산 및 마르크스주의 철학이 내포한 사상자원을 체계적으로 수용하려는 본질적 지향을 의미한다. 철학연구와 교육을 역사적 사유의 맥락 속에서 정립할 때에야만 시대정신을 반영한 이론적 성과를 창출할 수 있으며, 학문적 심도와 현실 대응력을 겸비한 인재를 양성할 수 있다. 21세기 중국의 철학 계는 이론적 깊이의 결여와 실천적 응용성의 부족이라는 이중적 과제에 직면해 있으며, 현행 연구 및 교육 활동에서 시급히 해결해야 할 핵심적 문제들이 존재하고 있다. 찰스 디킨스의 『두 도시 이야기(A Tale of Two Cities)』 서문에 나오는 "최고의 시대이자 최악의 시대"[1]라는 통찰은 현재 철학계의 상황을 여실히 반영한다. 철학은 전례 없는 발전 기회를 맞이하는 동시에 구조적 도전에 직면해 있는 상황이다. 이러한 도전을 극복하기 위해서는 두 가지 방향성이 요구된다. 첫째, 철학적 본질성의 회복이다. 이는 실용주의, 허무주의 경향, 사유의 퇴행, 인문정신의 약화 등 현대사회의 병폐를 극복하는 과정이다. 철학전문 분야의 연구와 교육은 학문적 토대를 공고히 함으로써 선대 철학자들의 사유체계에서 진정한 철학적 통찰을 도출하고, 이를 현실 인식의 도구로 발전시켜야 한다. 둘째, 지식 계승과 혁신이라는 이중 과제의 수행이다. 중·서 철학사 유산 및 마르크스주의 철학의 핵심 원리를 현대적 언어로 재해석하여 대중화하는 작업, 나아가 이를 현실문제 해결에 적용할 수 있는 방법론을 구축하는 것은 학계가 해결해야 할 주요 과제이다. 근본적으로 철학은 시대정신을 반영한 인재양성과 비판적 사유체계 구축이라는 사명을 수행해야 한다. 반본의 진정한 의미는 역사적 전통에 대한 심층적 이해를 바탕으로, 중국과 서양의 사상 및 마르크스주의 철학의 정수를 현대적 언어로 재구성하는 데 있다. 이는 중국철학의 고유한 특질을 정립하고, 철학적 사유를 중국이 직면한 현실문제 해결에 유기적으로 접목하는 창조적 과정으로, 이론과 실천의 변증법적 통일을 지향하는 혁신적 패러다임이라 할 수 있다.

철학연구와 철학교육의 반본이 체계적으로 구현될 때에만, 현대 철학의 혁신적 발전은 견고한 학문적 기반 위에 정립될 수 있다. 『설문해자(說文解字)』의 어원 해석에 의하면, '본(本)'은 '목하왈본(木下曰本)'으로 수목의 뿌리를 의미하며, '신(新)'은 '취목야(取木也)'로 "모든 사물의 시작이자 기초를 이르는 말"로 확장된다. 이처럼 두 개념은 언어학적 차원에서 상호연관적 관계를 형성한다. 본(本)이 수목의 생명근원으로서의 역할을 수행하며, 신(新)은 이를 재구성하여 새로운 창조적 기반을 마련하는 과정으로 해석된다. 이런 의미에서 반본은 수단이며 개신은 목적이다. 이러한 상호의존적 구조는 당나라 시인 유우석(劉禹錫)의 고전 시가에 나오는 "가라앉는 배 옆으로 배들이 지나가고, 병든 나무 앞에서 나무들이 봄을 맞는다."[2]라는 구절로 표현할 수 있다. 이는 반본과 개신의 변증법적 관계를 자연현상에 빗대어 예시한 것이다. 개신의 개념은 단순한 반본의 반복을

1) 狄更斯.『雙城記』. 孫法理, 譯.南京: 譯林出版社, 2002:3쪽.
2) [역자주] "沉舟側畔千帆過, 病樹前頭萬木春"(『酬樂天揚州初逢席上見贈』, 唐·劉禹錫).

넘어선다. 첫째, 이는 기존의 본(本)이 현대적 조건과의 부조화를 드러낸 '병목(病木)' 상태에 대한 인식을 전제로 한다. 둘째, 새로운 체계는 반드시 혁신적 형태를 지녀야 하며, 기존 본질과의 동일성 유지에 그쳐서는 안 된다. 특히 개신 과정은 무중생유(無中生有)가 아니라 '취목(取木)'의 방법론적 전환을 요구하며, 병든 기반에서 새 생명력을 창출하는 변혁적 실천을 수반한다. 중국철학의 정체성 문제에 관해 주목할 점은, 이 개념이 단순히 서양철학이나 마르크스주의 철학과의 대비적 차원에서 이해되어서는 안 된다는 사실이다. 오히려 이는 역사적 전통(변화, 발전하는 개념으로서의 '전통')을 토대로 하면서도 현대 중국의 시대정신과 문화적 특수성을 반영하는 보편적 철학 체계를 지향해야 한다. 현재 중국철학이 학문적 주체성 확립에 미흡한 현상은 창조적 사유체계의 부재와 개신 실천의 미성숙에서 기인한다. 철학적 개신의 방법론적 접근에 있어 핵심은 "시대정신의 철학적 구체화"에 있다. 헤겔이 "철학은 자기 시대의 사유 속에서 파악된 자기 시대"[3]라고 규정했듯이, 철학적 혁신은 역사적 유산의 비판적 계승을 통해 현실적 과제에 응답하는 과정에서 구현되어야 한다. 이에 철학연구와 교육의 혁신적 전환은 단순한 고전적 사유의 보존을 넘어, 기존 인식론적 한계의 극복과 사회 발전의 동력을 학문체계에 수용함으로써 동시대적 도전에 대응하는 것을 요구한다. 이러한 학문적 노력은 궁극적으로 중국철학의 주체적 정립과 세계철학사적 위상 제고를 실현할 것으로 기대된다.

21세기 중국철학이 직면한 도전은 다차원적 성격을 지니며, 이는 인식론적 차원과 실천적 차원을 아우르는 복합적 과제로 나타나고 있다. 현대 과학기술의 급속한 진보(우주공학, 생명공학, 양자물리학 등 첨단 분야의 혁신적 발전)는 인류의 전통 인식 패러다임, 개념구성 방식, 존재론적 해석체계에 근본적 재검토를 요구하고 있다. 더 나아가 이러한 기술혁신은 세계인식, 사회구조, 인간 실존에 대한 기존의 철학적 프레임워크를 재구성해야 할 필연성을 초래하며, 존재의 본질, 의식의 형이상학, 생명현상의 철학적 이해에 대한 새로운 방법론적 접근을 촉구하고 있다. 인공지능의 진화, 디지털 네트워크의 보편화, 빅데이터 패러다임의 등장은 인간 행위의 규범 체계, 윤리적 판단 기준, 사회적 상호작용 이론에 대한 재정립을 요청하는 동시에, 이론철학과 응용철학의 경계에서 새로운 해석학적 가능성을 창출하고 있다. 이러한 기술혁명은 단순히 도구적 차원을 넘어 인간

3) 黑格爾.『法哲學原理』. 範揚, 張企泰, 譯. 北京: 商務印書館, 1961:12쪽.

실존방식의 근본적 변혁을 초래하였으며, 이로 인해 파생된 철학적 성찰 과제는 현대 사유체계에서 최우선의 사유대상으로 부상하였다. 과학기술이 단순히 생활양식의 변화를 넘어 인간 존재론적 기반을 재구축하는 현실에서, 인공지능 시대의 도래는 인류의 미래를 예측 불가능성과 가능성의 이중적 지평으로 내몰고 있다. 기술진보가 물질적 풍요를 약속하는 반면, 인간의 정신적 지평에서는 사랑, 우정, 희망 등 실존적 가치의 공백 위기를 초래할 수 있다는 역설적 상황이 대두된다. 특히 가상현실 기술이 극한까지 발전하여 모든 욕구가 인공적으로 충족되는 '시뮬레이션 유토피아'[4]가 구현될 경우, 인간이 자발적으로 현실 세계를 포기하고 가상 체험에 매몰될 가능성에 대한 철학적 경고는 더욱 절실해지고 있다. 이러한 선택의 딜레마에 직면하여, 철학적 반성 없이는 인간 존엄성 유지의 정당성을 논증할 논리적 기반을 확보하기 어려운 실정이다. 과학기술의 도전 영역은 학제적 확장성을 보이며, 특히 정치 철학적 차원에서 중대한 이론적 과제를 제기한다. 정치적 의사결정이 본질적으로 합리성과 이익계산의 게임이론의 과정이라는 전제하에, 인공지능이 초지능 수준에 도달하여 인간의 의사결정 권한을 대체할 경우 발생할 철학적 파장은 근본적이다. 기계적 알고리듬이 인간의 이해관계를 초월적 차원에서 최적화할 때, 인간 주체성은 단순 데이터 집합체로 전락할 위험성이 있다. 이는 '데이터화된 인간'의 정체성 문제와 더불어 민주주의의 근본 원리 자체에 대한 재고를 요구하는 철학적 난제를 포함한다. 기술 문명의 진전은 반증적으로 미학적 담론의 활성화를 촉진하는 역설적 효과를 동반한다. 물질문명의 극대화와 기술적 합리성이 생활세계를 지배하는 현대사회에서, 정신적 가치의 회복을 위한 미학적 성찰은 인문학적 대응의 핵심과제로 부상하고 있다. 이택후가 주창한 바와 같이, '자연의 인문화'가 기술 문명의 발전과 함께 심화함에 따라, '인간의 자연화'[5]를 지향하는 미학 중심주의 철학은 포스트 휴머니즘 시대의 새로운 형이상학 체계로 자리매김할 전망이다.[6] 종합적으로 볼 때, 정치철학·과학기술철학·미학 등 다학제적 도전과제들은 현대 중국철학이 반드시 해결해야 할 시대적 과제로 작용한다. 이러한 도전은 동시에 이론 혁신의 계기로서 기능할 수 있으며, 철학적 사유는 글로벌화·디지털화·지능화라는 삼중 혁명의 도전에 대응하여 창의적 패러다임 전환을

4) 諾奇克.『無政府、國家和烏托邦』. 姚大志, 譯. 北京: 中國社會科學出版社, 2008:51~54쪽.
5) 李澤厚.『曆史本體論. 己卯五說(增訂本)』. 北京: 三聯書店, 2008:260쪽.
6) 李澤厚.『實用理性與樂感文化』. 北京: 三聯書店, 2008:104.

모색해야 한다. 역사적 경험주의와 합리주의의 이분법을 초월하는 통합적 사유체계의 구축, 내재적 초월성과 외재적 가치의 변증법적 종합, 철학의 역사의식과 현실문제의식의 유기적 결합을 통해 현대 중국철학은 이론적 역량을 강화할 수 있다. 이러한 노력 없이는 철학적 담론이 현실과 유리된 형식주의적 추상화로 전락하며, 인문정신의 쇠퇴와 사상적 공허화를 초래할 위험성이 상존한다. 따라서 철학적 성찰의 활성화는 단순한 학문적 과제를 넘어, 인류문명의 지속 가능한 발전을 위한 실천적 지침을 모색하는 필수적 사유 작업으로 이해되어야 한다.

철학의 대전환을 요구하는 시대적 도전에 응답하는 것은 모든 철학 교육자 앞에 놓인 가장 심원한 사명이자, 철학 연구가 반드시 거쳐야 할 반본 즉, 본원적 귀환과 개신 즉, 창조적 혁신의 중심 과제를 의미한다. 오늘날 철학이 진정한 본질 회귀와 혁신적 전환을 이루기 위해 가장 먼저 극복해야 할 것은, 학문 분야가 지닌 고착된 폐쇄성과 독단적 사고방식의 굴레이다. 고대 그리스의 소크라테스는 "스스로를 아는 것이 철학의 출발점"이라는 통찰을 통해 자기성찰의 근본성을 강조했으며, 중국 공자는 "아는 것을 안다 하고, 모르는 것을 모른다 하는 것"[7]을 참된 지혜로 설파했다. 마르크스주의 철학은 과학적 발견을 적극 수용하며, 기존 틀을 초월하는 진리의 실천성을 지향한다. 이렇듯 철학의 혁신은 학문적 고립을 타파하고, 다학문적 융합을 통해 이루어진다. 철학은 본래 대화 속에서 싹튼다. 학파 간의 편견을 내려놓고 진심 어린 소통이 이루어질 때, 동서양과 고금의 경계를 초월한 5차원적 학문 공간이 열린다. 고대와 현대, 중국과 서양, 마르크스주의를 아우르는 연대 속에서, 서로 다른 학문 분야가 벽을 넘어 협력할 때 비로소 중국철학의 현대적 전환에 필요한 학문적, 인력적 기반이 견고해진다. 철학은 인간 존재의 세계를 이해하고 해석하며 변혁하는 독특한 방식으로서, 어떠한 인문사회학 분야와도 불가분의 관계에 있다. 모든 철학 개념은 인간 인식의 진보와 맥을 같이 한다. 그러므로 철학의 본원 회귀와 혁신은 단독으로 이루어질 수 없으며, 반드시 인문사회학 전체와의 긴밀한 협력이 전제되어야 한다. 학문 간의 상호 침투는 단순한 통합이 아니라 창조적 돌파의 현장임을 인식해야 한다. 더욱이 철학의 전환은 과학기술의 발전과 결코 분리될 수 없다. 과학기술의 혁신은 철학이 역사를 해석하는 새로운 시각과 미래를 설계할 수 있는 사유의 잠재력을

7) [역자주] "知之爲知之, 不知爲不知, 是知也"(『論語·爲政편』).

제공한다. 이러한 새로운 가능성을 철학적 개념과 이론적 혁신으로 전환하는 과정에서, 철학은 그 본질적 사명을 실현하게 된다. 현시대 철학의 재생과 혁신은 중국철학이 세계 철학과 긴밀히 소통하면서 세계철학의 성과를 수용하고, 동시에 세계철학의 발전에 중국적 시각과 동력을 기여하는 방향으로 나아가야 한다.

현대철학의 반본과 개신은 중국철학이 세계 철학과 긴밀히 소통하면서 세계철학의 성과를 수용하고, 동시에 세계철학의 발전에 중국적 시각과 동력을 기여하는 방향으로 나아가야 한다. 글로벌화가 심화되는 현시대에, 어떠한 학문 체계도 폐쇄적인 태도로 지속 가능한 발전을 이룰 수 없다. 철학적 대화와 교류 역시 단일 문화권이나 언어권에 국한되어서는 안 된다. 중국문화는 역사적으로 개방성과 포용성이라는 특질을 지니며, 타문화와의 활발한 소통을 통해 지속적인 학문적 활력을 유지해왔으며, 내적 함의를 심화하고 외연적 범위를 확장해 왔다. 역사적 사례로는 인도 불교의 중국화 과정이나, 근현대 동서양 철학 교류 속에서 중국 특색을 갖춘 마르크스주의 철학 체계의 정립 등이 있으며, 이는 중국철학의 내재적 생명력을 입증함과 동시에 현시대 중국철학이 지녀야 할 문화적 주체성과 이론적 확신을 보여준다. "타산지석으로 옥을 깎을 수 있듯이"[8] 이질적인 학문적 자원도 창조적 발전의 계기로 활용될 수 있다. 형식적 측면에서 현재 철학계의 국제교류 기회는 양적으로 충분하나, 실질적 차원에서는 아직 심도 있는 대화가 활성화되지 못했으며, 일상화된 학술 소통 체계도 미흡한 실정이다. 더 나아가 이러한 교류에서 비롯된 지속 가능한 학문적 성과 역시 체계적으로 축적되지 못하고 있다.

반본과 개신은 단순한 구호에 그쳐서는 안 되며, 체계적인 방법론적 토대 위에서 실현되어야 한다. 이를 위해서는 중국과 서양철학의 비교 연구를 기본 접근법으로 삼고, 응용철학을 실천적 돌파구로 활용하는 노력이 필요하다. 특히 강조할 점은, 현대 중국철학의 근본적 회귀와 창조적 혁신을 위해서는 중국과 외국 문명 간, 그리고 양국 철학 간의 소통과 상호 비교 수준을 질적으로 향상시켜야 한다는 것이다. 이는 중국철학이 세계철학과 실질적으로 연계될 수 있는 폭을 확장하고, 문제 중심의 대화 메커니즘을 글로벌 학계와 함께 구축함으로써 구체화될 수 있다. 이러한 학문적 교류 구조 속에서 심화된 최첨단

8) [역자주] "他山之石, 可以攻玉"(『詩經·小雅·鶴鳴』). 다른 산의 돌이라도 자신의 옥을 가는 데 쓸 수 있다는 뜻으로, 다른 사람의 평범한 언행이나 실수라도 자신에게는 큰 교훈이나 도움이 될 수 있음을 비유적으로 이르는 말이다.

이론 연구를 전개함으로써, 중국철학은 타 문명권 철학의 풍부한 지적 자원을 수용하여 자체적인 이론 혁신을 도모하는 동시에, 세계철학 발전에 중국적 특성을 반영한 독창적 기여를 할 수 있을 것이다.

참고문헌

一、圖書類

1. 『馬克思恩格斯選集: 1~4卷』. 北京: 人民出版社, 2012.
2. A.J.赫舍爾. 『人是誰』. 隗仁蓮, 安希孟, 譯. 貴陽: 貴州人民出版社, 2007.
3. G.希爾貝克, N.伊耶. 『西方哲學史』. 童世俊, 欝振華, 劉進, 譯. 上海:上海譯文出版社, 2012.
4. 阿爾伯特·史懷哲. 『中國思想史』. 常暄, 譯. 北京: 社會科學文獻出版社, 2009.
5. 阿蘭·佩雷菲特. 『停滯的帝國』. 王國卿, 等譯. 北京: 三聯書店, 2007.
6. 安東尼·吉登斯. 『現代性的後果』. 田禾, 譯. 南京: 譯林出版社, 2011.
7. 安東尼·吉登斯. 『失控的世界』. 周紅雲, 譯. 南昌: 江西人民出版社, 2001.
8. 柏拉圖. 『阿爾喀比亞德』. 樑中和, 譯. 北京: 華夏出版社, 2009.
9. 柏拉圖. 『會飲篇』. 王太慶, 譯. 北京: 商務印書館, 2013.
10. 柏拉圖. 『理想國』. 郭斌和, 張竹明, 譯. 北京: 商務印書館, 1986.
11. 柏拉圖. 『蘇格拉底之死』. 謝善元, 譯. 上海: 上海譯文出版究社, 2011.
12. 柏拉圖. 『柏拉圖全集: 第2卷』. 王曉朝, 譯. 北京: 人民出版社, 2003.
13. 『北京大學哲學系史稿(內部資料)』. 2004.
14. 彼得·奧斯本. 『時間的政治』. 王志宏, 譯. 北京: 商務印書館, 2004.
15. 蔡元培. 『蔡元培教育論集』. 長沙: 湖南教育出版社, 1987.
16. 陳黻宸. 『陳黻宸集: 上冊』. 北京: 中華書局, 1995.
17. 陳來. 『傳統與現代: 人文主義的視界』. 北京: 三聯書店, 2009.
18. 陳來. 『古代宗教與倫理: 儒家思想的根源』. 北京: 北京大學出版社, 2017.
19. 陳來. 『仁學本體論』. 北京: 三聯書店, 2014.
20. 陳鵬. 『現代新儒學研究』. 福州: 福建人民出版社, 2006.
21. 陳少明. 『做中國哲學: 一些方法論的思考』. 北京: 三聯書店, 2015.

22. 陳旭麓.『近代中國社會的新陳代謝』. 北京: 三聯書店, 2017.

23. 陳序經.『陳序經文集』. 廣州: 中山大學出版社, 2004.

24. 陳寅恪.『陳寅恪史學論文選集』. 上海: 上海古籍出版社, 1992.

25. 慈繼偉.『正義的兩面』. 北京: 三聯書店, 2014.

26. 德裏達.『書寫與差異』. 張寧, 譯. 北京: 三聯書店, 2001.

27. 狄更斯.『雙城記』. 孫法理, 譯. 南京: 譯林出版社, 2002.

28. 笛卡爾.『第一哲學沉思錄』. 龐景仁, 譯. 北京: 商務印書館, 1986.

29. 杜維明.『二十一世紀的儒學』. 北京: 中華書局, 2014.

30. 杜維明.『儒學第三期發展的前景問題: 大陸講學、答疑和討論』. 北京: 三聯書店, 2013.

31. 杜維明.『現代精神與儒家傳統』. 北京: 三聯書店, 2013.

32. 範壽康.『中國哲學史通論』. 武漢: 武漢大學出版社, 2008.

33. 費賴之.『在華耶穌會士列傳及書目: 上冊』. 馮承鈞, 譯. 北京: 中華書局, 1995.

34. 馮桂芬.『校邠廬抗議』. 上海: 上海書店出版社, 2002.

35. 馮友蘭.『三鬆堂全集: 第1、4、14卷』. 鄭州: 河南人民出版社, 2000.

36. 馮友蘭.『中國現代哲學史』. 南京: 江蘇文藝出版社, 2013.

37. 馮友蘭.『中國哲學史: 上、下冊』. 上海: 華東師範大學出版社, 2010.

38. 弗朗西斯·福山.『歷史的終結與最後的人』. 陳高華, 譯. 桂林: 廣西師範大學出版社, 2014.

39. 伽達默爾.『伽達默爾集』. 鄧安慶, 等譯. 上海: 上海遠東出版社, 1997.

40. 伽達默爾.『詮釋學I: 真理與方法－哲學詮釋學的基本特徵』. 洪漢鼎, 譯. 北京: 商務印書館, 2011.

41. 伽達默爾.『詮釋學n: 真理與方法－補充和索引』. 洪漢鼎, 譯. 北京: 商務印書館, 2011.

42. 幹春鬆.『康有爲與儒學的“新世”』. 上海: 華東師範大學出版社, 2015.

43. 高兆明.『政治正義: 中國問題意識』. 北京: 人民出版社, 2014.

44. 葛兆光.『宅茲中國』. 北京: 中華書局, 2011.

45. 葛兆光.『中國思想史: 第1卷』. 上海: 復旦大學出版社, 1998.

46. 溝口雄三, 小島毅. 『中國的思維世界』. 孫歌, 譯. 南京: 江蘇人民出版社, 2006.
47. 溝口雄三. 『作爲方法的中國』. 孫軍悅, 譯. 北京: 三聯書店, 2011.
48. 顧頡剛. 『古史辨: 第1冊』. 上海: 上海古籍出版社, 1982.
49. 海德格爾. 『存在與時間』. 陳嘉映, 王慶節, 譯. 北京: 三聯書店, 2012.
50. 海德格爾. 『路標』. 孫周興, 譯. 北京: 商務印書館, 2000.
51. 海德格爾. 『面向思的事情』. 陳小文, 孫周興, 譯. 北京: 商務印書館, 2011.
52. 海德格爾. 『海德格爾選集: 上』. 孫周興, 選編. 上海: 上海三聯書店, 1996.
53. 韓水法. 『北京大學哲學學科史』. 北京: 商務印書館, 2014.
54. 郝大維, 安樂哲. 『孔子哲學思微』. 蔣弋爲, 李志林, 譯. 南京: 江蘇人民出版社, 2012.
55. 郝大維, 安樂哲. 『先賢的民主: 杜威、孔子與中國民主之希望』. 何剛強, 譯. 南京: 江蘇人民出版社, 2004.
56. 何錫蓉. 『新中國哲學的歷程』. 上海: 學林出版社, 2012.
57. 何醒. 『北京大學哲學系1952年』. 北京: 商務印書館, 2012.
58. 何兆武, 柳卸林. 『中國印象: 上下冊』. 桂林: 廣西師範大學出版社, 2001.
59. 賀麟. 『五十年來的中國哲學』. 北京: 商務印書館, 2002.
60. 黑格爾. 『法哲學原理』. 範揚, 張企泰, 譯. 北京: 商務印書館, 1961.
61. 黑格爾. 『精神現象學: 上下卷』. 賀麟, 王玖興, 譯. 北京: 商務印書館, 1979.
62. 黑格爾. 『哲學史講演錄: 第1卷』. 賀麟, 王太慶, 譯. 北京: 商務印書館, 1959.
63. 亨廷頓. 『文明的衝突』. 周琪, 等譯. 北京: 新華出版社, 2012.
64. 侯外廬. 『中國哲學簡史: 上』. 北京: 中國青年出版社, 1963.
65. 侯外廬, 等. 『中國思想通史: 第1卷』. 北京: 人民出版社, 2011.
66. 胡塞爾. 『歐洲科學危機和超驗現象學』. 張慶熊, 譯. 上海: 上海譯文出版社, 2005.
67. 胡適. 『胡適日記全編』. 合肥: 安徽教育出版社, 2001.
68. 胡適. 『中國哲學史大綱』. 上海: 上海人民出版社, 2014.
69. 華勒斯坦 等. 『開放社會科學』. 劉鋒, 譯. 北京: 三聯書店, 1997.
70. 懷特海. 『過程與實在』. 李步樓, 譯. 北京: 商務印書館, 2012.
71. 黃宗羲. 『黃宗羲全集: 第5冊』. 杭州: 浙江古籍出版社, 2005.
72. 吉爾·德勒茲, 菲力克斯·迦塔利. 『什麼是哲學?』. 張祖建, 譯. 長沙: 湖南文藝出版社,

2007.

73. 金耀基.『中國文明的現代轉型』. 廣州: 廣東人民出版社, 2016.

74. 卡爾·雅斯貝爾斯.『大哲學家』. 李雪濤, 主譯. 北京: 社會科學文獻出版社, 2005.

75. 卡爾·雅斯貝斯.『歷史的起源與目標』. 魏楚雄, 俞新天, 譯. 北京: 華夏出版社, 1989.

76. 康德.『道德形而上學原理』. 苗力田, 譯. 上海: 上海人民出版社, 2012.

77. 康德.『康德三大批判合集: 上』. 鄧曉芒, 譯. 北京: 人民出版社, 2009.

78. 康德.『歷史理性批判文集』. 何兆武, 譯. 北京: 商務印書館, 1990.

79. 康有爲.『康有爲全集: 第3集』. 北京: 中國人民大學出版社, 2007.

80. 李零.『我們的中國』. 北京: 三聯書店, 2016.

81. 李石岑.『中國哲學十講』. 天津: 天津人民出版社, 2011.

82. 李四龍.『有哲學門以來』. 北京: 三聯書店, 2012.

83. 李澤厚.『李澤厚對話集』. 北京: 中華書局, 2014.

84. 李澤厚.『李澤厚集』. 北京: 三聯書店, 2008.

85. 李澤厚.『由巫到禮釋禮歸仁』. 北京: 三聯書店, 2015.

86. 理查德·羅蒂.『哲學的場景』. 王俊, 陸月宏, 譯. 上海: 上海譯文出版社, 2009.

87. 利瑪竇, 金尼閣.『利瑪竇中國劄記』. 何高濟, 等譯. 北京: 中華書局, 1983.

88. 梁啓超.『歐遊心影錄』. 北京: 商務印書館, 2014.

89. 梁啓超.『儒家哲學』. 上海: 上海人民出版社, 2009.

90. 梁啓超.『先秦政治思想史』. 上海: 上海古籍出版社, 2014.

91. 梁啓超.『中國近三百年學術史』. 長沙: 湖南人民出版社, 2010.

92. 梁漱溟.『東西文化及其哲學』. 北京: 中華書局, 2013.

93. 梁漱溟.『中國文化要義』. 上海: 上海人民出版社, 2011.

94. 林毓生.『中國傳統的創造性轉化』. 北京: 三聯書店, 2011.

95. 劉述先.『儒家哲學研究: 問題、方法與未來開展』. 上海: 上海古籍出版社, 2010.

96. 劉笑敢.『詮釋與定向: 中國哲學研究方法之探究』. 北京: 商務印書館, 2009.

97. 魯迅.『魯迅文萃: 雜文』. 北京: 文化藝術出版社, 2003.

98. 陸九淵.『陸九淵集』. 北京: 中華書局, 1980.

99. 羅爾斯.『正義論』. 何懷宏, 等譯. 北京: 中國社會科學出版社, 1988.

100. 羅榮渠.『從"西化"到現代化: 中冊』. 合肥: 黃山書社, 2008.
101. 馬一浮.『馬一浮集: 第1冊』. 杭州: 浙江古籍出版社, 浙江教育出版社, 1996.
102. 牟宗三.『道德的理想主義』. 長春: 吉林出版集團有限責任公司, 2010.
103. 牟宗三.『歷史哲學』. 長春: 吉林出版集團有限責任公司, 2010.
104. 牟宗三.『中國哲學的特質』. 上海: 上海古籍出版社, 1997.
105. 牟宗三.『中國哲學十九講』. 上海: 上海古籍出版社, 2005.
106. 牟宗三.『中西哲學之會通十四講』. 上海: 上海古籍出版社, 2007.
107. 諾奇克.『無政府、國家和烏托邦』. 姚大志, 譯. 北京: 中國社會科學出版社, 2008.
108. 歐陽竟無.『歐陽竟無集』. 北京: 中國社會科學出版社, 1995.
109. 彭富春.『哲學與美學問題』. 武漢: 武漢大學出版社, 2005.
110. 彭永捷.『重寫哲學史與中國哲學學科範式創新』. 保定: 河北大學出版社, 2011.
111. 普濟.『五燈會元』. 北京: 中華書局, 1984.
112. 普魯塔克.『希臘羅馬英豪列傳: 第2冊』. 席代嶽, 譯. 合肥: 安徽人民出版社, 2012.
113. 喬清舉.『當代中國哲學史學史: 上』. 上海: 上海古籍出版社, 2014.
114.『清華大學校史研究室. 清華大學九十年』. 北京: 清華大學出版社, 2001.
115. 璩鑫圭, 唐良言.『中國近代教育史資料彙編: 學制演變』. 上海: 上海教育出版社, 1991.
116. 任繼愈.『中國哲學發展史: 先秦卷』. 北京: 人民出版社, 1983.
117. 任繼愈.『中國哲學史論』. 上海: 上海人民出版社, 1981.
118. 色諾芬.『回憶蘇格拉底』. 吳永泉, 譯. 北京: 商務印書館, 1984.
119. 施特勞斯, 等.『論僭政』. 何地, 譯. 北京: 華夏出版社, 2006.
120. 史華茲.『古代中國的思想世界』. 程剛, 譯. 南京: 江蘇人民出版社, 2004.
121. 釋慧皎.『高僧傳』. 北京: 中華書局, 1992.
122. 孫寶山.『中國近代哲學思潮及其思想』. 北京: 中國財富出版社, 2014.
123. 孫彬.『西周的哲學譯詞與中國傳統哲學範疇』. 北京: 清華大學出版社, 2015.
124. 湯用彤.『儒學·佛學·玄學』. 南京: 江蘇文藝出版社, 2009.
125. 梯利.『西方哲學史: 上冊』. 葛力, 譯. 北京: 商務印書館, 1975.
126. 萬俊人.『清華大學文史哲譜系』. 北京: 清華大學出版社, 2012.

127. 汪成法.『中國現代大學與新文學傳統』. 南京: 南京大學出版社, 2016.
128. 王汎森.『思想是生活的一種方式: 中國近代思想史的再思考』. 北京: 北京大學出版社, 2018.
129. 王汎森.『中國近代思想與學術的系譜』. 石家莊: 河北教育出版社, 2001.
130. 王國維.『王國維文集: 第3卷』. 北京: 中國文史出版社, 1997.
131. 王中江.『視域變化中的中國人文與思想世界』. 鄭州: 中州古籍出版社, 2006.
132. 王宗昱.『苦樂年華』. 北京: 北京大學出版社, 2004.
133. 韋政通.『傳統與現代之間』. 北京: 中華書局, 2011.
134. 維特根斯坦.『邏輯哲學論』. 賀紹甲, 譯. 北京: 商務印書館, 1996.
135. 維特根斯坦.『哲學研究』. 韓林合, 譯. 北京: 商務印書館, 2013.
136. 文德爾班.『哲學史教程: 上卷』. 羅達仁, 譯. 北京: 商務印書館, 1987.
137. 烏爾裏希·貝克, 安東尼·吉登斯, 斯科特·拉什.『自反性現代化－現代社會秩序中的政治、傳統與美學』. 趙文書, 譯. 北京: 商務印書館, 2001.
138. 夏瑞春.『德國思想家論中國』. 陳愛政, 等譯. 南京: 江蘇人民出版社, 1995.
139. 肖海濤.『中國高等教育學制改革』. 廣州: 廣東高等教育出版社, 2011.
140. 蕭超然, 等.『北京大學校史(1898~1949)』. 上海: 上海教育出版社, 1981.
141. 蕭萐父,『李錦全. 中國哲學史』. 北京: 人民出版社, 1982.
142. 蕭萐父,『李錦全. 中國哲學史綱要』. 北京: 外文出版社, 2000.
143. 謝無量.『中國哲學史』. 北京: 中華書局, 1976.
144. 許明龍.『歐洲18世紀“中國熱”』. 太原: 山西教育出版社, 1999.
145. 亞裏士多德.『尼各馬可倫理學』. 廖申白, 譯註. 北京: 商務印書館, 2003.
146. 亞裏士多德.『形而上學』. 苗力田, 譯. 北京: 中國人民大學出版社, 2003.
147. 楊伯峻.『論語譯註』. 北京: 中華書局, 2009.
148. 楊伯峻.『孟子譯註』. 北京: 中華書局, 2010.
149. 楊深.『走出東方: 陳序經文化論著輯要』. 北京: 中國廣播電視出版社, 1995.
150. 殷海光.『中國文化的展望』. 北京: 中華書局, 2016.
151. 餘英時.『論天人之際』. 北京: 中華書局, 2014.
152. 餘英時.『士與中國文化』. 上海: 上海人民出版社, 2003.

153. 餘英時.『中國思想傳統的現代詮釋』. 南京: 江蘇人民出版社, 2003.
154. 餘英時.『中國文化史通釋』. 北京: 三聯書店, 2012.
155. 袁寶新.『從海德格爾、老子、孟子到當代新儒學』. 武漢: 武漢大學出版社, 2011.
156. 張岱年.『張岱年全集: 第1卷』. 石家莊: 河北人民出版社, 1996.
157. 張岱年.『張岱年全集: 第6卷』. 石家莊: 河北人民出版社, 1996.
158. 張岱年.『中國哲學大綱』. 北京: 商務印書館, 2015.
159. 張灝.『幽暗意識與民主傳統』. 北京: 新星出版社, 2010.
160. 張汝倫.『現代中國思想研究』. 上海: 上海人民出版社, 2014.
161. 張申府.『張申府文集: 第3卷』. 石家莊: 河北人民出版社, 2005.
162. 張瑋瑛, 等.『燕京大學史稿』. 北京: 人民中國出版社, 2000.
163. 張西平.『國際漢學: 第18輯』. 鄭州: 大象出版社, 2009.
164. 趙敦華.『西方哲學簡史』. 北京: 北京大學出版社, 2012.
165. 趙敦華.『現代西方哲學新編』. 北京: 北京大學出版社, 2014.
166. 趙汀陽.『壞世界研究』. 北京: 中國人民大學出版社, 2009.
167. 趙汀陽.『惠此中國: 作爲一個神性概念的中國』. 北京: 中信出版社, 2016.
168. 趙汀陽.『論可能生活』. 北京: 中國人民大學出版社, 2009.
169. 鄭觀應.『盛世危言』. 北京: 華夏出版社, 2002.
170.『中國科學院近代史研究所史料編輯室, 中央檔案館明清檔案部編輯組. 洋務運動』. 上海: 上海人民出版社, 1961.
171.『中國人民大學教學科研及輔助單位簡史(內部資料)』. 1993.
172.『中國哲學: 第13輯』. 北京: 人民出版社, 1985.
173.『中國哲學年鑑 2001』. 北京: 哲學研究雜誌社, 2001.
174.『中華人民共和國教育大事記(1949~1982)』. 北京: 教育科學出版社, 1984.
175.『周憲, 童強. 現代與傳統之間』. 北京: 北京大學出版社, 2010.
176. 朱熹.『四書章句集註』. 北京: 中華書局, 2012.
177. ANTONY GIDDENS.『Conversations with Anthony Giddens: Making Sense of Modernity』. California: Stanford University Press, 1998.
178. BØRGE BAKKEN.『The Exemplary Society: Human Im-provement, Social Control,

and the Dangers of Modernity in China』. Oxford: Oxford University Press, 2000.
179. CHRIS BARKER.『Cultural Studies: Theory and Practice』. London: Sage, 2005.
180. GILBERT ROZMAN, THOMAS P. BERNSTEIN.『The Modernization of China』. New York: Free Press, 1981.
181. M. HEIDEGGER.『What is a Thing？』. Translated by W. B. Barton, Jr. and Vera Deutsch. Indiana: Gateway Edition, 1967.
182. XINZHONG YAO.『An Introduction to Confucianism』. Cam-bridge：Cambridge University Press, 2000.

二、期刊報紙類

1. F. 費迪耶, 等.「晚期海德格爾的三天討論班紀要」. 丁耘, 譯.『哲學譯叢』, 2001(3).
2. A. 茨木普耐爾.「中國哲學和沃爾夫」. 藺月峯, 譯.『哲學譯叢』, 1962(5~6).
3. 陳來.「百年來儒學發展的回顧與前瞻」.『深圳大學學報(人文社會科學版)』, 2014(3).
4. 陳來.「中國哲學話語的近代轉變」.『文史哲』, 2010(1).
5. 陳啓偉.「"哲學"譯名考」.『哲學譯叢』, 2001(3).
6. 陳少明.「講求方法: 來自西方哲學的啓示」.『學術研究』, 2008(5).
7. 陳少明.「經典解釋與哲學研究」.『中山大學學報(社會科學版)』, 2003(2).
8. 陳少明.「中國哲學史研究與中國哲學創作」.『學術月刊』, 2004(3).
9. 戴卡琳.「究竟有無"中國哲學"」. 楊民, 季薇, 譯.『中國哲學史』, 2006(2).
10. 丁偉志.「"中體西用"論在戊戌維新時期的嬗變」.『歷史研究』, 1994(1).
11. 丁偉志.「"中體西用"論在洋務運動時期的形成與發展」.『中國社會科學』, 1994(1).
12. 杜維明, 安樂哲, 等.「中國哲學研究的世界視野與未來趨向」.『哲學動態』, 2018(8).
13. 杜維明.「現當代儒學的轉化與創新」.『社會科學』, 2004(8).
14. 杜維明.「中國傳統文化的當代價值」.『江海學刊』, 2011(3).
15. 杜運輝.「"三流合一"與二十世紀中國文化的融通和超越」.『中國社會科學』, 2015(4).
16. 樊黎.「哲學教育爲什麼失敗」.『湖南師範大學教育科學學報』, 2016(4).

17. 方克立.「從曲高和寡到主流話語—張申府“三流合一”思想的歷史命運」.『河北師範大學學報(哲學社會科學版)』, 2013(5).
18. 方克立.「關於文化體用問題」.『社會科學戰線』, 2006(4).
19. 方克立.「迴應中國哲學“合法性”質疑的三個問難」.『人文雜志』, 2005(4).
20. 豐子義.「從話語體系建設看馬克思主義哲學創新」.『哲學研究』, 2017(7).
21. 馮友蘭.「中國哲學與未來世界哲學」. 塗又光, 譯.『哲學研究』, 1987(6).
22. 傅永軍.「現代性與傳統」.『山東大學學報(哲學社會科學版)』, 2008(2).
23. 高阪史朗.「東洋與西洋的統合: 明治哲學家們的追求」. 吳光輝, 林斌, 譯.『日本問題研究』, 2012(3).
24. 顧明遠.「論蘇聯教育理論對中國教育的影響」.『北京師範大學學報(社會科學版)』, 2004(1).
25. 關東.「現代新儒學研究的回顧與展望－訪方克立教授」.『哲學研究』, 1990(3).
26. 賀來.「如何尋求中、西、馬匯通的結合點」.『光明日報』, 2015-01-21(13).
27. 賀來.「哲學教育的規範化與創新人才的培養」.『教學與研究』, 2006(9).
28. 賀來.「中國哲學、西方哲學、馬克思主義哲學: 價值信念層面的對話」.『中國社會科學』, 2008(5).
29. 黃玉順.「追溯哲學的源頭活水」.『四川大學學報(哲學社會科學版)』, 2011(4).
30. 江怡.「走出西方語境的中國哲學」.『江蘇行政學院學報』, 2007(6).
31. 景海峯.「中國哲學面臨的挑戰和身份重建」.『深圳大學學報(人文社會科學版)』, 2003(5).
32. 坎伯.「哲學的未來」. 吳萬偉, 編譯.『社會科學報』, 2009-12-10(7).
33. 萊布尼茨.「致德雷蒙先生的信: 論中國哲學」. 龐景仁, 譯.『中國哲學史研究』, 1981(3).
34. 勞思光.「中國哲學研究之檢討及建議」.『南京大學學報(哲學·人文科學·社會科學)』, 2013(2).
35. 李翔海.「從“哲學在中國”到“中國的哲學”」.『學術月刊』, 2007(4).
36. 林安梧, 歐陽康, 鄧曉芒, 郭齊勇.「中國哲學的未來: 中國哲學、西方哲學、馬克思主義哲學的交流與互動(上)」.『學術月刊』, 2007(4).
37. 林安梧, 歐陽康, 鄧曉芒, 郭齊勇.「中國哲學的未來: 中國哲學、西方哲學、馬克思主義哲學的交流與互動(下)」.『學術月刊』, 2007(5).
38. 劉大椿.「當代我國哲學教育的錯位」.『中國高等教育』, 2004(2).
39. 劉笑敢.「“反向格義”與中國哲學研究的困境」.『南京大學學報(哲學·人文科學·社會科學)』, 2006(2).
40. 劉笑敢.「反向格義與中國哲學方法論反思」.『哲學研究』, 2006(4).
41. 喬清舉.「中國哲學研究反思: 超越“以西釋中”」.『中國社會科學』, 2014(11).
42. 任劍濤.「重提儒學第三期發展: 現代性儒學建構的進路問題」.『江蘇行政學院學報』, 2011(4).
43. 任平.「當代中國馬克思主義哲學創新範式圖譜」.『中國社會科學』, 2017(1).
44. 沈壯海, 張發林.「當前中國高校的哲學社會科學創新: 觀念與路徑－基於全國50所高校的調查」.『中國社會科學』, 2012(8).
45. 孫向晨.「從西方哲學思考源於中國經驗的哲學問題」.『中國社會科學報』, 2012-07-02(A11).
46. 孫向晨.「哲學反思與現時代的價值形態」.『學術月刊』, 2016(10).
47. 孫正聿.「當代中國的哲學歷程」.『教學與研究』, 2001(8).
48. 孫正聿.「關於哲學教育改革的幾個問題」.『哲學研究』, 2000(6).
49. 譚仲鷁.「世界哲學與未來中國哲學」.『開放時代』, 1997(1).
50. 汪信硯.「認祖歸宗與當代中國馬克思主義哲學創新」.『哲學研究』, 2016(5).
51. 王新生.「當今中國的哲學創新與哲學教育」.『中國高校社會科學』, 2017(1).
52. 王中江.「中國哲學的“原創性敘事”如何可能」.『中國社會科學』, 2004(4).
53. 王中江.「轉變中的中國哲學範式的自我反思和期望」.『河北學刊』, 2004(1).
54. 吳根友.「當代中國哲學形態構建面臨的時代問題與可能回答」.『中國社會科學』, 2008(5).
55. 吳根友.「對當代中國哲學創新的思考」.『華中師範大學學報(人文社會科學版)』, 2015(5).
56. 吳根友.「判教與比較」.『哲學動態』, 2011(5).
57. 吳根友.「中國哲學的時代任務與創新的可能性」.『學術月刊』, 2016(10).
58. 向世陵.「整體、本體、境界與世界－中國哲學如何走向未來」.『福建論壇(人文社會科學版)』, 2008(1).

59. 謝地坤.「中國的哲學現狀、問題和任務」.『中國社會科學』, 2008(5).

60.「學生眼裏的20世紀中國哲學」.『哲學動態』, 2000(4).

61. 顔炳罡.「20世紀中國哲學研究話語體系範式轉換之得失及未來走向」.『文史哲』, 2010(1).

62. 楊國榮.「何爲中國哲學」.『文史哲』, 2009(1).

63. 楊國榮.「如何做哲學」.『哲學動態』, 2016(6).

64. 楊海文.「中國哲學的"合法性危機"與重寫中國哲學史」.『河北學刊』, 2004(3).

65. 姚新中, 陸寬寬.「當代中國哲學的結構困境」.『哲學研究』, 2016(3).

66. 姚新中.「比較哲學的"第三條路線"——一個方法論的討論」.『哲學動態』, 2018(1).

67. 姚新中.「傳統與現代化的再思考」.『北京大學學報(哲學社會科學版)』, 2015(3).

68. 姚新中.「哲學與現時代的兩重思考」.『學術月刊』, 2016(10).

69. 葉秀山.「哲學還會有什麼新問題?」.『哲學研究』, 2000(9).

70. 張立文.「中國哲學的"自己講"、"講自己"」.『中國人民大學學報』, 2003(2).

71. 張汝倫.「哲學對話與中國精神的重建」.『中國高校社會科學』, 2016(2).

72. 張汝倫.「中國哲學的自主與自覺」.『中國社會科學』, 2004(5).

73. 張祥龍.「胡塞爾、海德格與東方哲學」.『中國社會科學』, 1993(6).

74. 張小平, 楊俊峯.「"馬魂中體西用"與文化體用問題縱橫談－訪中國社會科學院學部委員方克立教授」.『馬克思主義研究』, 2017(5).」

75. 張志偉.「中國哲學還是中國思想.『中國人民大學學報』, 2003(2).

76. 趙敦華.「"大哲學"視野中的現代中國的哲學」.『雲南大學學報(社會科學版)』, 2005(3).

77. 趙敦華.「"哲學二級學科"芻議」.『中山大學學報(社會科學版)』, 2008(2).

78. 鄭家棟.「"合法性"概念及其他」.『哲學動態』, 2004(6).

79. 朱人求.「話語分析與中國哲學研究範式的轉換」.『學術月刊』, 2016(9).

후기

현대 중국철학 학과는 1912년 북경대학에 '철학문(哲學門)'이 최초로 설립된 이래로 이미 백여 년의 세월을 거쳐 발전해왔다. 이 기나긴 역사를 되돌아보면, 중국의 철학자들은 줄곧 중국철학의 혁신을 위해 지속적으로 노력해왔음을 확인할 수 있다. 그러나 동시에, '철학 혁신'이라는 명제 아래 중국철학의 혁신 문제를 대대적으로 논의했던 철학자들이 과연 얼마나 있었는지도 쉽게 떠올리기 힘들다. 이는 시대가 안고 있는 이중적인 딜레마를 잘 보여준다. 한편으로는 오늘날처럼 철학적 혁신을 강조하며 활발히 활동하는 철학자나 연구자들이 거의 없었으며, 다른 한편으로는 오늘날처럼 혁신이 절실히 요구되는 철학적 상황도 흔치 않기 때문이다. 고대의 선철(先哲)들이 오늘날 우리의 문제의식과 처지를 접한다면 놀라움을 금치 못할 것이다. 왜냐하면, 사상의 논리적 구조상, 철학은 본래 '혁신'이라는 문제를 필연적으로 내포하지 않기 때문이다. 시대의 변혁은 인간 삶에 새로운 사상적 문제들을 제기하며, 이러한 문제들에 대한 성찰을 통해 시대정신에 부합하는 철학을 창조해낸다. 철학은 시대와 생활 속 문제들의 자연스러운 표출에 대한 성찰이지, 외부에서 강요된 '혁신'이라는 지시에 따라 완성해야 할 과제가 아니다. '혁신'이 철학의 메타적 문제로 부각될 때, 철학적 사유는 이러한 공리주의적이고 목적론적인 사상적 '부담'을 지게 되어 오히려 철학적 사유를 미로 속으로 몰아넣을 위험이 있다. 따라서 이런 의미에서 볼 때, 철학 혁신을 지나치게 강조하고 촉구하는 시대는 오히려 철학 혁신을 위한 이상적인 토양이 될 수 없다. 왜냐하면, 그러한 시대적 분위기가 사상의 자유로운 성장 공간을 위축시킬 가능성이 크기 때문이다.

아이러니하게도 중국철학은 바로 이와 같은 시대적 긴장감 속에서 지속적으로 정체성을 모색해왔다. 서학동점(西學東漸)이라는 역사적 맥락 속에서 중국 전통사상은 세계철학의 무대에서 현대적 담론체계를 통해 '주체적 표상(表象)'과 '자기만의 서술적 화법'을 확립하고자 하는 강렬한 학문적 염원을 간직해왔다. 중국철학 학문체계의 형성과정 자체가 바로 전통적 지적 유산이 '학술적 정당성 획득'을 위한 철학적 투쟁의 산물이다. 이에 '쇠사슬(학문적 구속을 가리킴)을 차고 춤을 추다.'라는 수사는 중국철학이 지닌 독특한 역사적 각인과 시대적 한계를 동시에 응축하는 상징적 표현으로 자리 잡게 되었다. 현시점 중국철학이 다층적 구조적 모순과 '창조적 전환'이라는 사상적 과제를 동시에 짊어지며 학문적 진통을 겪고 있음은 부인할 수 없는 현실이다. 그러나 우리는 학계의 회의적 시선과 방법론적 논쟁 속에서도 중국철학이 자생적 사유체계를 재정비하고 철학사적 지평을 확장해나갈 내재적 역량을 충분히 보유하고 있음을 확신한다.

『중국철학 혁신방법론 연구』는 2015년 중국인민대학이 추진한 중점 학술 프로젝트 "당대 중국철학 혁신연구"의 기획 과정에서 그 연구 토대가 체계적으로 구축되었다. 현대 중국철학 연구자로서 우리 학계는 새로운 인식론적 틀을 바탕으로 중국철학의 현대적 재해석을 모색하려는 이론적 지향성을 일관되게 견지해왔다. 이러한 학문적 소명 의식 하에 본 연구진은 철학 혁신의 방법론적 기여 가능성을 학문적 책임감으로 받아들이며 본 과제에 주저 없이 착수하였다. 비록 철학 혁신이 필연적으로 험난한 지적 여정을 수반함을 충분히 인식하고 있었지만, 진리 탐구의 과정에서 발생할 수 있는 실패보다는 오히려 관념과 실천 사이의 괴리로 인한 학문적 정체성 상실을 더 우려하였다. 본서는 표제상 방법론 연구를 표방하고 있으나, 실제 서술 내용은 철학과 시대의 상관성, 중국철학의 정당성 확보, 학파 발전의 구조적 난제, 철학교육의 현실과제 등 다층적 실천영역을 포괄한다. 이러한 구성상의 외형적 불일치는 '대철학'이라는 핵심 패러다임에 기인한다. 조돈화 교수가 제시한 '문화 모체'로서의 '대철학' 개념을 방법론적 차원에서 재구성함으로써, 우리는 순수철학의 경계를 넘어선 보편적 인식틀을 마련하고자 하였다. 철학 혁신은 필연적으로 그 시대적 맥락과의 대화를 요구하며, 이 과정에서 학문의 역사적 정초 문제와 구조적 모순에 대한 체계적 진단이 불가피하다. 이에 본 연구는 방법론 논의를 위해 철학과 시대의 변증법적 관계, 중국철학의 정체성 확립, 발전과정의 인식론적 장애 요인 등 상호연관된 주제군을 체계적으로 포섭할 수밖에 없었다. 이 저서의 편집 구조와 내용 구성은 이러한 이론적 필연성을 기반하여 설계된 결과물이라 할 수 있다. 요컨대 이 연구는 단순한 방법론 서술을 넘어, 철학적 사유와 현실 참여의 상호작용 메커니즘을 탐색하는 종합적 성찰의 장을 마련하고자 하였다. 학문적 담론의 경계 확장을 통해 철학 혁신이 지향해야 할 인식론적 지평을 가시화하는 데 주력하였으며, 이를 통해 중국철학의 현대적 전환을 위한 방법론적 가능성 모색을 시도하였다.

이 책이 학계에 선보이기까지는 다양한 분야의 전문가들과 기관의 아낌없는 지원이 있었다. 학술적 측면에서, 본 연구는 석학들의 통찰과 조언으로부터 큰 영향을 받았다. 특히 북경대학 철학과 조돈화(趙敦華) 교수, 중국사회과학원 철학연구소 조정양(趙汀陽) 연구원과 유소민(劉素民) 연구원, 북경사범대학 철학과 유소감(劉笑敢) 교수, 무한대학 철학과 오근우(吳根友) 교수께 깊은 감사의 말씀을 드린다. 이분들의 학문적 지식은 본 연구의 사유체계를 한층 심화하는 데 결정적인 기여를 하였다. 또한, 본 프로젝트의 기획 및 추진 과정에 있어 중국인민대학 프로젝트 기획실의 전폭적인 지원이 있었으며, 특히 중국인민대학 출판사의 양종원(楊宗元) 편집장과 나정(羅晶) 편집자께 감사의 말씀을 전한다. 출판 기획 단계부터 원고 심사, 교정 및 편집에 이르기까지 전 과정에 걸쳐 보여주신 전문성과 세심한 배려가 없었다면 본 저서의 출간은 이루기 어려웠을 것이다.

책이 세상에 나오는 이때, 우리는 2천여 년 전 동중서(董仲舒)가 남긴 "의(義)를 바르게 하되 이(利)를 꾀하지 않으며, 도(道)를 밝히되 공(功)을 따지지 않는다(正其誼不謀其利, 明其道不計其功)"는 가르침을 다시 한번 되새기게 된다. 본 연구 과정에서 우리는 아직도 동중서 선생이 말한 경지에 이르지 못했음을 솔직히 인정한다. 다만, 학문적 탐구와 비판적 사유를 거듭하는 가운데 나타난 한계와 시행착오를 독자 여러분의 공정한 평가에 부탁드리고자 한다.

2018년 12월 31일

요신중(姚新中) 육관관(陸寬寬)

중국인민대학에서

찾아보기

ㄱ

가변성(可變性) …… 3
각성(回憶) …… 100, 169, 195, 209, 216, 237, 250, 251, 252, 265, 280, 309, 313, 331
개신(開新) 8, 15, 164, 338, 339, 340, 341, 342, 343
개체성(個體性) …… 61, 265
객관성(客觀性) · 155, 184, 203, 207, 258, 328, 329
격의(格義) …… 66, 81, 104, 111, 139, 157, 182, 199, 200, 205, 212, 213, 214, 215, 216, 217, 218, 238, 288, 308, 321
격치(格致) …… 213
겸용병포(兼容并包) …… 117
경지설(境界說) …… 91, 158
경사대학당(京師大學堂) 69, 85, 116, 117, 121, 134
경원현담(經院玄談) …… 255
경전(經典) …… 50, 60, 69, 81, 101, 157, 162, 184, 185, 200, 204, 207, 208, 209, 210, 212, 213, 214, 216, 217, 223, 235, 322, 323, 324, 325
경전 해석학(經典詮釋學) ·· 202, 203, 209, 210, 212
경중사수(經中事數) …… 212, 213
경학(經學) …… 71, 72, 85, 134, 161, 183, 184, 185, 186, 187, 193, 223, 233, 246, 277
계견지방(雞犬之放) …… 47
계몽주의(啓蒙主義) …… 150, 151, 152, 153, 199, 266, 285, 310
고증(考據) …… 107, 159, 162, 185, 203, 204, 207, 208, 212, 233, 335
공간성(空間性) …… 274
공문십철(孔門十哲) …… 308
공양학(公羊學) …… 203
곽상주장자(郭象注莊子) …… 210, 211
관념론(唯心論) …… 76, 92, 93, 94, 95, 126, 162, 192, 194, 216, 242, 256, 257, 258, 259
관료화(官僚化) …… 141, 264
교조주의(教條主義) …… 159, 177, 198, 317
구성주의(興建構主義) …… 12
구세(救世) …… 281
구유물론(舊唯物論) …… 114, 256
구통(求通) …… 218, 230, 231, 232, 242, 284
군체주의(群體主義) …… 271
궤변(詭辯) …… 100, 327
극장 우상(劇場假象) …… 47
금율(金律) …… 65

ㄴ

나래주의(拿來主義) …… 208
내성(內聖) …… 159, 282, 284, 292, 293, 294
네 가지 가상설(四假象說) …… 27
논리학(論理學) …… 29, 53, 88, 107, 123, 125, 127, 128, 134, 135, 136, 138, 140, 155, 188, 191, 223, 236, 319, 320
능동적(能動的) …… 157, 243, 253, 261, 273, 317
노구교사변(蘆溝橋事變) …… 122, 123

ㄷ

다모클레스의 검(達摩克利斯之劍) …… 104
단기 현대화(短期 現代化) …… 266, 270, 271
대시대(大時代) …… 330~331, 333
대약진(大躍進) …… 130

대역사(大歷史) ························ 23
대철학(大哲學)
······ 7, 10, 11, 15, 26, 112, 126, 218, 225, 226, 227, 228, 229, 232, 234, 236, 238, 240, 243, 248, 301, 330, 331, 333, 334, 335, 336, 337, 357
대항(對抗) ························ 193, 266
도덕경(道德經) ························ 73, 98, 334
도문학(道問學) ························ 209
도시화(城市化) ························ 264, 266, 269
도술(道術) ························ 85, 89, 90, 161, 183, 336
도통(道統) ························ 86, 156, 158, 165, 283, 284
동굴 우상(洞穴假象) ························ 47
동굴의 비유(洞穴比喻) ······· 47, 252, 306~307, 309
득도(得道) ························ 22
득어망전(得魚忘筌) ························ 49

ㅁ

모방설(模仿說) ························ 252
무술변법(戊戌變法) ························ 69, 116
문제 사슬(問題鏈) ························ 49, 51, 52, 53
문헌소해(文獻疏解) ························ 204
문호지견(門戶之見) ························ 12
문화 모태(文化基因) ························ 333
문화대혁명(文化大革命) 97, 99, 102, 105, 121, 122
미언대의(微言大義) ························ 185, 188, 203
미학(美學)
·········· 79, 119, 123, 125, 128, 130, 133~136, 138, 36, 252, 267, 341

ㅂ

반본(返本) ························ 8, 15, 338, 339, 341, 342, 343
발미(發微) ························ 203
방술(方術) ························ 71
백가쟁명(百家爭鳴)
························ 22, 129, 183, 192, 199, 271, 330
백화제방(百花齊放) ························ 129, 192, 224
범독(泛讀) ························ 323, 324, 325
변통책(權宜之計) ························ 213
병목(病木) ························ 340
변증법적 유물론 ··········· 92, 93, 126, 136, 140, 177
복성서원 ························ 71
본심(本心) ························ 47, 209
본체론(本體論)
··············· 29, 34, 79, 110, 160, 216, 257, 295, 296
본원(本原) ························ 34, 106, 334, 342
북등남종(北鄧南宗) ························ 128
분구필합(分久必合) ························ 224
비부감수(蚍蜉撼樹) ························ 202

ㅅ

사기(史記) ························ 222, 308
사변(思辨)
··········· 27, 28, 66, 77, 98, 106, 114, 155, 257, 259, 261, 293, 307
사서오경(四書五經) ························ 209
사심자용(師心自用) ························ 211
사학(史學) ························ 223, 308
산업화(産業化) ························ 264, 266
삼교융합(三教融合) ························ 112, 246
삼중 조합(三重組合) ························ 143
삼통병립설(三統並立說) ························ 283
상부구조(上層建築) ························ 259
상제(上帝) ························ 213, 297, 340
생성자(生成者) ························ 255
서학동점(西學東漸) ··········· 83, 157, 181, 186, 356
선도적 영역 ························ 35, 36
선험철학(先驗哲學) ·········· 28, 29, 60, 85, 124, 224
성리학(性理學) 81, 83, 88, 117, 161, 162, 207, 277
성인(聖人) ······ 37, 39, 91, 209, 212, 245, 299, 300
성인지학(聖人之學) ························ 202
손익취사(損益取捨) ························ 244
송명이학(宋明理學)
········· 107, 161, 184, 185, 199, 239, 246, 282, 286, 293, 295
송명심성(宋明心性) ························ 107
수경횡위(豎經橫緯) ························ 141

수당불학(隋唐佛學) ········· 246
순수철학(純哲學)
······ 77, 99, 225, 226, 227, 228, 233, 234, 236, 238, 331, 332, 333, 335, 336, 357
술이부작(述而不作) ········· 241
시간성(時間性) ········· 202, 206, 236, 274
시간축(時間軸) ········· 268
시장 우상(市場假象) ········· 47
신유가(新儒家) ········· 157, 239, 287, 291, 293
신유학(新儒學)
··········· 10, 107, 158, 160, 170, 215, 239, 277, 281, 282, 285, 287, 291
신이학(新理學) ········· 91, 160
신자유주의(新自由主義) ········· 262
신정(新政) ········· 116
실존주의(實存主義)
······················ 11, 61, 107, 155, 194, 242, 262, 280
실증과학(實證科學) ········· 259
심력(心力) ········· 231
심성론(心性論) ········· 161, 277, 291, 292, 294, 295
심성유학(心性儒學) ········· 144, 284
십삼경(十三經) ········· 202, 209

ㅇ

아고유지(我固有之) ········· 48
아주육경(我注六經)
········· 185, 200, 207, 208, 209, 210, 211, 212, 217, 218, 242, 330
애지자(愛智者) ········· 153
애지지학(愛智之學)
······················ 25, 32, 104, 248, 249, 253, 255, 312
양격의(洋格義) ········· 215
양지(良知) ········· 107, 209, 242, 276, 292
양한경학(兩漢經學) ········· 246
언어철학(語言哲學)
····························· 34, 58, 105, 107, 259, 262, 320
영명지(靈明知) ········· 249
역격의(格義)
··········· 81, 104, 111, 157, 182, 199, 212, 214, 215, 216, 217, 218, 238
역사유물론(歷史唯物論) ········· 43, 136, 140
예교(禮教) ········· 160
예악론(禮樂論) ········· 295
예악제도(禮樂制度) ········· 241
예치(禮治) ········· 242
예붕악괴(禮崩樂壞) ········· 35, 183
오경(五經) ········· 202
오경박사(五經博士) ········· 223
온존성(溫存性) ········· 262
외왕(外王) ········· 159, 282, 284, 293, 294
우주론(宇宙論)
······ 24, 25, 29, 86, 88, 90, 101, 160, 186, 188, 190, 191, 224, 258, 263
원전(原典) ········· 193, 203, 208, 211, 233, 241
원의(原義) ········· 208, 211
위진현학(魏晉玄學) ········· 88, 125, 246, 277
유기진도(由技進道) ········· 169
유물사관(唯物史觀) ········· 176
유학(儒學)
········· 10, 68, 85, 86, 106, 107, 110, 117, 122, 127, 161, 171, 178, 180, 187, 207, 209, 213, 215, 223, 239, 246, 273, 275, 277, 281, 282, 283, 284, 285, 286, 287, 288, 289, 290, 291, 292, 293, 294, 295, 296, 297
유학 3기설(儒學三期說)
·········· 281, 282, 285, 286, 288, 291, 292, 294, 296
유학 4기설(儒學四期說) ········· 291, 292, 293, 294
육경주아(六經注我)
········· 185, 200, 207, 208, 209, 210, 211, 217, 218, 242, 330
윤리 본위(倫理本位) ········· 197
윤리학(倫理學)
········ 10, 24, 29, 35, 52, 60, 65, 67, 79, 86, 88, 101, 107, 119, 123, 125, 133, 134, 135, 136, 138, 143, 144, 155, 186, 188, 191, 223, 225, 228, 229, 232, 234, 235, 236, 252, 254, 258, 261, 262, 274, 293
음양오행설(陰陽五行說) ········· 161
읍중지도(邑中之道) ········· 231, 232
의리(義理)
·············· 71, 72, 143, 159, 181, 188, 191, 204, 212

의상(意象) ··· 26
이기론(理氣論) ··· 161
이데아(理念) ··· 105, 154, 226, 251, 252, 253
이데아계(理念世界) ··· 251
이데아론(理念說) ··· 226, 251, 253
이마석중(以馬釋中) ··· 92
이분법(二分法)
··· 15, 24, 33, 53, 64, 86, 92, 135, 150, 169, 174, 176, 192, 202, 216, 232, 252, 256, 257, 263, 267, 268, 270, 271, 275, 279, 307, 328, 329, 342
이서석중(以西釋中)
··· 7, 14, 83, 91, 92, 98, 104, 109, 193, 214, 215, 216
이서율중(以西律中) ··· 7, 14, 64, 103
이중유화(異中有和) ··· 279
인과율(因果律) ··· 154
인도(人道) ··· 22
인륜일용(人倫日用) ··· 22
인생론(人生論) ··· 88, 170, 188, 190
인식론(認識論)
··· 6, 22, 24, 25, 28, 29, 31, 34, 35, 40, 42, 47, 51, 52, 55, 58, 59, 72, 76, 77, 7980, 86, 88, 89, 93, 94, 95, 102, 103, 105, 107, 115, 116, 134, 144, 150, 154, 163, 170, 180, 186, 188, 190, 191, 192, 194, 195, 201, 206, 210, 212, 224, 226, 229, 233, 234, 240, 242, 245, 249, 250, 251, 253, 254, 257, 258, 260, 261, 262, 263, 264, 265, 266, 267, 271, 272, 273, 276, 283, 312, 317, 318, 327, 335, 336, 340, 357, 358
인지과학(認知科學) ··· 312
인의예지(仁義禮智) ··· 48, 110, 207

ㅈ

자구(自救) ··· 220, 281
자아감함(自我坎陷) ··· 288
자율(自律)
··· 63, 138, 141, 160, 213, 237, 265, 274, 309, 310, 313
장기 현대화(長現代化) ··· 268, 270, 271, 272, 273
장력(張力)
··· 7, 14, 15, 34, 37, 38, 69, 80, 104, 105, 149, 151, 195, 197, 198, 199, 203, 221, 264, 273
장자주곽상(莊子注郭象) ··· 210, 211, 212
재도지서(載道之書) ··· 202
전도홍의(傳道弘毅) ··· 158
전식성지(轉識成智) ··· 25
절대정신(絕對精神) ··· 155, 257
정독(精讀) ··· 323, 324, 325
정명정사(正名定辭) ··· 72
정본체(情本體) ··· 197, 280, 296
정신 조산술(精神助産術) ··· 255, 301, 327
정욕론(情欲論) ··· 295
정전(正典) ··· 211
정치유학(政治儒學) ··· 144, 284
정통(政統) ··· 83, 110, 127, 156, 282, 283, 284
제자백가(諸子百家)
··· 80, 85, 100, 107, 161, 183, 184, 193, 246, 277
제자철학(諸子哲學) ··· 85
존덕성(尊德性) ··· 209
존재론(本體論)
··· 6, 7, 11, 20, 29, 31, 47, 53, 59, 60, 77, 79, 90, 103, 104, 115, 144, 146, 154, 155, 182, 191, 205, 206, 216, 224, 229, 233, 234, 242, 250, 251, 252, 253, 258, 267, 276, 340, 341
종주(宗主) ··· 212
종족 우상(種族假象) ··· 47
주도사(主導詞) ··· 75
주경(注經) ··· 50, 107, 202, 212, 215, 217
주관성(主觀性) ··· 258, 329
주석(註釋)
··· 50, 184, 185, 187, 200, 203, 204, 205, 207, 209, 210, 211, 212
주조기(鑄造期) ··· 281
주해(註解) ··· 185, 203, 204, 207, 210
중상부민(重商富民) ··· 167
중서회통(中西會通) ··· 7, 14, 103, 169
중체서용(中體西用)
··· 23, 157, 164, 166, 167, 168, 169, 170, 172, 173, 174, 177, 180
중학(中學)

…… 72, 156, 165, 166, 167, 168, 169, 172, 213, 214
지나철학(支那哲學) …… 69, 83, 84
지대인언(知大人言) …… 203
지행(知行) …… 24
지행불합일(知行不合一) …… 157
지혜론(智慧論) …… 250, 252
지혜지학(智慧之學) …… 253
진여(眞如) …… 213, 288
진리관(眞理觀) …… 252
집주(集注) …… 203

ㅊ

천도(天道)
…… 22, 68, 159, 161, 188, 190, 191, 197, 203, 207, 233, 235, 280, 281
천도의리(天道義理) …… 159
천명(天命) …… 22
천의(天意) …… 22
천인감응설(天人感應說) …… 161
천인론(天人論) …… 295
천인합일(天人合一) …… 21
천조상국(天朝上國) …… 165
천지의 경지(天地境界) …… 91, 158, 159
철학문(哲學門)
… 116, 117, 118, 119, 120, 134, 135, 139, 186, 356
철학 활동(哲學活動) …… 227
체화(體化) …… 25, 229, 322
추론(推論) 5, 6, 27, 45, 65, 154, 201, 207, 220, 325
축의 시대(軸心時代)
…… 6, 10, 21, 100, 101, 102, 156, 161, 183, 241, 183, 241, 242
치양지(致良知) …… 242
친소(親疏) …… 159

ㅌ

통성(通性) …… 231

ㅍ

파사구(破四舊) …… 270, 271
판교(判敎) …… 9, 101
표상적 이해(表相理解) …… 309
프롤레타리아트(無産階級) …… 258

ㅎ

하학상달(下學上達) …… 209
학맥(學脈) …… 123, 281
학통(學統) …… 282, 283, 284
한단학보(邯鄲學步) …… 193
한의호표(漢意胡表) …… 182
합구필분(合久必分) …… 144
해경(解經) …… 107, 200, 215, 217
현상계(現實世界) …… 105, 155, 251, 252
현상학(現象學)
…… 11, 75, 79, 83, 105, 107, 115, 128, 155, 194, 206, 242, 262, 263, 335
형식주의(形式主義) …… 160, 246, 317, 342
형이상학(形而上學)
…. 11, 28, 29, 30, 31, 35, 47, 65, 74, 75, 77, 94, 97, 98, 101, 103, 105, 108, 125, 154, 157, 160, 166, 192, 200, 225, 230, 235, 239, 251, 253, 254, 255, 256, 258, 259, 262, 283, 294, 340, 341
호경(互鏡) …… 114
혼돈((混沌) …… 335
화이부동(和而不同) …… 278
화중유이(和中有異) …… 279
화현대(化現代) …… 26
회의론(懷疑論) …… 44, 200
회통중서(會通中西) …… 169
훈고(訓詁) …… 185, 202, 204, 207, 233, 335